Felix Bobertag

Erzählende Prosa der klassischen Periode

Erster Teil

D1641358

Literaricon

Felix Bobertag

Erzählende Prosa der klassischen Periode

Erster Teil

ISBN/EAN: 9783959136907

Auflage: 1

Erscheinungsjahr: 2017

Erscheinungsort: Treuchtlingen, Deutschland

Literaricon Verlag UG (haftungsgeschränkt), Uhlbergstr. 18, 91757 Treuchtlingen. Geschäftsführer: Günther Reiter-Werdin, www.literaricon.de. Dieser Titel ist ein Nachdruck eines historischen Buches. Es musste auf alte Vorlagen zurückgegriffen werden; hieraus zwangsläufig resultierende Qualitätsverluste bitten wir zu entschuldigen.

Printed in Germany

Cover: François Boucher, Les Sabots, 1768, Abb. gemeinfrei

Erzählende Prosa der klassischen Periode

Erster Teil

v. Thümmel. Heinse. Moritz. Knigge. Engel.

Herausgegeben

von

Felix Bobertag

Berlin und Stuttgart,

Verlag von W. Spemann

Druck von B. G. Teubner in Leipzig

Einleitung.

Wir bieten unseren Lesern in den vorliegenden zwei Bänden der Deutschen National-Litteratur eine Auswahl erzählender Prosa aus der klassischen Zeit unserer Litteratur von solchen Schriftstellern, welche, ohne selbst zu den Heroen ersten Ranges zu gehören, doch an den großen Bewegungen und an den Fortschritten unserer Litteratur in der Zeit Goethes und Schillers einen wichtigen und selbständigen Anteil haben.

Wir bestreiten nicht, daß es möglich sei, diesen oder jenen von dem unsrigen verschiedenen Gesichtspunkt der Auswahl aufzustellen, von welchem aus einer oder zwei der im folgenden berücksichtigten Schriftsteller weggefallen oder aber zwei oder drei andere noch wären herangezogen worden. Was uns geleitet hat, war der Wunsch, nicht allein die Individualität der einzelnen Männer und die Gruppe der Litteraturerzeugnisse, denen sie durch ihre Gesinnung und den Gedankengehalt ihrer Schriften angehören, sondern auch die einzelnen Gattungen der epischen Prosa, welche ihrerzeit angebaut wurden, zur Geltung kommen zu lassen. Demnach haben wir von Thümmel die Wilhelmine aufgenommen, welche den Abschluß jener sonderbaren, auf eine Verwechselung der Gebiete der versifizierten und der prosaischen Erzählung beruhenden poetischen Prosa, das ist ungebundene Rede mit dem Stil der gebundenen, bildet, zugleich aber in mehrfacher Beziehung auf die nun bald aufblühende eigentliche Romanprosa — die originalste Schöpfung Wielands — hinweist. Ihm lassen wir Heinse folgen, der nächst Goethe, wie uns scheint, es am meisten verstanden hat, der gemächlichen Erzählungsweise Wielands Lebhaftigkeit und Glanz zu verleihen, und zugleich in seinem Ardinghello die Kunstschwärmerei und Excentrizität der Originalgenies fortsetzt und noch mehr vielleicht die der Romantiker antizipiert. Anton Reiser, das Fragment des an sich selbst fragmentarischen Moritz, beansprucht seiner von der breiten Straße etwas abliegenden, aber doch sehr charakteristischen und nationalen Eigenart wegen seinen Platz. Knigge und Engel sind durch zwei kleine Romane — wenigstens nennt Knigge selbst seine Reise nach Braunschweig so — vertreten, welche, der erste mehr in Hinsicht auf äußere und sinnliche Charakterzeichnung, der zweite in Hinsicht auf psychologische Analyse der menschlichen Seele klassisch genannt zu werden verdienen, und sicher wenigstens von denen so genannt werden dürften, welche eine richtige Auffassung davon besitzen, was in Deutschland klassisch genannt werden kann und muß.

Was diese fünf Schriftsteller verbindet und geeignet macht, von der größeren Zahl der im zweiten Bande vorgeführten abgesondert zu werden, ist die sich in ihnen allen noch völlig ungebrochen und unbezweifelt geltend machende Gesamtrichtung der früheren Zeit unserer klassischen Periode, der, um so zu sagen, deutsch aufgefaßte Rousseauismus, der sich bei Thümmel in der Form einer gemäßigten Freigeisterei zeigt, bei Heinse als moralischer und politischer Freiheitsrausch, bei Moritz als grübelndes Sichselbstgewinnen im Kampfe gegen einen äußerlich gewordenen Pietismus und kleinliche Lebensverhältnisse auftritt, endlich bei Knigge und Engel den Charakter des gesunden Menschenverstandes und der Humanität trägt, bei dem letztern veredelt und gehoben durch den Abglanz des ihm am nächsten gewesenen großen Lichtes in Wolfenbüttel.

Bei dieser Gesamtrichtung jener Jahrzehnte, die wir soeben als deutsch aufgefaßten Rousseauismus bezeichneten, lohnt es sich, etwas zu verweilen, zumal da dieser Ausdruck gemißdeutet werden kann. Wir wollen damit keineswegs sagen, daß hier eine von J. J. Rousseau ein für allemal gemachte Erfindung vorliege, welche unsere Nation einfach, wie sie war, acceptiert habe. Das wäre ebenso falsch, als ob man den gesamten Protestantismus als Luthers Erfindung bezeichnen wollte, auf die ohne ihn kein Mensch gekommen wäre. Die Befreiung oder Lossagung der durch eine Reihe von Jahrhunderten gereiften geistigen Bildung der europäischen Völker von denjenigen Gebilden ihrer Kultur, die sich dem neuen Geiste unangemessen erwiesen und in ihrem äußeren Bestande innerlich wertlos geworden waren — wenigstens für die Träger der fortgeschrittenen Bildung — sie war bei der einen Nation ebenso vorbereitet und in eben dem Grade historisch notwendig geworden wie bei der andern.

Hier scheint, wie uns dünkt, gerade unserer Zeit, in der das Nationalbewußtsein überall einen starken Aufschwung nimmt, der Irrtum nahe zu liegen, als sei die Verschiedenheit, mit der sich im XVIII. Jahrhundert der neue Geist in Frankreich, England, Deutschland geltend machte, in erster Linie der Verschiedenheit der Grundcharaktere jener drei Hauptkulturvölker zuzuschreiben. Die Geschichte lehrt aber, daß sowohl überhaupt bei derartigen Veränderungen der Denkart und Empfindungsweise gebildeter Nationen die Verhältnisse mindestens ebenso stark als der angeborene Charakter einwirken, als auch, daß besonders in dem vorliegenden Falle sich die Verschiedenheit der Vorgänge aus der verschiedenen Lage der Gegensätze am besten erklären läßt.

Die Leidenschaftlichkeit Rousseaus, der unerbittliche Haß Voltaires, der Radikalismus der Encyklopädisten hatten ihren Hauptgrund darin, daß in Frankreich die neuen Tendenzen mit einem weit mächtigeren und, was wichtiger ist, gewaltthätigeren und tyrannischeren Feinde zu thun hatten, der katholischen Kirche, welche mit einem politischen Despotismus im Bunde stand, der um so schärfer sich zuspitzte, je mehr er an innerem Halt verlor. In Deutschland war eine solche Verschärfung der Bewegung ebensowenig vorhanden wie in England. Sie vollzog sich bei uns fast nur innerhalb der dem Protestantismus zugefallenen Stämme und Landesteile. Wie sehr dieser den katholisch gebliebenen Gegenden in der Entwickelung des geistigen Lebens überhaupt voraus war, beweist schon der Umstand, daß man die Katholiken unter den Führern des litterarischen Aufschwungs seit 1750 sehr suchen muß. Aber das war nicht allein der Grund der völlig anderen Sachlage. Der Protestantismus war nicht mehr der kirchliche Standpunkt Luthers und seiner Anhänger, er hatte bereits die Phase des Pietismus durchgemacht und stand in den Anfängen der sogenannten rationalistischen Strömung, als Rousseaus Einfluß zu wirken begann. Die Aristokratie war, selbst in den katholischen Kreisen, zu einem großen Teile französiert und dadurch rousseauisiert und voltairesiert, oder zu ungebildet, um in die geistige Bewegung einzugreifen. Endlich schlossen eine Anzahl deutscher Fürsten, unter ihnen der größte des Jahrhunderts und später der höchstgestellte, ihren offenen Bund mit der Aufklärung, die den Thronen schon nicht mehr Hilfe oder Schutz suchend, sondern Krieg oder Frieden anbietend gegenüber treten konnte.

Wenn man überlegt, daß man in jener Zeit den Unterschied einer liberalen und absolutistischen Staatsform nicht betonte, und daß den sich allein auf den Gebieten der hohen geistigen Kultur geltendmachenden Liberalismus niemand sonderlich bedrohte und verfolgte — die gegen einige und nicht die bedeutendsten Wortführer ausgeübten Gewaltthätigkeiten trugen den Charakter vereinzelter persönlicher Racheakte — wer will sich wundern, daß bis zu den Anfängen der französischen Revolution alle diejenigen, welche in Deutschland den neuen Freiheitsideen anhingen, ein Gefühl sieghafter Sicherheit hatten und Gegenwart wie Zukunft im rosigsten

Lichte erblickten? Die Heere des Philosophen von Sanssouci waren gegen die ganze Welt siegreich gewesen, Lessing und viele andere durften ungehindert den „Finsterlingen“ an den Kragen gehen, Herder die wahre Humanität verkünden, Kant die ganze bisherige Weltanschauung auf die Spitze stellen, nun warum in aller Welt sollte jemand so ein Geschrei erheben wie drüben über dem Rheine Rousseau, Voltaire und Diderot? Die paar Übelstände, welche noch zu beklagen waren, sollte man, wie die Meinung war, wohl bald wegargumentiert oder weggespöttelt haben.

Das ist die Grundstimmung, welche die damaligen litterarisch tonangebenden Kreise in Deutschland beherrschte, und die sich in den uns vorliegenden litterarischen Denkmälern variierend ausspricht und gerade deswegen deutlicher und, wir möchten sagen, naiver ausspricht, weil wir hier Vertreter und Proben einer verhältnismäßig anspruchslosen Gattung vor uns haben. Daß die erzählende Prosa, der Roman und die Novelle, die empfänglichste und dehnbarste Form von allen Gattungen der nationalen Dichtung ist, um den Zeitgeist treu und vollständig, wenn auch nicht immer am tiefsten, auszuprägen, zeigt sich auf jedem Blatte ihrer Geschichte, zeigt zu jener Zeit wie zu unserer auch der Umstand, daß gerade dieser Gattung der große Haufe elender Afterlitteratur angehört, der nicht den Zeitgeist, sondern die geistlosen Zeitlaunen, Moden und Albernheiten zum Inhalt hat.

Felix Bobertag.

M. A. von Thümmel.

M. A. v. THÜMMEL.

Einleitung.

Moritz August von Thümmel war der zweite Sohn des kursächsischen Landkammerrates und Rittergutsbesitzers von Thümmel und wurde den 27. Mai 1738 zu Schönefeld bei Leipzig geboren. 1756 bezog er, auf der Schule zu Roßleben vorgebildet, die Universität Leipzig. Gottsched nahm ihn als Rektor unter die Studierenden auf. Von besonderem Einflusse war Gellert auf ihn; Chr. Felix Weiße und Rabener traten mit ihm in freundschaftliche Verbindung, ebenso Ewald von Kleist, der sich damals in Leipzig befand. 1761 ward Thümmel Kammerjunker bei dem damaligen Erbprinzen von Koburg, der ihn, als er Herzog wurde, zum geheimen Hofrate und 1768 zum wirklichen Geheimrate und Minister beförderte. 1783 legte Thümmel alle seine Ämter nieder, lebte von da ab bis an seinen den 28. Oktober 1817 erfolgten Tod teils auf seinen Gütern, teils auf Reisen.*)

Wir besitzen von Thümmel folgende Schriften:

1. Wilhelmine. Folgende Ausgaben sind von Bedeutung: a) Wilhelmine oder der vermählte Pedant. Ein prosaisches comisches Gedicht. Leipzig 1764. 8°. b) Titel ohne die Worte „oder der vermählte Pedant“. Leipzig 1766. 8°., hinzugekommen ist die unten mitgeteilte Vorrede zur 2. Auflage. c) Titel wie in der zweiten, hinzugekommen ist die Vorrede zur dritten Auflage. Leipzig 1768. 8°. d) Leipzig 1777. 8°. e) Leipzig 1811. 8°.

Hierzu kommen noch während des Verfassers Leben zwei Nachdrucke: Wien 1792. 12. (mit andern Schriften Thümmels zusammen) und Wien 1803., 8°., sowie folgende Übersetzungen: 1. Wilhelmine, Poeme heroi-comique trad. d. l'Allem. d. M. d. Th. par M. Huber. Leipzig 1769. 8°. 2. Ein französischer Text, der nach Jördens die Einleitung zu einer französischen Übersetzung des Sebaldus Nothanker von Weiß in Lausanne bildet (Londres 1774 und 1777), doch geht aus Jördens' Angabe nicht hervor, ob dies die Hubersche oder eine eigene Übersetzung ist.

*) Sein Leben ist von J. E. von Grüner (Leipzig 1819. 8°.) beschrieben worden. Auch bei den Aphorismen (vgl. weiter unten) befindet sich eine Biographie. Außer den Litteraturgeschichten, unter denen ihm von Gervinus ein besonders eingehender Abschnitt gewidmet worden ist, vgl. Jördens Bd. V, S. 30 ff.

3. Wilhelmine een comiq Gedigt in Prosa. Amsterdam 1769. 8°. 4. Eine andere niederländische Übersetzung von van Meersch. 5. Eine italienische Übersetzung von Stockmar. Koburg 1784. 8°. 6. Eine russische von dem Minister von Kosodawlew, welcher dafür von Katharina II. eine goldene mit Brillanten besetzte Dose erhielt.

Von den Originalausgaben der Wilhelmine nimmt die dritte die hervorragende Stellung einer Ausgabe letzter Hand ein. Während sie sich von der zweiten und diese von der ersten durch eine ganze Anzahl Veränderungen unterscheidet, sind die folgenden Abdrücke von ihr. Den Umfang der von Thümmel vorgenommenen Verbesserungen anschaulich zu machen, mag hier die erste Seite nach der ersten Ausgabe dienen:

„Ich singe das Abentheuer, das ein Dorfpfarr, der Liebe wegen, erdulden mußte, ehe sie ihn mit demerseufzten Besitze seiner Geliebten belohnte.

Feindlich empörten sich die langsam athmende Schwermuth, die fröhliche Thorheit, die Intrüge des Hofs und der bäurische Blödsinn wider die ruhigen Tage des Pastors; doch seine Standhaftigkeit siegt' endlich durch die Hülfe des Amors, und sein ausgestandenes Leiden verschönert seinen Triumph.

Der große Gedanke, der sonst ꝛc.“

In der ersten Ausgabe läßt Thümmel neben Amor dem Pastor auch Luther im Traum erscheinen und giebt die Beschreibung des Traumes im zweiten Gesange, die des Puppenspiels im ersten. Die Veränderung, daß Luther wegblieb, erfolgte auf den Rat von Uz, dessen Urteil über die Dichtung verlangt wurde.

Mit kurzen aber treffenden Worten sagt Goedeke*): „Mit seinem sogenannten Gedichte Wilhelmine erreichten die sogenannten komischen Heldengedichte in Prosa ihren Höhepunkt und verschwanden allmählich.“ Wir brauchen hier weder auf die Wahrheit dieser Bemerkung aufmerksam zu machen noch die große Anzahl der zu dieser Gattung gehörigen Dichtungen aufzuführen, da sich unsere Leser aus den allen zugänglichen Litteraturgeschichten leicht darüber unterrichten können, wie viele Dichter sich mit mehr oder weniger Geschick auf diesem Felde hervorzuthun suchten. Wir haben auch dem weiter oben über das Wesen und den Wert dieser Art sogenannter Gedichte Gesagten nur hinzuzufügen, daß die Wilhelmine entschieden das lesbarste von ihnen allen ist und daß ihre Beliebtheit, von der wir soeben die thatsächlichen Beweise beigebracht haben, den Geschmack der Zeit, ehe unsere Klassik innerlich erstarkte und feste Normen gewann, deutlich und anschaulich kennzeichnet.

2. Die Inokulation der Liebe. Eine Erzählung (versifiziert). Leipzig 1771. 8°. — Leipzig 1811. 8°. Auch hiervon erschienen zwei Wiener Nachdrucke.

*) Grundr. S. 628. I. Aufl.

3. Zemire und Azor, eine romantisch-komische Oper in vier Aufzügen. Nach dem Französischen des Marmontel. Breslau 1775. 8°. — Frankfurt u. Leipzig 1776. 8°. Diese Übersetzung wurde ohne Thümmels Wissen herausgegeben.
4. Die Sammlung Kleine poetische Schriften von M. A. von Thümmel. Frankfurt und Leipzig 1782. 8°. und Wien 1805. 8°. enthält nur einige weniger bedeutende Gedichte von Thümmel, denen Erzeugnisse anderer fälschlich hinzugefügt sind.
5. Reise in die mittäglichen Provinzen von Frankreich im Jahre 1785 bis 1786. Leipzig 1791—1805. X. 8°. — Frankfurt und Leipzig 1791—1805. VIII. 8°. Die erste ist als die Originalausgabe zu betrachten, die andere nur ein billiger und schlechter Abdruck.

Den Plan, einen Reiseroman nach dem Muster von L. Sternes Sentimental journey oder von Chapelles Voyage en Provence (1662) zu verfassen, hat Thümmel bereits lange, ehe er die Reise von 1785/86 antrat, erwogen. 1771 bis 1777 machte er im Auftrage seines Fürsten Reisen nach Wien, Holland, Frankreich und Oberitalien, und schon diese wollte er in jener Art beschreiben, gelangte aber erst, nachdem er sich von allen Amtsgeschäften eine Zeit lang frei gesehen, dazu, den Plan auszuführen, dem wir sein berühmtestes und bedeutendstes Werk verdanken.

Thümmels Reise wurde von der zeitgenössischen Kritik im allgemeinen mit dem lautesten Beifall begrüßt, wenn auch die Neigung zum Schlüpfrigen, welche ein unverdorbenes sittliches Gefühl verletzen muß, nicht ungetadelt blieb.*)

Schiller**) machte namentlich der ersten Hälfte die berechtigte Ausstellung, daß es ihr an ästhetischer Würde fehle. Sie werde dem Ideal gegenüber beinahe verächtlich, doch würden ja solche Anforderungen, die nur dem Ideal entspringen, von den wenigsten Lesern gestellt, woraus der große Beifall des Werkes zu erklären sei.

Bekanntlich hat die populäre Tradition von Thümmels Reise nur das Urteil, daß sie ein sehr schlüpfriges Buch ist, festgehalten, und es ist zu bedauern, daß man darüber das überaus geistreiche Buch und die klassisch korrekte Form zu erwähnen vergißt. Wie gewöhnlich ist das traditionelle Votum auch hier einseitig und oberflächlich, aber nicht falsch. Den individuellen Charakter desselben können wir nur dann verstehen, wenn wir uns die Situation und den Grundgedanken vergegenwärtigen. Der siebenundvierzigjährige etwas mit seinen bisherigen Lebenszuständen zerfallene, hochgebildete, geistvolle Hofmann erquickt oder belebt sich in natürlichen und einfachen Natur- und Kulturzuständen, denen er aber als der, welcher er ist, entgegentritt. Also, man verzeihe den vielleicht kühnen Ausdruck: Rousseauismus vom Gesichtspunkte des alten

*) Eine gute Zusammenstellung findet man bei Jördens.
**) In der Abhandlung über naive und sentimentale Dichtung.

Sünders aus. Wenn Seine Excellenz in dem Alter so reduziert gewesen sind, müssen sie sehr schnell gelebt haben, und es bleibt rätselhaft, wie sie beinahe 80 Jahre alt werden konnten. Wir werden also wohl annehmen dürfen, daß der Herr „Ich" der Reise, dieser verfrüht senile Schockschwerenöter in südromanisch-sexuell-idyllischen Environs, nicht ganz dem wirklichen Thümmel entspricht, zumal da ältere Herren von derartigen Geschmacksneigungen nicht geeignet zu sein pflegen, umfang- und inhaltreiche Bücher zu schreiben, aber darum eben war es eine Verirrung des Geschmacks, daß Thümmel das alles von sich erzählte. Wir dürfen wohl sagen, daß diese Schattenseiten des Werkes seinen bleibenden Wert wesentlich beeinträchtigen, und daß der wesentliche Ideengehalt desselben sehr wohl ohne jenes Gewürz wäre in künstlerischer Form zur Geltung zu bringen gewesen. Daß Thümmel sehr häufig in gebundene Rede übergeht, besonders wo die Situation pikant wird, halten wir für eine pure Abgeschmacktheit, welche durch den Umstand, daß die Verse gut sind, nicht gemildert wird. Jedoch mag sich in solchen Dingen vielleicht niemand ganz von Voreingenommenheit freihalten können, weshalb wir das Urteil desjenigen, der Thümmel aufmerksam und mit Verständnis des edleren Teiles seines Buches gelesen hat, weder angreifen, falls es ein andres ist als das unsrige, noch ihm vorgreifen, wenn er es erst lesen will. Will er dies aber nur, weil er gehört hat, daß das Buch schlüpfrig ist, so soll er es lieber ungelesen lassen, denn es geschieht dem bedeutenden Mann ein Unrecht, wenn der tief unter ihm Stehende nur das an ihm, was dem niederen Menschen schmeichelt, auffaßt und dankbar anerkennt.

6. Der heilige Kilian und das Liebespaar. Nach Thümmels Tode herausg. von F. F. Hempel. Leipzig 1818 (auch unter dem Titel Das Erdbeben von Messina in den Ausgaben aufgeführt). Mit dieser und der oben erwähnten Inokulation der Liebe tritt Thümmel völlig in die von Wieland in seinen kleinen poetischen Erzählungen gezeichneten Spuren.
7. Taschenbuch für Damen. Leipzig 1817. 8°.
8. Nachgelassene Aphorismen aus den Erzählungen eines Sieben- und Siebenzigjährigen. Nebst Biographie des Verfassers. Frankfurt 1827. 8°.

Sogenannte „Sämtliche Werke" sind erschienen in 6 Bdn. Leipzig 1811—19. 8°., neue Ausgabe 1820 f., ferner Leipzig 1839, 1841 u. 1853. 8 Bde. 16.

Die Einzelausgaben der Thümmelschen Werke nach seinem Tode sowie die kleinen Sachen, welche von ihm in verschiedenen periodischen Schriften und Sammlungen erschienen sind, übergehen wir hier unter Verweisung auf Jördens und die Biographieen.*)

*) Ein Faksimile der Hdschr. Thümmels findet sich auf S. 45.

Wilhelmine.

Ein prosaisch-komisches Gedicht.

(Erste Auflage Leipzig 1764. 8°.)

Vorrede der zweiten Auflage. (1766.)

Die Wilhelmine könnte in dieser neuen Auflage ganz wohl ohne Vorrede erscheinen, weil der Verfasser nicht viel über dieses kleine unwichtige Gedicht zu sagen hat. Durch den Beifall, womit ihn einige Personen beehrten, denen er vorzüglich zu gefallen wünschte, hat er seine Absicht vollkommen erreicht. — Indessen ist ihm auch nicht unbekannt geblieben, daß ihn verschiedene andere lieber beschuldigt hätten, als ob er mit dieser Kleinigkeit etwas Böses wider die Religion und ihre Diener im Sinne führe, und diesen zu ernsthaften Kunstrichtern hält er sich für verbunden, öffentlich zu sagen, daß keiner von ihnen vielleicht selbst mehr Ehrerbietung gegen die Religion und Hochachtung gegen vernünftige Geistliche haben könne als er; wie würden sie sich wundern, wenn der Verfasser hier die ehrwürdigen Namen einiger großen Geistlichen hersetzen wollte, die dieses Gedicht, bei allen seinen ersten Fehlern, mit Vergnügen gelesen und kein Geheimnis daraus gemacht haben. Da sich aber der Verfasser auf einen witzigen Einfall, dem ein zu strenger Eifer vielleicht ein verdächtiges Gepräge geben könnte, nicht so viel zu gute thut, um ihn nicht ohne Barmherzigkeit auszustreichen, so hat er, auf den Rat eines unsrer

4. Die erste Auflage erschien ohne Vorrede.

trefflichsten Dichter, diesen Anstoß durch einige Veränderungen zu heben gesucht. Der Ruhm eines guten Christen gilt ihm mehr, als das Lob eines glänzenden Genies, aber er macht freilich keine Umstände, ebenso herzhaft über Kobers Kabinettsprediger und seinesgleichen zu lachen, als er einen Cramer und Schlegel mit stillem Ernste und gerührtem Herzen liest. Er würde von dieser seiner Gewohnheit nicht abgehen, wenn er gleich selbst die Würde eines Priesters bekleidete, so wenig als er jetzt, da er an einem Hofe lebt, sich Bedenken macht, über einen allzu galanten Hofmarschall, einen müßigen Staatsrat und einen affektierten Kammerjunker seinen Scherz zu treiben.

Vorrede zu der dritten Auflage.

Es ist mir des Herrn Pastors wegen nicht lieb, daß Wilhelmine, seitdem sie an ihn verheiratet ist, mit ihren Kleidern noch so oft ändert, als sie es am Hofe gewohnt war, und von jeder Leipziger Messe wenigstens mit einem Jüpon versehen wird, woran der Pastor, wie man wohl denken kann, nicht den geringsten Anteil hat.

Das sind die Sitten der großen Welt, Madame, die Sie auf dem Lande ablegen müssen! Kann man es den Leuten verdenken, wenn sie sich darüber aufhalten? „Was bildet sich denn die Frau ein?“ habe ich schon hier und da sagen hören. „Trägt sie nicht Spitzen, die mehr kosten, als die Pfarre ihres Mannes in vielen Jahren kaum einträgt, da andere ehrliche Weiber, die doch wohl ein bißchen mehr wert sind, züchtig und ehrbar einhergehen — Wenn sie doch an ihren Ursprung dächte, und die Spötter nicht so oft erinnerte, daß sie einmal am Hofe gewesen ist — Wie froh sollte sie doch sein, wenn es die Leute vergäßen!“ Diese Reden, Madame, zu denen Ihr prächtiger Aufzug so vielen Anlaß giebt, bringen auch mich in eine gewisse Verlegenheit, da jedermann weiß, daß ich einige Freundschaft für Sie habe und gern Ihre Aufführung zu entschuldigen suche, wo es nur möglich ist; aber wirklich, jetzt gehen Sie zu weit. Sie tragen sogar, wie ich höre, noch immer seidne Strumpfbänder mit französischen Versen gestickt? — Je! zu was denn solche Strumpfbänder, Madame? An Ihrem Hochzeittage konnte zwar dieser verborgene gelehrte Staat noch mit Ehren ans Licht kommen; denn hätte nur damals das Feuer Ihre vornehmen Gäste nicht so erschreckt, so würden sie gewiß die artigste Ceremonie nicht vergessen haben — Ihre Strumpfbänder wären gewiß, noch vor der völligen Übergabe Ihrer kleinen Person an den Herrn Pastor, von einer adeligen Hand abgeknüpft, und in guter Gesellschaft verlesen worden sein, und ich weiß, der Kammerjunker würde dabei seiner Lunge Ehre gemacht haben; aber zu was in der Welt kann Ihnen jetzt diese Mode nützen? Ich weiß mir keinen Umstand zu denken, wo Ihre Strumpfbänder noch jetzt der Lektüre ausgesetzt sein könnten, und verlören Sie eins einmal auf dem Kirchwege, zu welchem Ärgernisse würde dieses Gelegenheit geben! Übrigens will ich gern eingestehen, daß Ihre Kleidung sehr artig und Ihr ganzer Anzug mit vielem Geschmacke gewählt sei; ob ich's aber billige, ist eine andere Frage. Ja, wenn Sie noch am Hofe wären: je nun da — aber da haben Sie in Ihrer Blüte genug gefallen, und nun thäten Sie wohl, wenn Sie sich auch denen Personen zu empfehlen suchten, die bisher nicht Ihre Freunde gewesen sind. Damit Sie dieses erreichen, rate ich Ihnen, eine stille ehrbare Miene anzunehmen, wenn sie Ihnen auch nicht natürlich sein sollte. Eine schwarze Stirnbinde würde gut dazu stehen. Statt der durchsichtigen Halstücher legen Sie eine schwere Sammetmantille um — Ein kannefaßner Rock — florne Streifchen am Hemde — So ungefähr muß Ihr Putz sein, wenn Sie den Herren gefallen wollen, die sich bisher über Ihr leichtsinniges Ansehn so geärgert haben.

---

25. **kannefaßner**, Kannefaß, Kanevas bedeutete damals einen derben Baumwollenstoff mit erhabenen Streifen.

Erster Gesang.

Einen seltnen Sieg der Liebe sing' ich, den ein armer Dorfprediger über einen vornehmen Hofmarschall erhielt, der ihm seine Geliebte vier lange Jahre entfernte, doch endlich durch das Schicksal gezwungen wurde, sie ihm geputzt und artig wieder zurückzubringen.

Der große Gedanke, der sonst die deutschen Dichter erhitzt, daß sie die Freuden des Tages und die Erquickung der Nacht, daß sie die Peiniger der menschlichen Natur, Hunger und Durst, und die größern Qualen der Dichter, den Spott der Satire und die Faust des Kunstrichters verachten, dieser große Gedanke: Einst wird die Nachwelt mich lesen, hat keinen Anteil an meinen Gesängen. Dein belohnendes Lächeln allein, komische Muse! reizt mich an, diesen neuen Sieg der Liebe zu singen; und will ja die Göttin des Ruhms der süßen Bemühung des Dichters noch eine Belohnung hinzuthun, so sei es der teure Beifall meiner Karoline! Sie lese dies Lied, das ich, entfernt von ihr, aus Einsamkeit sang, meinen Geist zu ermuntern! Ihr harmonisches Herz schwell' auf; unwillig über den Einfluß des glücklichen Dichters in ihr jugendlich wallendes Blut, verschlucke sie dann eine doppelte Dosis Bezoarpulver, und seufze nach meiner Zurückkunft!

Nah an der glänzenden Residenz eines glücklichen Fürsten, nicht fern von der schiffbaren Elbe, verbreiteten sich in dem anmutigsten Thale zwanzig kleine Wohnungen fröhlicher Landleute. Junge Haselstauden und wohlriechende Birken verbauten dies Landgut in Schatten, und versüßten dem fleißigen Bauer die entkräftende Arbeit, wenn der Hundsstern wütete; und, entblättert vom

21. Bezoarpulver, eine Art Universalmittel und allgemeines Gegengift.

Boreas, flammte dies nutzbare Gebüsch in wohlthätigen Öfen, wenn der Winter das Thal mit Schnee füllte, und nun ein Nachbar zum andern schlich, um die langen müßigen Stunden durch schlaue Gespräche zu verkürzen, bald auf den Durchmarsch der Preußen zu schmälen, bald die bessern Besuche eines freigebigen Kobolds zu erheben, oder auch über die Polizeibefehle der Regierung zu spotten. So lebten diese Hüttenbewohner ruhig und mit jeder Jahreszeit zufrieden.

Nur der Pastor des Dorfes allein, der gelehrte Sebaldus, hatte seit vier unglücklichen Jahren die ländliche Munterkeit verloren, die sonst auch auf seiner offnen Stirne gezeichnet war. Ein geheimer Kummer peinigte sein Herz. Wenn er die ganze Woche hindurch in der Einsamkeit seiner verrußten Klause getrauert hatte, dann winselte er am Sonntage der schlafenden Gemeinde unleidliche Reden vor, und selbst bei dem teuer bezahlten Leichensermon verließ ihn seine sonst männliche Stimme. Die klügsten der Gemeinde marterten sich umsonst, die Ursache seines Leidens zu entwickeln: „Was fehlt unserm Magister?" fragte einer den andern: „wir lieben ihn ja, er ist der Vornehmste im Dorf, und er wird auch nicht etwa, wie dieser und jener, von einem hochmütigen Junker geplagt, denn der unsere lebt, Gott sei es gedankt, ferne von uns, und verbraust seine Renten in Frankreich." So klagten die Bauern den Kummer ihres Magisters! Aber umsonst blieb ihr mitleidiges Nachforschen; der tiefsinnige Pastor verbarg seine Sorgen der Neugier, und außer Sonntags, wo sein Amt ihm gebot, schien seine Sprache verloren. Vier Jahrgänge finsterer Predigten hatt' er also geendiget: mit zitternden Händen geschrieben und auf einen Haufen gesammelt, lagen sie in einem verriegelten Schranke, oft von andächtigen Würmern besucht, die alle Buchstaben zerfraßen, und höflicher für die dankbare Nachwelt sorgten, als der betrogene Buchhändler, der so oft mit drolligen Postillen den einfältigen Freigeist belustigt. Aber die komische Muse hüpft ängstlich über den heiligen Staub und über die traurigen Scheduln des Pastors; sie beschäftige sich nur mit seinem Glücke — und erzähle den wunderbaren Traum, der ihm, bewillkommend an der letzten Stufe des Jahres, mit dem Ende seines schwindsüchtigen Kummers schmeichelte:

34. schedula lat. Heft.

In der zwölften Stunde der Nacht, damals, als sich das zweiundsechzigste blutige Jahr des achtzehnten Jahrhunderts von wenigen Minuten loszuarbeiten suchte, um sich an die Reihe so vieler vergangenen Jahrtausende zu hängen; so wie der furchtbare Nachtvogel, auf dessen Rücken die Natur einen Totenkopf gebildet, sich mühsam aus dem Gefängnisse seiner Puppe herauswindet, seine schweren Flügel versucht, und verschwinden würde, wenn nicht ein naturforschender Rösel sein Leben verfolgte — der pfählt ihn mit einem glühenden Pfriemen gleich nach seiner Geburt und setzt diesen greulichen Vogel in die bunte Gesellschaft der Schmetterlinge, Heuschrecken und Käfer — da erschien Amor dem eingeschlummerten Priester, der über das Zudrängen dieses kleinen Unbekannten heftig erschrak, denn bisher hatte er ihn nur aus dem großen Rufe seiner Verwüstung gekannt, wie etwa den Beelzebub oder den General Meyer; doch der freundliche Amor ließ ihn nicht lange in seinem ungewissen Erstaunen, schüttelte seinen Köcher und sprach also zu ihm: „Entschuldige den Amor, teurer Sebaldus! Wenn er bisher wider seinen Willen dein Feind gewesen ist, und erschrick nicht über seine Erscheinung, die dir ein Glück verkündigt, das dir wenigstens vormals nicht gleichgültig war. Wilhelmine" — bei diesem Namen durchströmte ein leuchtendes Rot die verfallnen Wangen des Pastors, und Amor fuhr lächelnd fort: „Ich sehe, du erinnerst dich noch dieser lebhaften Schönen, die einst, in diesen Fluren geboren, nur von der unschuldigen Natur erzogen ward, die dir oft in der feurigen Predigt, durch einen einzigen Blick ihrer hellblauen Augen, ein langes, verhaßtes Stottern, und wenn du allein warest, manchen lauten Seufzer erregte. — Ach, sie hätte dich gewiß zum Glücklichsten deines Standes erhoben, wenn nicht die Intrigue eines neidischen Hofes sie deinem Kirchspiel entführt, und unter die fürstlichen Zofen versetzt hätte. O, wie traurig hast du diese Zeit ihres Hofdienstes hinschleichen lassen! Vergieb es mir, liebster Magister, daß ich hier deiner Unthätigkeit spotte! Hast du denn nie gehört und gelesen, wie oft die entschlossene und geschäftige Liebe Klöster gestürmt, Mauern erstiegen und sich nachgiebige Nonnen unterthan gemacht hat, die zu einem ewigen frommen Müßiggange verdammt waren; und du! du verzagtest, dem Hofe ein Mädchen zu ent-

5. Totenkopf, s. Rösels Insektenbelustigungen, gemeint ist der Schmetterling „Totenkopf" Acherontia Atropos.

ziehen, das von keiner eisernen Thüre verschlossen, von keiner Äbtissin bewacht, und von dem Klostergelübde weit entfernt ist, eine ewige Jungfrau zu bleiben? Doch ich komme nicht her, dich mit Vorwürfen zu kränken. — Das Ende deiner Leiden ist da! Wie leicht wird es dir werden, in Wilhelminens tröstenden Armen, oder an ihrem wallenden Busen der vergangenen traurigen Tage zu vergessen; der Aufschub deines Verlangens, ja, er ward dir schwer zu ertragen. Doch jetzt vermehrt er dein Glück! Denn siehe! Mit munterm Gesichte erwartet dich die jüngste feurigste Liebe! Sie würde kraftlos, schläfrig, ja wohl gar erloschen sein, wenn Wilhelminens Besitz dich schon vor vier Jahren beglückt hätte. — Ermuntre dich also und höre meinen liebreichen Rat: morgen wird die reizende Wilhelmine den graubärtigen Verwalter, ihren Vater, besuchen, von keinem Höfling begleitet, wird sie des Mittags zu ihm fahren. Welch ein bedeutender Wink, den das Schicksal dir giebt! Folge ihm, suche Wilhelminens Gesellschaft und eröffne ihr, so rührend als du vermagst, deine brennende Neigung! Sie, die gleich einem leichten Federballe von Hand in Hand geworfen, in der Höhe des Hofs flatterte, oft mit Schwindel herabfiel und wieder in die Höhe gejagt ward, sie, die jetzt mit ernsthaftem Nachdenken der Ruh entgegenseufzt, sie, ich schmeichle dir nicht, wird froh sein, an deiner ehrwürdigen Hand den Verleumdungen der großen Welt zu entwischen, und ehe diese Neujahrswoche verläuft, kannst du für deine treue Liebe belohnt sein." So sprach der philosophische Amor, glaubte genug gesagt zu haben, und wollte verschwinden, als ihm noch eine wichtige Erinnerung einfiel. Mit der lächerlichen Miene eines jungen Offiziers, der zum erstenmal einen armseligen Posten zu verteidigen bekömmt, und bei aller seiner Geschäftigkeit bald den kleinen Umstand vergessen hätte, die Parole zu geben, rief Amor: „Bald hätt' ich nicht an das Wichtigste gedacht. Wär' es auch ein Wunder? Und hab' ich nicht immer meinen Kopf so voll? Merke also noch dieses, lieber Magister! Laß ja nicht die unwiederbringliche Zeit vorbeistreichen, damit nicht die Tage herannahen, wo der galante Hofmarschall seine Ptisanenkur schließt, und die Schönheiten wieder aufsucht, die jetzt sein durchwässertes Herz medizinisch verachtet. — Und morgen sei bedacht, dich reinlich zu waschen! Pudre deine

35. Ptisane = Blutreinigungsmittel.

beste Perücke, dein schwarzer Rock soll dir nicht schaden; nur sei dreist und munter wie ein Kammerjunker; dieser siegt oft auch in der Trauer des Hofs, nicht immer im fröhlichen Jagdkleide." Und nun verschwand Amor, das Rauschen seiner Flügel erweckte auf einige Augenblicke den Pastor; schwerfällig sammelte er seine Gedanken, rieb sich gähnend die Augen, und seine rauhe Stimme erklang durch die Stille der Nacht: „Welch ein Traum! Sollt' es möglich sein, daß es wahr wäre, o so wäre kein König glücklicher als der arme Pastor Sebaldus, doch eitle Hoffnung, die schönsten Träume betrügen! Hab ich vier Jahre bei den eifrigsten Wünschen hinschmachten müssen, warum sollte denn jetzt die Liebe einen Elenden aufsuchen, der zu abgehärmt ist, ihren Diensten Ehre zu machen; doch der morgende Tag wird mir dieses Geheimnis erklären, mit Geduld will ich seiner erwarten, schon schlägt es zwei, ach Wilhelmine! angenehmer Schlaf," so murmelte der Pastor und schnarchte.

Was könnten wir Bessers vornehmen, komische Muse, um nicht selber zu schlafen, als wenn wir in die vergangenen Zeiten blicken, Wilhelminen in ländlicher Unschuld betrachten und erforschen, wie des Magisters Liebe und sein Unglück entstand, dessen Ende ihm Amor in dieser merkwürdigen Nacht verkündigt hat.

Schon der sechzehnte Frühling hatte Wilhelminens Wangen mit einer höhern Röte gemalt, ihre Augen funkelnder gemacht, und ihr Haar schwärzer gefärbt. Ihr nesseltuchnes Halstuch hob und senkte sich schon, aber keiner, ist's möglich? keiner von den hartherzigen Bauern gab Achtung darauf. Sie selbst wußte noch nicht über süße Gedanken der Liebe zu erröten, ihr Herz klopfte in immer ruhigen Pulsen, wenn sie einsam das verdeckte Veilchen aus dem hohen Riedgrase hervorpflückte, ein wahres Bildnis ihres eigenen jungfräulichen Schicksals, oder wenn sie an dem Ufer des rieselnden Bachs sitzend, die bunte Forelle mit geschwinden Augen verfolgte, und indes den schönern Gegenstand der Natur, ihr wiederscheinendes Gesicht aus der Acht ließ. Spottet nicht ihrer Unschuld, ihr freundlichen Nymphen, die ihr so oft das mächtige Vergnügen eures eignen Anschauens genossen habt. Denn niemand hatte noch bisher Wilhelminen gelehrt, wie reizend sie sei, und niemand, ich sag' es mit Jammer, niemand als ein frommer schüchterner Mann, der Magister, hatte selbst bis hieher den feinen Verstand gehabt, ihre Vorzüge zu bemerken, und nur von ihm allein ward sie heimlich geliebet. Mit welchem zitternden Vergnügen schlich er ihr nicht auf jedem kleinen Spaziergange nach, und hielt sich doch immer in einer ehrerbietigen Entfernung, und mit welcher süßen Betäubung unterschied er nicht ihre liebliche Stimme, wenn das andächtige Geschrei der Gemeinde durch die Sakristei in sein lauschendes Ohr drang! Schon sann die Liebe ernsthaft darauf, ihn glücklich zu machen. Aber zwei andere Leidenschaften, fast ebenso mächtig als jene, stritten heftig in seiner theologischen Seele, jagten die Liebe heraus und legten den Grund zu dem grausamen Schicksale des Pastors. Der Stolz war es und die Begierde nach einem bequemlichen Leben! Denn wenn ihn auf der einen Seite seines hinfälligen Herzens die Tochter des vornehmen Kirchenrats mit ihrer Neigung verfolgte, so bestritt es auf der andern die Ausgeberin des Präsidenten. Ihre Wahl war der gewisse Beruf zum Vorsteher der Kirche. Als Superintendent konnt' er alsdann eines langen ruhigen Lebens genießen, von den Truthähnen seiner freigebigen Diözese und den Komplimenten gemeiner Pfarrherren gemästet. So wird oft ein Knabe geängstet, wenn ihm sein lachender Vater ein Stück kräftiges Brot und eine einzelne wohlriechende Erdbeere vorlegt. Was soll er wählen? Sein Gaum verwirft, was sein hungriger Magen verlangt, doch seine minutenlange Näscherei verachtet das Elend des ganzen Tages, kurz entschlossen verschluckt er die Erdbeere und übertäubt das Murren seines Magens durch erzwungene Gesänge. Ebenso gewiß würde auch endlich der verliebte Magister seine kleine Wilhelmine gewählt haben, wenn nicht das feindliche Ungefähr und der hämische Neid den Unentschlossenen überrascht und vier lange Jahre seine Liebe getäuscht hätten.

Ein Spürhund der Liebe, ein leichtfertiger Page, der einst in seinem Müßiggange diese ländliche Venus erblickte, prahlte so laut mit seiner Entdeckung, daß sein verliebtes Geschwätz durch fünfzig Thüren in die Ohren des aufmerksamen Hofmarschalls erklang, der sogleich den sultanischen Entschluß faßte, mit den Reizungen der holden Wilhelmine den Hofstaat zu verschönern und sie dem unsaubern Dorfe und der List eines Pagen zu entziehen. Wenn die weibliche Elster in der Mitte des Weinbergs eine volle Traube entdeckt, die von hundert Blättern beschützt die letzte Zeit ihrer Reife erlangt hat: so erweckt oft dies prophetische Geschrei bei dem reisenden Handwerksmann ein durstiges Nachdenken. —

Er ersteigt den Weinberg und entzieht dem Stocke und der verjagten Schwätzerin die vortrefflichsten Beeren.

Der entschlossene Hofmarschall fuhr, von der Kabale, seiner beständigen Schutzgöttin, begleitet, in hoher Person zu Niklas dem Verwalter, übersah mit geschwind forschenden Blicken die Schönheit des verschämten Landmädchens, und es währte nicht lange, so hatte er seine großmütige Absicht eröffnet. „Ich will," sagte er freundlich zu dem Alten, „Eure schöne Tochter in den glänzenden Posten einer fürstlichen Kammerjungfer erheben: dies ist die Ursache meines Besuchs."

Betäubt von den höflichen Reden des vornehmen Herrn, stand der alte Verwalter vor ihm, strich ungeschickt mit dem Fuß aus und fühlte ängstlich seine Verwirrung. Der feine Hofmarschall ließ ihm Zeit, Atem zu holen und versuchte indes mit Wilhelminen zu sprechen: aber die Schöne verstummte, blinzte mit den Augen, und ihr Blödsinn zeigte ihm eine so weiße Reihe von Zähnen, wie ihm noch nie die vornehme Sucht zu gefallen, in dem langen Laufe seines Lebens verraten hatte. Die Verlegenheit der Tochter weckte zuletzt den Alten aus seiner Betäubung. Er nahm stotternd das Wort und als Vater gebot er der Schönen, sie solle, weil einmal ihr gutes Glück es verlange, zur Reise nach Hofe sich geschickt machen, und über den gütigen Herrn schüttete seine schwere Zunge tausend unvollendete Wünsche und abgebrochene Danksagungen aus und beredtere Thränen strömten von seinen bleichen Wangen herunter. Damals waren noch zwanzig Minuten genug, die Schöne in ihren besten Putz zu kleiden; alsdann hob sie der vergoldete Herr in seinen glänzenden Wagen, setzte sich neben ihr und ließ die seidenen Vorhänge herunter. Darauf jagten sechs wiehernde Hengste durch die Reihen unzähliger Bauern, denen das starre Erstaunen die weiten Mäuler geöffnet. Und seit dieser trüben Stunde war das welkende Herz des Pastors von keinem Strahle der Freude erwärmt, und nur in der letzten Nacht des kritischen Jahres erblickte er zum erstenmal wieder die tröstende Hoffnung.

Zweiter Gesang.

Die neue Sonne rollte den jungen Tag des Jahres herauf. Ihr ungewohnter Blick übersah schüchtern die Planeten, die sie bescheinen sollte, und nun wandte sie auch ihr unschuldiges Gesicht zu unserer Erdkugel. Ein Heer vorausbezahlter Gratulanten jauchzt' ihr entgegen, andere, unglücklicher, zerrissen das Neujahrsgedicht, seit dem frostigen September geschmiedet; denn ihr alter Mäcen ist den heiligen Abend vorher gestorben, und hinterläßt geizige Erben, die den Apoll samt den Musen verachten und ungeheißene Arbeiten niemals großmütig belohnen. Verjährte Rechte, drohende Wechselbriefe, erfüllte Hoffnungen und erseufzte Majorennitäten drängen sich auf den Strahlen des neuen Lichts in das beunruhigte Herz des erwachten Sterblichen. Aber friedliebend und sanft wirkt sie, die mächtige Sonne, auf die Felsenherzen der Großen und in die morschen Gebeine der Helden, die jetzt, voller Neigung zur Ruhe, sich beschwerlich von ihren Lagern erheben, um ihre Wunden verbinden und die Merkmale ihrer Tapferkeit vernähen zu lassen. Stolz auf ihr Elend behängen sie den krüppeligen Körper mit den bunten Zeichen des gnädigen Spottes der Fürsten, mit dem teuern Spielwerke von Kreuzen und Bändern, und die Empfindung ihres Heldenlebens wütet in jeglicher Nerve. Betäubt von den murrenden Wünschen der Thorheit und von den lauten Seufzern des Unglücks, stand die Sonne in wehmütiger Schönheit am Himmel, fürchtete sich, länger herabzuschauen, und versteckte sich oft hinter ein trübes Gewölke. So steht ein blühendes unschuldiges Mädchen, zu arm ihr junges Leben zu erhalten, vor der versammelten Schule der Maler, und verrät die geheimsten Schönheiten der Natur, für einen geringen unbilligen Preis, der Betrachtung der Kunst. In schamhafter Einfalt versteckt sie ihre mächtigen Augen hinter eine ihrer jungfräulichen Hände, indem sie mit der andern das letzte neidische Gewand von sich legt, das ihre Reize verbarg und nun — ängstlich erwartet sie nun den Verlauf der verkauften Stunde. Die geschicktesten Jünglinge zittern bei dem Anblicke der unverhüllten schönen Natur, und ihre sonst gewisse Hand zeichnet Fehler auf das gespannte Papier. Der minderjährige Knabe allein übertrifft hier seinen Meister; denn in seinem kleinen noch gefühllosen Herzen liegen jene sympathetischen Triebe unentwickelt, und seine Hand lernt eher der Kunst, als jenes der Liebe gehorchen.

Und der voll Hoffnung erwachte Pfarrherr ging in der Frühe zu Niklas, dem Verwalter, wünschte ihm ein fröhliches neues Jahr und ließ sich wieder eins wünschen; dann erzählte er ihm seinen nächtlichen Traum bündig und kurz — denn die gebietenden Glocken hatten schon zum drittenmal geläutet, und die geputzte Gemeinde sah sehnlich ihrem Herrn Pastor mit seinem Neujahrswunsche entgegen. Ach wie fröhlich klopfte nicht Niklas dem Herrn Magister die Achsel, und zweifelte gar nicht an der Erfüllung des Traumes. Hurtig bestellt er die Küche, damit sie, zur Ehre eines so lieben Besuchs, viele schmackhafte Gerichte den Mittag zu liefern vermöchte. Er bat auch den wertesten Träumer zur Tafel, und ging an seiner rechten Seite mit ihm vertraulich zur Kirche. Der künftige Herr Schwiegersohn hielt eine erbauliche Predigt, bis unter Singen und Beten die Mittagssonne hervortrat. Schon eilte die buntscheckige Gemeinde mit gesättigter Seele und hungrigem Magen nach Hause, als der erwartete Wagen zur Höhe des Dorfes hereinschimmerte. Mit weiten Schritten und fliegendem Mantel eilte der hagere Magister den sechs Schimmeln vorzukommen, um seine Schöne aus dem Wagen zu heben. Keuchend schmäht er auf sich, daß er so lange gepredigt, aber dennoch überholt er die rollende Kutsche, und empfing die holde Wilhelmine an der Thüre ihrer vormaligen Wohnung. Von dem Zuruf ihrer herzugelaufenen Bekannten begrüßt, reichte sie, nicht mehr als eine Nymphe des Dorfs, ihrem unerkannten Liebhaber die Hand mit kostbaren Ringen geziert, und sagte höflich zu ihm: „Wie geht es, werter Herr Pastor?" Darauf umarmte sie ihren alten weinenden Vater, der vor der Hofstimme der Tochter erschrak, und nicht wußte, ob er mit seiner bäuerischen Sprache ihre Ohren beleidigen dürfte. Noch scheuer und in einem unaufhörlichen Bücklinge stand ihr Liebhaber vor ihr, und hustete immer und sprach — nichts. Lange getraute er sich auch nicht, sie anzublicken; denn ihr hüpfender Busen, von keinem ländlichen Halstuche bedeckt, war ein zu ungewöhnlicher Anblick für ihn, und setzte seine Nerven in ein fieberhaftes Erzittern. Mit zufriedenem Mitleiden beobachtete Wilhelmine den Einfluß ihrer Person, und riß endlich Vater und Liebhaber aus ihrer Betäubung. Ihre harmonische Stimme bildete manche vertraute Erzählung, bald von den Freuden des Hofs, von englischen Tänzen und überirdischen Opern und von den unnützen Verfolgungen ihrer lächerlichen Amanten; bald aber auch bejammerte sie mit nachdenkender Stimme den steten Wechsel des Hofs und den Ekel, der, ein unermüdeter Verfolger aller rauschenden Ergötzungen, hinterlistig dem taumelnden Höflinge nachschleicht, und da wünschte sie sich, welch' ein Vergnügen für den horchenden Priester, einst wieder mit Ehren zur glücklichen Stille des Landes zurück. Unter diesen anmutigen Gesprächen, wovon meine Muse nicht die Hälfte verrät, setzte sich diese liebe Gesellschaft vertraulich und ohne Gebet zu Tische. Erschrocken dachte zwar der Magister daran, doch durft' er es jetzo nicht wagen, sich wider die Gewohnheiten des Hofs zu empören. Um das Mittagsmahl zu verherrlichen, hatte die schöne Tochter des Hauses vier Flaschen köstlichen Weins mitgebracht. — Sie öffnete eine davon, und schenkte mit wohlthätigen Händen ihrem Liebhaber und Vater schäumende Gläser ein. Lange besah der Magister das unbekannte Getränke, kostete es mit der Miene des Kenners und ließ doch sein Feuer verrauschen! Endlich fragte er pedantisch — „Liebe Mamsell, für was kann ich das eigentlich trinken?" Lächelnd antwortete sie: „Es ist von unserm Burgunder." Nach ihm setzte man auch eine langhalsigte Flasche des stillscheinenden bleichen Champagners auf die Tafel. Schon ganz freundlich durch den Burgunder, reichte sie der Magister den befehlenden Händen der Schönen: aber er wäre bald vor Schrecken versunken, als der betrügerische Wein den Stöpsel an die Wand schmiß, und wie der vogelfreie Spion, der sich einsam und sicher in dem Walde geglaubt hat, durch den Mörser eines feindlichen Hinterhalts aus seiner Ruhe geschreckt wird, so betäubte der schreckliche Knall die Ohren des zitternden Pastors. Erst auf langes Zureden und hundert Beteuerungen der Schönen, trank er den tückischen Wein und empfand bald dessen feurige Wirkung; denn nun öffnete der laute Scherz und der wiederkehrende Witz seine geistigen Lippen, Antithesen und Wortspiele jagten einander, und da gewann er auf einmal den ganzen Beifall der artigen Wilhelmine, wie ihm sein wahrhafter Traum verkündigt hatte. Jetzt erschrak er nicht mehr vor dem erhabenen Busen, den er selbst belebender fand, als den brausenden Champagner. Dreimal hatte er mit lüsternen Augen hingeschielt, da ward er so dreist und wagte es, von dem alten Verwalter unterstützt, das Herz der englischen Kammerjungfer zu bestürmen. So viel Waffen der Liebe als nur seine unerfahrene Hand regieren konnte; so viel zärtliche Blicke, so ein gefälliges Lächeln, als ihm nur zu Gebote stehen wollte, verwendete er auf die Hoffnung einer geschwinden Eroberung. Welch eine Verschwendung von süßen rührenden Worten! Erstaunt sah Wilhelmine ihren dringenden Feind an, und dreimal wankte sie, aber ein geheimer Stolz und die Rücksicht auf den prächtigen Hof erhielt sie noch, bis ihr endlich Vater und Liebhaber, immer einander unterbrechend, das Wunder des Traumes entdeckten, denn da erkannte sie selbst in allem die sichtbaren Wege des Himmels und ihren Beruf, und durch die Beredsamkeit des Pastors bekehrt, entfernte sie allen Zwang des Hofes von ihren offenherzigen Lippen: „Wohlan!“ sagte sie, nachdem sie in einer kleinen freundlichen Pause die Beschwerden und die Vorteile des Hymen gegen einander gehalten, und noch die reife Überlegung auf ihrer hohen Stirn saß, „wohlan! ich unterwerfe mich den Befehlen meines Schicksals; ja, ich will selbst mit Vergnügen das unruhige Leben des Hofes mit den stillen Freuden meines Geburtsortes vertauschen, und da Sie mich einmal lieben, Herr Pastor, so würd' es unzeitig sein, spröde zu thun, ich sehe die Ungeduld Ihrer Neigung auf Ihrem Gesichte! Kommen Sie her, mein Geliebter,“ welch ein Triumph für einen Unerfahrenen, der nie den Ovid und das System einer versuchten klugen Lenclos gelesen, „küssen Sie mich, und nehmen Sie zum Zeichen unserer Verlobung diesen Ring an!“ Und mit unaussprechlichem Vergnügen kam der schwerfällige Liebhaber gestolpert, küßte sie dreimal, und machte es zur Probe recht artig. Sie steckte ihm einen Demant, in Form eines flammenden Herzens an das kleinste Glied seines Fingers, und er — welcher Tausch! hätte ihn nicht die duldende Liebe gerechtfertigt — überreichte ihr einen ziegelfarbenen Karneol, worin ein Anker gegraben war. Nun brachte jede Minute neuen Zuwachs von Liebe und Vertrauen in ihre verbundene Gesellschaft, und frohe Gespräche von ihrer baldigen Hochzeit beschäftigten ihre unermüdeten Lippen. Da sagte Wilhelmine diese merkwürdigen Worte: „Morgen, wenn die Göttin der Kabale auf den feuchten balsamischen Wolken des dampfenden Thees nachdenkend an den kostbaren Plafonds herumzieht und

21. Anne (Ninon) de Lenclos (1616—1706), durch ihre Schönheit und Liebschaften bekannte Französin.

ihre Anbeter ermuntert, und wenn die eigensinnige Göttin der Mode ihren Liebling, den Schneider zu wichtigen Konferenzen der Staatsräte geleitet, oder damit Sie mich deutlich verstehen: morgen, wenn es früh zehne geschlagen, so rüsten Sie sich, mein Geliebter, und machen Sie Ihre schuldige Aufwartung bei unserem Hofmarschall; bitten Sie ihn in demütiger Stellung um die Erlaubnis zu meiner baldigen Heirat! Ich selbst will ihn noch heute zu diesem Ihren Besuche vorbereiten, und so werden Sie dann morgen gar keine Schwierigkeit finden. Er ist der beste Herr von der Welt, und wenn meine Bitten, wie ich aus guten Gründen mir schmeichle, etwas bei ihm vermögen, so geben Sie acht! — so soll er selbst bei unserer Hochzeit erscheinen und durch seine ehrende Gegenwart unser Fest glänzender machen: jetzt aber teilen Sie, ohne Komplimente, den Platz in meinem zweisitzigen Wagen, damit Ihnen der Weg nach einem fürstlichen Hause nicht eben so sauer ankommen möge, als der benebelte Steinweg zu Ihrem Filiale!“ Zärtlich und süß versprach der gehorsamste Liebhaber ihr in allem zu folgen, und an der Hand seiner Geliebten verließ er jetzt sein trauriges Kirchspiel.

Noch halb berauscht von dem Besuche seiner Tochter und dem seltenen Weine, den er bei vollen Gläsern getrunken, ging nun der alte Verwalter aus, sein häusliches Glück den Gevattern und der Versammlung der Schenke zu verkündigen. Wie schien sich doch alles zur Feier dieses seines glücklichen Tages zu verbinden! Er hörte schon von weitem den Schall einer mutigen Fiedel. In der Freude seines Herzens vergaß er sein Alter und tanzte mit Jauchzen der harmonischen Schenke entgegen. Ein ungewöhnlicher Schimmer umleuchtete heute ihre rostigen Wände, denn das Schicksal vergönnte diesen Abend den fröhlichen Bauern ein seltenes Vergnügen. Die Schauspielkunst war vor kurzem mit allem dem Pomp ihrer ersten Erfindung eingezogen. Welch ein frohes Getümmel! Welch eine Lust! Ein vielstimmiger Mann schwebte wie Jupiter unsichtbar über einer lärmenden thörichten Welt, lenkte mit seiner Rechten ganze tragische Jahrhunderte und regierte mit gegenwärtigem Geiste die schrecklichsten Begebenheiten und Veränderungen der Dinge, über welche die weisesten Menschen erstaunen. Jetzt sah man hochmütige Städte, wie sie sich über

32. vielstimmig, weil er die Stimmen je nach den verschiedenen Rollen der Puppenkomödie veränderte.

Dörfer erheben, und augenblicklich darauf eingeäschert oder in einem Erdbeben versunken; Rom und Karthago, Troja und Lissabon wurden zerstört, und der Hellespont schlug über ihre stolzen Türme seine Wellen zusammen. Was hilft es euch, ihr Tyrannen, daß ihr über Länder geherrscht, arme Bauern gedrückt und Nationen elend gemacht habt? denkt ihr wohl der Strafe des Zeus zu entfliehen! Ja, da sieht man's. Hier liegt nun der grausame Nero in seinem Blute und wird von seinen eigenen Grenadieren zertreten! Bald wird es auch an dich kommen, du übermütiger Mann, Heliogabalus, Pompejus, oder wie du sonst heißen magst. Seht nur, wie stolz er einhergeht und alle Leute verachtet, aber Jupiter winkt, und nun wird er unter Donner und Blitzen von den Saracenen ermordet. Doch wer kann sie alle zählen, die Wüteriche, die hier fallen; und wo wollte ich Worte hernehmen, die blutigen Scenen zu beschreiben, die die gerührten Zuschauer mit lautem Lachen beehren? Jetzt sah man auch das bedrängte Friedrichshall von Karl dem Zwölften belagert. Schon war die Pistole gespannt, die diesem schrecklichen Helden das Leben endigen sollte, und schon wurden die Laufgräben geöffnet und alles war voller Erwartung, als — der alte Verwalter hereintrat. Bei seiner längst gewünschten Ankunft verstummte die Fiedel, die große Versammlung der Zuschauer hob sich von ihrem Sitze, schmiß eine allgemeine Bank um und grüßte freundlich den Alten, eine Ehre, die vor ihm noch kein Sterblicher genoß, als nur der ehrwürdige Kato, und die vielleicht nach ihm keiner wieder genießen wird. Dieser Zufall schob die Belagerung auf, eine glückliche Pause für Karln, und selbst der Regierer der Welt stieg jetzt in seinen Kothurnen von dem hohen Sitze des Olymps herunter, und ein ernsthaftes Stillschweigen der ganzen Natur forderte den Alten auf, seine glückliche Geschichte zu erzählen. Er that es mit vertraulicher Beredsamkeit, und man hörte ihm zu mit sichtbarem Erstaunen, und stemmte die Hände in die Seiten, und schüttelte mit bedenklichen Mienen die Köpfe.

Indessen waren die beiden Verliebten nach drei kurzen hinweg geplauderten Stunden in den Mauern der Residenz. Der ehrwürdige Fremde begab sich unter den Schutz des wirtbaren

16 f. **Friedrichshall von Karl dem Zwölften belagert.** Th. scheint die einzige, vollständig erhaltene Haupt- und Staatsaktion „Karl XII vor Friedrichshall“ gekannt zu haben. Vgl. Prutz, Vorl. über die Gesch. des deutschen Theaters S. 193 ff. Hier ist natürlich nur von Puppenkomödien die Rede.

Hirsches, und Braut und Bräutigam trennten sich hier bis auf ein glückliches Wiedersehn mit höchst zärtlichen Küssen. Welche triumphierende Freude durchströmte nicht jetzt das Herz des verliebten Magisters, als er sich, seinen Betrachtungen überlassen, in dem weiten Zimmer des Gasthofs allein sah. Eine ganz andere Empfindung seines Glücks, als er selbst an dem vergnügten Tage seines überstandenen Examens nicht gefühlt hatte. Denn damals machte der Präsident seinem stotternden Geschwätze durch ein ungehofftes Bene ein freudiges Ende, und die gelehrten Herren Beisitzer widersprachen ihm nicht. Sollten sie etwa durch lange Untersuchungen sich um die kurzen Lustbarkeiten der Messe und den schwitzenden Kandidaten ums Amt bringen? O nein! Aus Menschenliebe hofften sie, er würde es schon löblich verwalten, und sie überließen die Seelen der Bauern seiner Treue und Gottes Barmherzigkeit. Mit mehrerem Recht freute er sich jetzt, und schmeichelhaft fragte er sich: Ist es nicht dein eigenes Verdienst, das sprödeste Mädchen in einem Nachmittage besiegt zu haben? Wie wohl that ich, daß ich meinem prophetischen Traume folgte, mich so dreist und munter bezeigte, wie die vornehme Welt es verlangt. Welch eine Liebe für mich muß nicht in der Brust meiner Wilhelmine erwacht sein, da sie sich so eilig entschließt, den prächtigen Hof zu verlassen, um einem armen Dorfprediger zu folgen, dessen altfränkische Wohnung wer weiß wie manche Reformation überlebt hat.

Schon tönte der Wächter seinen letzten Nachtgesang in einem tiefen verunglückten Baß, hüllte sich in seinen Schafpelz und beurlaubte sich von der Stadt. In gehöriger Entfernung schlichen die Spötter seiner Aufsicht, die glücklichen Diebe, ihm nach, weckten den Thorschreiber auf, und erreichten bald das sichere Gehölze: und am Horizont fing schon der Tag an zu grauen, eh' unser Verliebter einschlafen konnte. Wie war es auch möglich? Auf allen Seiten verfolgten ihn Unruh und Schrecken. Gleich höllischen Gespenstern rasselt' unter ihm mit Ketten der böhmische Fuhrmann: doch Gedanken der Liebe machten noch einen größeren Tumult in seinem zerrütteten Herzen. Aus Mattigkeit fiel er endlich in die Arme des Schlafs — doch auch der Schlaf eines Verliebten ist Unruh — denn sobald er das Bellen der Hunde und das Rasen des Windes nicht mehr deutlich vernahm, so bemächtigten ängstliche Ahnungen sich seines Gefühls. Bald träumt' er, seine berauschte

Seele erhöhe sich über die Sonne und begrüße unbekannte Gefilde. — Dann glaubte er wieder in einen bodenlosen Abgrund zu stürzen, schrie, sträubte sich: stieß sich an den unruhigen Kopf, und erwachte in einem plötzlichen Schrecken. So steigt ein lustiger Schwärmer durch die dunkle Nacht in einem Wirbel empor — wirft freundliche Sternchen von sich, und brauset unter Wolken; bald darauf sinkt er — nun sinkt er — endet sein kurzes Geräusch, und zerplatzt mit einem lächerlichen Knall.

— — —

Dritter Gesang.

In einer prächtigen Wintertracht war heute die Sonne dem Erdball erschienen; ihr Einfluß hatte die lebenden Geschöpfe der Welt schon alle aus dem Schlafe geweckt, wenn ich in Savoyen die Murmeltiere, und in Deutschland die Mädchen ausnehme, welche die Mode erzieht; sogar die berühmten Schläfer der Residenz, alle Hofjunker und Staatsräte waren erwacht, hatten nun ausgegähnt und fingen an ihren erhabenen Trieb nach Geschäften zu fühlen; denn einige verschluckten schon levantischen Kaffee und blätterten im „Herrn und Diener“, oder bezeichneten, um nach vollbrachtem Tage wieder zu lesen, dankbar die rührende Stelle, bei der ihnen den Abend vorher die Gedanken in Schlaf übergegangen waren. Mit edlem Eifer übten sich andere im stillen die Zahlen der Würfel zu lenken, oder durch geschwinde Volten (ein mystisches Wort) sich über allen Wechsel des Glücks zu erheben. Die von flüchtigerm Geblüte flatterten schon über das Pflaster, um die blassen Fräulein an der Toilette zu besuchen, und ihnen durch mächtige Scherze rote Wangen zu schaffen. Aber noch immer schnarchte der müde Magister; ja! er würde gewiß den Endzweck seiner Reise, den so wichtigen Besuch bei dem Hofmarschall, verschlafen haben, hätte ihn nicht die keifige Stimme eines bärtigen Juden erschreckt, der dreimal schon vergebens an die Stubenthüre klopfte.

18. **Herr und Diener**, eine bekannte Schrift des Herrn von Moser. — 22. **Volten** bekanntes betrügerisches Manöver beim Kartenspielen.

„Haben Sie etwas zu schachern?“ schrie der Ebräer gewaltig hinein, daß die Fenster erklangen, und der betäubte Magister in die Höhe fuhr. Der Ungläubige floh, erschrocken sah der schläfrige Christ nach seiner tombacknen Uhr, erstaunte, daß es so spät war, und warf sich schleunig in seinen bepuderten Schwarzrock. Halb träumend lief er über die Gassen und ohne Vorbereitung den Komplimenten des Hofmarschalls entgegen. Aber welche Muse beschreibt mir den Einzug des frommen Pedanten in das vergoldete Zimmer des glänzenden Weltmanns? In einem Schlafrock von Stoffe empfing er den Pastor mit offener Stirne und satirischer Miene, die sein schlauer Diener verstand, der hinter dem Rücken des armen Magisters die galante Falschheit wiederlächelnd bewunderte Mit Husten und Scharrfüßen suchte der Supplikant den Eingang zur Rede; aber als Ceremonienmeister trat der bellende Melampus ihm entgegen, nötigte ihn stille zu stehen, und zerstreute die hervorquellenden Worte, daß sie ungehört vom Hofmarschall sich an den Spiegeln zerstießen, und ihr Wiederhall den bebenden Pfarrherrn in Angst und Schrecken versetzte. Endlich legte des Hofmanns mächtige Stimme dem ergrimmten Cerberus Stillschweigen auf — gehorsam kroch er zu den Füßen seines Herrn, und leckte schmeichelnd den saffianen Pantoffel. Darauf wandte sich die Rede zu dem immer sich bückenden Verliebten: „Ich weiß schon Ihr Anbringen, lieber Herr Pastor, ist es nicht wahr, Sie wollen uns unsere Wilhelmine entziehen? das schönste und ehrlichste Mädchen in diesem ganzen Gebiete! Habe ich es nicht erraten, Herr Pastor? Schon gestern hat sie mir selbst Ihre Lieb’ eröffnet, und mit verschämtem Gesichte um den glücklichen Abschied gebeten. Wohlan! Ich werde kein Hindernis Ihrer Neigung und bescheidenen Bitte in den Weg legen, wenn Sie mir anders eine kleine Bedingung versprechen. Werden Sie nicht unruhig, Herr Pastor! Es hat mich unsre Wilhelmine gebeten, morgen selbst bei Ihrer Hochzeit zu erscheinen — mit Vergnügen will ich auch kommen, und will selbst eine Gesellschaft versammeln, die Ihren Ehrentag glänzender machen wird, als eine Kirchmeß, eine Gesellschaft, die meinem Stande gemäß ist, wenn Sie, denn dies sei die Bedingung, wenn Sie die Tochter des alten Grafen von Nimmer vermögen, dieses Fest zu beleben. Er, der Ihr Nachbar ist, und oft vor Ihrer Kanzel erscheinet, wird sich nicht weigern, seine holde Klarisse auf die Hochzeit eines erbaulichen Predigers fahren zu lassen — der

Komtesse aber sagen Sie heimlich: ich würde dabei sein. Auf meinen Befehl, der über die fürstliche Küche gebietet, sollen alsdann hundert fette Gerichte Ihre hochzeitliche Tafel schmücken, und Madeira, Rheinwein, Champagner und echter Heremitage sollen in solchem Überfluß fließen, wie an dem Hofe eines geistlichen Fürsten."

Wie vergnügt hörte nicht der Verliebte diese freundlichen Reden — gern und ohne Anstand versprach er, diesen leichten Befehlen zu folgen, um sich der hohen Ehre und Gnade würdig zu machen. Darauf nahm er Abschied und schnappte nach dem Zipfel des Schlafrocks; aber mit höflichen geübten Händen schlug der Hofmarschall beide Teile zurück, strich mit dem Fuße aus, und empfahl sich dem Pastor Sebaldus. Bald nach ihm trat Wilhelmine herein, und brachte ihrem gnädigen Gönner Chokolade mit perlendem Schaume; da gab ihr der Marschall das Dokument ihrer Tugend, den ehrlichsten Abschied, sauber auf Pergament geschrieben, und siehe da, welche großmütige Gnade! Er umarmte sie mit gefälligen Händen und küßte sie zärtlich. Eine ganz sapphische Empfindung strömte durch ihr dankbares Herz, und trieb ihren wallenden Busen empor, daß der blaßrote Atlas zu knistern anfing, der ihn unter der Hälfte umspannte. Ach, welch ein reizender Busen! o scherzhafte Muse beschreib ihn! Auf seiner linken Erhöhung lag ein mondförmiges Schönfleckchen angeheftet durch Gummi, von dem ein kleiner Liebesgott immer mit drolligen Reverenzen die Blicke der Grafen und Läufer, Lakaien und Freiherrn auf sich zog. Aber jetzt hob sich dreimal die warme bebende Brust und trennte die gedörrte Musche von Gummi. Der kleine Liebesgott, mit samt seinem Gerüste, fiel zwischen der Schnürbrust unaufhaltsam hinunter, daß die Schöne schrie, und der ernsthafte Hofmarschall wirklich zu lachen anfing. So fällt ein prahlender Zahnarzt unter die morschen Trümmer seines Theaters, indem er mit stampfender Beredsamkeit dem Pöbel winkt, sein Rattenpulver zu kaufen. Sein erbärmlich Geschrei und das laute Lachen des Volks betäuben den Jahrmarkt, wenn ihn nun aus dem Schutte sein buntscheckiger Diener hervorzieht.

Mit einer bedeutenden Röte rauschte bald die schöne Verlobte in die Versammlung der übrigen Zofen des Hofs, die schon ihre

4. Heremitage, eine Weinsorte von dem gleichnamigen Gebirge am linken Rhoneufer.

glühenden Wangen beneiden; aber Wilhelmine vollendet ihrer aller Verzweiflung, als sie ihnen den papiernen Triumph zeigt, den sie jetzt vom Hofmarschall erhalten. Äußerlich klagen sie zwar ihre verkaufte Gespielin: „Ach, du armes, verblendetes Mädchen! So willst du denn fern von deinem verbrämten Amanten in der Einöde des Landes dein junges Leben verseufzen, und nur von Bauern bewundert, den stolzen Busen erheben? So willst du denn in einer dunkeln geistlichen Hütte als Frau Magisterin wirtschaften? Ach, du armes, verblendetes Mädchen!"

So klagten alle die Zofen den Abschied der erweichten Wilhelmine, aber heimlich wünschte sich jede, bald auch so beweinet zu werden, und in den sichern Armen des weiblichen Schutzgottes, des Hymen, den Wechsel des falschen Hofes zu verlachen.

Vierter Gesang.

Auf den Uhren war schon der Mittag vorüber, aber in den Häusern der Großen brach er erst mit festlichem Pomp aus der Küche hervor. — Hekatomben rauchten ihm, denn die mittägliche Sonne hat noch nicht ihre Anbeter verloren. — Mit mehrerem Eifer als wohl jemals ein ägyptischer Priester gehabt, feiern sie täglich ihr Fest, mit sonnenroten Gesichtern, bis das wohlthätige Licht den Kreis verläßt, und nun die stille Venus vom nächtlichen Himmel herabblinkt. Da erhub der gesättigte Pfarrherr seine gestiefelten Beine, und trat mit zerstreuten Gedanken seinen bestimmten, zwei Meilen langen Weg an. Die alles vermögende Liebe hatte jetzt den gelehrten Magister zu einem gemeinen Botenläufer erniedrigt, und er mußte, welche sonderbare Bedingung, als sein eigner Hochzeitbitter, noch ein zweites Jawort erbetteln, ehe sie ihn glücklich zu machen versprach. Der hochbeschneite Weg ermüdete seine Kniee, und die duftende Kälte kandierte seinen schwarzen Bart und brachte ihm Zahnweh. Aber noch ein größeres Übel, als Zahnweh und Müdigkeit, lauerte in dem nahen Wald auf ihn.

Welcher boshafte Genius war es, der in Gestalt eines Holzhackers dem Priester entgegen kam? Ein unschuldiges, unbekümmertes Gesicht, die Larve der Heuchelei, betrogen den heiligen Wanderer. „Guter Freund," redete er ihn vertraulich an, „sagt mir doch, ist dieses die rechte Straße nach Rennsdorf, dem Rittersitze des alten Grafen von Nimmer?" Ehrerbietig nahm jetzt der Boshafte vor dem Pastor den Hut ab und sagte: „Wer Sie auch sind, ehrwürdiger lieber Herr, so beklage ich Sie doch herzlich; denn dieser falsche Holzweg, auf welchem Sie wandeln, wird Sie weit von Rennsdorf ablocken, und wenn endlich sich die Schrecknisse der Nacht über diese Heide verbreiten, so müssen Sie Ihren ermüdeten Körper einer abgelegenen Schenke, einer Spitzbubenherberge vertrauen." Da schlug der erschrockene Magister seine nervigen Fäuste zusammen. Lieber würd' er auf einem Ameisenhaufen geschlafen oder wie ein Zigeuner den Anbruch seines Hochzeitsfestes in einer hohlen Weide erwartet haben, als daß er einer Schenke das Vorrecht gegönnt hätte, seine geweihten Glieder zu bedecken. „O mein Freund," rief er, „den mir noch zu rechter Zeit ein guter Engel entgegen schickt, ach entfernt mich doch eilig von diesem Fußsteige, der meine Gebeine umsonst ermüdet, und zeigt mir den richtigen Weg, und nehmt im voraus für Eure Bemühung ein dankbares Trinkgeld an." Hier zog er — gleich einer alchymistischen Phiole — einen langen Beutel heraus, der in der Farbe der Hoffnung künstlich gestrickt war. Ein billiger Zwischenraum scheidete dreißig Ephraimiden von einer goldenen Madonna. Ihres innern Wertes gewiß, erwartete sie ruhig ihr verzögerndes Schicksal, da sich indes der jüdische Haufe mit Geräusch bis an die Mündung des Beutels drängte, um bald erlöset zu werden, und in einem ungewissen Kurse betrügerisch zu wuchern. Doch, indem noch der Pastor die großmütige Belohnung und das Verdienst eines Wegweisers berechnet, so verschwindet Barschaft, Tagelöhner und Beutel, und der Gott der Kaufleute und Diebe verbirgt den Raub und den hurtigen Räuber in den Finsternissen des Waldes. Nun erfüllte eine lange unharmonische Klage des armen Magisters die Lüfte: „O du treuloser Verräter," so schrie er, „wenn du auch, der du einen Priester beraubest, dem Dreiangel des Galgens, der Kuh-

24 f. Ephraimiden, Spottname schlechter Silbermünzen, welche während des siebenjährigen Krieges die jüdischen Münzmeister Ephraim und Itzig schlagen ließen. — 25. Madonna, Mariengulden.

haut und den glühenden Zangen entfliehst, so wird dich doch dein böses Gewissen und mein Fluch verfolgen, daß, wenn das eiskalte Fieber deine Glieder zerrüttet, dir keine bittere Essenz und kein Kirchengebet helfen soll, wenn du es auch mit einem Gulden bezahltest. Ohne Ernst und Andacht und in dem gleichgültigen Tone gesprochen, in dem wir oft für den römischen Kaiser und alle weltlichen Obrigkeiten beten, wird es in der Atmosphäre der Kanzel zerflattern." — So schrie er und erholte sich langsam unter einer überhangenden Eiche. Ungewiß durch die Lügen des Räubers, ob dies der rechte Weg sei, überließ er sich mit nagender Furcht seinem Verhängnis: doch die tröstende Liebe leitete seine zweifelhaften Füße durch die finstere Nacht glücklich in das labyrinthische Schloß des Grafen. Der zeitige Schlaf, und ein süßer Traum von einem Kapaune mit Austern, beherrschte schon den alten Gerichtsherrn, und es schliefen auch schon seine alten Bedienten, ob es gleich erst neune geschlagen. Des ankommenden Fremdlings ehrwürdige Krause flößte dem Wächter des Hofs die schuldige Achtung ein, daß er ihn, nachdem er sein Verlangen erforscht, bis an die Stube der jungen Gräfin begleitete. Mit ihrer vertrauten Zofe, Sibylle genannt, saß die muntere Komtesse, den einen ihrer niedlichen Arme auf ihre verschobene Toilette gelehnt, und hielt in der andern einen vergoldeten zärtlichen Brief, den sie erst jetzt an den Hofmarschall, ihren Geliebten, geschrieben. Sie las ihn mit gedämpfter Stimme ihrer kritischen Freundin vor, die aufmerksam zuzuhören schien, und unmerklich nur gähnte. Aber wer kann das Schrecken beschreiben, als der gekrümmte Zeigefinger des verspäteten Pastors an die Stubenthür donnerte. Sie glauben gewiß, ein prophetischer Verdacht habe die zänkische Gouvernantin erweckt, die wie ein Polizeiverwalter alles Unrecht entdeckte, und dem alten Grafen verriet. Mit angenommener Freimütigkeit gebot die betroffene Komtesse ihrer Zofe, die verschlossene Kammerthür hurtig zu öffnen: doch ihr furchtsamer Wink widersprach ihrem Befehle. Die kluge Sibylle verstand ihn, ging langsam zu Werke, klapperte scheinbar an der Thüre, und schmälte entsetzlich auf das strenge verrostete Schloß, da indes ihre Gebieterin die nötige Zeit gewann, mit Eau de Levante ihre Hände zu waschen, die hier und da von der verräterischen Tinte noch glänzten, und auch den anklagenden Brief aus dem Wege zu schaffen. Mit gegenwärtigem Geiste, o, wie liebenswürdig! ergriff sie ihn, zerquetschte seinen durchsichtigen Kavalier und das Posthorn, und warf ihn klein gedrückt, hurtig unter das Bette; aber wie dauerte sie nicht der wohlbeschriebene Brief, als nur der nachbarliche Herr Pastor zur Kammerthür hereintrat. Einen solchen Wechsel von heftigem Schrecken und stiller Betrübnis empfand einst der freigeistische Desbarraux, als er sich zur Fastenzeit einen Eierkuchen erlaubte. Schon hatte sein erzkatholischer Diener, blaß wie der Tod, das verbotene Gericht auf die Tafel gesetzt, als ein geschwindes Gewitter am Himmel heraufzog, ein schrecklicher Schlag die näschige Seele betäubte, und ihm den ersten Bissen im Munde zu Galle verwandelte. Was das für ein Lärmen um einen Eierkuchen ist! schrie er halb unwillig, halb furchtsam; ergriff das rauchende Essen, und warf es im Eifer auf die beregnete Gasse; aber wie dauerte ihn nicht das verlorne gute Gericht, als das Gewitter vorüber ging! Beschämt warf er sich seine zaghafte Eilfertigkeit vor, und quälte aufs neue den abergläubischen Koch, ihm ein anderes zu backen.

Kaum hatte der kriechende Pfarrherr seine ermüdeten Füße von dem niedrigen Armstuhle gestreckt, und mit gnädiger Erlaubnis die beklemmende Weste geöffnet, so verrichtete er seinen Antrag mit der unnötigen Vorsicht eines Pedanten. Er lispelte heimlich der Gräfin und ihrer Vertrauten dies anbefohlne Geheimnis ins Ohr: der gnädige Herr Hofmarschall werde dabei sein, und keine, nein keine, als die gegenwärtigen Seelen konnten diese mystischen Worte vernehmen.

Welch ein Tiefsinn bedeckt' jetzt mit den Fittichen der Mitternacht das Kabinett der schönen Klarisse! Ihre erfindungsreiche Liebe stritt immer mit der schwerfälligen Einsicht des Magisters: doch beide mußten sich der Erfahrung eines grauen Kammermädchens unterwerfen. Anschläge wurden gefaßt, untersucht, und durch neue verdrängt! Lange ging das wichtige Projekt wie ein Würfel im Kreislaufe herum, ehe die ältliche Zofe mit der verschmitzten hohen Miene eines versuchten Ministers ihre Gedanken in folgenden klugen Worten entdeckte: „Jetzt, ehrwürdiger Herr, da sich Ihre Augen nach Ruhe sehnen, so hören Sie kürzlich meinen unmaßgeblichen Vorschlag: meine willige Stimme soll jetzt dem Wächter

1. **Kavalier und das Posthorn**, welches die Zeichen des sogenannten Kavalier- oder Postpapiers sind. — 11. **Was das für ein Lärmen um einen Eierkuchen** (tant de bruit pour une omelette!) ist, diese bekannte Redensart wird auf diesen Vorfall zurückgeführt.

des Hofes befehlen, daß sein sicheres Geleite Sie, den Windhunden vorbei, in die Stube führe, die unser Haushofmeister bewohnet. Dieser wird gern eine Nacht sein Bette mit Ihnen teilen, und morgen meldet er Sie bei dem gnädigen Grafen. Dann gehen Sie nur unerschrocken zu dem alten Papa; er wird gewiß Ihre Bitte gewähren; denn er liebet Sie von Herzen, und Ihre klagenden Jahrgänge haben seine hypochondrische Brust mit Ehrfurcht für Sie, Herr Pastor, erfüllet. Also schlafen Sie sanft, bis die Morgenröte Ihre gestärkten Glieder zum fröhlichen Hochzeitfeste erweckt!" Ein gütiger Lobspruch aus dem rosenfarbenen Munde der Gräfin belohnte die Einsicht der Zofe; auch der Magister wollte ihr gern seinen Beifall darüber bezeigen, aber seine Worte verwandelten sich in gähnenden Mißlaut, so daß er zu Hilfe ein beredtes Kopfnicken rief. In wenig Minuten war jeder wichtige Umstand nach Sibyllens Sinne geordnet. Der Haushofmeister beherbergte den schnarchenden Magister, und die dunkelbraune Nacht verbarg seine heimliche Ankunft unter ihrem Schleier vor der mißtrauischen Gouvernantin und vor dem murrenden Hofhunde.

Der volle Morgen hatte den hochgebornen Gerichtsherrn erweckt. Jetzt überdenkt er noch im Bette den Zustand seines Magens und fordert mit schwelgerischer Neugier den frühen Küchenzettel, da tritt der Haushofmeister herein, und meldet ihm die Beherbergung des verspäteten Pfarrherrn, und wie er jetzt voller Verlangen Ihro Gräfliche Gnaden zu sprechen, vor der Kammerthür lausche. „Je, willkommen, werter Herr Pastor, willkommen," schrie der Graf dem Verliebten entgegen Bückend trat dieser vor das Vorhangbette des Grafen, und sein schwerer Atem blies sogleich die hochzeitliche Bitte hervor, die er mit einer Menge von Wünschen beschloß, wozu ihm der Wechsel der Zeit die beste Gelegenheit darbot. Bei starkem ungeduldigem Herzklopfen wartete er nun, bis der Morgenhusten des stotternden Grafen sich legte, als er auf einmal diese deutliche Antwort vernahm: „O sehr gern will ich meiner Tochter das Vergnügen erlauben, an Ihrem Ehrentage, lieber Herr Pastor, im schönsten Putze zu glänzen. Der priesterlichen Aufsicht überlassen, ist ihre Tugend sicherer, als unter meinem eignen Dache. Ja, mein Freund, verlassen Sie sich darauf, sie soll nachmittags mit sechs rüstigen Pferden vor Ihrer Hausthüre erscheinen, und das Hochzeitgeschenk will ich selber besorgen. Damit aber auch Sie, mein Lieber, sich nicht vor Ihrer nahen

Hochzeit ermüden oder wieder beraubt werden, und sich im Walde verirren, so soll meine geschwinde Jagdchaise Sie jetzt Ihren wartenden Geschäften zurückführen, und meine aufrichtigen Wünsche sollen Ihnen folgen." Da ergriff der entzückte Magister die schwere Hand des Grafen von Nimmer, küßte sie hundertmal, und benetzte sie mit Thränen der Freude, die über seinen stachlichten Bart herunter rollten, wie ein plötzlicher Sommerregen über die glänzenden Stoppeln der Felder. Wie rechtmäßig war diese Freude; denn nach diesem Orakelspruche endigte sich alle sein Leiden. Halb war nun schon die Bedingung des Hofmarschalls erfüllt, und für die andere Hälfte wird die schöne Klarisse schon sorgen. Mit einem segnenden Komplimente verließ er die Stube des Grafen. An der Treppe lauerte die verschmitzte Sibylle auf ihn, und erforschte den Ausgang der Sache. Mit zwei kurzen Worten entdeckt' er ihr die gnädige Erlaubnis seines Patrons; und indem er sich in die Chaise warf, flog die erfreute Zofe zu ihrer Gebieterin. Nun beschäftigte die Wahl eines reizenden Putzes den ganzen Vormittag beide weibliche Herzen, und alles lag schon in der schönsten Ordnung, ehe der langsame Alte seiner Tochter die Bitte des Bräutigams, und seine eigene väterliche Erlaubnis anzukündigen glaubte. Sie hörte ihn an, als ob sie von nichts wüßte, und bedankte sich gleichgültig für die vergönnte Spazierfahrt, und leichtfertig erkundigte sie sich nach den übrigen Gästen der priesterlichen Hochzeit: doch der gute Alte wußte ihr keine Nachricht zu geben. „Wer wird dabei sein," sprach er, „als seine Konfratres vom Lande." Indessen klopfte das Herz der jungen Gräfin ungeduldig nach ihrem lieben Hofmarschalle, bis der geschäftige Putz die langen Minuten vertrieb, und ein sanfter Wagen die freundliche Göttin nebst ihrer vielfarbigen Iris aufnahm, und zu dem Hofe des traurigen Schlosses hinausflog.

29. Iris, Göttin des Regenbogens, ist in der griechischen Mythologie die Dienerin Heras.

Fünfter Gesang.

Der glücklich angelangte Magister fand seine verrostete Pfarre zu einem Palaste verwandelt, als er hineintrat. Ein Dutzend Bediente seines gnädigen Gönners hatten in seiner Abwesenheit die herkulische Arbeit unternommen, Stuben und Kammern zu säubern, und in der Küche herrschte ein ansehnlicher Koch, dessen eigensinnige Befehle tausend Geräte verlangten, deren Namen noch nie in diesem Dorfe waren gehört worden. Seine donnernden Flüche flogen in der Küche herum, daß der erschrockene Pfarrherr mit einem Schauer vorbeiging, sich in sein ruhiges Museum setzte und das Gesangbuch zur Hand nahm. Als ein Fremdling in seiner eigenen Behausung, getraute er sich nicht, jetzt von dem vornehmen Koche etwas zu essen zu fordern; lieber versäumte er das Mittagsmahl, und tröstete sich politisch mit dem fröhlichen Souper.

Die dritte kritische Stunde des Nachmittags brach an, und lud durch ihren Glanz den Neid des ungebetenen Superintendenten und aller Amtsbrüder auf den Hals des armen Verlobten. Strenge dich an, Muse, und hilf mir das Gewühl der Vornehmen beschreiben, die sich jetzt in dem Haus des Pfarrherrn sammelten. Zuerst erschien der lackierte Schlitten des Hofmarschalls an der Spitze vieler andern. Vier deutsche Hengste, chinesisch geschmückt, zogen ihn, und ein vergoldeter Jupiter regierte den schnurrbärtigen Kutscher. Ein musikalisches Silbergeläute hüpfte auf dem Rücken der Pferde, indem unter ihren stampfenden Füßen die fröhliche Erde davonflog. Schon von ferne erkannte der zitternde Pfarrherr seinen Gönner, und an seiner Rechten die geputzte Braut. Mit unbedachtsamer Höflichkeit ging er dem fliegenden Schlitten entgegen, aber sein wilder Führer schwang die knallende Peitsche und wendete mit seinen vier Schimmeln in vollem Trabe um, daß der Magister, mit verzerrtem Gesichte, eilig wieder zurücksprang. Mit majestätischem Anstande stieg nun die einnehmende Wilhelmine von dem sammetnen Sitze und da verriet sich zugleich auf einige süße Augenblicke für den entzückten Bräutigam ihr kleiner vorgestreckter Fuß bis an die Höhe des seidenen Strumpfbandes, auf welchem mit Pünktchen von Silber ein zärtlicher Vers des Voltaire gestickt war. Ach wohin weiß doch nicht ein französischer Dichter zu schleichen! Gesteht es nur, ihr Deutschen, bis dahin ist noch keiner von euren größten Geistern gedrungen. So bald sie ausgestiegen war, umrauschte ein buntfarbiger Stoff diese verdeckten Schönheiten. Eine schneeweiße türkische Feder blähete sich auf ihrem gekräuselten Haare, und bog sich neugierig über ihren wallenden Busen, der unter den feinen Spitzen aus Brabant hervorblickte, wie der volle Mond hinter den Sprößlingen eines jungen Orangenwäldchens. Nach ihr sprang der ansehnliche Hofmarschall unter die Menge der erstaunten Bauern, die heute Arbeit und Tagelohn vergaßen, um das Fest ihres Hirten zu begaffen. Ein gewässertes Band hing schief über dem azurblauen Samte seines Kleides; und der milde Einfluß seines Gestirns zeigte sich auf allen Gesichtern, und nötigte dem unhöflichen Drescher den Hut ab. Alle Blicke wandten sich jetzt einzig auf den gestempelten Herrn, nicht einer fiel mehr auf Wilhelminen. Diese werden wir noch oft, dachten die Bauern, als Frau Magisterin bewundern, aber einen Hofmarschall sieht man nicht alle Tage. So vergißt man das alles bescheinende Licht des Olymps, wenn eine seltene Nebensonne erscheint, die plötzlich entsteht und verschwindet.

Ein anderer Schlitten, unter dem Zeichen des Mars, der — eine seltsame Erfindung des witzigen Bildhauers — auf einem Ladestock ritt, lieferte zwei aufgedunsene Müßiggänger am Hofe, Kammerherren genannt. Einst hatten sie in ihrer Jugend als hitzige Krieger einen einzeln furchtsamen Räuber verjagt, und sich und dem geängsteten Prinzen das Leben gerettet. Zur Belohnung hatten sie sich dieses unthätige Leben erwählt, genossen einer feistmachenden Pension, erzählten immer die große That ihres Soldatenstandes, und gönnten gern ihre lärmende Gegenwart einem jeglichen Schmause. So lebten einst die Erhalter des Kapitols, jene berühmten Gänse, von den Wohlthaten der dankbaren Römer; ohne Furcht, geschlachtet zu werden, fraßen sie den ausgesuchtesten Weizen von Latiums Feldern, für einen wichtigen Dienst, den eine jede andere schnatternde Gans mit eben der Treue verrichtet hätte. Der flüchtige Merkur und vier schnaubende Rappen brachten die pigmäische Figur eines affektierten Kammerjunkers gefahren. Stolz auf einen eingebildeten guten Geschmack, ersetzten seine reichen Kleider den Mangel seines Verstandes. Zuversichtlich bejah er heut eine glänzende Weste, die, wie die weiße Wamme eines drolligten Eichhörnchens, unter seinem rotplüschnen Rocke hervorleuchtete; und fröhlich dacht' er an die Verdienste der weit kostbarern zurück, die sich noch in seiner Garderobe befanden. Ein paar blitzende Steinschnallen, und eine Dose von Saint-Martin erschaffen waren ihm das, was einem rechtschaffenen Manne ein gutes Gewissen ist; sie machten ihn zufrieden mit sich selbst und dreist in jeder Gesellschaft. Jetzt lief er gebückt in die Pfarre hinein; gebückt, als ob sein kleiner Körper befürchtete, an die altväterliche Hausthüre zu stoßen, die gotisches Schnitzwerk verbrämte. Nun aber kam unter der Anführung einer gefälligen Minerva ein einziger vernünftiger Mann gefahren, der, wenig geachtet von den Weisen des Hofs, den Befehlen seines Herzens mit strengem Eigensinne folgte. Nie erniedrigte er sich zu der Schmeichelei, und nie folgte er der Mode des Hofes, die das Hauptlaster des Fürsten zu einer Tugend erhebt, und durch Nachahmung billigt. Vergebens (konnt' es wohl anders sein?) hofft er in diesem Getümmel ein nahes Glück, hier wo man nur durch Ränke gewinnt, und wo die Blicke der Großen mehr gelten, als ein richtiger Verstand und Tugend und Wahrheit. Er war es, der Wilhelminen zuerst mit glimpflichen Worten vor der weiten Gefahr warnte, in die ihr Leichtsinn, und die verjährte List eines wollüstigen Hofs ihre Jugend verwickelte, der ihr zuerst den Gedanken erträglich und wünschenswert machte, wiederum die heitere gesündere Luft ihres Geburtsorts zu atmen. Mit innerer Befriedigung sah er, daß der heutige Tag seine Bemühung krönte, und dieses frohe Gefühl beschäftigte ihn einzig in dem Taumel einer thörichten Gesellschaft. Ungern sah ihn der Hofmarschall in dem Kreise seiner Lust. — Er aber trug ungekränkt diese ehrende Verachtung und gab sich gern einem unruhigen Tage preis, um ein verirrtes Mädchen in einer glücklich entschlossenen Tugend zu stärken. Zischt ihn aus, ihr Lieblinge und Weisen des Hofs! Was helfen ihm alle seine Verdienste? Daß sie einst vielleicht, in Stein gehauen, auf seinem Grabmale sitzen und weinen? O wie thöricht! den Geboten des Himmels zu gehorchen, wo ein Fürst befiehlt, und auf dem einsamen Wege der Tugend zu wandeln, wo noch kein Hofmann eine fette Pfründe erreicht hat. Wenn eine falsche wankende Uhr des Stadthauses den Vorurteilen der Bürger gebietet, so betrügt sie oft unsere wahre Kenntnis der Zeit um ihren Gebrauch; denn hier, wo ein jeder dem allgemeinen Irrtume folget, den eine summende Glocke ausbreitet, und die entfernte Sonne für nichts achtet, was hilft es hier dem gewissen Sternseher, daß er sich allein nach ihren Befehlen richtet, und den Wahn der Stadt verlachet, und seine Stunden nach der Natur mißt? Mit allen seinen Kalendern wird er bald sein Mittagsmahl, bald den Besuch bei seiner Geliebten und den Thorschluß versäumen.

Zwei würdige Gesellschafter beschlossen den Einzug in einem alten Schlitten, den ein unscheinbares Bildnis beschwerte. — Ob es einen nervigen Vulkan oder einen aufgeblähten Midas vorstellte, war für die Kunstrichter ein Rätsel. Ein halbgelehrter Patricius, ehemaliger Hofmeister des Marschalls, am Stande, so wie an Wissenschaft, weder Pferd noch Esel, nahm die eine Hälfte des bretternen Sitzes ein, und auf der andern saß ein graugewordener Hofnarr, der mühsam den ganzen Weg hindurch auf Einfälle dachte, in Versen und Prosa, die hohe Gesellschaft zu erlustigen: aber sein leerer Kopf blieb ohne Erfindung. Oft weinte der Arme, daß sein Alter ihm das Ruder aus den Händen wand, das er so lange glücklich regieret, und um welches sich jetzt der fürstliche Läufer, der Oberschenk und eine dicke Tyrolerin rissen.

Niemand ward mehr erwartet, als die junge Komtesse. Der Hofmarschall stand unbeweglich an dem offenen Fenster, und seine feurigen Blicke fuhren, durch ein ungeduldiges Fernglas, auf den Weg hin, woher die schöne Klarisse kommen sollte. Wimmernd rang der angstvolle Magister die Hände, und versicherte ohn' Aufhören den argwöhnischen Hofmann: die junge Dame werde gewiß kommen. „Ach!" sagte er, „sie hat mir ja mit der aufrichtigsten Miene versprochen, meine schwere Bedingung erfüllen zu helfen, und sie wird mich gewiß nicht in meinen Nöten verlassen." Unterdessen war auch schon der teure Mann angelangt, der dies Brautpaar fester verbinden sollte. Auf dem benachbarten Dorfe, wo niemand die Reizungen einer Wilhelmine kannte, hatt' er von den drei Seiten seiner hölzernen Kanzel trotzig gefragt: ob jemand wider das Aufgebot seines Freundes etwas einzuwenden hätte? Und dreimal hatt' er die Verleumdung mit diesen mächtigen Worten gebannt: der schweige nachmals stille! Sein frommfarbigter Mantel bedeckt' ein wildes Herz; ohne Neigung war er ein Geistlicher, und in diesem gezwungenen Stande ward er selbst in einem Amte mager, das seit dreihundert Jahren die Schwindsüchtigen fett gemacht hat. Mosheim und Cramern kannte er nicht: er sprach aber

38. **Mosheim, Cramer**, berühmte Prediger des vorigen Jahrhunderts.

gern von dem General Ziethen und von dem lustigen Treffen bei Roßbach. Seine Bauern, wild wie er selbst, konnte er lange nicht durch die Bibel bezähmen, aber es glückte ihm nach einer neuen Methode. Denn ehe er seinen Rednerstuhl bestieg, besah er sein florentinisches Wetterglas, und rief prophetisch alle die Veränderungen von seiner Kanzel, die es ihm ankündigte. Bald wahrsagte er der ungezogenen Gemeinde Regen und Wind in der Heuernte: bald aber beglückte er sie, zum Trost, mit einem warmen Sonnenschein in der Weinlese. Die gerührten Bauern bewunderten den neuen Propheten, besserten ihr Leben, und besetzten seitdem alle Stühle der Kirche. Nach einer lange gefeierten Pause erschien endlich die erseufzte Göttin, köstlich in ihrem Schmucke, und wunderschön von Natur: und welch ein Glück für den Hofmarschall! ohne Gouvernantin erschien sie. Die Furcht vor einem Hochzeitgeschenke hatte diese geizige Seele zurückgehalten, und die sonst nie von der Seite ihrer jungen Dame wich, überließ heute zum erstenmale den langbewahrten Schatz einem listigen Geliebten, der die Zeit zu gebrauchen wußte. Mit funkelnden Augen empfing er die Schöne, auf deren Wangen sich eine warme Röte verbreitete, da sie ihm die glassierte Hand reichte, die auch in dem Augenblicke zärtlich gedrückt war. Und nun war die ganze Bedingung erfüllt, die das Schicksal des armen Dorfpfarrers bestimmte. Die vornehme Versammlung begleitete ihn zur vollen Kirche, wo er durch ein vielbedeutendes Ja! vor der ganzen Gemeinde gesprochen, von seiner reizenden Braut alle die mystischen Rechte der Ehe, und das beschlossene Glück und Unglück seines gefesselten Lebens mit Freuden empfing. Mit einer zurückhaltenden, bescheidenen Miene empfing auch sie von seinen Lippen das Blankett der Liebe, worauf die eigensinnige Zeit ihre Befehle schreiben wird, die kein Thränenguß auslöscht. Ein geheimer Neid saß in den glatten Stirnen und in den Runzeln der weiblichen Gemeinde: aber die Männer blickten ihren beweibten Hirten mit lächelndem Mitleid an; denn die Erinnerung ihres ehemaligen glücklichen Traums, der heute auch über ihrem Pfarrherrn schwebte, und das wache Bewußtsein ihres jetzigen Schicksals brachte ein ernsthaftes Nachdenken in ihre Gemüter. Und nun besaß der Beglückte seine Braut, die ihm kein Sterblicher wieder entreißen konnte. Nun habe ich sie endlich erhascht,

28. **Blankett**, eine Vollmacht, welche nur die Namensunterschrift des Vollmachtgebers enthält, also unbeschränkte Vollmacht.

die fröhlichen Minuten, dachte er, die mir vier Jahre lang entwischt waren; und voll Empfindung seines Glücks drückte er oft seiner angetrauten Wilhelmine die kleine Hand, und führte sie mit triumphierender Nase nach Hause. Aber ein wunderlicher unversehener Gedanke, der sich wider alles Vergnügen auflehnte, stieg jetzt aus dem klopfenden Herzen der armen Verlobten empor. Ist dies nicht, seufzte sie bei sich selbst, das Leichengepränge deiner Schönheit? Klägliches Geschenk der Natur, das keinem weniger hilft, als dem, der es besitzt! Was für unruhige Tage hast du mir nicht verursacht! und jetzt begräbst du mich sogar in einer schmutzigen Pfarre! Aber ihr weiser Freund und Ratgeber entdeckte kaum diesen unzufriedenen Gedanken in ihrem bekümmerten Gesicht, als er durch einen ernsthaften Blick gen Himmel geschlagen, ihr denselben verwies, sie mit ihrem Schicksal versöhnte, und ihr eine kleine tugendhafte Thräne ablockte.

Ein mathematischer Fourier hatte indes die hochzeitliche Tafel geordnet. Ehe man sich setzte, bewunderte man seinen Geschmack in einer minutenlangen Stille, und faltete dabei die Hände. Schimmernder Wein, der, wie die Begeisterung der Liebe, nicht beschrieben, nur empfunden werden muß, blickte durch den geruchvollen Dampf der teuren Gerichte, wie das Abendrot unter dem aufsteigenden Nebel.

Jetzt ergriff der schimmernde Hofmarschall die warme, weiche Hand der blauäugigen Wilhelmine, führte sie an die oberste Stelle der Tafel, und bat den dankbaren Magister, sich neben seine Göttin zu setzen, und nicht durch den Zwang eines Neuvermählten die Freuden der Tafel zu stören. Ach, wie giebt hier die veränderliche Zeit ihr Recht zu erkennen! Er, der ehemals dem weinenden Pfarrherrn seine Geliebte entzog, giebt sie ihm jetzt bei einem freigebigen Gastmahle geputzt und artig wieder zurück, und macht ihm alle sein ausgestandenes Leiden vergessen. So überschickte einst der große Agamemnon seine Chryseis dem belorbeerten Priester des Apoll, die der königliche Liebhaber der väterlichen Sehnsucht lange Zeit vorenthielt. Prächtige Geschenke, und eine Hekatombe mußten den Alten trösten und seinen Gott versöhnen, und in hohen Tönen besang der Dichter der Ilias die Geschichte, wie ich jetzt die Hochzeit eines Magisters besinge.

Der Schmaus ging an! Ein köstliches Gericht verdrängte das andere, und Bacchus und Ceres tanzten um den Tisch her. Der freimütige Scherz, die feine Spötterei und das fröhliche Lächeln vertrieben unbemerkt die taumelnden Stunden des Nachmittags, und der Geist der Komtesse und des Champagners durchbrauste die fühlbaren Herzen der Gäste.

Alles war munter und fröhlichen Muts. Nur der Magister und der Hofnarr, immer in sich gekehrt, saßen unruhig an der frohen Tafel. Den einen überfiel bald ein theologischer Skrupel, bald ein Gedanke seiner künftigen Liebe, und der andere ängstete sich heimlich, daß es in seinem Gehirne so finster, wie eine durchnebelte Winternacht, aussah. Wie oft buhlt' er vergebens um das belohnende Lächeln des Marschalls, und wie oft verfolgte sein schwerer Witz die flüchtigen Reden des lustigen Kammerjunkers! aber eh' er sie erreichte, waren sie von der Gesellschaft und von dem Redner selbst vergessen, und mit Verdrusse nahm er wahr, daß niemand seine Einfälle begriff, und alle seine witzige Mühe verloren ging. Ein alter hungriger Wolf schleicht so dem Fuchse nach, der unbekümmert durchs Gras scherzt, den verdrießlichen Räuber bald nach dieser, bald nach jener Seite hinlockt, und endlich doch seiner groben Tatze entwischet. Zur Erholung der gesättigten Gäste, deren immer sich anstrengender Witz manchmal schlaff zu werden begann, rief der kluge Hofmarschall den Verstand des sinnreichen Konditors zu Hilfe, der so oft seine Wirkung zeigt, wenn die langweiligen Reden eines Fürsten seinen Hof einzuwiegen drohen — und — auf einmal reizt eine überzuckerte Welt die weiten Augen der Gäste. Faunen und Liebesgötter und nackende Mädchen, in einem poetischen Brennofen gebildet, scherzten ohn' Aufhören im funkelnden Grase. In der Mitte entdeckte sich eine lachende Scene unter einer hohen arkadischen Laube, von ewigem Wintergrün: die porzellanene Zeit war es, die mit einer furchtbaren Hippe den zerbrechlichen Amor in der Laube herumjagte. O wie wird es ihm gehen, wenn er sich einholen läßt! denn der kleine lose Dieb hat der Zeit ihr Stundenglas listig entwendet, und schüttelt den Sand darinnen unter einander, worüber die hohe Gesellschaft sich innerlich freute. Ein voller Teller lustiger Einfälle, in buntem Kraftmehle gebacken, streute neues Vergnügen über die Tafel. Welche Vermischung von Dingen! Stiefeln und Unterröcke, Ferngläser und Schnürbrüste, Küraß' und Palatins,

37. Palatins, eine Art Pelzkragen für Damen.

Spiegel und Larven klapperten unter einander. Jedes öffnet' eine Figur, die ihm das Ohngefähr oder seine Neigung in die Hand gab; und die ausgewickelten Orakelsprüche wurden laut gelesen. Ein Putzkopf lieferte dem Hofmarschall eine feurige Liebeserklärung; lächelnd sah er seine gräfliche Nachbarin an, und überreicht' ihr die bunten Lose. Sie ergriff einen Federhut und las stotternd eine prophetische Beschreibung des verliebten Meineids ab. Furchtsam gab sie den Teller von sich; ein ungesalzenes Epigramm auf den Hymen lag in einem Strohhute gehüllt, und ward von dem Kammerjunker aus seinem Staube gezogen, und mit lautem Lachen ausposaunt. Die lose Wilhelmine zerrieb eine Knotenperücke, die in Knittelversen den Kammerjunker würdig widerlegte; nach ihr ergriff, aus verliebter Ahnung, der Magister ein schneeweißes Herz, worin eine witzige 3 geätzt war. Bedächtlich öffnet' er es und fand diese wenigen Worte: „Ich liebe einen um den andern." — Wer hätt' es diesem falschen Herzen ansehen sollen! rief er voller Verwunderung, und klebte mühsam die beiden Hälften wieder zusammen. Alle noch übrigen Devisen wurden von den beiden Kammerherren und dem Hofnarren zerknickt, die ganz still die noch verborgenen Schätze des Witzes für sich einsammelten, wie der Geizhals das wohlfeile Korn auf die teuern Zeiten der Zukunft.

Die verdrießliche Langeweile fing wieder an, den angenehmen Lärm der Gesellschaft zu unterdrücken, als der schlaue Hofmarschall es zeitig bemerkte, und ein frohmachendes Hochzeitgeschenk aus seiner Tasche hervorzog. Er wickelt' es aus dem umhüllten Papier, und ermunterte die übrigen Gäste, seinem Beispiele zu folgen. Ungezwungen stellt' er sich hinter den Stuhl der angenehmen Braut, und hing ihr ein demantnes Kreuz um, das an einem schwarzmoornen Bande zwischen dem schönen Busen hinunterrollte. — O, was für ein Bewußtsein durchströmt' jetzt die blutvollen Wangen der Schönen! Mit ungewisser Stimme dankte sie dem galanten Herrn. Lange konnte sie nicht ihre widerstrebenden Augen in die Höhe schlagen, und die unzeitige Scham brachte sie in eine kleine Verwirrung. Ein solches Gefühl durchdringt oft die treulose Brust eines Hofmanns, wenn sie nun zum erstenmale unter dem erteilten Ordenssterne klopft. Furchtsam glaubt er, die Gemahlin des Fürsten möchte das Verdienst erraten, das ihm dies Ehrenzeichen erwarb. Selbst den ihm unbekannten lakonischen Worten des Sterns trauet er nicht, und er wird es nicht eher wagen, sich unter seinen Neidern zu brüsten, bis ihm sein trostreicher Schreiber die goldenen Buchstaben verständlich gemacht hat.

Was für köstliche Geschenke häuften sich nicht in dem Schoße der glücklichen Wilhelmine. Spitzen, Ringe, Dosen und künstliche Blumen. Ach! dachte der Pastor, ach! soviel Reichtum habe ich ja nicht in meinem zehnjährigen beschwerlichen Amte gesammelt, und wie wunderbar! als Herr seines Weibes dankt' er, auch er! seinen großmütigen Gönnern für diese Geschenke. Man sah es an dem satirischen Lächeln der Gäste, wie gut seine fröhlichen Danksagungen angebracht waren.

Sechster Gesang.

So endigte sich das fröhliche Hochzeitsmahl. Die trunkenen Gäste taumelten in dem kleinen Raume des Zimmers immer wider einander. Ein Evan Evoe umschallte die Wände; Leuchter und Stühle drehten sich in einem Kreise herum, und unvollendete Liebe und halbgestohlene Küsse erfüllten die Luft. Die zerstreuten Kammerherren, ohne Gedanken, in welchem frommen Hause sie lebten, riefen nach einer Karte zum Pharao, die junge Komtesse, ihres jungfräulichen Zwanges und ihrer Gouvernantin uneingedenk, stellte sich mit dem freundlichen Hofmarschall in den einsamen Bogen des Fensters, und dieser genoß der süßen Betäubung der Schönen so gut als er vermochte. Der kindische Kammerjunker versuchte seinen Witz an dem schläfrigen Hofnarren, und alle Vorteile, die er über ihn erhielt, erzählt' er mit lautem Triumphe der aufmerksamen Gesellschaft. Aber alle verachteten die harmonische Erinnerung des Nachtwächters und übersahen das politische Gähnen des Neuvermählten, und lachten alle den Mond an. So taumeln oft die vermummten Geschöpfe einer Maskerade widersinnig untereinander, vergessen ihre Verkleidung, um nach dem Trieb' ihrer Sinne zu handeln. Rabbi Moses zieht die verkappte Nonne zum

14. Evan Evoe, der Ausruf der Bacchanten.

schwäbischen Tanz auf, oder fordert ein Stück schmackhafte Cervelatwurst. Der lange Türke trinkt im falben Burgunder die Gesundheit des allerchristlichsten Königs, und die stroherne Pyramide fängt an Knaster zu rauchen.

Jetzt ging der geduldige Ehemann in seine einsame Studierstube, verwünschte seine lärmenden Gäste und rief also zum Amor: „O du mächtiger Sohn der Cythere! Hast du mir deinen Schutz darum angeboten und mich deines Rates gewürdigt, um mich jetzt desto mehr zu kränken und mein dankbares Herz wider dich zu empören? Was hilft es, daß du mich nach den Reizungen meiner Wilhelmine hast schmachten gelehrt, und daß du mich durch ihr melodisches Jawort beglückt hast? Was hilft es, daß mir dieser Tag in der schönsten Feier entflohen ist, wenn meine erste Brautnacht langweilig und ungefeiert davonzieht? Die lächelnde Morgenröte wird mich spottend an die neue Bekanntschaft einer Freud' erinnern, die wider mein Verschulden mir fremd geblieben ist, und Wilhelmine wird mir mit ernsthaftem Lächeln in das Gesicht sehen, wenn sie die glückwünschenden Bauern Frau Magisterin grüßen. Diese Nacht, o Sohn der Venus, nur diese einzige Nacht beherrschest du noch mit dem Hymen in gemeinschaftlicher Ehre; so laß mir doch nicht durch das wilde Getöse der geputzten Höflinge und durch das Wiehern ihrer Pferde diese glücklichen Stunden entziehen, die keine Macht vermögend ist, mir wieder zurückzuführen, sollten sie einmal davon sein.“ Diese Seufzer des unruhigen Magisters brachten den Stolz des kleinen Gottes in Bewegung. Er freute sich, daß der dankbare Vermählte, nicht trotzig auf die dienstbare Hülfe des Hymen, Amors Freundschaft noch suchte. Gütig entschloß er sich, dem Verliebten zu helfen, und den Jupiter und des Pantheons verirrte Bewohner und Ritter und Pferde hinaus zum Dorfe zu jagen. Welch ein heroisch Unternehmen, welch eine That!

Recht zu gelegener Zeit fiel dem kleinen Helden der trojanische Brand ein, der die trotzige Garnison der Griechen nötigte, den flammenden Platz zu verlassen, und diese so oft besungene schreckliche Geschichte gab ihm eine sinnreiche Kriegslist an die Hand, die er mit Glück und Tapferkeit ausführte. Er drehet' aus den Händen des gefesselten Hymen die hochzeitliche Fackel, die lichterloh brannte, und stahl sich unvermerkt in die Küche des Pfarrherrn. Von der edlen Kochkunst verlassen, die vor kurzem zwanzig schöpferische Hände darin beschäftigte, ruht jetzt eine finstere Traurigkeit unter ihren Gewölben. Auf dem warmen Herde lag eine ungebrauchte Speckseite in der angehäuften Asche verborgen, woran die ganze große geschwänzte Armee des scherzhaften Mäonides sich hätte sättigen können. Dieses ungeheure Magazin steckte der freibeutische Amor mit abwärts gesenkter Fackel in Brand. Auf einmal flog es, durch die fettige Flamme belebt, in die schwarze Esse, die sich rauschend entzündete und ihr blutrotes Feuer dem Firmamente zuwälzte. Es war geschehen; Amor schüttelte seine Flügel und floh, und stellte sich auf die knarrende Fahne des Kirchturms. Hier stand er, wie Nero, als er mit grausamer Wollust seine Residenz brennen sah, freute sich seines gelungenen Anschlags und erwartete den erschrecklichen Ausgang. Und nun, o Muse, hilf mir das Getümmel beschreiben, das in dem Hause des Magisters entstand, als die gräßliche feuerschreiende Stimme sich über das aufgeschreckte Dorf ausbreitete. Das hohle, furchtbare Getöne der stürmenden Glocken, die ein angstvoller Kantor unermüdet läutete, verkündigte den verzagten Matronen ihren Untergang, und das Geschrei der Kinder, und das Pochen der Nachbarn, und das Bellen der Hunde machte eine finstere unglückliche Nacht noch schrecklicher. Von dem stummen Entsetzen geführt, kam die verlorne Nüchternheit jetzt wieder in die Versammlung der Hochzeitgäste zurück. Doch kaum begriffen sie das drohende Unglück ihres betrübten Wirts, so flohen sie ihn, als wahre Hofleute, mit eilenden Füßen, und nach einem kurzen, gleichgültigen Lebewohl verließen sie alle das neue Ehepaar in Thränen. Aber, wie ehemals der junge Äneas seinen alten frommen Vater aus dem flammenden Troja trug, so umfaßt jetzt der getreue Hofmarschall seine weinende Klarisse, und durch die Liebe gestärkt, verachtet' er alle Gefahren. Das Feuer prasselt' über sein Haupt, und die Wellen des Fischbeinrocks schlugen über seine zerrissenen Haarlocken zusammen; dennoch bracht' er sie glücklich an ihre sichere Karosse, und übergab sie den Händen ihrer schützenden Zofe. Und wie der unerschrockene Weise, gegenwärtig in den größten Bedrängnissen, sich noch um Kleinigkeiten des Lebens bekümmert, oder so, wie der größte Lips Tullian auf dem Richtplatze, da schon der Stab gebrochen ist, noch, für seine Nase besorgt, um

4f. geschwänzte Armee des scherzhaften Mäonides, die Mäuse der Batrachomyomachie. — 36. Lips Tullian, berühmter Verbrecher, 1715 zu Dresden hingerichtet.

eine Prise Rappé bat — noch schnupft' er ihn mit süßer Empfindung in dieser entscheidenden furchtbaren Minute — reckt darauf mit einem Seufzer den Hals dar, und befand sich in der andern Welt, ehe er — niesen konnte; eben so nahm noch jetzt der Hofmarschall drei verliebte Küsse von seiner beängstigten Schönen, und warf sich mit unterdrückter Sehnsucht in seinen fortschallenden Schlitten. Das Zeichen war gegeben, und nun flogen alle die unbändigen Pferde mit ihren Rittern davon, die mit stillem Vergnügen über ihre Sicherheit oft nach der brennenden Pfarre zurück sahn.

Kaum war die lärmende Versammlung der Götter- und Menschengestalten zum Dorfe hinaus, so gebot Amor: das Feuer solle erlöschen, und es erlosch. Zwar verkannte der blinde Pöbel die Hülfe Amors, und jauchzend dankten die Bauern ihre Rettung einem schwarzen Dämon, der es gewagt hatte, aufs priesterliche Dach zu steigen, wo er, dem Feuer zum Opfer, eine arme geraubte Najade der Elbe in den schwarzen Abgrund hinunterstieß, daß ihre zerschmetterten Glieder in einer schmutzigen Küche ein unbekanntes Grabmal bedeckte.

Nun brachte der Gott der Liebe dem Hymen die hochzeitliche Lunte wieder zurück; darauf ging er Hand in Hand mit ihm zu dem getrösteten Verliebten, und sammelte seine entzückten Danksagungen in den leeren Köcher; denn der kleine Held hatte den Tag über alle seine Pfeile verschossen. Die noch übrige Nacht hindurch wacht' er an dem rauschenden Brautbett', und da der Morgen anbrach, erhob er sich fröhlich in den Olymp auf den Strahlen der Sonne, die zuerst dem frohen Magister die Mischung von Scham und gedemütigter Sprödigkeit auf den Wangen seiner zufriedenen Schönen sichtbar machten, und ihn zu neuen Morgenküssen erweckten. Wie reizend blickte nicht die vollendete Braut ihrem glücklichen Sieger in das männliche Gesicht! Gleich einer jungen Rose, die sich unter dem schwarzen Gefieder einer einzigen balsamischen Nacht entfaltete. Der überhangende Phöbus trifft sie in ihrem vollen Schmucke an, und vergebens bemühen sich seine brennenden Strahlen, sie noch mehr zu entwickeln.

Jetzt stand der kleine Amor vor seiner freundlichen Mutter, und erzählt' ihr in scherzhafter Prahlerei seine Kriegslist und

17. Najade der Elbe, komisch-hochtrabender Ausdruck für einen Eimer Wasser.

seinen Triumph, daß seine Stimme durch den Olymp schallte, und selbst die bescheidenen Musen ihm Beifall zuwinkten. Ihr Lächeln löste sich in einen sanften geistigen Sonnenschein auf, wovon ein goldner Blick in die Welt drang, und unter so vielen tausend poetischen Seelen die meinige allein begeisterte. Ich hab' alles gethan, was meine Muse befahl; ich habe das Elend des verliebten Magisters und seine fröhliche Hochzeit besungen, und hab' ein Werk verrichtet, das durch eine schöne Druckerpresse vervielfältigt, der Vergänglichkeit trotzen kann.

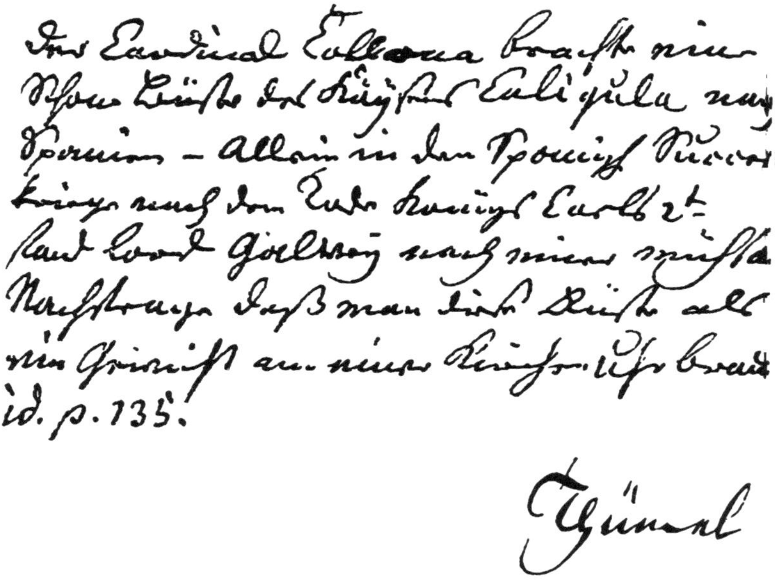
Der Cardinal Colonna brachte eine
schöne Büste des Kaysers Caligula nach
Spanien — Allein in den Spanisch Succes-
kriege nach dem Tode Königs Carls 2ten
fand Lord Gallway nach einer mühsa-
Nachfrage daß man diese Büste als
ein Gewicht an einer Kirchen Uhr braucht
id. p. 135.

Thümmel

Faksimile der Handschrift Thümmels.

Wilhelm Heinse.

WILHELM HEINSE
Profeſsor zu Mainz
geb. 1749 zu Langenwieſen
in Thüringen

Einleitung.

Joh. Jak. Wilhelm Heinse ward 1749 zu Langenwiesen in Sachsen-Weimar geboren. Er studierte zu Erfurt die Rechte, wurde hier mit Wieland bekannt, ging mit einem Hauptmann von der Goltz, dessen Umgang auf ihn einen schlimmen Einfluß hatte und seinem Talente die Richtung auf das Sinnliche, um nicht zu sagen, Obscöne, gab, auf Reisen und kam später, von Wieland an Gleim empfohlen, als Hauslehrer nach Quedlinburg. Darauf hielt er sich eine Zeit lang bei Gleim, zu dessen intimsten Freunden er gehörte, auf. J. G. Jakobi entführte ihn diesem als Mitarbeiter an seiner Iris nach Düsseldorf. 1780 machte er eine Reise nach Italien, nach seiner Rückkehr wurde er Vorleser bei dem Kurfürsten von Mainz, später Bibliothekar und Hofrat. Er starb zu Aschaffenburg 1803, den 22. Juni.

Heinses Schriften sind:

1. Sinngedichte von Wilhelm Heinse. Halberstadt 1771. 8°.
2. Begebenheiten des Enkolp, aus dem Satirikon des Petron übersetzt. 2 Bde. Rom (Schwabach) 1773. 8°. Neue Auflage unter dem Titel: Geheime Geschichte des römischen Hofes unter der Regierung des Kaisers Nero, aus dem Lateinischen des Petron übersetzt mit einigen Anmerkungen. 2 Bde. Rom (Schwabach) 1783. 8°.

Von dieser Schrift sagt Heinse selbst: die Übersetzung wird mir, solange ich lebe, ein Ärgernis sein. Er suchte sich in Briefen an Gleim und Wieland, dessen Unmut er um so mehr erregt hatte, als man ihn wie dessen Schüler betrachtete, zu entschuldigen.

3. Die Kirschen. Berlin 1773. 8⁰. Bearbeitung einer Erzählung des französischen Dichters Dorat († 1589), welche auch Grimmelshausen im 12. Kapitel der Courage bearbeitet hat, die aber durchaus nicht beweist, daß Heinse die Absicht hegte, weniger schlüpfrig als bisher zu schreiben. Bezeichnend ist es auch, daß Vater Gleim ihn zu dieser Bearbeitung angeregt hat.
4. Laidion oder die eleusinischen Geheimnisse. Lemgo 1774. 8⁰. — Neue Aufl. 1799. 8⁰. Briefe der berühmten Lais an ihren Freund Aristipp aus der jenseitigen Welt. Als Anhang erschien ein Gedicht in Stanzen, dessen Üppigkeit besonderen Anstoß erregte.
5. In den „Erzählungen für junge Damen und Dichter" 2 Bde. Lemgo 1775. 8⁰. finden sich unter den 48 Nummern auch einige von Rost-Heinse.
6. Prosaübersetzung von Torquato Tassos befreitem Jerusalem. 4 Bde. Mannheim 1781. 8⁰. — Nachdruck Zürich 1782. 8⁰.
7. Prosaübersetzung von Ariosts Rasendem Roland. 4 Tle. Hannover 1782. 83. 8⁰.
8. Ardinghello und die glückseligen Inseln, eine italienische Geschichte aus dem sechzehnten Jahrhunderte. 2 Bde. Lemgo 1787. 8⁰. — Lemgo 1794. 8⁰. — Lemgo 1821. 8⁰. — Lemgo 1838. 8⁰. Außer diesen rechtmäßigen Ausgaben noch eine Anzahl andere Drucke.
9. Anastasia oder das Schachspiel. Briefe aus Italien vom Verfasser des Ardinghello. 2 Bde. Frankf a. M. 1803. 8⁰. — 1831. 8⁰.
10. Hildegard von Hohenthal, von W. Heinse. 3 Tle. mit Kupfern. Berlin 1795/6. 8⁰. — Berlin 1804. 8⁰. — Berlin 1830. 8⁰.
11. Musikalische Dialogen, oder philosophische Unterredungen berühmter Gelehrten, Dichter und Tonkünstler über den Kunstgeschmack in der Musik. Ein Nachlaß von Heinse, Verfasser des Ardinghello und Hildegards von Hohenthal. Leipzig 1805. 8⁰. — Diese Schrift hatte Heinse schon 1771 an Gleim geschickt, aus dessen Nachlasse sie von J. F. K. Arnold herausgegeben ward.

„Sämtliche Schriften" wurden von Heinrich Laube Leipzig 1838. 8⁰. in zehn Bänden herausgegeben, eine neue Auflage 1851. Hier finden sich auch zum Teil die kleinen Erzeugnisse Heinses, welche ihrerzeit in Journalen und Sammlungen, wie in Jakobis Iris, im deutschen Merkur, in Schmidts Elegien der Deutschen, im Almanach der deutschen Musen und im deutschen Museum erschienen.

In den erzählenden Schriften Heinses — wir geben von den berühmtesten derselben einen bedeutenden Teil, da uns der Plan dieser Sammlung nicht möglich macht, das Ganze mitzuteilen — zeigt sich am deutlichsten der eigentümliche Charakter seines Talents, welcher unsers Erachtens einen seltsamen Kontrast von großer Spannkraft und enger Begrenzung darstellt. Glänzendes Stiltalent verbunden mit mangelhafter Gestaltungskraft für den epischen Aufbau, lebhafte und selbständige Auffassung ästhetischer Objekte, aber festgehalten, gleichsam erdrückt von Sinnlichkeit ohne vergeistigendes Moment, richtige psychologische Blicke und wieder gänzliches Verkennen der menschlichen Natur.

Die mit Recht vielgetadelte Schlüpfrigkeit seiner Erzeugnisse ist eine andere als die Thümmels; Heinse erscheint als ein sehr zur Sinnlichkeit angelegter Jüngling, der sich als ein Genie keine Beschränkung irgend welcher Art glaubt auferlegen zu dürfen. Er erzählt flott und anschaulich, aber seine Erzählungen unterbricht er in solcher Ausdehnung mit Räsonnement, daß man eigentlich nur noch den Ardinghello einen Roman nennen kann, obgleich auch dieser, nach dem gewöhnlichen Maßstabe gemessen, viel zu viel davon enthält. Daß in diesen Räsonnements sehr viel Gutes und Treffendes über bildende Kunst, Musik und Schachspiel gesagt wird, hebt den Übelstand nicht auf, sowenig wie das Schachspiel etwas anderes als Verstandessache wird, wenn es eine schöne Griechin spielt. Auch daß sich Gespräche über Plastik und Malerei im Munde von sinnlich-wollüstigen Menschen natürlicher ausnehmen als solche über Musik, hat Heinse sich nicht einfallen lassen Seine sozialphilosophischen Ideen, die sich namentlich im Ardinghello zeigen, tragen den Charakter des Jugendlichen so sehr an sich, daß man, noch eine Stufe weiter gehend, vom Kindischen reden könnte. Das Interessanteste ist, daß man in ihnen ohne Zweifel einen Beweis dafür hat, was nach der Meinung der etwas excentrischen Köpfe jener Zeit sich mit der menschlichen Gesellschaft alles anfangen läßt, wenn die rechten Kraftgenies darüber kommen.

In betreff unseres Textes mußte der Ausgabe von 1794 aus leicht begreiflichen Gründen die maßgebende Stelle zuerkannt werden. Bei der Auswahl — wir geben den ersten und den letzten Teil — leitete uns das Bestreben, von den ziemlich ungleichartigen Bestandteilen des Ardinghello, Erzählung, Kunsträsonnement und sozialphilosophischen Ausführungen, möglichst gleichviel darzubieten.*)

*) Das Faksimile eines Briefes Heinses findet sich auf S. 56 f.

Vorbericht.

Es ist eine Lust, in den italienischen Bibliotheken herum zu wühlen: man spürt auch in den geringern zuweilen unbekannte Handschriften auf. Ob ich an dieser, von welcher ich hier die getreue Übersetzung liefere, einen guten oder schlechten Fund gethan habe, mag jeder Leser für sich bestimmen. Ich entdeckte sie bei Cajeta in einer verfallnen Villa, die auf einer reizenden Anhöhe den zaubrischen Meerbusen beherrscht, unter alten Büchern und Papieren, als ich mit einem jungen Römer, während er die Verlassenschaft seines Oheims in Besitz nahm, einen glücklichen Herbst dort zubrachte.

Sollte verschiednen, wegen Ferne des Landes und der Zeit, einiges dunkel oder zu gelehrt vorkommen, so können sie solches bequem überschlagen und sich bloß an den Faden der Begebenheiten halten; in der Natur selbst müssen die Weisesten manches so vorbeigehn.

Vielleicht findet mein Freund noch anderswo das übrige der Geschichte; aus Familiennachrichten scheint Fiordimona, die man darin kennen lernen wird, ihre Tage beschlossen zu haben.

Der Verfasser setzt seiner Schrift folgende Fabel vor, um sinnlich zu machen, daß auch das nützlichste unschuldigerweise schädlich sein kann.

„Ein wächserner Hausgötze, den man außer acht gelassen hatte, stand neben einem Feuer, worin edle kampanische Gefäße gehärtet wurden, und fing an zu schmelzen.

Er beklagte sich bitterlich bei dem Elemente. Sieh, sprach er, wie grausam du gegen mich verfährst! Jenen giebst du Dauer, und mich zerstörst du!

Das Feuer aber antwortete: Beklage dich vielmehr über deine Natur; denn ich, was mich betrifft, bin überall Feuer.“

Geschrieben im Dezember 1785.

Erster Teil.

Wir fuhren an einem türkischen Schiffe vorbei; sie feuerten ihre Kanonen ab: die Gondel wankte, worin ich aufgerichtet stand; ich verlor das Gleichgewicht und stürzte in die See, verwickelte mich in meinen Mantel, arbeitete vergebens, und sank unter.

Als ich wieder zu mir gekommen war, befand ich mich bei einem jungen Menschen, welcher mich gerettet hatte; seine Kleider lagen von Nässe an, und aus den Haaren troff das Wasser. „Wir haben uns nur ein wenig abgekühlt!" sprach er freundlich mir Mut ein; ich drückte ihm die Hände.

Das Fest war für uns verdorben. Meine vorigen Begleiter eilten nun von dannen. Wir ließen den Bucentoro zwischen tausend Fahrzeugen, unter dem Donner des Geschützes von allen Schiffen aus den Häfen, in die offne See stechen, und den Dogen sich mit dem Meere vermählen; und er brachte mich mit seinem Führer nach meiner Wohnung.

Hier schied er von mir, ohne daß er mir weder sein Quartier, noch seinen Namen sagen wollte; bloß aus der Mundart bemerkte ich, daß er ein Fremder war; jedoch versprach er, mich bald zu besuchen. Wir umarmten uns, und mir wallte das Herz, es regte sich eine Glut darin. Seine Jugend stand eben in schöner Blüte, um Mund und Kinn flog stark der liebliche Bart an; seine frischen Lippen bezauberten im Reden, und die Augen sprühten Licht und Feuer; groß und wohlgebildet am ganzen Körper, mit einer kühnen Wildheit, erschien er mir ein höheres Wesen.

Sein Bild wich den ganzen Tag nicht aus meiner Seele; ich konnte weder essen noch trinken, und vor Ungeduld nicht bleiben.

Abends war Gondelrennen, das auf der See, was Wettlauf auf dem Lande, wodurch unsre Leute zu mutigen Schiffern

12. **Bucentoro**, das Prachtschiff des Dogen. — 15. **mit dem Meere vermählen**: das Fest dieser symbolischen Vermählung wurde alljährlich am Himmelfahrtstage begangen

sich bilden: ein Spiel, wo Stärke, Gewandtheit und Führung des Ruders den Preis davon trägt, und welchem nur ein Pindar fehlt, es wie die olympischen zu verherrlichen. Der ganze große Kanal schäumte und war Getümmel von schönem Leben; die Fenster der Paläste prangten mit ihren Tapeten, und die untergehende Sonne glänzte daraus wieder in unzählbaren frohlockenden Gestalten.

Ich fuhr an den Markusplatz, und ging darauf in Gedanken herum, bis die Nacht einsank und ihre Kühle verbreitete; die Erleuchtung der Buden mit den Kostbarkeiten der Messe gab eine neue Augenweide. Ich blickte in verschiedene Weinschenken unter den Hallen; in einer dünkte mich den jungen Mann gesehen zu haben, der mich so großmütig der Gefahr entzog. Ich kehrte sogleich um, und ging in meiner Maske hinein.

Es war der Versammlungsort der Künstler, und ich hatte recht gesehen. Sie schienen im Streite zu sein. Paul von Verona führte das Wort und sagte:

„Wer über ein Kunstwerk am richtigsten urteilen kann? Ich glaube, wer die Natur am besten kennt, die vorgestellt ist, und die Schranken der Kunst weiß. Ich verachte die Elenden, die von einem Manne von Geist und Welt verlangen, daß er ein Schmierer, wie sie, sein soll, eh er über ein Gemälde urteilen will. Das komische Approbatum sogar, welches die deutschen Roßtäuscher an die Pferde vor der Markuskirche mit ihren Namen schrieben, gilt mir zum Beispiel mehr hier, als jener ganze Troß; in Stutereien geboren und erzogen, fühlten sie die herrliche lebendige Pferdsnatur, und wie jeder von den vier jungen mutigen Hengsten seinen eigenen Charakter hat. Die Vortrefflichkeit ihrer Köpfe, und wie sie schnauben und ungeduldig sind, daß sie im Zügel gehalten werden, lernt man durch kein bloßes Gekritzel von Zeichnung. Selbst der größte Maler, der immer auf festem Lande lebte, kann über kein Seestück urteilen; und der erste beste Sultan, der liebt und noch Kraft in den Adern hat, darf eher sprechen aus seinem Serail über eine nackte Venus von unserm Alten, als der fromme Fra Bartolommeo."

„Wahr!" versetzte ein andrer, der deutlichen hellen und voll-

2. Pindar; der große griechische Lyriker Pindaros († ca. 440) verherrlichte in seinen Gesängen besonders die Sieger der großen nationalen Wettkämpfe. — 16. Paul von Verona, eigentlich Paolo Cagliari, geb. ca. 1536, † 1588. — 35. Fra Bartolommeo, geb. 1475, † 1517, eigentlich B. Pagholo del Fattorino.

tönigen Aussprache nach ein Römer; „aber der Geschmack kömmt nicht von selbst. Man muß erst wissen, was Kunst ist, und den Vorrat der Kunstwerke mit naturerfahrnem Sinn geprüft haben: sonst geht man der Prozession mit der Madonna von Zimabue hinterdrein, und bejubelt sie als das non plus ultra. Die Leute glauben, es wäre nicht möglich, etwas Besseres zu machen, weil sie nichts Besseres gesehen haben, und denken, wie ihnen zu Mute wäre, wenn sie den Pinsel in die Hand nehmen sollten. Daher alle die albernen Urteile von sonst sehr gescheiten und gelehrten Männern über die Künstler der vorigen Zeit; sie schwatzten gleich von Zeuxis und Apelles, weil sie platterdings von diesen Namen keinen sinnlichen Begriff hatten. Und so wird's bei den Ausländern, wo die Kunst anfängt und die Meisterstücke nicht vorhanden sind, mit euch und Titian und Raphael ergehen; ihr werdet ebenso gemißbraucht werden.

„Und denn muß man gewiß mehr als ein Werk und viel von einem Meister gesehn haben, ehe man nur ihn recht kennen lernt. So geht's auch mit den Menschen überhaupt; die trefflichen muß man studieren. Es ist nichts eitler und thörichter, als die Reisenden und Hofschranzen, die einen wichtigen Mann gleich beim ersten Besuch und Gespräch weghaben wollen.

„Doch, um nicht auszuschweifen! Keiner kann einen Teil vollkommen verstehen, ohne vorher einen Begriff vom Ganzen zu haben, und so wieder umgekehrt. Jedes einzelne Gemälde zum Beispiel macht folglich einen Teil von der gesamten Malerei, so wie sie gegenwärtig in der Welt ist; und man muß wenigstens ihr Bestes überhaupt kennen, ehe man dem Einzelnen seinen Rang anweisen will."

Mein junger Mann erwiderte jetzt mit Feuer:

„Ich mag nicht bestimmen, inwiefern der Herr recht hat. Das Geräusch der Messe um uns erlaubt keine nüchterne Beratschlagung; ich glaube, Meister Paul hat das seinige gesagt, damit, daß ein befugter Richter noch die Grenzen der Kunst kennen muß.

„Allein, ihr Lieben, jede Form ist individuell, und es giebt keine abstrakte; eine bloß ideale Menschengestalt läßt sich weder

4. Zimabue, richtiger Giovanni Cimabue, geb. 1240, † ca. 1302. — 11. Zeuxis und Apelles; Zeuxis 431—400 v. Ch. und Apelles um 325 v. Ch. — 14. Titian und Raphael; Tiziano Vecellio 1477—1576. R. Santi 1483—1520.

Aschaffenburg d 18 Sept.

Sie sind ein Mann von [illegible]! ich danke Ihnen herzlich für die Bekanntschaft mit dem sanften Meister Lindner [?] u
der jungen [illegible] und talentvollen [illegible] so frisch in der Stille ein [illegible] Beobachter. [illegible] hat schreiend lange [illegible]
und seine Weisheit [illegible] heraus [illegible]. Diesen Morgen früh um 5 Uhr sind sie nach der Bergstraße,
Heidelberg, Schwetzingen und Mannheim abgereist.

Der alte Pythagoras muß Ihnen [?] mir als Geist erscheinen [?], so ist das [illegible] mein Eigenthum geworden. [illegible]
der Berg sich in Nebeln und Wolken u Ungewittern voll [illegible] hat, [illegible] die Quellen, und desto reiner
lebendiger und voller, je höher und [illegible] er ist. Ihre Briefe erfreuen und entzücken mich, und
Herz und Geist wallt Ihnen überall entgegen.

Was für Lust ich [illegible] haben und wie ich mich auf Euch alle [illegible], können Sie sich leicht
vorstellen!

Dem Coadjutor habe ich Ihre letzte Schrift eingehändigt; er wollte Ihnen [illegible] selbst schreiben und sagte daß er
viel vortreffliches darin gefunden habe. Ihren Alexis erwarte ich mit Verlangen.

Müller ist vor 3 Wochen in die Schweiz. Der Graf hat Lindner einen Brief an Freund [illegible] mitgegeben, den
er der Post nicht anvertrauen wollte; er soll denselben [illegible] [illegible] einhändig lassen. So viel ich auch den Fall
[illegible] kann, dann [illegible].

Ardinghello [?] ist bey [illegible] in schlimme Hände gerathen; ich bin so ärgerlich darüber geworden, daß ich nicht mehr daran
sehen und [illegible] wollte. Im 1. Band sind an die sechzig Druckfehler, die den Sinn, wo nicht [illegible] und den [illegible]
und manchmal barbarisch obscön machen. Die 5 oder 6, welche er angezeigt hat, verleiten [illegible] um [illegible] ab-

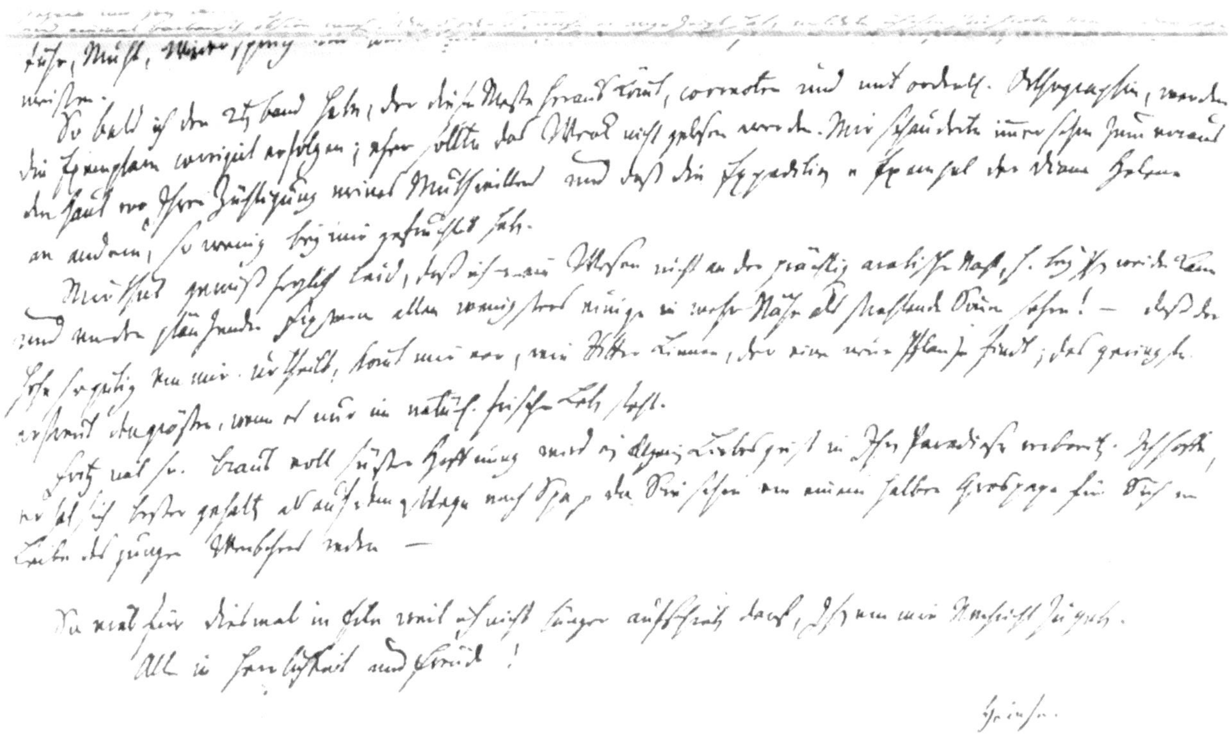

Faksimile eines Briefes von Heinse

von Mann noch Weib, und Kind und Greis denken. Eine junge Aspasia, Phryne, läßt sich bis zur Liebesgöttin oder Pallas erheben, wenn man die gehörigen Züge mit voller Phantasie in ihre Bildungen zaubert: aber ein abstraktes, bloß vollkommenes Weib, das von keinem Klima, keiner Volkssitte etwas an sich hätte, ist und bleibt meiner Meinung nach ein Hirngespinnst, ärger als die abenteuerlichste Romanheldin, die doch wenigstens irgend eine Sprache reden muß, deren Worte man versteht.

„Und solche unerträglich leere Gesichter und Gestalten nennen die armseligen Schelme, die weiter nichts als ihr Handwerk nach Gipsen erlernt haben und treiben, wahre hohe Kunst, und wollen mit Verachtung auf die Kernmenschen herunterschauen, die die Schönheiten, welche in ihrem Jahrhundert aufblühten, mit lebendigen Herzen in sich erbeutet haben.

„Dies ist der wahre Weg,“ beschloß der Römer. „Inzwischen kann man über nichts urteilen, wovon man kein Ideal hat; und dies entwirft der Verstand mit der Wahl aus Vielem.“

Hier trennte sich die Gesellschaft; Paul ging weg und nahm den Jüngling in Arm. Ich folgte nach. Sie zogen den Platz ein paarmal herum, und hörten da und dort der Musik und den Scherzen lustiger Truppen zu. Beim Eingang in die Merceria verließ ihn endlich Paul; ich nahm meine Maske ab und machte mich an ihn.

Er erkannte mich gleich und freute sich, daß mein Zufall keine schlimmen Folgen gehabt hätte. Ich bezeigte ihm von neuem meine Dankbarkeit, und wünschte ihm irgend worin für seine edle That Dienste leisten zu können.

Dies setzte ihn in Verlegenheit. „Was hab' ich gethan,“ erwiderte er, „das ich nicht bei jedem andern Erdensohn gethan hätte? hätte thun müssen? Wie mancher Bube holt so ein Stück Geld vom Sand aus der Tiefe, und stürzt sich noch obendrein von Höhen in die Flut. Übertriebnes Lob für Schuldigkeit macht die Menschen feig und eitel. Das ist ein elendes Volk an Heldenmut und Verstand, wo bei jeder Kleinigkeit eine Ehrensäule muß aufgerichtet werden. Was geschehen ist, sei geschehen!“

„Groß auf Ihrer Seite,“ entgegnete ich; „und gewiß ist der Rettende schon in sich der göttliche. Inzwischen glaube ich aber

21. Merceria, Krämerstraße.

doch, daß die Dankbarkeit das festeste und sanfteste Band der Gesellschaft sei, und auch ein wenig Ausschweifung darin eine Nation immer liebenswürdig, und den wackern Männern derselben das Leben froher mache."

Er sah mich hierbei mit einem neuen seelenvollen Blick an, und wir faßten uns traulicher. Ich bat ihn inständig, diesen Abend bei mir zu bleiben; und wir ließen uns am Broglio über den Kanal setzen.

Wir aßen und tranken, und das Tischgespräch wurde immer lebendiger, sobald die Bedienten uns verlassen hatten. Der erste Vorwurf war der heutige Tag. Er rühmte die Klugheit unsers Senats, daß sie sich aus dem bitterbösen Kriege nach dem Bündnisse bei Cambray, und jetzt aus dem Überfalle der ganzen türkischen Macht so glorreich gezogen hätten, und in der alten Würde noch mit dem Meere vermählen könnten. Nur that es ihm leid, daß der Cyperwein in Italien nun seltener und teurer werden würde.

„Wir sind unter vier Augen," erwiderte ich, um ihm das etwaige Mißtrauen gegen einen Nobile zu benehmen; denn ich fühlte den Zug der Liebe unwiderstehlich. „Nach jenem unglückseligen Bunde war ein arger Staatsfehler nur einigermaßen wieder gut gemacht, den man vorher hätte vermeiden müssen. Und auch jetzt würden wir das süße Königreich, die Insel der Liebe, nicht eingebüßt haben, wenn man dem Sultan, als der Silen noch Statthalter in Sicilien gegenüber war, einige Fässer von ihrem Nektar wohlfeiler vergönnte; und die christlichen Freibeuter mit seinen weggekaperten schönen Knaben und Sklavinnen nicht allzu sicher zu Famagusta in der Nachbarschaft einliefen.

„Unsre Braut scheint uns übrigens nicht mehr so treu bleiben zu wollen, wenn man auf Vorbedeutungen gehen darf. Sie wissen, daß das Fest schon vorgestern sollte gehalten werden; aber die wilde Göttin weigerte sich, war Aufruhr und stürmte, und warf ein Dutzend ertrunkner Schiffbrüchiger zum großen Kanal herein bis an den Palast des alten Dogen. Papst Alexander der Dritte, der noch Gewalt über die Mutwillige hatte, ist leider längst gestorben; und Kolumb, der Held, dessen Genua nicht wert war, und andre welsche Piloten haben dem portugiesischen Heinrich und den kastilianischen Fürsten die wahre Amphitrite ausgekund-

12f. Das Bündnis von Cambray wurde 1508 von Frankreich, dem römischen Reiche und Aragonien gegen Venedig geschlossen.

schaftet, wogegen unsre nur eine Nymphe ist. Und überhaupt giebt sie sich nur den Tapfern und Klugen preis, wie alle freie Schönheit, und es hilft da keine Ceremonie. Wir hätten uns besser um unsre Braut bewerben sollen, anstatt uns um Steinhaufen viel zu plagen, nachdem sie uns einmal günstig war."

„Vielleicht ist dies Schicksal," antwortete er schalkhaft bitter; „Ihr Doge vermählt sich vermutlich nicht umsonst so oft, und trägt von jeher die phrygische Mütze mit Hörnern! Und dann ist so eine Ceremonie gut fürs Volk und macht ihm Mut; und was einmal so prächtige Gewohnheit ist, läßt sich so leicht nicht abschaffen. Ihr Herren thut vielleicht bald wieder einen andern Fang im Archipelagus, und fischt ein neues Königreich. Es ist genug, daß man eins hundert Jahr lang ruhig besitzt. Dreimal hunderttausend Zechinen kann man hernach leicht für den Genuß bezahlen; dreitausend Zechinen fürs Jahr war die Residenz der Venus selbst wohl unter Brüdern wert. Dies hat euch eine Venezianerin vermacht, als ihr Gemahl der König starb, und seine Kinder eins nach dem andern kurz darauf in eurer Stadt. Nun ist die Reihe an euch Jünglingen, eine Königin in Osten zu heiraten!"

Dieser Stachel schnitt ein und verwundete mein damals noch allzu parteiisch-vaterländisches Herz. Mir geschah als ob ich vor der Zeit vernünftig gewesen wäre; doch gefiel mir überaus seine Freimütigkeit gegen mich. Er bemerkte mit scharfem Blicke gleich das Unheimliche, und fuhr fort: „Aber wir sind doch immer in Venedig, und die Mauern haben da Ohren; sprechen wir von etwas anderm!"

Nach einer kleinen Stille fing er an: „Ich muß Ihnen doch etwas von mir sagen, damit Sie wissen, wer ich bin, und wie ich mit andern zusammenhange.

„Ich bin ein Maler aus Florenz, und halte mich hier auf, um nach den toskanischen Gerippen mich am venezianischen Fleische zu weiden. Tizian hat den wesentlichen Teil von der Malerei, ohne welchen alles andre nicht bestehen kann. Es ist freilich da, aber ungesund und siech; sei's noch so himmlisch und vortrefflich, oder als Gaukelspiel ohne Wahrheit. Wer nicht wie Tizian zu

16f. eine Venezianerin, Caterina Cornaro trat 1489 ihre Rechte auf Cypern an Venedig ab. — 20. Es würde allzu weitläufig sein, die hier berührten Punkte der venezianischen Geschichte im Zusammenhange zu erzählen; wer sie noch nicht wissen sollte, kann leicht anderswo davon Nachricht finden. Anm. d. V.

Werke schreitet, wird auch nie ein wahrhaftig großer Maler werden. Die allgemeine Stimme entscheidet hier, nicht die Künstler. Tizian ergreift alle, die keine Maler sind; und diese selbst im Hauptstücke der Malerei, welches platterdings die Wahrheit der Farbe ist, sowie die Zeichnung der wesentliche Teil der Zeichnung. Malen ist Malen, und Zeichnen Zeichnen. Ohne Wahrheit der Farbe kann keine Malerei bestehen; eher aber ohne Zeichnung."

„Wenn ich als Laie bei Euch strengem Herrn ein Wort reden darf," fiel ich ein, „so mag Ihnen das venezianische Fleisch nach den Knochen und Sehnen des Michel Angelo desto besser schmecken und bekommen."

„Dies ist lauter Sophisterei," antwortete er. „Der Maler giebt sich mit der Oberfläche ab, und diese zeigt sich bloß durch Farbe; und er hat mit dem Wesentlichen der Dinge im eigentlichen Verstande wenig zu schaffen. Wer sich einmal in diese Grillen verliert, kann so leicht nicht wieder herauskommen. Das Zeichnen ist bloß ein notwendig Übel, die Proportionen leicht zu finden: die Farbe das Ziel, Anfang und Ende der Kunst. Es versteht sich, daß ich hier vom Materiellen spreche. Dem Gerüste den Rang über das Gebäude geben zu wollen, ist ja lächerlich; dem Zeichen, welches menschliche Schwachheit erfand, vor der Sache selbst, wenn ich so reden darf. Das Hohle und das Erhabne, Dunkle und Helle, das Harte und Weiche, und Junge und Alte, wie kann man es anders herausbringen, als durch Farbe? Form und Ausdruck kann nicht ohne sie bestehen. Die schärfsten und strengsten Linien, selbst eines Michel Angelo, sind Traum und Schatten gegen das hohe Leben eines tizianischen Kopfs. Profile kann jeder Stümper abnehmen, da braucht sich der andre nur vors Licht zu setzen, richtiger als sie ein Raphael aus freier Hand zeichnet; aber das Lebendige mit allen den feinen Tinten in ihrer Vermischung und schwindenden Umrissen, die keine bloße Linie faßt: da gehört Auge und Gefühl dazu, das die Natur nur wenigen gab. Wer sich einmal an das Leichte gewöhnt, der kommt mit dem Schweren gar selten fort."

34. Man stoße sich nicht an diesen jugendlichen Ausfällen auf die römischen und florentinischen Schulen; in der Folge wird sich alles deutlicher entwickeln. Inzwischen liegt schon Wahres hier zum Grunde. Es ging dem jungen Mann wie allen, die in zu strenger Lehre standen: sobald sie in Freiheit kommen, verabscheuen sie das Joch. Allein treffliche Naturen bequemen sich nach und nach wieder zu dem Guten, was es mit sich brachte. Anm. d. V.

„Sie mögen im Grunde recht haben,“ versetzte ich darauf; „nur verfällt man bei Ihrer Art leicht in den Fehler, daß man sich allzu sehr an das Materielle hält, und das Geistige darüber außer acht läßt. Inzwischen möchte Ihnen der Römer, wahrscheinlich war es einer diesen Abend im Weinhause, was Sie sagten, scharf bestreiten.“

„Der Vorurteile sind noch mehr in der Kunst, die ebenso hartnäckig verfochten werden,“ sprach er ferner. „Was das Geistige betrifft, das lernt sich und verlernt sich nicht; da gehört guter Instinkt aus Mutterleibe dazu und vollkommene Gegenstände von außen herum. Deuten und hinführen kann man wohl; aber wo kein Zug, keine innere Richtung ist, kömmt lauter Manier hervor, dem Menschen, der seinen Durst löschen will, so viel als nichts, und überdrein vergebliche Mühe; denn er hat sich an den leeren Schein hinbemühen und untersuchen müssen.

„Der Römer hat viel Verstand; nur malen soll er nicht: er hätte ein Schriftsteller werden sollen; jetzt aber ist er einmal im Geleise und schwatzt sich durch. Dieser ahmt eine Natur nach, welche nur noch in Steinen existiert, eine Natur ohne Farbe mit Farbe: und will täuschen! eine feste starre Bewegung von den Millionen Lebendigen, die immer um uns herum entstehen! weil es freilich jedermann leichter und dem schachmatten Stubensitzer bequemer ist, einen bretternen Hirsch zu schießen, als einen, der durch die Wälder streift und über Büsche und Gräben setzt, zumal da wir heutiges Tages meist verbotene Jagd haben.

„Er hat ein langes und breites an der Hochzeit zu S. Giorgio Maggiore von unserm herrlichen Paul getadelt. Christus mit seinen Aposteln sitzt freilich im Mittelgrund am Tische ziemlich unbedeutend; und sie sind bloß deswegen da, weil sie da sein müssen, weil wir andern Menschenkinder uns keinen sinnlichen Begriff von den Gestalten dieser Wundermänner machen können.

„Die Hauptsache aber bleibt immer der Schmaus, das Fest, und der Wein über alle Weine; erste erfreuliche Bekräftigung unsrer Religion nach dem Johannes. Und in dieser Rücksicht ist das Stück voll Laune, und die Begebenheit darin erzählt, wie eine spanische romantische Novelle. Die Hauptfiguren sind ein Tisch mit Spielleuten, die auf lieblichen Instrumenten Musik machen. Paul selbst spielt eine Geige der Liebe; Tizian den Regenten der

37. Geige der Liebe, Viola d'amour, ein jetzt veraltetes Streichinstrument, von Meyerbeer noch in den Hugenotten verwendet; s. v. Dommer, mus. Lexikon.

Harmonie, den Baß; Bassano, Tintorett andere Instrumente. Sie sind meisterhaft gemalt, haben treffliche Gestalten, passenden Ausdruck, und sind schön gekleidet. Am Tische der Braut ist eine Sammlung der ersten Menschen dieser Zeit, alles voll Chronikwahrheit und Laune; sie müssen ihm das Drama aufführen. Die Luft im Hintergrunde ist gar leicht und heiter. Architektur, Gefäße und Speise verzieren sehr gut. Die Beleuchtung breitet das Ganze auseinander, und scheint vollkommen natürlich. Wer sieht so etwas nicht gern und weidet seine Augen daran!

„Derselbe hat groß Ärgernis genommen an der Verletzung des Kostüms in der Familie des Darius beim Alexander mit seinen Helden, und bejammert, daß soviel Herrlichkeit dadurch gestört werde.

„Sie kennen das Stück zu gut, da es bei ihren Verwandten sich befindet. Man kann es den Triumph der Farben nennen; mehr Harmonie, mehr Pracht, mehr Lieblichkeit ist nicht möglich zu zeigen. Außerdem herrscht noch Wahrheit des Ausdrucks in allen Köpfen, die meistens Porträts sind. Wenn man nicht an die alte Geschichte denkt, und glaubt, es wäre der Sieg eines Helden der neuern Zeiten, so ist es ein wahrhaftes Meisterstück durchaus. Die Architektur im Hintergrunde giebt den Ton zum Ganzen; und es gehörte so tiefes Gefühl im Auge von Farbe, Pracht und Harmonie derselben dazu, wie Paul hatte, um auf einem solchen weißen Grunde die Gesichter und Stoffe so hervorgehen und leben zu lassen. Die Gruppe der vier weiblichen Figuren, die der Alte in eine Pyramide bringt, ist durchaus reizend, die Gesichter lebendig und von wunderbarer Frischheit. Alexander hat einen schönen Jünglingskopf, der freilich eher Weibern gefallen kann, als die Welt bezwingen. Daß er ganz bis auf die Füße von oben herab in Purpur überein gekleidet ist, macht zwar einen großen roten Fleck bei längrer Betrachtung; doch hebt es ihn als Hauptfigur hervor. Sie sehen, daß im Wein die Wahrheit liegt! aber Paul kann sie vertragen. Parmenion hat einen herrlichen Kopf und ein zauberisches gelbes Gewand; die Prinzessinnen haben schön geflochten blondes Haar. Und welche Menge Figuren, wie auf der Hochzeit, fast alle in Lebensgröße! Man kann dies wohl das prächtigste und zauberischeste Gemälde nennen, was Farben betrifft; mit jedem Blicke quillt neuer Genuß daraus fürs Auge; nächst dem noch göttlichern und reichern Hingang zum Tempel der

Madonna als Kind in der Scuola della Carità von Tizian, dem Triumph aller Malerei. Sie werden lange unübertroffen bleiben und einzig in der Welt da sein.

„Die Vernachlässigung des Kostüms ist eigentlich ein Fehler für die Antiquaren; denn der große Hause weiß nichts davon und merkt's nicht. Freilich wäre es besser, die Künstler wählten keine alte Geschichten, wenn sie Naturwahrheit und Farbenpracht in den Gewändern zeigen wollten; griechische Gestalt und leichte Kleidung ist uns ganz entrückt. O wie verlangt mein Herz, jene glückseligen Inseln und das feste Land auf beiden Seiten noch heutzutag zu sehen, und wie das heitre milde Klima noch jetzt dort das Lebendige bildet! Ach, wir sind so weit von der Natur abgewichen und von der wahren Kunst zurück, daß wir fast insgesamt einen bekleideten Menschen für schöner halten, als einen nackten! Das kostbarste, prächtigste, feinste und niedlichste Gewand ist für den echten Philosophen und das Wesen, das nach klarem frischen Genuß trachtet, ein Flecken, eine Schale, die ihn hemmt und hindert."

„Hätte ich Sie doch damals schon gekannt," sagte ich ihm hierauf, „als ich diesen Zug begann, so wäre Ihr Wunsch erfüllt! So wie Sie mich hier sehen, habe ich dieses alles schon durchwandert; leider zu früh. Mein Vater nahm mich mit sich nach Griechenland, wohin er von der Republik abgeschickt wurde; und ich blieb mit ihm daselbst drei Jahre; das beste, was ich zurückgebracht habe, ist Kenntnis des Griechischen; ich lese das alte ziemlich geläufig, und schreibe und spreche das neue."

Hier sprang er auf vor Freuden, ganz außer sich, so daß die Gläser vom Tische flogen, und rief: „O glücklicher, seltner, wunderbarer Zufall! so jung und schön, und voll Verstand und Erfahrung! Wir müssen ewig Freunde sein, und nichts soll uns trennen; du bist der Liebling meiner Seele."

So fiel er mir um den Hals. Uns verging auf lange die Sprache, und wir waren zusammengeschmolzen durch Kuß und Blick und Umarmung.

Endlich nahm er wieder das Wort und sagte: „Hier ist nichts als wir! und alles andre in der Welt steht uns nur da zum Dienst."

Ich war ganz erschüttert, durchbrannt von seinem Feuer, seiner Heftigkeit. Es wurde überhaupt wenig mehr gesprochen, außer unzusammenhängende Reden im lyrischen Taumel, Accente der Natur. Wir glühten beide von Wein und Leidenschaft: er riß sich los, schon spät in der Nacht, mit den Worten: „Morgen sind wir wieder beisammen."

Ich legte mich zu Bette. Herz und Seele und alles in mir war wie ein Bienenschwarm, so summsend, stechend heiß und ungeduldig; ich schlummerte wenig Stunden, und fuhr oft dazwischen auf.

Den andern Morgen kam er bei guter Zeit. Mich überlief bei seinem Anblick ein leichter Schauder vor seinem gestrigen Ungestüm; aber er erschien mir von neuem so liebenswürdig, daß ich hingerissen wurde, und dem unwiderstehlichen Zuge nachfolgte.

Ich hatte noch keinen Menschen gekannt, mit welchem ich so zusammenstimmte, in der Art zu empfinden und zu handeln; nur war er reicher und stärker an Natur als ich, seine Seele voller, aber auch unbändiger, und seine Geburt warf ihn in andre Umstände, unter andre Menschen, in eine andre Laufbahn. Wer einen Freund ohne Fehler finden will, der mache sich aus dieser Welt heraus, oder gehe in sich selbst zurück; die Vollkommenheit erscheint hienieden nur in Augenblicken, und diese allein sind unser Genuß. Ein großer Geist, ein edel Herz wiegt manches Laster auf, in das uns die Schlechtigkeit bürgerlicher Verfassungen stürzt.

„Wir schieden gestern von einander wie im Rausche," trat er ins Zimmer. „Glück ist die größte Gabe, die Sterblichen zu teil werden kann, nur muß man es mit Verstand brauchen."

Nachdem wir einigemal stillschweigend auf- und abgegangen waren, fragte er mich: „Habt Ihr nie etwas von Kunst getrieben?" Ich antwortete ihm, daß ich nach der hiesigen Erziehung zeichnen gelernt hätte, Augen, Mäuler, Nasen, Ohren und Gesichter, und Hände und Füße nach Vorschriften; im Grunde soviel als nichts: denn bis zum eigentlichen Lebendigen wäre ich nicht gekommen; welches mir herzlich leid thue! mich reize sie unendlich, und ich möchte es gern darin bis zu einer gewissen Fertigkeit für mein eigenes Vergnügen gebracht haben. Jetzt mache ich nur noch zuweilen die Hauptumrisse schöner Gegenden, der Erinnerung wegen.

„Da ist noch nichts verloren," fuhr er fort; „wir wollen einander helfen. Alle Künste sind verwandt; sie zusammen erhöhen und verstärken die Glückseligkeit des Menschen, bilden sein Gefühl, mehr als alles, für die Schönheiten der Natur, und setzen ihn über das Tier. Wie fangen wir es am besten an, damit Ihr so geschwind als möglich Euch diese Fertigkeit erwerbt? Ich denke," fügte er scherzhaft hinzu, „Ihr braucht mich zum Modell, nach kurzen Wiederholungen von dem, was Ihr schon wißt; so wie ich Euch dann zuweilen bei meiner Arbeit.

„Im Griechischen habe ich mich hauptsächlich nur mit den Dichtern beschäftigt, mit dem Homer, Pindar, Sophokles, Euripides, weil mein Lehrmeister selbst ein Dichter war; und dabei aus den Geschichtschreibern nur die Beschreibungen der glänzenden Siege über die Perser gelesen. Die Schätze der Weisheit im Aristoteles, Plato, Xenophon kenne ich meistens nur aus Gesprächen und vom Hörensagen, und habe wenig von den Quellen selbst getrunken. Wir könnten damit manchen folgenden schönen Sommerabend uns himmlisch ergötzen, wenn Euch dazu Zeit übrig bliebe.

„Mein eifrigstes Verlangen aber ist, daß Ihr mich in dem noch Lebendigen dieser Göttersprache, im Neugriechischen, unterrichten möchtet; damit ich bald mit Bequemlichkeit und größerm Nutzen und Vergnügen eine Wallfahrt beginnen könne nach dem echten klassischen Boden.

„Ihr habt genug am Zeichnen, wie einer, der selbst kein Dichter werden, sondern nur die Meisterstücke der Alten und Neuen in ihrer ganzen Vollkommenheit fassen will, an der Poetik des Aristoteles. Jede Kunst, bis zum letzten Ziel erlangt, ist etwas anders, und erfordert eines Menschen ganzes Leben. Für Euch soll's nur Spiel sein; Ihr seid zu Höherm bestimmt, und müßt glänzen, wie der Morgenstern in Eurer Republik. Dies wird immer neuen Reiz in unsre Freundschaft bringen, und wir werden leben in der Natur, soviel uns mit Sinnen, Phantasie und Verstand vergönnt ist."

„Du erfüllst mich mit Hoffnung und Freude," antwortete ich ihm. „Mein Vater ist jetzt in Dalmatien, und ich bin mit meiner Mutter allein. Sie zieht bald aufs Land, vielleicht noch diese Woche. Die Gegend ist eine der angenehmsten der ganzen Lombardei. Das Gut, wohin wir wollen, liegt am Lago di Garda, wo Katull, vor welchem Cäsar sich neigte, zuweilen vom römischen Taumel ausruhte. Er sang von dem Orte:

23 f. Poetik des Aristoteles, die berühmte, nur unvollständig erhaltene Theorie der Dichtung von Aristoteles.

Peninsularum, Sirmio, insularumque
Ocelle, quaecunque in liquentibus stagnis
Marique vasto fert uterque Neptunus.

„Willst du mich begleiten, so werden wir nach dem Pindar in die Burg des Kronos gelangen, umweht von kühlen Seelüften, wo in schattigen Gärten Goldblumen funkeln, diese der Erd' entsprießen, und anmutigen Bäumen, andre aber der klare Bach erzieht. Wir wollen mit ihren Angehängen und Kränzen uns die Arme umflechten, und die Schläfe umwinden.

„Vorher aber muß ich dich meiner Mutter vorstellen; jedoch du mußt hübsch gescheit sein. Sie ist eine gar gute Frau, die mich zärtlich liebt. Sie weiß schon, daß ein junger Mensch mich aus dem Kanale gerettet hat, und es wird ihr gefallen, daß du es bist. Sie hat große Freude an schönen Madonnen; und wenn du ihr eine in ihre Kapelle malst und fromm bist, so hält sie dich wie ein Kind."

Es ging hierbei eine sonderbare Bewegung in ihm vor, die mir lange hernach erst erklärlich wurde; er sah mich an, neugierig mit heißen Blicken, und fragte: „Also nicht weit vom Ausflusse des Mincio ist Euer Landsitz?"

„Wenig davon," versetzte ich. Darauf ging er nachdenkend einigemal mit mir auf und ab. Endlich sprach er: „Gut; ich reise mit Euch, und male deiner Mutter eine Madonna, wenn ich ihr anstehe. An Gescheitheit bei ihr soll's hoffentlich nicht mangeln."

Es wurde beschlossen, ihn den Abend noch ihr vorzustellen, bei Tische wollt ich alles einlenken.

Hier schied er von mir. Ich brachte die Sache vor, und meine Mutter war's gleich zufrieden, ohne ihn noch gesehen zu haben, aus Willfährigkeit gegen mich.

Mir schwellte aber die neue Bekanntschaft immer mehr das Herz; einen jungen Maler der Art hatte ich noch nicht gekannt. Ich war überrascht; es ging alles so schnell fort, und ich konnte keiner gehörigen Überlegung Raum geben.

Beim ersten Blick und Gespräch schon gefiel er meiner Mutter, wie ihr noch kein Fremder gefallen hatte. Hier erfuhr ich, daß er sich Ardinghello nannte; ich hatte, voll von ihm, nicht daran

1. Sirmio, Augapfel aller Halbinseln und Inseln, die der Gott der Wasserwelt in süßen Seen und dem ungeheuren Meer umfaßt. Anm. d. V.

gedacht, ihn von neuem um seinen Namen zu befragen. Er gab sich hernach verschiedne andre; doch dieser soll ihm hinfort bleiben.

Den folgenden Morgen sah ich einige angefangne Gemälde von ihm. Sein Lebendiges war frisch und meisterhaft in der Arbeit, und kam dem Tizianischen ziemlich nahe; doch war es nicht Manier, sondern sein eigen, und verschieden nach der Natur: wenig Gewand, das meiste nach dem Nackten; Studien von Mädchenköpfen, voll Geist und Lieblichkeit, und Brüsten und Leibern, und Rücken, und Schenkeln und Beinen, nackten Buben im Baden, Laufen und Balgen. „Für Bezahlung," sprach er, und nach andrer Belieben hat er noch nichts gemacht. „Das weitre," fügte er wie unbedeutend hinzu, „will ich dir einmal erzählen, wenn wir mehr in Ruhe sind."

Er besuchte die Tage darauf den alten Greis Tizian noch einmal, und seine Freunde; und zu Ende der Woche reisten wir ab. Meine Mutter fuhr mit ihren Leuten voraus, und wir hinterdrein, weil wir zu Vicenza uns einen Tag wegen der Gebäude des Palladio aufzuhalten gedachten. Wegen des Griechischen nahm ich noch die Bücher mit, die nicht in der Bibliothek auf dem Gute sich befanden; und er das nötige Gerät zum Malen und Zeichnen.

Als wir eine Strecke vom großen Kanal entfernt waren, setzte sich Ardinghello aufs Verdeck der Barke, und blickte tief gerührt nach der Stadt mit unverwandten Augen; die Feuchtigkeit trat hinein und sein Herz ward erweicht. Seine Seele schien zu ahnen, daß er sie nie wieder sehen sollte. So wälzen die Schicksale den Menschen fort, wie die Fluten des Meers einen schwachen Trümmer! Die Sonne war eben aufgegangen, und die Türme, Kirchen, Paläste und Inseln lagen da im dünnen Nebel.

Mir war wohl, daß ich heraus kam. Im Winter ist Venedig angenehm, weil die Menschen so enge beisammen sind, und alles zur Ergötzlichkeit treibt, Lage und Regierung; aber im Sommer ist's ein ungesunder und gefährlicher Ort. Ein Eingeborner kann die Wahrheit besser wissen, als ein Dichter aus Neapel. Es mag der Natur nach ein ganz andrer Unterschied sein zwischen Rom und Venedig; ob es gleich prächtig klingt:

Illam homines dices, hanc posuisse deos.

18. Andrea Palladio, berühmter Baumeister 1518—1580. — 37. Illam ... deos, du wirst sagen, daß jene Menschen, diese Götter erbaut haben. Anm. d. V.

Wenn einer die Geschichte kennt und da gelebt hat, und es beim Ausflusse der Brenta vom Ufer betrachtet: so sieht es richtiger aus, wie ein endlich sichrer Zufluchtsort von dem Lande weggeprügelter und weggescheuchter furchtsamen Hasen, die sich hernach groß und zu geflügelten Löwen gemacht haben, als ihnen die Feinde übers Wasser nicht nach konnten, und sie von fern sicher sehen mußten. Eine unüberwindliche Festung ist's gewiß, weil durch die Sümpfe vom Land aus nichts anders als kleine Barken anlanden können, und man von der See her in die Häfen den Faden der Ariadne braucht; und eben weil es unüberwindlich und unzukommbar ist, außer Verräterei, trägt es, vom Meer umgeben, eine gewisse Majestät an sich. Götter aber flüchten sich nicht in Sümpfe. Inzwischen hat Sannazar der reizenden Dichtung wegen seine sechstausend Dukaten doch verdient. Die Wahrheit bezahlt man selten so teuer.

Der große Doge Peter Ziani hat sie gar wohl erkannt, als er den kühnen Entschluß faßte, noch zu Anfang des dreizehnten Jahrhunderts eine neue Völkerwanderung anzustellen. Konstantinopel ist ohne Streit ein glückseliger Plätzchen auf diesem Erdboden. Die Venezianer hatten es damals mit den Franken eingenommen; und wir besaßen mehr von Griechenland als jetzt. Er riet mit stärkern Gründen, als je Demosthenes, diese Lagunen zu verlassen und dort uns anzupflanzen; und Dido und Äneas waren dagegen Luftgestalten. „Wenn der Mond mit seiner Ebbe und Flut unsern Kanälen das Wasser entzieht," sprach er im großen Rate, „der Schlamm sich zeigt und seinen Gestank ausdünstet: welche gute Nase kann da vor Ekel auf den Wegen bleiben? Sind nicht immer unsre Lazarette voll, und die jahraus jahrein nicht von dannen schiffen, wie gefangen? Überdies haben wir Erdbeben, noch außerdem, daß das Meer oft hereinstürmt und unsre Cisternen und Warenlager verderbt. Und welch' ein Wohnsitz, um auszuhalten, wo nichts als schlechte Fische Nahrung giebt, weder Korn, noch Wein und Öl wächst, weder Baum hervorkömmt, noch trinkbar Wasser quillt, wo alle Elemente verdorben sind, Wasser, Luft, und Erd und Feuer? und von allen Seiten Feindschaft um uns her? Dort sind wir gleich in unsern Besitzungen, und welche Aussichten in die Zukunft!"

13. Jacopo Sannazaro, geb. 1458 zu Neapel, gest. 1530, erhielt für sein lateinisches Gedicht auf Venedig 600 Zechinen.

Jedoch überwand ihn der Prokurator von S. Marco, der Greis Anzolo Falieri, unter fünfhunderten mit einer Stimme, indem er nach dem Aristoteles behauptete: daß die Festigkeit, ohngeachtet aller Übel bei einer Hauptstadt, der glücklichen Lage ohne dieselbe, vorzuziehen wäre; und daß gerade die Unfruchtbarkeit ein Volk zur Tapferkeit zwänge und über andre erhöbe.

Darin bestand unsre Unterhaltung bis nach Padua; und Ardinghello schloß mit folgenden Worten: „Wo die Verständigen nicht herrschen, ist keine Staatsverfassung gut; jedoch mit dem Unterschiede, daß zum Exempel bei einer Million Bürgern in einer Demokratie fünfmalhunderttausend und etliche Narren über viermalhunderttausend und neunhundert gescheite Leute den Ausschlag geben: und in einer Monarchie ein Narr neunmalhunderttausendneunhundertundneunundneunzig Philosophen ins Verderben stürzen könnte, wenn sie nach dem auf Schulen gelehrten Staatsrechte keine Rebellen sein wollten."

Als wir von Vicenza weggereist waren, sprachen wir viel über die Gebäude zu Venedig und den Palladio. Ardinghello hielt Venedig für einen der merkwürdigsten Örter in der Baukunst, und sagte, hier wäre nicht nur ein Stil, sondern man sähe darin die Geschichte derselben der neuern Jahrhunderte; und erkenne immer, daß ein Senat von vielen Personen da herrsche, und nicht ein einzelner oft elender Mensch ohne Talent und Geschmack, weil man nichts ganz Schlechtes unter den öffentlichen Gebäuden fände, wie in andern Residenzen.

Er liebte den Palladio vor allen neuern Baumeistern; nannte ihn eine heitre Seele voll des Vortrefflichsten aus dem Altertum, und daß er davon mitteile, und aus sich selbst, soviel sich für seine Zeitverwandten schicke.

In Vicenza wird leider von ihm nichts recht ausgebaut, und die Gebäude gleichen fast nur angefangenen Modellen von seinen Ideen; aber welch' ein Wunderwerk ist der Palast Cornaro am Kanal! Wie schön die Kirchen zu S. Giorgio, und al Redentore in Venedig! Und die Brücke zu Vicenza über den Bacchilion, so leicht und reizend und sicher in ihrem Bogen, wie ein beherzter Amazonensprung! Wie angenehm das durchbrochne Geländer, damit man das erfreuliche Wasser dadurch wegströmen sehe!

Jedoch gefiel Ardinghello das Rathaus nicht, obgleich es Palladio selbst unter die schönsten Werke neuerer Kunst setzt. Die

Fassade, an und für sich richtig und schön, glich doch nur einer Schminke, die einer alten Matrone aufgetragen wäre; die Bogen derselben entsprächen nicht denen des gotischen Gebäudes, das überall schief durchguckte. Julio Romano hätte damals schon älter und erfahrner mehr Geschmack gezeigt, als er eine meisterhaft gotische dazu erfand. Es sei etwas anders, einen Riß auf dem Papier anschauen, und ein Gebäude aufgemauert in der Luft; dies haben die Ratsherren, die des Palladios seinen wählten, wie viele Große, die bauen lassen, nicht gewußt.

Unser Gespräch lenkte sich endlich auf die Architektur überhaupt; und er sagte, soviel ich mich erinnere:

„Von Schönheit in der Baukunst hab' ich wenig Begriff, weil sie mir ganz außer der lebendigen Natur zu sein scheint; höchstens entspringt ihr Reiz bloß aus der Metaphysik davon, wenn ich das Wort hier brauchen darf, und nicht aus Wirklichkeit; deswegen ihre Verschiedenheit bei allen Völkern, die sich einander nicht nachahmen. Eine strenge Theorie davon verliert sich in das Dunkel der Schöpfung. Schönheit ist was Vergnügen wirkt; was bloß Schmerz stillen und verhüten soll, braucht eigentlich keine Schönheit an und für sich zu haben. So geht's mit den Gebäuden; sie halten bloß Ungemach ab. Sobald das Wetter gut ist, mag ich in keinem bleiben, und will ins freie Feld. Alles muß auf Ungemach, Krankheit, Feindseligkeit und Bedürfnis von Zusammenkünften berechnet werden; dies bestimmt hernach ihre Vollkommenheit. Harmonie, Ebenmaß, Übereinstimmung mit jedes Zweck macht dessen Schönheit, wenn man das, was nichts Lebendiges nachahmt, so nennen will; was sollen uns alle die überflüssigen, unbedeutenden Zieraten? Ein Gebäude ist ein Kleid, das Menschen und Tiere vor bösem Wetter schützt, und muß darnach beurteilet werden.

„Geht man in die Wildheit zurück, so findet man Grotten und Waldung, und durchgerissene Felsen, um über Abgründe von Strömen zu gelangen. Dies hat zwar der sittliche Mensch zuerst nachgebildet, und noch jetzt sind die Spuren da unter tausend gemachten Bedürfnissen; wir ahmen die ursprunglichen Formen nach, von Fels und Baum in demselben Gebäude durchaus von Stein.

4. Julio Romano, eigentlich Giulio Pippi. 1492—1546. — 27 ff. In der Folge wird man den Begriff von Schönheit allgemeiner und richtiger, und nicht mehr so jugendlich sinnlich finden. Anm. d. V.

Dieser ist inzwischen ungelenk, und wer ihn allzusehr zu leichtem Holze schnitzelt, besonders am Boden, wo er gerade vor Augen liegt, wird abgeschmackt und lächerlich. Holz hat seine natürliche Form in Stamm und Zweigen: woher die Säulen und zum Teil die Gewölbe. Je weniger man von der natürlichen Form abnimmt, desto reiner ihre Schönheit; so übertrifft eine Säule immer einen Pilaster. Das meiste aber bezieht sich auf Zweck, und hat mit Nachahmung der Natur wenig zu schaffen. Die Schönheit der Massen muß aus einem glücklichen geheimen Gefühl hervorkommen, das sich an der Harmonie der Teile des Menschen, des Großen in der Natur, und überhaupt alles Lebendigen lange geweidet hat, und wieder mit einem solchen Sinn genossen werden. Hier lassen sich, was Erfindung betrifft, keine bestimmte Regeln geben; ein ganz anderes ist's, wenn man bloß nachahmt, was Griechen und Römern gefiel."

„Und dies bleibt wohl immer das Zuversichtlichste," fiel ich ein, „da sie ausgemacht die menschliche Natur mehr durchgearbeitet und zur höchsten Vollkommenheit gebildet haben, die wir kennen."

„Wenn der Erdboden durchaus gleiches Klima hätte," versetzte er darauf, „wie die Gegenden, welche sie bewohnten; die Menschen überall dieselben Bedürfnisse, dieselben Sitten und Gebräuche, die gleiche Idee von Glückseligkeit, dieselben Feste und Spiele! Und überhaupt will der Mensch neues; er hat ohnedies zu viel vom Gesetz zu leiden, das er nicht abwerfen kann; warum von freien Stücken sich eins auf den Nacken legen, das ihm nicht gefällt?

„Die Kunst wird, außer dem Reichtum an schönen Formen und Begebenheiten in der Natur, schon geweckt im Menschen durch vortreffliche Mittel zur Darstellung. Die Obelisken, Pyramiden, Tempel in Ägypten hatten ihre Entstehung schon den Marmor-, Granit-, Porphyr- und Jaspisgebirgen am roten Meer zu verdanken. Der leichteste Gegenstand in der Natur reizte hernach zum Beispiel zu Syene die Wendung der Sonne und die Anzahl der Tage im Jahr zu bestimmen. So gab der parische Marmor den Griechen Gelegenheit, die menschlichen Formen nachzuahmen; so ihre Sprache zu verschiedenen Silbenmaßen und Gedichten. So werden wir von der unsrigen zum Gesange gelockt, und zum Bauen vom Reichtum an Baumaterialien. Verschiedene Mittel,

32. Syene, in Ägypten.

als Holz, Backstein und Marmor, veranlassen schon verschiedne Formen.

„Ein Umstand allein verändert oft das Ganze. Bei den Griechen und Römern zum Beispiel war ein Tempel meistens nur für einen ihrer vielen Götter; eine Wohnung für denselben abgepaßt gewissermaßen, wenn er vom Olymp hernieder in die Gegend kam, wie ein König aus seiner Residenz in ein Schloß einer seiner Provinzen.

„Die Form desselben war also nicht groß, und die Säulen richteten sich nach der Proportion. Jeder Bürger opferte entweder einzeln; oder war allgemeines Fest, so ging der Priester oder die Priesterin hinein, und das Volk stand innen und außen herum. Gleiche Bewandtnis hat es bei ihren Orakelsprüchen.

„Unsre Kirchen hingegen sind große Versammlungsplätze, wo oft die Einwohner einer ganzen Stadt stundenlang sich aufhalten sollen. Ein feierlicher gotischer Dom mit seinem freien ungeheuren Raume, von vernünftigen Barbaren entworfen, wo die Stimme des Priesters Donner wird, und der Choral des Volks ein Meersturm, der den Vater des Weltalls preist und den kühnsten Ungläubigen erschüttert, indes der Tyrann der Musik, die Orgel, wie ein Orkan darein rast und tiefe Fluten wälzt, wird immer das kleinliche Gemächt im großen, sei's nach dem niedlichsten Venustempel von dem geschmackvollsten Athenienser, bei einem Mann von unverfälschtem Sinn zu Schanden machen.

„Wir hätten dafür, däucht mich, eher ihre Theater zum Muster nehmen sollen, die natürlichste Form für eine große Menge, worin jede Person ihren Posten wie in einer Republik, einer Demokratie einzunehmen scheint, und ein herrliches Ganze bildet. Und sind wir nicht gegen das Wesen der Wesen alle gleich? König und Bettler, Philosoph und Bäuerlein, arme blinde Würmer? die nichts wissen, die hieher gesetzt sind wie verraten und verkauft, in Nacht und Nebel, wo wir vergebens die Köpfe in die Höhe strecken?

„Ich habe hier und da in Klostergärten doch gefunden, wie sich die liebe Natur auch in ihrer größten Einfalt selbst regt. Der Bruder Redner saß unten zwischen alten schattigen Baumen, und vor ihm hatten sie an einem Hügel in hohler Rundung Sitze mit Rasen nach einander in der Höhe rückwärts angelegt; und so saßen sie übereinander und hörten zu: und oben an beiden

Seiten schlossen das Andachtsörtchen wieder Bäume, wo der Wind die zarten Zweige bewegte, und die Blätter flüsterten, als ob Engel darin spielten, sich ihrer Frömmigkeit freuten.

„In unsern Kirchen mit langem gleichplattem Boden kann man nicht einmal das Meßamt gehörig verwalten; die hintersten sehen's nicht vor den vordern, was der Priester beginnt, und sie stehen und liegen ohne Ordnung unter einander, im eigentlichsten Verstande wie die Schafe.

„Übrigens ist die Qual aller Baumeister, daß sie für Sommer und Winter dasselbe Gebäude machen müssen, einen Rock für die größte Hitze und die größte Kälte. Weil sie nun in Süden sich nach dem Sommer richten: so frieren sie im Winter am meisten; und in Norden nach dem Winter, so schwitzen sie dort im Sommer am meisten; ob es gleich nach der Natur ganz umgekehrt sein sollte."

Die Gegend von Vicenza hatte ihm ungemein gefallen; besonders aber der herrliche Spazierplatz des Campo Marzo mit der neu herausempfundenen Triumphpforte vom Palladio zum Eingang. In der That lagern sich reizend die schön bewachsenen Hügel darum her, und die Tyrolergebirge geben in blauer Ferne süße Augenweide.

Mehr aber gefiel ihm noch Verona wegen der Etsch, der Alpentochter, die wellenschlagend aus den Felsen sich mitten durch die Stadt in Schlangenkrümmungen reißt, worüber die Brücke der Scaliger sich in kühnen Bogen hebt, weiter, heroischer und kunstgebildeter, als selbst die Brücke Rialto, das Wunder von Venedig, welche mit ihren sechzig Stufen herauf und hinunter mehr Treppe, als fortgesetzter bequemer Weg ist.

Wir machten den letzten Strich in unvergleichlicher Nacht, wo der Mond, beinahe voll, immer mit uns ging, und uns durch die schönen Ulmen begleitete, die ihre Kränze von dichtbelaubten Weinranken lieblich zusammenpaarten; und Blitze von einem fernen Gewitter flammten herüber in die heitre Luft. Mond und Abendstern und Sirius und Orion schienen wie Schutzgeister unsrer Sphäre näher zu schweben. „Ach, ihr Götter," rief Ardinghello, „warum so einen kleinen Punkt uns zum Genuß zu geben, und nach den unendlichen Welten uns schmachten zu lassen! Wir sind wie lebendig begraben."

Schon regte sich ein leichter frischer Morgenwind und säuselte durch die Blätter; ein milder Lichtrauch stieg auf in Osten, von einzelnen Strahlen durchspielt, als wir bei unserm Landgut anlangten, wo der See sich ausbreitete und seine Ufer von Wellen rauschten. Sie brachen sich ergötzend über einander und schäumten; und wir fanden die Beschreibung Virgils: Fluctibus et fremitu assurgens marino ganz nach der Natur. Ich legte mich zu Bette, weil ich den vorigen Tag nicht geschlafen hatte. Ardinghello aber wollte nicht, und machte Bekanntschaft mit der Gegend.

Die Zimmer für uns waren schon zubereitet; den Nachmittag richteten wir uns völlig ein. Ardinghello bekam eins gegen Norden zum Malen, wo er Licht und freien Himmel hatte, wie er wünschte; und überdies den Ausgang aufs Feld.

Wir beschifften die ersten Tage die Küsten, stiegen da und dort ans Land, und schweiften herum an den schönen Hügeln bis nach Brescia. Ardinghello legte alsdann gleich seine Madonna an für meine Mutter, damit er in den guten Stunden hernach daran arbeiten könnte.

Im Griechischen waren wir schon einig wegen Ton, oder Accent, und Aussprache; wir richteten uns gänzlich hierin nach den obgleich verwilderten Abkömmlingen der Alten, zumal da wir doppelten Endzweck hatten. Wir gelangen zur Kenntnis toter Sprachen nicht allein durch Vernunftschlüsse und Vergleichungen, sondern noch durch Herkommen; und da hat doch das Volk, dessen Sprache die älteste Tochter ist von der abgestorbnen, oder vielmehr selbst noch Mutter, nur durch die Zeit verändert und verwandelt, das nächste Recht zur Erklärung. Kein auswärtiger Bücherheld wird mit seinem bloßen Buchstabieren auch je dem Kunden und Lebendigen desselben bei Lesung der übriggebliebnen Denkmale gleich kommen.

Man kann wohl sagen, daß wir kein größer und vollkommner Ganzes vom menschlichen Leben haben, als die griechische Sprache, wenn man sie vom Homer an zusammennimmt bis auf unsre Zeiten.

Im Homer steht sie schon als ein starker junger saftiger zweige- und laubvoller Baum da; in den tragischen und komischen Dichtern Athens, dessen Philosophen und Rednern, in höchster Schönheit und Fruchtbarkeit, so wie noch nie etwas Menschliches erschienen ist: und bei den Neugriechen zusammengeschrumpft, verwachsen, und ästezerbrochen, bepfropft mit mancherlei fremdartigen,

4f. Fluctibus marino, — — der wie ein Meer aufsteigt in rauschenden Fluen. Anm. d. V.

und doch noch groß und reich; in einem Alter von drei tausend Jahren.

Die feinen Ausbildungen, die geschmeidigen Darstellungen aller Verschiedenheit der Natur sind, so wie die Wirklichkeit selbst, in den Zeiten der Barbarei verloren gegangen. Die Neugriechen haben keinen Dativum in ihren Deklinationen, und ihre Verba sind steif geworden. Das Futurum wird mit dem Hülfsworte wollen gemacht, das reiche Perfektum ist verschwunden, und der erste Aorist darein verwandelt. Sie haben keinen Dual, kein Medium, keine Verba in Mi, sogar keinen Infinitiv mehr. Die Participia sind verunstaltet; die Präpositionen ohne Regierung fast: ihrer bloß acht an und für sich haben alle den platten Akkusativum hinter sich; und die Partikeln bringen wenig Geschmeidigkeit mehr hervor.

Und doch hat die Sprache noch Wohllaut und mannigfaltigen Klang; schöne ursprüngliche Form, aber wenig Beweglichkeit. Die italienische ist aus der römischen weit mehr von Leben und Geist gebildet; das Neugriechische aus dem alten lange nicht so bearbeitet. Vieles darin sieht aus wie zerschmettert und versetztes Bruchstück; und manches ist noch völlig so wie bei dem alten.

Ich brachte dem Ardinghello bald alles bei, was zum täglichen Leben gehört; obgleich die gemeinsten Dinge bei den Überfällen verschiedner Völkerschaften hauptsächlich ihre Benennung verändert erhalten haben. So heißt zum Beispiel jetzt: Brot, Psomi; Wasser, Neron; Wein, Krasy; der Leib, Kormi; die Thür, Porta; der Weg, Strata; das Haus, Spiti; Chrysaphi, Asimi, Gold und Silber.

Überhaupt lieben die Neugriechen das I; und man findet oft das alte Wort, wenn man es wegthut, als bei Mati, Auge; Avti, Ohr.

Die Evangelien und Episteln versteht man so ziemlich noch im Griechischen des neuen Testaments; aber vom Xenophon und Plato wenig. Die Geistlichen, Vornehmern und Kaufleute reden, was man Schriftsprache nennen kann. Die größte Barbarei ist eigentlich auf den Inseln, weil diese noch mehr als das feste Land von den Fremden überschwemmt wurden; auch weichen die Sitten hier mehr von den alten ab.

Der Mundarten sind vielleicht mehr als bei den Alten; und so geht's mit der Aussprache. Die jetzigen Spartaner sprechen zum Beispiel den Laut Ch aus, wie die Franzosen.

Überhaupt war die Aussprache schon bei den Alten verschieden nach Ort und Zeit, wie bei uns und überall. Die ersten Pelasger sprachen vermutlich ihr Griechisch anders aus, als die Athenienser unter dem Perikles; und so Homer und seine Zeitgenossen. Plato beklagt sich im Gespräche Kratylos, kurz nachher als die zwei langen jonischen Vokale zu Athen, unter dem Archon Euklid, im zweiten Jahre der vierundneunzigsten Olympiade in allgemeinen Gebrauch gekommen waren, daß man das Wort, welches den Tag ausdrückt, nicht mehr Himera wie die Vorfahren ausspreche: sondern entweder Hemera, oder neuerdings ἡμέρα: und dabei den schönen Ursprung nicht mehr fühle, daß es von Himeros, das Verlangen, herkomme; weil man nämlich in der Nacht und Dunkelheit nach dem Licht und Aufgang der Sonne verlangt.

Aus diesem Beispiel dürfte man vielleicht schließen, daß die neuern Griechen in manchem zur Aussprache der ältern und selbst Homers wieder zurückkehrten; und daß auch hier, wie sonst in der Welt, alles im Kreise herumgeht.

Am besten ist es, man richtet sich nach der jedesmaligen lebendigen Aussprache und dem großen Haufen; und man muß es, wenn man verständlich sein will.

Von den Alten lasen wir die Abende bald ein Stück aus dem Plato, bald aus dem Aristoteles oder Xenophon; kehrten aber von ihrem Scharfsinn und Adel, der reinsten Empfindung und ihren hohen Flügen oft zurück unter das atheniensische Volk zum Demosthenes und Aristophanes.

Ardinghello hatte den letztern nur dem Namen nach gekannt, und weidete seine Seele nun an ihm leibhaftig mit Entzücken. Er brütete so recht über seinem Witze, seiner Laune, seinen kühnen Erdichtungen; und hielt seine Possenspiele für das allerhöchste Denkmal menschlicher Freiheit, welchem sich keins unter den Millionen

18ff. Bei unsern deutschen Übersetzungen ist dies jedoch der Fall nicht; und wir haben recht, einzelne Namen z. B so echt altgriechisch dem Laute nach zu übertragen, als wir zu bestimmen imstande sind. Der Laut η wird inzwischen immer schwer mit einem Zeichen vollkommen richtig zu bestimmen sein, da ihn wahrscheinlich schon die Alten verschieden aussprachen; nämlich nachdem die zwei Vokale waren, die er ausdrückte. Die neuern Griechen machten es nach und nach damit, wie die Engländer mit ihrem ee und ea, und ergriffen endlich noch eine festere Partie Auch ist der Übergang von ee und ei in i den Sprachorganen leichter und natürlicher, als es auf dem Papiere aussieht. Den Neugriechen klingt außerdem Hira oder Hiri, Aphroditi u. s. f. so zärtlich, weiblich und lichtvoll, als uns Cidli, Silli und dergleichen. Auf ähnliche Weise ändern die Sicilianer das Toskanische um. Über Wohlklang eines Vokals vor dem andern läßt sich im Allgemeinen nichts entscheiden; es kommt auf jedes Wort selbst, den Gebrauch und das Ohr des Volks an. Was uns fremd lautet bei allen andern Nationen, lautet ihnen nicht fremd. Anm. d. Verf.

andrer Schriften von weitem nähere. Wer mit den Griechen wetteifern wolle, müsse in beiden leben und weben. Hier erscheine der Mensch wie er sei, mit allen seinen natürlichen Herrlichkeiten und Schlechtigkeiten. Hier entsprängen und rännen die lautersten Lebensbäche.

Mein Freund steckte mich mit seiner Meinung an, und Redner und Dichter wirkten mächtig auf uns; wir wurden selbst freier im Umgange, und unsre Sprachkenntnis wuchs wie eine üppige Pflanze. Wir hielten uns ganz an Athen vom Themistokles an bis zum Tod Alexanders; drangen immer tiefer ein in dessen Staatsverfassung, Gesetze, Gerichte; ruhten im Schatten an den bemoosten Wurzeln des schönen lebendigen Baums, der seine Zweige über ganz Griechenland verbreitete, und gingen aus diesem Kreise, und was sich damit verband, selten heraus.

Dabei beschrieb ich ihm den gegenwärtigen Zustand der Inseln und des festen Landes; Gesellschaften, Sitten und Gebräuche, Feste und Spiele, Klima, Jahreszeiten, Wind und Wetter, Gewächse und Früchte, und was von den Alten noch übrig ist.

Ohngeachtet seiner Lust an dem Aristophanes, der glänzenden Satire der Wolken gegen den Dämon des Philosophen, und des bittern Angriffs der Lehre desselben, daß kindliche Liebe und Verehrung der Eltern und Verwandten dem Verstande nachstehen müsse, hielt er nichtsdestoweniger die Denkwürdigkeiten des Sokrates für das gediegenste Kleinod aller Weisheit und die Moral aller Moralen. Übrigens kamen wir darin überein, daß man die Wolken nach ihrer, und nicht nach unserer Zeit beurteilen müsse. Die Menschen waren damals gewohnt, einander nackend zu sehen, und scherzten zur Ergötzlichkeit für den Augenblick über ihre Mängel und Gebrechen, und vergaßen es hernach bald wieder. Aristophanes war sowenig schuld an dem gewiß bis zum Vergessen seines Mutwillens lang hernach erfolgten Tode des Sokrates, als an dem des Euripides; und beide wurden im Grunde nicht minder hochgeschätzt, trotz aller Lächerlichkeiten, die er auf sie warf. Welche possierliche Rolle läßt er nicht den letztern im Feste der Ceres und Proserpina spielen! Bei uns wäre freilich so etwas wie

20. Wolken gegen den Dämon; in seiner Komödie „Die Wolken" verspottet Aristophanes den Sokrates als überspannten Narren und Sophisten, besonders seine Behauptung, daß er einen Dämon (innere Stimme) besitze. — 34 f. im Feste der Ceres und Proserpina, gemeint ist die Verspottung des Euripides in den Thesmophoriazusen. Die Lesart der zweiten Aufl., „den Weisen letztern" ist sinnlos und wie oben zu verbessern.

Mord und Totschlag. Und außerdem war man es gewohnt, daß Philosophen und Dichter, und von diesen wieder die tragischen und komischen, sich zur Kurzweil des Volks einander zum besten hatten. Wer weiß, wie hart Sokrates und Euripides vorher dem Aristophanes begegneten? Das beste Zeugnis für das, was ich sage, ist, daß Plato nicht aufhörte, den komischen Dichter hochzuschätzen.

Dieser hohe Genius schien uns überhaupt einen viel weitern Gesichtskreis als Xenophon zu haben, und selbst über seinen Lehrmeister hinauszugehen. Wir meinten, nicht wenige seiner Gespräche müßten die Lieblingsschriften für jeden guten Kopf sein, der sie fertig in der bezaubernden Ursprache lesen kann; und dies zwar hauptsächlich deswegen, weil er selten seine Materie erschöpft, aber mit gewaltiger Hand in tiefe reiche Fundgruben hineinführt. Wir bewunderten oft an ihm, diesen Tag, die allergewandteste, attische Feinheit, die so edel kein Schriftsteller, unsers Wissens, weder seiner noch viel weniger irgend einer andern Nation je erreicht hat; und den folgenden wieder die erhabensten Gedanken in der kühnsten Sprache.

Demosthenes ist freilich gegen ihn, wie der noch junge zu strenge Dionys von Halikarnaß wahr spricht, Held im Streite, wo es das Leben gilt, und jeder Hieb und Stoß, Wunde. Aber ein andres ist Schlachtfeld, ein andres Akademie, wo unter kühlen Lauben auch zuweilen bloß angenehmes Geschwätz ergötzt; und lyrische Verzückungen süßer Trunkenheit bei sternenheller Nacht am seligsten machen.

Mitten unter dieser Seelenweide legte ich mich eifrig auf die Zeichnung. Ich fing von neuem damit an, allerlei mathematische Figuren aus freier Hand bis zur Vollkommenheit zu entwerfen, um sie zur Sicherheit im Zuge zu bringen. Alsdann plagte mich Ardinghello nur kurze Zeit mit menschlichen Gerippen, und ging gleich über auf den Umriß der Teile und ihre Verhältnisse zu einander; und endlich gelangte ich zum Lebendigen, wie aus einer trocknen Wüste zu schattigen frischen Quellen. Wir waren schon aus der ruhigen Schönheit am Leidenschaftlichen, als eine schreckliche Begebenheit erfolgte, die uns auf lange trennte.

Über die Verhältnisse des menschlichen Körpers gingen wir, außer den Vorschriften der beiden großen Florentiner, noch ein Werk durch von dem Deutschen Albrecht Dürer. Er sagte, wenige hätten die Theorie ihrer Kunst wohl so inne gehabt unter allen neuern Malern und Bildhauern, als dieser; man fände bei ihm ein erstaunliches Studium: aber zum Hohen und Schönen derselben sei er nicht gelangt, weil niemand aus seiner Nation und seinem Zeitalter könne. Dies hange außer dem Innern noch gar zu viel von Glück und Zufall ab. Wir könnten das Lebendige nicht anders nachbilden, als bis wir es entweder selbst gelebt, oder mit unsern Sinnen in ergreifender Wirklichkeit empfunden hätten. Ohne Perikles und Aspasia, Alkibiades, Phryne und ihresgleichen alt und jung: kein Phidias, Praxiteles und Apelles. Albrecht Dürer habe den Nürnberger Goldschmiedsjungen nie völlig aus sich bringen können; in seinen Arbeiten sei ein Fleiß bis zur Angst, der ihn nie weiten Gesichtskreis und Erhabenheit habe gewinnen lassen: und bloß deswegen hätte ihn Michel Angelo so sehr gehaßt. Seine meisten Kompositionen wären Passionsgeschichten, und Hexen und Teufel. Er als verlorner Sohn am Troge bei Schweinen, die Trebern fressen; Proserpina, wie sie Pluto auf einem Bocke holt; Diana, wie sie eine Nymphe mit dem Knittel bei einem Satyr prügelt, zeigten genug seine mißleitete Phantasie. Sonst sei er ein wackrer Meister, habe Kraft und Stärke, und ein guter Kopf von richtigem Geschmack könne viel von ihm lernen.

Wir hatten bei unserm Leben auf dem Lande uns zum Gesetz gemacht, daß keiner den andern in seinem Thun und Lassen stören sollte, und alles Beisammensein war freier Wille von beiden Seiten. Wenn also einer allein sein wollte, so sagte er es dem andern, oder schloß die Thür ab. Zuweilen gingen wir mit einander, zuweilen zog einer allein aus: und Ardinghello kam manchen Tag und manche Nacht nicht nach Hause, ohne mir vorher zu sagen, wenn er fortging, und ohne daß es mich befremdete. Die immer grünen mit hohen Bäumen eingefaßten Wiesen, und die vielen klaren Flüsse, von den Seen rein gewaschen, erfreuten ihn unendlich in der Lombardei; solche Natur war dem Toskaner fremd. Er nistete sich in den schönsten Dörfern überall ein, und machte Bekanntschaft mit den Landleuten.

Einigemal kam er abends auf einem lustigen Nachen mit Weinlaub und Ephen geschmückt, die Zither am Arm im Dithyrambengesang gleich einem jungen Bacchus wieder, oder in einem andern Aufzug, und es war immer ein allgemeiner Jubel; denn jedermann wollte ihm wohl. Er ließ sich mit jedem ein, und drang in dessen Inneres; half ihm fort, oder machte ihm das Leben froh und leichter. Er hatte eine von den seltnen gefühligen Stimmen, die das Herz anlocken; ihr Ton war fest und voll; süß und gelind bei Liebe, und heftig eindringend wie ein Sturmwind in der Höhe bei wilden Leidenschaften. Er spielte zwar auch trefflich die Laute: aber die Zither zog er allen Instrumenten zur Begleitung vor. Er sang wenig andrer Dichter Worte, sondern eigne Poesie, wie sie seinem Wesen entquoll, meistens ohne Reime; oder diese, wie sie sich schicken wollten. Es war bezaubernd, dem jungen Schwärmer zuzuhören, und wie in lächelnder Kühnheit das Feuer aus ihm wehte. Wie oft haben wir hernach in heitern Nächten uns in den See gestürzt! — denn er hatte mir das Schwimmen bald beigebracht — und in der unermeßlichen gestirnten Natur frei herumgewallt wie die Götter!

Noch hab' ich ihm eine größere Geschicklichkeit im Fechten zu verdanken, worin er ein großer Meister war; wie er denn seinen Körper überhaupt äußerst gewandt und ausgebildet hatte.

So flog himmlisch leicht unser Leben dahin unter Spiel und Fest und reizender Beschäftigung.

Mit seiner Madonna war er im August schon fertig. Er hatte die Begebenheit der Flucht nach Ägypten gewählt. Sie saß mit dem Kind an der Brust unter einem Ahorn, der seine Zweige weit umher verbreitete und Dämmerung hernieder warf; in der Nähe und Ferne standen Pinien und Cypressen anmutig vermählt und zerstreut. Die Gegend war ein Gebirge, aus welchem ein Fluß in Katarakten sich stürzte in seinem Schaum und Dampf von Silberstaub, dann eine kleine Ebene durchfloß, und in einem stillen See ruhig dahin wallte. Die bezauberndste Seite von der romantischen Wildnis unsers Lago war ganz treu hier zu sehen; vom Glanz der untergehenden Sonne blitzten Fels und See, und schimmerte das Laub der Bäume. Äußerst kühn gewagt!

Die Madonna war eine holde Jungfrau, die ihr erstes Kind in Armen hält, und der Geschichte davon in entzückender Grazie nachdenkt; ein Kopf ganz aus der Natur, nur erhöht und ins Reine gebracht, von unaussprechlicher Wirkung auf jeden fühlenden Menschen. Auch der Bube, so recht in Liebe erzeugt, trug die Spuren der vollen Wonne seines Werdens in der Gestalt; er hielt sich mit dem einen Händchen an der rechten halb entblößten Brust unter dem rötlichten Gewand an und lächelte von der offnen straff geschwellten jugendlichen linken ab mit seinem blonden Köpfchen in die schöne Natur. Das braune Haar der Madonna war in ein rötlicht gestreiftes Netz gebunden, wovon noch einige Locken ins Gesicht und die Backen fielen; der blaue Mantel zerflossen, und die Beine und zarten Füße ruhten in reizender Lage. Beider Augen, besonders der Madonna, blickten heiter schön, in Empfindung schwimmend. In den Zweigen des Ahorns schweben Engel wie junge Liebesgötter; abwärts weidet der Esel, und Joseph steht auf seinen Stab gelehnt, wie ein alter treuer Wärter, der sein Anvertrautes glücklich aus der Gefahr über die Grenze gebracht hat.

Form und Ausdruck und Kolorit in allen Teilen des Lebendigen, Bekleidung und Beleuchtung und Scene macht eine süße Harmonie zusammen. Das Gemälde war groß, und die Figuren im Vordergrunde an die zwei Drittel in Lebensgröße; jedoch ging ihm die Arbeit geschwind von statten, weil er die Studien zur Madonna und dem Kleinen mitgebracht hatte, und nur zum Joseph und den Engeln einen Alten und Kinder aus der Nachbarschaft brauchte.

Meine Mutter konnte sich darüber nicht satt freuen, und gewann ihn immer lieber.

Inzwischen bemerkte ich doch bei seinem fröhlichen und traulichen Wesen eine leidenschaftliche Hastigkeit an ihm, und etwas Verborgenes in seinen Gesichtszügen; auch fiel mir endlich sein Ausbleiben auf. Er sagte zwar: „ich bin ein Herumschweifer, und kann nicht wohl an einer Stelle bleiben;“ aber er nahm mich doch zu selten mit sich. Ich wollte wissen, was in ihm vorging, und dies klärte sich denn auf einmal in einer stillen Mitternacht auf, wo alle Winde schwiegen und kein Laut sich regte

Wir saßen am kühlsten Platz unsers Gartens auf einer Anhöhe, in einer Laube von Lorbeer und Myrtengesträuch, von einem alten Hain grüner Eichen umfaßt; und hatten oft die Gläser ausgeleert und gesungen und gesprochen; viel vom Menschen und den Begebenheiten der Welt, jugendlich, erfahren und unerfahren. Mein Herz stand offen; und ich entdeckte ihm zuletzt meine kleinen Liebesgeschichten, womit ich hier den Lauf nicht unterbrechen will; gestand ihm aber, daß ich noch nicht alles fände, was ich verlangte. „Du wirst mir guten Unterricht geben können,“ fügte ich hinzu; „denn nach deinen Studien in der Malerei, und Leibes- und Seelentugenden mußt du schon ein Held unter Amors Fahne sein.“

Er antwortete hierauf: „Ich spreche nicht gern von diesen Dingen; denn sie machen alle Menschen neidisch, Freund und Feind. Aber weil du einmal angefangen hast, so will ich auch dir bekennen. Doch vorher den Todesbund ewiger Freundschaft feierlicher von neuem; wir kennen uns nun vollkommen.“

Hier zog er einen Dolch hervor, streifte sich den linken Arm auf, stach hinein, und ließ das Blut in den Becher rinnen; überreichte mir den Dolch: und ich that, wie von einer furchtbaren Macht ergriffen, voll Glut und Rührung dasselbe. „Wie unser beider Blut hier im Weine vermischt ist,“ rief er aus, „und in unser Leben sich ergießt: so sollen unsre Herzen und Seelen auf dieser Welt zusammenhalten; dies schwören wir dir, Natur! und deiner Gottheit! Wer scheidet, fall' in Elend und Verderben.“

Wir tranken, umschlangen uns fester und inniger, stillten darauf die Wunden, und der eine verband mit lächelndem Ernst den andern.

Dies geschehen und aus dem Taumel uns wieder gefaßt und in Ordnung, fing er an: „Das herrliche Geschöpf, das ich liebe, bekränze als Priesterin unsern Bund! Cäcilia ist ihr Name, von der Heiligen, der himmlischen Musik, entlehnt. O du dort oben walte über uns! Auch unser Fest ist Saitenspiel und Gesang; und sind wir nicht so fromm als du, wozu nur Auserwählte gelangen, so ist doch unsre Liebe heilig; denn sie ist ganz Natur, und hat mit bürgerlichem Wesen nichts zu schaffen. Diese Cäcilia wohnt eine Stunde von hier: ist einzige Tochter bei zwei Brüdern, ihr Vater leider der große C...., und soll sich in kurzer Frist mit dem reichen Mark Anton vermählen; welches du schon alles weißt.“ Ich blieb hierbei stumm vor Erstaunen, und hörte mit beiden Ohren.

„Wir wurden durch einen bloßen Zufall näher bekannt,“ fuhr er fort; „denn schon vorher hatte ich sie als den schönsten weiblichen Kopf in Venedig einigemal in Kirchen auf den Raub abgezeichnet und ein paarmal in Gesellschaft gesehen. Nie aber wollte es mir gelingen, in ihrem Hause Zutritt zu erhalten, oder sie allein zu sprechen. Dieses geschah endlich beim Schlusse des letzten Karnevals, auf dem Markusplatz, in einer Ecke an der neuerbauten Kirche S. Zeminiano, als es Nacht werden wollte. Ich trug eine Maske, wie einer ihrer Brüder: sie sah mich im Getümmel für denselben an, ging auf mich zu, faßte mich bei der Hand und flüsterte mir etwas freudig ins Ohr. Ob ich sie festhielt und wie? kannst du denken; ich hatte sie schon auf den Platz hereinkommen sehen, auch war ihr lieblich Gesicht wenig verhüllt. Männer und Weiber, die sie begleiteten, mochten ebenfalls im Irrtume wie sie sein; denn sie ließen uns beisammen, gaukelten auf dem bunten Welttheater im Kleinen ihre Mummereien fort, und hatten keinen Argwohn. Ich gebrauchte die schnelle Gelegenheit, so gut mir möglich war. Sie mußte mich auch mit einem Blick erkennen können: unsre Augen hatten sich schon oft mit Seele begegnet. Ich verlangte zu wissen, ob ich etwas über sie vermöchte, hob ein wenig meine Maske vom Gesicht: und sie wollte sich, errötend von den rundlichen Wangen bis an den schneeweißen Hals, zurückziehen; allein ich hielt das warme Händchen fest.

„Ich blickte rasch umher und sie desgleichen; wir wurden in der Dämmerung nicht beobachtet, und ein Possenreißer hatte überdies aller Augen auf sich gezogen; ich sagte ihr — aber wie kann ich genau die Worte wiederholen — daß ich sie liebte, anbetete; daß ich verschwiegen wäre, wie ein Stein, eine Mauer, mich der geringsten Gunst nie rühmen würde; mich ihr in allem unterwerfen wollte, allen meinen Verstand zu unserm Vorteil anwenden wollte; wir seien für einander geschaffen, und das Verhältnis mit andern Menschen solle uns nicht trennen. Alles dies und mehr ging aus meinem Munde wie ein Lauffeuer, leis, aber mächtig ihr ins Ohr. Sie trat fort und hielt ein, zuckte mit der Hand, und überließ sie wieder den heißen Wallungen meiner Liebespulse. Endlich riß sie sich los, sagte mir aber mit einer schüchternen gebrochnen Stimme die Honigworte, die wie eiskühlend und brennendsüß erquickendes Labsal durch Mark und Gebein rannen: „Morgen früh zu Santi Giovanni e Paolo."

„Ich schwand von ihr weg wie der Blitz, zur ersten Probe meiner Aufführung, und schlief die ganze Nacht nicht, war so wach und lebendig, als ob ich nie geschlafen hätte, und nie wieder schlafen würde, durchaus Feuer und geistiges Toben. Was habe ich da nicht für Plane gemacht!

„Ich hielt schon lange vor der Zeit Wacht um die Kirche, und wie sie aufging, war ich der erste darinnen. Ich wartete und wartete, und verging vor Ungeduld; so langweilig war mir das Meßlesen der Priester noch nicht vorgekommen. Wie es allzulange währte, ließ ich mir den Vorhang von dem göttlichen Tizian wegziehen, wo Peter der Märtyrer von einem Räuber erschlagen wird, sein Gefährte flüchtet, und ein paar reizende Buben als Engel auf die Bäume der herrlichen Landschaft herabschweben. —

„Welch ein Meisterstück! die Scene schon äußerst lebendig; welche Lokalfarben haben nicht die schlanken Stämme der hohen Kastanienbäume! wie verliert sich das Land in ferne blaue Felsen! der Mörder voll räuberischem Wesen in Gestalt und Stellung und jeder Gebärde bis auf Kleidung und Kolorit! Der Heilige hat ganz das Entsetzen eines Überfallnen, und eines guten, weichen Mannes, der sein Leben banditenmäßig verliert; auf seinem Gesichte ist die Blässe der Todesangst; und mit welcher Natur in der Lage ist er niedergeworfen! der, welcher flieht, ebenso täuschend in allen Teilen. Die drei Figuren machen einen vortrefflichen Kontrast in Stellung, Charakter und Kolorit und den Gewändern von Mönchs- und Räubertracht. Welch ein trefflicher Ton im Ganzen, und wie schön hält es die Beleuchtung zusammen!

„Dies half etwas, aber wenig, ich hatte keine Ruhe. Endlich erschien sie doch, und armer Tizian, wie fielst du weg! O alle Kunst, neige dich vor der Natur! Sie zog zur Pforte herein, den Kopf in Eure Tracht versteckt, wie im dünnen Gewölk aufgehende Sonne, vor ihrem Glanz verschwand alles, oder bekam Ansehen, Wesen, lenkte sich zu einem Ganzen.

„Sie kam mit ihrer Mutter. Beide knieeten erst vor dem Altare nieder, wo Messe gelesen werden sollte, und setzten sich hernach, sie mit abgeworfner Hülle vom Haupte. Im Knieen blickte sie einigemal gen Himmel und seufzte; ich bemerkte alles. Sie wurde mich hernach im Sitzen gleich gewahr, und maß mich mit einer Engelschönheit, ruhig dem Anschein nach, vom Wirbel bis zur Zehe, in tiefem Nachdenken. Was für Seele aus ihrem weitgewölbten schwarzen Auge blickte, ist nicht zu sagen; und um ihre Lippen regten sich bange Gefühle, die jedoch in Lächeln übergingen. Ach, daß ich nicht gleich mit ihr sprechen durfte!

„Ich saß nicht weit von ihr rechter Hand, schräg auf der Seite, und verwandte, soviel ich unbemerkt sein konnte, kein Auge. Sie las hernach in ihrem Buche, und nahm ein Zeichen heraus, und deutete mir mit einem Winke darauf.

„Die Messe war vorbei, und man ging auseinander; ich folgte ihr auf dem Fuße. Bei der Kirchthür hatte ich im Gedränge, mit der feinsten Wendung, die Karte unvermerkt in der Hand.

Ich konnte nicht geschwind genug in einen Winkel kommen und lesen. „Zwei Stunden nach Mitternacht an der Thür auf die Straße hinter dem Kanale.“ Weiter stand nichts darauf, und es war genug.

„Nur dies und sie empfand und dachte ich den ganzen Tag. Gegen Abend ging ich schon dort einigemal auf und ab, und wußte alle Thüren und Fenster und Gelegenheiten auswendig. Ich versah mich alsdann auf allen Fall in meinem Quartiere mit Gewehr; meinen Gondelfahrer hatte ich ohnedies schon vorher immer bei der Hand.

„Nach Mitternacht machte ich mich auf den Platz bei Maria Formosa. Wie wurde mir die Zeit so lang! Die Hoffnung hob mich vom Boden weg durch alle Himmel; die Natur hingegen wollte gar nicht fort; Orion, Adler, Schwan und Wagen schienen mich zum besten zu haben, ich hätte sie gern himmelab aus Ungeduld mit den Händen gerückt, und sprang oft närrisch in die Höhe, sie zu erreichen.

„Endlich schlug die letzte Viertelstunde, und ich eilte an den bestimmten Ort. Alles war still auf den Wegen, und ich lief über die Brücken weg und wartete in einer Ecke nahe bei der Thür, in meinen Mantel eingehüllt, lauter Ohr und Auge.

„Ich war kaum da, so ging sie schon auf. Ich machte mich herbei, und vernahm die leisen Worte: „herein!“ ich schlüpfte durch und war im Dunkeln. „Die Schuh aus!“ flüsterte sie, „mir die Treppe herauf nach!“ Und sachte, sachte, Hand in entzückend zarter, warmer, festhaltender Hand, tappten wir in ein Zimmer auf den Kanal; und wieder zugeschoben mit dem Riegel wurde die Pforte des Himmels. Cäcilia war in einem leichten Nachtgewande, den Kopf entblößt und das lange Haar nur in einen Knoten gebunden, das weich in den Seiten mir in die Finger fiel.

„Ich hielt sie umschlungen und raubte den ersten Kuß, der wie ein süßer Blitz mein Wesen durchfuhr; und sie sagte seufzend: „O was wag' ich nicht, Euch näher kennen zu lernen! Ich weiß, daß Ihr ein Florentiner seid und hier die Malerei treibt, aber daß dies Eure Bestimmung nicht ist, sondern Nebenbeschäftigung, und Euer Ziel im Verborgnen höher steckt. Eine Freundin Eurer Tante und von mir, die Euch als eine andere zärtliche Mutter wohl will, und durch jene Euch Eure Wechsel auszahlt, hat es mir unter dem Siegel des Stillschweigens anvertraut. Eure edle, schöne Gestalt und Jugend, und — es muß nun von meinen Lippen! — ein unwiderstehlicher Zug im Innern, den ich noch bei keinem Sterblichen fühlte, haben mich dazu verleitet."

„Verlaßt euch in Geheimnissen auf Weiber, dachte ich, wenigstens, die sie nicht selbst betreffen! und geriet in ein Labyrinth.

„Ein andermal von unsern Umständen," erwiderte ich. „O daß ich dich endlich habe, du Stolz von Venedig und Zierde der Welt! Laß uns jetzt ganz allein sein, und die vorübereilenden Augenblicke genießen in junger, feuriger Liebe, o du Seele meiner Seele, Geist und Licht meines Lebens!" Hier hob ich sie mit Macht in meine Arme, und trug sie unüberwindlich so auf einen Sofa, der in der Ecke am Fenster stand.

„Unglücklicher," sagte sie, „was willst du beginnen?" und stieß mir mit allen Kräften das Gesicht von ihrer Brust. „Dies ist kein falsches Sträuben! ein einziger Ruf von mir, den meine Brüder hören: und du bist des Todes, und ich im Hause auf immer elend!" Dies war in einem so festen, sichern Tone gesagt, wie ein Schwertschlag die Schulter herein, daß ich nachlassen mußte; ich wurde wie von einander gerissen, als das himmlische, warmlebendige Geschöpf meinen Armen entwich.

„Nicht so heftig, holder Verwegener! so war es nicht gemeint!" fing sie nach einer kleinen Pause an, und streichelte mir die Backen, die Sirene.

„Ganz außer mir ergriff ich sie wieder mit Gewalt von neuem. Hier aber geriet sie in bittern Zorn und riß mich mit den Haaren von sich: „Glaube nicht," sagte sie, „daß ich ein Kind bin, das nicht weiß, was es thut, und mit sich anfangen läßt, was ein wütender Mensch will!" Ich konnte nichts dagegen aufbringen, und Unmöglichkeit, Liebe und Bewunderung machten, daß ich meine Leidenschaften bändigte.

„Wir setzten uns dann. Ich war auf dem stürmischen Meere, herumgewühlt von tausend Wogen. Sonderbare Scene! Sie schlang hernach ihren rechten Arm um meinen Nacken, und ich meinen linken um ihre Lenden, und die zwei andern Hände schlossen sich in ihrem Schoße zusammen; vor uns stand auf einem Tischchen ein Nachtlicht. Ach, wie sie blühte! ein voller Rosenbusch im Mai am frischen Morgen im neuen Glanze des Himmels und den

Chören der Nachtigallen herum. Ihre jungen festen Brüste kochten und wallten; und im Netz ihrer verwirrten blonden Haare zappelte meine arme Seele wie ein gefangener Vogel.

„Ich flog ihr mit flehendem Gesicht an den Busen und klagte schmachtend: „Was hast du mit mir vor, Zauberin?"

„Liebe! sei ohne Sorge!" antwortete sie darauf; „sonst würde ich nicht gethan haben, was ich that: süße Traulichkeit, wo ihrer zwei sich das Leben froh machen, die für einander geschaffen sind."

„Uns verging die Sprache, und wir saßen lange, eine schmerzlich entzückende Stille, in heißer Empfindung aneinander gegossen.

„Mir rollten endlich unaufhaltbare Thränen übers Gesicht von dem wütenden Kampf im Innern.

„O ich sehe, daß du liebst," sagte sie, und hob mir das Gesicht in die Höhe, das ich knieend wie ein Kind in ihrem Schoße verbarg; nachdem ich ihr wenig Worte von meinen Schicksalen erzählt hatte, nahm sie mich auf und küßte mir zärtlich, am ganzen Leibe zitternd, die Augen und das bloße Herz, wovon sie das Hemde wegriß. „Nun geh fort," sagte sie; „wir können jetzt nicht reden und nicht länger bleiben. Versprich bescheidner zu sein, und komme heut über acht Tage wieder früh nach Santi Giovanni e Paolo; wenn ich dir ein Zeichen gebe, so sind wir dieselbe Stunde in der Nacht ebenso beisammen."

„Mir war selbst zu wohl und zu weh im Herzen, und sie brachte mich unter brennenden Küssen und glühenden Umarmungen leise wieder von sich. Dies war die erste Zusammenkunft. Morgen, Benedikt, das übrige, wenn wir wieder dazu gestimmt sind," sagte hier Ardinghello.

Wir machten uns alsdann berauscht auf unsre Zimmer. „O Freundschaft und Liebe," rief er, nach dem Wunsche gut zu schlafen, „was ist ohne dich die Welt! Ein Haufen Unsinn für alle Philosophen."

Was Ardinghello gesagt hatte und die Vorbereitung dazu, machte mich äußerst unruhig; mein Gesichtskreis war zwar erweitert, verlor sich aber in undurchdringlichen Nebel, und mich schreckte die Zukunft. Seine Leidenschaften kümmerten mich. Jedoch verließ ich mich wieder auf seinen hellen Geist und sein edles Herz, und schwur ihm von neuem bei mir ewige Treue, und ihn überall, wo Not an Mann ging, zu unterstützen. Er sollte mir auf der Stelle forterzählen, aber er wollte nicht, und sagte: „Wir haben ja dazu genug Zeit und Muße; mein Kopf ist zu sehr im Taumel.“

Den Tag darauf bekamen wir Besuch; und wer war es? es war der Bräutigam der Cäcilia mit ihren Brüdern, die ihm bis Verona entgegenritten, welcher ein kleines Geschäft abmachen wollte. Sie selbst war einigemal mit ihrer Mutter bei uns gewesen, und ich hatte nichts gemerkt: so sehr konnten sie sich verstellen. Er gestand mir zwar damals ein, der Schalk, daß sie die schönste weibliche Gestalt wäre, die er je gesehen hätte, was Gesicht und Wuchs und Hand und Fuß beträfe; wenn das Verborgene dem Äußerlichen gleichkäme, so wüßte er nicht, ob die griechische Venus zu Florenz noch das Wunder bliebe; und bedauerte, daß so etwas ungenützt für die Kunst vergehen sollte. Allein eben am Verborgenen habe Phryne so sehr die andern Mädchen übertroffen; vollkommne Bildung an diesen Teilen, der Reife nahe, ohne Überfluß und Magerkeit, die zarten, häufigen, und doch festen Schwingungen des Lebens in den reinsten Formen mit aller reizenden Mannigfaltigkeit zur größten harmonischen Einheit durch keine Kleidung und Stubenluft verdorben, immer in gehöriger Munterkeit und Bewegung erhalten, von hohem und heiligem und wollüstigem Geist beseelt, ein wenig Überfülle, wo sie sein müsse, üppige sanfte Wölbung und wieder straffer Umriß sei äußerst selten und ein Wunder in der Natur, und man könne es immer, wenn man es fände, als das allergöttlichste auf diesem Erdenrund betrachten. Es fiel mir nun freilich ein, daß sie höher glühte, wenn er von fern im Schatten die Laute spielte, oder mit seiner verführerischen Stimme zur Zither sang; und sie selbst war es, was er bei mir schilderte.

Ihr jüngster Bruder, sie war das letzte Kind, konnte ihn gleichwohl leiden. Sie besahen sein Gemälde und machten ihm darüber große Lobsprüche: nur der Bräutigam, eine kalte Staatsperücke von widrigem Gesichte, tadelte ihm einiges ohne rechten Verstand, um nach dem gewöhnlichen Kniffe der Großen sich damit ein Ansehen zu geben, welches Ardinghello jedoch gefällig aufnahm, indem er sich damit entschuldigte, daß die Malerei sehr schwer, und selten einer in allen Teilen nur erträglich wäre; und rühmte dabei seine große Einsicht. Dies gefiel ihm denn, und er fragte ihn wie einen jungen Malergesellen, ob er ihn und seine

Braut abkonterfeien wolle? Ardinghello verbeugte sich, und erwiderte, daß ihm dies großen Ruhm bringen würde, wenn es nach Wunsch gelänge. Jener beschloß, ihn abrufen zu lassen, sobald es sich schickte. Darauf ritten sie fort, nachdem sie ungefähr ein paar Stunden angehalten hatten.

Den Abend blieben wir bei meiner Mutter. Sie freute sich über den Beifall für sein Gemälde; und daß er durch diese Gelegenheit, besonders wenn noch die Porträte gefielen, in dem neuen Palaste des Bräutigams viel Arbeit bekommen könne. Geld sei da genug; und dies brauchten die Maler. Die gute Frau war fern, etwas weiter zu mutmaßen; aber Ardinghello stellte sich auch so fromm an. Wir mußten bis spät in die Nacht bei ihr aushalten, und er erzählte, um die Zeit auszufüllen, einige rührende Märchen.

Wir machten noch vor Schlafengehen aus, den andern Morgen auf dem See ins Gebirg hineinzuschiffen und zum Mittagsmahl das Gehörige mitzunehmen; ich brannte vor Verlangen, mehr und alles von ihm zu erfahren.

Die Vögel begrüßten vielstimmig den neuen Tag. Die Sonne kam herauf im herrlichen Lichtkreis am Ende der Bergstrecke des Monte Baldo, und schritt kühn übers Gebirg bei Verona im gelben Feuer; die Stirn, womit sie sich emporwarf, war Majestät, die der Blick nicht aushielt; und je voller sie hereintrat, desto öfter mußte sich das geblendete Auge von dem göttlichen Glanze wegwenden, der doch so entzückend nach der blinden Dunkelheit war, daß es immer durstiger sich in den köstlichen Strahlen berauschte.

Breit lag der See da im Morgenduft und die Hügel im dünnen Nebel; ein leises Wehen in der Mitte kräuselte die Wellen, und weckte seine Schönheit auf, und machte sie lebendig. Die Häuserchen zwischen den Bäumen am Ufer schienen allein zu schlummern mit ihrer Unbeweglichkeit, und weil die Menschen noch nicht heraus waren.

Unser Nachen wallte leicht mit vollgeschwelltem Segel über die nassen Pfade.

Es war ein heiteres Wetter zu Anfang Oktober und einer meiner unvergeßlichen Tage. Sirmio lag lieblich da in Strahlen und sonnte sich; und die unabsehliche Kette der Felsen dahinter, wie eine neue Welt, als ob sie bestimmt wäre, lauter Titanen zu tragen. Süßer rötlicher Dunst bekleidete glänzend den östlichen Himmel, und die wollichten Wölkchen schwebten still um den lichten Raum des Äthers, worin entzückt in hohen Flügen die Alpenadler hingen.

Der See ist wirklich einer der schönsten, die ich gesehen habe, so reizend sind dessen Ufer, und zugleich majestätisch und wild, mit soviel Abwechslung von Lokalfarben; und Licht und Schatten macht immer neue Scenen. Die Halbinsel Sirmio liegt in der That da, wie der Sitz einer Kalypso, um von da aus das Land zu beherrschen, und hat das prächtige Theater von ungeheuren Gebirgen vor sich.

Wir kamen bei guter Zeit am bestimmten Orte an, und machten uns noch in der Kühle den Berg hinauf. Als wir die erste Anhöhe erstiegen hatten, lagerten wir uns in dem Wäldchen von Kastanien unten an den Quell der mit Ephen bekleideten Felsenwand ins weiche Gras, von hohen dunkeln Eichen und Buchen hier umschattet; nachdem wir erst unsre Weinflaschen an den frischesten Platz gestellt, gerade wo der Sprung hervorstrudelte. Dem Schiffer sagten wir, er sollte vor Sonnenuntergang uns wieder abholen; und so blieben wir allein.

Wir ruhten vom Aufsteigen aus und streckten uns die Länge lang auf die bequemsten Fleckchen; noch niedrig beim Aufgehen hatte schon die Sonne durch die Stämme den Tau weggeküßt, und es war nun alles trocken. Wir genossen von neuem das Labsal des letzten Schlummers, als wir so früh aus den Betten mußten; und die einzelnen Lichtstrahlen zitterten süß von oben schräg durch die bewegten Zweige auf unsre Augenlider, und schimmerten in die Dämmerung. „O Sonne und Erde," rief endlich Ardinghello, „wie gut macht ihr's euern Kindern, wenn sie sich selbst das Leben nicht verbitterten!" und sprang auf. Auch ich rastete nicht länger: der frische Duft der fortrieselnden Quelle machte den ganzen Körper doppelt rege.

Ich nahm ihn in Arm, und ging mit ihm auf und nieder durch die Bäume und sagte: „Das ist doch nicht fein, da wir so lange beisammen sind und ich dich liebe, wie mein ander Ich, daß du mir noch nichts von deinen Lebensumständen bekannt gemacht hast, und immer damit hinter dem Berge hieltest! So oft die Rede auf deine Familie kam, bogst du davon aus, als ob du aus dem Kraute gewachsen wärest; was Cäcilie betrifft, laß ich's noch angehen, und deine Entschuldigung wäre bei jedem andern gut gewesen."

„Lieber!" versetzte er darauf, „mein Schutzgeist hat mich davon abgehalten. Ich glaube, daß jeder Mensch einen Dämon hat, der ihm sagt, was er thun soll, und daß Sokrates nicht allein einen hatte; wenn wir nur dessen Stimme hören und uns nicht übereilen wollten. In jedem Menschen wohnt ein Gott, und wer sein inneres Gefühl geläutert hat, vernimmt ohne Wort und Zeichen dessen Orakelsprüche, erkennt seinen eignen höhern Ursprung, sein Gebiet über die Natur, und ist nichts unterthan.

„Ich stamme aus einem der guten Häuser von Florenz: mein Vater war Astorre Frescobaldi, und meine Mutter, Maria, von der verfolgten Familie der Albizi! Beide sind nicht mehr, und ich bin allein noch übrig, ihr erstes und letztes Kind. Mein Vater entbrannte in Leidenschaft für Isabelle, die dritte Tochter des Cosmus, vermählt mit dem Römer Paul Orsini; und sie gab ihm leicht Gehör; er war noch jung, wohl gebildet, und hatte tausend Reize sie zu fesseln. Sie wurde gleichfalls gegen ihn entzündet; und in Abwesenheit ihres Mannes, der von ihr wie geschieden lebte und sich meistens zu Rom aufhielt, hatten sie erwünschte Gelegenheit, ihr Liebesspiel zu treiben. So gebar sie denn zwei Töchter, von welchen wenigstens die erste meine natürliche Schwester ist. Sie hat sich hernach vielen preisgegeben und mag wohl selbst nicht wissen, mit wem sie die übrigen Kinder erzeugte; jung und schön über alle Weiber, voll Witz und Geist und Leben, und so durch Erziehung gebildet, daß sie spanisch, französisch, und sogar lateinisch spricht, verschiedene Instrumente spielt, wie eine Sirene singt, und Verse macht, oft aus dem Stegreif, herrschte sie am Hofe, wie eine Göttin, und that, was sie wollte. Noch jetzt übt sie Gewalt aus, obgleich der Scepter ihres Vaters ihr nun entwandt ist. Ihre Liebhaber verfolgten sich einer den andern, und wie die Sonne strahlte die Mutwillige, ungestört vom Krieg der Elemente um sich herum; immer mit neuen Vergnügungen beschäftigt, ließ sie ihre Geliebtesten im Elend verderben, und machte sich darüber keine Sorge. Ein göttlich schönes Ding bloß für die Gegenwart! ein Feuer, das alles aufzehrt, was sich ihm nähert.

29 ff. Fu amata dal Cosmo suo padre, di maniera, che era voce per la città, che egli avesse commercio carnala seco: sagt eine florentinische Handschrift aus der damaligen Zeit hierüber. Anm. d. Verf.

„Mein Vater wurde das erste Opfer; der Herzog ließ ihn gefangen setzen. Er machte sich los und flüchtete nach Venedig; und von dort in die Levante. Man zog seine Güter ein, unter Vorwand von Verschwörung und Staatsverbrechen; meine Mutter starb darüber vor Gram. Mich nahm meine Tante Lukrezia zu sich. O guter Freund, du weißt noch nicht, was ein kluger Tyrann thun kann! Von fern sieht die Tigertatze schön aus, wegen ihrer Stärke und Behendigkeit. Wenn Cosmus ein zweiter Augustus ist in Unterjochung der Freiheit und Wollust gegen seine Landestöchter und in seinen Julien, so ist er noch viel grausamer als sein Urbild.

„Durch ein bloßes Ungefähr habe ich die beste Erziehung erhalten. Als Knabe folgte ich meistens meinem Hange, und wurde hernach bei dem gestörten Hausfrieden durch die Leidenschaft meines Vaters gegen Isabelle wenig mit vorgesetzten Lehrmeistern geplagt. Ich ging mit Kindern allerlei Klassen um, und die fähigsten waren meine Spielgesellen; ich suchte sie zu übertreffen im Laufen und Ringen und Schwimmen im Arno und in listigen Streichen. Ich habe freilich manche Beule im Balgen und Fallen davon getragen, bin aber davon weder ein Krüppel geworden noch gestorben. Mein Vater, ein mutiger tapfrer Mann, nahm mich im ersten zarten Alter einigemal mit zur See, wo er als Befehlshaber der Galeeren die Küsten gegen die Korsaren bestrich; und die reinen großen ewigen Gegenstände erfüllten hier meine ganze Seele, und erregten mächtig alle Triebe zum Freien und Edlen.

„Als ich zum Jüngling heran wuchs, hatten die bildenden Künste und höhern Leibesübungen den größten Reiz für mich; und nächst diesen griechische und römische Sprache und die Geschichte dieser hohen Völker; auch hierin wollte ich jeden übertreffen, und Glück und Gestalt und Wesen führte mich zu den besten Meistern.

„In der Zeichnung und Malerei kam ich auf die letzt unter die Hände des Georg Vasari, der zwar nie ein schöpferisches Werk hervorgebracht hat, aber voll Kenntnis und Geschmack war bei allen seinen Vorurteilen. Der alte Schwätzer blies wie ein Boreas mit vollen Backen in meinen Enthusiasmus. Mein Vater,

34. Georg Vasari, geb. 1512, gest. 1574, besonders berühmt durch seine biographische Kunstgeschichte 1550.

dessen Augapfel ich war, ließ mir zwar nach seiner Jovialität, und nach Georgens Verheißungen, daß ich ein Licht werden würde, alles zu verdunkeln, freien Willen; doch brachte er mich noch kurz vor seiner Gefangenschaft und Flucht zu verschiedenen philosophischen Köpfen, in deren Umgang ich nach und nach mich zu einer andern Richtung lenkte. Meine erste Neigung behielt aber immer die Oberhand.

„Ich glaube, die Hauptregel bei der Erziehung sei, den Kindern Zeit zu lassen, sich selbst zu bilden. Das beste, was man thun kann, ist, daß man die Triebe schärft und reizt, ein vortrefflicher Mensch zu werden, und ihnen die eigne Arbeit soviel wie möglich dabei erleichtert. Alle Natur, wenn sie groß und herrlich werden soll, muß freie Luft haben. Freilich muß der Stoff dazu in den Urkräften liegen; und ein guter Erzieher sollte doch einigermaßen die Vortrefflichkeit der Pflanzen kennen. Jeder gewaltige Geist wirft schon in der Kindheit, obgleich noch im Chaos und Nebel, helle Strahlen von sich. Alkibiades legt sich als spielender Knabe Wagen und Ochsen in den Weg, zwingt den Treiber zu halten; Scipio erkannte den künftigen Marius im jungen Soldaten. Ein einziger Gedanke, nur eine That, von scharfem tiefem Gefühl oder vielfacher Überlegung entsprossen, obgleich noch roh auf verschiednen Seiten, ist eine glückliche Vorbedeutung; und so Schnelligkeit zu fassen und zu behalten; hingegen Allgehorsam und Fraubasengutartigkeit, so beliebt bei Pedanten, eine unglückliche; denn da ist kein Mut und keine Kraft. Alles, was in die jungen Seelen eingetrichtert wird, was sie nicht aus eigner Lust und Liebe halten, haftet nicht und ist vergebliche Schulmeisterei. Was ein Kind nicht mit seinen Sinnen begreift, wovon es keinen Zweck ahnt, zu seinem eigenen Nutzen und Vergnügen, das verfliegt wie Spreu im Winde. So ist die Natur des Lebendigen vom Baum und Gras an; und der Mensch macht davon keine Ausnahme. Jeder geh' in sein Leben zurück, und sehe, ob etwas von allem dem Vorzeitigen geblieben ist, wo nicht etwa bloß zum Verderb des Genusses. Viel Natur und wenig Bücher, mehr Erfahrung als Gelerntes hat die wahren vortrefflichen Menschen in jedem Stand hervorgebracht.

„Ein Kind muß erst den Boden kennen lernen, worauf es geboren ist, Gewächse, Tiere und Menschen, eh' es etwas Ausländisches fassen kann: sonst kömmt ein Papagei heraus. „Keine

Schrift," sagt Plato mit Recht, „und wäre sie von dem echtesten Trismegist, giebt mehr als Erinnerung der Dinge, die man schon kennt;" und ist für den, der sie nicht kennt, ebenso unbedeutend, als die Hieroglyphen für die Römer auf ihren prächtigen Obelisken. Von der sinnlichen Natur aber geht man hernach über in die Geisterwelt, und macht in Entzücken Bekanntschaft mit den großen Griechen und Römern und allen außerordentlichen Wesen, die diese Nacht erleuchten.

„Als mein Vater einige Jahre weg war," fuhr er fort, „bekam ich eine solche Sehnsucht nach ihm, daß ich nicht länger bleiben konnte. Ich fühlte die Ungerechtigkeit des Großherzogs wegen seiner buhlerischen Tochter erst recht lebendig; sah meine eigne Gefahr, und machte mich ungeachtet der Vorstellungen meiner Tante auf und reiste ihm nach, ohne zu wissen, wo er sich eigentlich aufhielt. Ich ging unter anderm Namen nach Venedig, um dort, während ich ihn auskundschaftete, die Werke Tizians zu studieren und vom Paul Veronese und Tintorett zu lernen; und meine Tante schickte mir von meinem Mütterlichen, so viel ich brauchte. Paul gewann mich bald lieb, so wie der Greis Tizian, den ich in seinen letzten Tagen oft mit Singen und Spielen ergötzte; und sie weihten mich in verschiedene von ihren Geheimnissen ein, weil sie Auge bei mir fanden. Es war mir nun lieb, daß ich außer meinem eignen Vergnügen noch etwas gelernt hatte, womit ich mich auf jeden Fall durch die Welt schlagen konnte.

„Den Herbst vor meiner Bekanntschaft mit dir erfuhr ich endlich, daß mein Vater zu Kandia als Hauptmann in Diensten Eurer Republik stünde, unter dem General Malatesta, einem Florentiner, dessen Sohn Cosmus in den Armen seines Vaters dort umbringen ließ, weil er mit seiner ersten Tochter Maria zu thun hatte, die er deswegen selbst, der kalte Barbar ohne Eingeweide, mit Gift hinrichtete. Ich war schon zur Abreise fertig, und wartete nur auf ein Schiff zur Abfahrt, als meine Tante mir die neue traurige Nachricht meldete, daß auch er durch Meuchelmörder, eben wie der junge Malatesta, längst, noch vor dem Kriege mit den Türken, das Leben eingebüßt habe. Dies traf mich wie ein Wetterschlag; ich schwur in meinem Herzen hohe

20. Tizian starb 1576.

Rache und kochte lauter Galle. Noch bis jetzt kann ich nichts ausrichten, wenn ich mein junges Blut nicht für ein altes ausgemergeltes auf der Stelle hingeben will; aber das Verderben reift über ihren Häuptern."

Dem Edlen standen hier die Thränen in den Augen, er warf sich nieder an die Quelle, mit dem Gesicht auf den Boden; sein Inneres war beklommen; er schwieg und knirschte mit den Zähnen.

Ich faßte ihn bei der Hand und redete ihm zu: „Mich jammert dein Schicksal, und du hast recht zu zürnen. Aber die Welt ist voll von Unglücklichern! und du kannst noch stolz sein; wo sind diejenigen, die soviel Leben in ihrem Innern haben, wie du, um alles zu bekämpfen? Freude und Leid umtanzt und umringt wechselsweise jeden Menschen, und hierin ist kein Unterschied zwischen König und Knecht."

„O ihr Venezianer," fuhr er auf, „und ihr Genueser habt gut reden! Euch hat kein Haus, wie uns das mediceische, so niederträchtig zu Grunde gerichtet, und ihr strahlt frohlockend in Osten und Westen von Italien wie das Zwillingsgestirn am Himmel; Toskana, die alte Glorie von Welschland, liegt da in Schmutz und Trauerkleidern, mit Ketten behangen von seinen eignen Söhnen."

Unser Gespräch ging dann auf die Geschichte dieser Staaten über, das hier zu weitläufig wäre, und außer meinem Kreise.

Es war schon gegen Mittag, und der Dunst vom Sonnenbrand auf den Gegenden benahm alle Aussicht; unten schien der See zu kochen, und eine ungeheure Feuerpfanne von geschmolznem Silber; Eidechsen, Käfer, Mücken und unzählbare Insekten hielten in der Glut ein allgemeines Fest, und die Grillen betäubten mit ihrem Gezirp wie ein Meerbrausen die Ohren: wir machten uns also an unsere Quelle in die grüne kühle Nacht, wo die undurchdringlichen Eichen und Buchengewölbe und Felsen mächtiglich vor der Hitze Dampf beschirmten.

Wir stärkten uns mit Speise; und der frische Purpursaft der Traube weckte unbezwinglich die Freude wieder in jedem Nerv. Wie ein paar junge Götter lagen wir da im Schatten, und unsre Augen und Lippen lächelten vom vergangnen Kummer wie die Blumen des Frühlings von süßem Abendtau. O Jugend, o glückselige Jugend; ach, warum verläßest du uns so bald!

Wir schwiegen und überließen uns der neuen Wonne; und plätscherten, denn wir hatten Rock und Strümpfe ausgezogen, mit den Händen und Füßen in dem klaren Wasser, das ungern in die Wärme hinaus rann, um über Klippen zu schäumen. Jeder von uns ahnte so das Gefühl seiner Laufbahn.

Nachdem wir lange in Genuß und Empfindung gelegen hatten, und mit den Wellen und Kieseln gespielt, und Kräutern und jungen Sprossen, brach ich zuerst das Stillschweigen und fragte leise: „und Cäcilia?"

„Ach, Cäcilia," erwiderte er hastig, „ist für mich verloren, ein schwarzer Unhold entführt sie mir. Selige Augenblicke, wo an mir alles Irdische sich bei ihr zu Geist erhöhte, ich vor mir selbst verschwand in einem Meer untergetaucht von unsterblicher Reinheit und Klarheit! Die Arme dauert mich; aber da ist keine Rettung, wo ein Gott nicht hilft.

„Das goldne Geschöpf hat über mich vermocht, was ich nie glaubte. Unsre nächtlichen Zusammenkünfte in Venedig waren leider selten, und wir sahen uns einander nur bei größter Sicherheit. Noch während dieser Zeit warb mancher um sie, so wie schon viele vorher um sie geworben hatten; besonders der junge Bartolomeo F** mit einer völligen verliebten Raserei, übrigens ein Mann nicht ohne treffliche Eigenschaften, wie du weißt, nur von geringem Vermögen; aber keine Partie war ihren Eltern und Brüdern gut genug, und keiner von den Helden ergriff ihr Herz. Mir gab sie nach und nach alles preis, Seele und Leib, nur die letzte Gunst ward mir vorenthalten; ihr Entschluß hierin war stahlfest und unwandelbar: weder Beredsamkeit, noch Gewalt, und die feinste Verschlagenheit konnte etwas ausrichten. Sie hat mir gute Proben abgelegt, daß ein Weib vor der Verführung sicher sein kann, wenn es nicht verführt sein will. Du magst immer darüber lächeln; aber sie hat es geleistet. Ich sehe dich in Gedanken fragen, was wir zusammen thaten? Was Adam und Eva thaten, lieber Freund, ehe sie aus dem Paradiese verstoßen wurden. Wir lebten im Stande der Unschuld nach und nach; freilich ging dies auf einmal aus der bürgerlichen Welt nicht, wo alles seine sündliche Blöße doppelt und dreifach bedeckt. Wir offenbarten uns so wie von Angesicht zu Angesicht unser Inneres. Du kannst mich immer zu dieser Zeit einen holden einfältigen Schäferknaben nennen: aber ohne solche Vorbereitung gelangst du nie bis in den achten und neunten Himmel; nur höchstens auf die grüne Wiese, wo, wie man sagt, diejenigen hinkommen, die weder selig noch verdammt sind. Wer alle Himmel durchwandert hat, und in jedem genossen und gelitten zum Ausflug in den höhern, darf von dem Reiche der Liebe reden. Glaube nicht, daß ich hier wie Petrarca schwärme; dieser war ein armer Sünder und hing nur am Schein, nie an der Wirklichkeit; er hat mit seinem Geächz und Jammer schier unsre ganze Poesie zu Grunde gerichtet. Die Thoren seufzten ihm jahrhundertelang nach, und mancher besang bei einer feilen Dirne die Grausamkeit der berühmten Provenzalin in unerträglichem Einerlei, anstatt die verschiednen Reize der Erdentöchter, in ihrer Mannigfaltigkeit, wie die heitern Griechen aufzuempfinden. Er selbst zwang die kluge Frau zur unerbittlichen Strenge: sie schwebte ja in augenblicklicher Gefahr, daß er bei der ersten Gunst noch einen Band Sonette und berühmtere Oden auf etwas anders als ihre schönen Augen machte.

„An Planen von Entführung und ewiger Verbindung wurde von uns im Anfange stark gearbeitet; aber weil wir keine Luftgestalten waren und Sinn hatten, und sie auf keine Weise von ihrer Familie lassen wollte, die sie allzuzärtlich liebte, und besonders ihre Mutter tot zu kränken befürchtete, legten sie sich bei näherer Bekanntschaft nach und nach. Wir sahen die mißlichen Folgen bei den großen Hindernissen zu deutlich, und erkannten inzwischen innig, daß die Natur unter allem bürgerlichen Verhältnis bei Menschen von reiner Empfindung und klarem Begriff immer durchgehe, trotz allen Gesetzen. Sie richten sich zwar im Äußerlichen nach der Ordnung des großen Haufens, betreiben aber im geheim ihre eigne Art von Glückseligkeit, ohne welche kein Leben Wert hat. So verstrichen denn die himmlischen Tage und wir ließen die Götter walten.

„Eben im Frühling nach geschlossenem Frieden kam Mark Anton G*** aus Griechenland daher gestürmt mit neuem Gold und Schätzen. Sein Weib und seine zwei kleinen Kinder, Töchter, waren dort an der Pest gestorben; und die heißen Strahlen, die Cäciliens Schönheit von sich warf, schienen während der ersten Besuche bei ihren Eltern gerade den Reiz zu haben, zu andern Erben für sein Vermögen. Gleich einige Wochen nach seiner Ankunft hielt er um sie an, und sie ward ihm versprochen, und mußte drein willigen; ob er gleich schon in die vierzig, sie erst mannbar ist und ihn nicht leiden kann Aber er hat seine großen Besitzungen bei seiner Statthalterschaft in Kandia noch reichlich vermehrt mit Grausamkeiten und Erpressungen, und Unterschleifen in Verhandlungen mit den Türken, steht in großem Ansehn; und ihre Familie, obgleich bemittelt, bedarf doch wegen ihrer Brüder einer solchen Verwandtschaft. Unser Liebesknoten schlang sich dadurch nur fester; jedoch drohte das nahe Hagelwetter in der Ferne die Blumen aller unsrer Freuden zu zerschlagen.

„Mein Aufenthalt diesen Sommer hier am Lago in kurzen Lustreisen von Venedig aus war schon beschlossen, ehe ich mit dir bekannt wurde; und dein Antrag, mit dir zu ziehen, setzte mich anfangs in Verlegenheit: allein ich wußte nun der Sache keinen bessern Rat. Auch Cäcilia, die äußerst besorgt ist, wurde furchtsam darüber; doch ist alles insoweit nach Wunsch abgelaufen.

„Hier kamen wir weit öftrer zusammen. Sie hat ihre Wohnung auf dem Gut in dem Garten, gerade vor einer Pflanzschule von jungen Bäumen, nicht weit von einem Brunnen mit einem weiten Marmorbecken, von hohen Ahornen umgeben, wo man sehr bequem über die Mauer klettert. Sie kam von der Seite zu einer Thür herein; und überdies ist ein Fenster in ihr Zimmer wegen des Lattenwerks für die Reben daran leicht zu ersteigen, welches ich aber doch, aus Furcht gesehen zu werden, nur einigemal die letzten Nächte, wo es völlig dunkel war und weder Mond noch Stern leuchtete, um die Umschweife zu ersparen, gewagt habe, und ich erstieg immer damit alle neun Himmel. Mit der Nachricht von der Ankunft des Bräutigams zur Hochzeit eroberte ich endlich, ach, unter wieviel Schmeicheleien, beredten Bitten, heißen Wollustküssen und Gewaltthätigkeiten das heilige Palladium, umrungen von Glanz und Feuer, jede Fiber süße Wut."

Ardinghello hatte sich bei den letzten Reden von mir abgewandt, und hielt nun sein Gesicht in den frischen klaren Quell hinein, um die Glut davon abzukühlen.

Wir machten uns von neuem über die Flaschen her, und ich gab ihm den Rat, weder sie noch ihn zu malen, und lieber sich zu rechter Zeit zu entfernen; die Sache käme mir allzugefährlich vor.

„Flieh du," antwortete er, „wenn du keinen Willen hast und dir die Füße gebunden sind! ja, fliehen möcht' ich, aber mit ihr; jedoch, wohin?"

Schon senkte sich der Tag und der Abend rückte näher; wir erstiegen noch die Höhen und übersahen weit die Lombardei und ihre Lustreviere. Beim Heruntergehen nahmen wir einige Zeichnungen von reizenden Winkeln und Aussichten ab; fanden alsdann unsern Steuermann auf uns warten, verließen Quell und Wäldchen und den leichten erhebenden Äther; wandelten wieder in die Tiefe, und segelten unter dem lieblichen Zauberspiel von Abendröte nach Hause, zwischen den Gesängen frohlockender Winzer über den Segen des Herbstes.

Ardinghello wagte noch dieselbe Nacht eine Zusammenkunft mit Cäcilien. Sie hielten Rat, und es wurde beschlossen, daß er die Porträts malen sollte; indem es anstößig sein würde und sogar Verdacht erregen könnte, wenn er es nicht thäte. Übrigens verließen sie sich auf ihre Gegenwart des Geistes und Verstellungsgabe, und nahmen deswegen die sichersten Maßregeln.

Den dritten Tag darauf holte ihn auch ihr jüngerer Bruder dazu ab, und er begleitete ihn mit allem Zugehörigen; der Bräutigam wollte ihr Ebenbild noch vom Stand ihrer Jungfräulichkeit.

Sie hätte gar nicht nötig gehabt ihm zu sitzen; aber er zauderte mit Fleiß, und schien auf nichts acht zu geben, als die eigensten und bedeutendsten Züge von ihr recht zu fassen. Er bat sie, so ganz bloß als unbekannter Maler, sie möchte sich nur völlig frei ihrem Wesen überlassen und thun wie sonst in der Gesellschaft, oder als ob sie allein wäre; er müsse von selbst aus den mancherlei Bewegungen ihrer Seele auf der Oberfläche des Körpers ihren Charakter abnehmen, und seine Phantasie das Ganze bilden. Ein gutes Porträt sei platterdings keine bloße Abschrift, und es gehöre dazu das tiefste Studium des Menschen, wovon er noch leider weit entfernt, wozu er auch zu jung wäre; aber er wolle nach Vermögen das Seinige thun.

Ihre Mutter war immer dabei zugegen, und der Bräutigam und einige von seinen und ihren Verwandten gingen auf und ab. Cäcilia war sehr aufgeräumt, sprach und scherzte, und hatte die Malerei zum besten; schien zwar dem holden Jüngling in seiner Beschäftigung gern zuzusehen, warf sogar unverstellte Blicke auf ihn, wie man auf Schönheit wirft; aber alles wie fremd und zum erstenmal; und ihre Worte hatten immer etwas von dem vornehmeren Ton gegen einen, den man für seine Arbeit bezahlt.

Die erste Sitzung geschah des Nachmittags gegen Abend. Nach wenig Umriß und Zeichnung fing er sogleich am Kopf an zu malen. Sie saß den andern Morgen beim Frühstück noch einmal; und dann wollte er sie nicht weiter plagen, außer bei der Vollendung, um hier und da nachzuhelfen. Den Nachmittag und ganzen dritten Tag und vierten Morgen brachte er damit fast allein zu: und siehe da! sie kam heraus wie völlig lebendig. Alt und jung bewunderte die erstaunliche Gleichheit. Er hatte sie in einem leichten sömmerlichen Morgenanzuge vorgestellt, meist von grüner Seide, worunter die vollkommnen Formen ihrer jugendlichen Glieder reizend aufwallten und durchleuchteten. Sie stand in Lebensgröße, nachdenkend, wie gerührt, in die Zukunft blickend, den Kopf in der Linken auf ein Pult gestützt, in einem Zimmer, wo durch ein ganz offnes Fenster die Aussicht auf den See ging, an welchem Sirmio in der Nähe und ein wenig blaue Ferne von den Gebirgen wohl angebracht waren. Ardinghello hatte im Gesichte schon Züge von ihrem Charakter ausgespähet, die sich nachher erst entwickelten.

Den fünften Nachmittag gab er sich an den Bräutigam. Nach den ersten Umrissen gestand er ihm gleich, daß ihm sein Kopf sehr schwer vorkomme, und daß er noch keine rechte Idee von der ursprünglichen Einheit seines Charakters in der Einbildung habe. Mit allen großen Männern müsse ein Künstler lange leben, um nur eine von ihren bedeutendsten Außenseiten in täuschender Wahrheit fest zu haschen; und überhaupt sei es fast unmöglich, irgend jemand sicher darzustellen, den man nicht an Geist und Kraft gewissermaßen übertreffe.

Es ging hierbei in Mark Anton eine gewaltige Veränderung vor, und er errötete, und wurde wieder blaß augenscheinlich; so daß er aufstehen und ans Fenster gehen und Ardinghello einhalten mußte.

Dieser faßte darauf all' sein Bewußtsein zusammen; und jener kam nach einer langen Pause wieder und setzte sich. Ardinghello zeichnete von neuem, und ihre Blicke begegneten sich einander wunderbar: die des Ardinghello hell und durchdringend, doch von aufgewühltem Herzen, flammten in die seinigen, wie in eine düstre Nacht voll Irrfeuer.

Mark Anton fragte ihn endlich, ob er sich schon lange in Venedig und der Gegend aufhalte. Ardinghello antwortete mit

Besinnung: „Es ist noch nicht lange; die Werke des Tizian, und Paul von Verona, und Tintorett haben mich dahin gezogen; und auch am Johann Bellini ist noch zu studieren, und andern; besonders aber an der herrlichen Menschenart zum Kolorit.“

„Seid Ihr aus Florenz selbst?“ verfolgte er ferner. „Ja,“ war die Antwort. „Und Euer Vater?“ „Mein Vater ist tot, und meine Mutter ist tot, ich ohne Geschwister bin allein übrig.“

„Wer war er, was trieb er?“ Diese Frage machte Ardinghello endlich ungeduldig, er schnickte den Pinsel aus und antwortete: „Er war ein Schwertfeger und machte gute Klingen.“

Bei diesen Worten trat Cäcilia herein und hemmte das Gespräch; denn sie waren vorher ganz allein. „Nun, geht's gut?“ fragte sie lächelnd. „Es würde besser gehen,“ antwortete Ardinghello, „wenn ich das Glück gehabt hätte, Ihro Excellenz länger zu kennen.“

„An mir ist nicht soviel gelegen,“ erwiderte der Bräutigam, „wißt Ihr was, laßt es für jetzt gut mit mir sein, und macht die Signora vollends fertig. Wir werden näher bekannt werden, und künftigen Winter einmal ist's bessere Zeit.“

„Wie Sie befehlen,“ versetzte Ardinghello und rückte die Staffelei weg.

„O nein,“ sprach heftig Cäcilia, „im Winter giebt's lauter Nebel und Regen, und keine gute Luft zum Malen!“

„Nun gut,“ sagte der Bräutigam, „da kann es ja noch nach unsrer Vermählung hier geschehen. Jetzt bin ich ohnedies zu sehr beschäftigt, und kann nicht so ruhig sein, wie Sie, mein Herz.“

Sie nahm ihn bei der Hand und sah ihn zärtlich an, und führte ihn fort. Ardinghello gab seiner Zeichnung einen Nasenstüber, brachte die Sachen in Ordnung, und ging darauf von ihrem Gut, und kam zu mir nach Hause.

Er erzählte mir, was vorgegangen sei: und mir wurde darüber warm im Kopfe. Ich konnte nicht anders glauben, als Mark Anton habe Lunte gerochen; und warnte und beschwor ihn mit Bitten inständig, äußerst auf seiner Hut zu sein, und für jetzt sich ganz stille zu halten. Er aber meinte, seine Art rot und blaß zu werden, müsse von etwas anderm herrühren, als Eifersucht; soviel er sich selbst fühle und an andern beobachtet habe, offenbare sich dieselbe auf eine andre Weise. Jedoch sei wahr, daß die Grundverschiedenheit der Menschen hierin sonderbare Abweichungen mache. Inzwischen hätte er sich noch nirgend so betrogen, wenn dies Eifersucht sein solle; auch reime sich dies nicht zu seinem übrigen Charakter; wie er ihn aus Hörensagen und den wenigen Augenblicken kenne. Daß er auf seiner Hut sein würde, dafür brauche ich nicht zu sorgen; aber ein Feiger nur fliehe alle Gefahr. Man müsse standhalten, mit unerschrockenem Mut, solange das Verderben nicht unüberwindlich einbräche; dies allein rette und beglücke den Mann.

Sein Verdacht ging auf etwas anders; und ein wahrsagerischer Geist gab ihm ein, der Statthalter von Kandia sei bei Ermordung seines Vaters nicht ganz außer Spiele gewesen, und die Ähnlichkeit seiner Gestalt ihm aufgeschossen.

Mir fiel heiß hierbei ein, daß Mark Anton, vor seiner Statthalterschaft von der Republik abgeschickt, einige Zeit zu Florenz gestanden und mit dem Großherzog auf einem so guten Fuß umgegangen sei, daß er seinen schwierigen Auftrag glücklich ausgeführt habe; ich schwieg jedoch hiervon stille, um nicht Öl ins Feuer zu gießen, und sagte im Gegenteil: dies käme mir nicht wahrscheinlich vor, er solle sich deswegen nichts in Kopf setzen.

Den folgenden Morgen brachte er das Bild dahin, daß es im Rahmen konnte aufgespannt werden, und bekam für seine Arbeit von Cäcilien selbst einen schönen goldnen Ring mit einem kostbaren Rubin zum Geschenk, der gerade an den Herzensfinger seiner linken Hand paßte. Dies gefiel ihm denn; und er freute sich und lachte darüber, wie die Dinge dieser Welt so sonderbar unter einander laufen. Am dritten Tag hierauf sollte das Beilager gehalten werden, alle Anstalten dazu waren schon gemacht, und die Nachbarschaft zu einem festlichen Ball eingeladen.

Ardinghello ging inzwischen tiefsinnig herum, aß wenig und trank viel, und konnte es nicht länger verbergen, daß er vom Pfeil der Liebe mächtig gezeichnet war; er mied alle Gesellschaft Morgens, abends und des Nachts kam er nie auf sein Zimmer, und schlief nur des Mittags. Ich hatte mit dem Armen Mitleiden, aber da war nicht zu raten; er hörte wie ein Meersturm Die ersten Stunden der Nacht am Tage vor der Hochzeit trat er auf einmal plötzlich hastig auf mein Zimmer, blaß und fürchterlich; ich schrieb eben an einem Briefe. Wie ich ihn aber so erscheinen sah, fiel mir die Feder aus der Hand, und ich sprang auf: „Was giebt's, was hast du?“

„Mein Argwohn wär nur zu gut gegründet, höre!“ sprach er und ging mit mir zum äußersten Ende von der Thür weg.

„Du kennst den schönen einsamen Platz, wo die großen babylonischen Weiden vom hohen Felsengestad herunter nach dem See hangen, und das Ganze zu einer stillen melancholischen Vertiefung sich einschließt: dahin war die letzte Zeit immer mein liebster Spaziergang; schon vorher sind wir dort beisammen gewesen. Auch diesen Abend ging ich dahin und nahm einmal ein Instrument mit. Es fing an zu dämmern, als ich noch auf der entblößten Wurzel der vordersten Weide nach dem Thale zu saß und meine Leiden sang. Der Inhalt von meinem Liede war: Ach, mein Vater tot, meine Mutter tot, meines Lebens Lust in fremder Gewalt! Ist dies nicht ein junges Herz zu brechen? Saitenspiel klag's mit mir! Und bei den Worten, nach dem Blick und der Empfindung: Flüsterst du Lüftchen in den Blättern mir Trost zu? kam's über mich, als ob ich meinen Vater vor mir und mir winken sähe. ‘Warum erscheinst du, was verlangst du von mir?’ rief ich und sprang auf. Zugleich erblickte ich nicht weit von mir einen Kerl mit dem Messer in der Hand, welcher alsbald davonging mit den Worten: ‘Flieh, junger Mensch, du dauerst mich, ich sollte dich ermorden! Flieh so geschwind du kannst, so weit dich deine Beine tragen, und meide den Mark Anton. Schon wurde durch ihn dein Vater umgebracht. Meide das Gebiet des Großherzogs!’

„Mir wurde dabei das Herz im Leibe umgekehrt: aber ich besann mich doch nicht lange, sondern riß meine Pistole hervor (er ging auf seinen Wegen nie ohne Gewehr aus) und jagte ihm von der Seite eine Kugel durch die Brust, daß er auf der Stelle stürzte. ‘Stirb Elender, für deine Schlechtigkeit in der Schlechtigkeit, und bereite das Quartier deinem Patron in der Unterwelt!’ vernahm er noch zur Antwort. Darauf gab ich ihm noch einen sichern Stoß mit seinem eignen Messer und wälzte den Körper in die Dornen und das Gesträuch hinein, den Felsen hinunter. Niemand war schon längst mehr auf dem Felde, und es schon finster; und der Ort ist überhaupt, wie du weißt, völlig abgelegen. Den Kerl erkannte ich noch, wie ich ihn näher besah; ich habe vor kurzem in einem Wirtshause zum Zeitvertreib mit ihm alla Mora gespielt, und ihm nicht allein seinen Verlust geschenkt, sondern die Zeche obendrein bezahlt.“

Dies entsetzte mich; ich sah die gräßlichen Folgen bei seiner kühnen Entschlossenheit voraus, und wußte nichts zu antworten, als: „Es ist ungeheuer!“

„Du sollst nichts dabei zu thun und nichts dabei zu verantworten haben,“ fuhr er fort; „nur beschwör' ich dich beim Himmel und deinem letzten Tropfen Liebe zu mir, laß mich's ausführen, einen häßlichen politischen Meuchelmörder mehr aus der Welt zu schaffen. O Vernunft, breite allen deinen heitern Äther in meinem Verstand aus, daß ich kalt genug zu Werke schreite! Wenn er morgen auf der Hochzeit mit dir von mir sprechen sollte, so sage nur, du habest mich die letztern Tage nicht gesehen, ich streiche so oft im Lande herum und suche Schönheit in Gegenden und unter Menschen; und gieb im übrigen auf alles acht, was vorgeht, besonders auf dem Ball in der Nacht.“

Ich war betäubt von allen diesen Dingen und wußte mir nicht zu helfen. Es war da kein Rat, als entweder ihn oder den andern aufzuopfern; und vor dem ersten Gedanken schauderte meine Seele, wie vor ihrem Nichtsein; den königlichen Jüngling vom rächerischen Arm der Natur bewaffnet, voll innerm Gehalt, der überall hervorstrahlt: oder den mißgeschaffnen Boshaften, der das Vortrefflichste aus kleinlicher Leidenschaft und elendem Interesse wegtilgt? Es fand weder Wahl noch ein anderes Mittel statt.

Ich gab ihm nach der Überlegung zur Antwort: „Du sollst mich als deinen Freund erkennen; an deinem Mut und deiner Klugheit im übrigen darf ich nicht zweifeln. Jedoch bedenke vorher, was du thust, und daß dein Leben selbst dabei in äußerster Gefahr ist.“

„Was soll mir ein Leben, das Sklaverei duldet und Unrecht leidet?“ erwiderte er, „schändliches Unrecht! und das grausamste! O ich weiß, daß das ewig lebt, was in mir lebt; und daß dies keine Gewalt zu Grunde richtet. Ich war, was ich bin, und werde es sein: ein edler Geist, den sein göttlich Urwesen durch alle Zeiten von der Drangsal niedriger Verbindungen immer bald erlösen wird. O wären viele wie ich! der Tyrannei unter unserm Geschlecht sollte bald weniger sein. Aber da fürchten sie sich vor dem Wörtchen Tod, und glauben, sie wären das, was da kalt und bleich und starr ausgestreckt auf dem Brette liegt, da es nur das Gespenst der eigentlichen Unterwelt ist, das ihre niedrige

Gattung von Wesen nach seinen jämmerlichen Bedürfnissen herumfoltert, und alle reine Seele mit Apostelstimme den verachtet, der keinen Mut hat, zu sterben und sich von dem Elend frei zu machen."

Mich dünkte, einen Gott reden zu hören, so stolz und groß stand der Mensch vor mir; ich mußte ihn an mein Herz drücken.

Allein der mißliche Punkt bei der Sache war Cäcilia; dies machte ihm am meisten zu schaffen und er überlegte auf allen Seiten. Er glaubte, daß es endlich auch hier gehen würde, und sei der Gewalt sicher, die er über ihren Willen habe! sie selbst ins Spiel verflochten, und der außerordentlichen Biegsamkeit ihres Geistes und ihren andern Fähigkeiten die Rolle nicht zu schwer. Er müsse das äußerste wagen, sie diese Nacht noch zu sprechen; es wäre notwendig, daß sie sich vorher darauf bereite.

Übrigens sahen wir immer klarer in dem, was vorgegangen war. Mark Anton stieg nicht aus bloßer Höflichkeit bei seiner letzten Ankunft an unserm Haus ab, da er es bei den vorigen Besuchen nicht that, die er bei seiner Braut ablegte; der Großherzog mochte Wind bekommen haben, wie der junge Frescobaldi heranwüchse, und daß kein bloßer Maler in ihm stecke, weswegen ihn der Adel zu Florenz gewissermaßen verachtete; und wollte bei Zeiten der gefährlichen Brut den Nacken brechen. Der Mörder des Vaters hatte denselben in Venedig ausgekundschaftet und sein eigen bös Gewissen dazu angetrieben. Das andre ergab sich von selbst: er ließ ihn bei sich malen, um ihn genauer kennen zu lernen, und ob er wirklich gefährlich wäre; und Ardinghello beschleunigte mit den ohne alles Arg gesagten Worten: er war ein Schwertfeger und machte gute Klingen, Worte, die ihm vielleicht der Zorn des Himmels eingab, dem Verbrecher das Todesurteil anzukündigen, seinen Untergang, wenn es nicht anders verhängt gewesen wäre.

Der Ursprung dieser Begebenheiten war uns aber damals unbekannt, und Ardinghello erfuhr ihn erst, als er wieder nach Florenz kam. Mark Anton verliebte sich dort gleichfalls in Isabella, und brachte es so weit mit seinem Geld und seiner ihr neuen gefälligen venezianischen Mundart, daß auch ihm, der Seltenheit wegen, eine Zusammenkunft versprochen wurde. Allein statt des gehofften Vergnügens fand er durch geheime Veranstaltung des Vaters von Ardinghello in ihrem Zimmer eine alte magere Ziege angebunden, und schlich wieder davon, als ob er nicht dagewesen wäre. Lächerlich dadurch bei ihr gemacht, hatte die ganze Liebesgeschichte ein Ende. Mark Anton nahm dies zwar nicht wie einen lustigen Streich bei dergleichen Laufbahnen auf die leichte Achsel; doch konnte er sich sogleich nicht rächen, und ließ die Sache lieber im Verborgnen. Der Großherzog, in der Folge davon benachrichtigt, gebrauchte ihn hernach, als einen Mann, der seine Leute kannte, zu seinen Absichten. Ardinghello, noch Knabe, bekümmerte sich nicht um solche Dinge. So entstehen immer die wichtigsten Folgen aus Kleinigkeiten.

Ich ging darauf zu meiner Mutter, und er schloß sich auf sein Zimmer. Um Mitternacht schlich er heraus und stieg in Cäciliens Garten. Sie hatten sich gleich im Anfang ihrer Liebe Zeichen für Augen und Ohren erfunden, die kein andrer Mensch verstand und die ohne allen Verdacht waren. Sie vernahm ihn und erschrak. Diese Zeit über sollte keine Zusammenkunft mehr gehalten werden; und sie besann sich, ob sie kommen oder nicht kommen wollte. Als er aber darauf das Zeichen gab, wo alles mußte gewagt werden, denn auch dies hatten sie, im Fall, wo sie sich die höchste Gefahr entdecken mußten: so ging sie zitternd nach der Thür, und ihr sanken die Kniee ein.

„Cäcilie," sprach er zu ihr, wie sie im verborgensten Buschwerk an der Mauer beisammen waren, „ich bin verloren, wenn ich deinem Bräutigam nicht zuvorkomme;" und erzählte ihr die Begebenheit den Abend mit dem Banditen, und alles in wenig Worten, was sie noch nicht wußte. „Morgen nachts, wo nur immer möglich, schaffe ich ihn aus der Welt, und ich hoffe, es soll bei dem festlichen Geräusche nicht an Gelegenheit fehlen, wenn du nicht lieber mich willst hingerichtet sehen."

Jedes Wort war ihr ein Donnerschlag.

„O welch ein Sturm wälzt sich über mich her!" rief sie aus, entsetzt, nach langer Betäubung; „schon taumle ich mitten in den erzürnten Wogen von Abgründen zu Abgründen geworfen, und alle Winde rasen. Ach, wäre ich mit dir aus dem Schiffbruch auf einer wüsten unbewohnten Insel nur! Aber wir gehen unter in den wilden Fluten."

„Mir sagt's mein Herz," erwiderte er darauf, „daß wir glücklich der Gefahr entkommen. Habe Mut, himmlisches Wesen! der Wellen Ungestüm verletzt kein Gestirn; es tritt desto glänzender bald wieder auf und strahlt in ewiger Klarheit

„Niemand weiß von unsrer Liebe (der Edle wollte seinen Freund auf alle Weise außer Gefahr setzen). Niemand weiß von dem schändlichen Vorhaben des Mark Anton gegen mich; sein Spion und Mörder meines Vaters modert schon zwischen Klippen und Dornen; solche Dinge vertraut man nicht, außer gegen wen man muß. Der Großherzog ist noch weit von hier, mich soll er so leicht nicht in die Schlinge bekommen. Schlage mich aus dem Sinn die kurze Zeit des Getümmels und thue, als ob du von mir nichts wüßtest, und du bist sicher. Über mich waltet die Vorsicht, sonst wär' ich dem Tod nicht entgangen, und sie hätte mir meinen Pfad nicht gezeigt."

„O wie kann ich dich, Geliebter, einen Augenblick vergessen? Wie kannst du vergessen meine Seligkeit und mein Leiden?" fiel sie ihm mit Thränen an seine hochklopfende Brust; fuhr aber bald hastig auf und ergriff ihn, zurückstoßend, klammernd bei der Hand: „Fort von hier, über Berg und Thal, laß mich! O hätte ich dich nie gesehen, o ich Unglückselige! Ich beschwöre dich bei aller unsrer Wonne, bei deiner und meiner Liebe," stürzte sie sich ihm zu Füßen und umwand seine Kniee: „überwältige dich meinetwegen, der Ruhe meiner Familie wegen, verschiebe wenigstens die Rache! Mich fesselt das grausame Schicksal mit eisernen Ketten an mein Elend, und ich kann ihm nicht entrinnen; du aber gehe in ein anderes Land, sei glücklich bei allen deinen Vollkommenheiten, und laß mich. O Gott," schluchzte sie, „wer weiß, wann und wie und wo, und ob wir je uns wieder sehen!"

Ardinghello umwand sie fest mit seinen Armen, und träufelte ihr mit der Stimme des lebendigsten Gefühls ins Ohr: „Welche sklavische Furcht hat sich deiner bemeistert! komm wieder zu dir und rede mit Besinnung. Es siege die Liebe, die in der Natur allen andern vorging, und die Gerechtigkeit! Hast du keinen Blick in die Tage der Zukunft? Einem solchen bösartigen Ungeheuer wolltest du an der Seite liegen und deine glänzende Wohlgestalt von ihm schänden lassen, in lauter Gram und Ekel, da die edelsten Jünglinge voll Eifer und Feuer vor dir schmachten? Hat dies so mächtig wallende Herz in deinem Busen so wenig eigne Kraft, daß es nichts für sich thut, sondern seine angeborensten Regungen nach andrer Willen umlenkt? O Cäcilie, erhabenes Wesen, erkenne deinen Wert! Zu deinem eignen Wohl, und weil ich dich kannte, vertraute ich dir das Geheimnis.

„Soll ich den Schlechten verklagen, ihn zu einem Zweikampf herausfordern? Wie albern! Warten in der äußersten Gefahr? Wie thöricht! Ihn gehen lassen, dulden, leiden, schweigen und mich davonmachen? O ich wäre nicht wert, dich an meine Seele zu fassen, nicht wert, auf diesem Boden zu atmen, tief, tief unter der Erde, der armseligste halbzertretenste Wurm müßt' ich sein.

„Die Zeit ist edel, wir haben keine Worte zu verlieren; ich sage dir aus dem Buch des ewigen Verhängnisses: Mark Anton, der niederträchtige Meuchelmörder, muß sterben von meiner rächerischen Hand für alle seine Bosheiten; oder du mußt mich und dich dem Tod und der öffentlichen Schmach preisgeben. Es findet hier keine Wahl statt, und ich kenne dazu genug deinen hellen Geist und deine hohen Gefühle. Meinetwegen hab' in jeder Rücksicht keine Sorge; für dich wird dein scharfsichtiges Auge leicht den Ausweg finden, und deine Gewandtheit ohne Verletzung und Gefahr darüber weggleiten.“

„Nun, so fürchte denn alles, unerbittliches Felsenherz!“ versetzte sie ihm aufgebracht, „und wenn du sicher sein willst, so zücke den Stahl zuerst auf mich. O herbeigeführt durch die Lüfte, stehe ich an dem Kessel eines feuerspeienden Gebirgs, Verderben rund um mich, und mir vergehen die Sinne. O könnte ich mein unabsehbares Elend aller Unschuld zur Schau aufstellen, und sie damit vor dem ersten Fehltritt warnen!“

Ardinghello konnte ihr nicht mehr antworten, so schnell riß sie sich von ihm fort nach ihrem Zimmer; doch drehte sie sich unterwegs noch einigemal um, kam aber, außer sich, nicht wieder zurück.

Er sagte mir anfangs von dieser Unterredung nur so viel, daß sie ungefähr den von ihm erwarteten Ausschlag genommen habe.

Den andern Morgen in aller Frühe geschah die Trauung. Cäcilia erschien am Nachmittage, wo das Gelag war, reizender als je; Schlaflosigkeit und die beständige Überlegung dessen, was vorgehen sollte, hatte ihre Lebensgeister erhitzt, und überzog ihr Gesicht mit der lieblichsten Schamröte.

Ardinghello bereitete sich den Tag über auf die That, machte sich selbst auf den Notfall eine Maske, kämmte sein Haar anders, veränderte Hut und Kleidung, um einen Landmann der Gegend vorzustellen, und setzte sich in gute Verfassung zur Flucht auf jeden Fall. Meine Mutter und ich waren beim Feste.

Eine zahlreiche Gesellschaft hatte sich eingefunden. Pracht

und Überfluß, mit feiner Kunst angeordnet, herrschten an der Tafel, und in Sälen und Zimmern Glanz und Freude. Die Braut schien in neuen Empfindungen verloren, antwortete aber doch leicht jedem Schalk, und immer in jungfräulicher Bescheidenheit; jedermann schien den Glücklichen zu beneiden, dessen Beute sie ward, und den Wunsch im Herzen zu hegen, mit süßer Gier im Liebesbette statt seiner der zarten Schönheit Blume zu pflücken.

Gegen Abend erhob sich der Ball. Als die Kerzen brannten, vermißte man bald Braut und Bräutigam, und lächelte darüber. Der Bräutigam kam nach langer Zeit zuerst wieder, und seine Unenthaltsamkeit und Enthaltsamkeit beklatschte ohne Scheu der Mutwille junger Männer. Doch hörte man zu seiner Entschuldigung von einer Stimme den frechen fescenninischen Scherz: der versuchte Ritter wird den Morgen schon bei hartem Sturm die Fahne auf die Festung gepflanzt haben. Er lachte, jedoch dünkte mich's nicht das Lächeln der Lust nach gepflogner Liebe, und winkte mit der Hand nach dem Fenster. Und sieh! Raketen stiegen auf in der Luft und kreuzten sich über dem See, und zerknallten in schönen Kreisen sinkend. Gleich hernach erschien auch die Braut wieder, und wurde beglückwünscht von Müttern und Weibern, indeß sie glühte wie eine Rose.

Man führte sie an den Erker zum besten Platz, das Schauspiel anzusehn, und auf einmal rauschte die Girandola gen Himmel wie ein ungeheurer brennender Palmbaum. Darauf folgten mancherlei neue Feuerwerkskünste. Der Ort dazu war auf einem hohen felsigen Ufer des Sees nicht weit vom Palaste. Der Bräutigam, welcher dergleichen verstand und es angeordnet hatte, lief hernach selbst hinunter, um die Leute, die es abbrannten, zum Eifer zu treiben, weil einigemal starke Pausen vorgingen; und gerade am Ende der Stiege wurde er von Ardinghello an der Kehle fest gepackt, und empfing den schärfsten mörderischen Dolchstich von unten auf ins Herz. Ardinghello sagte ihm schleunig noch ins Ohr: „Bin der junge Frescobaldi! Deine Braut war meine Geliebte, die Frucht unsrer Liebe wird dein Vermögen erben statt dessen meines Vaters.“

Er lag da und regte sich nicht mehr; Ardinghello entwischte. Niemand bemerkte ihn, die Bedienten unten sperrten alle, weit

13. fescenninisch, versus Fescennini waren eine Art sehr ausgelassener altlateinischer Volkspoesie.

von dem Palaste, Augen und Mäuler auf über das Feuerwerk, und jubelten und lärmten; und oben plauderte man gleichfalls und betrachtete.

Er lag da, so lange das Feuerwerk dauerte. Wie es vorbei war, und die Bedienten wieder hereinsprangen, erscholl auf einmal ein Zetergeschrei. Man drängte sich zu den Thüren heraus: „Der Bräutigam ist ermordet!“ lief plötzlich von einem Mund zum andern. Cäcilia rannte mit Geheul hervor, und wie sie deutlich vernahm: „unten an der Stiege mit einem Stoß in die Brust ermordet!“ sank sie auf der Stelle nieder in Ohnmacht, und Arm und Beine welkten, ihr Antlitz entfärbte sich, und der Kopf hing im Nacken. Man hob sie auf und brachte sie auf Sitze, und besprengte sie mit starken Wassern; es war ein allgemeines Gewühl und Lärmen.

Der Tote ward unten in ein Zimmer gebracht; man zog die Kleider ab und besichtigte die Wunde; sie ging nett ins Herz, und da war an keine Hülfe mehr zu denken. Cäcilia kam wieder zu sich. „Was ist mir? wo bin ich?“ sprach sie stöhnend mit verirrten Blicken. „Ach, tot, tot! Wer hat ihn umgebracht! O ich Unglückselige!“ Und so zerraufte sie sich die schönen blonden Locken, und riß die Kleidung vom Leibe, und wütete wie eine Bacchantin.

Ich darf sagen, daß, bei Kummer und Sorge für Ardinghello, mich doch dies entzückte. O ihr Weiber, welch' ein Mann erreicht je eure Verstellung! Sie wollte mit Gewalt zu ihm, aber man hielt sie ab. „O Gott, welch' ein Vermählungsfest!“ schluchzte sie, und die Thränen stürzten ihr aus den Augen. Hätte ich aber alles gewußt, so würde ich tiefes Mitleiden mit ihr gehabt haben.

Die Verwandten des Mark Anton, worunter eine verheiratete Schwester von ihm war, verstummten und machten allerlei Gesichter, und wußten nicht, wo sie angreifen sollten. Die Brüder und Eltern der Cäcilia verloren aber den Kopf nicht, und der älteste, auch schon verheiratet, ergriff sie bei der Hand und sagte zu ihr: „Fasse dich, was geschehen ist, kann man nicht ändern, und sei vernünftig, für dich ist jetzt ein kritischer Zeitpunkt! Sprich, und rede laut: hat Mark Anton schon wirklich seinen Bund in der That mit dir vollzogen, oder nicht? Das andere soll hernach, so viel es möglich ist, aufs schärfste untersucht werden.“ Sie warf den Kopf in die Arme und bedeckte die Augen, und sagte seufzend und weinend: „Ach, wäre es nicht geschehen, und ich noch, was ich war!“

Die Schwester antwortete hierauf: „Wir sind hier auf einmal in sonderbare Umstände geraten, und werden schwerlich so friedlich aus einander gehen können, als wir zusammen gekommen sind.“

„Damit Sie erkennen,“ versetzte der Vater der Cäcilia, „daß wir nichts Unbilliges verlangen, soll meine Tochter gleich in sichere Verwahrung gebracht werden, und einige von Ihren Verwandten und meine Söhne mögen sie begleiten. Der Fall ist außerordentlich. Wir ergeben uns dann in den Ausspruch des hohen Rats. Inzwischen wollen wir alles aufs strengste ausfragen und untersuchen.“

Die Ältesten und Angesehensten von der Republik, die hier zugegen waren, versammelten sich gleich auf ein Zimmer allein, und machten einen Kreis, die Verwandten blieben in der Nähe, die übrigen Gäste im Tanzsaal, und unten wurden die Thüren gesperrt. Die Bedienten kamen erst einzeln nach einander vor. Keiner wußte etwas, und man fand nirgendwo die geringste Spur. Der Gäste waren viel und mancherlei. Man hatte zwar auf ein paar derselben Argwohn, weil sie vor dem Ermordeten um Cäcilien warben und gegen denselben heimliche Feindschaft hegten; jedoch durfte man sie so bloß darauf öffentlich nicht antasten; man erkundigte sich nur sehr scharf unter der Hand, wo sie während der That sich befunden hätten. Sichere Personen legten gutes Zeugnis für sie ab, daß sie in ihrer Gegenwart gewesen wären.

Insoweit war also die Untersuchung vergeblich. Man schickte darauf Leute in die Gegend aus, um jeden Verdächtigen festzuhalten, welches man freilich eher hätte thun sollen; allein im ersten Aufruhr dachte niemand daran; und Ardinghello, einer der schnellsten Fußgänger, befand sich zu dieser Zeit schon in Sicherheit.

Was Cäcilie betraf, konnte man nicht nach aller Strenge verfahren, da es der Wohlstand und das Ansehen ihrer Eltern und Brüder nicht zuließ, welche beide letztere bei dem Sieg über die türkische Flotte sich den Namen großer Helden erworben hatten; alle waren außerdem dem reizenden Geschöpf gewogen und keiner von Herzen dem Bräutigam. Mancher machte sich in Rücksicht ihrer Hoffnung, entweder sie ganz zu besitzen, nun eine der reichsten Partieen von Venedig, noch unabgeweidet in frischer Blüte, oder doch auf irgend eine Gefälligkeit bei solcher Lage Rechnung. Wenn ein Mensch einmal tot ist, hört bald alle Gunst auf; und wer am Leben bleibt, hat immer das beste Spiel. Dies ist in der Natur der Dinge; einem Toten ist doch nicht mehr zu helfen, denken sie, und es kömmt dabei nichts heraus. So ging's zu Venedig, wohin Cäcilia sich noch dieselbe Nacht unter Begleitung ihrer Brüder und der Verwandten ihres Bräutigams mit etlichen Personen vom Rat auf den Weg machen mußte, bis ihre Schwangerschaft sich völlig offenbarte. Sie wurde zwar nach der Form gehörig bewacht und befragt, allein da man gar keine Angaben, nicht den geringsten Verdacht, und sie einen Bartolus und Baldus in derselben Person zum Advokaten hatte, endlich freigesprochen; und sie selbst verstand meisterhaft die Seelen zu fesseln, und spielte durchaus ihre Rolle vortrefflich; in dem kurzen Umgange mit Ardinghello hatten sich ihre seltenen Naturgaben herrlich noch entwickelt und ausgebildet.

Zu Anfang des neunten Monates darauf wurde sie, in Beisein gerichtlicher Zeugen, von einem gesunden kräftigen Sohn entbunden, welcher in der Taufe die Namen S. Marco Giovanni e Paolo empfing; und niemand wußte die geheime Bedeutung. Sie gelangte damit zum rechtlichen Besitz aller Güter Mark Antons, dem ihre Brüder ein prächtiges Grabmal von dem berühmtesten Bildhauer mit einer sinnreichen Inschrift von dem besten lateinischen Poeten besorgten, und trauerte lange, und hielt sich entfernt von allen Lustbarkeiten.

Ardinghello hatte sich nach glücklich vollbrachter That durch Umwege schnell auf sein Zimmer gemacht und geschwind umgekleidet; er war sicher, von niemand bemerkt worden zu sein, und wollte im Freien unter der fremden Kleidung nicht länger bleiben. In unsere Wohnung konnte er nach Belieben herein und heraus, weil er den Schlüssel zu der einen Außenthür von seinem Flügel hatte. Auch war ohnedies alles aus dem Palaste nach einem guten Platz zum Feuerwerk gelaufen, dem zauberischen Schauspiel über dem See. Inzwischen machte er sich doch behend auf jeden Fall gefaßt, und lauerte nahe bei seinem Zimmer im Garten, bis ich mit meiner Mutter nach Hause kam, und ihm das glückliche Zeichen gab. Das Fest war gänzlich gestört, und ich hielt nur so lange aus, als es sich schickte, um nichts zu versäumen.

11. Bartolus und Baldus, zwei sehr berühmte italienische Rechtslehrer.

Auf ihn fiel nicht der mindeste Verdacht, weder hier noch in Venedig. Dort wurde bei einigen jungen Herren strenge Nachforschung gehalten, die mit heftiger Leidenschaft vorher um Cäcilie warben; aber es kam nichts heraus, und die Ermordung blieb ein Rätsel.

Fünfter Teil.

Terni, Januar.

Neid und Eifersucht sind die Dornen im Rosengarten der Liebe.

Ich habe von Rom abreisen müssen, der Herzog ruft mich zu Geschäften. Aber ich erkenne wohl, der Kardinal wollte mich fort; er hatte schon längst ein Auge auf mich, und fand bei meinem Aufenthalte nicht seine Rechnung.

Ich reise vorwärts, und meine Phantasie rückwärts; Herz und alle Freude ist in Rom geblieben. Zähren des tiefsten Gefühles rannen unaufhaltbar hervor mit ihren letzten heißen Seelenblicken; wir schieden aus glühender Umarmung. O sie liebt mich, groß und edel! erhabenes Wesen!

Ich befinde mich hier in einer Wasserwelt; die Fluten rauschen, und Ströme stürzen sich mit donnerndem Gebrüll von den Gebirgen: und doch ist mein Sinn nur wie im Taumel gegenwärtig. Das Wetter ist außerordentlich lau und warm für die Jahrszeit; aller Schnee auf dem Apennin schmilzt. Die Nera ist mächtig angeschwollen, und der königliche Velino reißt sich wie eine Sündflut aus seinem See schräg übers Gebirg herab, setzt alle Gärten und Felder der Terner in Überschwemmung, und verheert sie mit seinem Schutte.

Rührend ist bei dem fürchterlichen Schauspiel, wie die hülflosen Menschen so gut und freundlich und gesellig gegen einander bei der allgemeinen Not werden, und jeder erkennt, wie wenig er für sich selbst vermag.

Im schmalen Thal, an der Nera, vor dem Einflusse des

6. Fünfter Teil. Schon vom zweiten Teile an besteht der Roman vornehmlich aus Briefen Ardinghellos an seinen im ersten Teile erzählenden Freund. Er beschreibt sein abenteuerliches Leben und giebt Mitteilungen über Kunstwerke u. dergl

Velino, liegt ein Dörfchen von wenig Häusern, Torrosina, wie in einem kleinen Kessel. Nachdem ich die ganze Lage besehen hatte, fand ich, daß die Terner weit weniger und fast nichts leiden würden, wenn man oben auf dem Gebirge den Velino dahin führte, daß er in die Felsenkluft, wo die Nera furchtsam hervorschleicht, sich mit seinem Tartar stürzte. Außerdem gewännen sie noch das ganze breite Bett des Flusses an die zwei Miglien lang für ihre Waldung; und der senkrechte Sturz selbst würde an Höhe und Schönheit seines gleichen nicht in Europa haben, da er jetzt nur gemach schräg herab rauscht. Weil aber Grund und Boden den Torrosinern gehört, so müßten sie denselben ihnen abkaufen; welcher jedoch an und für sich keinen Wert hat, da er lauter Felsen ist, und den etwanigen zukünftigen Schaden zu ersetzen versprechen, der für sie entstehen könnte, wenn die Nera bei großen Wassern vor der einbrechenden Gewalt des Velino sollte zurückgehalten werden.

Ich ging darauf in die Ratsversammlung von Terni und machte mein Gutachten als ein Werksverständiger bekannt. Alle, keiner ausgenommen, gaben dazu ihren Beifall; und dieser und jener sagte, daß er dies schon längst auch gedacht hätte. Und siehe da! man schickte kluge Redner zu den Torrosinern ab, und der ganze Anschlag wurde mit wenig Kosten genehmigt.

Aus Furcht, daß es diesen gereuen möchte, will man sogleich Hand ans Werk legen, und oben das kurze neue Bett ausgraben, welches ich diesen Morgen half abstecken.

Die Sache wegen Verlegung des Velinosturzes ist alt, und wurde schon zu Ciceros Zeiten verhandelt. Es scheint, die Torrosiner sind gutherziger geworden, daß sie jetzt so bald nachgaben; oder der große Schaden und Jammer der Terner hat sie mehr als jemals ergriffen und zum Mitleiden bewogen; da ihr zukünftiger Verlust gegen diesen ihren doch nur äußerst klein sein kann und vergütet werden wird.

Perugia, Januar.

Ich streiche durch alle die himmlischen Gegenden ohne rechten Genuß; und nur ergreift mich noch des Wasserelements Sturm und Aufruhr, und die Luft mit ihren Gewittern und Wetterstrahlen.

Der Ort enthält einen Schatz von Gemälden; und sie, und die prächtig gepflasterten Straßen und schönen Paläste und Tempel zeigen allein noch den ehemaligen Wohlstand der Freiheit.

Für jetzt flüchtige Anzeige einiger Raphaele auf meinem Wege.

Foligno hat deren zwei, die allein wert sind, in dies Paradies zu reisen. Im Nonnenkloster delle Contezze ein Altarblatt, welches die Madonna vorstellt vom Himmel hernieder schwebend, wie sie der heilige Franziskus, Hieronymus, Johannes der Täufer und ein Kardinal anbeten. Es ist aus des Meisters bester Zeit. Welche Gestalten, welche Charaktere! Wie ist alles so rein bis aufs Haar bestimmt! echte klassische Arbeit!

Der Kopf der Madonna ist einer der schönsten welschen weiblichen Köpfe. Wie klar die Stirn, wie reizend das lichte Kastanienhaar nach den Ohren weggelegt, der bräunliche Schleier wie sanft und lieblich, in den holden hernieder blickenden Augen welche Güte! wie schön die großen Augenlider, vollen jugendlichen Wangen mit Schamröte überzogen, wie jungfräulich, wie süß der völlige Mund, das zarte Kinn, und die Nase wie edel herein! welch ein schönes Oval, und wie reizend auf der rechten Seite herum im Schatten gehalten! wie reizend schwollen die Brüste unter dem roten sittsamen Gewand hervor!

Welch eine feurige, eifrige Frömmigkeit und Wahrheit im Kopfe des Heiligen von Assisi, und welch ein schöner knieender Akt! Wie kräftig der Kopf des heiligen Hieronymus gemalt, und in welchem feierlichen Ernste von Betrachtung! Johannes ist ein echter wilder Eremit, der sich nicht auf bürgerliche Höflichkeiten versteht, und dreist sagt, was er denkt. Der Kardinal bloß Porträt voll Bewunderung.

Der Engel unten mit dem Täfelchen ist trefflich gemalt, nur weiß man nicht, was er soll, weil man vergessen hat, es darauf zu schreiben.

Das Kolorit in den Köpfen ist täuschend abgewechselt, wie die Natur thut. Die Figuren sind alle in Lebensgröße, und die Madonna noch darüber, um sie zur ersten Person zu erheben. Sie ist am lebendigsten, und wirft Glanz um sich, wie Sonne. Unten ist freies Feld und ein Flecken, wo die Heiligen sich beisammen befinden, sie anrufen und anbeten, und in Betrachtung verloren sind.

Im Dom eben hier am Ende des linken Kreuzgangs ein Halbbogen, worin Madonna mit dem kleinen Christus zur Linken und dem kleinen Johannes zur Rechten vor sich; zwei holde nackte Bübchen in schöner Bewegung. Hinter ihr zur Rechten der heilige Joseph, und zur Linken der heilige Antonius, und auf beiden Seiten neben ihr zwei Jungfrauen. Alle sind in knieender Stellung, außer den Kindern. Die drei Weiber haben treffliche Gewänder; besonders ist das Mädchen zur Linken, von welchem man den bloßen linken Fuß sieht, ganz wollusterregend und göttlich, so zeigt sich das Nackte, und die schöne Form des Unterleibes, der vollen Hüften und Schenkel; das Gewand macht eine ungekünstelte Falte zwischen den Schenkeln, und zieht sich im Knieen an; das lüsterne Auge des Meisters sah diesen Reiz der Natur ab. Die jungen Brüstchen schwellen lockend über dem Gürtel hervor. Die Kleidung von allen dreien ist rot, griechisch, wie leichte Hemden.

Die Gesichter sind voll Huld; und die Madonna hat besonders etwas mütterlich Süßes in Auge und Mund, und blickt in stiller Entzückung nieder.

Alle sind vertieft in die Kinder, die auf einander kindlich zeigen und sich freuen. Der Kopf des heiligen Joseph ist zugleich gemalt wie vom Tizian nebst dem herrlichen Ausdruck. Der heilige Antonius allein weicht sehr von den andern ab, und ist mittelmäßig durchaus, als ob er ihn nur weggejagt hätte, um fertig zu werden. Alles andere ist mit Liebe entworfen, und es herrscht die stille Raphaelische Empfindung.

Nach Rom kann man Raphael zu Perugia am besten kennen lernen. Das meiste von ihm ist hier in der Kirche des heiligen Franziskus. Überhaupt will ich dir in Perugia nur drei Stücke von ihm vorzüglich empfehlen, eins aus seinem Knabenalter, eins aus seiner Jünglingschaft, und eins, das er wenig Jahre vor seinem Tode vollendete, in einem Nonnenkloster vor der Stadt, welches zum Teil alles übertrifft, was er je aus sich hervorgebracht hat; das übrige wirst du leicht einmal selbst finden.

Die zwei ersteren sind bei den Franziskanern; das jüngste, in der Capella degli Oddi, stellt die Himmelfahrt der Madonna vor. In der Luft empfängt sie der Heiland, ihr Sohn, mit Engeln, die Musik machen, und krönt sie; unten stehen die zwölf Apostel an ihrem offenen Sarge. In der Einfassung, die auf dem Altar ruht, sind noch drei ganz kleine Gemäldchen angebracht:

der englische Gruß, die Anbetung der heiligen drei Könige, und die Beschneidung. Alles ein himmlischer Inbegriff einer Menge schöner Gestalten, die in seiner Seele aufblühten.

Der Kopf der Madonna ist heilig und selig im neuen Schauen; in einigen Engelsgestalten süße Anmut, besonders der mit der Handtrommel eine wahre Volkslust. Aber das wunderbarste sind die zwölf Apostel; welche Charaktere schon Paulus, Petrus und Johannes! Paulus hat viel von seinem Aristoteles; Johannes von dem aufblickenden Jüngling beim Bramante.

In dem ersten Gemäldchen unten erscheint der Engel der Madonna in einem korinthischen Tempel. Sie betet und blickt erhaben vor sich hin, ohne ihn anzusehen; in einem Landschäftchen davor zeigt sich Gott der Vater, und der heil'ge Geist als Taube.

In der Anbetung der heiligen drei Könige sind eine Menge Figuren, worunter einige voll Ausdruck mit Erstaunen. Die Hütte in zerfallenen Ruinen, und das Landschäftchen ist kindlich angenehm und erfreulich.

Die Beschneidung ist das beste unter den Kleinen. Ein jonischer Tempel; die zwei Priester mit trefflichen Köpfen voll Charakter und Ausdruck, und die Seitenfiguren gefühlt und gedacht.

Das Ganze ist freilich äußerst hart und die Formen unausgebildet; alle Natur arbeitet bei ihm nur auf das erste Bedürfnis, gestaltlos; aber das Wesentliche, wobei man das andere bei Anfängern übersehen soll.

Das zweite ist die Abnehmung vom Kreuze. Das Gemälde hat zehn Figuren, fünf Männer und fünf Weiber, mit dem toten Christus und der in Ohnmacht gesunkenen Mutter, die viel größer sind als im vorigen, ohngefähr zwei Drittel Lebensgröße.

Es ist in zwei Gruppen geordnet; die eine macht der von zweien getragene Tote, und Joseph von Arimathias, und Magdalena, und hinten vermutlich noch Johannes, und die andere die Mutter mit den Jungfrauen; der den Leichnam bei den Beinen hält, verbindet sie beide.

Die Hauptfiguren leuchten gleich hervor, der tote Jüngling, die schöne Magdalena voll Schmerz, und die Mutter. Besonders aber ist die Gruppe der letzteren das vortrefflichste. Alle Gestalten sind voll Seele, jede lebt, und empfindet dabei nach ihrem Charakter. Die Mädchen, welche die Mutter fassen, sind wie die drei griechischen Grazien; vorzüglich hat das, welches den Kopf derselben hält, eine Gestalt so tiefen großen Gefühls und hoher Schönheit durchaus in Formen und Bekleidung, daß man sie gleich zu einer euripideischen Polyxena brauchen könnte.

Über die ganze Scene verbreitet sich ein sanftes Abendlicht.

Dies war seine letzte Arbeit, bevor er nach Rom kam; und man sieht darin, wie sich seine Kunst schon ihrer Vollkommenheit nähert. Sie ist das höchste aus dieser Zeit von ihm.

Ich kann hier nicht unterlassen, ein Gemälde von Correggio anzuführen, welches dieselbe Scene vorstellt, und in der Johanniskirche zu Parma in einer Seitenkapelle befindlich ist. Nach meinem Gefühl hat er alle übertroffen, und erhält den Preis, wie ein Sophokles: so streng und einfach und rührend, mit Verleugnung seiner sonstigen blühenden Farbenpracht und lächelnden Manier behandelt er die Begebenheit.

Erblaßt und ausgestreckt liegt der göttliche Jüngling da. Magdalena sitzt an seiner Seite und vergießt für sich in Wehmut versunken heiße Thränen, wie eine untröstliche Geliebte; und der Schmerz der zärtlichen Mutter an seinem Haupte über das entsetzliche Schicksal grenzt an des Todes Bitterkeit. Ein trübes Regenlicht um sie her; alles in Lebensgröße.

Man soll nie bei Bewunderung des einen schülerhaft, gegen andre ungerecht sein. Raphael selbst Märtyrer für Amor, hat ferner nie das Entzücken der Liebe, den höchsten Vorwurf vielleicht für alle bildende Kunst, mit so tiefem Seelenklang und heitrer Phantasie zugleich, ausgedrückt, als der bei seinen Lebenstagen unberühmte hohe Lombard, Ariosts Nachbar, in seiner Io; wenn ihm auch die antike kleine Leda, mit der im Stehen sich Zeus als Schwan begattet (welche treffliche wollüstige Gruppe ihr zum Zeichen eurer freien Denkungsart öffentlich gerade vor dem Eingange der Markusbibliothek aufstelltet), Anlaß zur ersten Idee davon gegeben haben sollte.

Das dritte und Hauptgemälde von Raphael zu Perugia ist in dem Nonnenkloster zu Monte Luce, welches er drei Jahre vor seinem Tode vollendete. Ein Altarblatt, die Figuren völlig in Lebensgröße.

4. **Polyxena**, Tochter des Priamos und Verlobte des Achilleus, nach der Zerstörung von Troja auf dessen Grabe geopfert, ist die Heldin einer Tragödie des Euripides — 9. **Correggio**, eigentlich Antonio Allegri, geb. 1494, gest. 1534

Es stellt wie das erste die Himmelfahrt und Krönung der Mutter Gottes vor; aber alle Spur von seines Lehrmeisters enger und schmaler Manier ist hier verschwunden. Die zwölf Apostel stehen um den Sarg, statt der Madonna mit Blumen, Rosen, Lilien, Nelken und Jasminen angefüllt, und blicken erstaunt auf, wo ihr Sohn sie von Wolken emporgetragen mit Engeln empfängt und krönt.

Die Mutter ist eine der frischesten weiblichen Gestalten, noch blühend wie eine Jungfrau, doch voll edlem Ernst, wie eine Matrone, und heißer wunderbarer Empfindungen der Seligkeit, im Taumel neuer Gefühle, wie vom Erwachen, alles groß an ihr und herrlich schön. Sie faltet die Hände kreuzweis an die Brüste und blickt durchaus gerührt mit entzücktem Auge auf ihren Sohn. Ihr Gesicht ist nach ihm hingewandt, und man sieht ganz die rechte Seite, und vom linken Auge nur den heißen Blick; große schwarze Augen mit einem zarten Bogen Augenbraue, und dunkelblondes Haar unter dem langen grünen Schleier, der sich hinter dem rechten Ohr hinabzieht.

Christus ist feurig im Gesicht, wie ein sonnenverbrannter Kalabrier aus seinem starken Bart um die Kinnbacken; und sein ausgestreckter rechter Arm voll Kraft und Nerv, womit er ihr den Kranz aufsetzt. Der Engel mit Blumen in der Rechten an ihm hat einen Kopf voll himmlischer Schönheit, sonniglich entzückt; es scheint ihm überall Glanz aus seinem Gesicht hervorzubrechen.

Die Anordnung durchaus ist reizend, und bildet das schönste Ganze. Madonna ist oben in der Mitte, Christus zu ihrer Linken, an beiden ein Jüngling von Engel begleitet; unter diesen bei jedem ein zart nackend Bübchen; und über allen der heilige Geist in einem dichten Duft von gelbem Himmelsglanz.

Die Auffahrt geschieht ganz gemach auf einer dunkeln dicken Wolke mit lichtem Saum, und hat nicht das leichte Schweben, wie in andern Gemälden davon; aber eben dadurch gewinnt die Handlung Natur und Majestät. Raphael hatte eine sehr reine klare Empfindung, die ihn minder fehlen ließ, als andrer scharfer Verstand.

Je länger man den Christus betrachtet, desto mehr findet man etwas übernatürlich Göttliches, das sich nur gütig herabläßt; das Demütige der Madonna vor ihm stimmt einen nach und nach dazu. Es ist etwas erstaunlich Mächtiges und Gebieterisches in seinem Wesen, das mehr im Ausdruck liegt, als den Formen selbst; wunderbare Strenge und Güte miteinander vereinbart. Ich habe noch wenig neuere Kunstwerke gesehn, die den Eindruck in der Dauer immer tiefer und tiefer auf mich gemacht hätten. Je mehr man nachdenkt und fühlt und Gestalt nachgeht, desto wahrer findet man diesen Christuskopf. Ich kann von diesem Gemälde nicht wegkommen, und möchte tagelang mit Wonne daran hangen. Hoher göttlicher Jüngling, der du warst, Raphael! Unsterblicher, empfange hier meine heißeste, aufrichtigste Bewunderung, und nimm gütig meinen zärtlichen Dank auf. Es gehört unter das höchste, was die Malerei aufzuzeigen hat, diese Mutter, und dieser Sohn, und die vier Engel um sie her; und ich kann mich nicht von der Herz und Sinn ergreifenden Wahrheit und Hoheit wegwenden. Die zwei Hauptfiguren sind ganz wunderbar groß gedacht, in der That pindarische Grazie und des Thebaners Schwung der Phantasie bis in die Draperieen, die mächtige Falten werfen. Welch ein Arm, Christus aufgehobner rechter mit den weiten Ärmeln! Wie ganz vollkommen gezeichnet und gemalt, und welche wetterstrahlende Wirkung thut er in der ganzen Gruppierung! Und wie bescheiden zeigt sich daneben das Nackte der Mutter und füllt leicht das blaue Obergewand! So kräftig hat er nichts anders gemalt; und nirgend anderswo sind seine Formen so vollkommen reif, stark in der Art Schönheit, die ihm eigen war.

Die Apostel unten sind schwach und matt dagegen, und nur wie verwelkend sterblich Fleisch, des Kontrasts wegen; aber durchaus vortreffliche Männergestalten, besonders Petrus und ein andrer im Vordergrunde, in Bewegung und Leben.

Mit denen in der Verklärung sind in drei Gemälden allein sechsunddreißig Apostel; und in jedem sehen sie anders aus, und keiner wie der andre; und doch scheinen die meisten trefflich zu sein und zu passen.

Die Malerei ist wie die Musik; zu denselben Worten können große Meister, kann einer allein ganz verschiedne Melodieen machen, die alle doch in der Natur ihren guten Grund haben: es kömmt nur darauf an, wie man sich den Menschen denkt, der sie singt.

Nehmen wir zum Beispiel ein Lied der Liebe!

Bei denselben Worten wütet ein Neapolitaner; und ein andrer im Gletschereise der Alpen bleibt ganz gelassen.

Außerdem lieben wenige immer übereinstark schon bei derselben Person; und es wird anders geliebt bei einer blonden und schwarzen, einer Sizilianerin von zwölf Jahren und einer nordischen Patriarchin. Und diese selbst lieben wieder anders Knaben, Jünglinge, Männer und Greise.

Dichter und Maler und Tonkünstler nehmen von allem diesen das vollkommenste, was am allgemeinsten wirkt; welches aber weder Rechenmeister noch Philosoph zu keinem Zeitalter bestimmt festsetzen konnten. Und dies hat die Natur sehr weislich eingerichtet; sonst würde unser Vergnügen sehr eingeschränkt sein, oder bald ein Ende haben.

Die Kuppel des Correggio zu Parma in der Johanniskirche, welche Christus Himmelfahrt vorstellt, gehört zu einer besondern Gattung der Malertaktik, und macht ein eigen Kunstwerk aus, das sich mit dem des Raphael, was malerische Wirkung betrifft, nicht vergleichen läßt, ohne diesem unrecht zu thun.

Man erstaunt dort, wenn man in den Kreis tritt, und wurzelt am Boden fest, wie bezaubert, und sieht einen wirklichen Jüngling von übernatürlichen Gaben in ferne Höhe steigen von dienstbaren Sturmwinden emporgetragen, die liebkosend mit seinem weiten Purpurmantel spielen.

Selbst Apelles und Zeuxis und die ganze griechische Zunft würden dem Götterfluge mit entzückender Bewundrung nachschaun, und keiner das Herz haben, zu sagen: Anch' io son pittore!

Florenz, Januar.

Ich habe mich unterwegs länger aufgehalten, als ich wollte, und auf meinem Gute bei Cortona verschiedne Anstalten zu Pflanzungen und beßrer Einrichtung der Gebäude gemacht. Die Kunstsachen, die ich in Rom teils ankaufte, teils schon bei dem Kardinal vorrätig fand, waren vor mir angekommen.

Der Herzog empfing mich heiter und freundschaftlich, und bezeugte alsdann seine große Freude darüber; sowie Bianca und die andern Damen und Herrn vom Hofe.

Man stand hier noch im Handel über eine nackte Venus

31. Bianca, die berüchtigte Bianca Capello, geb. um 1548, gest. 1587 als Gattin des Großherzogs Francesco von Medici.

vom Tizian und wartete nur auf meine Entscheidung. Sie ist unbezweifelt ganz von seiner Hand; und der Kauf wurde gleich richtig gemacht.

Jetzt lasse ich in der Galerie, die mein alter Lehrmeister Vasari erbaut hatte, ein Zimmer für das ausgesucht Vollkommenste zubereiten, das seinesgleichen hernach wohl schwerlich in der Welt haben wird, Belvedere ausgenommen.

Von der griechischen Venus will ich den neuen untern linken Arm vom Ellenbogen an wieder abnehmen lassen, weil er allzuschlecht ergänzt ist; der rechte von der Schulter an ist zwar auch nicht zum besten, doch will ich noch damit warten. Es ist ein Wunder, daß dies hohe Meisterstück so glücklich brach, daß die Teile nichts gelitten haben und alle so gut ineinander passen. Die Figur der Göttin selbst ging in dreizehn Bruchstücke, und das Ganze in die dreißig Trümmern.

Der Kopf ist am Halse angesetzt, und etwas klein in Proportion, wie aber bei andern griechischen weiblichen Bildsäulen; jedoch ganz von demselben Marmor, derselben Arbeit, der Zug des Halses paßt so trefflich, und alles harmoniert so bis auf die allerschönsten Füßchen, daß an seiner Echtheit zur Figur keinen Augenblick zu zweifeln ist. Ein Gesicht voll hohem Geist und jonischer Grazie! Die Nase schießt nur ein klein wenig von der Stirn ab, nicht den dritten Teil wie ein Strahl im Wasser. Der Leib ist die frischeste, fernigste, ausgebildete Wollust; Brust und Schenkel schwellen markicht vorn und hinten. Sie hat durchaus den süßesten überschwenglichen Reiz eines soeben reif gewordenen himmlischen Geschöpfes vor der ersten Liebesnacht, welches Vater Homer mit dem Wundergürtel hat ausdrücken wollen.

Sie hat ein Grübchen im Kinn: Zeichen von Fülle und Kraft zugleich, und Reifheit der göttlichen Frucht; und nur halberöffnete, oder zugehaltne Augen, die das Innre nicht erkennen lassen wollen, sprödiglich.

Kurz, es ist Erscheinung eines überirdischen Wesens, von dem man nicht begreift, woher es kömmt; denn es hat hienieden keine Leiden ausgestanden, alles ist zur Vollkommenheit ungestört an ihm geworden. Selbst der schönste und edelste Jüngling unter den Sterblichen muß sich vor ihm niederwerfen: und das höchste, was er verlangen kann, ist ein Moment, nicht Huldigung auf ein ganzes Leben.

Schönheit, zur Reife gediehen und gedeihend, noch ungenossen. Das sich regendste Leben wölbt sich sanft hervor in unendlichen Formen, und macht eine entzückende ganze. Adel, für sich bestehend, blickt aus den süßen lustseligen Augen, ein sonnenheißer Blick von Liebesfülle flammt die Stirn herab, schwebt auf dem Munde, wo Stolz und Zärtlichkeit zusammenschmelzen.

Die Mitte des Oberleibs ist kräftig, und gar nicht dünn; die Schultern sind völlig so breit wie die Hüften, und gehen noch darüber hinaus, sanft vom Halse herabgesenkt. Der Unterleib hat zwei zarte Einwölbungen bis wo die Höhen der Freuden sich heben. Die Schenkel steigen wie Säulen hernieder, und verbergen den Eingang der Lust mit einem gelinden Druck.

Die Waden sind straff und voll bis an die Kniekehlen ohne auszuschweifen.

Sie erscheint von den Seiten her schmal, und von dem Rücken breit; alles Fleisch lebt, und nichts ist leer und müßig.

Aus dem Ganzen spricht jungfräulicher Ernst und Stolz, nichts Lockendes; es ist Inbegriff höchster weiblicher Liebesstärke. Sie blickt auf, wie eine Jugendgöttin, von den Edelsten angebetet.

Sie erhält den ersten Preis unter den weiblichen antiken Schönheiten. Ihr Gesicht schon für sich, das glücklich ganz unversehrt blieb, ergreift unaussprechlich reizend, mehr, als irgend ein andres; ist gewiß ursprünglich in der Natur selbst voll Geist und hohem eigentümlichen Wesen aufgeblüht, und stammt wahrscheinlich von einer Lais oder Phryne. Bei der Niobe und ihrer schönsten Tochter, bei der Juno, und einer kolossalischen Muse in Rom mag man mehr Erhabenheit finden: aber sie haben den lautern Quell von Leben nicht, der den Durst nach aller Art von Glückseligkeit im Menschen erquickend stillt. Hier ist alles beisammen, Körperreiz und Seelenreiz, Feuer und Schnelligkeit der Empfindung, und heller ausgebildeter Verstand bei jedem Vorfall in der Welt.

Doch, was verschwende ich Worte darüber; komm und sieh! und fühle! und traure herzinniglich, daß sie nicht den Mantel vor dir sich umwirft, dich zu begleiten.

Tizians Venus wird eine schlimme Nachbarin an ihr erhalten.

Diese ist eine reizende junge Venezianerin von siebzehn bis achtzehn Jahren, mit schmachtendem Blick aufs weiße widerstrebende Sommerbett, im frischen Morgenlichte, ganz nackt, vor innrer Glut ohne alle Decke und Hülle, bereit und kampflüstern hingelagert, Wollust zu geben und zu nehmen; die, anstatt die Hand vorzuhalten, schon damit die stechende und brennende Süßigkeit der Begierde wie abkühlt, und mit den Fingerkoppen die regsamsten gefühligsten Nerven ihres höchsten Lebens berührt.

Bezaubernde Beischläferin und nicht Griechenvenus; Wollust und nicht Liebe; Körper bloß für augenblicklichen Genuß.

Ihre Formen machen einen starken Kontrast mit der griechischen. Wie das Leben sich an dieser in allen Muskeln regt und sanft hervorquillt und hervortritt, und bei der Venezianerin der ganze Leib nur eine ausgedehnte Masse macht! Aber es ist schier nicht möglich, ein schmeichelnder, und sich ergebender, und süß verlangender Gesicht zu sehen.

Sie neigt den Kopf auf die rechte Seite, sonst liegt sie ganz auf dem Rücken. Das linke Bein in schöner Form ist reizend gestreckt, und das erhobne rechte Knie läßt unten die süße Fülle der Schenkel sehen. Der Kopf hat die Gestalt nach der Natur; ist aber, hingelassen nachdenkend mit dem zerfloßnen Körper, matt und wenig gebildet gegen die Griechin.

Die Blumen in der Rechten geben Hand und Arm durch den Wiederschein bezaubernde Farbe und drücken den Leib zurück. Ihr Haar ist kastanienbräunlich und lieblich verstreut über die rechte Schulter mit einem Streif auf den linken Arm. Der Schatten an der Scham und die emporschwellenden Schenkel davor im Lichte sind äußerst wollüstig, sowie die jungen Brüste. Die großen grünlichbraunen Augen mit den breiten Augenbrauen blicken in Feuchtigkeit. Sie ist lauter Huld, es recht zu machen in reizender sömmerlicher Lage, und giebt sich ganz preis, und wartet mit gierigem Verlangen furchtsamlich auf den Kommenden. Man sieht's ihr deutlich an, daß das Jungfräuliche schon einige Zeit gewichen ist, und sie scheint nur Besorgnis vor mehrern zugleich zu haben wegen der Eifersucht.

Tizian wollte keine Venus malen, sondern nur eine Buhlerin; was konnte er dafür, daß man diese hernach Göttin der Liebe taufte? Sein Fleisch hat allen Farbenzauber, ist mit wahrem jugendlichen Blut durchflossen; was er darstellen wollte, hat er besser als irgend ein andrer geleistet.

Unter den Antiken aber, die ich mitgebracht habe, ist ein

himmlischer Bube, ein junger Apollo, welcher stark mit der Göttin wetteifern wird. Er lehnt sich mit der Linken an einen Stamm mit über den Kopf geschlagner Rechten; die ganze Stellung ist voll Reiz, besonders der schlanke Zug der rechten Seite. Das Gesicht blüht wonniglich selig und edel in seiner Gottheit auf. Das Leibchen ist äußerst zart gehalten, und doch regt und bildet sich alles. Es ist eine wahre Wollust, Venus und ihn zugleich von hinten zu sehen, das Weibliche und üppig Bübliche des Gewächses; Venus ist ein Schwall von hinten, etwas speckicht: Apollo lauter süßer Kern. Ebenso kernfleischig spaltet sich sein Rücken; die Schenkel sind am vollsten und fast zirkelrund. Die zwei Hände muß ich ergänzen lassen, und noch die Nase.

Der Ausdruck ist bezaubernd; er empfindet in sich, und sinnt in Stille. Erste Ahnung von Verlangen in Ungewißheit; und doch mit dem entzückendsten Blick der Liebe.

Zwei junge Ringer aus einem Block Marmor gehören unter die gelehrtesten Arbeiten, die uns aus dem Altertume übrig sind. Sie sind im schönsten Moment eines Ringspiels verflochten, und es kann dazu keine auserlesenere Stellung geben. Die angestrengten Sehnen zeigen ihre Kraft in höchster Stärke, und doch nicht schroff, und nichts erscheint gekünstelt, wie unsre Meister schon bei Körpern in Ruhe prahlen.

Noch habe ich Bruchstücke von einem Merkur, wo zum Ganzen nur die Hände fehlen. Das Gewächs ist zart und schlank, der Kopf voll Schönheit und Kraft, und stellt einen klugen sinnreichen Jüngling dar. Er trägt einen Helm, wie einen Teller, mit Flügeln; die Haare waren abgeschnitten, und es sind kleine Löckchen wieder daraus geworden.

Von Gemälden, deren viel sind, will ich dir nur ein Paar von Raphael anführen:

Papst Julius den Zweiten. Man kann nichts Wahreres von Gestalt sehen; und wie gemalt! Es hält sich neben dem besten Tizian. Erhabenheit und Scharfsinn im Nachdenken bilden ein Ideal vom heiligen Vater. Welch ein gediegnes festes Feuer in der ganzen Arbeit! Der schöne herabfließende Bart wie herrlich aufgesetzt! Hände, Stellung im Stuhl mit beiden aufgestützt, alles vortrefflich. Es ist die Natur. Die Stirn ist stark beleuchtet, und geht hervor, und so fällt noch Licht auf den Bart; ein Meisterstück auch hierin.

Das zweite ist ganz klein, wenig über einen Fuß lang und breit, und von ihm die größte Seltenheit; jedoch mit aller Liebe in seiner besten Zeit vollendet.

Gott Vater sitzt auf einem Adler in den Lüften, von zwei Engeln, wovon besonders der rechter Hand wunderschön ist, an den Armen leicht gehalten; und unter ihm sind die vier Evangelisten mit ihren Tieren; dann Wolken, dann Erde mit Bäumen. Um den Ewigen vergeht eine Glorie andrer geflügelter Buben im Glanze.

Der Kopf ist lauter Erhabenheit, ganz derselbe des Michel Angelo in der Capella Sixtina, welcher die Sonne schafft. Das Nackte der Brust bis auf die bekleideten Schenkel in seiner Kleinheit vollkommen wie eine schöne Antike. Er stützt die Füße auf den geflügelten Stier und Löwen, und sieht jovialisch gut und stark und mächtig in die Bestien und Menschen. Haar und Bart fliegen im Winde. Ein himmlisch Bildchen; reizende apokalyptische Laune!

Bianca freute sich darüber kindlich; und ich habe ihr damit ein Geschenk gemacht, weil ich's für mich erkaufte. Der Herzog nahm es übergnädig auf, und sie drückte mir eifrig die Hand dafür.

Die Schlaue stellt sich hoch schwanger. Jetzt will er ihr einen Palast in eine unsrer angenehmsten Gegenden bauen lassen; und ich wurde gerufen, alles zu besorgen.

Florenz, Februar.

Florenz gefällt mir nicht mehr; ich gehöre nicht zu dem Hasengeschlechte, das nirgends am liebsten ist, als wo es geheckt ward. Unsre großen Männer haben wir gehabt; Tacitus sagt mit Recht, daß nach der Schlacht bei Actium in Rom kein großer Mann mehr aufstand. Wo der Bürger nichts mehr zu sagen hat, da ist es mit der Vaterlandsliebe eitel Ziererei.

Ein so großer Freund ich auch von Geschäftigkeit bin, so ekelt mich doch die bloße Schuster- und Schneider- und Tuchknappengeschäftigkeit an. Romulus, der hohe Geist, verbot aus gutem Grunde jedem Mitgenossen seiner Republik die niedern Handwerke; und dies wurde hernach so zur Sitte, daß noch jetzt im dritten Jahrtausend die Deutschen und Spanier und Franzosen dieselben schier allein noch in den Ruinen der alten Herrlichkeit treiben. Sokrates wollte den nicht zum Gefährten durchs Leben, der auf Geld und Gut erpicht zu nichts Edlerm Muße hätte; und bei den stolzen Ottomanen kann der Überwundne und Sklave noch heutzutag alle Schuld deswegen aufs Schicksal schieben.

Florenz macht einen starken Kontrast mit Rom, alles regt und bewegt sich, und läuft und rennt und arbeitet; und das Volk kömmt einem trotzig und übermütig und ungefällig vor gegen das Stille, Große und Schöne der Römer. Der Römer überhaupt hat gewiß einen höhern Charakter. Die Politiker mögen die menschlichen Ameisenhaufen rühmen und preisen so sehr sie wollen, und diese selbst auf ihre Arbeitsamkeit sich noch soviel einbilden: Maul und Magen, denn dieserwegen geschieht's doch, ist wahrlich nicht, was den Menschen über das Vieh setzt! Wo nicht gemeinschaftliche Freiheit der Person und des Eigentums, und Rang in menschlicher Würde vor seinen Nachbarn, der erste Trieb und das Hauptband einer bürgerlichen Gesellschaft ist, verachte ich alles andre, und jedes Verdienst kömmt in kurze Berechnung.

Der Boden trägt freilich auch viel hierzu bei; Rom hat das Mark von dem mittlern Italien, und Toskana die Knochen, nach dem alten Sprichwort. Auch erhebt die Gegend nicht so, und Florenz fehlen die majestätischen römischen Fernen.

An unserm Hofe herrscht eine unerträgliche Langeweile; alles muß sich in den Ton des Monarchen stimmen.

Der Minister ist geschwind schon ein Chamäleon geworden, und nimmt alle Modefarben an. Verschiedne von meinen angegebnen Einrichtungen sind wieder abgeändert, und die andern werden nachlässig betrieben. Alle Heilungsmittel eines Hippokrates sind vergeblich, wo die Natur sich nicht selbst hilft. Ich muß auf und davon, weil ich das Verderben nicht mehr mit Augen ansehen kann. Wenn man nichts Bessers weiß, so mag es sich ertragen lassen; o Griechenland und Rom, wie glücklich macht ihr unsre Phantasie, und elend unser wirklich Leben! Aber wo soll ich hin in dem ganzen jetzigen Italien? Da ist keine Ausflucht, keine Sphäre für einen gesunden Kopf und Arm zu handeln. Mut und Geschick schmachtet überall ohne Gegenstand und Ausübung wie im Kerker.

Um noch einmal von dem leidigen Minister zu reden: so hat der Fuchs ein paar bestialische Grundsätze angenommen, von welchen der erste ist: man dürfe nie gescheiter scheinen, als der Herr; und der zweite: alle guten Köpfe, denn jeder ist ihm ein Dorn im Auge, besonders Gelehrte, in der Ferne halten.

Für einen, der gern im Trüben fischt, hätte sie kein Macchiavell besser ausdenken können. Und bei den meisten Höfen erkennt man gleich daraus, daß da keine Philippe, Alexander, Cäsarn und Markantonine herrschen.

Es kann eben keiner höher, als ihm die Flügel gewachsen sind.

Florenz, Februar.

Unser Karneval ist mit einer wirklichen ungeheuern Tragikomödie beschlossen worden, die mir aber all' mein Eingeweide, Galle und Lunge und Leber und Herz empört hat, so daß ich hier keine bleibende Stätte mehr finde.

Bianca, wie ich dir schon geschrieben habe, stellte sich die ganze gehörige Zeit vom Herzoge schwanger an, spielte ihre Rolle meisterlich, und wählte dies festliche Geräusch, weil zugleich die erkauften Weiber auf dem Lande die Mutterwehen nahe fühlten, niederzukommen. Eine Woche lang tragödierte sie die Geburtsschmerzen; und der gute Herr war zitternd und zagend für ihr Leben bange. Endlich trat gegen Mitternacht die alte abgefeimte Kupplerin von Amme mit dem eben gebornen Knäblein, welchem der Mund mit Wachs verklebt und verbunden war, daß es nicht schreien konnte, in einer Schachtel unter dem Mantel, wie mit Gerät, zur Thür in einem Nebenzimmer herein, und winkte das verabredete Zeichen. Bianca rief alsdann mit Hand und Mund zum Herzoge, der mit dem Kopf in Armen am Fenster stand: „Geht, geht, o Teuerster! o weh! ich fühle mich in der Entbindung."

Er ging freudig fort mit den eifrigsten Wünschen.

Der Komödie wurde bald ein Ende gemacht. Die Alte that das Kind heraus, nachdem sie das übrige der Scene täuschend zubereitet und die Gebärerin laut genug geächzt hatte, zog ihm das Wachs aus dem Munde, und dies fing an zu schreien. Sie eilte zum eingebildeten Papa, und zeigte und frohlockte: „Euch ist ein

Löwe, ein Löwe geboren, ganz Euer Gepräge! O sehe Eure Hoheit das derbe gewundne Gemächtchen, wie es den Heldensamen verkündigt!"

Ich beschreibe es dir aristophanisch, weil es sich gerade so zugetragen hat. Ihm war es Götterwonne, etwas Lebendiges von sich zu erblicken, was er noch nie schaute; und er krähte vor Jubel, gleichsam wie ein Hahn, ohne weiter ein Wort hervorbringen zu können.

Dies ist eine Posse, welche jedoch große Folgen haben kann, und die wir heiß durch die Kammerjungfer erfuhren. Diese und die Alte mögen sich vor der Hochstrebenden in acht nehmen, wenn sie nicht bald den Styx und Phlegeton wollen sieden und brausen hören.

Der andre Auftritt aber ist gräßlich.

Don Paolo, der Gemahl der Isabella, kam vor wenig Tagen von Rom, und nahm einen gewissen Scherz und Leichtsinn an über ihre vorige Aufführung, bis er sie täuschte, und sie froh sich wieder mit ihm versöhnt glaubte.

Gerade dieselbe Nacht, wo Bianca ihre Farce spielte, so wunderbar fügen sich die Begebenheiten! führte er sie nach seinem Schlafgemach; sie hatte zwar Anstand, ihn zu begleiten, und hielt einigemal ein; ihr Geist mochte ihr Schicksal voraus ahnen! Doch folgte das ergiebige Geschöpf endlich seiner Hände Druck und hielt die racheheißen für liebewarme.

Im Zimmer umarmt er sie, und küßt sie, und sinkt wie unenthaltsam mit ihr aufs Bett. Als sie auf der Breite desselben so hingestreckt liegt, wird ihr hinten ein Strick um den Hals geworfen von einem gedungnen Mörder, und sie mit langer Marter erdrosselt. O du Elender! warum nicht kurz mit Gift, mit einem Dolchstich, wenn du sie doch aus der Welt schaffen wolltest?

Sie wurde die andre Nacht schon zu ihrer Familie in die Kirche S. Lorenzo begraben; und man sprengte aus, sie sei plötzlich an einem Steckfluß gestorben. Allein ihr schwarzes Gesicht war jedem, der sie zu sehen bekam, ein unverwerflicher Zeuge der That.

Ihre Verwandten schweigen: aber Florenz murrt laut, und bejammert das scheußliche Ende ihres noch so blühenden Lebens.

---

33. Eine gleichzeitige handschriftliche Chronik meldet dabei, jeder habe gesagt: che bisognava aver rimediato prima, che il padre, e il Granduca Francesco, il Cardinale, et altri suoi fratelli si servissero del mezzo suo per cavarsi le lor voglie, e con le altre donne della cità menandola tutta notte fuori vestita da l'omo; e voler poi, ch' ella fusse stata santa senza il marito. Und macht den Beschluß mit ihr, nachdem sie von den andern ein gleiches erzählt hat: e questo, fu il misero fine delle figliole del Duca Cosmo de Medici.

März, bei Cortona.

Der Herzog hat mir erlaubt, den künftigen Frühling hier auf meinem Gute zu sein; doch unter der Bedingung, daß ich zuweilen nach Florenz komme und den schon angelegten Palast der Bianca besorge. Übrigens habe ich dort eine gute Partei für mich zurückgelassen, und in manchem Hause lebt die Hoffnung, mich zum Gemahl und Schwiegersohn zu erhalten.

Polybios und die Gegend ist nun mein Geschäft; und zur Abwechslung baue und pflanze ich. Der deutliche Sinn mancher Wörter in der Taktik der alten Griechen und Römer hat mir anfangs bei ihm zu schaffen gemacht; doch bin ich bald durchgedrungen, und damit zu Rande gekommen. Dies ist ein Geschichtschreiber, wie sie sein sollen; der das verstand, worüber er schrieb, noch zur rechten Zeit lebte, und Menschen und Örter kannte.

Unter allen Heldenzügen ergreift mich keiner so, wie der des Hannibal durch Italien; und es geschieht nicht bloß deswegen, weil ich Land und Boden und die Geschichte der kriegenden Völker besser kenne. Der des Alexander durch Persien ist romantischer und hat mehr barbarisches Getümmel um sich: aber der des Afrikaners hat mehr Einheit, Nerv und Kernathletengeist; und es ist ein ganz anderes großes Naturschauspiel, zwei solche Republiken sich in den Haaren liegen zu sehn, als einen bloßen Darius und Sohn Philipps.

Von seinem Satz an über den wilden schnellströmenden Rhodan unter Avignon, und kühnem Marsch durch die reißenden Wetterbäche, über den hundertjährigen Schnee und das schneidende Eis der gräßlichen tiefen Thäler und himmelhohen Alpenklippen, dünkt mich in jeder Schlacht nur ein olympisches Faustbalgerspiel zu sehen. In der bei der Trebbia, am thrasymenischen See, besonders am Aufidus, packt er überall mit seinem tapfer gebildeten Haufen so gewandt seinen starken ungelenken Gegner, und wirft ihn zu Boden, und schlägt ihm Zahn und Nase und Ohren und Backen in einen blutigen Brei zusammen. Er verstand die Kunst zu siegen, wie keiner; behandelte Armeen von Hunderttausenden vor und mitten und nach der Schlacht wie einen einzelnen Mann, an jedem Fleck, bei jeder Schwäche voll Vorsicht, Bewegsamkeit, Mut und Schlauheit, und Gegenwart der Seele: bis auf so ein-

8. **Polybios**, gest. 122 v. Chr., griechischer Geschichtschreiber, namentlich des zweiten punischen Krieges. — 30. **Aufidus**, gewöhnlich die Schlacht bei Cannä genannt

fache Grundsätze hatte er das weitläuftige Kriegshandwerk von der ersten Jugend an gebracht. Halbgötter erkennt man erst recht bei wichtigen Zeitpunkten.

Welche Reihe Thaten nach einander! Was sind Millionen Menschen gegen diesen einen, die ihr lebenlang nicht eine einzige solche Stunde haben! Ein Heldengedicht möchte ich singen über ihn von den Pyrenäen an bis wo die Scylla um den Fuß des Apennin rauscht.

Wie ein echter unbezwinglicher rächerischer Löwe streift er Italien durch, reißt Rinder und blökende Herden nieder; und das vom Homer schon verbrauchte Gleichnis ist zum erstenmal wahr geworden.

Das römische Volk, das seine Bildsäulen in die Straßen stellte, wo sie am furchtbarsten gesehen wurden, und sich hernach seinetwegen noch an den Mauersteinen von Karthago ereiferte, zeigt den Mann auch bei dem Feind, und anders als die ungerechten Horaze und Liviusse; und Virgil krümmt dem Überwinder bei Cannä mit seiner Hofspötterei der Dido kein Haar.

Der Ausbund von Karthaginenser ging dem römischen Staatskörper auf das Herz los; und außerdem kannte er die Menschen gut genug, um zu wissen, daß jeder seine größten Feinde in der Nähe hat: und fand es so bei den welschen Galliern.

Die Schlacht an meinem See ziert mir hier die Gegend ganz anders aus, als Konstantins Schlacht vom Raphael den Vatikan. Die furchtbaren Wörter, die wunderbar davon noch immer übrig geblieben sind, als Ponte Sanguinetto, Ossaja, Spelonca, gehen mir immer wie eine Brandfackel in die Seele, wenn ich da herumreite; so daß ich zuweilen vor Hitze und Ungeduld nicht auf dem Pferde bleiben kann, und herunter in ein Wirtshaus muß, um einen frischen Zug zu thun von Römergrimm, der hier ins Gras biß, und noch die Weinfelder düngt.

Treve, April.

Ich schreibe dir im Fluge, weil ich dich künftigen Sommer bei mir haben muß, um dir die Schönheit und den Reiz auch meiner Gegenden zu zeigen und sie mit dir zu genießen; glücklicher

25. Ponte Sanguinetto, Blutbrücke. — Ossaja, Knochenberg. — Spelonca, das Mordloch. Anm. d. Verf. — 31. Treve, jetzt Trevi, Provinz Umbrien.

noch, als ich mit dir die Lombardei an deinem Lago genoß. Mache dich beizeiten auf, und kehre bei meiner Tante zu Florenz ein, wo wir uns treffen werden.

Ich lag bei Passignano, nicht weit von meiner Wohnung, auf einer fruchtbaren Anhöhe, wo man den See überschaut, unter hohen Ulmen und Eichen, zwischen alten Ölbäumen und Cypressen und blühenden Wipfeln, den neuen Gesang der Nachtigallen um mich, noch früh am Morgen, und that nichts, als hören und betrachten in Freude, wie ein Kind ohne weitere Gedanken; doch ahnten süße Regungen in meinem Herzen entzückende Dinge.

Und sieh! auf einmal reitet aus dem Hohlwege, mit einem Boten voran, ein junger Ritter hervor auf einem kastanienfarben königlichen Rosse, dem auf einem andern ein Mohr folgt. Eine Engelsgestalt der Jüngling, wie er näher kam in rundem Hut mit Federbusch, kurzem spanischen scharlachnen Mantel, Halbstiefeln, die vollen Schenkel und den schlanken Leib in weiches Leder gekleidet, ein blitzend Schwert über den Rücken an seinen Lenden, und Pistolen im Sattel.

Ich kannte das halbversteckte Gesicht, und wußte mich nicht drein zu finden. „Ist sie es, oder täusche ich mich?" fuhr ich schnell auf, wie der reizende Ritter bald bei mir war.

Er erblickte mich, hielt ein mit lächelnder Verwundrung, sprang vom Pferde: und Fiordimona und ich hielten uns umschlungen mit wonneglänzenden Blicken, gierigen Seelenküssen.

Ich schrieb ihr noch von Florenz aus; auch sie begab sich ohne weitere Nachricht auf eins ihrer Güter in der Nachbarschaft, wovon sie mir nie etwas gesagt hatte; und kam nun mich zu überraschen und zu einer Lustreise abzuholen. Zu Perugia, wo sie den Tag zuvor eintraf, saß sie gegen Morgen noch in der Dunkelheit auf, und war bei mir in wenig Stunden.

Sie blieb nur zwei Göttertage bei mir; alles was zu Cortona Liebe fühlen kann, geriet schon im Vorübergehen bei ihrer Annäherung in eine solche Feuersbrunst, daß wir uns plötzlich in der Stille davon machen mußten, damit meine Wohnung nicht wie Loths Haus belagert würde.

Fiordimona veränderte ihre Kleidung in etwas, und ich gab ihr andern Hut und Mantel, um weniger bemerkt zu reisen. Sie

23. Fiordimona, mit der A. in Rom ein Liebesverhältnis angeknüpft hatte. Vgl. S. 114 Z. 16ff.

scherzte selbst über ihren vorigen Putz, und daß die Weiber ihn nie vergessen könnten; und so verkappten wir noch ihre Mohrin. Ich nahm meinen jungen treuen Schweizer Häl, einen Gemsjäger aus Wallis von den Quellen des Rhodan, mit mir; und Paar und Paar zogen wir in der Nacht ab. Vorher schrieb ich an den Herzog eine notwendige Lüge; und an meine Tante um ein paar starke Wechsel.

Zu Perugia weideten wir uns inniglich, nach eingenommenem Frühstück, an den Raphaelen, welcher ihr Liebling ist, und den Werken seines Lehrmeisters. Ritten dann die Höhen herab nach den anmutigen Thälern, und über die Johannisbrücke, worunter der Tiberstrom reißend in rauschenden wilden Fluten wegschießt, und hielten Mittagsrast auf dem schönen Hügel Assisi im heiligen Kloster.

Die Nacht blieben wir in Foligno. Den Morgen darauf zogen wir durch das reizende Thal, das an malerischen Schönheiten und Fruchtbarkeit seinesgleichen nächst der Lombardei vielleicht nur wenig auf dem ganzen Erdboden hat, und schieden uns bei Treve abgeredetermaßen.

Sie begab sich wieder auf ihr Gut, welches nicht weit davon liegt, und wo wir zusammen können, wenn wir wollen.

Mein Lustörtchen hat die schönste Lage der ganzen Gegend, und ist an einen runden nicht hohen Berg die Hälfte herum gebaut, der einen weiten Olivenwald ausmacht. Die Menschen scheinen sich wie Vögel in die Bäume mit ihren Häusern obenhin genistet zu haben. Man übersieht von hier aus das ganze Thal von Spoleto bis Foligno, Assisi und Perugia; und der Flecken heißt mit Recht der Balkon von Umbrien.

Fiordimona hat ihren Aufenthalt in üppigen Gärten von Fruchtbarkeit und Lieblichkeit bei den Quellen des Clitumnus (le Vene), die am Fuß des höchsten Bergs im ganzen Umkreis, Campello, aus einem Felsen kommen mit vielen uralten Feigenbäumen bewachsen in unzählbaren Sprüngen. Es ist ein unaussprechliches Vergnügen, wie das klare, krystallhelle, frische gesunde Naß aufquillt, von der Macht zu zarten Bläschen getrieben, unter dem erfreulichen Schatten; alles innerlich sich regt und bewegt, und die Fülle von selbst auf ebner Fläche fortrinnt. Nahe dabei wallen sie in Bächen zu den Gärten Fiordimonens hinein, und drängen sich da in einen lebendigen Teich zusammen, dessen Ufer hohe Ahornen, Pignen, Lorbeern, Reben und Haselstauden beschatten; und aus diesem strömt der Clitunno, schon ein ansehnlicher Fluß, voll schneller Forellen, so daß ich in Italien keine so starke Quellen kenne.

Etwa tausend Schritte davon steht ein kleiner Tempel mit korinthischen Säulen zierlich in der Ferne, obgleich aus spätern Zeiten, dem Flußgott zu Ehren, der den Römern ihr Vieh so weiß machte. Auch haben wirklich alle Rinder dieses Thals ein glänzendes Silberweiß, und sind außerordentlich gutartig mit ihren ungeheuern großen Hörnern. Der Strom, denn diesen Namen darf man ihm wohl geben, bleibt das ganze lange Thal durch krystallhell.

Ich gebe mich in meinem Wirtshause für einen Maler aus; und wahrlich ist da genug zu malen und zu zeichnen an Menschen, Vieh, und den Bergen mit ihren herrlichen Formen und Tinten, wenn mir Zeit dazu übrig bliebe. Die ganzen Nächte stecke ich bei Fiordimonen, und wir müssen zuweilen unsern Brand bei der heißen Witterung in dem lieblichen See des Clitunno abkühlen, denn sie schwimmt wie ein Fisch, von zarter Kindheit dazu angelehrt; wo wir die Schwäne von ihrem Schlummer aufwecken, deren sie eine Herde darauf hat. Dieser König der Wasservögel ist ihr Lieblingsvogel; und wo giebt es auch einen schönern? und ein lockenderes lebendigeres Bild der Lust, wenn sie ihre Hälse umflechten, und vor Entzücken leis kreischen und zusammengirren, und mit ihren Flügeln schlagen, daß der Gesang der Nachtigall davor verschwindet, und zu geschwätzigem und unaufhörlichem Getön wird. Die meisten läßt sie wild fliegen; sie kennen das Plätzchen, und kommen immer wieder.

Morgen geht die Woche schon zu Ende, seitdem wir hier sind; Himmel wie schnell! wir wollten nur einen oder zwei Tage Halt machen, aber es war gar zu erfreulich. Sie läßt alles zurück, auch die Mohrin, und begleitet mich allein. Übermorgen in der Nacht brechen wir heimlich auf und streichen weiter; im Hause glaubt man, daß sie nach Rom reise.

Terni, Mai.

Ich bin im Himmelreiche! Wie ein paar kühne Adler jagen wir durch die weiten Luftreviere! Freiheit, Quellenjugend, und feurige Liebe und Zärtlichkeit!

Gestern abend kamen wir durch den rauhen Wald und das wilde Gebirg von Spoleto hier an; und diesen Morgen sind wir gleich nach dem neuen Sturz des Velino in aller Frühe ausgezogen. Wir wollten ihn zuerst von oben betrachten.

Der Weg dahin ist voll reizender Aussichten; die Berge wölben sich immer einer höher als der andre weiter fort gen Himmel, um gleichsam dieses Paradies ganz von der irdischen Welt abzusondern. Die Sonne ging eben auf, als wir nach der Höhe zu ritten, gerade über dem Gebirg den Felsenriß hinein, worin ein herrlicher See von befruchtendem Taunebel in der Mitte schwamm.

Der Wasserfall ist nur eine entzückende Vollkommenheit in seiner Art, und es mangelt nichts, ihn höchst reizend zu machen. Ein starker Strom, der feindselig gegen ein unschuldiges Völkchen handelte, muß sich gebändigt durch einen tiefen Kanal stürmend in wilden Wogen wälzen, mit allerlei süßem lieblichen Gesträuch umpflanzt, als hohen grünen Eichen, Ahornen, Pappeln, Cypressen, Buchen, Eschen, Ulmen, Seekirschen; und in die gräuliche Tiefe senkrecht an zweihundert Fuß hinab stürzen, daß der Wasserstaub davon noch höher von unten herauf schlägt. Alsdann tobt er schäumend über Felsen fort, breitet sich aus, rauscht zürnend um grüne Bauminseln, und hastig schießt er in den Grund von dannen, zwischen zauberischen Gärten von selbstgewachsenen Pomeranzen, Citronen und andern Frucht- und Ölbäumen.

Sein Fall dauert sieben bis acht Sekunden, oder neun meiner gewöhnlichen Pulsschläge von der Höhe zur Tiefe. Das Aufschlagen in den zurückspringenden Wasserstaub macht einen heroisch süßen Ton, und erquickt mit nie gehörter donnernder Musik und Veränderung von Klang und Bewegung die Ohren; und das Auge kann sich nicht müde sehen.

Fiordimona jauchzte vor Freude in das allgewaltige Leben hinein, und rief außer sich unter dem brausenden Ungestüm: „Es ist ein Kunstwerk so vollkommen in seiner Art, als irgend eins vom Homer, Pindar, oder Sophokles, Praxiteles und Apelles, wozu Mutter Natur Stoff und Hand lieh."

Gewiß aber läßt es sich mit keinem andern vergleichen und ist einzig in seiner Art; die große Natur der herrlichen Gebirge herum, der frische Reiz und die liebliche Zierde der den Sturz vor dem Fall umfassenden Bäume, das einfache Ganze, was das

Auge so entzückt, auf einmal ohne alle Zerstreuung, so wollüstig verziert, und doch so völlig wie kunstlos, nährt des Menschen Geist wie lauter kräftiger Kern.

Wir saßen alsdann wieder auf und ritten dem Velino oben weiter entgegen, bis wir eine kleine Stunde vor dem Sturz an seinen See kamen, worin er sich klar wäscht. Die Mannigfaltigkeit des Stroms von hier aus, der bald langsamere bald schnellere Lauf, das mit schöner Waldung eingefaßte Bett überall, der See in seiner Rundung von einem Amphitheater sich nacheinander verlierender höchster Gebirge umlagert; alles, das fruchtbare Thal der Scene, der ehemalige Streit der Nachbarn um ihn macht diesen Wasserfall immer wunderbarer und ergreifender.

Man hat ihn schon abgemalt und zeigte mir gestern bei unsrer Ankunft die Kopie von dem Original. Aber gemalt bleibt er immer ein armseliges Fragment ohne alles Leben; weil kein Anschauer des Gemäldes, der die Natur nicht sah, sich auch mit der blühendsten Phantasie das hinzuzudenken vermag, was man nicht andeuten kann. Und überhaupt ist es Frechheit von einem Künstler, das vorstellen zu wollen, dessen Wesentliches bloß in der Bewegung besteht. Tizian zeigt klüglich allen Wasserfall nur in Fernen an, wo die Bewegung sich verliert und stille zu stehen scheint.

Terni selbst, das Vaterland des Geschichtschreibers Tacitus, liegt äußerst angenehm zwischen lauter Gärten. An der Nordseite erhebt sich noch ein Bogen von Hügeln mit lustigen Landhäusern meistens zwischen Ölbäumen, die einen kleinen Wald ausmachen.

Aus der Nera, worin der Velino seinen Namen verliert, werden eine Menge Kanäle abgeleitet, die die Stadt und alles Land herum, unter immer lebendigem Rauschen, zur höchsten Fruchtbarkeit bewässern.

Tivoli hatte einen so großen Reiz für die alten Römer, weil es nahe an Rom lag, und wegen der weiten Aussicht in die Ebnen herum bis ans Meer. Es hat etwas Feierliches, was Terni nicht hat. Aber dies hat im Grunde größere Natur um sich her und läßt an Fruchtbarkeit mit Tivoli gar keine Vergleichung zu; dieses ist dürres und ödes Land meistens, und Terni lauter Mark.

Die Römer verstunden zu leben! Sie genossen den wahren Reiz von jedem, und wußten zu wählen aus tausenderlei Erfahrungen. Scipio der jüngere wählte Terni, dessen Landsitz man noch zeigt; der ältere Cajeta; und seine erhabne Tochter Kornelia das misenische Vorgebirg, welche letztern Örter wegen des Meers freilich über alles gehen; denn nichts ist doch lebendiger als das Meer, und hat mehr Mannigfaltigkeit und Bewegung. O wie freue ich mich, das alte glückselige Bajä bald zu finden.

Die Terner erweisen uns alle Ehre, und dies setzt Fiordimonen nicht wenig in Verlegenheit; sie befürchtet erkannt zu werden; und außerdem wollen sich ihre mutwilligen Brüste, stolz auf ihre junge Schönheit, mit aller Kunst nicht vollkommen verbergen lassen. Dies macht mich oft lächeln, und sie erröten. Wir begeben uns deswegen platterdings in keine sitzende Gesellschaft, und sind gegen Abend wieder nach dem Wasserfall unten hin geritten; morgen eilen wir weiter.

Unten ist man recht der Mutter Natur im Schoß, und genießt die Höhen und Tiefen der Erde, ihr Schaffen und Wirken, und die Fülle ihres Lebens. Ein enges Thal von neuen und äußerst reizenden Kontrasten; welche Milde und Schweizerrauheit vereinbart. Himmelanstrebende Gebirge, donnernder Wassersturz, hereinbrausende wilde Fluten; und daneben: die zarten Pomeranzen- und Ölbäume, Lorbeerngänge, süße Reben und Feigen; und mitten drin im Felsen eine Kapelle der heiligen Rosalia, die Bildsäule der Heiligen, die auf einem weichen Lager ruht, mit Blumen bekränzt, um sie her leisschwebende Engel.

Portici, Junius.

Die Freude läuft mir durch alle Glieder, daß du mich besuchen willst; o ein Götterjahr dies Jahr in meinem Leben! Ich habe meiner Tante schon geschrieben, Quartier für dich bereit zu halten; bei meiner Ankunft hoffe ich dich zu Florenz zu treffen. Die nächsten Tage werden wir von hier abreisen.

Von unsern Abenteuern hätte ich dir soviel zu erzählen, daß ich jetzt nicht wüßte, wo ich anfangen sollte; ich erspare es, bis wir Herzen und Seelen mündlich gegen einander ausschütten. O welch ein Jubel, mit dir noch durch die bezaubernden Plätze von Umbrien zu streichen! Fiordimona und ich sind nun völlig ein Wesen, so zusammengeschmolzen von tausendfachem Entzücken; alles

Hohe und Schöne, Kühne und heroisch Erduldende der menschlichen Natur ist in ihr vereinbart. Endlich werden wir denn doch noch das Band der Ehe der bürgerlichen Ordnung wegen tragen; aber wahrlich nicht deswegen, daß es uns zusammen halten soll. O sie ist der glückliche Hafen aller meiner stürmischen Wünsche! Wir kennen uns nun von innen und außen bis auf unsre geheimsten Regungen.

Unsre Reise war eine immerwährende Augenlust. Wir haben den Weg über Monte Cassino genommen. Hier fühlt man erst recht die Schönheit von Italien, und hat sinnlich vor sich, wie sich der Apennin in seiner ganzen Majestät durch dessen Mitte lagert, zur Erfrischung mit seinen luftigen und waldichten Gipfeln für den Sommer und reizenden Thälern und Ebnen an beiden Meeren für den Winter. In weiten Kreisen türmt sich immer ein Gebirg über das andre, und das Farbenspiel geht in unendlichen Höhen und Tiefen durch alle Töne in süßen und furchtbaren Harmonieen.

Der heilige Benedikt hat trefflich für seine Schar gesorgt, und die Mönche zu Monte Cassino leben wie die Fürsten. Jeder hat seine drei Bedienten, das kostbarste vom Lande zu essen und zu trinken und schläft in weichen Betten auf Stahlfedern. Das übrige versteht sich von selbst; aus Vorsorge bereitete ich meiner Fiordimona eine Krankheitsschminke, und gab sie für meinen Bruder, einen Sänger aus, der seiner Gesundheit wegen in die Bäder von Bajä zöge. Und kaum so sind wir durchgekommen; denn die schelmischen Faune witterten doch die blühende Gesundheit und das Fleisch wie Mandelkern unter dem angestrichnen Gelb.

Ihr prächtiges Kloster liegt auf einem steilen Absatze von einem der höchsten Berge, von unten wie eine Burg des Zeus, nur daß umgekehrt von oben das Wetter des Jahrs wenigstens ein paarmal da einschlägt, und wird in kurzer Ferne von einem stolzen Amphitheater von Gebirgen umgeben, wo die Sonne bei ihrem Untergang immer neue zauberische Schauspiele hervorbringt.

Wir haben uns nur einen Tag zu Neapel selbst aufgehalten, und sind gleich aufs Land hieher gezogen — wenn man es Land nennen kann; denn Portici ist gleichsam nur Vorstadt — bewohnen den Garten einer jungen Witwe, von Tarent gebürtig, die mit Recht den lieblichen Namen Candida Graziosa führt, im besten

17. Der heilige Benedikt. Begründer des nach ihm benannten Ordens und überhaupt eines geregelten Mönchswesens im Abendlande, gest. 543

Punkt, dies wirkliche Paradies zu beschauen; denn von Neapel aus ist das göttliche Meer zu eingeschlossen.

Die Stadt selbst sieht man hier am wahrsten und besten; sie ist so recht ein Sitz des Vergnügens, voll Adel, voll der lebhaftesten Menschen, rundum in Schönheit und Fruchtbarkeit! zu strenger und erhabner Weisheit ist's fast nicht möglich, hier zu gelangen. Zur Linken die reizende Küste von Sorrent; dann die Fahrt nach Elysium Sizilien; dann die Insel der Freuden des Tiberius, Capri; dann die unendlichen Gewässer breit und offen, wo sich das Auge verliert; und daneben und darüber hin die alten Feuerauswürfe der Insel Ischia, und Procida, und den entzückenden Strich Hügel des Pausilipp, und das Gebirg der Kamaldolenser; welche bezaubernde Mannigfaltigkeit! Darunter wieder das Gemisch von unzählbaren Felsenhütten von Neapel, wo eine halbe Million Menschen sich gütlich thun; und bei uns, hinter dem schüchternen Portici, in schrecklicher Majestät Vesuv. Ein echter wonneschäumender Becher rundum dieser große Meerbusen!

Hier schwimmt alles und schwebt in Luft, im Wasser, am Ufer und auf den Straßen. Die Feuermassen scheinen dies Land der Sonne näher zu rücken; es sieht ganz anders, als die übrige Welt aus. Gewiß waren alle Planeten ehemals selbst Sonnen, und sind nun ausgebrannt, und Neapel ist noch ein Rest jener stolzen Zeiten. Man glaubt in der Venus, im Merkur, einem höhern Planeten zu wohnen. Immerwährender Frühling, Schönheit und Fruchtbarkeit von Meer und Land, und Gesundheit von Wasser und Luft.

Gleich die erste Woche haben wir uns mit der ganzen Gegend und der besondern Art Menschen bekannt gemacht, und den dritten Tag schon waren wir oben auf dem Vulkan, und genossen den Anblick der höchsten Gewalt in seinem Krater, die man auf Erdboden schauen kann. Die Risse von unten heraus, trichterförmig, gehen über alle Macht von Wetterschlägen, auffliegenden Pulvertürmen und Einbrüchen stürmenden Meeres. Erdbeben, die Länder bewegen, wie Winde Wasserflächen, sind dagegen nur schwache Vorboten. Man glaubt in die Wohnung der Donnerkeile wie in ein Schlangennest hineinzusehen, so blitzschnell ist alles aus unergründlicher Tiefe gerissen, von Metall bespritzt und Schwefel beleckt: ein entzückend schauerig Bild allerhöchster Wut.

Sein Gipfel besteht aus lauter Schlacken; dies giebt ihm

von fern eine haarichte Riesengestalt. Dann wächst lauter Heide; und dann in der Mitte fangen Gärten und Bäume an.

Der Vesuv ist augenscheinlich ein uralter Berg, dessen Krater einst zusammenstürzte, wovon die Risse noch an der Somma zu sehen sind. Alsdann hat er sich von neuem durch viele Ausbrüche wieder aufgetürmt. Vorher war es ein einziger Berg; jetzt mag er nicht so schön mehr sein, aber desto furchtbarer.

Wir sind mehr als einmal oben gewesen, so hat uns dies Schauspiel und die Aussicht ergötzt.

Unser Aufenthalt im Garten der Candida hat uns großes Vergnügen gewährt, aber auch viel von unsrer Freiheit benommen; und ist Ursach, daß wir früher zurückreisen, als wir wollten. Nebenan bewohnt einen andern die Geliebte des Sohns vom Vicekönig, eine reizende Spanierin, kaum sechzehn bis siebzehn Jahre alt, sogenannte Gräfin von Coimbra. Diese brennt vor Leidenschaft gegen Fiordimonen; und Candida hat sich mit weniger Geschmack, aber besserm Instinkt in mich und meinen jungen Bart vergafft. Beide sind wir so belagert. Coimbra ist eifersüchtig auf mich, und Candida auf Fiordimonen, und der Sohn vom Vicekönig ward es endlich auf uns beide, und schöpfte Verdacht gegen alle. Die Komödie fing sich damit an.

Wir kauften gleich bei unsrer Ankunft in Neapel eine Laute und Zither zum Zeitvertreib; und die erste Nacht in Portici hielten wir einen Wechselgesang. Coimbra ward entzückt schon von der Stimme Fiordimonens, die, möchte ich sagen, wie ein Arm so stark aus ihrer Kehle strömt mit aller Geschmeidigkeit und Mannigfaltigkeit, vom leisen Lispel bis zum Sturm, und in Läufen von erstaunlichem Umfang, jeder Ton perlenrein und herzig.

Den andern Abend hörten wir ein Lied von unsrer Nachbarin, wozu sie sich auf einem Psalter begleitete. Ihre Stimme ist nur schwach, einfach, und von wenig vollen Tönen, aber silbern und süß von Empfindung; was sie sang, war ein Meisterstück spanischer Poesie, und wir haben davon nur die ersten Strophen behalten.

Quando contemplo el cielo
de innumerables luces adornado;
y miro hazia el suelo
de noche rodeado
en sueño y en olvido sepultado:

33 ff. Wenn ich den Himmel betrachte mit unzählbaren Sternen ausgeschmückt, und nieder auf den Boden schaue von Nacht umgeben, in Schlaf und Vergessenheit begraben:

El amor y la pena
  despiertan en mi pecho un ansia ardiente,
  despide larga vena
  los ojos hechos fuente,
  Oloarte, y digo al fin con voz doliente:

Morada de grandeza
  templo de claridad y hermosura,
  el alma, que a tua alteza
  Nació, que desventura
  la tiene en esta carcel baxa escura? —

Der Jüngling war vermutlich bei ihr; denn wir hörten hernach sprechen und seufzen und Stille zu Kuß und Umarmung in der dichten Laube.

Ach, es war in der That ein schöner Abend! kühlender Duft senkte sich nieder und hüllte nach und nach das Gebirg ein, alles wurde verwischt und Form dämmerte nur unten, indes oben die reinen vollkommnen Sterne blinkten. Wir meinten, wir müßten uns sogleich mit dem Liede der holden Spanierin empor heben und unsre Stelle verlassen. Es ist unten doch alles so nichts, wenn es nicht von dem klaren himmlischen Licht seine Gestalt empfängt!

Dann ging der stille Mond am wilden dampfenden Vesuv auf; dunkel lag das Meer noch in Schatten, und erwartete mit unendlichen leisen plätschernden Schlägen seine Ankunft. Die Menschen kühlen sich ab in den Fluten, machen Chorus, und scherzen und genießen ihr Dasein.

Es ist entzückend, wie man die Erde mit sich gen Osten unaufhaltbar fortrollen sieht, und die ganze Harmonie des Weltalls fühlt!

„Du bist glücklich, Mond,“ seufzte Fiordimona; „du läufst deine Bahn ewig fort, dein Schicksal ist entschieden.

„Ach Gott, wer wüßte, was das Licht wäre, das so schön leuchtet, und es erkennen könnte! Es ist doch gewiß ein heiliges Wesen; und tot ist es nicht, weil es sich so schnell fortbewegt!

„O wer in den großen Massen, Himmel und Meer und Mond

So erwecken Kummer und Liebe in meiner Brust eine heiße Bangigkeit, und die Augen, zu Quellen geworden, vergießen einen Bach von Thränen, Oloarte, und ich sag' endlich mit klagender Stimme: Aufenthalt der Herrlichkeit, Tempel der Klarheit und Schönheit, welch ein böses Schicksal hält die Seele, für deine Höhen geboren, in diesem tiefen dunklen Kerker? —

und Sternen, Frescobaldi an deinem liebevollen Herzen immer so schweben könnte! Was dies für eine Ruh' und Seligkeit ist! man atmet so recht aus und schöpft mit jedem Zuge Lust und Erquickung!"

Denke noch zu solchen Wonnelauten, unmittelbar von ihren Quellen, Kuß und Blick und Umarmung der Erhabnen!

Coimbra machte hernach mit uns Bekanntschaft, und redete uns zuerst an, als wir einander auf einem Spaziergange begegneten; ein durchaus gefühlig zartes Wesen, worin aber kühne Blitze von Leidenschaften herumkreuzen. Wörtliche Liebeserklärung erfolgte bald, wie Fiordimona sich zu unerfahrner Jüngling bei Händedruck und schmachtenden Seufzern und Blicken bezeugte. Fiordimona spielte ihre Rolle trefflich, um sich nicht erkennen geben zu dürfen und Thätlichkeiten bis zu unsrer Fortreise abzuhalten; und wir sind während der Zeit in der ganzen Gegend herumgestrichen, und wenig anders zu Hause geblieben, als zu schlafen. Das Quartier wollten wir nur im höchsten Notfall ändern, wegen Anlaß vielleicht zu gefährlichen Auftritten.

Am meisten sind wir zu Bajä, am Pausilipp, und einige Tage an der Küste von Sorrento gewesen. Von allen diesen Zaubereien mündlich weitläuftig.

Zu Bajä ist ein Wunder der Natur an dem andern; und in der alten Römer Zeiten war noch dabei ein Wunder der Kunst an dem andern, wovon die herrlichen Ruinen außer den Beschreibungen der Dichter zeugen. Was der Archipelagus sein muß, wo das immerwährende Leben so um unzählbare Inseln herumwallt, wie hier nur um drei oder vier? Glückliche Griechen! wenigstens zwei Drittel bewohnten und bewohnen noch schöne Seeküsten.

Das Grabmal Virgils, an dessen Echtheit man keinen Grund zu zweifeln hat, ist in der That ein rührender Winkel, der innerste Punkt des alten Parthenope; der Mittelsitz der Ruhe von der See her, die Spitze des Winkels von der Bucht. Ich wünschte selbst an einem solchen Ort meine Asche; ohne Pomp, still, ein kleines Gemäuer. Es liegt gerade am Pausilipp in der Höhe über der vor alters durchgehauenen Grotte nach Pozzuolo. Die Vignen schienen allemal voll Ehrfurcht sich zu seinem Schatten zu neigen,

30f. man keinen Grund zu zweifeln hat. Man glaubt denn doch auch jetzt noch dazu Grund zu haben.

und nur leis zu bewegen, um seinen Schlummer nicht zu stören. Es ist schön, eine solche Stelle zu haben, wo sich die Erinnerungen an einen großen Menschen alle lieblich zusammensammeln!

Das Denkmal an der mit so warmer und heller Empfindung gewählten Stätte ist mit mancherlei Gesträuch bekränzt: Epheu und wilde Weinranken schlingen sich überall herum; und auf der Decke selbst, wo in den vielen Jahrhunderten sich eine Schicht Erdreich festgesetzt hat, grünt es am dichtesten. Ein Lorbeer steigt in der Mitte stolz hervor, der nur nicht lange dauern wird, weil alle Reisenden, Dichter, Prinzen und Damen davon abbrechen, um Anteil an dem Ruhme des Unsterblichen zu haben.

Man genießt hier Neapel und den erfreulichen Meerbusen in einem der schönsten Gesichtspunkte.

Sorrent liegt von Bergen eingeschlossen in einem kleinen Thal, das die Form wie ein Hufeisen hat. Es ist das bezauberndste Plätzchen des weiten Paradieses der Gegend, wohinein das Meer noch eine besond're kleine Bucht macht. Dessen Ufer sind hohe senkrechte Felsen, so daß es wie auf einer Bühne sich zeigt. Man muß aus der See eine halbe Stunde lang auf einem Wege von Terrassen hinansteigen. Die niedlichen Häuser und Palästchen stecken in einem Gartenwald von Öl-, Pomeranzen-, Citronen- und Fruchtbäumen; hier wachsen die köstlichsten Melonen.

Der Vesuv ist davon in seiner einfachsten, allergrößten und furchtbarsten Gestalt zu sehen, so stolz und erhaben, daß die höchsten Alpen davor verschwinden. Es sieht aus wie ein Wesen, das sich selbst gemacht hat, alles andre ist wie Kot dagegen; und der Dampf aus seinem offnen Rachen ist im eigentlichsten Verstand entsetzlich schön. An keinem andern Orte möchte ich seine Feuerauswürfe betrachten; es muß ein wahres Bild rasender Hölle sein. Unten am Fuß sind die Menschen mit ihren Wohnungen wie unschuldige Lämmer, die er sich zur Beute herschleppte; und die alte Mutter die See zieht vergebens zärtlich rauschend heran, sie zu retten.

Ein entzückender Morgen, wie wir wieder Portici hinüber schifften! Ein leichter Nebel deckte dasselbe wie eine zarte Bettdecke. Auf dem Gewässer waren tausend Nachen, die unbesorgten Fische zu fangen, welche aus ihren Tiefen sich dem neuen Lichte näherten. Leiswallend, wie ein unermeßlicher Lebensquell, verlor sich das Meer in ein Chaosdunkel, woraus Capri kaum sichtbar in grauem Duft noch hervortrat. In blassem Purpur rötete sich auf den Apenninen der Himmel, und der Vulkan atmete schrecklich der Sonn' entgegen in majestätischer Ruhe seinen schweren Dampf aus, der sich an den Seiten herabwälzt. Und nun steigt sie empor in Strahlenglut vollkommen und unveränderlich, der Geist ihrer Welt, die alles mit Liebe faßt, und in ihrem Glanze spielen die Wellen.

Was mir übrigens an Neapel doch nicht gefällt, ist, daß man weder Sonne noch Mond, und Morgen- und Abendstern im Meer auf- und untergehen sieht.

Nachschrift.

Wir müssen fort, noch heute. Coimbra brennt in lichterlohen Flammen, und drang gestern in einem herzbrechenden Briefe darauf, Fiordimona solle sie entführen. Candida schlich sich diese Nacht, aller feinen Wendungen überdrüssig, in mein Zimmer schier nackend, und überraschte mich mit Fiordimona, deren Geschlecht sie erkannte. Und Häl, der so treue, daß er selbst seinen Genuß bei dem Kammermädchen der Spanierin dran giebt, verkündigt uns Mord und Tod, und die ausgestellten Wachten und Posten des getäuschten Liebhabers.

Diesen letzten Brief erhielt ich erst zu Florenz von seiner Tante, einer jungen Witwe ohne Kinder, voll Geist und Anmut im Umgang und mannigfaltigen Reizen. Ardinghello war noch nicht wieder gekommen bei meiner Ankunft daselbst; und sie erteilte mir anfangs über sein Ausbleiben zweifelhafte Nachrichten von fürchterlichen Begebenheiten, die sich hernach nur zu gewiß bestätigten. Doch vorher etwas von mir und meiner Reisegesellschaft! Ich habe aus seinen Briefen alles weggelassen, was meine Angelegenheiten betraf, um die Geschichte nicht zu verwickeln und weitläufig zu machen.

Auch ich stand auf dem Punkte, mich zu verheiraten, als meine Geliebte von der Seuche weggerafft wurde, die von Trient nach Verona, und von da nach Venedig kam, und sich hernach durch die Lombardei verbreitete. Ich folgte nun mit Begier der Einladung meines Freundes, um mich von den traurigen Gegenständen zu entfernen; und sagte davon Cäcilien.

Sie konnte gleich vor Ungeduld nicht bleiben, die Reise mit zu machen. Noch hatt' ich ihr immer nicht entdeckt, daß ich alles von ihr und Ardinghellon wußte; ich scheute die Lage, in welche mich dies versetzen würde. Nur gab ich ihr zuweilen von ihm Nachricht, mit Verschweigung seiner Liebesgeschichten; und sie hatten sich auch einander selbst geschrieben, welche Briefe mir aber nicht in die Hände gekommen waren: so daß ich nicht wußte, was für Wendungen er bei ihr brauchte, und wie sie zusammen standen. Ich mochte mich nicht mehr drein mischen und einem Tauben predigen; ließ aber nun doch, gewissermaßen dazu genötigt, der Sache ihren baldigen Ausgang.

Cäcilia beredete gleich ihren Vater und ihre Mutter zu einer Wallfahrt nach Loretto. Von ihren Brüdern war einer zu Corfu, und der andre blieb zu Hause. Und so brachen wir denn in der Geschwindigkeit zusammen auf. Sie nahm ihr Söhnchen mit, einen kleinen Engel. Wie ein Vogel, der dem neuen Frühling zueilt, war alles an ihr.

„O unsern Ardinghello muß ich doch auch gleich sehen!" hieß es zu Florenz. Das Gerücht war schon in der Stadt, daß er einen jungen Anverwandten des Papsts ermordet, und sich darauf aus dem Staube gemacht habe. Ich sagte es ihr geradezu, damit sie bei keinem andern durch ihre Leidenschaft Verdacht erregte. „O Gott!" war ihr Wort; und blaß wie eine Lilie, und verstummend begab sie sich beiseite. Ihre Eltern befürchteten darauf, sie habe die Krankheit. Sie litt Todesqualen, als sie ferner erfuhr: die That sei um Mitternacht vor dem Palaste der Fiordimona geschehen. Die Unglückliche liebte ihn wahrhaftig und von Grund der Seele.

Sonderbarerweise hielt sich in demselben Gasthofe Fulvia mit ihrem Gemahl auf; sie hatten Genua wegen der bürgerlichen Unruhen verlassen, worin schon verschiedne Edle dort ihr Leben einbüßten. Ein allgemeines Strafgericht schien wirklich über Italien nach dem Ausspruch der Gottesgelehrten wegen seiner Sünden und Bosheiten verhängt. Auch sie führte ihr Söhnchen, das sie aus voller mütterlicher Liebe selbst säugte, bei sich. Eine wahrhafte Bacchantinfigur, wie von einem griechischen Basrelief, oder einer alten Gemme weg ins wirkliche Leben gezaubert! Die Glut schlug

29. Fulvia, eine im zweiten Teile auftretende junge Genuesin, in Ardinghello verliebt.

aus ihren schwarzen Augen, und ihre Lippen schienen berauscht zu dürsten. Auch sie mußte das Gerücht von Ardinghello erfahren haben. Doch lief dabei noch ein andres herum: der Kardinal, Bruder des Großherzogs, habe den Anverwandten des Papsts ermordet, und nicht Ardinghello. Dieser sei entwichen vermutlich, um nicht in Verhaft genommen zu werden, und die Schuld für den mächtigen Kardinal zu büßen. So schwebten wir zwischen Furcht und Hoffnung.

Fulvia machte sich nach Rom auf, obgleich vor kurzem erst aus dem Kindbette, und von der von Genua nach Florenz gemachten Reise ermüdet; und wir bald ihr nach, um an die Quelle zu gelangen. Ich ging gleich zu Demetrin, welcher von nichts weiter etwas wissen wollte, als was jedermann sagte; ob ich ihm gleich meine Freundschaft mit Ardinghellon aus deutlichen Proben anzeigte. So schlau und sicher betrug er sich. Auch glaube ich, daß Ardinghellos Tante der ganzen Begebenheit kundig war; aber beide liebten ihn wie sich selbst, und bei solchen Gefahren kann man nicht genug behutsam sein.

In Rom erfuhren wir noch, daß der Kardinal sich dieselbe Nacht, wo der Anverwandte des Papsts sei ermordet worden, die Hände und Arme von zwei der geschicktesten Chirurgen habe verbinden lassen, die ihm mit starken Wunden wären verhauen gewesen. Tags darauf habe er und Fiordimona Wache vor ihre Zimmer bekommen, seien aber bald wieder davon befreit worden; nur hätte der Papst ohne weitere Untersuchung Fiordimona von Rom verbannt und auf ihre Güter verwiesen. Die Sache läge so vertuscht, und man laure Ardinghellon doch als dem Thäter auf, und habe Kundschafter aller Orten nach ihm ausgesandt.

Gewissere Nachricht konnten wir nicht erhalten. Wir reisten von Rom ab nach Loretto, und hielten uns Sommer und Herbst in den Gebirgen des Apennin auf; Cäcilia und ich mit tiefer Trauer in der Seele, daß der Kardinal unsern Liebling heimlich möchte aus dem Wege geräumt haben. Nach und nach wurden wir vertrauter über diesen Punkt, sie gestand mir endlich von selbst ihre Leidenschaft und faßte Mut auf meine tiefe Treue, weinte wie ein Kind über ihre unseligen Schicksale, und daß sie endlich hatte, wo sie ihr angeschwollnes Herz erleichtern konnte. So

12. Demetri, ein griechischer Gelehrter, Ardinghellos Freund.

umschlang uns beide das Band einer vertrauten und innigen Freundschaft.

Endlich im November erst empfing ich einen Brief von diesem, der schon im August geschrieben, aber von Demetri oder seiner Tante — denn von der letztern kam er zu mir — verspätet worden war. Mir dünkte, als ob ich von einem fürchterlichen Traum erwachte, und den Glanz der Morgenröte schaute, als ich die Züge seiner Hand erblickte.

Brindisi, August.

Meine widerwärtigen Schicksale erheben mich mehr, als daß sie mich niederschlagen sollten; je stärker der Widerstand, desto gedrungner und geschwellter regt sich alles in mir. Ich glaubte schon in Genuß und Ruhe zu sein, und jetzt erst beginnen meine Arbeiten. Ich sehe in ein neues Leben hin, und das hohe Getümmel ergreift meine Sinne. Gut, daß ich nicht wie ein Kind hineinkomme! Das Leben des Jünglings ist Liebe; das Leben des Mannes Verstand und That.

Ach, daß ich dich nicht noch einmal sprechen durfte! Wir kamen bei Nacht zu Rom an; ich schickte Hälen mit meinen Pferden voraus, und wollte mit Fiordimonen auf ihr Gut alle Vene nachfahren, um uns dort zu vermählen. Sie hatte deswegen in der Stadt verschiednes zu besorgen und mitzunehmen; aber es ist alles nun zerstört und zerrissen. Ich versteckte mich drei oder vier Tage bei Demetrin, damit mich der Kardinal nicht wittern möchte; sie hatte mir manches erzählt, wie er sie mit seiner Liebe verfolgte, und daß sie ihn nicht leiden könnte.

Die zweite Nacht kam ein fürchterliches Donnerwetter ohne Regen über Rom, und es schmetterte Schlag auf Schlag, als ob alles untergehen sollte. Statt daß ich sonst große Freude an diesen Naturbegebenheiten habe und mich daran nicht satt hören und sehen kann, wurde mir diesmal selbst bang im Herzen. Der Mensch ist ein sonderbares Wesen und voller dunkeln Gefühle, die kein Philosoph aufklärt; es war gewiß Ahnung dessen, was mir bevorstand. Ich warf meinen Mantel um mich, und nahm den bloßen Degen auf alle Gefahr unter den Arm, und ging fort, um Fiordimonen in der schrecklichen Nacht nicht allein zu lassen;

in ihrem Palaste waren den Sommer über nur ein paar alte Bediente und Frauen zurückgeblieben. Sie hatte mir den Schlüssel zu einer Seitenthür gegeben. Ich eilte, und ging oft wieder langsam, und hielt den Schritt ein. Endlich kam ich in das kleine Gäßchen an den Garten, wo ihr Schlafzimmer ist, und wurde plötzlich angefallen mit einem Dolchstoß in die Seite. Ich sprang zurück, Blitze machten die Finsternis hell und zum Tage, erblickte den Mörder, der mir nicht ausweichen konnte. Er rennte noch einmal auf mich zu, mich zu unterlaufen: und ich stieß ihn auf der Stelle nieder. Bei diesem allen wurde kein Wort ausgesprochen, indes der Donner um uns brüllte, daß die Erde dröhnte.

Kaum war dies vorbei, und ich im Begriff, den Leichnam wegzuschleppen, so tritt eine andre verkappte Gestalt auf, und setzt mit Tigersprüngen auf mich ein, daß ich mit Not den Augenblick erhasche, mich zur Wehre zu stellen. „Vermaledeite Brut!“ hörte ich die Stimme meines Kardinals, der in die vorgehaltene Klinge mit der Brust lief, die ich bepanzert fühlte. Erstaunt und erschrocken über alle die Folgen that ich nichts, als ihn von mir abhalten, gebrauchte meine ganze Stärke, und war bald so glücklich, daß ich ihm den Degen herausschlug, hieb ihn auf die Hände, womit er in Raserei mein Gewehr fassen wollte, schonte sein Leben, und lief dann davon, und durch Nebenwege wieder zu Demetrin.

Diesem erzählte ich gleich, was geschehen war, und vertraute ihm das hauptsächlichste meiner Geschichte mit Fiordimonen; und sein großer edler Charakter erhielt hier Gelegenheit, sich zu zeigen. Er verbarg mich unerforschlich, und half mir die folgende Nacht fort, nachdem wir erfuhren, daß der Ermordete, den wir zuerst für einen Banditen hielten, selbst Vetter des Papstes, der jüngere B**** sei. Auch dieser war wütend in Fiordimonen verliebt, ob sie mir gleich nie etwas von ihm gesagt hat. Meine Wunde ging nur gestreift über die Rippen weg; das Stichblatt vom Degen im Arm hielt den Stoß auf, und wir brauchten dazu keinen Chirurgen. Tolomei verkleidete sich mit mir in einen Franziskaner; und so sind wir die pontinischen Sümpfe zu Fuß durch, und von Capua durch Kalabrien nach Brindisi. Heroen, echte wie Theseus und Peirithoos, wie Orestes und Pylades, Demetri und er. O der Mensch kann groß sein in jedem Zeitalter, und das Edle in seiner Natur bleibt immer irgendwo noch auf Erdboden!

Fiordimona dauert mich; was kann das Feuer dafür, daß

es brennt? Demetri hat kurze Nachricht vom fernern Erfolg an Tolomein nach Brindisi gegeben, unter andern Dingen, die er ihm meldete, dies wie im Vorbeigehen, wenn ungefähr der Brief sollte aufgefangen werden: Sie und der Kardinal haben des Mordes wegen Arrest bekommen. Um alles noch zu thun, was ich kann, habe ich selbst an den heiligen Vater geschrieben, und an den Großherzog, und noch an den Kardinal; und ihnen allen die Natürlichkeit und Notwendigkeit der Begebenheit, und meine Unschuld vorgestellt.

Und nun denn hinein in die Wasserwelt; o wie klopft mir das Herz! O Vaterland, Vaterland, daß ich dich in Ketten und Banden sehen muß und von dir scheiden! Lebewohl, schönes Italien, lebewohl! lebewohl, Venedig, Genua und Rom! O du warst es wert, stolzes Land, vor allen andern einmal die Herrschaft über die Welt zu haben!

Umarme und küsse Cäcilien statt meiner; das himmlische Geschöpf wird an keines andern Brust besser aufgehoben und glücklicher sein, als an der meines Freundes. Befürchtet keine Sünde; der größte der Halbgötter gab Jolen mit der empfangenen Frucht seiner Liebe seinem eignen Sohn zur Gattin. Lucinde, du allein brennst mich auf dem Herzen; aber ich will alle Verfolgungen des erzürnten Himmels dulden, wenn ich's büßen kann.

Lebt wohl ihr Höhen des Apennin und ihr entzückenden Thäler! Leb' wohl du königlicher Po, und du Tiber und Arno! ach, und ihr klaren Quellen des Clitumnus! Ein günstiger Wind schwellt die Segel, und ich fliege Jonien entgegen. Ich reiße mich von eurem Herzen, o all ihr Lieben, um eurer würdig zu sein.

Ardinghello.

Fiordimona war leider an allem schuld; sie mochte nun erkennen, wohin ihr schönes System führe. Sie hatte vermutlich erst dem Neffen des Papsts Gehör gegeben, und hatte dann dem Kardinal Gehör gegeben, und suchte beide los zu werden, wie sie Ardinghello mit ganz andrer Lust und Freude, und Schönheit und Inbrunst an sich fesselte; und dieser ließ sich in jugendlichem Taumel von ihren überschwenglichen Reizen fangen. Die verwegne Reise

19. der größte der Halbgötter, Herakles. — 20. Lucinde, Freundin der Fulvia, von Ardinghello geliebt.

nach Neapel machte sie wahrscheinlich deswegen, um die erstern ganz von sich abzubringen, welche vielleicht auch den Weg zu den Quellen des Clitumnus wußten, und den Ardinghello in aller möglichen Lust ungestört zu genießen. Ein Weib kann seine Natur nicht verleugnen: sie kam den folgenden Winter mit Zwillingen von beiderlei Geschlecht nieder; und fand es doch ihrem Stande gemäß, den Vater derselben als Gemahl zu besitzen.

Die Mohrin mußte unter den heftigsten Drohungen ohne Zweifel dem Kardinal ihre Reise mit Ardinghellon anzeigen, konnte aber nicht sagen, wohin. Und zu Rom und alle Bene wurde voll Rache auf ihre Zurückkunft gelauert. In der Leidenschaft hatte das zärtliche Paar seine Maßregeln nicht behutsam genug genommen.

Ardinghello wurde allgemein bedauert; und auch Fiordimonen tadelte man nicht sehr; sie machten mit einander das vollkommenste Paar aus, das man weit und breit hätte finden können. Das Verständnis der letztern mit dem Neffen und dem Kardinal ließ sich durch den Ausgang nur mutmaßen, und blieb außerdem im Verborgnen; ihre seltne Schönheit, und hohe Naturgaben, und Reichtümer sprachen übrigens für sie, und das Geschwätz der Weiber hielt man für Neid und gewöhnliche Lästerung. Jeder Triumph hat seine Schmählieder vom Pöbel hinterdrein; dies ist in der Natur. Der Mann im Purpurhute schwieg hierüber weislich, und sagte nicht mehr, als was er sagen mußte, ins Ohr dem Richter. Ich habe hernach in lauter neuem Vergnügen vergessen, sie hierüber auszuforschen.

Von den Gütern des Ardinghello wurde nichts eingezogen, der Kardinal mußte es doch groß finden, daß er sein Leben schonte, da er es in seiner Gewalt hatte; und seine Tante übernahm deren Verwaltung, als Schwester seines Vaters. Sie verkaufte einen Teil davon und tilgte die Schulden; der Edle hatte manchem Mann von Talent aus der Not geholfen und in eine bequemere Verfassung gesetzt, welches nun bekannt wurde.

Erst den Frühling darauf erhielt ich wieder kurze Nachricht von ihm; ein Brief war unterdessen mit einem venezianischen Schiffe verloren gegangen, das im Sturm bei Corfu scheiterte.

Im Hafen zu Scio, Mai.

All mein Wesen ist Genuß und Wirksamkeit; heiter der Kopf, immer voll heller Gedanken, reizender Bilder und bezaubernder Aussichten, und das Herz schlägt mir wie einer jungen Bacchantin im ersten ganz freien Liebestaumel.

Diagoras durchstreift mit mir den Archipelagus, damit ich jeden gefährlichen Paß und alle Häfen kenne. Von Smyrna sind wir ausgelaufen, den langen Golfo durch, nach Mytilene, Tenedos, an den Dardanellen herum, nach Stalimene, dem herrlichen Posten Skyros, und von hier ferner in jeden guten Hafen der Cykladen. Jetzt sind wir an den Küsten von Asien, und werden bis Rhodos, in den Golfo von Makri segeln, und von dort nach Ägypten. Die Arbeit wird mir leicht; denn er hat von seinem Alten die trefflichsten Karten, woran wir wenig verbessern können.

Überall weiß mein edler Führer, wo die neuern Helenen, Aspasien und Phrynen stecken, und hat mit mancher schon in Korsarenehe gelebt; Liebesgötter umgaukeln uns, so oft wir einlaufen.

Demetri hat einen glücklichen Geburtsort gehabt. Scio ist die schönste Stadt aller griechischen Inseln; und die Rebenhügel und Thäler und Gärten zwischen den Gebirgen im Innern des Landes, mit ihren Pomeranzen-, Citronen- und Granatenhainen von klaren herabstürzenden Bächen erfrischt und belebt, sind entzückend und bezaubernd.

Jedoch so schön ist alles, wie du längst weißt, unter diesem seligen Himmel; fast immerwährender Frühling, und für die Sommerhitze kühle Nächte; dichte Schatten, spielende Seelüfte, Menge von Quellen, und Überfluß an gesunden und erquickenden Früchten.

Paradies der Welt, Archipelagus, Morea, Karien und Jonien, o daß ich würdig werde, eurer ganz zu genießen!

Die Griechen sind noch immer an Gehalt und Schönheit die ersten Menschen auf dem Erdboden; ihre Liebe zur Freiheit, und ihr Haß gegen alle Art von Unterdrückung noch ebenso, wie bei den Alten. Sobald sie nur ein wenig Luft bekommen von der ungeheuern Masse des Schicksals, die sie drückt, wie regt sich alles, und ist Leben und Feuer! Und wie halten sie an, wie blitzschnell durchdringt ihr Verstand bei Gefahr, übersicht das Ganze, und

1. Scio, das alte Chios. — 6. Diagoras, ein Grieche, dem Ardinghello das Leben gerettet hatte. — 17. Korsarenehe, ist in den griechischen Häfen so im Gebrauch, wie bei den Engländern die Soldatenehe. Anm. d. Verf.

schlägt den rechten Weg ein! Die Mainotten auf den Gebirgen von Sparta sind noch nie bezwungen worden, sie und Montenegriner, Illyrier und Karier Helden, wie ihre Urväter bei Platäa.

Kunst und mildere Sitten sind nur Ausbildung, und machen weder eigentlichen Kern noch Genuß aus.

Und der Hang zur Freude, zur Lust, zu Gesang und Tanz, wie klopft er dennoch ebenso in ihren Adern! und wie mächtig das Gefühl für Schönheit!

O du und Cäcilia, ihr meine Geliebten, eilt hervor aus euern Sümpfen! Ardinghello.

Im Herbste schrieb er mir von Sicilien aus, in dessen Gewässern er herumkreuzte und reiche Beute machte. „Am Fuß der Säule des Himmels, des stürmischen Ätna, aus dessen hohlen Eingeweiden die lautersten Quellen unergründlichen Feuers geworfen werden."

Ulazal, der berühmte Kalabreser, das Schrecken der mittelländischen See, welcher die türkische Flotte anführte, und nun verschiedene Mal die Spanier schlug, hatte ihn mit Freuden aufgenommen. Er that sich bald hervor durch Verstand und Tapferkeit; bekam alsdann eine Galeere unter seine Befehle, worin meistens italienische Renegaten und Griechen dienten; und es wurde durch Vermittlung des Diagoras, des Sohns vom Admiral, so unter der Decke getrieben, daß er nicht einmal seinen Glauben abschwören durfte, und man dies für geschehen annahm. Er und dieser junge Held, sein Todesbundesfreund, streiften nun jeder mit einem kleinen Geschwader als raublüsterne Adler an den Küsten von Kalabrien, Sicilien und Spanien herum.

Den Winter darauf machten sie den Anfang mit Ausführung eines der kühnsten und feinsten Pläne. Der alte Ulazal, und besonders sein Sohn, galten alles bei dem jungen Sultan Amurath. Diese begehrten die Inseln Paros und Naxos, um eine italienische Kolonie hier anzulegen. Beide waren durch Krieg schier unbewohnt geblieben. Die wenig übrigen Griechen wollte man reichlich wegen ihrer Besitzungen entschädigen und an andre Örter verpflanzen, und zwar deswegen, weil die Abkömmlinge ihre eigne Religion auszuüben verlangten, und damit weder stören, noch darin gestört sein wollten. Es wären in diesem Jahrhundert mancherlei Sekten unter den Christen entstanden, die sich einander bis aufs

15. Ulazal, der natürliche Vater des Diagoras.

Blut haßten und verfolgten; unter andern eine, die sich Todesleugner nennten, und glaubten, daß die Natur ein ewiger Quell von Leben, und der Trieb alles Daseins Freude sei; deren Meinungen mit der Lehre Mahomeds in wesentlichen Punkten übereinkämen. Zu dieser hielten sich die edelsten und reichsten Jünglinge und Frauenzimmer, und hofften am ersten unter seiner Herrschaft Schutz.

Ein Held aus ihnen, einer von ihren Anführern, habe flüchten müssen, diene bei ihnen, und verrichte seinen Grundsätzen gemäß die tapfersten Thaten. Eine Menge würde diesem nachfolgen, wenn sie Sicherheit für ihre Personen und ihr Eigentum wüßten. Der große Vorteil für sein Reich dabei wäre augenscheinlich; außerdem dürften wohl wenige Muselmänner an Feuer im Gefecht gegen die sogenannten Orthodoxen ihnen gleichkommen.

Amurath wollte den Ardinghello sehen.

Dieser trat auf in männlicher Jugend und Schönheit, kühn, als ob er selbst ein Sultan wäre, und gefällig, wie vor einer Semiramis. Sie sprachen Neugriechisch mit einander, und Amurath blieb von ihm bezaubert; sie waren schier von gleichem Alter, und Ardinghello schmeichelte lieblich und mächtig seiner geheimsten Denkungsart.

Sie erhielten, was sie wollten.

Ardinghello schrieb gleich an Demetrin, den er bei seiner Schwäche faßte. Jeder Mensch, auch der festeste Charakter, hat seinen Grad von Schwärmerei; die reinste Vernunft, sowie die geringste Insektenseele, ihre Ebbe und Flut unter dem Mond. Er sandte geheime sichre Werber aus nach Venedig, Genua, Florenz mit starken Summen zu Reisegeldern. Er kannte die vortrefflichste Jugend in allen diesen Städten; und sein Name schon allein war genug Verführung.

Den neuen Frühling bewegte sich alles in den lustigen Inseln. Sie befestigten zuerst die Häfen von Paros, und machten besonders den Hafen Nausa, wo die größten Flotten sicher liegen, ganz unüberwindlich. Demetri kam bald mit zwei Schiffen voll jungen tapfern Römern und blühenden Römerinnen in den zauberischen Gegenden seiner Geburt an; und Künstlern, Architekten und Bildhauern, Malern, äußerst mißvergnügt vorher über ihren Lebenswandel; und hatte seinen Abzug mit wunderbarer Klugheit bewerkstelligt.

Sie brachen Marmor in den reichen Gängen des Bergs Kapresso zu Tempeln, öffentlichen Palästen und Versammlungshallen; das alte Athen unter dem Perikles schien wieder aufzuleben. Und es lebte wirklich und verklärt auf. Nach Vertrag und Übereinkunft mit dem Ardinghello und Diagoras predigte Demetri erst insgeheim Auserwählten seine neue Religion; die meisten andern fielen hernach diesen bald bei, und endlich alle. Tolomei that Wunder mit seiner Schönheit und einschmeichelnden Zunge. Wir waren meistens lauter unbefangne Jugend.

Ein neues Pantheon wurde der Natur aufgeführt; ein Tempel der Sonne und den Gestirnen; ein Tempel der Erde; ein Tempel der Luft, und einer auf einem Vorgebirg in die See hin thronend dem Vater Neptun; und dann noch ein Labyrinth angelegt von Cedern und Eichen zur künftigen schauervollen Nacht für Zweifler dem unbekannten Gotte. Der Tempel der Erde, der Tempel der Luft, und das Labyrinth kamen nach Naxos; der Tempel der Erde in ein entzückendes Thal.

Während der Zeit hatte Fiordimona den größten Teil ihrer Güter zu Gelde gemacht, und überraschte mit einem kleinen Kastor und einer kleinen Helena den glücklichen Ardinghello; sie ward von der Coimbra begleitet, die sich mit List und Gewalt zu Neapel mit ihr einschiffte, und einer auserlesenen Schar.

Ich konnte Cäcilien nicht länger widerstehen, ihrem Gram und Kummer. Sie schien dieselbe nicht mehr, die sie bei den großen Scenen ihres Lebens war; aber eben dies machte sie mir immer liebenswürdiger. Nach dem Tode meiner Braut und unsrer Reise glaubte man in Venedig allgemein bei unserm vertrauten Umgange, und selbst ihre Brüder und Eltern, daß wir uns bald vermählen würden. Sie verkaufte unter allerlei Vorwand ihre reichsten Güter; wir segelten, wie zu einer Lustreise, aus der alten Residenz des heiligen Markus nach Ankona; schifften uns dort ein nach Smyrna, und kamen auch an. Welch ein Auftritt, Ardinghello, sie und ich! So hat die Freude ihren Nektarrausch noch in wenig Herzen ergossen.

Alles ging nach Wunsch; nur Fulvia war unglücklich. Sie flüchtete auf einem Schiffe Genueser, dem man nachsetzte. Es kam bei dem Golfo von Tarent zu einem mörderlichen Gefechte, wo sie die volle Ladung eines Mörsers traf, und in Trümmern zerfleischte. Die jungen Helden schlugen sich jedoch durch, und langten an; und brachten zugleich die Nachricht: Lucinde sei zu Lissabon, vermählt mit dem Florio Branca, welchen der König zum obersten Admiral seiner ganzen Schiffahrt gemacht habe.

Gabriotto band dem Ardinghello nichts auf, als er ihm erzählte, ein portugiesischer Prinz sei der wahre Vater von Lucinden. Dieser war vor kurzem auf den Thron gestiegen, und ließ nun die provenzalische Frucht seiner Liebe aufsuchen, weil er mit seiner Gemahlin ohne Kinder blieb. Und Lucinde kam schon vorher in der klösterlichen Einsamkeit wieder zu sich von ihrer Leidenschaft, wofür sie genug gebüßt hatte, und ließ ihren wohl größtenteils verstellten Wahnsinn. Sie ward wie im Triumph mit einem prächtigen Schiff unter Bedeckung von andern abgeholt. Die Großen des Reichs lagen der himmlischen Schönheit bald zu Füßen; aber das edle Herz wählte seine erste Liebe.

Ihre Ehe war äußerst glücklich; sie zeugten viel Söhne und Töchter, von welchen jene der Vater zu Helden bildete, und diese die Mutter durch ihr unvergleichliches Beispiel zu trefflichen Wirtschafterinnen und frommen, zärtlichen und keuschen Frauen.

Ardinghellon war ein andres Los beschieden, eine andre Glückseligkeit, von mancherlei Stürmen und Gefahren durchwütet.

Mazzuolo brachte mit einem starken Trupp Florentinern Emilie noch in seine Arme, und er schien für jetzt Mahomed im Paradiese bei lebendigem Leibe.

Demetri ward zum Hohenpriester der Natur von allen einmütig erwählt. Ardinghello zum Priester der Sonne und der Gestirne; Diagoras zum Priester des Meers. Fiordimona zur Priesterin der Erde; und Cäcilie zur Priesterin der Luft. Coimbra und ich pflegten und warteten das Labyrinth.

Demetri und Ardinghello und Fiordimona setzten Gesänge auf aus dem Moses, Hiob, den Psalmen, dem Hohenlied und dem göttlichen Prediger; und aus dem Homer, dem Plato, und den Chören der tragischen Dichter, und ihrer eignen Begeisterung im Italienischen für sich und die andern Priester und Priesterinnen und die Gemeinde; und erfanden heilige Gewänder in echter alter ionischer Grazie und Schönheit. Und die Feierlichkeiten ergriffen bei dem Reize für Aug und Ohr noch mit den starken Bildern aus wirklicher Natur den ganzen Menschen, daß alle Nerven harmonisch dröhnten wie Saiten, von Meistern gespielt, auf wohlklingenden Instrumenten. Alles leere Pöbelblendwerk ward verworfen, und wir wandelten in lauter Leben.

Darauf richteten wir unsre Staatsverfassung ein nach Rom und Griechenland, und studierten fleißig dabei die Republik des Lykurg, des Plato, die Politik des Aristoteles, und den Fürsten vom Machiavell, um uns vor diesem zu bewahren. Platons doppelten Bürgerstand, wo die eine Klasse die Ehrenstellen haben, und die andre den Ackerbau treiben soll, vermieden wir weislich; behielten aber die Gemeinschaft der Güter gegen den Aristoteles. Der Haufen Übel, den wir dadurch verbannten, war allzugroß; und der scharfsinnige Prüfer aller zu seiner Zeit bekannten Republiken schien uns hierin die Vorurteile der Erziehung nicht genug abgelegt zu haben. Inzwischen fand noch immer Eigentum statt, nämlich öffentliche Belohnungen; und jedem blieb, was er mit sich brachte, bis ans Ende seiner Tage.

Ferner waren die Weiber nach dem erhabnen Schüler des Sokrates, jedoch auch nur gewissermaßen, gemeinschaftlich, und so die Männer; das ist: jedes hatte völlige Freiheit seiner Person; und alle Gewaltthätigkeit wurde hart bestraft. Für gute Ordnung war dabei wohl gesorgt; Männer und Weiber wohnten von einander abgesondert. Den Weibern und Kindern überließen wir ganz Naxos, die schönste Perle aller Inseln, von den Alten schon wegen ihrer Fruchtbarkeit und Lieblichkeit das kleine Sicilien genannt. Ihr Wein und ihre Früchte haben an Köstlichkeit ihresgleichen nicht auf dem weiten Erdboden, schade nur, daß sich jener nicht verführen, nicht einmal auf die See bringen läßt, ohne sogleich zu verderben. Wahrer Nektar, dem Himmel unentwendbar! Alles schien für uns, von der Natur selbst, schon vorher bereitet. Naxos hatte keinen Hafen für Schiffe, nur die Barken der Verliebten können anlanden: hingegen Paros deren fünf, rundum einen immer schöner als den andern.

Für die Jugend, bevor sie mannbar ward, hatte man noch andre Einrichtungen getroffen.

Auch die Weiber hatten Stimmen bei den allgemeinen Geschäften, und wurden nicht als bloße Sklavinnen behandelt; doch nur zehn Prozent in Vergleich mit den Männern. Fiordimona, die unbegreiflich allein — wer kann des Menschen Charakter fassen? — dem Ardinghello treu blieb, hatte dies durchgesetzt; wie noch andres Amazonenhafte für ihr Geschlecht, daß sie zum Beispiel auch Schiffe ausrüsteten und auf Streifereien ausliefen. Sie waren Mitglieder vom Staate, obgleich die schwächern; und ihnen blieb das Recht, gut oder nicht gut zu heißen, besonders was sie selbst betraf. Übrigens war immer der Hauptunterschied, daß die Männer erwarben, und sie bewahrten.

So schwang die Liebe in allerhöchster Freiheit ihre Flügel; jedes beeiferte sich, schön und liebenswürdig zu sein, und konnte sich weder auf Geld und Gut, noch Pflicht und Schuldigkeit verlassen. Was die Bevölkerung betraf, wollten wir uns in der Folge nach dem Spartaner richten, von welchem die erstaunte Priesterin zu Delphi nicht wußte, ob sie ihn als Sterblichen oder Gott begrüßen sollte; die Kinder gehörten dem Staate, und der Tod dünkte uns bei weitem nicht das größte Übel.

Kurz, wir vermieden alle die Unbequemlichkeiten, die Aristoteles, und zum Teil schon Aristophanes in seiner weiblichen Volksversammlung bei solchen Einrichtungen berühren.

Um jeden Tempel, auf Bergen und Anhöhen, mit den Aussichten auf die reizenden Inseln umher, war ein schöner Hain gepflanzt, bestimmt noch außer Festen zur Erziehung der Jugend. Nebenan führte man nach und nach Gymnasien auf. Wir hielten die Übung des Körpers für die Hauptsache, welcher alsdann die Bildung des Geistes durch zweckvollen Unterricht und im Umgange leicht nachfolgt. Alle Tugenden und Künste müssen sich allemal nach dem gegenwärtigen Staate richten, wenn sie wirken und Nutzen bringen sollen; oder überhaupt, jede Tugend nach der Person.

Binnen wenig Jahren hatten wir schon alle Cykladen im Besitz, und starken Einfluß auf dem festen Lande. Bei den Griechen, fast durchgehends heitern Sinnes, rotteten wir in gesellschaftlichen Gesprächen bald den Aberglauben aus, und verschafften ihren Geistlichen auf anständigere Weise Unterhalt. Die Türken, die sich um uns, mitten im Meer, wenig bekümmerten, ließen wir in der Meinung, die verschiednen Tempel seien nur für verschiedne christliche Heiligen; als für den Heiligen des Feuers, der Wasser, der Lüfte. Überhaupt herrschte über diesen Punkt, die Fortpflanzung, und andre bei uns unerhörte Verschwiegenheit; wir schienen durchaus ein Orden dieser Tugend. Auf allen Fall hielten wir uns des Schutzes vom Sultan für versichert.

Wir machten uns die gesellschaftlichen Bürden so leicht wie möglich zu ertragen, und genossen alle Wonne dieses Lebens unter dem milden Himmelsstrich bei den ersprießlichen und allgemein beliebten Gesetzen; und das Ganze fügte sich immer lebendiger zusammen, und wuchs zur reifen Schönheit durch neue auserwählte

10 f. Aristophanes in seiner weiblichen Volksversammlung, in den „Ekklesiazusen", d. i. den Volksversammlung haltenden Frauen.

Ankömmlinge, worunter sich die schönste und heldenmütigste griechische Jugend aus beiderlei Geschlecht befand, die wir mit Behutsamkeit in unsern Geheimnissen einweihten. Kriegerische Schiffahrt, und Handlung zwischen Kleinasien, dem schwarzen Meer und den westlichen Ländern, und höchste Freiheit, süßes Ergötzen und frohe Geschäftigkeit im Innern, darauf zweckte alles; durch jene erhielten wir Sicherheit, und verdienten Schutz; und durch beides gewannen wir Sklaven und Sklavinnen und Überfluß an allen Bequemlichkeiten. Bei aller dieser Seligkeit glaube ich jedoch, daß auf dem ganzen Erdboden kein andrer Platz war, wo man sich so wenig vor dem Tode scheute.

Jeden Frühling war allgemeine Versammlung, worin wir die nötigen neuen Einrichtungen oder Abänderungen für das ganze Jahr trafen; sie wurde mit feierlichen Spielen und Lustbarkeiten beschlossen.

Kurz, wir kamen bei einander, so verschieden auch mancher vorher dachte, in folgenden Grundbegriffen überein: Kraft zu genießen, oder welches einerlei ist, Bedürfnis, giebt jedem Dinge sein Recht; und Stärke und Verstand, Glück und Schönheit den Besitz. Deswegen ist der Stand der Natur ein Stand des Krieges. Das Interesse aller, die sich in eine Gesellschaft vereinigen, bildet darauf Ordnung, stiftet Gesetze und innerlichen Frieden; alles richtet sich dabei, wie bei jedem andern lebendigen Ganzen, immer nach den Umständen.

Der beste Staat ist, wo alle vollkommne Menschen und Bürger sind; und diesem folgt, wo die meisten es sind. Hier wird kein Nero gedeihen! Derjenige Mensch und Bürger ist vollkommen, welcher seine und seines Staats Rechte kennt und ausübt.

Jedes hat fürs erste das Bedürfnis zu essen, zu trinken, mit Kleidung und Wohnung sich zu schützen und zu sichern, die Wahrheit von dem Notwendigen einzusehen, und wenn es mannbar ist, das der Liebe zu pflegen. Vermag es nicht, sich dieses friedlich zu verschaffen, so darf es dazu die äußersten Mittel brauchen; denn ohne dasselbe erhält es weder sich, noch sein Geschlecht.

Auf gleiche Weise geht es hernach mit den Bequemlichkeiten und Freuden des Lebens. Ein armer schwacher Staat mag sich an dem ersten rohen begnügen; allein dieses ist zur Glückseligkeit nicht hinlänglich. Der starke und tapfre hat zu mehrerm recht, eben weil er weitre Bedürfnisse hat. Das beste Instrument gehört dem besten Virtuosen; das königliche Roß dem mutigsten und geübtesten Bereiter. Land für Themistoklesse und Scipionen, für Praxitelesse und Horaze, keinen Mönchen und Barbaren.

Wirkliche (nicht bloß eingebildete und erträumte) Glückseligkeit besteht allezeit in einem unzertrennlichen Drei: in Kraft zu genießen, Gegenstand und Genuß. Regierung und Erziehung soll jedes verschaffen, verstärken und verschönern.

Der Krieg richtet greuliche Verwüstungen an, es ist wahr; bringt aber auch die wohlthätigsten Früchte hervor. Er gleicht dem Elemente des Feuers. Es ist nichts, was den Menschen so zur Vollkommenheit treibt, deren er fähig ist. Das goldne Jahrhundert der Griechen kam nach den Schlachten gegen die Perser. Das goldne Jahrhundert der Römer war mitten unter ihren Bürgerkriegen, und ihr Geist fing an zu erschlaffen bei dem langen Frieden unter Augusten. Florenz ragt in den neuern Zeiten hervor bei innerlichem Tumult und Aufruhr.

Die höchste Weisheit der Schöpfung ist vielleicht, daß alles in der Natur seine Feinde hat; dies regt das Leben auf! Sterben ist nur ein scheinbares Aufhören, und kömmt beim Ganzen wenig in Betrachtung. Alles, was atmet, und wenn es auch Nestor wird, ist ohnedies in einer kurzen Reihe von Tagen nicht mehr dasselbe.

Ruhe und Friede ist ein herrlicher Stand zu genießen und sich zu sammeln; aber der Mensch, ohne gereizt zu werden, träge, versinkt dabei in Unthätigkeit. Besser, daß immer etwas da ist, das ihn aus seinem Schlummer weckt. Wir sollen einander bekriegen, weil kein höheres Geschöpf es kann.

Was das ganze menschliche Geschlecht betrifft, durch Meere und Gebirge und Klima, durch Sitten und Sprachen abgesondert, welcher Kopf will es in Ordnung bringen? Die Natur scheint ewig wie ein Kind in das Mannigfaltige verliebt, und will zu jeder Zeit deswegen rund um die Erdkugel Scythen, Perser, Athen und Sparta.

Das besondre Geheimnis unsrer Staatsverfassung, welches nur denen anvertraut ward, die sich durch Heldenthaten und großen Verstand ausgezeichnet hatten, bestand darin: der ganzen Regierung der Türken in diesem heitern Klima ein Ende zu machen und die Menschheit wieder zu ihrer Würde zu erheben. Doch vereitelte dies nach seligem Zeitraum das unerbittliche Schicksal.

Karl Philipp Moritz.

—

Karl Philipp Moritz.

Einleitung.

Karl Philipp Moritz wurde den 15. September 1757 zu Hameln geboren. Seine Eltern waren arm, und er sollte das Gewerbe eines Hutmachers erlernen. Nachdem er vor Ablauf der Lehrzeit hiervon abgegangen, gelang es ihm durch Unterstützungen verschiedener Gönner, in Hannover eine gelehrte Schule zu besuchen. In Erfurt begann er das Studium der Theologie, brach es aber ab, um in Leipzig Schauspieler zu werden. Als dies sich unmöglich erwies, gab er es auch wieder auf, trat in die Brüdergemeinde zu Barby ein, studierte zwei Jahre in Wittenberg, begab sich zu dem pädagogischen Kraftgenie Basedow in Dessau und wurde 1778 Lehrer an dem großen Waisenhause in Potsdam. Sein Wunsch, Pfarrer zu werden, ging nicht in Erfüllung, doch erhielt er eine Lehrerstelle am Gymnasium zum Grauen Kloster. 1781 von einer Reise nach England zurückgekehrt, erhielt er eine „außerordentliche Professur" am vereinigten Cölnischen und Grauen-Kloster-Gymnasium. Doch legte er diese Stelle nach zwei Jahren nieder, begab sich nach Italien, kehrte 1788 zurück und verlebte den Winter 1788—89 bei Goethe in Weimar, wurde darauf auf Verwendung des Herzogs Professor an der Akademie der Künste in Berlin. Hier starb er als Mitglied der Akademie der Wissenschaften und Hofrat im Jahre 1793.

Moritz war ein sehr fruchtbarer pädagogischer und populär gelehrter Schriftsteller sowie Übersetzer, doch gehört nur ein kleiner Teil seiner Schriften unserer Nationallitteratur an. Diese sind:

1. Sechs deutsche Gedichte, dem Könige von Preußen gewidmet, von K. Ph. Moritz. Berlin 1780. 8°. — 1781. 8°.

2. Blunt, oder der Gast, ein Schauspiel in einem Akt. Berlin 1782. 8°.
3. Reisen eines Deutschen in England im Jahre 1782. In Briefen an Herrn Direktor Gedike. Berlin 1783. 8°. — 1785. 8°. — Englisch London 1795. 8°.
4. Anton Reiser. Ein psychologischer Roman. Herausgegeben von Karl Philipp Moritz. 4 Tle. Berlin 1785—1790. 8°. Der fünfte Teil Berlin 1794. 8°. ist von Karl Friedrich Klischnig. Schon 1783 hatte Moritz in seiner Zeitschrift „γνῶθι σεαυτόν" eine Probe des Romans erscheinen lassen.
5. Andreas Hartknopf, eine Allegorie. Non fumum cet. Berlin 1786. 8°.
6. Fragmente aus dem Tagebuche eines Geistersehers. Berlin 1787. 8°.
7. Andreas Hartknopfs Predigerjahre. Berlin 1790. 8°. Fortsetzung von 5 und ebenso planlos und fragmentarisch.
8. Reisen eines Deutschen in Italien in den Jahren 1786—1788. In Briefen von Karl Philipp Moritz. 3 Tle. Berlin 1792 93.
9. Die neue Cäcilie. Berlin 1794. 8°. Anfang und Entwurf eines Romans aus dem Nachlaß.

Noch zu nennen ist als ein Vorläufer der Voßschen Schrift über deutsche Verslehre der „Versuch einer deutschen Prosodie. Dem Könige von Preußen gewidmet von Karl Philipp Moritz. Berlin 1786, 8°." und erwähnen wollen wir wenigstens, daß Moritz mehrere kleinere und größere Schriften über deutschen Stil und Grammatik — darunter auch eine für seinen Wohnort Berlin sehr zweckmäßige über den Unterschied des Accusativs und Dativs — verfaßt und fünf periodische Schriften herausgegeben hat. Hierüber wie über vieles weniger Bedeutende, welches wir übergehen müssen, kann man sich am besten durch den sehr ausführlichen Artikel bei Jördens Bd. VI, S. 845 ff. unterrichten.*)

Wir geben in nachfolgendem ein Stück aus Moritz' Autobiographie „Anton Reiser",**) die in eingehender, anschaulicher und den Thatsachen entsprechender Erzählung das Leben des Verfassers bis zum Jahre 1776, d. h. bis zu dem Zeitpunkt, wo Moritz sich der Bühne zu widmen gedachte, schildert. Die ausgehobene Probe behandelt Moritz' Schulbesuch in Hannover; die in derselben nur durch die Anfangsbuchstaben bezeichneten Persönlichkeiten sind Marquardt, Pastor an der Garnisonkirche in Hannover (S. 165, 8), Götten, Konsistorialrath und Schloßprediger (S. 171, 32), Prinz Karl von Mecklenburg (S. 172, 26), Balhorn, Direktor (S. 179, 1), Iffland, der bekannte Schauspieler (S. 191, 13).

---

*) Vgl. auch die Einleitung L. Geigers zu seinem Neudruck des A. Reiser. Heilbronn 1886 (Deutsche Litteraturdenkmale des 18. u. 19. Jahrh. v. B. Seuffert 23.), ebenso dessen Biographie Moritz' im 22. Bd. der Allg deutschen Biographie.

**) Vgl. W Alexis in Prutz, Litterarhist. Tschb. Bd. V u. E. Schmidt, Richardson, Rousseau und Goethe. 1875. S. 289 ff.

Aus Anton Reiser.

Zweiter Teil.

Der Umstand, wodurch Anton Reisers Schicksal unvermutet eine glücklichere Wendung nahm, war, daß er sich auf der Straße mit ein paar Jungen balgte, die mit ihm aus der Schule kamen, und ihn unterwegs geneckt hatten, welches er nicht länger leiden wollte; indem er sich nun mit ihnen bei den Haaren herumzauste, kam auf einmal der Pastor M... daher gegangen — und wie groß war nun Reisers Beschämung und Verwirrung, da ihn die beiden Jungen selbst zuerst aufmerksam darauf machten, und ihm, mit einer Art von Schadenfreude, den Zorn vorstellten, den nun der Pastor M... auf ihn werfen würde.

Was? — ich will einst selbst solch ein ehrwürdiger Mann werden, wie daher kömmt — wünsche, daß mir das itzt schon ein jeder ansehen soll, damit sich irgend einer findet, der sich meiner annimmt, und mich aus dem Staube hervorzieht, und muß nun in der Stellung von diesem Manne überrascht werden, bei dem ich konfirmiert werden soll, wo ich Gelegenheit hätte, mich in meinem besten Lichte zu zeigen. — Dieser Mann, was wird er nun von mir denken, wofür wird er mich halten?

Diese Gedanken gingen Reisern durch den Kopf, und bestürmten ihn auf einmal so sehr mit Scham, Verwirrung und Verachtung seiner selbst, daß er glaubte in die Erde sinken zu müssen. Aber er ermannte sich, das Selbstvertrauen arbeitete sich unter der erstickenden Scham wieder hervor, und flößte ihm zugleich Mut und Zutrauen gegen den Pastor M... ein — er faßte schnell ein Herz, ging geradeswegs auf den Pastor M... zu, und redete ihn auf öffentlicher Straße an, indem er zu ihm sagte, er sei einer von den Knaben, die bei ihm zur Kinderlehre gingen, und der Pastor M... möchte doch deswegen keinen Zorn auf ihn werfen, daß er sich eben itzt mit den beiden Jungen dort geschlagen hätte, dies wäre sonst gar seine Art nicht; die Jungen hätten ihn nicht zufrieden gelassen; und es sollte nie wieder geschehen. —

Dem Pastor M... war es sehr auffallend, sich auf der Straße von einem Knaben angeredet zu sehen, der sich eben mit ein paar anderen Buben herumgebalgt hatte — nach einer kleinen Pause antwortete er: „es sei freilich sehr unrecht und unschicklich sich zu balgen, indes hätte das weiter nichts zu sagen, wenn er es künftig unterließe;" darauf erkundigte er sich auch nach seinem Namen und Eltern, fragte ihn, wo er bis jetzt in die Schule gegangen wäre u. s. w. und entließ ihn sehr gütig — wer war aber froher, als Reiser, und wie leicht war ihm ums Herz, da er sich nun wieder aus dieser gefährlichen Situation herausgewickelt glaubte.

Und wie viel froher würde er noch gewesen sein, hätte er gewußt, daß dieser ohngefähre Zufall allen seinen ängstlichen Besorgnissen ein Ende machen, und die erste Grundlage seines künftigen Glückes sein würde. — Denn von dem Augenblick an hatte der Pastor M... den Gedanken gefaßt, sich näher nach diesem jungen Menschen zu erkundigen, und sich seiner thätig anzunehmen, weil er nicht ohne Grund vermutete, daß, sobald des jungen Reisers Betragen gegen ihn nicht Verstellung war, es keine gemeine Denkungsart bei einem Knaben von dem Alter voraussetzte — und daß es nicht Verstellung war, dafür schien ihm seine Miene zu bürgen.

Den Sonntag darauf fragte ihn der Pastor M... des Nachmittags in der Kinderlehre öfter wie sonst; und Reiser hatte nun schon gewissermaßen einen seiner Wünsche erreicht, in der Kirche, vor dem versammelten Volke, wenigstens auf irgend eine Art öffentlich reden zu können, indem er die Katechismusfragen der Pastors mit lauter und vernehmlicher Stimme beantwortete, wobei er sich denn sehr von den übrigen unterschied, indem er richtig accentuierte, da jene ihre Antworten in dem gewöhnlichen singenden Ton der Schulknaben herbeteten.

Nach geendigter Kinderlehre winkte ihn der Pastor M... beiseite, und entbot ihn auf den andern Morgen zu sich — welch eine freudige Unruhe bemächtigte sich nun auf einmal seiner Gedanken, da es schien, als ob sich irgend ein Mensch einmal näher um ihn bekümmern wollte, — denn damit schmeichelte er sich nun freilich, daß der Pastor M... durch seine Antworten aufmerksam geworden sei; und er nahm sich nun auch vor, Zutrauen zu diesem Manne zu fassen, und ihm alle seine Wünsche zu entdecken.

Als er nach einer fast schlaflosen Nacht den andern Morgen zu dem Pastor M... kam, fragte ihn dieser zuerst, was für einer Lebensart er sich zu widmen dächte, und bahnte ihm also den Weg zu dem, was er schon selbst vorzubringen im Sinn hatte. — Reiser entdeckte ihm sein Vorhaben. — Der Pastor M... stellte ihm die Schwierigkeiten vor, sprach ihm aber doch auch zugleich wieder Mut ein, und machte den Anfang zur thätigen Ermunterung damit, daß er versprach, ihn durch seinen einzigen Sohn, der die erste Klasse des Lyceums in H. besuchte, in der lateinischen Sprache unterrichten zu lassen, womit auch noch in derselben Woche der Anfang gemacht wurde.

Bei dem allen glaubte Reiser in den Mienen und dem Betragen des Pastor M... zu lesen, daß er noch irgend etwas Wichtiges zurück behielte, welches er ihm zu seiner Zeit sagen würde: in dieser Vermutung wurde er noch mehr durch die geheimnisvollen Ausdrücke des Garnisonküsters bestärkt, dessen Lehrstunden er noch besuchte, und der ihm immer einen Stuhl setzte, wenn er kam, indes die andern auf Bänken saßen. —

Dieser pflegte denn wohl, wenn die Stunde aus war, zu ihm zu sagen: „sein Sie ja recht auf Ihrer Hut, und denken Sie, daß man genau auf Sie acht giebt. — Es sind große Dinge mit Ihnen im Werke!“ und dergleichen mehr, wodurch nun Reiser freilich anfing, sich eine wichtigere Person als bisher zu glauben, und seine kleine Eitelkeit mehr wie zu viel Nahrung erhielt, die sich denn oft thöricht genug in seinem Gange und in seinen Mienen äußerte, indem er manchmal in seinen Gedanken mit allem Ernst und der Würde eines Lehrers des Volks auf der Straße einhertrat, wie er dies denn schon in B. gethan hatte, besonders wenn er schwarze Weste und Beinkleider trug. Bei seinem Gange hatte er sich den Gang eines jungen Geistlichen, der damals Lazarettprediger in H. und zugleich Konrektor am Lyceum war, zum Muster genommen, weil dieser in der Art, sein Kinn zu tragen, etwas hatte, das Reisern ganz besonders gefiel.

Nie kann wohl jemand in irgend einem Genuß glücklicher gewesen sein, als es Reiser damals in der Erwartung der großen

Dinge war, die mit ihm vorgehen sollten. — Dies erhitzte seine Einbildungskraft bis auf einen hohen Grad. Und da nun der Zeitpunkt immer näher heran rückte, wo er zum Abendmahl sollte gelassen werden, so erwachten auch alle die schwärmerischen Ideen wieder, die er sich schon in B. von dieser Sache in den Kopf gesetzt hatte, wozu noch die Lehrstunden des Garnisonküsters kamen, der denjenigen, die er zum Abendmahl vorbereiten half, dabei Himmel und Hölle auf eine so fürchterliche Art vorstellte, daß seinen Zuhörern oft Schrecken und Entsetzen ankam, welches aber doch mit einer angenehmen Empfindung verknüpft war, womit man das Schreckliche und Fürchterliche gemeiniglich anzuhören pflegt, und er empfand dann wieder das Vergnügen, seine Zuhörer so erschüttert zu haben, welches ihm wonnevolle Thränen auspreßte, die den ganzen Auftritt, wenn er so des Abends in der erleuchteten Schulstube zwischen ihnen stand, noch feierlicher machte.

Auch der Pastor M ... hielt wöchentlich einige Stunden, worin er diejenigen, die zum Abendmahl gehen sollten, vorbereitete, aber das, was er sagte, kam lange nicht gegen die herzerschütternden Anreden seines Küsters, ob es Reisern gleich zusammenhängender und besser gesagt zu sein schien. — Nichts war für Anton schmeichelhafter, als da der Pastor M ... einmal den Begriff, daß die Gläubigen Kinder Gottes sind, durch das Beispiel erklärte, wenn er mit irgend einem aus der Zahl seiner jungen Zuhörer genauer umginge, ihn besonders zu sich kommen ließe, und sich mit ihm unterredete, dieser ihm denn auch näher als die übrigen wäre, und so wären die Kinder Gottes ihm auch näher als die übrigen Menschen. Nun glaubte Reiser unter der Zahl seiner Mitschüler der einzige gewesen zu sein, auf den der Pastor M ... aufmerksamer als auf alle übrigen wäre, — allein so schmeichelhaft auch dies für seine Eitelkeit war, so erfüllte es ihn doch bald nachher mit einer unbeschreiblichen Wehmut, daß nun alle die übrigen an diesem Glück, was ihm allein geworden war, nicht teilnehmen sollten, und von dem nähern Umgange mit dem Pastor M ... gleichsam auf immer ausgeschlossen sein sollten. — Eine Wehmut, die er sich schon in seinen frühesten Kinderjahren einmal empfunden zu haben erinnert, da ihm seine Base in einem Laden ein Spielzeug gekauft hatte, das er in Händen trug, als er aus dem Hause ging; und vor der Hausthüre saß ein Mädchen in zerlumpten

Kleidern ohngefähr in seinem Alter, das voll Verwunderung über das schöne Stück Spielzeug ausrief: „Ach, Herr Gott, wie schön!" — Reiser mochte etwa damals sechs bis sieben Jahre alt sein — der Ton des geduldigen Entbehrens ohngeachtet der höchsten Bewunderung, womit das zerlumpte Mädchen die Worte sagte: „Ach, Herr Gott, wie schön!" drang ihm durch die Seele. — Das arme Mädchen mußte alle diese Schönheiten so vor sich vorbeitragen sehen, und durfte nicht einmal einen Gedanken daran haben, irgend ein Stück davon zu besitzen! Es war von dem Genuß dieser köstlichen Dinge gleichsam auf immer ausgeschlossen, und doch so nahe dabei — wie gern wäre er zurückgegangen und hätte dem zerlumpten Mädchen das kostbare Spielzeug geschenkt, wenn es seine Base gelitten hätte! — so oft er nachher daran dachte, empfand er eine bittere Reue, daß er es dem Mädchen nicht gleich auf der Stelle gegeben hatte. Eine solche Art von mitleidsvoller Wehmut war es auch, die Reiser empfand, da er sich ausschließungsweise mit den Vorzügen in der Gunst des Pastor M . . . beehrt glaubte, wodurch seine Mitschüler, ohne daß sie es verdient hatten, so weit unter ihn herabgesetzt wurden.

Gerade diese Empfindung ist nachher wieder in seiner Seele erwacht, so oft er in der ersten von Virgils Eklogen an die Worte kam: nec invideo u. s. w. Indem er sich in die Stelle des glücklichen Hirten versetzte, der ruhig im Schatten sitzen kann, indes der andere sein Haus und Feld mit dem Rücken ansehen muß, war ihm bei dem nec invideo des letzteren immer gerade so zu Mute, als da das zerlumpte Mädchen sagte: „Ach, Herr Gott, wie schön ist das!"

Ich habe hier notwendig in Reisers Leben etwas nachholen und etwas vorweggreifen müssen, wenn ich zusammenstellen wollte, was nach meiner Absicht zusammengehört. Ich werde dies noch öfter thun; und wer meine Absicht eingesehen hat, bei dem darf ich wohl nicht erst dieser anscheinenden Absprünge wegen um Entschuldigung bitten.

Man sieht leicht, daß Anton Reisers Eitelkeit durch die Umstände, welche sich jetzt vereinigten, um ihm seine eigene Person wichtig zu machen, mehr als zuviel Nahrung erhielt. Es bedurfte wieder einer kleinen Demütigung für ihn, und die blieb nicht aus. Er schmeichelte sich nicht ohne Grund, unter allen, die bei dem Pastor M . . . konfirmiert wurden, der erste zu sein. Er saß auch obenan, und war gewiß, daß ihm keiner diesen Platz streitig machen würde, als auf einmal ein junger wohlgekleideter Mensch in seinem Alter und von seiner Erziehung die Lehrstunden des Pastor M... mit besuchte, der ihn durch sein feines äußeres Betragen sowohl, als durch die vorzügliche Achtung, womit ihm der Pastor M... begegnete, ganz in Dunkel setzte, und dem auch sogleich über ihm der erste Platz angewiesen ward.

Reisers süßer Traum, der erste unter seinen Mitschülern zu sein, war nun plötzlich verschwunden. Er fühlte sich erniedrigt, herabgesetzt, mit den übrigen allen in eine Klasse geworfen. — Er erkundigte sich bei dem Bedienten des Pastor M... nach seinem fürchterlichen Nebenbuhler, und erfuhr, daß er eines Amtmanns Sohn und bei dem Pastor M... in Pension sei, auch mit den übrigen zugleich konfirmiert werden würde. Der schwärzeste Neid nahm auf eine Zeit lang in Antons Seele Platz; der blaue Rock mit dem samtnen Kragen, den der Amtmannssohn trug, sein feines Betragen, seine hübsche Frisur schlug ihn nieder und machte ihn mißvergnügt mit sich selbst; aber doch schärfte sich bald wieder das Gefühl bei ihm, daß dies unrecht sei, und er wurde nun noch mißvergnügter über sein Mißvergnügen.

Ach, er hätte es nicht nötig gehabt, den Knaben zu beneiden, dessen Glückssonne bald ausgeschienen hatte. Binnen vierzehn Tagen kam die Nachricht, daß sein Vater wegen Untreue seines Dienstes entsetzt sei. Für den jungen Menschen konnte also auch die Pension nicht länger bezahlt werden, der Pastor M... schickte ihn seinen Anverwandten wieder, und Reiser behielt seinen ersten Platz. Er konnte seine Freude wegen der Folgen, die dieser Vorfall für ihn hatte, nicht unterdrücken, und doch machte er sich selber Vorwürfe wegen seiner Freude — er suchte sich zum Mitleid zu zwingen, weil er es für recht hielt, und die Freude zu unterdrücken, weil er sie für unrecht hielt; sie hatte aber demohngeachtet die Oberhand, und er half sich denn am Ende damit, daß er doch nicht wider das Schicksal könne, welches nun den jungen Menschen einmal habe unglücklich machen wollen. Hier ist die Frage: wenn das Schicksal des jungen Menschen sich plötzlich wieder geändert hätte, würde ihn Reiser aus erster Bewegung freiwillig mit lächelnder, teilnehmender Miene wieder haben über sich stehen lassen, oder hätte er sich erst mit einer Art von Anstrengung in diese Empfindung versetzen müssen, weil er sie für recht und edel gehalten hätte. — Der Zusammenhang seiner Geschichte mag in der Folge diese Frage entscheiden!

Alle Abend hatte nun Reiser eine lateinische Stunde bei dem Sohn des Pastor M..., und kam wirklich so weit, daß er binnen vier Wochen ziemlich den Kornelius Nepos exponieren lernte. Welche Wonne war ihm das, wenn denn etwa der Garnisonküster dazu kam, und fragte, was die beiden Herren Studenten machten — und als der Pastor M... damals gerade seine älteste Tochter an einen jungen Prediger verheiratete, der eines Sonntags nachmittags für ihn die Kinderlehre hielt, und dieser auf Reisern immer aufmerksamer zu werden schien, je öfter er ihn antworten hörte: welch ein entzückender Augenblick für Reisern, da derselbe nun nach geendigtem Gottesdienst zum Pastor M... kam, und der Schwiegersohn des Pastors ihn nun mit der größten Achtung anredete und sagte, es sei ihm gleich in der Kirche, da Reiser ihm zuerst geantwortet, aufgefallen, ob das wohl der junge Mensch sein möchte, von dem ihm sein Schwiegervater so viel Gutes gesagt, und es freue ihn, daß er sich nicht geirrt habe.

In seinem Leben hatte Anton keine solche Empfindung gehabt, als ihm diese achtungsvolle Begegnung verursachte — Da er nun die Sprache der feinen Lebensart nicht gelernt hatte, und sich doch auch nicht gemein ausdrücken wollte, so bediente er sich bei solchen Gelegenheiten der Büchersprache, die bei ihm aus dem Telemach, der Bibel und dem Katechismus zusammengesetzt war, welches seinen Antworten oft einen sonderbaren Anstrich von Originalität gab, indem er z. B. bei solchen Gelegenheiten zu sagen pflegte, er habe den Trieb zum Studieren, der ihn unaufhaltsam mit sich fortgerissen, nicht überwältigen können, und wolle sich nun der Wohlthaten, die man ihm erzeige, auf alle Weise würdig zu machen, und in aller Gottseligkeit und Ehrbarkeit sein Leben bis an sein Ende zu führen suchen.

Indes hatte der Konsistorialrat G...., an den sich Reiser schon vorher gewandt hatte, für ihn ausgemacht, daß er die sogenannte Neustädter Schule unentgeltlich besuchen könnte. — Allein der Pastor M... sagte, das dürfe nun nicht geschehen; er solle, bis er konfirmiert würde, noch von seinem Sohne unterrichtet werden, damit er alsdann sogleich die höhere Schule auf der Altstadt besuchen könne, wo der Direktor sich seiner annehmen wolle; und wegen der Eifersucht, die zwischen den beiden Schulen zu herrschen pflegte, würde er besser thun, wenn er jene zuerst besuchte. — Dies mußte Reiser dem Konsistorialrat G.... selber sagen, um den freien Unterricht, welchen er ihm verschafft hatte, abzulehnen, worüber denn derselbe sehr empfindlich wurde, und Reisern erst hart anredete, ihn aber doch zuletzt wieder mit der Aufmunterung entließ, daß er sich auf andere Weise dennoch seiner annehmen wolle.

So schien nun an Reisers Schicksale, um den sich vorher niemand bekümmert hatte, auf einmal alles teilzunehmen. — Er hörte von Eifersucht der Schulen seinetwegen sprechen. — Der Konsistorialrat G.... und der Pastor M... schienen sich gleichsam um ihn zu streiten, wer sich am meisten seiner annehmen wollte. Der Pastor M... bediente sich des Ausdrucks, er solle nur dem Konsistorialrat G.... sagen, es wären seinetwegen schon Anstalten getroffen worden, und würden noch Anstalten getroffen werden, daß er zu der höhern Schule auf der Altstadt hinlänglich vorbereitet würde, ohne vorher die niedere Schule auf der Neustadt zu besuchen. — Also Anstalten sollten nun seinetwegen getroffen werden, wegen eines Knaben, den seine eignen Eltern nicht einmal ihrer Aufmerksamkeit wert gehalten hatten.

Mit welchen glänzenden Träumen und Aussichten in die Zukunft dies Reisers Phantasie erfüllt habe, darf ich wohl nicht erst sagen. Insbesondere, da nun noch immer die geheimnisvollen Winke bei dem Garnisonküster und die Zurückhaltung des Pastor M... fortdauerte, womit er Reisern etwas Wichtiges zu verschweigen schien. —

Endlich kam es denn heraus, daß der Prinz ... auf Empfehlung des Pastor M... sich des jungen Reisers annehmen, und ihm monatlich ... Rthlr. zu seinem Unterhalt aussetzen wolle. — Also war Reiser auf einmal allen seinen Besorgnissen wegen der Zukunft entrissen, das süße Traumbild eines sehnlich gewünschten, aber nie gehofften Glückes war, ehe er es sich versehen, wirklich geworden, und er konnte nun seinen angenehmsten Phantasieen nachhängen, ohne zu fürchten, daß er durch Mangel und Armut darin gestört werden würde. —

Sein Herz ergoß sich wirklich in Dank gegen die Vorsehung. — Kein Abend ging hin, wo er nicht den Prinzen und den Pastor M... in sein Abendgebet mit eingeschlossen hätte — und oft vergoß er im stillen Thränen der Freude und des Danks, wenn er diese glückliche Wendung seines Schicksals überdachte.

Reisers Vater hatte nun auch nichts weiter gegen sein Studieren einzuwenden, sobald er hörte, daß es ihm nichts kosten sollte. Und da überdem nun die Zeit herankam, wo er seine kleine Bedienung an einem Ort sechs Meilen von H. antreten mußte, und ihm sein Sohn also auf keine Weise mehr zur Last fallen konnte. — Allein nun war die Frage, bei wem Reiser nach der Abreise seiner Eltern wohnen und essen sollte. Der Pastor M. schien nicht geneigt zu sein, ihn ganz zu sich ins Haus zu nehmen. Es mußte also darauf gedacht werden, ihn irgendwo bei ordentlichen Leuten unterzubringen. Und ein Hoboist Namens F... vom Regiment des Prinzen ... erbot sich von freien Stücken dazu, Reisern unentgeltlich bei sich wohnen zu lassen. Ein Schuster, bei dem seine Eltern einmal im Hause gewohnt hatten, noch ein Hoboist, ein Hofmusikus, ein Garkoch und ein Seidensticker erboten sich jeder, ihm wöchentlich einen Freitisch zu geben.

Dies verringerte Reisers Freude in etwas wieder, welcher glaubte, daß das, was der Prinz für ihn hergab, zu seinem Unterhalt zureichen würde, ohne daß er an fremden Tischen sein Brot essen dürfte. Auch verringerte dies seine Freude nicht ohne Ursach, denn es setzte ihn in der Folge oft in eine höchst peinliche und ängstliche Lage, so daß er oft im eigentlichen Verstande sein Brot mit Thränen essen mußte. — Denn alles beeiferte sich zwar, auf die Weise ihm Wohlthaten zu erzeigen, aber jeder glaubte auch dadurch ein Recht erworben zu haben, über seine Aufführung zu wachen, und ihm in Ansehung seines Betragens Rat zu erteilen, der dann immer ganz blindlings sollte angenommen werden, wenn er seine Wohlthäter nicht erzürnen wollte. Nun war Reiser gerade von soviel Leuten, von ganz verschiedener Denkungsart, abhängig, als ihm Freitische gaben, wo jeder drohte, seine Hand von ihm abzuziehen, sobald er seinem Rat nicht folgte, der oft dem Rat eines andern Wohlthäters geradezu widersprach. Dem einen trug er sein Haar zu gut, dem andern zu schlecht frisiert, dem einen ging er zu schlecht, dem andern für einen Knaben, der von Wohlthaten leben müsse, zu geputzt einher, — und dergleichen unzählige Demütigungen und Herabwürdigungen gab es mehr, denen Reiser durch den Genuß der Freitische ausgesetzt war, und denen gewiß ein jeder junger Mensch mehr oder weniger ausgesetzt ist, der das Unglück hat, auf Schulen durch Freitische seinen Unterhalt zu suchen, und die Woche hindurch von einem zum andern herumessen zu müssen

Dies alles ahndete Reiser dunkel, als die Freitische insgesamt für ihn angenommen, und keine Wohlthat verschmäht wurde, die ihm nur irgend jemand erweisen wollte. — An dem guten Willen aber pflegt es nie zu fehlen, wenn Leute einem jungen Menschen zum Studieren beförderlich sein zu können glauben — dies erweckt einen ganz besondern Eifer — jeder denkt sich dunkel: wenn dieser Mann einmal auf der Kanzel steht, dann wird das auch mein Werk mit sein. — Es entstand ein ordentlicher Wetteifer um Reisern, und jeder auch der ärmste wollte nun auf einmal zum Wohlthäter an ihm werden, wie denn ein armer Schuster sich erbot, ihm alle Sonntagabend einmal zu essen zu geben — dies alles wurde mit Freuden für ihn angenommen, und seine Eltern mit dem Hoboisten und dessen Frau überrechneten, wie glücklich er nun sei, daß er alle Tage in der Woche zu essen habe, und wie man nun von dem Gelde, was der Prinz hergebe, für ihn sparen könne.

Ach, die glänzenden Aussichten, die sich Reiser von dem Glück, das auf ihn wartete, gemacht hatte, verdunkelten sich nachher sehr wieder. Indes dauerte doch der erste angenehme Taumel, in welchen ihn die thätige Vorsorge und die Teilnehmung so vieler Menschen an seinem Schicksale versetzt hatte, noch eine Weile fort. —

Das große Feld der Wissenschaften lag vor ihm — sein künftiger Fleiß, die nützlichste Anwendung jeder Stunde bei seinem künftigen Studieren war den ganzen Tag über sein einziger Gedanke, und die Wonne, die er darin finden, und die erstaunlichen Fortschritte, die er nun thun, und sich Ruhm und Beifall dadurch erwerben würde: mit diesen süßen Vorstellungen stand er auf, und ging damit zu Bette — aber er wußte nicht, daß ihm das Drückende und Erniedrigende seiner äußern Lage dies Vergnügen so sehr verbittern würde. Anständig genährt und gekleidet zu sein, gehört schlechterdings dazu, wenn ein junger Mensch zum Fleiß im Studieren Mut behalten soll. Beides war bei Reisern der Fall nicht. Man wollte für ihn sparen, und ließ ihn während der Zeit wirklich darben.

Seine Eltern reisten nun auch weg, und er zog mit seinen wenigen Habseligkeiten bei dem Hoboisten F . . . ein, dessen Frau insbesondere sich schon von seiner Kindheit an seiner mit angenommen hatte. — Es herrschte bei diesen Leuten, die keine

Kinder hatten, die größte Ordnung in der Einrichtung ihrer Lebensart, welche vielleicht nur irgendwo stattfinden kann. Da war nichts, keine Bürste und keine Schere, was nicht seit Jahren seinen bestimmten angewiesenen Platz gehabt hätte. Da war kein Morgen, der anbrach, wo nicht um acht Uhr Kaffee getrunken und um neun Uhr der Morgensegen gelesen worden wäre, welches allemal knieend geschah, indes die Frau F... aus dem Benjamin Schmolke vorlas, wobei denn Reiser auch mit knieen mußte. Des Abends nach neun Uhr wurde auf eben die Art, indem jeder vor seinem Stuhle kniete, auch der Abendsegen aus dem Schmolke gelesen, und dann zu Bette gegangen. Dies war die unverbrüchliche Ordnung, welche von diesen Leuten schon seit beinahe zwanzig Jahren, wo sie auch beständig auf derselben Stube gewohnt hatten, war beobachtet worden. Und sie waren gewiß dabei sehr glücklich, aber sie durften auch schlechterdings durch nichts darin gestört werden, wenn nicht zugleich ihre innere Zufriedenheit, die größtenteils auf diese unverbrüchliche Ordnung gebaut war, mit darunter leiden sollte. Dies hatten sie nicht recht erwogen, da sie sich entschlossen, ihre Stubengesellschaft mit jemandem zu vermehren, der sich unmöglich auf einmal in ihre seit zwanzig Jahren etablierte Ordnung, die ihnen schon zur andern Natur geworden war, gänzlich fügen konnte.

Es konnte also nicht fehlen, daß es ihnen bald zu gereuen anfing, daß sie sich selbst eine Last aufgebürdet hatten, die ihnen schwerer wurde, als sie glaubten. Weil sie nur eine Stube und eine Kammer hatten, so mußte Reiser in der Wohnstube schlafen, welches ihnen nun alle Morgen, so oft sie herein traten, einen unvermuteten Anblick von Unordnung machte, dessen sie nicht gewohnt waren, und der sie wirklich in ihrer Zufriedenheit störte. — Anton merkte dies bald, und der Gedanke, lästig zu sein, war ihm so ängstigend und peinlich, daß er sich oft kaum zu husten getraute, wenn er an den Blicken seiner Wohlthäter sahe, daß er ihnen im Grunde zur Last war. — Denn er mußte doch seine wenigen Sachen nun irgendwo hinlegen, und wo er sie hinlegte, da störten sie gewissermaßen die Ordnung, weil jeder Fleck hier nun schon einmal bestimmt war. — Und doch war es ihm nun unmöglich, sich aus dieser peinlichen Lage wieder herauszuwickeln.

7 f. Benjamin Schmolke, Schlesier und geistlicher Liederdichter im Geschmack der zweiten schlesischen Schule, geb. 1672, gest. 1737.

— Dies alles zusammengenommen versetzte ihn oft stundenlang in eine unbeschreibliche Wehmut, die er sich damals selber nicht zu erklären wußte, und sie anfänglich bloß der Ungewohntheit seines neuen Aufenthaltes zuschrieb.

Allein es war nichts als der demütigende Gedanke des Lästigseins, der ihn so danieder drückte. Hatte er gleich bei seinen Eltern und bei dem Hutmacher L... auch nicht viel Freude gehabt, so hatte er doch ein gewisses Recht da zu sein. Bei jenen, weil es seine Eltern waren, und bei diesem, weil er arbeitete. — Hier aber war der Stuhl, worauf er saß, eine Wohlthat. — Möchten dies doch alle diejenigen erwägen, welche irgend jemandem Wohlthaten erzeigen wollen, und sich vorher recht prüfen, ob sie sich auch so dabei nehmen werden, daß ihre gutgemeinte Entschließung dem Bedürftigen nie zur Qual gereiche.

Das Jahr, welches Reiser in dieser Lage zubrachte, war, obgleich jeder ihn glücklich pries, in einzelnen Stunden und Augenblicken eines der qualvollsten seines Lebens.

Reiser hätte sich vielleicht seinen Zustand angenehmer machen können, hätte er das nur gehabt, was man bei manchen jungen Leuten ein insinuantes Wesen nennt. Allein zu einem solchen insinuanten Wesen gehört ein gewisses Selbstzutrauen, das ihm von Kindheit auf war benommen worden; um sich gefällig zu machen, muß man vorher den Gedanken haben, daß man auch gefallen könne. — Reisers Selbstzutrauen mußte erst durch zuvorkommende Güte geweckt werden, ehe er erst wagte, sich beliebt zu machen. — Und wo er nur einen Schein von Unzufriedenheit anderer mit ihm bemerkte, da war er sehr geneigt, an der Möglichkeit zu verzweifeln, jemals ein Gegenstand ihrer Liebe oder ihrer Achtung zu werden. Darum gehörte gewiß ein großer Grad von Anstrengung bei ihm dazu, sich selber Personen als einen Gegenstand ihrer Aufmerksamkeit vorzustellen, von denen er noch nicht wußte, wie sie seine Zudringlichkeit aufnehmen würden.

Seine Base prophezeite ihm sehr oft, wie ihm der Mangel jenes insinuanten Wesens an seinem Fortkommen in der Welt schaden würde. Sie lehrte ihn, wie er mit der Frau F... sprechen, und ihr sagen solle: „Liebe Frau F...! sein Sie nun meine Mutter, da ich ohne Vater und Mutter bin, ich will Sie auch so lieb haben, wie eine Mutter.“ — Allein wenn Reiser dergleichen sagen wollte, so war, als ob ihm die Worte im Munde erstarben; es würde höchst ungeschickt herausgekommen sein, wenn er so etwas hätte sagen wollen. — Dergleichen zärtliche Ausdrücke waren nie durch zuvorkommendes, gütiges Betragen irgend eines Menschen gegen ihn aus seinem Munde hervorgelockt worden; seine Zunge hatte keine Geschmeidigkeit dazu. — Er konnte den Rat seiner Base unmöglich befolgen. Wenn sein Herz voll war, so suchte er schon Ausdrücke, wo er sie auch fand. Aber die Sprache der feinen Lebensart hatte er freilich nie reden gelernet. — Was man insinuantes Wesen nennt, wäre auch bei ihm die kriechendste Schmeichelei gewesen.

Indes war nun die Zeit herangekommen, wo Reiser konfirmiert werden, und in der Kirche öffentlich sein Glaubensbekenntnis ablegen sollte — eine große Nahrung für seine Eitelkeit — er dachte sich die versammelten Menschen, sich als den ersten unter seinen Mitschülern, der alle Aufmerksamkeit bei seinen Antworten vorzüglich auf sich ziehen würde, durch Stimme, Bewegung und Miene. — Der Tag erschien, und Reiser erwachte, wie ein römischer Feldherr erwacht sein mag, dem an dem Tage ein Triumph bevorstand. — Er wurde bei seinem Vetter dem Perückenmacher hoch frisiert, und trug einen bläulichen Rock und schwarze Unterkleider, eine Tracht, die der geistlichen gewissermaßen sich schon am meisten näherte.

Aber so wie der Triumph des größten Feldherrn zuweilen durch unerwartete Demütigungen verbittert wurde, daß er ihn nur halb genießen konnte, so ging es auch Reisern an diesem Tage seines Ruhms und seines Glanzes. — Seine Freitische nahmen mit diesem Tage ihren Anfang — er hatte den ersten des Mittags bei dem Garnisonküster, und den andern des Abends bei dem armen Schuster — und obgleich der Garnisonküster ein Mann war, der das großmütigste Herz besaß, und Reisern seinen Lebenslauf erzählte, wie er auch erst als ein armer Schüler ins Chor gegangen sei, aber schon in seinem siebzehnten Jahre den blauen Mantel mit dem schwarzen vertauscht habe — so war doch die Frau desselben der Neid und die Mißgunst selber, und jeder ihrer Blicke vergiftete Reisern den Bissen, den er in den Mund steckte. Sie ließ es sich zwar am ersten Tage nicht so sehr, wie nachher, aber doch stark genug merken, daß Reiser niedergeschlagenen Herzens, ohne selbst recht zu wissen, worüber, zur Kirche ging, und die Freude, die er sich an diesem sehnlich gewünschten Tage versprochen hatte, nur halb empfand. — Er sollte nun hingehn, um sein Glaubensbekenntnis auf gewisse Weise zu beschwören.

Dies dachte er sich, und ihm fiel dabei ein, daß sein Vater vor einiger Zeit zu Hause erzählt hatte, wie er wegen seines Dienstes vereidet worden war, daß er nichts weniger, als gleichgültig dabei gewesen sei — und Reiser schien sich, da er zur Kirche ging, gegen den Eid, den er ablegen sollte, gleichgültig zu sein. — Aus dem Unterricht, den er in der Religion bekommen, hatte er sehr hohe Begriffe vom Eide, und hielt diese Gleichgültigkeit an sich für höchst strafbar. Er zwang sich also, nicht gleichgültig, sondern gerührt und ernsthaft zu sein bei diesem wichtigen Schritte, und war mit sich selber unzufrieden, daß er nicht noch weiter gerührt war; aber die Blicke der Frau des Garnisonküsters waren es, welche alle sanfte und angenehme Empfindungen aus seinem Herzen weggescheucht hatten.

Er konnte sich doch nicht recht freuen, weil niemand war, der an seiner Freude recht nahen Anteil nahm, weil er dachte, daß er auch selbst an diesem Tage an fremden Tischen essen mußte. Da er indes in die Kirche kam, und nun vor den Altar trat, und oben an in der Reihe stand, so erwärmte das alles zwar wieder seine Phantasie — aber es war doch lange das nicht, was er sich versprochen hatte. — Und gerade das Wichtigste und Feierlichste, die Ablegung des Glaubensbekenntnisses, welches einer im Namen der übrigen thun mußte, kam nicht an ihn, und er hatte sich doch schon viele Tage vorher auf Miene, Bewegung und Ton geübt, womit er es ablegen wollte.

Er dachte, der Pastor M... würde ihn etwa den Nachmittag zu sich kommen lassen, aber er ließ ihn nicht zu sich kommen — und während daß seine Mitschüler nun zu Hause gingen, und der zärtlichen Bewillkommnung ihrer Eltern entgegensahen, ging Reiser einsam und verlassen auf der Straße umher, wo ihn der Direktor des Lyceums begegnete, der ihn anredete, und fragte, ob er nicht Reiserus hieße? — und als Reiser mit Ja antwortete, ihm freundlich die Hand drückte; und sagte, er habe schon durch den Pastor M... viel Gutes von ihm gehört, und würde bald näher mit ihm bekannt werden.

Welche unerwartete Aufmunterung für ihn, daß dieser Mann, den er schon oft mit tiefer Ehrfurcht betrachtet hatte, ihn auf der Straße anzureden würdigte, und ihn Reiserus nannte.

Der Direktor B... war wirklich ein Mann, welcher einem jeden, der ihn sahe, Ehrfurcht und Liebe einzuflößen imstande war. Er kleidete sich zierlich, und doch anständig, trug sich edel, war wohlgebildet, hatte die heiterste Miene, worin ihm, so oft er wollte, der strengste Ernst zu Gebote stand. Er war ein Schulmann, gerade wie er sein sollte, um von diesem Stande die Verachtung der feinen Welt, womit die gewöhnliche Pedanterie desselben belegt ist, abzuwälzen.

Wie es nun kam, daß er Reisern Reiserus nannte, mag der Himmel wissen, genug er nannte ihn so, und es schmeichelte Reisern nicht wenig, auf die Weise seinen Namen zum erstenmal in us umgetauft zu sehen. — Da er mit dieser Endigung der Namen immer die Idee von Würde und einer erstaunenswürdigen Gelehrsamkeit verknüpft hatte, und sich nun schon im Geiste den gelehrten und berühmten Reiserus nennen hörte.

Diese Benennung, womit er so zufälligerweise von dem Direktor B... beehrt wurde, ist ihm nachher auch oft wieder eingefallen, und manchmal mit ein Sporn zum Fleiße gewesen; denn mit dem us an seinem Namen erwachte auf einmal die ganze Reihe von Vorstellungen, einmal ein berühmter Gelehrter zu werden, wie Erasmus Roterdamus, und andere, deren Lebensbeschreibungen er zum Teil gelesen, und ihre Bildnisse in Kupfer gestochen gesehen hatte.

Am Abend ging er nun zu dem armen Schuster, und wurde wenigstens mit freundlicheren Blicken, als von der Frau des Garnisonküsters, empfangen. Der Schuster Heidorn, so hieß sein Wohlthäter, hatte die Schriften des Taulerus und andere dergleichen gelesen, und redete daher eine Art von Büchersprache, wobei er manchmal einen gewissen predigenden Ton annahm. Gemeiniglich citierte er einen gewissen Periander, wenn er etwas behauptete, als: Der Mensch muß sich nur Gott hingeben, sagt Periander — und so sagte alles, was der Schuster Heidorn sagte, auch dieser Periander, der im Grunde nichts als eine allegorische Person war, die in Bunians Christenreise oder sonst irgendwo vorkommt. Aber Reisern klang der Name Periander so süß in seinen Ohren. — Er dachte sich dabei etwas Erhabenes, Geheimnisvolles, und hörte den Schuster Heidorn immer gern von Periandern sprechen.

26. Johann Tauler, † 1361, Dominikaner und berühmter theologisch-mystischer Schriftsteller. — 33. Bunian schrieb einen asketisch-allegorischen Roman The pilgrim's progress

Der gute Heidorn hatte ihn aber etwas zu spät aufgehalten, und als er nach Hause kam, hatten sein Wirt und seine Wirtin schon ihren Abendsegen gelesen, und nicht unmittelbar darauf zu Bette gehen können, welches seit Jahren nicht geschehen sein mochte. Dies war denn Ursach, daß Reiser ziemlich kalt und finster empfangen wurde, und sich an diesem Tage, dem er so lange voll sehnlicher Erwartung entgegengesehen hatte, mit traurigem Herzen niederlegen mußte.

Diese Woche mußte er nun zum erstenmale herumessen, und machte am Montage bei dem Garkoch den Anfang, wo er sein Essen unter den übrigen Leuten, die bezahlten, bekam, und man sich weiter nicht um ihn bekümmerte. — Dies war, was er wünschte, und er ging immer mit leichterem Herze hierher.

Den Dienstag Mittag ging er zu dem Schuster S..., wo seine Eltern im Hause gewohnt hatten, und wurde auf das liebreichste und freundlichste empfangen. Die guten Leute hatten ihn als ein kleines Kind gekannt, und die alte Mutter des Schuster S... hatte immer gesagt, aus dem Jungen würd' noch einmal etwas — und nun freute sie sich, daß ihre Prophezeiung einzutreffen schien. Und wenn es Reiser je nicht fühlte, daß er fremdes Brot aß, so war es an diesem gastfreundlichen Tische, wo er oft nachher seines Kummers vergessen hat, und mit heitrer Miene wieder wegging, wenn er traurig hingegangen war. Denn mit dem Schuster S... vertiefte er sich immer in philosophische Gespräche, bis die alte Mutter sagte: „Nun Kinder, so hört doch einmal auf, und laßt das liebe Essen nicht kalt werden!“ O, was war der Schuster S... für ein Mann! Von ihm konnte man mit Wahrheit sagen, daß er vom Lehrstuhle die Köpfe der Leute hätte bilden sollen, denen er Schuh machte. Er und Reiser kamen oft in ihren Gesprächen, ohne alle Anleitung, auf Dinge, die Reiser nachher als die tiefste Weisheit in den Vorlesungen über die Metaphysik wieder hörte, und er hatte oft schon stundenlang mit dem Schuster S... darüber gesprochen. — Denn sie waren ganz von selbst auf die Entwickelung der Begriffe von Raum und Zeit, von subjektivischer und objektivischer Welt u. s. w. gekommen, ohne die Schulterminologie zu wissen, sie halfen sich denn mit der Sprache des gemeinen Lebens so gut sie konnten, welches oft sonderbar genug herauskam, — kurz bei dem Schuster S... vergaß Reiser alles Unangenehme seines Zustandes, er fühlte sich hier gleichsam in die höhere Geisterwelt versetzt, und sein Wesen wieder veredelt, weil er jemanden fand, mit dem er sich verstehen, und Gedanken gegen Gedanken wechseln konnte. Die Stunden, welche er hier bei den Freunden seiner Kindheit und seiner Jugend zubrachte, waren gewiß damals die angenehmsten seines Lebens. Hier war es allein, wo er sich mit völligem Zutrauen gewissermaßen wie zu Hause fühlte.

Am Mittwoch aß er dann bei seinem Wirt, wo das wenige, was er genoß, so gut es auch diese Leute übrigens mit ihm meinen mochten, ihm doch fast jedesmal so verbittert wurde, daß er sich vor diesem Tage fast mehr, wie vor allen andern fürchtete. Denn an diesem Mittage pflegte seine Wohlthäterin die Frau F... immer nicht geradezu, sondern nur in gewissen Anspielungen, indem sie zu ihrem Manne sprach, Reisers Betragen durchzugehen, ihm die Dankbarkeit gegen seine Wohlthäter einzuschärfen, und etwas von Leuten mit einfließen zu lassen, die sich angewöhnt hätten, sehr viel zu essen, und am Ende gar nicht mehr zu sättigen gewesen wären. — Reiser hatte damals, da er in seinem vollen Wachstum war, wirklich sehr guten Appetit, allein mit Zittern steckte er jeden Bissen in den Mund, wenn er dergleichen Anspielungen hörte. Bei der Frau F... geschahe es nun wirklich nicht sowohl aus Geiz oder Neid, daß sie dergleichen Anspielungen machte, sondern aus dem feinen Gefühl von Ordnung, welches dadurch beleidiget wurde, wenn jemand, ihrer Meinung nach, zu viel aß. — Sie pflegte denn auch wohl von Gnadenbrünnlein und Gnadenquellen zu reden, die sich verstopften, wenn man nicht mit Mäßigkeit daraus schöpfte.

Die Frau des Hofmusikus, welche ihm am Donnerstage zu essen gab, war zwar dabei etwas rauh in ihrem Betragen, quälte ihn aber doch dadurch lange nicht so, als die Frau F... mit aller ihrer Feinheit. — Am Freitage aber hatte er wieder einen sehr schlimmen Tag, indem er bei Leuten aß, die es ihn nicht durch Anspielungen, sondern auf eine ziemlich grobe Art fühlen ließen, daß sie seine Wohlthäter waren. Sie hatten ihn auch noch als Kind gekannt, und nannten ihn nicht auf eine zärtliche, sondern verächtliche Weise bei seinem Vornamen Anton, da er doch anfing, sich unter die erwachsenen Leute zu zählen. Kurz diese Leute behandelten ihn so, daß er den ganzen Freitag über mißmütig und traurig zu sein pflegte, und zu nichts recht Lust hatte, ohne oft zu wissen worüber, es war aber darüber, daß er den Mittag der erniedrigenden Begegnung dieser Leute ausgesetzt war, deren Wohlthat er sich doch notwendig wieder gefallen lassen mußte, wenn es ihm nicht als der unverzeihlichste Stolz sollte ausgelegt werden. — Am Sonnabend aß er denn bei seinem Vetter dem Perückenmacher, wo er eine Kleinigkeit bezahlte, und mit frohem Herzen aß, und den Sonntag wieder bei dem Garnisonküster.

Dies Verzeichnis von Reisers Freitischen, und den Personen, die sie ihm gaben, ist gewiß nicht so unwichtig, wie es manchem vielleicht beim ersten Anblick scheinen mag — dergleichen kleinscheinende Umstände sind es eben, die das Leben ausmachen, und auf die Gemütsbeschaffenheit eines Menschen den stärksten Einfluß haben. — Es kam bei Reisers Fleiß und seinen Fortschritten, die er an irgend einem Tage thun sollte, sehr viel darauf an, was er für eine Aussicht auf den folgenden Tag hatte, ob er gerade bei dem Schuster S..., oder bei der Frau F..., oder dem Garnisonküster essen mußte. Aus dieser seiner täglichen Situation nun wird sich größtenteils sein nachheriges Betragen erklären lassen, welches sonst sehr oft mit seinem Charakter widersprechend scheinen würde.

Ein großer Vorteil würde es für Reisern gewesen sein, wenn ihn der Pastor M... wöchentlich einmal hätte bei sich essen lassen. Aber dieser gab ihm statt dessen einen sogenannten Geldtisch sowie auch der Seidensticker; von diesen wenigen Groschen nun mußte Reiser wöchentlich sein Frühstück und Abendbrot bestreiten. So hatte die Frau F... es angeordnet. Denn was der Prinz hergab, sollte alles für ihn gespart werden. Sein Frühstück bestand also in ein wenig Thee, und einem Stück Brot, und sein Abendessen in ein wenig Brot und Butter und Salz. Dann sagte die Frau F..., er müsse sich ans Mittagsessen halten, doch aber, gab sie ihm zu verstehen, daß er sich ja hüten müsse, sich zu überessen.

So war nun Reisers Ökonomie eingerichtet, was seinen Unterhalt anbetraf. Aber auch zu seiner Kleidung wurde nicht einmal von dem Gelde, was der Prinz für ihn hergab, etwas genommen, sondern ein alter grober roter Soldatenrock für ihn gekauft, der ihm zurechtgemacht wurde, und womit er nun die öffentliche Schule besuchen sollte, in welcher nun auch der allerärmste besser als er gekleidet war, ein Umstand, der nicht wenig dazu beitrug, gleich anfänglich seinen Mut in etwas niederzuschlagen.

Dazu kam nun noch, daß er das Kommisbrot, welches der Hoboist F . . . empfing, holen und unter den Armen durch die Stadt tragen mußte, welches er zwar, wenn es irgend möglich war, in der Dämmerung that, aber es sich doch auf keine Weise durfte merken lassen, daß er sich dies zu thun schäme, wenn es ihm nicht ebenfalls als ein unverzeihlicher Stolz sollte ausgelegt werden; denn von diesem Brote wurde ihm selbst wöchentlich eins für ein geringes Geld überlassen, wovon er dann sein Frühstück und seinen Abendtisch bestreiten mußte.

Gegen dies alles durfte er sich nun nicht im mindesten auflehnen, weil der Pastor M . . . in die Einsichten der Frau F . . ., was Reisers Erziehung und die Einrichtung seiner Lebensart anbetraf, ein unbegrenztes Zutrauen setzte. In derselben Woche machte er auch noch seinen Besuch bei diesen Leuten, und dankte ihnen, daß sie die nähere Aufsicht über Reisern hätten übernehmen wollen, den er nun völlig ihrer Sorgfalt anvertraute. Reiser saß dabei halbtraurig am Ofen, ob er gleich nicht gern undankbar für die Vorsorge des Pastor M . . . sein wollte. Aber er hing nun von diesem Augenblicke an ganz und gar von Leuten ab, bei denen er die wenigen Tage schon in einem so peinlichen Zustande zugebracht hatte. Bei aller dieser anscheinenden Güte, die ihm erwiesen wurde, konnte er sich nie recht freuen, sondern war immer ängstlich und verlegen, weil ihm jede, auch die kleinste Unzufriedenheit, die man ihm merken ließ, doppelt kränkend war, sobald er bedachte, daß selbst der eigentliche Fleck seines Daseins, das Obdach, dessen er sich erfreute, bloß von der Güte so sehr empfindlicher und leicht zu beleidigender Personen abhing, als F . . . und noch weit mehr seine Frau war.

Bei dem allen war ihm nun doch der Gedanke aufmunternd, daß er in der künftigen Woche die sogenannte hohe Schule zu besuchen anfangen sollte. Das war so lange sein sehnlichster Wunsch gewesen. Wie oft hatte er mit Ehrfurcht das große Schulgebäude mit der hohen steinernen Treppe vor demselben angestaunt, wenn er über den Marktkirchhof ging. — Stundenlang stand er oft, ob er etwa durch die Fenster etwas von dem, was inwendig vorging, erblicken könnte. Nun schimmerte von dem großen Katheder in Prima zufälligerweise ein Teil durch das

Fenster — wie malte sich seine Phantasie das aus! Wie oft träumte ihm des Nachts von diesem Katheder, und von langen Reihen von Bänken, wo die glücklichen Schüler der Weisheit saßen, in deren Gesellschaft er nun bald sollte aufgenommen werden.

So bestanden von seiner Kindheit auf seine eigentlichen Vergnügungen größtenteils in der Einbildungskraft, und er wurde dadurch einigermaßen für den Mangel der wirklichen Jugendfreuden, die andere in vollem Maße genießen, schadlos gehalten. — Dicht neben der Schule führten zwei lange Gänge nach den nebeneinander gebauten Priesterhäusern. Die machten ihm einen so ehrwürdigen Prospekt, daß das Bild davon nebst dem Schulgebäude Tag und Nacht das herrschende in seiner Seele war — und dann die Benennung, hohe Schule, welche unter gemeinen Leuten in Gebrauch war, und der Ausdruck, hohe Schüler, welchen er ebenfalls oft gehört hatte, machten, daß ihm seine Bestimmung, diese Schule zu besuchen, immer wichtiger und größer vorkam.

Der Zeitpunkt, wo dies geschehen sollte, war nun da, und mit klopfendem Herzen erwartete er den Augenblick, wo ihn der Direktor B . . . in einen dieser Hörsäle der Weisheit führen würde. Er wurde von dem Direktor geprüft und tüchtig befunden, in die zweite Klasse gesetzt zu werden. Die mit einer natürlichen Würde verknüpfte Freundlichkeit, womit ihn dieser Mann zuerst mein lieber Reiser! nannte, ging ihm durch die Seele, und flößte ihm das innigste Zutrauen verbunden mit einer unbegrenzten Ehrfurcht gegen den Direktor ein. O was vermag ein Schulmann über die Herzen junger Leute, wenn er gerade so wie der Direktor B . . . den rechten Ton einer durch Leutseligkeit gemilderten Würde in seinem Betragen zu treffen weiß!

Den Sonntag nach der Konfirmation ging nun Reiser zuerst zum Abendmahl, und suchte nun aufs gewissenhafteste die Lehren in Ausubung zu bringen, welche er sich darüber aufgeschrieben und auswendig gelernt hatte, als die vorhergehende Prüfung nach dem Buß- und Sündenspiegel, und dann das Hinzutreten zum Altar mit einem freudigen Zittern. — Er suchte sich auf alle Weise in eine solche Art von freudigem Zittern zu versetzen: es wollte ihm aber nicht gelingen, und er machte sich selbst die bittersten Vorwürfe darüber, daß sein Herz so verhärtet war. Endlich fing er vor Kälte an zu zittern, und dies beruhigte ihn einigermaßen.

Allein die himmlische Empfindung und das selige Gefühl, das ihm nun diese Seelenspeise gewähren sollte, alles das empfand er nicht — er schrieb aber die Schuld davon bloß seinem eigenen verstockten Herzen zu, und quälte sich selbst über den Zustand der Gleichgültigkeit, worin er sich fühlte.

Am meisten schmerzte es ihn, daß er nicht recht zum Erkenntnis seines Sündenelendes kommen konnte, welches doch zur Heilsordnung nötig war. Auch hatte er den Tag vorher in einer auswendig gelernten Beichte im Beichtstuhl bekennen müssen, daß er leider viel und mannigfaltig gesündigt, mit Gedanken, Worten und Werken, mit Unterlassung des Guten und Begehung des Bösen.

Die Sünden nun, deren er sich schuldig glaubte, waren vorzüglich Unterlassungssünden. Er betete nicht andächtig genug, liebte Gott nicht eifrig genug, fühlte nicht Dankbarkeit genug gegen seine Wohlthäter, und empfand kein freudiges Zittern, da er zum Abendmahle ging. — Dies alles ging ihm nun nahe, aber er konnte es doch mit Zwang nicht abhelfen, darum war es ihm insofern recht lieb, daß ihm für diese Vergehungen von dem Pastor M . . . die Absolution erteilet wurde.

Dabei blieb er aber doch immer mit sich selber unzufrieden: denn zu der Gottseligkeit und Frömmigkeit rechnete er vorzüglich die Aufmerksamkeit auf jeden seiner Schritte und Tritte, auf jedes Lächeln, und auf jede Miene, auf jedes Wort, das er sprach, und auf jeden Gedanken, den er dachte. — Diese Aufmerksamkeit mußte nun natürlicherweise sehr oft unterbrochen werden, und konnte nicht wohl über eine Stunde in einem fortdauern — sobald nun Reiser seine Zerstreuung merkte, ward er unzufrieden mit sich selber, und hielt es am Ende beinahe für unmöglich, ein ordentlich gottseliges und frommes Leben zu führen.

Die Frau F . . . hielt ihm an dem Tage, da er zum Abendmahl ging, eine lange Predigt über die bösen Lüste und Begierden, die in diesem Alter zu erwachen pflegten, und wogegen er nun kämpfen müsse. Zum Glück verstand Reiser nicht, was sie eigentlich damit meinte, und wagte es auch nicht, sich genauer danach zu erkundigen, sondern nahm sich nur fest vor, wenn böse Lüste in ihm erwachen sollten, sie möchten auch sein von welcher Art sie wollten, ritterlich dagegen anzukämpfen.

Er hatte bei seinem Religionsunterricht auf dem Seminarium zwar schon von allerlei Sünden gehört, wovon er sich nie einen rechten Begriff machen konnte, als von Sodomiterei, stumme Sünden, und dem Laster der Selbstbefleckung, welche alle bei der Erklärung des sechsten Gebotes genannt wurden, und die er sich sogar aufgeschrieben hatte. Aber die Namen waren auch alles, was er davon wußte; denn zum Glück hatte der Inspektor diese Sünden mit so fürchterlichen Farben gemalt, daß sich Reiser schon vor der Vorstellung von diesen ungeheuren Sünden selbst fürchtete, und mit seinen Gedanken in das Dunkel, welches sie umhüllte, nicht tiefer einzudringen wagte. — Überhaupt waren seine Begriffe von dem Ursprunge des Menschen noch sehr dunkel und verworren, ob er gleich nicht mehr glaubte, daß der Storch die Kinder bringe. — Seine Gedanken waren gewiß damals rein; denn ein gewisses Gefühl von Scham, das ihm natürlich zu sein schien, war Ursach, daß er weder mit seinen Gedanken über dergleichen Gegenstände verweilte, noch sich mit seinen Mitschülern und Bekannten darüber zu unterreden wagte. Auch kamen ihm seine religiösen Begriffe von Sünde wohl hierbei zu statten. — Es war ihm fürchterlich genug, daß es wirklich dergleichen Laster, die er nur dem Namen nach kannte, in der Welt gab, geschweige denn, daß er nur einen Gedanken hätte haben sollen, sie näher kennen zu lernen.

Am Montag Morgen introduzierte ihn nun der Direktor B . . . in die zweite Klasse des Lyceums, wo der Konrektor und der Kantor unterrichteten. — Der Konrektor war zugleich Prediger, und Reiser hatte ihn oft predigen hören. — Er war es eben, dessen Art, sich in seinem Priesterornat zu tragen, Reisern besonders gefiel, so daß er dieselbe mit einem gewissen Auf- und Niederbewegen des Kinns zuweilen nachzuahmen suchte. Auch war der Pastor G . . ., so hieß er, noch ein sehr junger, der Kantor hingegen war ein alter und etwas hypochondrischer Mann.

In der zweiten Klasse waren schon ziemlich erwachsene junge Leute, und Reiser bildete sich nicht wenig darauf ein, nun ein Sekundaner zu sein.

Die Lehrstunden nahmen ihren Anfang: der Konrektor lehrte die Theologie, die Geschichte, den lateinischen Stil und das griechische neue Testament. — Der Kantor den Katechismus, die Geographie, und die lateinische Grammatik. Des Morgens um 7 Uhr fingen die Stunden an, und dauerten bis 10, und des Nachmittags um 1 Uhr fingen sie wieder an, und dauerten bis um 4 Uhr. — Hier mußte nun also Reiser nebst zwanzig bis dreißig andern jungen Leuten einen großen Teil seines damaligen Lebens zubringen. Es war also gewiß kein unwichtiger Umstand, wie diese Lehrstunden eingerichtet waren.

Alle Morgen früh wurde nach der vorgeschriebenen Ordnung zuerst ein Kapitel aus der Bibel gelesen, wie es jedesmal in der Reihe folgte, es mochte nun so lang oder kurz sein, wie es wollte. Darauf wurde denn nach einer gewissen Heilsordnung zweimal die Woche eine Art von Theologie dociert, worin z. B. die opera ad extra und die opera ad intra vorkamen, die vorzüglich eingeprägt wurden. Unter den ersteren wurden nämlich die Werke verstanden, woran alle drei Personen in der Gottheit teilnahmen, als die Schöpfung, Erlösung u. s. w., ob sie gleich einer Person vorzüglich zugeschrieben werden; und unter den letzteren wurde das verstanden, wodurch sich eine Person von der andern unterschied, und was ihr nur ganz allein zukommt, als die Zeugung des Sohnes vom Vater, das Ausgehen des heiligen Geistes vom Vater und Sohn u. s. w. Reiser hatte diese Unterschiede zwar schon auf dem Seminarium gelernet, aber es freute ihn doch sehr, daß er sie nun auch lateinisch zu benennen wußte. Die opera ad extra und die opera ad intra prägten sich ihm von dem theologischen Unterricht am tiefsten ein.

Zwei Stunden in der Woche trug der Konrektor eine Art von Universalgeschichte nach dem Holberg vor, und der Kantor lehrte die Geographie nach dem Hübner. Das war der ganze wissenschaftliche Unterricht. Alle übrige Zeit wurde auf die Erlernung der lateinischen Sprache verwandt. Diese war es denn auch allein, worin sich jemand Ruhm und Beifall erwerben konnte. Denn die Ordnung der Plätze richtete sich nur nach der Geschicklichkeit im Lateinischen.

Der Kantor hatte nun die Methode, daß er über eine Anzahl von Regeln aus der großen märkischen Grammatik wöchentlich einen kleinen Aufsatz diktierte, der ins Lateinische übersetzt werden mußte, und wo die Ausdrücke so gewählt waren, daß immer gerade die jedesmaligen grammatikalischen Regeln darauf konnten angewandt werden. Wer nun auf die Erklärung derselben am besten acht gegeben hatte, der konnte auch sein sogenanntes Exercitium am besten machen, und sich dadurch zu einem höhern Platze hinaufarbeiten.

So sonderbar nun auch die um des Lateinischen willen zusammengelesenen deutschen Ausdrücke zuweilen klangen, so nützlich war doch im Grunde diese Übung, und solch einen Wetteifer erregte sie. — Denn binnen einem Jahre kam Reiser dadurch so weit, daß er ohne einen einzigen grammatikalischen Fehler Latein schrieb, und sich also in dieser Sprache richtiger, als in der deutschen ausdrückte. Denn im Lateinischen wußte er, wo er den Accusativ und den Dativ setzen mußte. Im Deutschen aber hatte er nie daran gedacht, daß mich z. B. der Accusativ und mir der Dativ sei, und daß man seine Muttersprache ebenso wie das Lateinische auch deklinieren und konjugieren müsse. — Indes faßte er doch unvermerkt einige allgemeine Begriffe, die er nachher auf seine Muttersprache anwenden konnte. — Er fing allmählich an, sich deutliche Begriffe von dem zu machen, was man Substantivum und Verbum nannte, welche er sonst noch oft verwechselte, wo sie aneinander grenzten, als z. B. gehen, und das Gehen. Weil aber dergleichen Irrtümer in der lateinischen Ausarbeitung immer einen Fehler zu veranlassen pflegten, so wurde er beständig aufmerksamer darauf, und lernte auch die feinern Unterschiede zwischen den Redeteilen und ihren Abänderungen unvermerkt einsehen; so daß er sich nach einiger Zeit zuweilen selbst verwunderte, wie er vor kurzem noch solche auffallende Fehler habe machen können.

Der Kantor pflegte unter jede lateinische Ausarbeitung, nachdem er an den Seiten mit roten Strichen die Anzahl der Fehler bemerkt hatte, sein vidi (ich habe es durchgesehen) zu setzen. Da nun Reiser dies vidi unter seinem ersten Exercitium sahe, so glaubte er, es sei dies ein Wort, das er selbst immer ans Ende der Ausarbeitung schreiben müsse, und dessen Auslassung ihm der Kantor mit als einen Fehler angerechnet habe. Er schrieb also mit eigner Hand unter sein zweites Exercitium vidi, worüber der Kantor und sein Sohn, der dabei war, laut auflachten und ihm erklärten, was es hieße. — Auf einmal sahe nun Reiser seinen Irrtum, und konnte nicht begreifen, wie er nicht selbst auf die richtige Erklärung des vidi gefallen sei; da er doch sonst wohl wußte, was vidi hieß.

Es war ihm, als ob er mit Beschämung aus einer Art von Dummheit erwachte, die ihn angewandelt hatte. Und er wurde auf einige Augenblicke fast eben so niedergeschlagen darüber, als da der Inspektor auf dem Seminarium einst zu ihm sagte: Dummer Knabe, indem er glaubte, daß er nicht einmal buchstabieren könne. Eine solche Art von wirklicher oder anscheinender Dummheit bei gewissen Vorfällen rührte zum Teil aus einem Mangel an Gegenwart des Geistes, zum Teil aus einer gewissen Ängstlichkeit oder auch Trägheit her, wodurch die natürliche Kraft des Denkens auf eine Zeit lang an ihrer freien Wirksamkeit gehindert wurde.

Noch eine Hauptlektion waren die Lebensbeschreibungen der griechischen Feldherren vom Kornelius Nepos, wovon wöchentlich ein Kapitel aus der Lebensbeschreibung irgend eines Feldherrn auswendig mußte hergesagt werden. Diese Gedächtnisübungen wurden Reisern sehr leicht, weil er nicht sowohl die Worte, als die Sachen sich einzuprägen suchte, welches er allemal des Abends vor dem Schlafengehen that, und des Morgens, wenn er aufwachte, die Ideen weit heller und besser geordnet, als den Abend vorher, in seinem Gedächtnis wiederfand, gleichsam, als ob die Seele während dem Schlafen fortgearbeitet, und das, was sie einmal angefangen, nun während der gänzlichen Ruhe des Körpers mit Muse vollendet hätte.

Alles, was Reiser dem Gedächtnis anvertraute, pflegte er auf die Weise auswendig zu lernen.

Er fing nun auch an, sich mit der Poesie zu beschäftigen, welches er schon in seiner Kindheit gethan hatte, wo denn seine Verse immer die schöne Natur, das Landleben und dergleichen zum Gegenstande zu haben pflegten. Denn seine einsamen Spaziergänge und der Anblick der grünen Wiesen, wenn er etwa einmal vor das Thor kam, war wirklich das einzige, was ihn in seiner Lage in eine poetische Begeisterung versetzen konnte.

Als ein Knabe von zehn Jahren verfertigte er ein paar Strophen, die sich anfingen:

In den schön beblümten Auen
Kann man Gottes Güte schauen u. s. w.

welche sein Vater in Musik setzte. Und das Gedicht, das er jetzt hervorbrachte, war eine Einladung auf das Land, worin wenigstens die Worte nicht übel gewählt waren. — Dies kleine Gedicht gab er dem jungen M…, durch welchen es in die Hände des Pastor M… und des Direktors kam, die ihren Beifall darüber bezeigten, so daß Reiser beinahe angefangen hätte, sich für einen Dichter zu halten. Aber der Kantor benahm ihm fürs erste diesen Irrtum, indem er sein Gedicht Zeile für Zeile mit ihm durchging, und ihn sowohl auf die Fehler gegen das Metrum, als auf den fehlerhaften Ausdruck und den Mangel des Zusammenhangs der Gedanken aufmerksam machte.

Diese scharfe Kritik des Kantors war für Reiser eine wahre Wohlthat, die er ihm nie genug verdanken kann. Der Beifall, den dies erste Produkt seiner Muse so unverdienterweise erhielt, hätte ihm sonst vielleicht auf sein ganzes Leben geschadet.

Demohngeachtet wandelte ihn der furor poeticus noch manchmal an, und weil ihn jetzt wirklich das Vergnügen, dem Studieren obzuliegen, am meisten begeisterte, so wagte er sich an ein neues Gedicht zum Lobe der Wissenschaften, welches sich komisch genug anhob:

An euch, ihr schönen Wissenschaften,
An euch soll meine Seele haften u. s. w.

Der Kantor lehrte auch lateinische Verse machen, trug die Regeln der Prosodie vor, die er nachher auf Catonis disticha, beim Skandieren derselben anwenden ließ. Reiser fand hieran sehr großes Vergnügen, weil es ihm so gelehrt klang, lateinische Verse skandieren zu können, und zu wissen, warum die eine Silbe lang und die andere kurz ausgesprochen werden mußte; der Kantor schlug mit den Händen den Takt beim Skandieren. Das anzusehen und mitmachen zu können, war ihm denn eine wahre Seelenfreude. — Und als nun gar der Kantor zuletzt eine Anzahl durcheinander geworfener lateinischer Wörter, welches Verse gewesen waren, diktierte, damit sie wieder in metrische Ordnung gebracht werden sollten, welch ein Vergnügen für Reisern, da er nun mit wenigen Fehlern ein paar ordentliche Hexameter wieder herausbrachte, und von dem Kantor einen alten Kurtius zum Prämium erhielt.

Hier herrschte nun gewiß der sogenannte alte Schulschlendrian, und Reiser kam demohngeachtet in einem Jahre so weit, daß er ohne einen grammatikalischen Fehler Latein schreiben und einen lateinischen Vers richtig skandieren konnte. — Das ganz einfache Mittel hierzu war — die öftere Wiederholung des Alten mit dem Neuen, welches doch die Pädagogen der neuern Zeiten ja in Er-

17. Catonis disticha, eine alte Sammlung von in Distichen abgefaßten Sprüchen, die wegen ihres moralischen Inhalts dem Cato zugeschrieben wurden.

wägung ziehen sollten. Eine Sache mag noch so schön vorgetragen sein, sobald sie nicht öfter wiederholt wird, haftet sie schlechterdings nicht in dem jugendlichen Gemüte. Die Alten haben gewiß nicht in den Wind geredet, wenn sie sagten: daß die Wiederholung die Mutter des Studierens sei.

Von zehn bis elf Uhr gab der Konrektor noch eine Privatstunde, im deutschen Deklamieren und im deutschen Stil, worauf sich Reiser immer am meisten freute, weil er Gelegenheit hatte, sich durch Ausarbeitungen hervorzuthun, und sich zugleich vom Katheder öffentlich konnte hören lassen, welches einige Ähnlichkeit mit dem Predigen hatte, das immer der höchste Gegenstand aller seiner Wünsche war.

Außer ihm war nun noch einer namens J..., der an dieser Übung im Deklamieren ein ebenso großes Vergnügen fand. Dieser J... ist nachher einer unsrer ersten Schauspieler und beliebtesten dramatischen Schriftsteller geworden; und Reisers Schicksal hat mit dem seinigen bis auf einen gewissen Zeitpunkt viel Ähnliches gehabt. — J... und Reiser zeichneten sich immer in der Deklamationsübung am meisten aus — J... übertraf Reisern weit an lebhaftem Ausdruck der Empfindung — Reiser aber empfand tiefer. — J... dachte weit schneller, und hatte daher Witz und Gegenwart des Geistes, aber keine Geduld, lange über einem Gegenstande auszuhalten. — Reiser schwang sich daher auch in allem Übrigen bald über ihn hinauf — Er verlor allemal gegen J..., sobald es auf Witz und Lebhaftigkeit ankam, aber gewann immer gegen ihn, sobald es darauf ankam, die eigentliche Kraft des Denkens an irgend einem Gegenstande zu üben. — J... konnte sehr lebhaft durch etwas gerührt werden, aber es machte bei ihm keinen so dauernden Eindruck. Er konnte sehr leicht, und wie im Fluge etwas fassen, aber es entwischte ihm gemeiniglich ebenso schnell wieder. — J... war zum Schauspieler geboren. Er hatte schon als ein Knabe von zwölf Jahren alle seine Mienen und Bewegungen in seiner Gewalt — und konnte alle Arten von Lächerlichkeiten in der vollkommensten Nachahmung darstellen Da war kein Prediger in H., dem er nicht auf das natürlichste nachgepredigt hatte. Dazu wurde denn gemeiniglich die Zwischenzeit, ehe der Konrektor zur Privatstunde kam, angewandt. Jedermann fürchtete sich daher vor J..., weil er jedermann, sobald er nur wollte, lächerlich zu machen wußte. — Reiser liebte ihn dennoch, und hätte schon damals gern nähern Umgang mit ihm gehabt, wenn die Verschiedenheit der Glücksumstände es nicht verhindert hätte. J... s Eltern waren reich und angesehen, und Reiser war ein armer Knabe, der von Wohlthaten lebte, demohngeachtet aber den Gedanken bis in den Tod haßte, sich auf irgend eine Weise Reichen aufzudringen. — Indes genoß er von seinen reichern und besser gekleideten Mitschülern weit mehr Achtung, als er erwartet hatte, welches zum Teil wohl mit daher kommen mochte, weil man wußte, daß ihn der Prinz studieren ließe, und ihn daher schon in einem etwas höheren Lichte betrachtete, als man sonst würde gethan haben. — Dies brachte ihn auch von seinen Lehrern etwas mehr Aufmerksamkeit und Achtung zuwege.

Ob nun gleich zum Teil schon erwachsene Leute von siebzehn bis achtzehn Jahren in dieser Klasse saßen, so herrschten doch darin noch sehr erniedrigende Strafen. Der Konrektor sowohl als der Kantor teilten Ohrfeigen aus, und bedienten sich zu schärfern Züchtigungen der Peitsche, welche beständig auf dem Katheder lag; auch mußten diejenigen, welche etwas verbrochen hatten, manchmal zur Strafe am Katheder knieen.

Reisern war der Gedanke schon unerträglich, sich jemals eine solche Strafe von Männern zuzuziehen, welche er als seine Lehrer im hohen Grade liebte und ehrte, und nichts eifriger wünschte, als sich wiederum ihre Liebe und Achtung zu erwerben. Welch eine Wirkung mußte es also auf ihn thun, da er einmal, ehe er sich's versahe, und ganz ohne seine Schuld, das Schicksal einiger seiner Mitschüler, welche wegen eines vorgefallenen Lärms vom Konrektor mit der Peitsche bestraft wurden, teilen mußte. Gleiche Brüder, gleiche Kappen, sagte der Konrektor, da er an ihn kam, und hörte auf keine Entschuldigungen, drohte auch noch dazu, ihn bei dem Pastor M... zu verklagen. Das Gefühl seiner Unschuld beseelte Reisern mit einem edlen Trotze, und er drohte wieder, den Konrektor bei dem Pastor M... zu verklagen, daß er ihn unschuldigerweise auf eine so erniedrigende Art behandelte.

Reiser sagte dies mit der Stimme der unterdrückten Unschuld, und der Konrektor antwortete ihm kein Wort. Aber von der Zeit an war auch alles Gefühl von Achtung und Liebe für den Konrektor wie aus seinem Herzen weggeblasen. Und da der Konrektor nun einmal in seinen Strafen weiter keinen Unterschied machte, so achtete Reiser eine Ohrfeige oder einen Peitschenhieb von ihm eben so wenig, als ob irgend ein unvernünftiges Tier an ihn angerannt wäre. Und weil er nun sahe, daß es gleichviel war, ob er sich die Achtung dieses Lehrers zu erwerben suchte oder nicht, so hing er auch nun seiner Neigung nach, und war nicht mehr aus Pflicht, sondern bloß wenn ihn die Sache interessierte, aufmerksam. Er pflegte denn oft stundenlang mit seinem Freunde J... zu plaudern, mit dem er denn zuweilen gesellschaftlich am Katheder knieen mußte.

Adolf Freiherr von Knigge.

Adolf Freiherr von Knigge.

Einleitung.

Adolf Freiherr von Knigge wurde 16. Oktober 1752 zu Bredenbeck bei Hannover geboren, studierte von 1769 ab, privatim vorbereitet, zu Göttingen und wurde noch während seiner Universitätszeit Hofjunker und Domänenkammerassessor in Kassel. Nach einigen Jahren nötigte ihn der Tod seines Vaters, seine Laufbahn im Dienste des Landgrafen von Hessen zu unterbrechen. 1777 wurde er weimarischer Kammerherr und nahm seinen Wohnsitz in Hanau, dann in der Nähe von Frankfurt a. M. In dem den Freimaurern nachgebildeten Orden der Illuminaten spielte er eine große Rolle (Philo). 1783 siedelte er nach Heidelberg über, darauf nach Hannover, endlich nach Bremen, wo er in hannöverischen Diensten als Oberhauptmann über das kurfürstliche Gebiet und Scholarch der Domschule am 6. Mai 1796 starb.*)

Knigges hierher gehörige Schriften:

1. Der Roman meines Lebens. 4 Bde. 8°. I. Riga 1781 (noch einmal). 1783. 1786. Frankf. und Leipz. 1787. Frankf. 1805. II. und

*) Vergleiche: Goedeke, A. Freiherr Knigge, Hannover 1844. Herm. Klencke, Aus einer alten Kiste rc. Leipzig 1853. 8°., Schlosser, Geschichte des XVIII. Jahrh. Bd. 3, S. 305 ff. und A. Bock „Über Knigge" im „Litterarhistor. Taschenbuch" von Prutz 1845. Kluckhohn in der Allgem. Zeitg. (Augsb.) 1874, 171—196.

III. Riga und Frankf. 1782. 1786. 1787. 1805. IV. Riga und Frankf. 1786. 1787. 1805.

2. Geschichte Peter Clausens. 3 Bde. 8°. I. und II. Riga 1783. III. Frankf. 1785. I.—III. Frankf. 1791.
3. Die Verirrungen des Philosophen, oder Geschichte Ludwigs von Seelberg. Frankf. 1787. 2 Bde. 8°.
4. Geschichte des armen Herrn von Mildenburg. Hannover 1789/90. 3 Bde. 8°. Frankf. und Leipz. 1792. 3 Bde. 8°. Hannover 1804. 3 Bde. 8°.
5. Über den Umgang mit Menschen. Hannover 1788. 2 Bde. 8°. (noch einmal). 1790. 3 Bde. 8°. — 1792. 3 Bde 8°. — 1796. 3 Bde. 8°. — 1798. 3 Bde. 8°. — 1801. 3 Bde. 8°. — 1804. 3 Bde. 8°. — 1818. 3 Bde. 8°. — 1825. 3 Bde. 8°. — 1844. 8°. — 1851. 8°. herausg. v. Goedeke 1869. 8°.
6. Über Friedrich Wilhelm den Liebreichen und meine Unterredung mit Ihm von J. C. Meywerk, Chur-Hannöverschem Hosenmacher. Frankf. und Leipz. 1788. 8°. — Hamburg 1788. 8°.
7. Benjamin Noldmanns Geschichte der Aufklärung in Abyssinien, oder Nachrichten von seinem und seines Vetters Aufenthalt an dem Hofe des großen Negus, oder Priester Johannes. Göttingen 1791. 2 Bde. 8°.
8. Des seligen Herrn Etatsraths Samuel Conrad von Schaafskopf hinterlassene Papiere; von seinen Erben herausgegeben. Breslau 1792. 8°. Breslau 1796. 8°.
9. Das Zauberschloß oder Geschichte des Grafen Tunger. Hannover 1791. 8°. — 1802. 8°.
10. Die Reise nach Braunschweig. Hannover 1792. 8°. — 1794. 8°. — 1802. 8°. — 1839. 8° (welche nachstehend in Abdruck folgt).
11. Briefe auf einer Reise aus Lothringen nach Niedersachsen geschrieben. Hannover 1793.
12. Über Schriftsteller und Schriftstellerei. Hannover 1793.
13. Reise nach Fritzlar im Sommer 1794. Auszug aus dem Tagebuche. Durchaus bloß für Freunde, von Joach. Melchior Spießglas, hochfürstlicher Kammerjäger und Titular-Ratzenfänger in Peina o. O. 140 Seiten. Parodie auf Lavaters „Reise nach Kopenhagen".
14. Geschichte des Amtsraths Gutmann. Hannover 1794. 8°. Hannover 1802. 8°.

Die „Sammlung ausländischer Schauspiele für das deutsche Theater umgearbeitet". Heidelberg 1784/85. 8°. 2 Bde. und eine Anzahl anderer Übersetzungen sind keine „Werke" Knigges. In dem ersten Bande des „Umgangs, durchgesehen und aufs neue stark vermehrt von F. P. Wilmsen" (Hannover 1840), findet sich eine Biographie Knigges, der eine von ihm selbst herrührende Aufzählung seiner bis 1790 verfaßten Schriften beigefügt ist. Darunter sind seine Abhandlungen und Streitschriften die

Geheimbünde betreffend, ein „Allgemeines System für das Volk", „Etwas über den Cichorienbau", Predigten, Claviersonaten, Dramaturgische Blätter u. dergl. Zu der Übersetzung „Über den Zustand des geselligen Lebens in den vereinigten Niederlanden" bemerkt Knigge: „Eine weitschweifige, für wenige Deutsche interessante Schrift. Ich hatte gerade Geld nötig". Vgl. Maltzahn, Büchersch. S. 525. Eine bald nachgewiesene Fälschung Kotzebues machte Knigge zum Verfasser der Schmähschrift „Dr. Bahrdt mit der eisernen Stirn. 1790".

„Schriften" erschienen von ihm in 12 Bänden Hannover 1804—6 und 1830. 8°., schon 1784 waren aber 2 Teile „Gesammelte poet. und pros. Schriften" Frankf. 8°. erschienen.

Knigge ist unter den hier von uns zusammengestellten Erzählern der entschiedenste Vertreter des hausbackenen gesunden Menschenverstandes, mit Friedrich Nicolai, von dessen „Allgem. deutscher Bibliothek" er auch Mitarbeiter war, und etwa Johann Gottwerth Müller, dem Verfasser des Siegfried von Lindenberg, eng zusammengehörig. Besondere Tiefe ist nicht seine Sache, ebensowenig besonders viel sittlicher und poetischer Schwung. Wenn auch, wie das vorstehende Verzeichnis seiner Schriften lehrt, seine schriftstellerische Thätigkeit sich fast ganz auf die erzählende Prosa beschränkt, so verdankt er doch bekanntlich seine bescheidene Unsterblichkeit dem Buche über den Umgang mit Menschen. Aus diesem geht hervor, daß er sich als sittliches Ideal eine Mischung von Egoismus und Humanität dachte, ein Ideal, dessen Entstehung nur eine ziemlich oberflächliche Einsicht in die moralische Natur des Menschen voraussetzt.

Als Erzähler verbindet er ein leichtes Kompositionstalent mit Darstellungskraft für das Komische, ohne viel individuelle Besonderheiten des Stils zu zeigen, mit einer — wo er sich Mühe gegeben hat — nicht geringen Fähigkeit der Charakterschilderung.

*) sich greifen. Mit Freuden wollte ich die Unkosten, welche diese Einsendungen verursachten, erstatten — Aber werden Sie, verehrungswürdige Freundin! es mir auch vergessen, daß ich Ihnen mit dieser Bitte beschwerlich falle? Indessen hoffe ich doch, Sie werden dies als ein Zeichen meines gränzenlosen Vertrauens zu Ihrem edlen, theilnehmenden Herzen ansehen — Hier habe ich niemand, dem ich mich eröffnen kann.

Von meinem Siege über Zimmermann möchte ich nicht gern etwas öffentlich bekanntmachen, besonders jetzt nicht, da der Mann in einem Gemüthszustand ist, wo man ihn nicht noch mehr kränken muß.

Gott weiß, wie es mit dem Frieden aussieht! Es sind im Braunschweigischen aufs neue Werbungen ausgeschrieben und es giebt noch, auch in Hannover, Leute die so verblendet sind, daß sie nichts vom Frieden hören wollen. Dazu kommt der fast unvermeidliche Bruch zwischen Preussen und Rußland und die ziemlich gewisse Allianz zwischen Rußland, Österreich und England gegen Preussen — die armen Völker, die so das Spielwerk der Leidenschaften einzelner Menschen seyn müssen! —

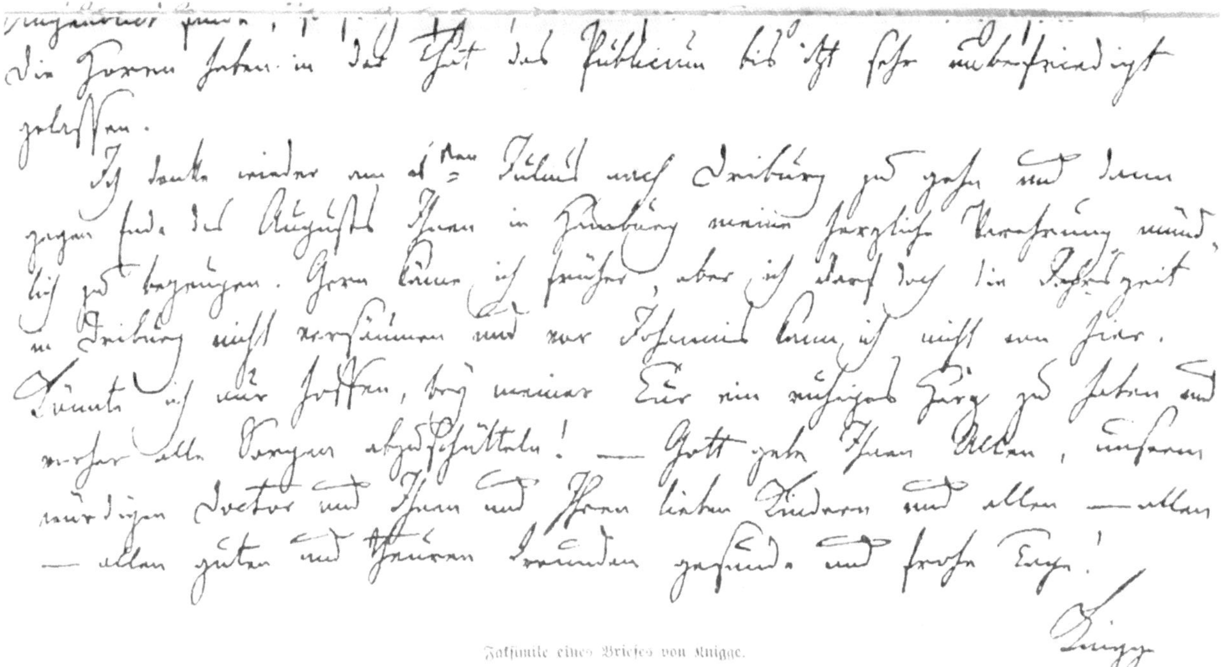

[illegible]

Die Herren haben in der That das Publicum bis ietzt sehr unbefriedigt gelassen.

Ich dachte wieder am 1ten Julius nach Driburg zu gehn und dann gegen Ende des Augusts Ihnen in Hamburg meine herzliche Verehrung mündlich zu bezeugen. Gern käme ich früher, aber ich darf doch die Badezeit in Driburg nicht versäumen und vor Johannis kann ich nicht von hier. Könnte ich nur hoffen, bey meiner Cur ein ruhiges Herz zu haben und vorher alle Sorgen abzuschütteln! — Gott gebe Ihnen Allen, unserm würdigen Doctor und Ihnen und Ihren lieben Kindern und allen — allen — allen guten und theuren Freunden gesunde und frohe Tage!

Knigge

Facsimile eines Briefes von Knigge.

*) Die ersten beiden Seiten dieses Briefes lauten:

Bremen am 7ten May 1795.

Lassen Sie mich, verehrungswürdige Freundin! noch einmal mein in der That sehr beunruhigtes Herz vor Ihnen ausschütten; Ermüden Sie nicht über meine unaufhörlichen Klagen. Es ist nicht nur Trost und Erleichterung für mich, wenn ich mit edeln theilnehmenden Freunden von meiner unangenehmen Lage reden kann, sondern ich habe auch einige Hoffnung, daß Sie vereint mit unsern übrigen dortigen Lieben, etwas zu meiner Hülfe werden thun können und wollen.

Ich werde immerfort auf eine unerhörte Weise geneckt. Freytag hat den hiesigen hannöverschen Officieren bestimmt verbothen, mein Haus zu besuchen. So wenig mir an der schlechten Gesellschaft dieser Leute gelegen ist, so ärgerlich ist mir das Geschwätz, was dadurch veranlaßt wird. Der Prinz Adolph, Sohn des Königs ist in Oldenburg unpäßlich und Marcard ist sein Arzt. Dieser unterhält ihn nun täglich von Illuminaten und Jacobinern und Propagandisten, warnt ihn vor mir, theilt ihm die Schmähschriften mit u. sucht ihn zu bewegen, mich in England als einen Mann abzuschildern, dessen man sich durchaus entledigen müsse. Der Prinz hat mir immer Wohlwollen bezeugt u. theilt nun alles, was ihm M. sagt, seinem Cavalier, dem Hauptmann v. Godemann mit. Dieser sucht ihn zu beruhigen, merkt doch aber, daß die Verleumdung täglich ein wenig tiefer greift. Jetzt heißt es Freytag wolle nach England reisen. Geschieht das; so kann er dort den König nach Gefallen ängstigen, da dieser ohnehin von nichts als bevorstehenden Aufruhren träumt. Da ich weiß, daß Freytag allgemein im Lande, und selbst von den Ministern, gehaßt ist; so habe ich einen von den Herrn erforschen lassen, um es dahin zu bringen, daß man mir nur erlaubte, geradezu gegen den Feldmarschall zu operiren. Man müßte mir dann gestatten, (welches übrigens allen Unterthanen verbothen ist) mich an den König zu wenden; das Ministerium müßte das ignoriren und dann wollte ich das Wenige, was ich von Beredsamkeit besitze, aufbiethen, um dem Könige den alten Freytag in dem gehörigen Lichte zu schildern, indem ich zugleich den Prinzen von Wallis und den Herzog von York in Bewegung setzte, die Beyde Freytags geschworene Feinde sind. Allein das Ministerium will sich auf nichts einlassen. Theils fürchten sie den alten Bösewicht zu sehr, theils besorgen sie, wenn man mir einmal den Weg zum Könige wieder frey ließe, mögte ich meine alten Klagen auch wieder gegen sie erneuern. Und so muß ich denn alles über mich ergehen lassen und vielleicht erwarten, daß wenn F. erst in England ist, ich vielleicht auf einmal meinen Abschied geschickt erhalte. Dazu kömmt der Unfug der Zeitungsschreiber. In zwey frankfurtischen, in der erlanger, in der berliner, in der hessischen und andern steht: ich sey wegen politischen Ketzereien gefangen nach Stade gebracht worden. Ja! in einer (ich weiß nicht, in welcher) steht: „es hätten sich bey einem, „in Wien verhafteten Aufrührer, Papiere gefunden, die mich gravirten". Nun habe ich keinen einzigen Bekannten in Wien und habe seit 1784 keinen Brief dahin geschrieben; Vermuthlich hat aber Hoffmann diese Nachricht eingeschickt, um auch von daher, vereint mit den Uebrigen, gegen mich zu operiren. Und hier komme ich nun auf den Liebes-Dienst, den mir meine Freunde erweisen könnten. Es müßte nämlich in verschiedenen Zeitungen (besonders in solche, die in den Rheingegenden gelesen werden, als z. B. die oben benannten) ein Artikel, ungefähr folgenden Inhalts eingerückt werden: „Es seyen seit „einiger Zeit in verschiedenen öffentlichen Blättern falsche Nachrichten, einen gewissen „arglosen Mann betreffend, in der Absicht verbreitet worden, denselben bey dem Publico „und seinen Vorgesetzten verdächtig zu machen. Es sey dem Manne unmöglich, jeder „Quelle dieser Verunglimpfungen nachzuspüren und dann jeden einzelnen Verleumder „gerichtlich zu belangen, obgleich die Haupt-Quelle nicht schwer zu entdecken wäre. Es „wollten daher einige seiner Freunde nur im Allgemeinen erklären, daß alle diese Gerüchte erdichtet wären und daß der bewußte Mann sehr ruhig in B. lebte und seine „Pflichten, so viel es seine Kräfte gestatteten, zur Zufriedenheit seiner Obern, treulich „erfülle." Wenn dies bald geschähe; so würde der Lerm wenigstens nicht weiter um

(Folgt die umstehende faksimilirte Seite.)

Die Reise nach Braunschweig.

Ein komischer Roman. .

Erstes Kapitel.

Eine ländliche Gesellschaft rüstet sich zu einer Reise, um merkwürdige Dinge zu sehen.

„Das mag possierlich aussehen, Herr Pastor!“ sagte der Amtmann Waumann zu dem geistlichen Herrn, der, mit dem andern Zeitungsblatte in der Hand, ihm gegenüber saß. „Das mag possierlich aussehen, wenn so ein Mann in der Luft herumfährt, und einen Ball unter dem Hintern hat.“ „Nicht unter dem salva venia Hintern, exkusieren Sie!“ erwiderte der Pastor Schottenius, „der Musjö Blanchard sitzt in einem Schiffchen, welches an dem, mit künstlicher Luft gefüllten großen Ballon befestigt ist.“ „Was Teufel!“ fiel ihm hier der Förster Dornbusch in die Rede, „wie macht es aber der Hexenkerl, daß er damit herumkutschiert? Das kann nicht mit rechten Dingen zugehen.“ Nun ließ sich Ehren Schottenius auf eine weitläufige Beschreibung der Luft-Kutschier-Maschinen ein, und bewies zuerst, daß es auf keine Weise sündlich sei, Versuche von der Art zu machen, wie wohl manche abergläubische Leute meinen möchten; vielmehr diene die Erforschung der Natur und deren Kräfte zur Verherrlichung des Schöpfers, „wie ich dies,“ fügte er hinzu, „in meinen, nun bald im Drucke erscheinenden Predigten zum öftern bewiesen habe.“ Dies war der Refrain, welchen er in der gewöhnlichen Unterhaltung jedem Satze, den er vortrug, anzuknüpfen pflegte. Er hatte nämlich eine Sammlung von 57, schreibe sieben und fünfzig, Stück Predigten fertig liegen, die er herauszugeben längst beschlossen hatte, und es gab wenig Gegenstände unter dem Monde und wenig Wahrheiten und Vermutungen, über welche er nicht in diesen Kanzel-Reden Gelegenheit genommen hätte, seine unmaßgebliche Meinung zu sagen. Ehren Schottenius war in der That ein aufgeklärter Geistlicher. — Es giebt böse Menschen, welche behaupteten, das sei eine contradictio in adjecto, oder vielmehr, ein Prediger handle sehr inkonsequent, wenn er die Aufklärung befördere; allein unser Herr Pastor widerlegte durch sein Beispiel diese Ketzerei. Nur müssen wir uns über den richtigen Begriff des Wortes Aufklärung verstehen. Er war kein Mann, der das Gegenteil von dem glaubte und lehrte, worauf er geschworen hatte, und wofür er sich besolden ließ. Er nahm nicht das Lämpchen der Aufklärung in die Hand, um in dem Altertums-Kabinette spekulativer Raritäten und dogmatischer Geheimnisse aufzuräumen; sondern er verwaltete die ihm über diesen Schatz anvertrauete Aufsicht, nach Anweisung seiner Obern, und so, wie die meisten Bibliothekare in und außer Klöstern die Aufsicht über die Sammlungen seltener Handschriften zu führen pflegen; denn er bewahrte sie vor nagenden Mäusen und vor verbleichenden Sonnenstrahlen, rührte jedoch nicht anders daran, als wenn er an hohen Festtagen einmal den Staub davon abkehren mußte, damit man doch den besuchenden Fremden zeigen könnte, daß sie noch da wären. Seine Aufklärung aber bestand darin, daß er nicht alle andere menschliche Kenntnisse auf den einzigen Stamm der Orthodoxie pfropfen wollte, sondern mit Vergnügen von neuen Entdeckungen in allen Gebieten der Wissenschaften und Künste reden hörte, ohne sich darum zu bekümmern, ob der Schlüssel dazu schon in den mosaischen Geschichtsbüchern zu finden wäre, oder nicht. Er empfahl in seinen Predigten, neben der reinsten christlichen Moral, eine edle Wißbegierde und Empfänglichkeit für alles nützliche Gute, und rief oft mit Paulus aus: „Prüfet alles, und das Gute behaltet!“ Diese vernünftige Stimmung hatte er dadurch erlangt, daß er einige Jahre in dem Hause eines Edelmannes in Halberstadt als Kinderlehrer zugebracht, und dort Gelegenheit gehabt hatte, mit Männern von großen Einsichten umzugehen. Freilich hatte er sich nachher auf dem Lande wieder, wie man zu sagen pflegt, ein wenig verlegen; aber immer noch unterschied er sich vorteilhaft unter seinen Amtsbrüdern weit umher. Allein die innere Überzeugung dieses Vorzugs gab ihm auch wohl zuweilen eine etwas zu hohe Meinung von sich selber, so daß er niemand lieber reden hörte, als den Pastor Schottenius; und man hätte versucht werden mögen, zu glauben, er habe nur den, seinem Stande sonst

1. contradictio in adjecto, alter Schulausdruck = Widerspruch in der Beifügung z. B. ein viereckiger Kreis.

vorgeworfenen geistlichen Hochmut gegen eine Art von gelehrtem Stolze vertauscht. Diese Meinung könnte uns nun bewegen, einige scharfsinnige Bemerkungen über die Quellen mancher menschlichen Tugenden zu machen. Wir würden dann zum Beispiel finden, daß, wenn mancher große Mann durch seine Popularität und Herablassung gegen kleine Leute sich beliebt macht, er eigentlich nur deswegen sich so wenig herausnimmt, damit er die überwiegende Stimme des Volks für sich gewinne; daß also seine Ruhmsucht sich hinter dieser angenommenen Demut versteckt, oder daß er stolz genug ist, zu glauben, er könne sich nie etwas vergeben durch Herablassung gegen Leute, denen es nicht einfallen dürfte, mit ihm verglichen zu werden; wir würden ferner finden, daß man einen bescheidenen Gelehrten nicht ärger anführen kann, als wenn man ihm nicht lebhaft genug widerspricht, sobald er von dem geringen Werte seiner Schriften redet; wir würden endlich finden, daß mancher Edelmann nur deswegen der Abschaffung des Adels, womit man in Frankreich den Anfang gemacht hat, das Wort redet, weil er sich bewußt zu sein meint, seine unleugbaren inneren Verdienste würden ihn noch immer über andere erheben, wenn auch alle äußere Rücksichten von Stand und Geburt wegfielen. Allein wir, der Autor, haben uns nun einmal vorgenommen, die scharfsinnigen Bemerkungen in unserm Büchlein eben nicht zu häufen, sondern dieselben dem geehrten Leser selbst zu überlassen, so sehr wir auch ratione honorarii dabei gewinnen könnten. Also fahren wir in der Erzählung dessen fort, was in des Herrn Amtmanns Waumann Hause in Biesterberg vorging.

Hier war es nämlich, wo die drei Herren, welche wir redend eingeführt haben, den 6. August 1788 nachmittags, mit einem geselligen Pfeifchen im Munde, versammelt saßen, und die eben angekommenen Zeitungsblätter durchliefen. Folgender Artikel veranlaßte das obige Gespräch: „Braunschweig, den 2. August, 1788. Den zehnten dieses Monats wird der berühmte Luftschiffer, Herr Blanchard, mit einem großen und schönen Ballon aus unserer Stadt in die Höhe fahren. Der Zusammenfluß der Fremden, welche dieses bewundernswürdige Schauspiel herbeilockt, wird an diesem Tage außerordentlich sein, indem schon jetzt in den, mit Meßleuten angefüllten Gasthöfen fast kein Zimmer mehr leer ist.“

Nachdem der Pastor Schottenius nun deutlich auseinandergesetzt hatte, was für eine Bewandtnis es mit solchen Luft-Fuhrwerken hätte, erscholl aus einer Ecke des Zimmers eine Stimme, welche rief: „O Papa! lassen Sie uns doch hinreisen nach Braunschweig, und das Ding mit ansehen!“ Diese Stimme kam von sonst niemand, als dem jungen Herrn Valentin Waumann, dem ehleiblichen Sohne des Herrn Amtmanns, her. Dieser liebenswürdige Jüngling hatte damals sein Alter gebracht auf circa drei und zwanzig Jahre, war ein breitschultriger Junggeselle, in der christlichen Religion auferzogen, und nachher der edlen Landwirtschaft zugethan und gewidmet, welcher er sich auch so eifrig ergab, daß sein Herr Vater die Absicht hegte, ihm ein benachbartes Vorwerk, das er mit gepachtet hatte, nebst dem Inventario an Kühen, Schweinen, Pferden, instrumentis rusticis, und einer für ihn ausgesuchten Gattin, nächstens zu übergeben. Musjö Valentin war nie über die Grenzen des Amts Biesterberg hinaus gekommen, obgleich der Amtmann oft versprochen hatte, einmal, bevor der junge Herr sich in den Stand der heiligen Ehe begäbe, mit ihm eine Fahrt von einigen Tagereisen zu machen, um in Hildesheim, Braunschweig, Hannover, und andern schönen Städten in der Nachbarschaft, die Welt mit ihren Merkwürdigkeiten zu sehen. Als der junge Herr nun, wie gesagt, in der Ecke saß, wo er sich beschäftigte, neue Kerbhölzer für die Dienstleute zu schnitzeln und er dort von den Zeichen und Wundern hörte, welche in Braunschweig in wenig Tagen geschehen sollten, erinnerte er seinen Papa an das Versprechen der Reise. Die Frau Amtmännin, deren Liebling dies einzige Söhnchen war, unterstützte sein Gesuch; und so wurde dann kurz und gut beschlossen, am nächstkünftigen Sonnabende, als an dem Tage vor der großen Luft-Begebenheit, die Reise nach Braunschweig, geliebt' es Gott, zu unternehmen.

„Potz Element,“ rief der Förster aus, „Herr Amtmann, da reise ich mit; ja! so thue ich, und von da fahre ich auf dem Rückwege die paar Meilen weiter über Goslar, wo ich doch hin muß, um meine Grete aus der Penschon abzuholen. Sie verstehen mir, Herr Amtmann! und darüber wird denn Müsche Valentin auch nicht böse werden, denke ich so, ha, ha! Und unser Herr

11. instrumentis rusticis, landwirtschaftlichen Geräten.

Pastor muß auch mit, und muß uns seine halbe Schäse thun, denn weil ich sonst mant immer reite; so habe ich keine eigene Karrete, und so aber, so fahren wir in zwei Kutschen; und was der Herr Pastor verzehrt, das bezahle ich, ja! das thue ich."

Ehren Schottenius war leicht zu bereden, diesen Vorschlag anzunehmen; der Kandidat Krebs aus Möllenthal hatte sich ohnehin die Erlaubnis erbeten, am nächsten Sonntage in Biesterberg predigen zu dürfen, und außer dem Vergnügen der Reise gab diese kostenfreie Lustfahrt dem Pastor noch Gelegenheit, einen längst gehegten Vorsatz auszuführen, nämlich den, sich in Braunschweig nach einem Verleger für seine sieben und fünfzig Predigten umzusehen.

Es kam nur noch auf eine Kleinigkeit an: auf die Einwilligung der Frau Pastorin; da indessen diese selbst gegenwärtig war, und, neben der Frau Amtmännin sitzend, eben die fünfte Tasse Kaffee, auf vielfältiges Bitten, sich hatte wohlschmecken lassen: so ließ sich die Sache bald aufs Reine bringen. „Ja, was meinst du zu dem Vorschlage, mein Schatz?" sprach der Pastor; und sah nach den kleinen schwarzen Äuglein seiner Gebieterin, ob sie zürnten oder lächelten. „I nun! da du mit so guter Gelegenheit umsonst hinkömmst: warum nicht?" — So war's denn richtig; alles wurde gehörig verabredet, und bald nachher trennte sich die Gesellschaft.

Zweites Kapitel.

Die Abenteuer des ersten Tages auf der Reise.

Die liebe Sonne hatte am neunten des Augusts kaum den ersten Blick in das enge Thal geworfen, in welchem, an eine kleine Anhöhe gelehnt, das Dorf Biesterberg mit seinen schönen Amtsgebäuden lag; die Hähne auf den Bauerhöfen weckten nun krähend ihre Damen aus dem Schlafe; der Schulmeister stand im Kamisol ohne Ärmeln unten im Turm, und zog gähnend die Betglocke; die Knechte schlichen schwerfällig aus den Ställen hervor, und klopften die Lünzen an den Ernte-Wagen zurecht; die Hirten

1. thun, leihen. — 33. Lünzen, Lünsen, Lunsen, die Nägel, welche die Räder an der Achse festhalten.

bliesen in ihr Horn, und gaben durch Klatschen das Zeichen, worauf die Mägde, mit bloßen Beinen und mit aufgerafften Reisern in den Händen, das Vieh von den Höfen hinunter trieben — da war schon im Amthause, auf dem Pfarrhofe und in des Försters Wohnung alles auf den Beinen. Des Herrn Amtmanns ehrwürdiger Reisewagen stand geschmiert und bepackt vor der Thür; der Gärtner Kaspar bürstete an dem gelben geblümten Plüsche, womit er ausgeschlagen war, und die Haushälterin steckte Butterbröde und eine gebratene Rehkeule in die Seiten-Tasche. Oben an dem Fenster des Eckzimmers stand der alte Herr, reisefertig angekleidet, in Stiefeln mit Stiefel-Manschetten, und umgürtet mit einem Hirschfänger; Musjö Valentin war unter den Händen seiner Mutter, die ihm die schwarze Halskrause umband, und die blaue mohrene Weste, welche zu enge geworden war, hinten aufschnitt. Er sah stattlich aus, der junge Herr, in seinem perlfarbenen Rocke; die Haare weiß eingepudert, hinten in einen langen dünnen Zopf gebunden. „Spann an, Konrad!“ rief dann der Amtmann zum Fenster hinaus seinem Kutscher zu, der schon in der grauen Livree mit grünem Kragen, worauf eine silberne Tresse prangte, um die Kutsche herumging. „Spann an! aber ich wette, an dem Pastor liegt es wieder; der wird zu lange geschlafen haben.“ — Ungerechte Beschuldigung! Ehren Schottenius ging schon seit länger als einer Stunde, vom Kopf bis zu den Füßen schwarz und vollständig angekleidet, bis auf die Perücke, die er noch nicht gegen die weiße Nachtmütze vertauscht hatte, mit einer Pfeife Tabak vor seinem Hause auf und nieder. Vor seiner, in der That sehr demütigen grünen halben Chaise, die mit einem Rücksitze versehen war, standen schon die vom Förster geschickten Nachbars-Pferde angespannt. Nun kam auch dieser, nachdem er seinen Schnaps genommen hatte, herbei; die geistliche Perücke wurde aufgesetzt, der blaue Überrock angezogen; man ging nach dem Amthause; das wackelnde Fuhrwerk folgte nach, und rasselte auf dem Steinpflaster; alles im Dorfe kam an die Fenster. Im Amtshofe waren indessen die vier schwarzbraunen Wallachen angeschirrt worden. — Man nahm Abschied, stieg ein. „Nun fahrt zu in Gottes Namen!“ rief der Pastor. Man ließ ihn mit dem Förster in ihrem Fuhrwerke voraus; und so ging es denn auf dem Wege nach Hildesheim fort.

Unter den Eigenschaften, durch welche man sich in dieser Welt beliebt und geachtet machen kann, behauptet die, ein angenehmer, muntrer Gesellschafter zu sein, keinen geringen Platz; sie wird sogar oft höher geschätzt, als manche echte Tugend, oder ersetzt wenigstens den Mangel derselben. Nirgends aber ist man mit angenehmer Unterhaltung und muntrer Laune willkommener, als auf Reisen seinen Gefährten. Nun aber besaßen die vier Personen, welche wir soeben des Wegs nach Hildesheim zu spediert haben, von jener geselligen Eigenschaft herzlich wenig; daher war denn auch die Unterhaltung in den anderthalb Kutschen so eintönig, daß ich mich außer Stand sehe, etwas daraus mitzuteilen, das den Leser interessieren könnte. Der Förster klagte darüber, daß die Taschen seines geistlichen Nachbars zu dick wären, und daß dies ihm den Raum beenge. Unrecht hatte er nicht; denn in die linke Überrockstasche war von der Frau Pastorin die mitzunehmende reine Wäsche auf einige Tage gesteckt worden, und in der andern wohnte das Manuskript der bewußten Predigten. Der Förster ruhete daher nicht eher, als bis die Taschen ausgeleert, und die darin beherbergten Sachen in den Sitzkasten gelegt waren. Hierauf setzte er sich in eine Lage, die wenigstens für ihn bequemer, als für seinen Nachbar war (aber er bezahlte ja auch für diesen), und fing dann an, den einschläfernden Wirkungen des genossenen Schnapses nachzugeben, wobei er, so oft der Wagen einen Stoß bekam, mit seinem sinkenden Haupte in die Perücke des geduldigen Pastors geriet, der dies Ungemach, bei dem Genusse eines Pfeifchens und allerlei Meditationen, ohne Murren ertrug. In dem zweiten Wagen las der Herr Amtmann seinem Sohne Collegia über den Zustand der Felder, durch welche sie fuhren, wußte alle Dörfer mit Namen zu nennen, von welchen man in einiger Entfernung die Turmspitzen wahrnahm; und Musjö Valentin, der indes die Witterung von den Butterbröten und dem Braten bekommen hatte, zog sein Taschenmesser hervor, fing an, sich vorzulegen, und antwortete seinem Vater nur eintönig und mit vollen Backen.

So ging die Zeit hin bis gegen Mittag, da die Gesellschaft in ein Dorf, eine Meile von Hildesheim, kam, wo man dann Anstalt machte, Pferde und Menschen mit einem ordentlichen Futter zu versehen, weil man da wohlfeiler zu zehren hoffte, als in der bischöflichen Residenz. Man fragte die Wirtin, was sie auf den Tisch liefern könnte, und bekam Anweisung auf eine Biersuppe und ein großes Stück frisch gekochtes Pökelfleisch. Der Herr Amtmann aber vergrößerte diesen Küchenzettel durch Bestellung eines dicken Pfannekuchens. Indes nun zu diesem letztern Anstalt gemacht wurde, worüber wohl eine Stunde verstrich, weil die Pfanne nicht sogleich zu finden war, indem der Knecht dieselbe gebraucht hatte, um darin einen warmen Umschlag für eines der Pferde zu bereiten, entstand in der Schlafkammer des Wirts ein fürchterlicher Lärm und Zank. Der Herr Pastor glaubte Beruf zu haben, zu versuchen, ob er hier nicht das Amt eines Friedensstifters übernehmen könnte, und ging in das Zimmer. Er fand den Hausherrn äußerst ergrimmt über sein Eheweib, welches, um das geräucherte Rindfleisch, das den angekommenen Gästen vorgesetzt werden sollte, warm zu halten, ihres Mannes ledernes Beinkleid darüber gedeckt hatte. Er hatte es eben anziehen wollen, und nun fand er es ausgespannt und rauchend.

Man kann sich leicht vorstellen, daß alle diese Zubereitungen zu dem bestellten Gastmahle unsern Reisenden nicht viel Appetit erweckten. Sobald daher die Rosse gefüttert waren, ließ man wieder anspannen, und die Gesellschaft fuhr fort nach Hildesheim, wo sie in dem berühmten Gasthofe des Herrn Lauenstein abtrat, den sie im Schlafrocke, eine Pfeife in der Hand, und eine graue Mütze auf dem Haupte, im Vorplatze spazierend antrafen. Da man noch zeitig genug zu dem auf folgenden Nachmittag angekündigten großen aerostatischen Schauspiele in Braunschweig sein konnte, wenn man Sonntags früh aus Hildesheim fuhr, und das Mittagsessen in Peina einnahm: so beschloß man, bis zum andern Morgen in jener merkwürdigen Stadt zu verziehen. Die Pferde wurden zurückgeschickt, weil sie in der Ernte nötig waren, und man bestellte sich Postpferde.

Ein deutscher Originalroman und ein deutsches Originalschauspiel sind sehr geschmacklos, wenn nicht darin von Mahlzeiten die Rede ist; und je weniger oft der Autor selbst zu verzehren hat, desto herrlicher läßt er die Personen seiner Schöpfung speisen und tränken. Ich hoffe daher, meine Leser werden mir's nicht ungnädig aufnehmen, daß ich mitunter sehr viel von den Magenangelegenheiten meiner Reisenden rede. Wir wollen ihnen nun noch in Hildesheim etwas Gebackenes zum Kaffee reichen lassen, um sie für die schlechte Mittagstafel zu entschädigen, und dann mögen sie es aushalten bis zum Abend, und sich unterdessen ein wenig in der Stadt umsehn. Wirklich thaten sie das, gingen in den Dom, und von da in andere Kirchen und Klöster, begafften die Häuser, die ihrer Meinung nach schön gebaut waren, deuteten mit den Fingern auf alles, was ihnen merkwürdig vorkam, zogen vor jedem wohlgekleideten Manne die Hüte ab, und blieben voll Verwunderung stehen, und sahen hinterdrein, wenn ihnen ein schmutziger Kapuziner oder ein anderer Mönch begegnete.

Ermüdet von dem ungewohnten städtischen Steinpflaster, kehrten sie zurück in das Wirtshaus, und traten in das allgemeine Gastzimmer, dessen Fenster nach dem Hofe hinausgehen. Der Herr Amtmann forderte eine Bouteille Bier und Pfeifen; aber kaum hatten sie die Thür geöffnet, als ihnen ein so fürchterlicher Lärm entgegen tobte, daß sie zurückprallten, und gar nicht den Mut gehabt haben würden, einzutreten, wenn ihnen nicht ein Mann mit einer Baßstimme zugerufen hätte: „Nur näher, Messiöß! es ist halt eine kleine Probe; wenn Sie beiwohnen wollen, viel Ehre! Sie mögen unser Publikum vorstellen; setzen Sie sich da hinter den Tisch!" Der Mann war ein kleiner, dicker Knirps von etwa fünfzig Jahren, dunkelbraunen Angesichts, mit rollenden, etwas rot gefütterten Augen und ganz dünnen schwarzen Haaren. Er trug einen hellgrünen Rock, jetzt zum Frack eingerichtet, doch so, daß man noch an den verschiedenen Nüancen der Farben sehen konnte, wie er sich schon oft nach den Launen der Mode hatte hudeln lassen müssen, und wie er zuweilen mit langen, zuweilen mit kurzen Schößen, dann mit großen, und dann wieder mit kleinen Aufschlägen war versehn worden. Jetzt war er mit etwas geziert, das man einst am Hofe des Herzogs von Würtemberg, und nachher, so oft es auf andern Kleidern gesessen, eine aufgeheftete Stickerei (tour appliqué) genannt hatte. Unsere Gäste waren durch das Geräusch, welches in dem Zimmer herrschte, worin sich, außer dem kleinen Herrn, noch viel Personen beiderlei Geschlechts befanden, und durch einen fremden Anblick so betäubt, daß sie sich nur gleich auf die ihnen angewiesenen Plätze hinsetzten, da dann der Dialog unter allen gegenwärtigen Menschen folgendermaßen fortging.

Ein ziemlich altes Frauenzimmer. Ein Verbrechen! und mein Gewissen schweigt? und befiehlt mir, zu beharren? Was ist ein Staatsverbrechen?

Der alte Herr. Wenn du „mein Gewissen" sagst, mußt du

den Zeigefinger auf die Herzgrube legen, aber nicht zu tief, sonst zeigt es den Magen an. Ich weiß nicht, ihr Leute habt noch immer keinen Begriff von echter Gestikulation. Nun wird geläutet; wer läutet?

Ein junger Mensch. Ich! (Er nimmt ein Bierglas vom Tische und schlägt mit der Tabakspfeife daran.)

Ein anderer. Was läutet man?

Die Frau. Es ist Mittag.

Der Förster (für sich). Es mag den Teufel sein! Es ist meiner Six bald sieben Uhr!

Der andere. Diese Glocke läutet euch kein gutes Zeichen.

Die Frau (ängstlich). Ich ahne es; ich weiß es; mir wird so bange — Albrecht!

Der dicke Herr. Lauter, lauter!

Die Frau (brüllt). Albrecht! und du verließest mich!

Der dicke Herr. Bravo!

Musjö Valentin (leise). Papa! die Menschen sind toll; lassen Sie uns machen, daß wir fortkommen!

Der Amtmann (leise). Herr Pastor! was bedeutet das?

Der Pastor (leise zum Amtmann). Ich glaube, es sind Mimi, Histriones, Komödiantenvolk.

Der andere. Entschließt Euch!

Die Frau. Ich bin ja entschlossen; hab's Euch ja oft gesagt; hab' nie gewankt.

Der dicke Herr. Nun kömmt der neunte Auftritt.

Ein dritter (tritt hervor). Es ist Zeit!

Der andere. Hört Ihr's?

Die Frau. Gott, was soll mir geschehen? — Wo ist Zenger? — o Albrecht!

Der dritte. Soll ich?

Der andere. Ja!

Ein vierter (kömmt hinter dem Ofen hervor). Herr Kanzler! wißt Ihr, wie Schurken und Verrätern mitgefahren wird?

Valentin (leise). Papa! Sie schimpfen.

Der andere. Wozu diese Frage?

Der vierte. Weil Ihr's an Euch selbst bald erfahren sollt. Folgt mir, gnädige Frau!

Der Amtmann (leise). Es ist eine von der Noblesse.

Der dicke Herr (rüttelt den auf dem Schenktische stehenden Messerkorb und trommelt auf dem Tische). Das war das Waffengetöse und Trommeln; nun spricht Tuchsenhauser.

Der andere. Verwegner! Agnes soll da bleiben, auf des Herzogs Befehl.

Der Amtmann. Exkusieren Sie; hier hat niemand zu befehlen, als der Fürstbischof.

Der vierte (zieht ein Messer hervor). Verräter! das gilt mehr, als dein Herzog. (Will die Frau fortreißen.)

Der dicke Herr. Bravo! (Er giebt ein Zeichen durch Klopfen an der Thür; mit einemmal stürzen der Hausknecht, ein Tagelöhner und noch einige andere, mit Knütteln bewaffnet, herein. Es kömmt zum Kampfe.)

Der Förster, (der, als ein reitender Förster, nie anders, als mit Stiefeln und Sporen, und bewaffnet mit einer Peitsche, erschien). Nein! das ist zu arg. Willst loslassen, du Sackermenter! Ist das erlaubt, über ein Weibsmensch herzufallen?

Und nun fuhr der Förster hinter dem Tische hervor, und — freilich konnte der gute Mann, der in seinem Leben kein ordentliches Schauspiel gesehen hatte, nicht wohl wissen, daß das, was er da hörte, eine Stelle aus dem großen Originaltrauerspiele Agnes Bernauer (oder undeutsch zu reden: Bernauerin) war. Der reisende Schauspieldirektor, Herr Stenge, war nämlich mit seiner zusammengerafften Gesellschaft Tages zuvor in Hildesheim angekommen, woselbst er die Erlaubnis erhalten hatte, zum Besten der Moralität und zur Beförderung des guten Geschmacks so lange Vorstellungen von unsern Nationalmeisterstücken zu geben, bis die ehrlichen Bürger und Handwerksleute nichts mehr zu versetzen haben würden, um vierzehn Vagabunden zu füttern. Bessere Schauspielergesellschaften hatten ihr Auskommen in Hildesheim nicht gefunden; und so war denn doch zu hoffen, daß Mädchen und Jünglinge in romanhafter, schwärmerischer Stimmung und den Künsten der edlen Buhlerei wenigstens nicht ganz hinter der Jugend anderer Städte zurückbleiben würden. Des Herrn Stenge sogenannte Schauspielergesellschaft hatte übrigens noch das eigene Verdienst, daß sie eine wahre Musterkarte von allen deutschen Provinzialdialekten war; doch führten die meisten Mitglieder die sanfte bayerische Mundart. Da das Brauhaus, worin der Schauplatz errichtet werden sollte, noch nicht in Ordnung war, und man am Montage das eben genannte Trauerspiel mit

20. Agnes Bernauer von J. A. Graf von Törring-Cronsfeld. München 1780.

allem Pomp geben wollte, hatte der Directeur, welcher mit seiner leider schon ein wenig bejahrten Frau Liebsten in dem Gasthofe des Herrn Lauenstein sein Quartier genommen hatte, einen Teil seiner Gesellschaft zu sich bestellt, um einige Scenen aus dem vierten Akte zu probieren. Es war nicht möglich, alles so vollkommen und täuschend darzustellen, als es am Montage auf der Bühne erscheinen sollte; denn da waren die edle Schuster- und die Schneiderzunft und einige Perückenmacher eingeladen worden, die Personen des Magistrats von Straubingen, der Fürsten und Ritter auf dem Turnier, der Richter, Knechte, Wachen u. dergl. vorzustellen, welche Rollen sonst in Berlin und andern Städten wohl mit Musketiers besetzt zu werden pflegen. Heute hatte man den Hausknecht und ein paar andere Lümmel, die gerade im Hause waren, abgerichtet, auf ein zu gebendes Zeichen in das Zimmer zu stürzen, wenn Tore mit den Kriegsknechten erscheinen mußte. Dem Förster war das Ding zu bunt; er verstand es nicht, worüber der Streit herkam; als man aber über die ältliche Dame, welche Agnes vorstellte, herfiel, hielt er's für Pflicht, der schwächern Partei beizustehen. — Also fuhr er, wie wir schon gesagt haben, hinter dem Tische hervor, und arbeitete mit seiner Peitsche auf die Kriegsknechte los. Der dicke Herr Stenge hielt den Mann im grünen Rocke für einen Spaßvogel, der den Kampf täuschender darzustellen suchte, und rief einmal über das andere aus: bravo! bravo! Aber nicht also der Hausknecht und Konsorten. Man hatte ihnen, als man sie zu dieser Vorstellung instruierte, nicht gesagt, daß sie ernstlich Schläge bekommen sollten. Da die Sache nun diese Wendung nahm, gefiel ihnen das sehr übel; und weil doch jeder sich gern seiner Haut wehrt, wenn er kann: so blieben sie unserm armen Dornbusch nichts schuldig. Wenn es aber, nach dem vortrefflichen alten Spruche, ein Trost ist, Gefährten im Unglücke zu haben: so wurde dieser Trost auch dem Förster zu teil; denn als die Kriegsknechte glaubten, der Grünrock gehöre mit zur Partei derer, welche sie anzugreifen befehligt waren, und er die Sache so ernstlich behandelte, meinten sie auch ein Recht zu haben, sich, wegen der empfangenen Hiebe, an den übrigen zu rächen. In kurzem war daher die ganze Gesellschaft in zwei Parteien geteilt: hier tummelten sich zwei auf der Erde herum! dort hatten sich ein paar in die Haare gefaßt; Agnes Bernauer vergaß die Ohnmacht, die in ihrer Rolle stand, und schrie laut; ihr Gatte, der Prinzipal, versuchte es, die Kämpfer aus einander zu reißen, indes der Pastor, der Amtmann und sein Sohn kläglich und ängstlich um Hülfe riefen. Endlich hörte Herr Lauenstein, der Wirt, daß der Lärm größer war, als zu einer bloßen Probe unumgänglich nötig schien. Er kam also mit seinen übrigen Hausgenossen herbei. Es wurde ein Waffenstillstand gemacht; dann kam es zu Erläuterungen. Der Prinzipal versicherte, er freue sich, bei dieser Gelegenheit die Bekanntschaft des Herrn Försters Dornbusch und seiner Gefährten gemacht zu haben, und dieser schloß mit der Sentenz: „Der Teufel hole solche Komödien!"

Indessen versäumte Herr Stenge nichts, sobald die übrigen Schauspieler, die nicht in demselben Hause wohnten, fort waren, die gute Meinung der Männer aus Biesterberg für sich zu gewinnen. Er konnte gar nicht aufhören, seine Betrübnis über das unangenehme Mißverständnis zu erkennen zu geben; er kramte dabei so viele herrliche, aus Dramen und Trauerspielen zusammengeflickte Grundsätze aus, sprach so eifrig von den Anstalten, die er getroffen hätte, um unter den Mitgliedern seiner Gesellschaft die strengste Sittlichkeit zu erhalten, und von seinen Beeiferungen, durch gute Auswahl der aufzuführenden Stücke Wärme für Tugend und Religion zu verbreiten, daß selbst Ehren Schottenius sich geneigt fühlte, den Herrn Stenge und die Frau Gemahlin für sehr vortreffliche Personen zu halten. An der Abendtafel, bei welcher der Herr Amtmann Baumann unter andern ein paar mitgenommene Flaschen voll alten Franzweins produzierte, der im vorigen Jahre in Bremen war komponiert worden, öffneten sich nun vollends die Gemüter; und als unsere Reisende, nicht gewohnt, länger als bis zehn Uhr außer Bett zu bleiben, in die ihnen angewiesenen Zimmer gingen, indes Herr Stenge noch unten blieb, schieden sie alle mit Händeschütteln und viel verbindlichen Äußerungen auseinander.

Drittes Kapitel.

Der zweite Tag fängt mit einem neuen Sturme an. Fortsetzung der Reise, bis Peina.

Es war vier Uhr des Morgens, und noch lag in der bischöflichen Residenz alles, Mann, Weib und Kind, in tiefer Stille versunken; die gnädigen und hochwürdigen Domherren ruhten aus in den Armen — des Schlafs von erhabenen Meditationen, und sammelten neue Stärke zu — ihrem Leben, voll frommer Aufopferung; Mönch und Nonne, versteht sich, jede einzeln, weideten ihren, aus dem ertöteten Fleische zum Himmel emporstrebenden Geist in den seligen Gefilden des Paradieses, und der ehrliche Bürgersmann schlief sanft, um Kräfte zu sammeln zu seinen, nicht so einträglichen, aber doch nicht minder nützlichen Geschäften — da quälte den Amtmann Waumann ein fürchterlicher Traum, wie er noch keinen je geträumt hatte. Wir, der Autor, könnten diesen Traum des Breitern hier erzählen, und füglich einen halben Bogen damit anfüllen — sind doch schon manche Bände in allen Formaten geschrieben, die nichts als Träume enthalten! — allein diesmal wollen wir uns begnügen, zu sagen, daß dieses Traums Hauptgegenstand der einzige Waumannsche Leibeserbe, unser liebenswürdiger Valentin, war, und zwar in dem Augenblicke der größten Gefahr, worin eine fromme Christenseele nur schweben kann, nämlich in den Klauen des leidigen Satanas und seiner Großmutter. Es dünkte den Amtmann, das Winseln seines Eingebornen, abwechselnd mit dem Gebrülle des höllischen Schwefelpfuhlprinzipals, zu vernehmen. Geschworen hätte er darauf, daß es kein bloßer Traum wäre, der vor seiner Phantasie schwebte — und nichts glich seinem Schrecken, als er sich nun wirklich gänzlich erwacht fühlte, den geliebten Sohn nicht mehr neben sich im Bette sah, wo er doch des Abends zuvor seinen Platz genommen hatte, sondern als die valentinischen Klagetöne in einiger Entfernung vernehmlich und unverkennbar zu seinen Ohren drangen: „Papa! Papa! ach! sie knebeln mich; sie thun mir den Tod an." Der Amtmann sprang sogleich von seinem Lager auf, fuhr schnell in seine Beinkleider, ergriff den zweischneidigen Hirschfänger, und riß die Thür auf, durch welche seines Erben Geschrei gedrungen war.

Um die Leser, deren Ungeduld, wie wir, der Autor, das gar nicht anders vermuten dürfen, aufs höchste gespannt sein wird, nicht länger aufzuhalten, wollen wir den ganzen traurigen Vorgang erzählen, der diese Scene des Schreckens veranlaßte. In des hochgeehrten Herrn Lauenstein Gasthofe kommt man vermittelst einer kleinen Treppe, die, vermutlich aus Mangel des gehörigen Lichts, ein wenig dunkel ist, zu einem mit einem Alkoven versehenen Zimmer. Über demselben ist ein Appartement von ähnlicher Art, zu welchem man vermöge der Fortsetzung jener Treppe gelangt. Die übrigen Fremdenzimmer liegen nach andern Seiten des Hauses hin, und in diese entlegene Wohnungen hatte man den Prediger und den Förster einquartiert. Der Theaterprinzipal war nebst Gattin, wie bekannt, früher angekommen, und hatte daher Besitz von dem untersten jener Alkovenzimmer genommen; dem Amtmann und seinem Sohn hingegen war das im obersten Stockwerke angewiesen worden. Wir haben erzählt, daß die Gesellschaft aus Biesterberg abends früher, als die Priester der Thalia, zu Bette gingen. Herr Stenge liebte, wie das zuweilen der Fall bei solchen Künstlern ist, die starken, begeisternden Getränke, und da sein Schutzpatron, Sanktus Apollo, ihm keinen Nektar lieferte, pflegte er sich bescheiden mit Kümmelaquavit oder dergleichen zu behelfen. Des Amtmanns alter Franzwein hatte seinen Durst vermehrt; er ließ sich also noch Branntwein vom Wirt geben, schickte seine Frau zu Bette, nahm seine Rolle, als Kaiser Ernst in Agnes Bernauer, vor sich, fing an trinkend zu studieren und studierend zu trinken; und nach und nach wurde sein kaiserliches Haupt schwerer; ein kleines Geschäft, dem sich Monarchen und Bauern zu gewissen Zeiten nicht entziehen können, rief ihn in den Hof; er taumelte irrend herum, geriet endlich in einen leer stehenden Pferdestall, stolperte, fiel auf das Stroh hin — der Genius des Hauses Bayern wachte über ihn; er schlief sanft ein, sanfter, als sonst wohl Kaiser und Könige schlafen. — Moral: Man kann wohl je zuweilen auf Stroh sanfter, wie auf Eiderdaunen, ruhen.

Unterdessen hatten die Zauberkräfte der ungewohnten Stadtküche eine sonderbare Umwälzung (Revolution) in den Verdauungswerkzeugen des Musjö Valentin Waumann bewirkt; er konnte nicht einschlafen vor Kneipen und Reißen. — Wie wenn der Professor Aloisius Hoffmann in Wien, nach unweisem Genusse der gewürzten Speisen der Aufklärung, seinen, an Wassersuppen, Fastenspeisen und Klosterkost gewöhnten Magen in dem unsaubern heimlichen Gemache der Wiener Zeitschrift zu entladen sucht; so sehnte sich unser liebenswürdiger Jüngling nach einer ähnlichen Anstalt für seine Bedürfnisse. Er schlich weg von

32. Professor L. A. Hoffmann, ein Mann von wüstem Lebenswandel, machte sich durch Polemik gegen die schlüpfrige Litteratur lächerlich.

der Seite seines fest schlafenden Erzeugers, irrte im Hause umher, fand endlich das quasi Hoffmannische Institut, und kehrte, doch nicht verachtet und verspottet, wie der Professor, nach seiner Schlafstelle zurück. Allein unglücklicherweise geriet er in das untere Zimmer, und weil dies vollkommen wie das obere eingerichtet war, wurde ihm sein Irrtum nicht merklich, sondern er ging dem Alkoven zu, legte sich behende neben — Madam Stenge hin, und schlief ein.

Also schlief er; die Dame schlief; der Herr Amtmann schlief; der Theaterfürst schlief: folglich wurde bis zu der Morgenstunde niemand der Verwechslung gewahr. Dann aber waren die Dünste des gestrigen Rausches bei dem Herrn Stenge verflogen; er erhob sich von seinem Lager, erstieg sein Zimmer, und fand — was wir wissen.

Als der Amtmann den Schauplatz der Gewaltthätigkeit erreichte, hatte eben der Prinzipal den einzigen Waumannischen Erben mit einer Hand an der Gurgel ergriffen, indem er ihm mit der andern ein Taschenpistol auf die Brust hielt, und dabei fürchterlich deklamierte: „Räuber, Ehrenschänder!“ rief er aus; „du sollst mir den Frevel teuer bezahlen. Und du, unkeusches Weib! die du mein Ehebette beflecktest, hast du vergessen, daß dein Leben mein Werk ist, daß ich dir alles aufopferte, daß ich hasse, wie ich liebe? Was hindert mich, daß ich jeden eurer Odemzüge in banges Seufzen, euer verliebtes Girren in Heulen und Zähnklappern verwandle?“ „Hat sich was zu klappern!“ rief der Förster, der indes, wie alles, was sonst noch im Hause lebte und webte, herbeigekommen war. „Hat sich was zu klappern! Das alte Mensch hat ja keinen Zahn mehr im Rachen. Und nun sage mir gleich, du vermaledeiter Pritschmeister! was dir der junge Mensch da gethan hat! Oder ist das wieder einer von deinen Komödienspäßen, wobei ehrliche Leute Schläge kriegen? Ich rate dir's: bleib' uns mit deinem Hokuspokus vom Leibe, oder du sollst sehen, daß der Förster Dornbusch auch Komödie spielen kann!“

Weit entfernt sich durch diese Drohungen schrecken zu lassen, erhob vielmehr Herr Stenge nur noch lauter seine Prinzipalstimme. Von der andern Seite trat seine Eheliebste mit den heiligsten Beteuerungen ihrer Unschuld hervor, — ein Gegenstand, den sie in dreißig Jahren nicht Gelegenheit zu verteidigen gefunden hatte! Sie schwor bei den Lichtern des Firmaments, sie habe fest geschlafen,

18ff. **Räuber u. s. w.**, eine Stelle aus dem Duodrama Medea.

und gar nicht geahnet, daß ein Verführer den Platz ihres Mannes bei ihr eingenommen hätte. „Wodurch, schändlicher Bösewicht," schrie sie, „habe ich deine Frechheit ermuntert, daß du einen so höllischen Anschlag auf meine Tugend wagen durftest?" — „Darum also," fiel ihr hier wieder Herr Stenge in die Rede, „habt ihr mich mit euren betäubenden Getränken in einen Zustand versetzt, in welchem ich meiner Sinne nicht mächtig war?" — Kurz, beide spielten ihre Rolle so gut, und der dicke Herr war ein zu alter Praktikus, als daß er nicht auf den ersten Blick hätte wahrnehmen sollen, was für Vorteil sich aus dieser Verwirrung ziehen ließ. Der Amtmann und seine Gefährten standen in der That wie bezaubert da, und wußten nicht, was sie anfangen sollten. Alles sprach gegen Musjö Valentin; das Faktum war nicht zu leugnen; das Ehepaar drohte mit gerichtlicher Klage; der Wirt glaubte gleichfalls sein Haus beschimpft. — Welch ein Aufsehen, wenn Herr Stenge die Gesellschaft in Verhaft nehmen ließ! Freilich würde sich die Sache vor Gericht aufgeklärt haben; aber der Schimpf — und die Kutschen standen schon bespannt vor der Thür; es war keine Zeit zu verlieren, wenn man des Herrn Blanchards Himmelfahrt sehen wollte — was sollte man also thun?

Von der ganzen Gesellschaft war unstreitig der Pastor Schottenius der Vernünftigste. Er merkte bald, daß dem Übel durch einen Aderlaß, den der Herr Amtmann seinem Geldbeutel verordnen würde, abgeholfen werden konnte. Es bedurfte nicht viel Feinheit, um die Gaunerfamilie zu bewegen, hierzu die Hände zu bieten. Mit einer Anweisung auf dreißig Reichsthaler, die Herr Lauenstein, welcher den Beamten kannte, bezahlte, wurde die Sache ins reine gebracht; unsere Freunde reiseten ab, verschworen sich, ihr lebenlang an Hildesheim zu denken, und kamen bald ohne weitern Unfall in Peina an.

Viertes Kapitel.

Begebenheiten in Peina; Tischgespräche; Kuchen, in des Pastors Unsterblichkeit gehüllt; die Gesellschaft trennt sich.

Wir sehen es denen Damen und Herren an, welche dieses unser, wie wir uns schmeicheln, sehr unterhaltendes Werk lesen, daß sie bei der Überschrift des Kapitels über die Tischgespräche die Köpfe schütteln. Sie möchten die Reisenden nun gern sogleich weiter fortgeschafft wissen, in der Hoffnung, daß es da wieder allerlei lustige Abenteuer absetzen würde; die Gespräche hingegen werden ihnen, wie sie fürchten, Langeweile machen. Allein sie irren sich gewaltig, wenn sie glauben, daß wir, der Autor, uns darum bekümmern werden. Das müßte doch wahrlich mit andern Dingen zugehen, wenn man uns vorschreiben dürfte, auf welche Weise wir unsere Geschichte erzählen sollten, und wenn es uns verwehrt sein dürfte, auch einmal unsere Personen miteinander über Gegenstände räsonnieren zu lassen, über welche wir unsere Meinung zu sagen einen Trieb fühlen. Ist doch das die einzige schickliche Gelegenheit, die wir in diesem Buche finden können, unsere philosophischen und andern wissenschaftlichen Kenntnisse, die, ohne uns zu rühmen, nicht zu verachten sind, auszukramen!

Diesmal aber ist der Autor sehr unschuldig daran, daß seine Reisenden sich so lange in Peina aufhalten. Der Zufluß von Fremden, die aus allen Gegenden zu der Blanchardschen Hanswursterei nach Braunschweig reiseten, war so unbeschreiblich groß, daß nicht jedermann sogleich Postpferde erhalten konnte. Unsere Freunde aus Biesterberg waren unter der Anzahl derer, die sich mußten vertrösten lassen, bis ein paar Gespanne zurückgekommen sein würden. — Bei solchen Gelegenheiten pflegen denn auch vornehme Herrschaften schneller bedient zu werden, obgleich sie gewöhnlich nicht besser bezahlen wie andere. Sie konnten noch von Glück sagen: ein Holländer, der viele Meilen Weges deswegen gereiset war, mußte sich gefallen lassen, statt des Herrn Blanchards Bekanntschaft, mit der des Herrn Postmeisters in Peina fürlieb zu nehmen, ihnen hingegen versprach man doch, sie zur rechten Zeit nach Braunschweig zu liefern. Und da sie nun einmal ein paar Stunden in Peina aushalten müssen, und sie da in einer großen Gesellschaft von andern Reisenden an der Mittagstafel sitzen, muß ich doch entweder erzählen, was sie gegessen oder was sie gesprochen haben. Das erste würde sehr kurz zusammenzufassen sein, wie jeder weiß, der einmal im Posthause in Peina getafelt hat; folglich, es hilft nichts dafür, werde ich nicht umhin können, mit den Tischgesprächen aufzuwarten.

Des Herrn Amtmanns respektabler Bauch und sein mit Gold eingefaßter blauer Rock hatten ihm, vermöge einer stillschweigenden Konvention, den obersten Platz am Tische verschafft; Musjö Valentin ließ sich gleich neben ihm nieder, band die Serviette um den Hals, und grinste freundlich in die Suppenschale. Dem Vater zur andern Seite saß, in sehr zierlicher Reisekleidung, ein Mann mit einer Protektionsmiene, den unsere Freunde so obenhin für einen Regierungs-, Hof- oder Kammerrat hielten. Hierneben nahm der Förster Platz; dann der Pastor. Mit kavaliermäßigem, leichtem Anstande warf sich dann ein junger Herr auf den nächsten Stuhl, trillerte, mezza voce, das Fragment eines kleinen Liedes, und rümpfte die Nase über die, wie es schien, ihm zu gemeine Kost. Der Rest der Gesellschaft bestand aus unbedeutenden Personen, die kein Wort redeten, als wenn sie Wein forderten, und sich durch nichts als ihren vortrefflichen Appetit bemerklich machten.

Der Amtmann. Nach Ihnen, mein hochgeehrtester Herr!

Der wichtige Mann. Ohne Umstände! Ich bin nicht für Komplimente. Apropos! wie fällt in Ihren Gegenden die Ernte aus? Sie haben doch wohl selbst Landhaushalt?

Der Amtmann. Ich habe die Ehre, als Amtmann in Seiner **** Diensten zu stehen, und habe eine große Pachtung. Ei nun! mit der diesjährigen Ernte ist es —

Der wichtige Mann. Große Pachtung? Das höre ich immer ungern. Freilich werdet ihr Herren reich dabei — lauter kleine Fürsten! Aber das Land, das Land!

Der junge Herr (zu dem Pastor). Wie heißt der beste, große Gasthof in Braunschweig?

Pastor. Exkusieren Sie! Ich kann nicht dienen. Es ist das erste Mal, daß ich mit den —

Förster. Ich logiere mant immer im goldnen Engel; da ist gute Wartung für Menschen und Vieh.

Einer von den andern. Meine Herren! ich nehme mir die Ehre: auf gutes Wohlsein!

Alle. Danke ergebenst! Obligiert! Gleichfalls!

Der wichtige Mann. Bei unserm Kollegio sind wir jetzt darüber aus, die Ämter zu vereinzeln, und die Ländereien an Bauern auszuthun. Wir sehen den Nutzen davon ein; wir wollen den Profit mehrern Familien gönnen; wir haben darüber jetzt gewisse Grundsätze angenommen, wobei unser Land besser fahren wird.

Der junge Herr. Mich soll wundern, wie man mich in Braunschweig behandeln wird! ich finde viele Bekannte da; und ob ich den Herzog verändert finde! — Der Kaiser wird es kaum glauben, wenn ich ihm bei meiner Rückkunft sage, wie weit man noch in Hannover zurück ist. (Unsere Freunde machten große Augen.) Sind Sie ein Liebhaber von Musik, Herr Pastor?

Pastor. Ich habe ehemals ein wenig Harfe gespielt und gesungen; aber die Amtsgeschäfte lassen mir jetzt wenig Muße zum bloßen Zeitvertreibe übrig.

Der junge Herr. Zeitvertreib? Ich bitte Sie! Kann etwas edler sein, als die Tonkunst? Was wirkt mehr auf Herz und Empfindungen? Kann ein Mensch ein gutes Gemüt haben, und kein Freund von Musik, und kann ein großer Musiker wohl je ein Bösewicht sein? An dem Vortrage eines einzigen Adagio will ich hören, ob ein Virtuose edler Gefühle fähig ist, oder nicht.

Pastor. Erlauben Sie, mein Herr! Ich habe das ehemals auch wohl gedacht, habe mich aber nachher überzeugt, daß das alles nur ein Werk mechanischer Übung ist. Weich macht die Musik, das ist gewiß; aber nicht jede sanfte, wollüstige Empfindung ist darum Empfindung edler Art. Die Musik hat keine bestimmte Sprache; sie regt luxuriöse Gefühle auf, ohne ihnen eine geordnete Richtung zu geben. Das Herz wird dadurch empfänglich — hier zum Wohlwollen, zur Freundschaft, dort zur Sinnlichkeit und zu grober Wollust. Die Menschen sind sehr geneigt, verschiedene Begriffe zu verwechseln, die man mit denselben Worten ausdrückt. Wir sagen von einem sanguinischen Weichlinge, der über Romanhelden Thränen vergießt: er habe Gefühl, und dasselbe sagen wir von dem Manne, dessen Herz sich für große Gegenstände warm und thätig interessiert. Allein vergessen wir nicht, daß jener darum doch ein Erzschurke sein könne, der wahrhaftig tugendhafte, zu erhabenen Thaten und großmütigen Aufopferungen fähige Mann hingegen sich durch die Gewalt seiner Vernunft über die Leidenschaften auszeichnen müsse! Kurz! die Tugend besteht nicht in dunkeln Gefühlen, wie ich dies in einer Predigt, die bald im Druck erscheinen wird, weitläufig auseinandergesetzt habe. Was ich eben behauptete, wird ja auch durch die Erfahrung bestätigt. Findet man nicht die verworfensten, schlechtesten Leute, und die kaum Menschensinn haben, unter den geschicktesten Virtuosen? (Hier stand der junge Herr einen Augenblick auf und ging hinaus.)

Der Amtmann (zu dem wichtigen Manne). Um Vergebung! Kennen Dieselben den Herrn, der da von Musik sprach, und der, wie es scheint, mit fürstlichen Personen in genauen Verhältnissen stehen muß?

Der wichtige Mann. Ob ich den Schuft kenne? Wie wollte ich nicht! Das ist ein reisender Flötenspieler! ein liederlicher Hund, der, als ich in herrschaftlichen Angelegenheiten in Wetzlar war, dort ein ehrliches Bürgermädchen verführte und mit ihr durchging! Hernach ist er einmal Komödiant gewesen; jetzt steht er in Wien bei der Kapelle eines Fürsten. Sie haben recht gehabt, daß Sie ihm die Wahrheit gesagt haben, Herr Pastor. Aber das muß man gestehen: der Kerl spielt wie ein Engel. Solche Pfeifer und Geiger glauben, daß sie die wichtigsten Leute im Staate sind, und daß sie uns eine Gnade erzeigen, wenn sie uns die Thaler aus dem Beutel dudeln. Aber auf unser voriges Gespräch zurückzukommen, Herr Amtmann! Sie schüttelten den Kopf, als ich von Verteilung der Amtsländereien sprach. —

Der Amtmann. Ich bekenne, daß ich nicht dafür bin. Sie werden vielleicht glauben, mein hochgeehrtester Herr, daß ich aus Eigennutz rede; aber das ist gewiß nicht der Fall. Sie belieben zu sagen, die Beamten würden reich bei den großen Pachtungen; allein das hängt davon ab, wie der Kontrakt gemacht ist. Und wäre das auch: was würde aus unsern Staaten werden, wenn es keine reichen Leute darin gäbe? Wer sollte in Zeiten der Teurung und des Mangels den Armen Brot und Arbeit geben, ihnen Vorschüsse thun? Der Bauer sammelt nicht. Kommen nun Mißjahre, so ist die Not allgemein. Der wohlhabende Beamte hingegen ist in solchen Kalamitäten der allgemeine Kassierer. Sie sagen, wenn die Ländereien verteilt würden, lebten mehrere Familien davon. Allein ziehen denn nicht von dem reichen Manne ebensoviel Familien ihren Unterhalt? Dem Wucher der Kapitalisten und der übermäßigen Bereicherung aber kann ja die Landesregierung Einhalt thun.

Unser Herr Amtmann wollte seine kameralistische Abhandlung eben fortsetzen, als dem wichtigen Manne gemeldet wurde, daß der Wagen, in welchem er mit zwei von den stummen Personen abreisen sollte, fertig vor der Thüre stünde. Er ging also von dannen; und kaum hatte er die Thür hinter sich zugezogen, als der Virtuose in ein lautes Gelächter ausbrach: „Nun bei meiner Seele!“ rief er: „das nenn' ich einen Windbeutel! Thut der Kerl nicht so dick, als wenn er ein Minister wäre? Aber wir kennen uns; ich habe ihn gesehen, als er in Wetzlar, zur Zeit der Visitation, Bedienter bei dem ***schen Gesandten war.

Er hat mir und dem Kammerrichter manches Glas Wein eingeschenkt, wenn wir bei dem Gesandten speiseten. Jetzt ist er Scribent bei der Kammer in ***."

Den Herrn Amtmann reuete nun seine übergroße Höflichkeit, und seine ländlichen Gefährten machten in der Stille ihre Bemerkungen über die Wahrheit des Satzes, daß in der großen Welt, in welcher sie so fremd waren, der Schein gewaltig betröge. Indessen war ein Gespann Pferde zurückgekommen; man konnte also die Hälfte unserer Freunde nach Braunschweig spedieren. Es war nicht ratsam, länger zu warten, weil jeden Augenblick neue Fremde ankamen, welche die Pferde wegnahmen. „So will ich denn," sprach Herr Waumann, „mit Valentin vorausfahren. Sobald ein anderes Gespann kommt, folgen Sie nach, und im goldnen Engel finden wir uns wieder." „Ich sehe," sagte der Virtuose, „daß der Herr Amtmann einen Platz leer haben. Wollen Sie so gütig sein, mich mitzunehmen? so gewinne ich Zeit, meine Equipage kann nachkommen. Ich wollte gern heute noch, ehe der Lärm los geht, den Prinzen *** sprechen, der mich erwartet." — So etwas abzuschlagen, dazu hatte der Herr Amtmann keinen Mut; also nahm er den musikalischen Reisenden mit. „Mein Vetter, der Förster da oben, bezahlt für mich," sagte der Virtuose dem Küfer leise in das Ohr, als er hinunter kam, und damit stieg er schnell ein, und sie fuhren ab.

„Wir wollen," sprach der Pastor, „dies Stück Kuchen mitnehmen; es muß doch bezahlt werden. Aufwärter, hat Er nicht ein Stück Papier?" Der Aufwärter ging hinaus, kam bald wieder, und brachte einen halben Bogen, klein beschrieben. „Ach! was ist das?" rief Ehren Schottenius, „das ist ja meine Hand. Wo hat Er das Papier gefunden? Ach, du meine Güte! das ist meine schönste Predigt. Wie ist Er an dies Blatt gekommen?"

O ihr unsichtbaren Mächte! Schutzgeister, Engel und Teufel, Heilige und Verdammte, Genien, Dämonen, oder wie ihr heißen möget, die ihr eure Nasen in das Gewebe unserer Schicksale steckt: sprecht, was haben die armen Reisenden aus Biesterberg verbrochen, daß ihr ihnen so übel mitspielt? War es euch nicht genug, daß der dienstfertige Förster Dornbusch für seine gute Absicht, Agnes Bernauer aus den groben Händen des Hausknechts zu erlösen, mancherlei Streiche leiden mußte, daß der unschuldige Valentin Waumann, als ein Ehebrecher angeklagt, mit Todesgefahr bedroht wurde, und daß sein würdiger Erzeuger sich gezwungen sah, aus seinem Seckel seinen einzigen Leibeserben von dem zwiefachen Schimpfe loszukaufen? Muß nun noch die Unsterblichkeit, die sich Ehren Schottenius in der Schulbuchhandlung in Braunschweig schwarz auf weiß wollte geben lassen, ein Spiel loser Buben werden? Denn daß du es nur wissest, geneigter Leser! folgendermaßen war es mit der unglücklichen Predigt zugegangen: Die schönen Beschreibungen und Kupferstiche, welche des berühmten Herrn Blanchards Windreise vorstellten, und wodurch die kuriosen Liebhaber brotloser Künste herbeigelockt werden sollten, hatten die muntere Jugend in Peina bewogen, die Nachahmung der Luftbälle seit einiger Zeit zum Hauptgegenstande ihrer unschuldigen Spiele zu machen. Drei lustige Knaben, die ihr Wesen in dem Hofe des Herrn Postmeisters trieben, wiegten sich eine Zeitlang in der leer stehenden halben Kutsche des Pastors Ehren Schottenius. Ihre Neugier trieb sie endlich auch, in den Bock- und Sitzkasten hinein zu blicken; da fanden sie denn in letzterem unglücklicherweise das Manuskript unsers armen Pastors; und weil sie keinen Begriff von der Wichtigkeit dieser Papiere hatten, erklärten sie das ganze Bündel für ein res nullius, nahmen einige Hefte davon, holten Schere, Nadeln und Zwirn herbei, begannen von den Wahrheiten des Christentums wegzuschneiden, was nicht zu der Form eines Luftballs paßte, wie der Doktor Bahrdt von den Kirchensystemen wegschneidet, was ihm nicht rund genug ist, und fingen dann an, die Stücke zusammen zu nähen, um die Nachahmung einer aerostatischen Maschine zustande zu bringen. Der Aufwärter, welcher Papier suchte, nahm den Knaben eins von den Blättern weg, brachte es dem Pastor, wie wir gehört haben; und in welche Klagelieder dann der ehrwürdige Herr bei dem Anblicke dieses Fragments ausbrach, das wollen wir aus Schonung gegen den geneigten Leser verschweigen. Unsere Erzählungen werden je zuweilen rührend sein; aber erschüttern wollen wir nicht. Auch können wir Ihnen zum Troste sagen, daß der geistliche Herr noch früh genug in den Hof kam, um den größten Teil des Manuskripts zu retten. Es war eigentlich nur eine Predigt ganz, und von einer andern die Nutzanwendung verloren gegangen, — ein erträglicher Schaden! Geht doch so manche

23. K. F. Bahrdt, aufklärerischer theologischer Schriftsteller jener Zeit, starb nach einem abenteuerlichen Leben zu Halle 1792.

Predigt ganz, und von den meisten die Anwendung verloren! — Da das zweite Gespann Pferde noch immer nicht zurückgekommen war, und Ehren Schottenius die beiden Seiten der Schlußvermahnung noch im Kopfe hatte, ließ er sich geschwind einen Bogen reines Papier geben, schrieb sie wieder auf, und hatte doch nun sechsundfünfzig Predigten vollständig. — — Was in der siebenundfünfzigsten gestanden hatte, war freilich, im eigentlichen Sinne, in den Wind geredet.

Wir lassen den geistlichen Herrn schreiben, und begleiten unsern Amtmann auf seiner Reise nach Braunschweig.

Fünftes Kapitel.

Was dem Herrn Amtmanne und seinem Sohne nach der Trennung von ihren Gefährten begegnet.

Der reisende Virtuose, den wir mit unsern beiden Freunden haben nach Braunschweig abfahren lassen, war, wie leider die meisten Menschen, die sich dieser Lebensart widmen, ein Erztaugenichts, der von den Schwächen anderer Leute lebte. Wenn er in einer Stadt die müßigen Musikliebhaber durch sein Talent, und die manntollen Weiber durch seine seelenlose Figur bezaubert hatte, nistete er sich auf eine Zeitlang ein, und blieb dort, bis irgend ein verübtes Bubenstück ihn nötigte, bei Nacht und Nebel fortzugehen, da ihm dann gewöhnlich die Flüche betrogener Gläubiger, mit Undank gelohnter Wohlthäter und verführter Mädchen nachfolgten. Dann trat er zwölf Meilen von da unter anderm Namen auf, hieß in St. Petersburg Monsieur Dubois, in Berlin Signor Carino, in Hamburg Herr Zarowsky, und in Wien Herr Leuthammer; erschien bald in gestickten Fracks mit zwei Uhren, bald in zerrissenem Überrocke als blinder Passagier auf dem Postwagen. Sein Herumtreiben unter Menschen aus allen Ständen hatte ihm eine gewisse Wendung, einen Anstrich von Feinheit und Welt gegeben, obgleich er im Grunde äußerst leer und unwissend war. In dem Augenblicke, da wir ihn hier haben auftreten lassen, war er ohne einen Heller Geld zu Fuße nach Peina gekommen, in der Zuversicht, die ihn, wie wir gesehen haben, auch nicht trog, daß er, bei der Menge von Fremden, die jetzt nach Braunschweig strömten, leicht einen gutwilligen Mann finden würde, der ihn dahin mitnähme, wo er ein Konzert zu geben, oder sonst einen Fang zu thun hoffte. Unsere Landleute aus Biesterberg waren gerade die Menschen, deren er bedurfte. Daß er beim Abfahren dem Förster, den er für seinen Vetter ausgab, die Sorgfalt überließ, seine Zeche zu bezahlen, war nur ein kleines Probestück seiner Kunst, im Vorbeigehen; von seinen Reisegefährten aber hoffte er größere Vorteile zu ziehen.

Sobald nun die Kutsche das holprige Steinpflaster in Peina verlassen hatte, fing Herr Carino an, mit sanfter Stimme und bescheidenem, ehrerbietigem Wesen seine Gesellschafter zu unterhalten.

„Der junge Herr," sprach er, „sind wohl noch nie in Braunschweig gewesen? Das Gewühl von Menschen wird jetzt ungeheuer groß darin sein. Man muß sich da im Gedränge gewaltig in acht nehmen, daß man nicht bestohlen oder sonst gemißhandelt werde. Ich will wohl raten, Uhr und Geldbeutel im Gasthofe zurückzulassen. Wir wollen uns dann immer nahe zusammenhalten, und wenn mein hochgeehrtester Herr Amtmann mir Dero Herrn Sohn anvertrauen wollen, will ich schon aufs beste für den jungen Herrn sorgen."

Dies Anerbieten konnte nicht anders als äußerst dankbar angenommen werden; die übrige Frist bis zur Ankunft in Braunschweig verwendete Herr Carino, sich vollends in dem Zutrauen des alten Herrn festzusetzen, und ihm mit angenehmen Erzählungen die Zeit zu vertreiben.

Im goldnen Engel fanden unsere Reisenden einen solchen Zusammenfluß von Fremden aus allen Gegenden, daß sie nur mit genauer Not noch ein kleines Zimmer unter dem Dache eingeräumt bekommen konnten, wo sie ihre wenigen Päckereien absetzen ließen.

„Daß dich der Tausend!" rief plötzlich der Herr Amtmann Waumann, als ihm auf der Treppe ein dicker Herr in einem braunen Rocke mit gelben Knöpfen und einer roten Weste mit Gold besetzt begegnete: „Alter Freund! wie treffen wir uns hier an?" — Es war der Licentiat Bocksleder aus Schöppenstädt, sein Universitätsfreund, den auch die Neugier hieher getrieben. — Und nun hatten sie sich tausend Dinge zu erzählen „Und weißt du denn, Herr Bruder Amtmann, daß meine Frau auch mit hier ist, und ihr Vater, der Kaufmann Pfeffer? Du mußt mir gleich mit zu ihnen! Wir logieren nicht hier im Hause, sondern im Prinzen Eugen; ich suchte nur hier jemand auf. Wir haben noch über zwei Stunden Zeit, ehe der Ball aufsteigt. Mit dem Anfüllen geht auch sehr viel Zeit weg; und Platz finden wir immer. Laß uns das Spektakel außer dem Thore jenseit des Grabens ansehen; in der Schanze ist das Gedränge zu groß, und warum sollte man noch Geld dafür ausgeben?"

Der Amtmann machte einige Einwendung, in Rücksicht auf seinen Sohn, und wenn er den auch mitnehmen wollte, hauptsächlich wegen der andern beiden Gefährten, die noch von Peina nachkommen würden; allein Herr Carino erbot sich, dem jungen Herrn nicht von der Seite zu gehen, mit ihm und, sobald der Pastor und der Förster da sein würden, auch mit diesen nach der Contre-Escarpe zu folgen. „Dort, wertester Herr Amtmann," sagte er, „werden wir Sie schon finden; und wenn auch nicht, so treffen wir doch, sobald alles vorbei ist, gegen Abend hier wieder zusammen. Lassen Sie sich ja nicht von Ihrer angenehmen Gesellschaft abhalten!" Der Vorschlag wurde angenommen, und der Amtmann ging mit seinem Freunde.

„Sie sind, meiner Sixt! ein netter Mann, Herr Carino!" sprach Musjö Valentin, als er mit dem Virtuosen allein war. „Ich habe Ihnen recht lieb. Sie sprechen so artig, daß man gern zuhört. Ihr Gespräch ist gleichsam wie das Wirtshausbier; man wird immer durstiger danach, je mehr man davon genießt." — „Und Ihr Witz," erwiderte Herr Carino, „ist wie das Märzbier; er ist auch noch im künftigen Sommer gut, ohne schal zu werden."

Hier wurde ihre Unterhaltung durch die Ankunft eines Boten aus Peina unterbrochen, den der Hausknecht hereinführte, und der nach dem Herrn Amtmann Waumann fragte. Er brachte einen Brief an denselben, und da zu vermuten war, daß der Inhalt vielleicht wichtig, und von der Art sein könnte, daß man eilig etwas darauf antworten oder thun müßte, Papa Waumann aber nicht herbeigeholt werden konnte, übrigens auch der Brief wohl keine Geheimnisse zu enthalten schien, indem er nur mit einer Oblate versiegelt war, riet Herr Carino, denselben zu erbrechen, welches auch geschahe. — Er lautete, wie folgt:

15. Contre-Escarpe, ein Teil der Festungswerke.

Wertgeschätzter Herr Amtmann!

Ein äußerst unerwarteter Vorfall, dessen Erzählung sich nicht wohl der Feder anvertrauen läßt, nötigt den Herrn Förster, seinen Reiseplan zu verändern, und von hier sogleich nach Goslar zu fahren. Erwarten Ew. Wohlgeboren uns also nicht in Braunschweig! Ich gestehe, daß es mir ein wenig nahe geht, das merkwürdige Experiment des Monsieur Blanchard nicht mit ansehen zu können. Auch wegen der Edition meiner Predigten wäre ich gern in Braunschweig gewesen. Allein, was ist zu thun? Mündlich ein Mehreres! Wir hoffen, so Gott will, gegen Ende der Woche wieder in Biesterberg einzutreffen. Ich empfehle mich gehorsamst

Peina, im Posthause,
Sonntags mittags, in Eil.

Johann Gottlieb Schottenius.

Musjö Valentin pflegte sich eben nicht den Kopf zu zerbrechen über die Grundursachen, wirkenden Ursachen und andern Ursachen der Dinge: also steckte er den Brief in die Tasche, und begnügte sich, seinem Gefährten zu erzählen: der Förster habe eine Nichte in Goslar, die Grete hieße, und die sie ihm, dem jungen Herrn Waumann, gern zur Frau geben wollten, die er aber nicht leiden möchte, weil sie ihm zu städtisch und zu gelehrt wäre. Er fürchtete sich recht davor, sagte er, daß der Förster sie nun mitbringen, und daß man ihm dann gewaltig zusetzen würde, Hochzeit zu machen.

Indes dies vorging, sahen sie nach und nach Scharen von Menschen zu dem großen Schauspiele hinziehen, und selbst aus dem goldnen Engel lief alles fort, was Beine hatte.

„Nun ist es Zeit," sprach Herr Carino, „daß wir uns auch zurüsten. Allein bei solchen Gelegenheiten thut man wohl, durch seine Kleidung ein wenig hervorzuleuchten, damit man vom Pöbel mit Achtung behandelt werde. Vermutlich haben Sie noch einen bessern Rock im Koffer. Hurtig, den angezogen! Ich habe einen Kamm bei mir; da will ich Ihnen in Eil ein wenig die Haare zurecht kämmen."

Valentin zog Rock und Weste aus, öffnete den Koffer, holte ein grünes Röckchen mit goldnen Knopflöchern hervor. — „Legen Sie dagegen Uhr und Geldbeutel hinein! und wenn Sie nun noch einmal an einen gewissen Ort gehen wollen," fuhr Herr Carino fort, „so machen Sie geschwind! Ich will indes alles in den Koffer verschließen. — Es giebt böse Menschen; man muß vorsichtig sein."

Herr Valentin lief, im Hemde, wie er war, an den Ort, den man nicht gern nennt; Signor Carino schlich nach, verriegelte, als jener saß, die Thür von außen, kehrte in das Zimmer zurück, packte Geld, Uhr und was er in der Eile aufraffen konnte, zusammen, flog die Treppe hinunter, verlor sich in den Haufen, und — wird sich wohl in diesem unserm Büchlein gar nicht wiederfinden.

Sechstes Kapitel.

Fragment einer Predigt. Unvermutete Zusammenkunft in Peina. Wie mag das zusammenhängen?

Der Ort, wo wir, als ein gewissenhafter Geschichtschreiber, den hoffnungsvollsten Jüngling leider haben einsperren lassen müssen, ist freilich kein angenehmer Aufenthalt für ihn; allein da wir ihn doch nun fürerst noch nicht von da erlösen können, fühlen wir, so sehr wir uns auch für ihn interessieren, dennoch keinen Beruf, ihm dort Gesellschaft zu leisten, sondern kehren vielmehr nach Peina zurück, um zu sehen, was aus unsern andern beiden Freunden geworden ist.

Wir haben gehört, daß der Herr Pastor sich angelegen sein ließ, die Lücke wieder auszufüllen, welche böse Buben in eine seiner schönsten Predigten gemacht hatten; der Förster Dornbusch warf sich indes in einen alten Lehnsessel hin, streckte die Beine vorwärts, schlug die Arme in einander, schloß seine Augen, fing an zu gähnen und schlief ein. Was können wir nun besseres thun, als daß wir, ohne einen von beiden zu stören, leise hinter Ehren Schottenii Stuhl treten, und, was er zu Papier bringt, heimlich in unsere Schreibtafel eintragen? — — Hoho! meine Damen und Herren, schweigen Sie ja still! Sie können froh sein, daß ich Ihnen nicht alle sechsundfünfzig Predigten als Beilage zu diesem Romane aufdringe. Sie kommen noch wohlfeil davon; und, die Wahrheit zu gestehen, es wäre für die meisten von Ihnen überhaupt nützlicher, wenn Sie mehr Predigten und weniger Romane läsen. Schlimm genug, daß, wenn man euch einmal wichtige

Wahrheiten an das Herz legen will, man die bunte Jacke anziehen muß! Und denn mag man sich ja wohl in acht nehmen, daß man bei ernsthaften Gegenständen nicht zu lange verweile, sonst blättert ihr, statt zu lesen. Die Märchen und Possen sucht ihr auf, und das, um dessentwillen das Buch geschrieben ist, schlagt ihr über. „Ja! Ihro Gnaden lesen nur, um amüsiert zu sein; von Dero Pflichten sind Sie vollkommen informiert.“ — Tant mieux! Aber ich sehe doch noch keine Früchte davon. — Doch wir geraten in Ärger, und das schadet unserer Gesundheit; also weiter in den Text!

Fragment einer Predigt

über die Bewegungsgründe zur Tugend, welche aus eigenem und fremdem Beifalle hergenommen werden.

Die Tugend also bloß um ihrer selbst willen zu lieben und auszuüben, ohne den geringsten Eigennutz, ja, mit schweren Aufopferungen, dazu gehört schon große Stärke der Seele. Aus bloßer Liebe zu Gott edel zu handeln, das setzt schon ein Herz voll Wärme für Religion voraus. Näher liegen dem sinnlichen Menschen die Bewegungsgründe, die aus dem Beifalle der Menschen und den daraus zu erwartenden Folgen hergeleitet sind. So verstockt, so schamlos ist kein Bösewicht, so frech keine Verirrte, daß sie nicht wünschen sollten, entweder auf andere Menschen vorteilhafte Eindrücke zu machen, oder wenigstens sich selbst innerlich, wegen irgend einer vorzüglichen Eigenschaft, loben zu können. Sie erklären lieber die Tugend für ein Hirngespinnst, als daß sie bekennen sollten, sie hätten nichts von dem, was sie an andern schätzenswert finden müssen. Dürfen sie keinen Anspruch auf Zuneigung und Liebe machen, so überreden sie sich, andere Leute seien ebenso unfähig, wohlwollende Empfindungen zu hegen, als einzuflößen. Können sie sich nicht geachtet machen, so wollen sie wenigstens gefürchtet sein. Und mißlingt jeder Plan, irgend eine Art von Aufmerksamkeit und Teilnehmung zu erwecken: so möchten sie sich gern so sehr über alle Menschen erhaben glauben, daß niemand, als sie, Richter über ihre Handlungen sein könnte. Dann schaffen sie sich Tugenden von eigener Erfindung; ihre Schwächen selbst, ja ihre Laster, erheben sie zu diesem Range. Sie schmücken die Gegenstände, zu welchen ihre strafbaren Neigungen und Begierden sie hinziehen, mit den reizendsten Farben aus, um ihre Anhänglichkeit daran zu rechtfertigen, und suchen hingegen

Vorzüge herabzuwürdigen, gegen welche sie ihre Augen verblendet haben. Wer aber so tief gefallen ist, daß fremder und eigener Beifall ihm gar nichts mehr wert ist, der ist der schrecklichsten Verzweiflung nahe, für den fleht vergebens sein guter Engel um Barmherzigkeit vom liebreichen Vater im Himmel.

Beide aber, der innere Beifall des Herzens und die Meinung anderer Menschen von unserm Werte, können die wirksamsten Triebfedern zu Erlangung höherer Vollkommenheit werden; beide können wohlthätig auf unsere Besserung wirken, uns in jeder Art Tugend befestigen, zu jeder, auch noch so mühsamen Pflichterfüllung ermuntern; nur müssen beide zu gleichen Schritten gehen, keine dieser Rücksichten darf der andern aufgeopfert werden. Wer sich sklavisch abhängig von dem Urteile des Volks macht, wird bald alle Eigenheit des Charakters verlieren. „Stellet euch nicht dieser Welt gleich!" ruft uns die göttliche Stimme zu, das heißt: folget nicht ohne Auswahl jedem guten und bösen Beispiele! Wer, wenig bekümmert um den Beifall seines Gewissens, in allem die herrschenden Sitten nachahmt, wird, um sich dem lasterhaften Haufen gefällig zu machen, auch die herrschenden Sünden annehmen; er wird ein Schmeichler verderbter Großen, ein unsicherer Freund sein, und nie die süße Wonne schmecken, welche das innere Bewußtsein gewährt, ohne Menschenfurcht, gerade und redlich, nach Pflicht und Gewissen gehandelt zu haben, — — eine Wonne, ach! die allein ruhig machen und wahren Seelenfrieden geben kann.

Ebenso gefährlich ist es aber auch, ohne alle Rücksicht auf fremden Beifall keinen andern Richter, als sein eigenes Ich, anzuerkennen. Das führt zu der gefährlichsten Sicherheit, zum Eigendünkel, zum Selbstbetruge. Da sehen wir dann uns selbst nur in dem Lichte, das die Leidenschaften auf unsere Handlungen werfen, und messen das Verdienst anderer nach dem Maßstabe der Ähnlichkeit ab, die sie mit uns haben. Wir schaffen uns Grundsätze, die unsern Begierden schmeicheln, finden eine Entschuldigung für jede, auch von jedermann getadelte Handlung, wenn nur unser eingeschläfertes Gewissen ruhig dabei bleibt. Wir verachten alle Regeln des Anstandes und der Übereinkunft, die doch dem Menschen, welcher in der bürgerlichen Gesellschaft lebt, unverletzliche Pflichten auflegen. Wir opfern unserm Eigendünkel und unserer Sinnlichkeit Ehrgefühl, Scham, Dankbarkeit auf, und zerreißen alle Bande des Bluts und der Freundschaft. Der treue Ratgeber scheint uns ein beschwerlicher Schwätzer; der strenge Warner ein rauher, ungefälliger Mann. Wir fliehen ihn, verschließen ihm unser Herz, und eilen in die Arme des Niederträchtigen, der unsern Leidenschaften schmeichelt. Jede Tugend scheint uns entbehrlich, wenn sie Aufopferung kostet, als wenn es eine Tugend ohne Aufopferung gäbe! Statt den Kampf gegen die Sinnlichkeit zu kämpfen, wo Ruhe und Seligkeit mit Herzenswunden erkauft werden müssen, finden wir es bequemer, mit unserm Gewissen in Unterhandlungen zu treten; und der Vergleich ist bald geschlossen, wenn Kläger, Beklagter und Richter nur Eine Person sind.

O! wie manche gute Seele ist durch zu große Sicherheit gefallen! — — Zu späte Reue, allgemeine Verachtung, Elend und Jammer sind dann — —

„Ho, ho! was Teufel ist nun wieder los?" rief der Förster, und sprang vom Stuhle auf, als ihn der Hausknecht, der ungestüm in die Thür trat, aus seinem Mittagsschlafe weckte. „Ich wollte nur sagen," antwortete der Hausknecht, „daß die Pferde nun gleich kommen werden. Die Mamsell und der Offizier, die im Zimmer hier nebenan logieren, wollen auch fort, sobald er nur wieder zurückkommt." — — „Was für eine Mamsell?" sprach der Pastor. — — Wir wollen in des Hausknechts Namen antworten.

In der Nacht vom Sonnabende zum Sonntage kam in Peina im Posthause eine kleine Kalesche an, in welcher ein östreichischer Offizier mit einem schönen jungen Frauenzimmer saß. Auf die Frage: ob sie gleich weiter wollten, antworteten sie: nein! sie müßten vielmehr hier die Ankunft eines Fremden erwarten. Das Frauenzimmer legte sich zu Bette; der Offizier wünschte ihr, mehr ehrerbietig als vertraulich, eine gute Nacht, und ließ sich eine andere Kammer anweisen. Am folgenden Tage (das heißt, an eben dem, an welchem unsere Freunde das Mittagsmahl in Peina hielten) lief der Offizier selbst und schickte auch einigemal vor das Thor hinaus, das nach Hannover führt. Daselbst liegt ein Wirtshaus, welches, wenn ich nicht irre, die Eulenburg heißt; dort ließ er sich nach einem Fremden erkundigen, und bitten, daß man es ihm sogleich melden möchte, wenn er angekommen sein würde. Übrigens hielt sich das Pärchen sehr still in dem Zimmer des

Posthauses, und schien dem Anblicke so vieler Fremden, welche an diesem Tage da einkehrten, auszuweichen. Endlich, als der Pastor Schottenius eben mit seiner Predigt beschäftigt war, kam ein Knabe aus der Eulenburg gelaufen, und brachte dem Offizier ein Briefchen. „O, gottlob!“ rief der Offizier, und umarmte das Frauenzimmer; „er ist da! er ist da! Nun geht alles nach Wunsche. Ich will hin; laß dir die Zeit nicht lange währen, meine Meta! Wir werden uns so mancherlei zu erzählen haben. Sobald ich mich aber losreißen kann, eile ich zurück, bringe ihn mit, oder hole dich ab. Adieu, mein Engel!“ — Und damit griff er nach Hut, Stock und Degen, und fort, die Treppe hinunter, zum Hause hinaus, nach der Eulenburg. — Das war's, was der Hausknecht erzählte.

„Es ist angespannt,“ sagte ein anderer Aufwärter, der in das Zimmer trat. Der Pastor raffte seine Papiere zusammen, und der Förster fragte nach der Zeche. „Der Herr Amtmann,“ sprach er, „hat mir aufgetragen, für ihn und seinen Sohn mit zu bezahlen.“ — „Ich weiß es,“ erwiderte der Aufwärter, „und auch für Ihren Herrn Vetter.“ — „Was für ein Vetter?“ — „Der Musikus.“ — „Hole der Teufel den Kerl! Ich kenne den verfluchten Dudelsack gar nicht.“ — „Ei! er reiset ja mit dem Herrn Amtmann.“ — Doch, kurz: von dieser unbedeutenden Sache! Der Förster, der nicht geizig war, und viel Ehrgefühl besaß, zahlte; — freilich nicht ohne Schimpfen und Fluchen; und nun wollten sie fort; allein als sie aus ihrem Zimmer traten, öffnete zufällig das Frauenzimmer eben auch die Thür des ihrigen. — „Was, zum Teufel,“ schrie der Förster, „Grete! du bist es? Da soll ja das Wetter hineinschlagen! Wo kommst du her?“ — Und damit drang er in ihre Stube, schlug die Thür hinter sich zu, und ließ den Pastor verwundert draußen stehen.

Sehr laut und stürmisch ging es nun in dem Zimmer her; nur einzelne Worte konnte Ehren Schottenius anfangs verstehen; dann sagte der Förster: „Nur keine Speranzien gemacht! das sag' ich dir; das hilft hier alles nichts; und mit den Ohnmachten wollen wir auch schon fertig werden. Kurz und gut! Du mußt gleich fort mit mir. Nach Goslar will ich dich zurückführen; da magst du deine Sache ins Reine bringen, und habe ich unrecht, so ist die Justiz da. Wollen doch sehen, ob ein unmündiges Mädchen mit einem Kerl davonlaufen darf. — Und ich rate dir, nur hier im Hause kein Aufsehen zu machen; du hast nichts als den Schimpf davon; denn mit mußt du, dafür hilft nichts." — Herr Dornbusch stürzte dann zum Zimmer hinaus, bat den Pastor, den Brief zu schreiben, den wir gelesen haben. Es wurde ein Bote fortgeschickt, alles in größter Eil. — Jungfer Grete sehnte sich vergebens nach der Zurückkunft ihres Retters; er kam nicht, und sie mußte sich, gebadet in Thränen, die einen Stein hätten erweichen mögen, von ihrem grausamen Oheime in den Wagen heben lassen. — Fort nach Goslar ging die Reise.

Siebentes Kapitel.

Der Herr Amtmann geht, den berühmten Luftschiffer auffliegen zu sehen, und trifft bei seiner Zurückkunft den jungen Herrn in einem kläglichen Zustande an.

Ein größeres Gewühl von Menschenkindern, versicherte der Herr Amtmann auf seine Ehre und Reputation, habe er in seinem Leben noch nirgends gesehn, als das hier, durch welches er sich mit seinen Freunden hindurchdrängen mußte, um vor das Thor auf den Platz zu kommen, der einer Schanze gegenüber lag, aus welcher Herr Blanchard in die Höhe stieg. Wir sind bei manchen andern Kenntnissen, die wir besitzen, und die ohne uns zu rühmen, ein artiges Ensemble ausmachen, beim ersten Unterrichte in der Fortifikation, wie im Hebräischen, sehr vernachlässigt worden — lieber Gott! man kann ja auch nicht alles wissen —, meinen aber, wollen es jedoch nicht gewiß behaupten, daß dieser Platz zu demjenigen Teile der Festungswerke gehörte, den man die Contre-Escarpe nennt. Genug, es war ein großer grüner Platz am Stadtgraben. — Doch, soweit sind wir noch nicht. Beim Gedränge im Thore verlor die Frau Licentiatin Bocksleder ihre Haube; ein Pfund Pferdehaare, in einen Wulst gebunden, womit der Boden der Mütze, faute de mieux, ausgefüllt war, fiel auf die Erde; der Herr Amtmann, welcher die Dame führte, wollte das Bündel aufheben; ein Schuhknecht trat ihm auf die Hand. Dem kleinen David Bocksleder, einem Kinde von zehn Jahren, das eben erst die Blattern überstanden und noch viel rote Flecke im

Gesicht hatte, riß ein Chorschüler aus Mutwillen den falschen Haarzopf aus. Ein lustiger Student aus Helmstädt, der den alten Licentiaten einmal in Schöppenstädt gesehen hatte, und dem dieser würdige Mann nicht sehr gefiel, steckte ihm einen Stock zwischen die Beine, worüber er stürzte. Allein durch alle diese kleinen Ungemächlichkeiten des Lebens arbeitete sich dennoch die Gesellschaft hindurch, und kam glücklich auf den Platz in der — nun ja! in der Contre-Escarpe an. Die Sonne braunte heiß auf die Schädel; die wollenen Perücken sitzen wärmer, als die von Haaren (das kann man uns auf unser Wort glauben, obgleich wir keine tragen), also litt der alte Herr Bocksleder sehr viel von der Hitze. „Es ist teufelmäßig heiß," sprach er; „wenn wir hier lange stehen müssen, so schmelze ich wie Butter zusammen, oder krepiere vor Durst." „Es dauert wenigstens noch eine Stunde," sagte ein dicker Mann, der mit aufgeknöpfter Weste und einem glänzenden, braunen Gesichte, als wäre es lackiert gewesen, neben ihm stand. „Es dauert wenigstens noch eine Stunde, ehe der Hof von der Tafel aufsteht und herkömmt. Dann erst wird mit der Füllung der Anfang gemacht." „Wenn nur ein Wirtshaus in der Nähe wäre!" seufzte der Licentiat. „Deren giebt es hier genug," antwortete der dicke Mann. Wirklich waren rings umher einzelne Garten- und andere Häuser gelegen, in welchen echter deutscher Pontac, lübeckischer Franzwein und dergleichen verzapft wurde, und unsere Gesellschaft trat in eins von diesen.

Für einen Physiognomiker, für einen Menschenbeobachter und für einen Maler wäre es ein herrliches Fest gewesen, die Gesellschaft zu sehen, welche hier, teils in den kleinen Zimmern, teils im Vorplatze, im Hofe und im Garten, in einzelne Gruppen verteilt, ihr Wesen trieb, indes der grüne Platz, an welchen das Haus stieß, und von dem wir geredet haben, einem bunten Gemälde von der Speisung der fünftausend Mann glich, wie man es hie und da in Dorfkirchen antrifft. Unsere Gäste aber waren weder Gesichterleser, noch Seelenspäher, noch Künstler; also blieb ihr ganzes Augenmerk auf ein Winkelchen gerichtet, wo sie in Ruhe ihren Durst löschen könnten; und das wies man ihnen in einer Hinterstube unter dem Dache an; denn alle andere Zimmer waren gepfropft voll. Indessen fehlte es auch hier nicht an Gesellschaft: zwei Tische fanden sie umringt von Personen beiderlei Geschlechts; an einem dritten war noch Raum für sie; der Student aus Helmstädt, dessen wir vorhin erwähnt haben, ein junger Gelehrter, der mit demselben noch auf der Universität gewesen war, jetzt aber in Gandersheim privatisierte, und ein Landchirurgus aus *** in Sachsen, hatten die eine Seite eingenommen; unsere Leute setzten sich ihnen gegenüber.

Wir fühlen einen unwiderstehlichen Trieb, ein Bruchstück aus dem Gespräche dieser interessanten Gesellschaft hier abdrucken zu lassen, und da wir uns nun einmal in Besitz gesetzt haben, solchen Trieben, unter angehoffter hoher Approbation, zu folgen: so wollen wir mit diesem Dialoge andienen, erlauben übrigens den Recensenten, sobald wir von unserm Herrn Verleger das Honorarium werden eingestrichen haben, über die Weitschweifigkeit unserer Erzählung „Ach und Weh!" zu schreien.

Der junge Gelehrte. Nun, wahrlich! Es bedarf doch herzlich wenig, um der Menschen Aufmerksamkeit auf sich zu ziehen. Da sind mehr als zehntausend Thoren aus allen Ecken zusammengelaufen, um einen andern Narren einen Bocksprung in die Luft machen zu sehen.

Der Student. Aber Herr Bruder! Du hast dich doch auch eingestellt.

Gelehrter. Meinst du, ich würde deswegen auch nur eine Meile reisen? Originale aller Art zu beobachten, darum bin ich hergekommen. Blanchard habe ich in Frankfurt und in Hamburg aufsteigen gesehen. Vermutlich wird er sich hier wieder ein Dokument von fürstlichen und adeligen Personen ausfertigen lassen, daß er soviel tausend Toisen hoch über der Erde geschwebt hat, — von Menschen, die, indem sie dies schreiben, nicht einmal wissen, was eine Toise ist. Wie sich der Kerl nur einbilden kann, daß er mit einem solchen Zeugnisse bei Gelehrten und Männern von Kenntnissen Kredit sich verschaffen werde!

(Die geneigten Leser werden es nicht ungütig aufnehmen, daß der junge Herr auf die Autorität von Fürsten und Edelleuten in wissenschaftlichen Dingen nicht viel hält. Teils hat er wohl nicht ganz unrecht; teils ist es jetzt unter den jungen Gelehrten so eingeführt, daß sie alles tadeln, was die höhern Stände sagen und thun, außer wenn sie ihre Schriften loben. Doch geht dieser Widerwille nicht so weit, daß besagte Gelehrte nicht, wo sich's thun läßt, von Fürsten und Edelleuten Schutz und Wohlthaten fürlieb nehmen sollten.)

Gelehrter. Der Augenschein kann jeden verständigen Menschen überzeugen, daß seine Angaben um mehr als zwei Drittel übertrieben sind. Noch nie hat er sich bis zu der Höhe irgend eines beträchtlichen Berges erhoben. Betrachte man nur die römischen Zahlen auf dem Zifferblatte eines mäßig hohen Turms! Sie sind mehrenteils über sechs Fuß lang, und scheinen, wenn man unten steht, keine Spanne zu messen. Wie fast unsichtbar klein müßte nun nicht ein Ball erscheinen, dessen Durchschnitt ungefähr nur sechsmal größer ist, als die Länge jener Zahlen, wenn er wirklich zu einer so erstaunlichen Höhe emporstiege! — und nun vollends der kleine, geputzte Franzose mit seinem blauen Wämschen und seinem Federbusche! Wie würde der dem Auge verschwinden!

Student. Kann sein! kann sein! Wir wollen sehn. Nun, Herr Licentiat! Sie gehen doch diesen Abend in die Komödie.

Licentiat. Ich denke wohl —

Landchirurgus. Ach! was ist an so einer Komödie? Hören Sie! ich habe in Stuttgart die großen Opern gesehen. Da kamen Pferde und Wagen auf das Theater. — Das war noch der Mühe wert.

Gelehrter. O ja! so eine italienische Oper ist, wenn man die gesunde Menschenvernunft nur zu Hause läßt, gar unterhaltend zu sehen. Wenn da die Kapaunen auf Triumphwägen von Pappe sitzen, in Reifröcken und seidenen Strümpfen aus der Schlacht kommen, mit ihren Stimmen, durch die Nase, im schneidendsten Diskant Reden voll Heldenmut an die verkleideten Musketiers absingen, welche das römische oder griechische Heer vorstellen; wenn die Opferpriester in Stiefeletten und Kleblocken Prozessionen anstellen, wobei sie Tritt halten, wie auf der Parade, Mützen von Silberpapier auf den Köpfen und mit Goldschaum beschmierte hölzerne Opfergefäße in den Händen tragen; wenn Schlachten geliefert werden, in welchen jeder nur auf sein eigenes Schild hauet, und Mauern niedergerissen, die von Papier gemacht sind; wenn der Drachenwagen, in dem Medea fährt, mit schwarzen Stricken am Himmel festgebunden ist, und Apollo, wenn er auf dem bretternen Parnasse sitzt, mit seiner Flachsperücke den Staub von den gemalten Wolken abfegt. — Ja! es ist wahr: das ist groß, herrlich, rührend! Pfui! schämen sollten wir uns, daß wir ein ernsthaftes Volk an den Anblick solcher kindischen Vorstellungen gewöhnen!

Amtmann. Ei, ei! man kann doch aber nicht auf dem Theater alles so —

Gelehrter. Was man nicht mit einiger Täuschung darstellen kann, das muß man lieber gar nicht, als auf so alberne Weise, darstellen. In einem Fingerhute kann man nicht baden, und auf unsern armseligen kleinen Theatern kann man keine Schlachten liefern. Sie haben vermutlich meine neue Abhandlung über die ernsthafte Oper gelesen?

Amtmann. Um Vergebung! darf ich fragen, mit wem ich die Ehre habe —

Gelehrter. Ich bin der Dichter Klingelzieher; nun werden Sie schon wissen, wo Sie zu Hause sind. Nicht wahr? das dachten Sie nicht, daß der Mann jetzt an Ihrer Seite säße, der Ihnen vielleicht zuweilen mit seinen Liedern eine genußvolle Stunde gemacht hat? Es weiß auch noch niemand in Braunschweig, daß ich hier bin; ich bin eigentlich gekommen, um einmal mit den hiesigen Gelehrten eine Zusammenkunft zu halten.

Amtmann. — Ich bin in der That sehr erfreut, die Ehre zu haben, — obgleich ich gestehen muß, daß ich bis jetzt noch nichts von dem, was aus Dero Feder geflossen —

Gelehrter (verächtlich). Der Herr Amtmann lesen wohl nicht viel?

Amtmann. O! zu dienen, ja! Freilich im Fache der Belletters, da ist es nun so etwas. Köhlers Gedichte habe ich indessen noch kürzlich wieder gelesen, und neulich fiel mir auch ein kleiner Traktat in die Hände, betitelt: „Die Leiden des jungen Herrn Werther."

Licentiat. Bruder Amtmann! die Scharteke kenne ich; das ist nichts für uns. Aber apropos! Ich muß dir doch meines ältesten Sohns dissertationem inauguralem de feudis oblatis schicken. Sie ist sehr gründlich abgefaßt. Er hat darin hauptsächlich —

Student. — O weh!

Landchirurgus. Es ist in der That erstaunlich, was für eine Menge von neuen Entdeckungen jetzt in allen Teilen der Wissenschaften gemacht werden, besonders aber in der Naturgeschichte, Chemie, Wundarzneikunst, und überhaupt im medizinischen Fache. So hat man zum Beispiel jetzt gefunden, daß zwar die gewöhnliche China-Rinde in periodischen Gesichtsschmerzen, Durch-

23. Köhler, gemeint ist wahrscheinlich B. F. Köhler, † 1796, welcher „Geistliche, moralische und scherzhafte Oden und Lieder in 4 Büchern" herausgab.

fällen, Fiebern, Brand, Lungensucht, und so ferner, herrliche Dienste leistet, daß aber die rote Rinde der röhrigten weit vorzuziehen ist, und noch überdies sicherer und ohne Leibschmerzen wirkt. Die Hirnwut hielt man für unheilbar; ich selbst habe an einem gewissen unglücklichen Professor Hoffmann in Wien vergebens alle Mittel angewendet; es schlug nichts bei ihm an. Nur kürzlich erst hat man —

So weit war der Landchirurgus in seiner medizinischen Abhandlung gekommen, als plötzlich von allen Seiten her ein Geschrei erscholl: „Se heft en wedder! — Sie haben ihn wieder! Sie haben ihn wieder!" Die ganze Gesellschaft stürzte nun aus dem Hinterzimmer hinaus. — „Wen haben sie wieder?" fragte jeder, „wen?" — „J! den Musche Blanchard; se heft en wedder!"

O! daß ich berufen bin, in diesem Büchlein, das nur guten Humor erwecken und die Gemüter der Leser erheitern sollte, hier das Bild getäuschter Hoffnungen aufzustellen! Aber das Schicksal, das sich gegen die Helden meiner Geschichte verschworen zu haben scheint — (im Vorbeigehen zu sagen: dies Werk hat das ganz Eigene, daß nicht etwa nur eine einzelne Person der Gegenstand ist, auf den sich das Interesse zusammendrängt, sondern daß die Schicksale der ganzen Gesellschaft aus Biesterberg, wie wir sie im ersten Kapitel auftreten ließen, das Thema sind, welches wir in demselben durchführen; — ein Plan, dessen, wie wir hoffen, auch diejenigen Kunstrichter, welchen wir die Recension nicht selbst einschicken, mit gebührendem Lobe gedenken werden) — das Schicksal will es also, und ich muß meinen Beruf erfüllen.

So manche Meile war der Amtmann mit seinen Gefährten gereiset, um den berühmten Blanchard aufsteigen zu sehen; so manche Widerwärtigkeit hatte er von dem Augenblick an, da er auf dem Amtshofe einstieg, bis zu dem Momente, wo er nun die Nachricht erwartete, daß der Luftball gefüllt wäre, überwunden; seinen hoffnungsvollen Erben glaubte er der besten Aufsicht übergeben zu haben, glaubte, er stünde jetzt mit offenem Munde unter dem Haufen der Gaffenden; und ach! er saß in diesem Augenblick — eingekerkert — und wo: das ahnete sein treues Vaterherz nicht. Noch ruhiger war er über sein eigenes Schicksal. Voll Erwartung stürzte er zum Hause hinaus, und hoffte nun den Luftwagen über seinem Scheitel daherfahren zu sehen, und — Herr Blanchard war schon vor einer Stunde aufgestiegen; sie hatten ihn wieder; er hatte sich fern von der Stadt niedergelassen. Die Nachricht, die unsern Freunden der dicke lackierte Mann gegeben hatte, war falsch gewesen. Schon als sie in das Hinterzimmer traten, war der Franzose mit seiner Füllung fertig gewesen, und fuhr ab. — Unbegreiflich, daß der Herr Amtmann den Lärm des Volks und die Kanonenschüsse nicht gehört hatte! Aber da machte er bei seinem Eintritte der Gesellschaft soviele Kratzfüße; darüber war der Moment vergangen. Nachher herrschte eine große Stille; denn jedermann verfolgte den Ball mit seinen Augen. Viele liefen der Gegend zu, wo sie glaubten, daß er sich niederlassen würde, bis endlich, als die Nachricht erscholl, daß er nun wirklich gelandet sei, ein neuer Lärm und der Ausruf: „Se heft en wedder!" unsern Beamten aus seiner Ruhe weckte; — aber da war's zu spät.

Vergebens würde ich es versuchen, die verschiedenen Ausbrüche des Mißmuts und der Verzweiflung zu schildern, denen einige Personen, welche in dem unglücklichen Hinterzimmer das schönste aller Schauspiele versäumt hatten, sich überließen. Andere zogen sich den Unfall weniger zu Herzen. Der Dichter Klingelzieher lachte aus vollem Halse; — er hatte nun Stoff zu einem neuen Epigramm. Die Licentiatin schimpfte auf ihren Mann los (die einzige Art, wie sie sich über jeden Unfall des Lebens zu trösten pflegte!) „Nun, es hat nicht sein sollen," sprach der Herr Amtmann mit trauriger Miene; „mir ist es nur lieb, daß mein Valentin und die andern beiden, die doch auch indes von Peina werden angekommen sein, diese Merkwürdigkeit in Augenschein genommen haben, um davon zu Hause erzählen zu können."

Da sich indessen keine Hoffnung fassen ließ, die treuen Gefährten aus Biesterberg in dem Gewühle von Menschen hier zu finden, so dachte der alte Herr Waumann jetzt nur an seinen Rückzug, um verabredetermaßen im goldenen Engel sie wieder anzutreffen. Um neuen Widerwärtigkeiten in dem Gedränge bei dem Eintritte in die Stadt auszuweichen, beschloß unsere Gesellschaft, durch die Contre-Escarpe nach einem andern Thor hin zu gehen, wo sie vermutlich weniger Volk finden würden. Allein zum Unglück waren die meisten Zuschauer auf denselben Einfall geraten, so daß hier der Zusammenfluß noch größer war, als vorhin beim Herausgehen. Sich wieder zurück durch alle diese Erdensöhne hindurch zu arbeiten, das ließ sich nicht wohl thun; nun mußte man aber, um das nächste Thor zu erreichen, sich über eine Art von Teich oder Graben setzen lassen; einige tausend Menschen standen am Ufer und harrten auf den Fährmann; es war aber unglücklicherweise nur ein einziger Nachen zum Überfahren da; also ging es langsam.

Wie heißt doch der Fluß, von welchem die verdammten Heiden fabulierten, daß ein gewisser Charon die Seelen der Verstorbenen da hinüber in die elysäischen Gefilde transportieren müßte? Ohrfeigen habe ich von meinem Informator bekommen, dessen erinnere ich mich noch, als ich bei dieser Stelle im Ovidius nicht Achtung gab; aber wie der Fluß heißt, dessen besinne ich mich nicht mehr. Genug! gerade wie diese Wasserreise in jene Welt abgebildet zu werden pflegt, so sahe es hier aus. So oft der Charon eine Anzahl Pilger hinüber geschafft hatte, und nun wieder diesseits landete, war das Herzudrängen der Ungeduldigen so groß, daß wirklich Passagiers, die nicht, wie Charons Gäste, nur Seelen, sondern zum Teil dicke, mit braunschweigischer Mumme wohl ausgemästete Körper waren, Gefahr liefen. Schon war der Licentiat Bocksleder nebst seiner sanften Gemahlin und dem lieben Kleinen im Nachen: da wollte der Amtmann sich nicht von seinem Freunde trennen; er drängte sich durch den Haufen, wagte einen Sprung, und — hier fällt mir aus Wehmut die Feder aus der Hand. — Wenden wir unsere Blicke nach einer andern Seite!

Herr Carino war kaum mit seiner Beute zum Hause hinaus, als der wackere Jüngling, den er an dem bewußten Orte eingesperrt hatte, nicht ahnend, welch ein Unfall ihm begegnet war, die Thür des Kabinetts ergriff, sie öffnen wollte, aber verriegelt fand. Vergebens wendete er alle Kraft seiner stämmigen Arme an, Holz und Eisen zu sprengen; die Thür wich nicht. Vergebens rief er, schrie er, brüllte er endlich; niemand hörte seine Stimme. Wie Herkules, als er das Hemd der — nun! wie hieß denn das Nickel? — ha! Dejanira, ja! das Hemd der Dejanira auf seinem Leichname kleben hatte, so gebärdete sich Musjö Valentin, so durchschnitt er mit seiner heulenden Stimme die mephitische Luft, von welcher der Leidende jetzt umgeben war, — alles umsonst! Als endlich die Kräfte zu sinken anfingen, und die Muskeln, welche seine Lunge ausdehnten (oder liegen da keine Muskeln? Ich weiß es nicht so eigentlich), herabgespannt waren, da ging sein Gebrülle in Winseln, Klagen und Seufzen über, und seinen Augen entquollen salzige Thränen. Ich bitte meine hochgeehrtesten Leser, dieser Schilderung einige Aufmerksamkeit zu widmen. Sie werden dann finden, daß ich, ohne mich zu rühmen, nicht ganz ungeübt in poetischen Malereien bin, daß ich das Crescendo und Diminuendo gut anzubringen weiß, und daß mein Ausdruck wenigstens eben so edel und kraftvoll ist, als der unserer meisten Romanen- und Komödienschreiber.

Der Schmerz kann nur auf einen gewissen Grad steigen, wie wir Philosophen das wissen, und dann bricht die Welle, und es erfolgt wenigstens auf einige Zeit ein Stillstand. Nachdem der junge Herr Waumann lange genug getobt und gejammert hatte, fand er in der Vorratskammer seiner Vernunft den Trost, daß doch sein Ungemach nicht ewig dauern könne. Er setzte sich also so bequem, wie sich's thun ließ, nieder; seine Augenlider, vom Weinen müde, sanken, — er schlief ein. Was konnte er auch besseres thun? Zwar lagen ihm zur Seite wohl ein paar Blätter von der frankfurtischen gelehrten Zeitung, die ein Reisender da, nebst einem Makulaturbogen von dem Romane „Nettchen Rosenfarb" hatte liegen lassen; aber Herr Valentin las nicht gern, und wer kann denn auch in einem solchen Zustande mit Aufmerksamkeit lesen? Lassen wir ihn nun noch ein Weilchen schlafen! Es ist hohe Zeit, daß wir uns nach seinem teuren Herrn Vater umsehen. — Der Himmel weiß, wir haben jetzt alle Hände voll zu thun; man kann nicht aller Orten zugleich gegenwärtig sein; indessen ist es doch leichter zu verantworten, einen Menschen auf dem Abtritte eingesperrt, als jemand, der nicht schwimmen kann, im Wasser liegen zu lassen. Und schwimmen konnte der Herr Amtmann nicht; er wurde aber sogleich herausgezogen, und als er am jenseitigen Ufer gehörig abgetröpfelt war, brachte der Ärger über diesen Vorfall, und über das laute Lachen der zahllosen Zuschauer seine durch die Kälte des Wassers erstarrten Glieder und betäubten Lebensgeister wieder so lebhaft in den Gang, daß wir weiter keine schädlichen Folgen für seine Gesundheit zu befürchten brauchen. Er eilte nun nach dem Gasthofe zurück, um seinen blauen, mit Gold besetzten Rock auszuziehen und trocknen zu lassen.

Welcher neue Kummer ihn aber hier erwartete, das wissen wir. Indessen fand er seinen geliebten Sohn schon aus der Gefangenschaft erlöset. Er war kurz zuvor erwacht, hatte seine Klagetöne aufs neue angestimmt, und dazu ein so vollstimmiges Accompagnement mit den Fäusten an der Thür gemacht, daß endlich von den Hausgenossen, welche indes heimgekommen waren, einer ihn gehört und befreiet hatte. Vater und Sohn klagten sich gegenseitig ihr Leid, — es war eine herzbrechende Scene. — Zum Glück war der Wert dessen, was Herr Carino mitgenommen hatte, nicht groß; allein lag nicht in der ganzen Verkettung ihrer Unglücksfälle schon Ursache genug zur Traurigkeit? doch überließen beide sich derselben nicht bis zur Verzweiflung; vielmehr sorgte der Herr Amtmann für seine werte Gesundheit, zog die nassen Kleidungsstücke aus, legte sich zu Bette, bestellte ein gutes Abendessen, und unter andern eine erquickende Weinsuppe. Valentin ließ sich's vor seines Vaters Bette wohlschmecken, und ging dann auch schlafen. Wir wünschen ihnen eine angenehme Ruhe.

Achtes Kapitel.

Geschichte des Fremden, der in der Eulenburg vor Peina abgetreten war.

„So sehen meine Augen dich endlich wieder, mein teurer, geliebter Louis!" rief der Fremde in der Eulenburg dem östreichischen Offizier entgegen, als dieser zu ihm in das Zimmer trat und in seine Arme eilte. — „Mein Wohlthäter! mehr als Vater! Wie viel Dank!" — stammelte der Offizier. — „O rede nicht von Dank!" — „Wie sollt' ich nicht?" — „Komm an mein Herz!" Und so ging es noch ein Weilchen fort, in abgebrochenen Worten. — Ein rührender Auftritt! Der Hausknecht, welcher dem Offizier die Thür öffnete, hat ihn uns beschrieben, und wenn wir unsern Verleger hätten bewegen können, Kupferstiche zu diesem unserm Romane verfertigen zu lassen, so hätte die Darstellung dieser Zusammenkunft eines der schönsten Blätter liefern müssen. — Vielleicht läßt er sich noch bewegen, der sechsten oder siebenten Auflage einige Bilderchen beizufügen; bis dahin mag die jetzige Generation der Leser sich die ganze Geschichte mit dem Pinsel ihrer Phantasie vormalen.

Nachdem diese ersten Entzückungen vorüber waren, reichte der fremde alte Herr dem Offizier einen schriftlichen Aufsatz dar: „Hier, mein Lieber!" sprach er, „habe ich die Hauptbegebenheiten meines Lebens, in welche auch die Geschichte deiner Jugendjahre mit einverwebt ist, zu Papier gebracht. Längst wollte ich dir diesen Aufsatz schicken, nur die jetzt erfüllte Hoffnung, dich selbst wieder zu umarmen, hielt mich davon ab. Ich kann ihm ja dann alles mündlich erzählen, sprach ich zu mir selber. Nun aber, da ich wieder bei dir bin, denke ich doch, es sei besser, ich lasse dich das schriftlich lesen, weil es einmal aufgezeichnet ist; vielleicht könnte ich außerdem manches vergessen. Lies es in müßigen Augenblicken durch, und laß uns jetzt die Freude des Wiedersehens recht genießen!"

Der Offizier umarmte nochmals den alten Herrn, und steckte das Papier in die Tasche. Da aber die Leser vielleicht ungeduldig werden könnten, bis er es wieder hervorholt: wollen wir hier eine Abschrift dieses Aufsatzes mitteilen.

Geschichte des fremden Herrn in der Eulenburg.

Mein Vater war ein redlicher und geschickter Schullehrer in Blankenburg, am Harze. Freilich war man damals in der Pädagogik noch weit zurück; man hatte noch nicht die Entdeckung gemacht, daß man der Jugend die ernsthaftesten, wichtigsten, wissenschaftlichen Kenntnisse, selbst von philosophischer Art, durch Kartenspiel und sonst auf tändelnde Weise beibringen könne. Man hielt bei dem Unterrichte sehr viel auf Übung des Gedächtnisses, durch Auswendiglernen, besonders in den Jahren, wo man so leicht auffaßt, und so viel Stunden übrig hat, die man nicht besser anwenden kann, als damit, daß man in dem Magazine für die ganze übrige Lebenszeit die rohen Materialien aufhäufe, welche die reifere Vernunft in der Folge ordnet, auswählt und zum herrlichen Genusse für das Alter bearbeitet. Indessen gestehe ich gern, daß, wenn irgend etwas, was man lernt, unnütz sein kann, mein Vater seine Schüler manches unnütze Wort lernen ließ. Übrigens fühlte er schwer die Last seines undankbaren Berufes. — Geringe Besoldung, schwere, vielleicht oft gänzlich verlorene Arbeit, vom frühen Morgen bis in die späte Nacht, und manche Demütigung von Seiten anderer, weniger nützlicher, aber darum nicht weniger übermütiger Stände. Er war daher fest entschlossen, seine beiden Söhne (denn ich hatte, oder vielmehr habe noch einen jüngeren Bruder) eine andere Laufbahn antreten zu lassen. Der eine sollte zu Hause, in Blankenburg selbst, die Jägerei lernen — mein Großvater war Oberförster gewesen —; ich aber wurde der Kaufmannschaft gewidmet, und desfalls zu einem Verwandten nach Nürnberg geschickt.

Wir hatten kaum beide ein paar Jahre in dieser neuen Lebensart zugebracht, als mein Vater starb, und gar kein Vermögen hinterließ. Dies war gerade zu der Zeit des siebenjährigen Krieges; es wurde im Braunschweigischen ein Jägercorps errichtet, und mein Bruder nahm Dienste in demselben. Was mich betrifft, so wollte mir das ruhige Leben am Comptoir-Pulte auch gar nicht gefallen; von allen Seiten her ertönte nichts als Kriegsgeschrei; das machte mir dann Lust, mein Heil bei den Waffen zu suchen. An einem schönen Morgen packte ich meine kleinen Habseligkeiten zusammen, ging fort aus Nürnberg, und ließ mich bei dem Freicorps des französischen Obersten Fischer anwerben.

Es schien, als wenn das Glück meinen raschen Schritt begünstigen wollte; gleich im ersten Feldzuge wurde ich Unteroffizier, und in dem darauf folgenden, wo ich Gelegenheit hatte, bei einigen Vorfällen Mut und Gegenwart des Geistes zu zeigen, Offizier. Hierzu kam noch, daß ich ein paarmal sehr reiche Beute machte, jedoch unter Umständen, die, ich darf es mit gutem Gewissen behaupten, meinem Herzen nicht zur Schande gereichten; denn ich haßte das Plündern und alle die Grausamkeiten, welche unsere Leute sich zuweilen erlaubten. Einst — es war im Winter, und wir hatten Ruhe von den Feinden — war ich mit dem Major von Hoym und dem Hauptmann Faber nach einem Nonnenkloster geritten, welches eben keine strenge Klausur hatte, am wenigsten jetzt, im Kriege, wo man es so genau nicht nehmen durfte, sondern muntere Gesellschaft ganz gern sah, und sich sogar gefallen ließ, zuweilen ein Tänzchen mit Offiziers zu machen. Dort lernte ich ein Fräulein von Weissenbaum kennen; ein liebenswürdiges, edles Geschöpf, das der Eigennutz ihrer Familie, wider ihre Neigung, zu dem Klosterzwange verurteilt hatte. Bei wiederholten Besuchen fühlten wir uns zu einander hingezogen, gestanden uns gegenseitige Liebe, und ohne uns, die wir beide kein Vermögen hatten, um die Zukunft zu bekümmern, verabredeten wir, daß ich sie entführen sollte. Mein Freund, der Hauptmann Faber, eine gute, dienstfertige, lustige Seele (er lebt jetzt als Schloßhauptmann am Hofe des Fürsten von Nassau-Saarbrück), leistete mir bei Ausführung dieses Planes treue Dienste. Ich nahm meine Geliebte hinter mir auf mein Roß, und brachte sie glücklich nach Fritzlar, wo uns niemand kannte, und wo ein Geistlicher das Petschaft des priesterlichen Segens auf unsere Verbindung drückte. Acht Tage nach unserer Hochzeit mußten wir marschieren, und meine Frau folgte mir, bei der Bagage der Armee, nach Eimbeck, wo wir den Rest des Winters zubrachten. Mein Herz schlug mir, voll Verlangen, meine Vaterstadt wieder zu sehen, da ich ihr jetzt so viel näher war; aber der Dienst litt es nicht. Das Frühjahr kam heran und wir zogen uns zurück nach Hessen; allein zu meinem Unglück fiel meine liebe Frau in eine schwere Krankheit; und da sie sich obenein im vierten Monat schwanger befand, war es durchaus unmöglich, sie fortzubringen.

In dieser Verlegenheit bat ich unsern kommandierenden General um die Erlaubnis, an meinen Bruder, der bei der feindlichen Armee war, schreiben zu dürfen. Die braunschweigischen Jäger standen nicht weit von uns; also hielt es nicht schwer, den Brief sicher in meines Bruders Hände zu liefern, der mir auch sogleich freundschaftlich antwortete. Ich bat ihn nämlich, und beschwor ihn bei den Banden des Blutes, sich meines verlassenen Weibes anzunehmen, bis ich Anstalten zu ihrer Wiedervereinigung mit mir treffen könnte, und er versprach, alles zu thun, was in seinen Kräften stünde, und sich von einem zärtlichen Bruder erwarten ließe. Er hielt auch Wort. Sobald die dortige Gegend wieder in den Händen der alliierten Armee war, eilte er nach Eimbeck, besuchte meine kranke Gattin, gab sich ihr zu erkennen, bot ihr seine Hülfe an, und empfahl sie, als er mit der Armee fort mußte, einem geschickten und redlichen Arzte, wollte auch Geld für sie dort lassen, dessen sie jedoch nicht bedurfte, weil ich sie damit versehen hatte.

Mein gutes Weib kränkelte noch fort, bis zur Zeit ihrer Entbindung, so daß man es nicht wagen durfte, sie von Eimbeck wegzuführen. Endlich brachte sie einen Knaben zur Welt; allein das schwächliche Kind starb gleich nach seiner Geburt; die Mutter hingegen wurde durch die treue Sorgfalt ihres Arztes gerettet, erhielt nach und nach ihre Kräfte, und endlich ihre völlige Gesundheit wieder. Sobald sie imstande war, zu reisen, dachte ich ernstlich darauf, sie zu mir kommen zu lassen. Es war im Jahr 1762; die französische Armee hielt sich nur mit Mühe noch in Hessen, und weil ich sie also bei mir nicht sicher glaubte, ließ ich sie nach Straßburg bringen, wohin auch ich, gleich nach dem bald darauf erfolgten Frieden, in ihre Arme eilte.

Allein der Frieden, welcher Trost und Ruhe in so manches Herz senkte, war für mich eine Quelle peinlicher Sorgen. Ich wurde reduziert; das Wenige, was ich durch Beute gesammelt hatte, konnte nicht lang vorhalten; einen großen Teil davon hatte meine Frau schon in Eimbeck zusetzen müssen; was für traurige Aussichten hatte ich daher nicht für die Zukunft? Da indessen doch ein Entschluß gefaßt werden mußte, folgte ich dem Rat eines Freundes, zog nach Worms, und legte dort eine kleine Schule an, in welcher wir, mein Weib und ich, Kindern von beiden Geschlechtern Unterricht im Schreiben, Rechnen und in weiblichen Arbeiten gaben.

Der Erwerb war kümmerlich, den uns dort unser treuer Fleiß verschaffte. Wer nicht die Gabe hat, durch Schleichwege und Unverschämtheit sich hervorzudrängen, der bedarf, um nicht zu verhungern, allerorten, besonders aber in Reichsstädten, mächtiger Fürsprecher, wenn er fortkommen will, und mich kannte niemand in Worms. Die Häuser der Reichen waren uns verschlossen; nur in den niederen Klassen fanden wir Eltern, die uns ihre Kinder anvertrauten, nicht aus Zuversicht zu unserer Geschicklichkeit, sondern weil wir nicht soviel Geld bezahlt nahmen, wie andere. Unser Umgang aber schränkte sich auf ein paar Nachbarhäuser ein, in welchen nicht weniger Armut, wie bei uns, herrschte. Ich erinnere mich unter andern, daß uns zuweilen an Sonntagen eine Frau besuchte, deren Mann aus Verzweiflung sich dem Trunk ergeben hatte. Wenn nun das arme Weib zu uns kam, pflegte sie das wenige, was sie noch an silbernen Löffeln und dergleichen übrig hatte, in die Tasche zu stecken, aus Furcht, daß ihr Mann es unterdessen versetzen, und das Geld im Wirtshaus verzehren möchte.

Drei Jahre hindurch hielten wir es in Worms aus; dann hatte ich das Glück, durch einen sehr rechtschaffenen Kaufmann, einen gewissen Herrn Schuler, Empfehlung an den Grafen *** in *** zu erhalten, der eines Privatsekretärs bedurfte. Mein Gesuch fand einige Schwierigkeit, weil er lieber einen unverheirateten Mann angenommen hätte; doch erhielt ich diese Stelle, und erwarb mir bald das Zutrauen meines guten Herrn.

Der Graf *** war in der That ein sehr edler Mann. Wenn

3. reduziert, abgedankt oder auf geringern Sold gesetzt.

es irgend einen Menschen auf der Welt giebt, der fähig ist, ohne allen Egoismus, ohne Eigennutz und ohne Eitelkeit, das Gute, bloß aus reiner Liebe zum Guten selbst, zu thun: so war er es gewiß. Man hielt ihn für hartherzig, rauh und geizig; aber wie wenig kannte man sein Herz! Seine jetzige Gemahlin selbst (er war zum zweitenmal verheiratet) suchte ihn in den Ruf zu bringen, als wenn gar nicht mit ihm auszukommen wäre, als wenn er auch die unschuldigsten Freuden den Personen seiner Familie nicht gönnte, und über die geringsten Kleinigkeiten in Zorn geriete und tobte. Die Wahrheit war, daß sie durch diese Vorwürfe ihn zwingen wollte, zu Schritten zu schweigen, zu welchen kein ehrliebender Mann schweigen darf; daß alle, die ihn umgaben, seine beispiellose Milde auf die unverantwortlichste Art mit Füßen traten; und wenn sie ihm lange genug das Maß des Verdrusses voll gegeben hatten, ohne daß er murrte, sondern sich nur innerlich grämte, endlich aber, wenn sie noch ein Quentlein in das Gefäß warfen, die Wagschale seiner Geduld in die Höhe schnellte, dann schrie das Weib, dann hieß es: „Mein Gott! über eine solche Kleinigkeit fährt der Mann auf; man kann es ihm nie recht machen.“ Und wenn alle seine Hausgenossen seine Nachsicht und die uneingeschränkte Freiheit, die er ihnen ließ, mißbrauchten, und er sich dann betrogen, seine Ehre und seinen guten Namen auf dem Spiele stehen sah, dann gab er wohl etwas strengere Polizeigesetze in seinem Hause; aber dann entstand auch allgemeines Murren über seine Härte; dann hieß es: „Eine solche Behandlung reize erst recht zu verbotenen Handlungen.“

Ebenso ungerecht, wie die Beschuldigung der Härte, war die des Geizes, welche man dem Grafen machte. Er hatte aber die Grille, durchaus nicht gestatten zu wollen, daß die Welt seine wohlthätigen Handlungen erführe, und ihn desfalls lobte. Ich aber, der das Glück hatte, sein Vertrauen zu gewinnen, bin Zeuge von so edlen, großmütigen Thaten gewesen, die damals gewiß keiner ahnete, die erst nach seinem Tode, durch seine hinterlassenen Briefe offenbar wurden, — von schweren Aufopferungen, die ihm manchen herben Kampf kosteten, den er aber in der Stille kämpfte. Ich habe gesehen, mit welcher Verleugnung er es zuweilen ertrug, wenn er gerade da am bittersten getadelt wurde, wo er am größten gehandelt hatte; wie er heimlich an der Wohlfahrt derer arbeitete, die ihn mehr als einmal bübisch geneckt, verfolgt und mit dem schwärzesten Undank belohnt hatten; wie er nagenden, unverschuldeten Kummer und Leiden aller Art mit Geduld ertrug, und nie auf andere wälzte, immer in sich selbst Trost und Hülfe suchte. Wer ihn um Fürsprache oder Hülfe ansprach, den wies er mehrenteils und zuweilen mit Rauhigkeit zurück; mir aber und zwei andern Vertrauten trug er auf, Hülfsbedürftige aufzusuchen; und wenn er dann, durch Geld oder unermüdete Thätigkeit, das Gute gewirkt und den Unglücklichen gerettet hatte, dann wußte er das Verdienst der Handlung auf einen dritten zu schieben, diesen Dank und Ehre einernten zu lassen. Glaubte ein Geholfener auf die Spur seines unbekannten Wohlthäters gekommen zu sein, kam zu ihm und stammelte Dank: so fuhr ihn der Graf mit solchem Ungestüm an, daß er sich geirrt zu haben glaubte, und das gute Wort bereuete, das er an diesen unfreundlichen Mann verschwendet hatte.

Eine große Eigenschaft fehlte indessen dem Grafen, eine Eigenschaft, die allen seinen Tugenden hätte die Krone aufsetzen können, nämlich männliche Entschlossenheit und Festigkeit gegen andere, — ich sage: gegen andere; denn wie strenge er gegen sich selber war, habe ich vorhin erwähnt. Er, den sein unwürdiges Weib als einen Starrkopf und Tyrannen abschilderte, war das Spielwerk eben dieses Weibes, ließ sich von ihr auf alle Weise hintergehen und bei der Nase führen. Machte sie mit ihrem Anhange es ihm gar zu bunt, so tobte er wohl nach seiner Art ein wenig; allein wenn dann die Heuchlerin die unschuldig Gekränkte, vom Gram Niedergebeugte spielte, glaubte er, sich übereilt zu haben, und that und litt alles, sein vermeintliches Unrecht wieder gut zu machen. Der verstellten Reue widerstand seine Weichherzigkeit nun vollends gar nicht; derselbe Schelm konnte ihn zehnmal anführen, und eine einzige anscheinend herzliche Bitte konnte ihn in den wichtigsten, überdachtesten Vorsätzen wanken machen.

Ich sah bald mit Wehmut und Abscheu, welchen schändlichen Mißbrauch die Gräfin von dieser zu sanften Gemütsart ihres Gemahls machte. Die ganze Stadt wußte, daß sie auf seinen Namen Schulden machte, und daß sie ein Liebesverständnis mit einem elenden Komödianten unterhielt, — die ganze Stadt wußte das, sah das mit Verachtung; nur der Graf sah nichts, erfuhr nichts. Oft war ich in Versuchung, ihm die Augen zu öffnen; auch erwartete die Gräfin, die wohl fühlte, welche Empfindungen mir ihre Aufführung einflößte, nichts anderes von mir. Indessen, wenn ich bedachte, wie diese Entdeckung meinem armen Herrn das Herz brechen würde, so verschob ich's von einer Zeit zur andern; die Vorsehung aber, die nie zugiebt, daß Schandthaten unentdeckt bleiben, und die Bosheit triumphiere, brachte diese Händel, ohne meine Mitwirkung, ans Licht. Der Graf kam einst unerwartet zu Hause, ertappte seine Gemahlin an der Seite ihres niederträchtigen Buhlen, und nun offenbarte sich das ganze Gewebe ihrer Abscheulichkeiten. — Aber ach! dieser Schlag war zu hart für meinen guten, gefühlvollen Herrn. Der Kummer warf ihn auf das Krankenbette; er litt nicht lange, und verschied in meinen Armen.

Für mich war der Verlust dieses einzigen Wohlthäters eine schreckliche Begebenheit. Die Gräfin haßte mich; und wäre das auch nicht der Fall gewesen, so hätte sie mir doch kein Brot geben können. Sie selbst hatte die ökonomischen Umstände ihres Gemahls in die größte Verwirrung gebracht. Ihre Schulden überstiegen das bare Vermögen, welches sie erben konnte; die Güter aber waren Lehen, und fielen, da der Graf keine Kinder hinterließ, an den Landesherrn zurück. — Die äußerste Armut war nun ihr Erbteil, und in diesem Zustande, den sie sich selbst bereitet hat, schmachtet sie noch, von niemand bedauert, und, um so mehr, da sie jetzt häßlich ist, von jedermann verlassen.

Ich war also ohne Brot; denn bereichert hatte ich mich nicht, obgleich es mir nicht an Gelegenheit gefehlt hätte, etwas zu gewinnen, wenn ich weniger gewissenhaft gewesen wäre. Es war im Winter, am Ende des Jahres 1769, und meine Frau, die in sieben Jahren keine Kinder gehabt hatte, war eben von einem gesunden kleinen Mädchen entbunden worden. – Die Aussichten waren trübe; aber Gott half. Meines verstorbenen Herrn Freunde, in denen das Zutrauen, welches er mir bezeigt hatte, eine gute Meinung von mir erweckte, verschafften mir eine kleine Stelle bei der fürstlichen Kanzlei. — Voll Hoffnung und Zuversicht und mit heiterem Gemüt arbeitete ich nun in meinem neuen Berufe, wurde nicht von drückenden Nahrungssorgen gepeinigt, genoß häusliche Freuden, und war noch glücklich genug, auch gegen andere wohlthätig handeln zu können, wie du jetzt hören wirst.

Neuntes Kapitel.

Fortsetzung dieser Geschichte. Sonderbare Entdeckung. Der Fremde und der Offizier finden im Posthause nicht, was sie suchen.

Unter den Hülfsbedürftigen, deren sich mein guter Graf so wohlthätig angenommen hatte, befand sich auch eine interessante Familie, welche meiner Sorgfalt anvertraut war, und deren Umgang mir soviel reine Freuden gewährte, daß ich, wenn auch der Beistand, den ich ihr in meines Herrn Namen leisten mußte, mich nicht zu ihnen rief, doch manche Stunde nebst meiner Frau bei diesen guten Menschen zubrachte. Er und sie waren in Frankreich geboren, und hatten einst glücklichere Tage erlebt, wovon ich die Geschichte besonders aufgezeichnet habe, und dir mitteilen will. Durch die schwärzeste Kabale und eine Reihe von Widerwärtigkeiten aus ihrem Vaterlande vertrieben, hatte er kein Mittel unversucht gelassen, was einem Manne von Ehre und Erziehung anständig sein kann, um in Deutschland für sich und die Seinigen Brot zu erwerben. Hätte er dem Beispiele so vieler unter seinen leichtfüßigen Landsleuten folgen, und mit erborgten Titeln und gestohlnem Gelde an irgend einem deutschen Hofe als Chevalier oder Marquis auftreten wollen: so würde er seine Familie nicht nur mit Brot, sondern auch Pasteten haben speisen können, er hätte sich dann etwa mit ein paar tausend Gulden Besoldung zum directeur des plaisirs Seiner Durchlaucht ernennen lassen, und Madam, welche jung und hübsch war, hätte diese Pläsirs vermehrt. Allein, wie gesagt, er war ein Mann von Ehre und Rechtschaffenheit. Seiner Sprache war er mächtig, — ein seltenes Phänomen bei einem Franzosen! — Er hatte sie studiert, folglich schien ihm eine Stelle als Lehrer derselben, die gerade bei den Edelknaben in *** erledigt war, die anständige Art, seinen Unterhalt zu verdienen. Mein würdiger Graf ***, bei welchem er sich desfalls meldete, prüfte ihn, und setzte ihn an. Allein der arme Mann war schwächlich; — Sorgen und Kummer hatten so lange an seinem Herzen genagt, bis es endlich brach. Zwei Jahr vor des Grafen Tode verließ er diese Welt, in welcher er so wenig frohe Stunden erlebt hatte; seine trostlose Witwe, die selbst kränkelte, sah sich nun nebst dem kleinen vierjährigen Knaben verlassen, und blickte vor sich hin in eine traurige Zukunft.

31. setzte ihn an, stellte ihn an.

Die hohen Preise aller Lebensbedürfnisse in den Städten stehen in gar keinem Verhältnisse mit dem Lohne, den man für gemeine, nützliche weibliche Handarbeiten hingiebt, indes der, welcher für Luxus und Üppigkeit wirkt, reichlich bezahlt wird. Ein ehrliches Frauenzimmer, welches sich bloß mit Hemdennähen und Strümpfestricken beschäftigen will, kann, wenn sie dabei ihren eignen kleinen Haushalt zu bestreiten hat, oder sonst einmal ein paar Stunden im Tage, oder ein paar Tage in der Woche ausfallen, wenn es zum Beispiel an Arbeit fehlt, unmöglich mit diesem Erwerbe auskommen. Putzmacherinnen verdienen freilich schweres Geld; allein diese Lebensart schien der edlen Frau niedrig und zweideutig; und so litt sie denn, da sie noch obenein selten ganz gesund war, Mangel. Das wohlthätig ausspähende Auge meines lieben Grafen entdeckte bald ihre Lage, und ich bekam Auftrag, zu Hülfe zu eilen. Dies geschah auf eine Weise, die ihr Zartgefühl nicht beleidigen konnte, und ich hatte die Freude, zu sehen, wie das gute Weib sich nach und nach aufheiterte; mit ihrer Gesundheit wurde es jedoch immer mißlicher. Schon hatte sie seit einem Monate das Bette nicht verlassen können, als der Verlust unsers gemeinschaftlichen Wohlthäters ihr den Rest gab. Einst schickte sie zu mir, und ließ mich dringend bitten, sie sogleich zu besuchen. Ich fand sie sehr schwach; alle Anzeichen des nahen Todes waren da. Ihr Sohn, — du, mein Louis! Du saßest weinend auf ihrem Bette; eine deiner Hände hielt sie zitternd in den ihrigen. Als ich eintrat, bestrebte sie sich, ihre trüben, halb schon gebrochenen Augen freundlich aufzuschlagen; ein sehnlicher Wunsch, eine dringende Bitte, schien ihr Herz zu pressen; aber die matten Lippen versagten ihr den Dienst, sich durch Worte zu erklären. Sie winkte ihrer Wärterin, und diese brachte mir ein Päckchen mit Briefschaften, begleitet von einem Aufsatze von ihrer Hand geschrieben, und an mich gerichtet. Sobald sie diese Papiere in meiner Verwahrung sah, schob sie mir deine Hand, mein lieber Louis, her, faltete dann die ihrigen, — es schien, als wenn sie dieselben dankbar zum Himmel emporheben wollte. — Dann schloß sie die Augen, fiel in einen Schlummer, und erwachte nicht wieder.

Nachdem ich die nötigen Bestellungen wegen der Beerdigung deiner lieben Mutter gemacht hatte, nahm ich dich an meine rechte Hand, das Päcklein mit Briefschaften unter den andern Arm, und so verließ ich das Haus, und führte dich in meine Wohnung

„Gott hat uns noch ein Kind beschert,“ sprach ich zu meiner Frau, als sie mir in der Thür entgegenkam; „Gott hat uns noch ein Kind beschert, und seinen Segen wird er uns auch dazu bescheren; dieser kleine Kostgänger soll ihn uns in das Haus bringen.“ Und nun erzählte ich dem guten Weibe, was vorgegangen war. Sie bückte sich zu dir nieder, blickte dir ins Gesicht, streichelte dir die Backen, gab dir einen mütterlichen Kuß, nahm dir dein Hütchen ab; und von dem Augenblicke an warst du unser Kind, und teiltest unsere Liebe und Sorgfalt mit der kleinen Margareta.

Sobald ich deine Mutter hatte zur Erde bestatten lassen (die Unkosten davon bestritt ich aus dem Verkaufe ihres wenigen Hausrats), fing ich an, die Briefschaften zu untersuchen, welche sie mir eingehändigt hatte. Es waren Dokumente, welche deine gegründeten Ansprüche auf ein beträchtliches Vermögen in Frankreich bewiesen, das man deinem Vater auf die unrechtmäßigste Weise vorenthalten hatte. In dem Aufsatze von deiner Mutter Hand, der bei den Akten lag, beschwor sie mich, als ihren einzigen Freund, dich nicht zu verlassen, sondern dich an Kindesstatt anzunehmen, demnächst aber, wenn es meine Umstände irgend erlaubten, selbst, oder durch einen sichern Mann, deine Rechte in Frankreich auszufechten, welches mir unter der jetzigen Regierung gewiß nicht würde fehlen können. — „Ei nun! und wenn auch nicht,“ rief ich aus; — „denn mit Prozessen ist es immer eine mißliche Sache —, so wird die Vorsehung dem Knaben sonst helfen. Wenn er gesund, redlich und fleißig ist, muß sich auch schon in Deutschland ein Stück Brot für ihn finden.“

Ich fing nun an, deinem Unterrichte alle Stunden zu widmen, die mir meine Nahrungsgeschäfte übrig ließen. Das Schicksal begünstigte meine Beharrlichkeit; dein heller Kopf und deine gute Gemütsart unterstützten meine Bemühungen, und, gleich als hättest du neuen Segen in meine Hütte gebracht, alles schien sich unter meinen und meines wackern Weibes Händen zu verdoppeln.

Allein der Allweise hatte mich zu einem Werkzeuge ausersehen, um dich in eine bessere Lage zu versetzen, wie die war, die den Pflegesohn eines armen Zollschreibers erwartet hätte. Ich fing schon an, deinen Prozeß in Frankreich ganz zu vergessen; die Papiere lagen bestäubt in einem Winkel, als neue Unglücksfälle mich unsanft aus dieser Ruhe aufweckten, um mir die Freude zu bereiten, die ich heute schmecke. Meine würdige Gattin starb; du warst damals zehn Jahre alt, und meine Tochter hatte noch nicht den vierten Sommer erlebt. Fest entschlossen, nicht wieder zu heiraten, wenn ich auch ein Mädchen gefunden hätte, das meine Armut mit mir hätte teilen wollen, und dabei überzeugt, daß ein Vater bei aller Sorgfalt dennoch nicht imstande ist, der ersten Erziehung eines weiblichen Geschöpfs gehörig vorzustehen, war ich in der That sehr verlegen, was ich mit meiner kleinen Margareta anfangen sollte.

Indessen hatte ich seit dem Frieden, welcher dem siebenjährigen Krieg ein Ende machte, nicht aufgehört, mit meinem Bruder in Briefwechsel zu stehen, obgleich unsere Umstände uns keine persönliche Zusammenkunft erlauben wollten. Er war, wie ich, reduziert worden, hatte aber das Glück gehabt, eine einträgliche Försterbedienung, und dabei eine reiche Frau, zu erhalten. Als ich ihm nun den Tod meines lieben Weibes und die Verlegenheit, darin ich in Ansehung meines Kindes war, meldete, erbot er sich großmütig, das kleine Mädchen zu sich zu nehmen, da es doch schien, als wenn seine Frau ihn nicht zum Vater machen wollte. Mit dankbarer Freude nahm ich dies an, und schickte die Kleine, begleitet von einer treuen alten Magd, auf der Post zu diesem redlichen Bruder. — Nun warst du, lieber Louis, meine einzige häusliche Gesellschaft, und ich verwendete allen Fleiß auf deine Bildung, als der Tod des alten Fürsten auf einmal mich um meine kleine Bedienung brachte. Das System des Erbprinzen war, wie es fast immer der Fall ist, das Gegenteil von dem zu thun, was sein Herr Vater gethan hatte. Es wurde also auch mit dem Zollwesen eine Umkehrung vorgenommen: manche Besoldungen wurden eingezogen, und unter diesen war auch die meinige.

Mitten aus dieser trüben Aussicht, die mich beinahe zur Verzweiflung gebracht hätte, ließ die weise Vorsehung einen neuen Strahl von Hoffnung für mich hervorleuchten. Ich hatte während des Krieges in ***, wo ich einige Wochen in Quartier lag, einen Mann kennen gelernt, der sich meine ganze Liebe und Hochachtung erworben hatte. Damals war er Schiffskapitän, und hatte schon mehrmals die Reise nach Ostindien gemacht. Diese Lebensart pflegt sonst zuweilen dem Charakter Rauhigkeit zu geben; und nicht selten sind solche Männer Prahler und verschrobene Köpfe.

Eine merkwürdige Ausnahme davon machte der, von dem ich rede. Er war ein gerader, unbestechbar redlicher Mann, ein gefühlvoller, dienstfertiger, großmütiger Menschenfreund, und dennoch, wo auf ehrliche Weise etwas zu erwerben war, ein achtsamer, spekulativer Kaufmann; dabei ein heller und gebildeter Kopf, und im Umgange unterhaltend, gefällig und duldend. Der langen Seereisen müde, hatte er in seiner Vaterstadt einen Handel im Großen angefangen, und war zugleich kaiserlicher Konsul.

Gerade zu der Zeit, als ich meine Bedienung verlor, reisete er durch ***; er war in einem Bade gewesen, und nun auf dem Rückwege nach Hause begriffen. Mein guter Genius ließ mich ihm auf einem öffentlichen Spaziergange begegnen, wo ich kummervoll auf und niederging; du, mein Lieber, sprangst munter vor mir her. Vielleicht erinnerst du dich noch dieses Tages; denn was uns in dem zarten Alter begegnet, das pflegt sich dem Gedächtnisse, welches dann noch nicht mit so viel Bildern aller Art angefüllt ist, tief einzuprägen.

Es war für ihn und mich eine angenehme Überraschung, uns hier wieder zu sehen; er befragte mich teilnehmend um meine Lage; eine Thräne, die in meinem Auge zitterte, sagte ihm einen Teil dessen, was ich auf dem Herzen hatte, und da bei ihm Unglück ahnen und retten wollen immer eins war, ergriff er mich stillschweigend bei der Hand, und führte mich in den Gasthof, wo er abgetreten war.

Sobald ich ihm meine Geschichte erzählt hatte, war auch sein Plan gemacht. „Den Jungen nehme ich mit mir," sprach er; „das ist ein feiner Knabe, den wir schon durch die Welt bringen wollen. Mein Freund, der Obrist von *** in **schen Diensten, schlägt mir's nicht ab, wenn ich ihn bitte, daß er ihn als Fahnenjunker bei seinem Regimente ansetze. Daß er unter guter Aufsicht sei, dafür soll gesorgt werden, und wenn er einmal Offizier wird, wollen wir auch schon zu der Equipage und dem Zuschusse Rat schaffen. Ihnen aber, mein Freund, kann ich gerade jetzt zu einer Stelle auf einem Schiffe, das nach dem Kap und von da nach Indien geht, verhelfen. Die Stelle wird anfangs klein sein, aber ich gebe Ihnen gute Adressen mit, und Sie können, wenn Sie, wie ich nicht zweifle, der Instruktion folgen, die ich Ihnen aufschreiben werde, es dort bald zu etwas Höherem bringen."

Mich von dir zu trennen, mein Lieber, das kam mir freilich hart an; allein, wenn ich dann wieder überlegte, wie wenig ich für dich thun konnte, der ich arm und verlassen war, wie viel du bei dem Tausche gewannst, und welchen sichern Händen ich dich anvertraute, so tröstete mich das, und was meine Person betraf, so war mir jeder Winkel des Erdbodens, wo ich Brot fände, gleich willkommen.

Ich legte nun die mir von deiner Mutter anvertrauten Schriften versiegelt in die Hände unsers großmütigen Wohlthäters nieder, da ich noch kein Mittel vor mir sah, Gebrauch davon zu machen Der redliche Konsul reiste mit dir ab, und ich, nachdem ich meine geringen Habseligkeiten verkauft hatte, blieb gerade nur so lange, bis er mir meine Empfehlungsschreiben und einen Vorschuß von Reisegeld geschickt hatte, da ich dann nach Holland abging.

Der Gedanke, daß ich meine einzige Tochter nun vielleicht nie wiedersehen sollte, machte mir den Abschied von meinem Vaterlande schwerer, als ich bei dem ersten Vorschlage meines Freundes geglaubt hatte; wenigstens wollte ich aber dem Kinde in der Folge die Unannehmlichkeit, für das Schicksal seines Vaters besorgt zu sein, und den Schmerz über eine so weite Entfernung von ihm, ersparen. Desfalls bat ich meinen Bruder, als ich ihm meinen Entschluß, nach Indien zu gehen, meldete, er möchte niemand hiervon etwas entdecken, sondern jedermann, und selbst meiner kleinen Margareta, sagen, ich sei gestorben. „Wenn mich," sprach ich zu mir selber, „die Vorsehung einst glücklich wieder aus jenem Weltteile zurückführt, wird die freudige Überraschung meiner Tochter, den wieder zu sehen, der ihr das Leben gegeben hat, um desto größer sein." Und diesen frohen Augenblick hoffe ich nun bald zu erleben.

Meine Reise nach Holland und von da nach Indien ging so glücklich als möglich von statten, und die Empfehlungen meines redlichen Beschützers waren dort von solchem Gewicht, daß ich sogleich, als Aufseher über zwei Warenlager, in Thätigkeit gesetzt und versorgt wurde. Meine Lage war also über Erwartung angenehm; das Klima hatte den wohlthätigsten Einfluß auf meine Gesundheit; die Nachrichten, die ich durch den Konsul von deinem Schicksal erhielt, obgleich nur in allgemeinen Ausdrücken abgefaßt, waren sehr erfreulich; auch mein Bruder meldete mir, daß die kleine Margareta ein gesundes, hübsches und gutes Mädchen sei — und so war ich denn zufrieden, heiter, und dankte dem gütigen Schöpfer in meinem Herzen.

Auf diese Weise verfloß mir eine lange Reihe von Jahren, ohne die geringste Widerwärtigkeit. Unter den Kaufleuten, deren Geschäfte ich zu besorgen hatte, war vorzüglich einer mir sehr gewogen, und vertraute mir die wichtigsten Dinge an, nachdem ich mir bald eine Fertigkeit in dem Mechanischen dieser Arbeiten und die nötigen Sprachkenntnisse erworben hatte. Endlich, als dieser gute Mann anfing, schwächlich zu werden, rief er mich einmal zu sich, und sagte mir ungefähr folgendes: „Sie haben mir bis jetzt so redlich und eifrig gedient, daß ich nicht ruhig würde sterben können, wenn ich nicht vorher Ihre Treue auf eine Weise belohnt hätte, die dem großen Vermögen angemessen ist, das mir Gott gegeben, und das er unter Ihren Händen hat gedeihen lassen. Nun könnte ich Ihnen hier wohl zu einer reichen Frau verhelfen, oder Sie sonst ansässig machen; allein ich meine bemerkt zu haben, daß Sie nicht geneigt sind, sich wieder zu verheiraten, und daß Sie sich überhaupt nach Ihrem Vaterlande zurücksehnen. Diesen Wunsch zu befriedigen, dazu fordern mich Dankbarkeit und Freundschaft auf. Ungern trenne ich mich von Ihnen. — Doch meine irdische Laufbahn wird nun wohl bald vollendet sein. Und wäre das auch nicht, so würde ich mir's doch zum Verbrechen machen, wenn mir mein Privatvorteil näher am Herzen läge, als Ihre Glückseligkeit. Nehmen Sie daher diese Summe als ein freundschafliches Geschenk an! Ich kann sie entbehren; sie ist mir eine Kleinigkeit, und Sie können in Deutschland damit viel ausrichten. Reisen Sie sobald dahin ab, als Sie es gut finden; nehmen Sie meine besten Wünsche mit, und gedenken Sie zuweilen eines Mannes, dem Sie, außer den ökonomischen Dienstleistungen, auch noch durch Ihre Bekanntschaft den Vorteil gewährt haben, daß er nun eine bessere Meinung von dem Menschengeschlechte mit aus dieser Welt nimmt, wie die war, welche ihm bis jetzt so manche traurige Erfahrungen eingeflößt hatten."

Ich erstarrte fast vor Überraschung, als ich die Papiere auseinander schlug, die er mir eingehändigt hatte, und fand, daß es Banknoten, zwanzigtausend Dukaten an Wert, waren. Meine Empfindungen der Dankbarkeit konnte ich nur unvollkommen ausdrücken; der edle Greis verstand aber auch meine stumme Sprache, und fühlte sich vielleicht so glücklich, wie ich mich.

Vor zwei Jahren nun ließ ich mich nach Holland einschiffen. Mit dem Briefe, den ich dir damals schrieb, und in welchem ich dir die Freude, dich wiederzusehen, zu erkennen gab, ließ ich zugleich einen andern an unsern Konsul, den ersten Schöpfer meines Glücks, abgehen. Ich gab ihm von allem Nachricht, und bat ihn, mir sogleich das Packet, welches deine Forderungen betraf, nach Amsterdam zu schicken. Nur meinem Bruder meldete ich weder die Veränderung meiner Umstände, noch meine Rückkehr nach Europa; ich wollte ihn auf angenehme Weise überraschen, und das ist auch noch mein Vorsatz.

Sobald ich in Amsterdam in dem Besitze deiner Dokumente war, las ich alles sorgfältig durch, was dein Vater aufgezeichnet hatte, und besann mich dann nicht lange, sondern reiste sogleich nach Paris. Ich will dich nicht mit einem weitläufigen Berichte von den Schwierigkeiten aufhalten, die ich dort fand, deine gegründete Forderung ins Reine zu bringen; aus den Akten selbst wirst du das sehen. — Genug, daß mich der Himmel das Glück hat erleben lassen, dir ein Vermögen von wenigstens funfzehntausend Livres jährlicher Renten in Sicherheit zu bringen. Jetzt habe ich weiter keinen Wunsch mehr in dieser Welt, als den, an meiner Tochter soviel Freude zu erleben, wie mir die vorteilhaften Zeugnisse meines Bruders von ihr zu versprechen scheinen, und sie dann glücklich verheiratet zu sehen. Ich eile nach Biesterberg, um dort diese mir so teuren Menschen zu umarmen. — — —

Wie? nach Biesterberg, Herr Autor? Ei nun ja, mein hochgeehrtester Leser! Stellen Sie sich doch nicht so überrascht, gleich als hätten Sie es nicht längst gemerkt, daß der Bruder, welchen unser Fremder sucht, kein anderer, als der Herr Förster Dornbusch, und daß die jetzt von ihrem Herrn Onkel wieder nach Goslar geführte Jungfer Margareta das oft erwähnte Töchterlein ist! Dies Zusammentreffen hat übrigens, soviel ich es einsehe, nichts Unwahrscheinliches, und ich bitte Sie, mir einen deutschen oder andern Roman zu nennen, in welchem nicht viel unglaublichere Begebenheiten vorkämen. Übrigens muß ich zur Erläuterung dieser ganzen Geschichte nur noch einige Worte hinzufügen.

Der östreichische Offizier wußte freilich, daß seine Geliebte Margareta Dornbusch hieß; daß sein Pflegevater denselben Familiennamen führte, war ihm auch nicht unbekannt; allein da das Frauenzimmer gar nicht ahnen konnte, daß ihr Vater in Ostindien lebte, sondern vielmehr oft erzählt hatte, es sei derselbe längst in Deutschland gestorben, Monsieur de Prévillier aber (so hieß der Offizier) sich's aus den Zeiten seiner Kindheit nicht mehr erinnerte, daß sein Pflegevater zuweilen eines Bruders Erwähnung gethan hatte, ja, da ihm das Andenken an die jüngere Gefährtin seiner ersten Jugend beinahe gänzlich aus dem Gedächtnisse gekommen war, konnte er unmöglich wissen, daß seine ehemalige Gespielin und die jetzige Dame seines Herzens eine und dieselbe Person wäre. Jetzt aber (denn der Ostindier teilte ihm wenigstens den Hauptinhalt der Geschichte, welche dieser Aufsatz enthielt, mündlich mit) machte er eine Entdeckung, die ihn mit der lebhaftesten Freude erfüllte. Er nahm sich aber vor, den alten Herrn Dornbusch damit zu überraschen. Sobald sich's daher schicklicherweise thun ließ, bat er ihn, mit ihm nach dem Posthause zu gehen, wo er ihm in der Person seines Reisegefährten zu einer sehr interessanten Bekanntschaft zu verhelfen versprach; sie gingen hin, sobald der Alte sein Mittagsessen verzehrt hatte.

„Um Gottes willen!“ rief der Hauptmann Previllier, und stürzte in das Zimmer, in welchem er den Ostindier ein Weilchen allein gelassen hatte, um indes die bewußte Person zu holen, „was fange ich an? sie ist fort! sie ist fort!“ — „Wer ist fort?“ — „Wie können Sie fragen? Ihre Tochter, meine Geliebte, meine Braut ist fort. Der Förster Dornbusch hat sie mit Gewalt in den Wagen gehoben, und ist mit ihr wieder nach Goslar gefahren.“ — „Du bist von Sinnen, Louis! Wie soll meine Tochter, wie soll mein Bruder hierher kommen?“ — „O! verlieren wir keine Zeit mit Erzählungen! ich beschwöre Sie. Lassen Sie uns nacheilen! Unterwegs sollen Sie alles erfahren! jetzt nur geschwind angespannt! — „Aber mein Wagen, meine Päckereien, mein Bedienter, alles ist draußen im Wirtshause.“ — „Ich will hinschicken; morgen können wir wieder hier sein; nur geschwind, daß wir sie noch einholen!“

Der alte Herr sah wohl, daß hier nichts zu thun wäre, als dem ungestümen Menschen zu folgen. Sobald daher des Offiziers kleine Kalesche angespannt war, setzte er sich mit ihm hinein, und fort ging die Reise nach Goslar.

Zehntes Kapitel.

Etwas von dem jungen Frauenzimmer. Sie entwischt.

Wir haben den Förster, in Gesellschaft des Pastors Ehren Schottenii, mit dem jungen Frauenzimmer ebenso eilig aus Peina fortgeschafft, wie jetzt die beiden Herren, welche ihnen nachreisen, ohne es zu Erläuterungen unter allen diesen Leuten kommen zu lassen. Damit nun unsere Geschichtschreiberschulden sich nicht gar zu sehr häufen, und wir, wenn endlich alles sich zum Ziele neigt, nicht gar zu viel aus ältern Zeiten nachzuholen haben mögen, was der Leser noch nicht weiß, wollen wir, während diese fünf Personen auf der Reise sind, der Herr Amtmann aber und sein Erbe im süßen Schlafe, der müden Natur balsamischem Labsale, sich erquicken, eine kleine Skizze von dem kurzen Lebenslaufe der Jungfer Margareta Dornbursch entwerfen.

Sobald der Förster in Biesterberg das ihm von seinem Bruder anvertraute kostbare Unterpfand in Besitz genommen hatte, beschloß er, das kleine Mädchen wie seine eigene Tochter zu behandeln. Er selbst hatte mit seiner ehelichen Hausfrau keine Kinder erzeugt, aber ein ansehnliches Vermögen erheiratet, so daß er an Margaretens Erziehung, wenn er und sie auch nicht mit den nötigen pädagogischen Gaben ausgerüstet waren, doch genug verwenden konnten, um das Kind durch andere zu einem feinen Frauenzimmer bilden zu lassen.

Der Förster war ein biedrer, aber freilich gänzlich unkultivierter Mann. Sein Handwerk verstand er aus den Grunde; in der politischen, litterarischen und galanten Welt hingegen war er ein Fremdling. Außer einigen Andachtsbüchern, in denen er morgens und abends seine bestimmte Seitenzahl gewissenhaft las, wie man das an den braunen Flecken unten auf dem Rande, wo der geleckte Finger beim Umwenden seinen Stempel hingedruckt hatte, sehen konnte, sodann außer einer alten Chronik, an welcher die vordersten Blätter fehlten, und den Zeitungen, die ihm der Herr Amtmann mitteilte, hatte er sich nie mit Lesen abgegeben, und seit dem Frieden, da er seine jetzige Bedienung antrat, war er des Herumschweifens müde, liebte die Ruhe, kam nur äußerst selten in die benachbarten Städte, und war daher auf alle Weise in einer gewissen Art von Kultur sehr zurückgeblieben. Dagegen hatte er einige andere kleine, unbedeutende Tugenden, die in dieser Welt wenig gelten, und wobei auch in der That nichts herauskommt. So hielt er zum Beispiel immer strenge und redlich Wort, teilte gern seinen Bissen mit dem Notleidenden, ohne nur einmal zu ahnen, daß dies etwas anders, wie gemeine Christenpflicht wäre, und nahm sich jedes Gedrückten und Verlassenen an, wenn er dazu imstande war; wie wir denn gesehen haben, daß er sich zu seinem großen Schaden in die bayerischen Händel mischte, als Agnese Bernauer sich im Gedränge befand.

Die kleine Grete wuchs unter der mütterlichen Sorgfalt der Frau Försterin auf, versprach einst ein hübsches, reizendes Frauenzimmer zu werden, und war der Augapfel ihrer Pflegeeltern; Ehren Schottenius aber machte sich's zum Geschäft, ihren Geist zu bilden, jedoch ohne die Bestimmung ihres Geschlechts und ihres künftigen Standes, — denn zu einer braven Landfrau schien sie ihm einst auserseheen, — aus den Augen zu verlieren. Neben dem Unterrichte in den Wahrheiten der christlichen Religion, in der Form des lutherischen Kirchensystems, lehrte er sie eine leserliche Hand und einen wohlgesetzten Brief schreiben, erklärte ihr ein wenig die Landkarte und das Firmamentswesen, die vier Species der Rechnenkunst und die Bilderchen aus Raffs Naturgeschichte. So erreichte sie das vierzehnte Jahr, da sie denn, in einem neuen schwarzen seidenen Kleide, mit roten Schleifen und einem großen Blumenstrauße, mit den übrigen Kindern aus dem Dorfe konfirmiert wurde, wobei sämtliche Eltern Thränen vergossen.

In dieser Zeit erweckte der Erzvater der neumodischen Aufklärung, Satanas, der die ganze Welt verführt, den Geist eines pädagogischen Ehepaars, das sich kürzlich in Goslar niedergelassen hatte, und nun durch die Posaune verschiedener Zeitungsschreiber allen Völkern verkündigen ließ: „Es haben Herr und Madam Deckelschall, aus der Schweiz gebürtig, sich entschlossen, sowohl zum Besten der Menschheit überhaupt, als insbesondere zur Gemächlichkeit derjenigen Eltern, welche auf dem Lande wohnten, und folglich nicht Gelegenheit hätten, ihren Kindern zu Hause denjenigen Grad der Bildung zu geben, welchen man jetzt in der feinern Welt forderte, in der Reichsstadt Goslar am Harze eine Pensionsanstalt für junge Frauenzimmer zu errichten. Daselbst gäben sie für den sehr mäßigen Preis von * * * jährlich ihren Zöglingen Kost, Wohnung ꝛc., Unterricht im Französischen, Italienischen, in der Musik und allen andern, dem weiblichen Geschlechte nötigen Wissenschaften,

Kenntnissen, Künsten, Handarbeiten, in feiner Lebensart und der Gabe, die besten klassischen Schriftsteller mit Geschmack, Gefühl und Nutzen zu lesen.“

Dem guten Förster Dornbusch ging plötzlich ein Licht auf, als er diesen Artikel in der Zeitung las. Es hatte seine Richtigkeit, daß Gretchen von den hier verzeichneten schönen Sachen noch wenig oder gar nichts verstand. Da nun diese Kenntnisse, wie es doch offenbar gedruckt da zu lesen war, einem wohlerzogenen Frauenzimmer unentbehrlich waren, Gretchen aber, es koste was es wolle, ein wohlerzogenes Frauenzimmer werden sollte, entschloß er sich kurz und gut, seine Nichte nach Goslar zu bringen. Ehren Schottenius äußerte einige Zweifel, meinte, man müsse sich wohl zuvor genauer nach diesen Leuten erkundigen; allein bei Menschen von des ehrlichen Dornbusch Kultur hat das, was gedruckt ist, ein großes Gewicht; sein ganzer Glaube an erhabnere Wahrheiten beruhte auf keinem viel dauerhafterm Grunde; also blieb es bei dem Vorsatze, und die Nichte wurde nach Goslar gefahren.

Jetzt muß ich die Leser ein wenig genauer mit dem Herrn Deckelschall und seiner Frau Gemahlin bekannt machen. Er war auf Universitäten gewesen, mithin ein Gelehrter; nur auf solche langweilige Dinge, die man Brotwissenschaften nennt, hatte er nicht Lust gehabt, sich zu legen, und da man ohne diese in der bürgerlichen Gesellschaft nicht fortkommt, war er auf alle Einrichtungen in der jetzigen Welt und auf alle Staatsverfassungen nicht wohl zu sprechen. Nach manchen vereitelten Versuchen, dennoch irgend ein Ämtchen zu erwischen (welches ihn denn ohne Zweifel mit den Regierungen versöhnt haben würde), beschloß er endlich, Hofmeister junger Herren zu werden. Er brachte ein paar Grafensöhne, die man ihm anvertraute, so weit, daß der eine, dem er, wie er es für Pflicht hielt, seinen Ekel gegen allen bürgerlichen Zwang und alle wissenschaftliche Pedanterei mitgeteilt hatte, durchaus keinem Fürsten dienen wollte, sondern, zum größten Kummer seines nicht so aufgeklärten Vaters, in seinem zwanzigsten Jahre als Musenalmanachsdichter und Musikliebhaber privatisierte; der andere aber, den er, um ihm den Adelstolz aus dem Kopfe zu bringen, überzeugt hatte, daß aller Unterschied der Stände eine Grille wäre, aus seiner Eltern Hause nebst dem Garderobenmädchen davon lief, und auf einem großen transportablen Nationaltheater in den Rollen des Licentiaten Frank und des goldonischen Lügners den Schneidern und Schustern in Speier, Worms und den benachbarten Städten ungemein gefiel.

In einem von diesen Häusern wurde Herr Deckelschall mit seiner jetzigen Ehefrau bekannt. — — Sie war Gesellschafterin und Vorleserin der Frau Gräfin. Ihre Herzen sympathisierten; Herr Deckelschall spielte ein wenig Klavier; sie sang ein wenig: — was bedarf es mehr, um vereint mit einander glücklich zu leben? An barem Vermögen fehlte es freilich beiden; sie besaß jedoch fünfhundert Reichsthaler an Schaustücken und Harzgulden. Es ist himmelschreiend, daß man in dieser Welt durchaus Geld haben, oder irgend eine nützliche Arbeit verstehen muß, um auszukommen. Indes verläßt der Himmel zwei liebende Seelen nicht, die mit einander Duette singen können, und in dieser Hoffnung heirateten sich unsere guten Leute. Nach der Hochzeit überlegte man denn, wovon man leben wollte, und, da man sich sogleich auf nichts besinnen konnte, zog man fürerst zu gastfreien Verwandten, nach Goslar.

Hätte Herr Deckelschall nicht eine so sehr unleserliche Hand geschrieben, so würde er gewiß sich am liebsten als Kopist fortgeholfen haben, weil er gehört hatte, daß Hans Rousseau mit Notenschreiben seinen Unterhalt erworben hätte; allein seine Buchstaben waren von der Art, daß man sie eben sowohl für arabisch, als für deutsch ansehen konnte. Da es nun mit dem Abschreiben nicht gehen wollte, beschloß er, Autor zu werden. Er schrieb einen Roman, und nachher eine Schmähschrift gegen einen Recensent, der diesen Roman ein elendes Produkt genannt hatte. Beide Bücher fanden keinen Abgang, und er konnte keinen Verleger mehr finden. Madam besaß wirklich einige nützliche Talente: sie verstand die Kunst, allerlei seidene Zeuge zu färben, und russische Talglichter zu gießen; aber das schien ihnen beiden eine kleinliche, elende Art von Erwerb, und so entschlossen sie sich denn, ein Erziehungsinstitut anzulegen. Ein Menschenfreund, der, wie die meisten Menschenfreunde, kein guter Wirt war, lieh ihnen eine Summe Geldes; dafür wurden Hausrat und Bücher angeschafft, in welchen das stand, was sie zu lehren versprachen, und damit ging's los; — sie hatten in Monatsfrist sechs junge Mädchen bei einander.

Die Operation hatte trefflichen Fortgang; den Eltern wurden vierteljährlich angenehme Berichte eingeschickt, und die Eltern schickten vierteljährlich angenehme Louisdors; — was wollte man mehr? Herr Deckelschall errichtete nebenher eine Lesegesellschaft und einen gelehrten Klub, welchen alle Honoratiores in Goslar besuchten, um dort eine Pfeife Tabak zu rauchen.

Margareta Dornbusch kam als ein unerfahrnes, aber an Häuslichkeit, Fleiß und Sittsamkeit gewöhntes, hübsches, junges Mädchen in dies Haus. Dabei war ihr natürlich guter Verstand durch den Pastor Schottenius, wie wir gehört haben, ein bißchen ausstaffiert worden, wenigstens insoweit, daß sie einigen Geschmack an Büchern und wissenschaftlichen Dingen fand; ja, wir dürfen nicht verschweigen, daß der Herr Pastor ihr Gellerts Schriften zu lesen gegeben, daß er dabei die Unvorsichtigkeit begangen hatte, ihr auch den Teil derselben zu schicken, in welchem die Geschichte der schwedischen Gräfin stand, und daß dadurch in ihr die erste Lust zur Romanenlektüre war erregt worden. Diese Lust nahm in Goslar ansehnlich zu. Unter viel andern pädagogischen Gaben, welche dem Erzieherpaare in Goslar — fehlten, war auch die, ihre jungen Frauenzimmer in beständiger nützlicher Thätigkeit und einer heitern, ruhigen Gemütsstimmung zu erhalten. — Sie haben recht, Madam! ja, ich weiß es, das ist gerade das einzige Hauptgeheimnis in der weiblichen Erziehung. — Nun denn! dies einzige Hauptgeheimnis besaßen sie nicht. Wir haben aber gehört, daß Herr Deckelschall sich eine Lesebibliothek angeschafft hatte, — und was für eine Bibliothek? Romane und Schauspiele, wie des Sandes am Meere, besonders Rittergeschichten und dergleichen. Dieser ganze Schatz von Litteratur nun war den jungen Frauenzimmern preisgegeben, und eben aus diesem Magazine sollten sie die in der Ankündigung versprochene „Gabe, die besten klassischen Schriften mit Geschmack, Gefühl und Nutzen zu lesen", schöpfen.

Jungfer Margarete ging mit Riesenschritten auf dieser Bahn der Kultur fort, und schon begann ihr, die nur in der Ideenwelt sich herumtummelte, die Alltagswelt niedrig und ekelhaft zu werden, als ein Gegenstand in derselben sie wieder mit dem wirklich lebenden Menschengeschlechte aussöhnte. Welcher Gegenstand das war, ist leicht zu erraten; es war kein anderer, als unser Freund, der Hauptmann Previllier. Dieser gute Mann

14. Geschichte der schwedischen Gräfin, dieser Roman erschien zuerst Leipzig 1746. 8°.

stand als östreichischer Offizier in Goslar auf Werbung, und war Mitglied des von dem Herrn Deckelschall gestifteten Gelehrtenklubs. Dies litterarische Institut gab ihm zugleich Gelegenheit, genauere Bekanntschaft mit dem Pädagogen zu machen, welche sich denn bald auch auf die weiblichen Zöglinge ausdehnte. Er brachte manche Abendstunde in diesem Zirkel zu.

Der Kapitän war kein solcher süßer Geck, der sich selbst und allen hübschen Mädchen weiß macht, er sei verliebt in sie; auch war er kein ausschweifender Jüngling, der, wie ein Wolf, um die friedlichen Herden herum geschlichen wäre, ein Schäfchen zu fangen, das sich sorglos von dem Haufen getrennt hätte; aber er war ein gefühlvoller, junger Mann; Margareta Dornbusch gefiel ihm, und wir verdenken es ihm gar nicht.

Indessen hatte der Herr Förster seit langer Zeit den Plan in seinem Kopfe herum gedreht, seine Nichte an den einzigen Erben des wohlhabenden Herrn Amtmanns Waumann zu verheiraten. Sein Gretchen glücklich an den Mann gebracht zu sehen, das war Tag und Nacht sein einziger Wunsch. Die Haupterfordernisse des Ehestandes waren bei ihm: eine gute Versorgung und ein gesunder Leib; beides hatte Musjö Valentin aufzuweisen. Von der nötigen Seelensympathie, die, wenigstens in den ersten vier Wochen, so viel Seligkeit in den Ehestand bringt, und von dem Einflusse des Mondenscheins auf dies Wonnegefühl ließ der arme Mann sich gar nichts träumen. „Dat hab' ich mir so ausgedacht," sprach er zum Herrn Amtmann; „meine Grete krigt auch mal einen hübschen Thaler Geld, wenn ich und meine Frau sterben. Wenn aber der Herr Amtmann was anders mit Musche Valentin vorhaben, so soll mein Vorschlag niks gelten, und wir bleiben doch mans gute Freunde." Allein der Herr Amtmann fand den Vorschlag sehr annehmlich, und der Handel war unter den Eltern bald geschlossen.

Während dieser Verabredung kam am Osterfeste das junge Frauenzimmer zum Besuche nach Biesterberg. Jedermann fand sie verändert; Leib und Seele waren anders aufgestutzt; allein sie blieb noch immer das gute, unschuldige Mädchen; weiter als bis auf die Oberfläche hatte sich die Reform nicht erstreckt. Der Name Margareta klang ihr zu grob; sie hatte sich Meta getauft; — der Förster schüttelte den Kopf. Sie beklagte in Elegieen alle Hühner und Tauben, die geschlachtet wurden, obgleich sie tapfer davon mitspeisete, wenn sie auf den Tisch kamen. Doch diese und ähnliche kleine Thorheiten abgerechnet, war sie, wie gesagt, gottlob noch unverderbt, und Ehren Schottenius, dessen Gutmütigkeit und christliche Liebe größer wie seine praktische Menschenkenntnis waren, fand sogar: „sie habe in Goslar so etwas in ihrem Thun und Lassen angenommen, welches der angenehmen Gesichtsbildung, so der liebe Gott ihr gegeben, neue Annehmlichkeit verleihe, wofür man dem Schöpfer nicht genug danken könne.“ An dem Herrn Deckelschall und seiner Gattin lag es indessen nicht, daß es mit Kopf und Herz nicht ärger aussah.

Während ihrer Abwesenheit von Goslar erhielt der Hauptmann einen Brief von seinem ehemaligen Pflegevater aus Paris, und darin, doch nur mit kurzen Worten, die Nachricht, daß er so glücklich gewesen wäre, ihm zu dem Besitze eines ansehnlichen Vermögens zu verhelfen, und daß er ihn bald persönlich zu umarmen hoffte. Jetzt erst konnte Previllier ernstlich daran denken, sich eine Gehülfin zu wählen; und er nahm sich vor, gleich nach Margaretens Zurückkunft seinen förmlichen Antrag zu thun. Dies geschahe; das junge Mädchen fühlte in dem, was die Frauenzimmer ihr Herz zu nennen pflegen, und über dessen eigentlichen Sitz bei diesem Geschlechte die Weltweisen noch nicht ganz einig sind, Empfindungen, die dem wackern Offizier das Wort redeten; und so sank sie denn schmachtend und schamhaft in seine Arme. — Auch diese Scene müßte sich, in Kupfer gestochen, vortrefflich ausnehmen. Es ist unbegreiflich, daß mein Herr Verleger in der Verstocktheit seines Herzens dafür keinen Sinn hat; aber wir werden ihm kein Manuskript wieder geben, wenn er sich weigert, Bilderchen dazu verfertigen zu lassen. Und doch riskiert der Mann nichts bei unsern Schriften; sie gehen reißend ab, weil sie lustig zu lesen sind, nicht viel Kopfbrechens kosten, und nicht übermäßig lehrreich sind. — Er ist ein ruinierter Mann, wenn wir ihm unsere Protektion entziehen.

Der Hauptmann erbat sich nun von seiner Schönen die Erlaubnis, auch bei dem Herrn Förster schriftlich die Bewerbung um ihre Hand anbringen zu dürfen, und sie widersetzte sich diesem Vorhaben um so weniger, da der Oheim ihr nie etwas von dem Plane, sie an den jungen Waumann zu verheiraten, eröffnet hatte. Allein der Erfolg fiel ganz anders aus, als man erwartete: der alte Dornbusch konnte sich mit dem Gedanken nicht gemein machen, seine schöne Hoffnung auf die Verwandtschaft mit dem Hause des Herrn Amtmanns aufzugeben, seine Nichte so weit von sich zu lassen, und sie noch obenein einem Kriegsmanne zu geben, der vielleicht heute oder morgen nach Kroatien in Garnison, oder gar ins Feld ziehen müßte. Es erfolgten daher auf wiederholte Bittschreiben wiederholte abschlägige Antworten; bald nachher das Verbot, den Werbeoffizier gar nicht mehr zu sehen, und endlich der Befehl, sich bereit zu halten, in wenig Tagen nach Biesterberg abgeholt zu werden Nun qualifizierte sich die Sache zu einer Romanscene, und es ließ sich gar nicht mehr ändern: man mußte Anstalt zur Entführung machen. Dennoch würde, wie man sicher behaupten darf, unser redlicher Previllier noch vorher einen gelindern Weg versucht, und mündlich den alten Förster zu überreden getrachtet haben; allein er bekam gerade zu der Zeit abermals einen Brief von seinem ostindischen Wohlthäter, welcher ihm seine Ankunft in Deutschland meldete, und den Hauptmann bat, ihm einen Ort namhaft zu machen, wo sie sich zuerst sprechen könnten. Hierzu schlug Previllier Peina vor, und seine Absicht war, seinem zweiten Vater daselbst seine Geliebte zu zeigen, und ihn dann zu bereden, mit ihnen nach Biesterberg zu reisen, um dort alles anzuwenden, den Förster zu bereden. Die Anstalten zur Entweichung wurden mit nötiger Vorsicht gemacht; hätte man deren aber auch weniger angewendet, so würde doch das Pädagogenpärchen schwerlich der Flucht ein Hindernis in den Weg gelegt haben; denn übertrieben ängstliche Aufsicht über die jungen Frauenzimmer war ihr Fehler nicht. Übrigens wissen die Leser, was den beiden Liebenden in Peina widerfuhr, und ich könnte nun getrost in der Erzählung dessen fortfahren, was der Jungfer Margareta begegnete, nachdem ihr Oheim sie auffing, und mit Gewalt nach Goslar zurückbrachte. Allein ich muß mich erst einer Bemerkung über diesen ganzen Vorfall entledigen, und dann einige moralische Sätze aus dieser Geschichte ziehen, zum Beweise, daß doch im Grunde kein Buch so geringe ist, in welchem nicht einiger Stoff zur Erbauung für lehrbegierige Leser zu finden wäre.

Die Bemerkung ist folgende: Hätten wir diese interessante Geschichte gänzlich erfunden, oder, wie man zu sagen pflegt, aus den Fingern gesogen, — gegen welchen Verdacht wir jedoch feierlich protestieren, — so würden wir vielleicht, zur Warnung und zur Lehre für andere eben so romanhaft gestimmte Frauenzimmer, die Person des Entführers, den Herrn Hauptmann Previllier, als einen Erzbösewicht geschildert, und das entlaufene Jüngferchen tausendfache Not und Elend, als die Folge dieser Verirrung, haben erleben lassen. Verdient hätte es das Mädchen, und ich hätte da Stellen anbringen können, bei welchen selbst dem Setzer dieser Bogen Thränen über die Backen geträufelt wären; aber Wahrheit bleibt Wahrheit. Diesmal glückte es nun freilich mit der Entführung, denn der Offizier war ein Biedermann; aber hätte er nicht ebensowohl ein Schuft sein können? — Und wie hätte es dann mit ihr ausgesehen? Mademoiselle! Was meinen Sie dazu? —

Und das führt mich nun zu den moralischen Lehren, die sich, sowohl bei des Herrn Deckelschalls und seines Weibes, als bei der holden Meta Geschichte anbringen lassen, und worauf ich fleißig acht zu geben bitte; denn je seltener einen Autor das Moralisieren anwandelt, um desto größern Anspruch darf er ja wohl auf die Aufmerksamkeit der Leser machen; also

Erstlich: Wer in dieser Welt fortkommen will, der thut wohl, wenn er so irgend etwas lernt, womit man im bürgerlichen Leben Brot verdienen kann; es müßte denn sein, daß sein Magen so geschaffen wäre, daß er vom Schimpfen auf die verkehrten Welteinrichtungen satt würde.

Zweitens: Wer heiraten will, thut nicht übel, wenn er vor der Hochzeit überlegt, wovon er nebst Frau Gemahlin leben wolle; wobei er gar nicht zu viel auf die Gastfreundschaft seiner Verwandten und die Hülfe seiner Menschenfreunde rechnen darf.

Drittens: Menschen, die zu sonst nichts in der Welt brauchbar sind, sollen keine Erziehungsinstitute anlegen, noch überhaupt sich mit Bildung anderer abgeben, was für Beispiele man auch vom Gegenteile anführen möchte.

Viertens: Für junge Leute sind alle Romane gefährlich, außer, versteht sich, die, welche wir geschrieben haben, und, will's Gott, noch schreiben werden, wenn wir immer Verleger finden, die sich von uns ankörnen lassen.

Fünftens: Man vertraue einen Hühnerhund, der abgerichtet werden soll, unmaßgeblich niemand an, den man nicht selbst geprüft hat, ob er das Ding auch verstehe. Item dieselbe Regel

34. ankörnen, anlocken, ködern.

ist zu beobachten, wenn man sein Kind einem Fremden zur Erziehung übergeben will.

Sechstens: Wer seiner Tochter einen Mann anheiraten will, kann allenfalls gelegentlich, bevor er die Sache gänzlich in Richtigkeit bringt, das Mädel fragen, ob sie den Kerl auch leiden mag; sonst giebt's zuweilen Unglück.

Siebentes: Mit dem Entführen ist es eine mißliche Sache und nimmt nicht selten ein lamentables Ende.

Diese sieben Moralien scheinen beim ersten Anblicke ganz gemein, und gleichsam trivial; allein nicht nur ist das bei allen moralischen Sätzen der Fall, nämlich, daß sie bekannt genug sind, ohne daß man deswegen danach handelt; teils gehören diese sieben Stücke wirklich zu den auserlesensten, und haben viel in recessu, zu deutsch: im Rückhalte; endlich auch gewinnen solche alte Moralien durch eine feine, angenehme Einkleidung neuen Reiz, und darin haben wir, ohne uns zu rühmen, unsere Stärke. — Nun weiter!

Warum gerade der Herr Förster sich entschloß, mit seiner Nichte wieder nach Goslar, und nicht vielmehr nach Biesterberg zu reisen, das soll euch, meine wertesten Zuhörer, in dieser Stunde mit wenig Worten auseinandergesetzt werden. Er war ein Mann, der gern alles ins klare gebracht sah, und der es nicht leiden konnte, daß auf seiner oder der Seinigen Ehre ein Makel haften bliebe. Gretchen war heimlich aus Goslar entwischt; öffentlich mußte sie sich also wieder da zeigen, ehe die Sache ruchbar würde; dort mußte zugleich die Untersuchung angestellt werden, ob sie auch durch ihre übrige Aufführung sich und ihre Familie beschimpft, und welche Rolle bei dieser ganzen Liebesgeschichte Herr und Madam Deckelschall gespielt hätten. Über das alles sollte ihm dann der Magistrat in Goslar ein Attestat schwarz auf weiß ausfertigen, zu seiner Rechtfertigung bei dem Herrn Amtmann Waumann.

Man kann sich leicht vorstellen, daß die Gespräche, welche unsere drei Reisende unterwegs führten, nicht von der lustigsten Art waren; die holde Meta klagte und beteuerte, sie werde keinem andern Manne die Hand geben, als ihrem Hauptmanne; der Förster fluchte und appellierte an die Obrigkeit; der Pastor aber kam je zuweilen mit einem von unsern sieben moralischen Sätzen angezogen, den er dann nach seiner Weise ausführte, und hinzusetzte: „Diese wichtige Wahrheit habe ich in einer von meinen Predigten, die ich drucken zu lassen die Absicht hatte, weitläuftiger auseinander gesetzt."

Auf diese Weise kamen sie in Steinbrüggen an, welches in der Mitte zwischen Peina und Goslar liegt; es wurde hier angehalten, und der Förster fühlte Beruf, sich mit einem vollständigen Frühstücke zu laben. Während diese Beschäftigung seine ganze Aufmerksamkeit fesselte, ging Meta aus dem Zimmer, öffnete eine Thür, welche in den kleinen Garten des Wirtshauses führte, und ging in demselben kummervoll auf und nieder. Plötzlich erwachte in ihr der Gedanke: „Wie? wenn du hier deinen Hütern entwischtest, in einem benachbarten Dorfe bei gefühlvollen Leuten Schutz suchtest, dich dort versteckt hieltest, und indes an den Geliebten schriebst, daß er dann käme, dich abzuholen?" — Dieser Plan hatte etwas so Romanhaftes; sie konnte unmöglich der Versuchung widerstehen, ihn auszuführen. Daß ihr Brief gewiß den Hauptmann verfehle, der doch wohl nicht, nachdem er sie verloren, ruhig in Peina sitzen geblieben sein würde — das und sehr viel andere Dinge überlegte sie nicht. Der Garten hatte eine Hinterthür, die hinaus auf das Feld führte; die Thür stand offen. Das Feld war mit Hecken eingefaßt, hinter welche man sich verstecken, oder vielmehr unbemerkt längs denselben fortlaufen konnte, bis man ein Wäldchen erreichte, oder an eine Straße geriete, welche nach einer andern Richtung hinführte; auch lagen einige Dörfer in der Nähe, kurz! sie meinte, das Ungefähr werde sie schon einen sichern Weg leiten, ehe man etwas von ihrer Flucht gewahr würde; also lief sie fort, quer über das Feld hin, den Hecken zu, zwischen welchen sie wirklich einen hohlen Weg fand, welchen sie verfolgte, und — das übrige werden wir einst erfahren. — Kehren wir in das Wirtshaus zurück!

Eine gute halbe Stunde beschäftigte den Förster das Frühstück, und der Pastor rauchte dabei sein Pfeifchen, als endlich jener seine Nichte vermißte. „Sie ist vorhin in den Garten gegangen, wie ich gesehen habe," sagte Ehren Schottenius; „aber es wird nun auch wohl Zeit sein, daß wir uns weiter auf den Weg machen. Ich will die Jungfer rufen." — Er ging; aber fort war sie, war nirgends zu finden. Wir lassen die beiden Herren, die Wirtin, den Hausknecht und die Magd sie aufsuchen, und knüpfen indes einen Faden unserer Geschichte wieder an, den wir lange genug haben liegen lassen.

Elftes Kapitel.

Der Herr Amtmann beschließt, noch einen Tag in Braunschweig zu verweilen, und besucht nebst seinem Sohne das Schauspiel. Etwas Dramaturgisches.

Der Herr Amtmann Waumann und sein liebenswürdiger Sohn hatten nun im sanften Schlafe ihre müden Glieder erquickt, und ihr erlittenes Ungemach vergessen. „Sei guten Muts, Valentinchen!“ sagte der Amtmann. „Daß wir den Luftschiffer nicht gesehen haben, das ist freilich unangenehm; aber dafür wollen wir heute in die Komödie gehen. Mein kaltes Bad ist mir auch so übel nicht bekommen, und der Diebstahl läßt sich noch verschmerzen. Ich hätte dem Kerl nicht trauen sollen; alle Musikanten taugen nichts, das lerne du von mir! Früh oder spät wird man von so einem Vagabunden immer angeführt. Aber wenn mir der Lumpenhund einmal in das Amt Biesterberg kömmt, so soll er seinem Galgen nicht entwischen.“

Aus dieser Erklärung des Herrn Amtmann erhellet, daß in Biesterberg die peinliche Halsgerichtsordnung der Nürnberger eingeführt war, nach welcher man niemand eher hängen lassen darf, als bis man ihn hat. „Aber Papa!“ rief der junge Herr, „ich kann mich nun nicht sehen lassen; mein grüner Sonntagsrock ist mit fort.“ „Thut nichts,“ erwiderte der Amtmann, „der graue ist gut genug, und sobald wir nach Hause kommen, soll dir der Meister Bügelbock ein anderes Kleid machen.“

Vater und Sohn kleideten sich nun an, gingen nach dem Gasthofe des Prinzen Eugen, und fanden dort ihre Freunde schon völlig gerüstet am Fenster stehen, wo sie sich an dem ungewohnten Anblicke der Vorübergehenden und Fahrenden seit sechs Uhr morgens ergötzt hatten. „Das hätte ich dir voraussagen wollen, Bruder Amtmann!“ sprach der Licentiat, „daß der Kerl dich anführen würde.“ „Ich wollte, du hättest mir's vorausgesagt!“ erwiderte Herr Waumann; „doch, laß uns nicht mehr daran denken, sondern uns jetzt ein wenig in der Stadt umsehen!“ Und damit begaben sie sich auf den Weg, der Amtmann, sein Sohn, Herr Bocksleder nebst Gattin und Kind, und der Kaufmann Pfeffer aus Schöppenstädt. Der Zug ging durch die Hauptstraßen der Stadt, nach dem Meßhause zu; dann besahen sie die Kunstkammer, spazierten im Schloßgarten umher, sahen die Parade aufziehen, und schleppten sich dann ermüdet in den Prinzen Eugen zurück, wo der Licentiat für sie sämtlich das Essen bestellt hatte.

„Aber diesen Abend gehen wir doch alle, so wie wir hier sind, in die Komödie?“ sprach der Amtmann, als bei dem Braten seine Lebensgeister sich wieder ein wenig gesammelt hatten. „Das versteht sich!“ erwiderte der Licentiat; „seit meinem zwölften Jahre habe ich dergleichen nicht gesehen. Damals spielte ich selbst mit; es war in Hildesheim, auf der Schule. Wir stellten Jonas im Walfische vor, und die Geschichte von Judith und Holofernes.“

Nun begann Herr Bocksleder die Beschreibung dieser geistlichen Schauspiele, womit ich jedoch dem Leser nicht zur Last fallen will. Eine angenehme Nachricht, die der Aufwärter verkündigte, unterbrach dies Gespräch; er meldete nämlich, daß heute vor dem Schauspiele noch ein Luftball mit einem lebendigen Hunde aufsteigen, und nach der Abendtafel Maskerade im Opernhause sein würde. Das alles nun wollten unsere Freunde genießen, und es wurde dazu sogleich Anstalt gemacht. Außer ihnen saßen noch an demselben Tische (denn man speisete in einem allgemeinen Gastzimmer), nebst verschiedenen unbekannten Gästen, der mehrmals erwähnte Student aus Helmstädt und der große Dichter Klingelzieher. Diese beiden jungen Herren hatten ihre Freude daran, unsere Landleute, ohne daß sie es merkten, zum Gegenstande ihres Witzes zu machen. Als daher von Maskeradenkleidern die Rede war, die ein Jude, welcher draußen stand, der Gesellschaft zu liefern versprochen hatte, versicherten die Spaßvögel, es sei gar keine Freude dabei, nur im Domino oder Tabareau dort zu erscheinen, sondern je auffallender die Verkleidung sei, um desto weniger werde man merken, daß sie vom Lande, und daß ihnen solche Vergnügungen fremd seien. Nur müßten sie ihre Rollen studieren, und sich dem Charakter gemäß betragen, dessen Gewand sie trügen. Der Jude wurde gestimmt, die nötigen Sachen herbeizuschaffen, und folgendes Kostüm verabredet. Die Frau Licentiatin Bocksleder sollte eine weiße Nonne vorstellen, ihren Sohn, wie Amor gekleidet, an ihre Hand nehmen, und von ihrem Gemahl, in Gestalt des leidigen Satanas, mit Hörnern versehen, geführt werden; der Amtmann Baumann wurde bewogen, Weiberkleider anzulegen, und zwar als Göttin der Nacht aufzutreten, in einem schwarzen Gewande, mit Sternen von Goldpapier benäht,

26. Tabareau, oder Tabaro, eine vom Domino verschiedene Art Maskenmantel.

wovon Musjö Valentin, wie Arlekin gekleidet, ihm die Schleppe nachtragen sollte. Herr Klingelzieher begnügte sich mit einem Zauberersgewande, und der Student wählte eine Matrosenmaske. Übrigens wurden den leichtgläubigen Leuten ihre Rollen so vorgeschrieben, daß es an den beiden Spaßvögeln nicht lag, wenn die Gesellschaft diesen Abend nicht von Knaben und Pöbel preisgemacht wurde.

Indes rückte die Zeit heran, wo man den vierfüßigen Luftschiffer auffliegen sehen sollte. Man ging hin, staunte dies merkwürdige Wunderwerk an, und eilte von da in das Schauspiel.

Der junge Herr Waumann, ungewohnt, anders wie in der Kirche, eine so große Versammlung in einem Hause auf Bänken und Bühnen sitzend zu erblicken, nahm aus Gewohnheit seinen Hut vors Gesicht, als wollte er sein Gebet verrichten. Sobald aber nun die edle Musika anhob, und der Vorhang in die Höhe gezogen wurde: potz Fickerment! wie riß er da die Augen auf!

„Aber Papa!“ rief er aus, als er sich ein wenig von seiner ersten Überraschung erholt hatte, „thun denn die Leute nichts als singen, und sprechen gar nicht? Und man versteht ja nicht ein Wort davon.“ „Ja, siehst du, mein Söhnchen,“ erwiderte der Vater, „das nennt man eine italienische Oper. Ich wollte indessen, wir wären gestern darin gewesen, da haben sie deutsch gespielt; aber da war der verdammte Vorfall, daß ich im Wasser gelegen hatte.“

Das welsche Singewerk fing endlich an, unsern Leuten Langeweile zu machen; und da es ohnehin mit den Vorbereitungen zur Mummerei nicht so schnell gehen konnte, beschloß die ganze Gesellschaft, welche sich im Parterre nahe bei einander gehalten hatte, nach dem Wirtshause zurückzukehren.

„Ich glaube,“ sagte Herr Klingelzieher, „Sie würden gestern ebensowenig, wie heute, von dem verstanden haben, was auf dem Theater gesprochen wurde; denn, obgleich das, was sie redeten, für Deutsch gelten sollte, so waren doch ein paar Personen darunter, deren oberländischer Provinzialdialekt immer noch zu raten übrig ließ, ob man seine Muttersprache, oder eine fremde Mundart hörte. Besonders zeichnet sich bei dieser Gesellschaft ein Pärchen aus: die Frau arbeitet sich im Tragischen herum, und er macht den Buffo in den Singespielen, die aus dem Italienischen über-

6 f. preisgemacht, wie preisgegeben behandelt, blosgestellt.

setzt sind; allein er verwandelt diesen Buffo in einen plumpen deutschen Hanswurst, singt einen Baß, den er aus dem Unterleibe hervorholt, und setzt vor jeden Lautbuchstaben noch ein u, zum Beispiel: uals uich nuoch uein klueiner Knuabe wuar, statt: als ich noch ein kleiner Knabe war. Von der Dame habe ich mir eine Rede gemerkt, die ich Ihnen doch mitteilen will: U ich Unklikliche! Taß mich toch nie tie Sohne peschinnen hätt! Und tu unkeratner Sonn! Kannst tu ketultig zusenn, taß teine Muhter wie eine pissente Sinterinn ta schtehn muß?"

Herr Klingelzieher deklamierte noch viel über die Unverschämtheit solcher Leute, die, aus dem niedrigsten Pöbel entsprungen, ohne Menschen-, Welt- und Sprachkenntnisse, ohne Sitten, ohne Gefühl, ohne Grundsätze, es wagten, auf die Bühne zu treten, in dem Charakter von Personen aufzutreten, mit deren gleichen sie nie den entferntesten Umgang hätten haben können, und dennoch darauf Anspruch zu machen, auf den Geschmack zu wirken, den Ton anzugeben, Moralität zu befördern, und für achtungswerte Männer von Wichtigkeit und Bedeutung im Staate zu gelten. — „Solches Lumpengesindel," setzte er hinzu, „das sich's nicht einfallen lassen sollte, dem geringsten Tagelöhner den Rang streitig zu machen!"

Ein alter Mann, dem Ansehen nach ein gewesener Offizier, welcher bei seiner Flasche Wein in der Ecke saß, nahm nun das Wort: „Mein Herr!" sagte er, „was mich betrifft, so muß ich gestehen, daß ich mich wundere, wenn ich höre, daß wir hie und da in Deutschland noch leidliche Schauspiele haben. Im ganzen ist die Sache zwar überhaupt eben nicht der Mühe wert, daß man viel davon rede; aber wenn man doch einmal ernsthaft über diesen Gegenstand nachdenken will, so möchte ich wohl fragen, wie es unsere Theaterdichter und Schauspieler anfangen sollten, ihren Geschmack zu veredeln, sich zu bilden, und wer ihnen die Anstrengung lohnen würde? Herrscht wohl auf zehn Meilen Weges in Deutschland einerlei Geschmack, und bleibt dieser Geschmack sich wohl zehn Jahre hindurch gleich? Weiß unter hundert Menschen einer, was er eigentlich von einem guten Schauspiele fordern soll? — Nein! er weiß nur, daß er etwas Neues sehen will, so ein Hin- und Herreden und Wirken durcheinander, bei welchem zuweilen ein unerwarteter Zug ihn überraschen, oder ein lustiger Einfall ihm das Zwerchfell erschüttern, oder eine einzelne rührende

Situation ihn aus seinem Phlegma aufwecken soll. Um die Haltung des Ganzen bekümmert er sich wenig; und wäre diese in einem Stücke meisterhaft, und es fehlte dagegen an Verwirrung, an Buntscheckigkeit, oder das Stück wäre nicht neu mehr: so würde ich doch keinem Directeur, dem seine Kasse am Herzen läge, raten, dergleichen Stücke oft zu geben. Denn für den Genuß des Erhabenen in der Kunst, ein Genuß, der für einen echten Kenner, je öfter er ein Meisterwerk sieht, um desto größer wird — dafür hat das Gros des Publikums nirgends in Deutschland mehr Sinn, sondern will nur immer neue Spielwerke sehen. Ich sage, es hat keinen Sinn mehr dafür; aber hat es ihn je gehabt? Ja! wenigstens in einigen Gegenden von Deutschland, zu Lessings Zeiten, zur Zeit der großen hamburgischen Entreprise. — Auch findet man noch in Hamburg kleine Haufen von Männern, neben denen unsereiner so gern im Parterre steht, wenn der edle, unnachahmliche, als Mensch und Künstler, als Freund und Gesellschafter gleich verehrungswürdige Schröder, unfähig, dem falschen, frivolen Geschmacke zu schmeicheln, die alten ein- und ausländischen Meisterwerke hervorholt, gegen welche unsere neueren Kotzebuiana u. s. w. so erbärmlich abstechen —"

Klingelzieher. Wie? des Herrn von Kotzebue Stücke lassen Sie nicht gelten?

Offizier. Davon nachher! Lassen Sie mich jetzt nur mein Bild im allgemeinen ausmalen! Lesen Sie die Verzeichnisse der Stücke, die in den größten Städten Deutschlands in den letzten Jahren sind aufgeführt worden, und Sie werden darüber erstaunen, wie weit man noch in manchen Gegenden unseres Vaterlandes zurück ist, und wie weit man in anderen schon wieder hinabsinkt. — Die meisten Direktionen müssen sich doch leider nach den Forderungen ihres Publikums richten; und wo das nicht der Fall ist, wo der Hof die Stimme führt, — ja, da sieht es denn freilich noch kläglicher aus. Ich machte im vorigen Winter eine kleine Reise. In einer nicht unbeträchtlichen Stadt, wo damals ein Theater war, wurde das elende Stück: Die Engländer in Amerika zweimal begehrt, dahingegen die Erbschleicher gar nicht gefielen, und Goethens Geschwister, das herzige Stück, so voll Größe und

13. Hamburgische Entreprise, gemeint ist das Hamburger Nationaltheater, bei welchem Lessing 1767/68 als Dramaturg wirkte. — 17. Der berühmte Schauspieler Fr. Ludw. Schröder, geb. 1744, † 1816.

Einfalt, — langweilig gefunden wurde. In einer benachbarten Residenz waren drei Vorstellungen der elenden Farce: Der Teufel ist los, gestopft voll; die herrliche Oper Cora fand gar keinen Beifall. Der Schauspieler, welcher hier ausgepfiffen wird, gilt dort für einen großen Künstler, und die Sprache, welche man an der Donau für echtes, sauberes Deutsch verkauft, hält man an der Elbe für unverständliche Beschwörungsformeln böser Geister.

Was müssen die Folgen von diesem allem in Rücksicht auf Dichter und Künstler sein? Sie sind leicht an den Fingern abzuzählen; ich will nur beim Dichter stehen bleiben. Wer etwas Besseres in der Welt treiben kann, der widmet seine Talente keiner so undankbaren Arbeit. An fleißiger Ausfeilung theatralischer Produkte ist gar nicht zu denken; wer will sich die Mühe geben, wenn er weiß, daß nach einigen Jahren seine Ware aus der Mode gekommen sein wird? Alles kömmt nur darauf an, während dieser ephemerischen Existenz so viel Aufsehen als möglich zu erregen, und das wird am sichersten bewirkt, je abenteuerlicher die Kompositionen sind, die man an den Tag fördert. Da flickt man denn Charaktere zusammen, von ungeheurer Schöpfung; Situationen, bei deren Anblicke man nicht weiß, ob man lachen, heulen, mit den Zähnen klappern, vomieren oder purgieren soll —, und Verwickelungen, die nur das Messer einer verzweifelnden Phantasie lösen kann. Das alles wird auf einander gehäuft, durch einander gepoltert, — und das bewundern wir; den Fieberkranken, der so etwas in die Welt faselt, lobpreisen, posaunen wir aus; der eitle Thor glaubt sich an der Spitze der Unsterblichen aller Zeitalter, und raset immer ärger darauf los, vernachlässigt die wirklichen Talente, die in ihm wohnen, und die eine weise Kritik ausgebildet haben würde. Nach einer kurzen Reihe von Jahren hat das Publikum diesen Rausch ausgeschlafen, kann nicht begreifen, wie es so blind hat sein können, und rächt seine eigene Thorheit an dem armen Schriftsteller, den es, ungerecht gegen seine guten Anlagen, jetzt um so heftiger schmäht und seiner spottet, je mehr es ihn vorhin erhoben hatte.

Klingelzieher. Nun! und unter diese unbedeutenden Modeschriftsteller zählen Sie auch den Herrn von Kotzebue?

Offizier. Ihn mehr, als irgend einen andern. Einzelne Scenen in den theatralischen Produkten dieses Schnellschreibers verraten seltene Anlagen; aber in keinem seiner Stücke findet man

Ordnung, Plan, Einheit, Würde und Konsequenz; — des sittlichen Zwecks nicht einmal zu erwähnen.*) Zum Beweise, daß ich das nicht so in den Wind hinein rede, will ich, wenn Sie's erlauben, von den Schauspielen des Herrn von Kotzebue eins zergliedern, und zwar eins, das vielleicht von allen am meisten allgemeinen Beifall gefunden hat, wovon sogar ein Recensent und Dramaturg dem andern das Lob nachgeleiert hat — ich meine die Indianer in England.

Klingelzieher. Wahrlich! ein schönes Stück!

Offizier. Wir wollen sehen. Ich hoffe, Sie werden kein Urteil fällen, ohne Gründe erwogen zu haben.

Zuerst lassen Sie uns doch von dem Zwecke reden, den der Verfasser vor Augen hatte, als er dies Stück zu schreiben begann! Können Sie sich einen solchen einfachen Hauptzweck denken? Ich kann es nicht. Und doch darf man von jedem Kunstwerke mit Recht verlangen, daß es ein bestimmtes Ganzes ausmache. Das fühlen selbst schlechte Kupferstecher, und um ihre steifen Kompositionen von Dörfern und Flüssen und Menschen und Ziegen und Hündlein nicht mit dem leeren Titel Landschaften abfertigen zu lassen, setzen sie irgend etwas darunter, was Inhalt hineinbringen soll, zum Beispiel: la tranquillité villageoise, oder le dimanche à la campagne u. s. f. Daß bei einem Schauspiele eine einfache Handlung zum Grunde liegen müsse, daran hat noch niemand gezweifelt, der die Sache versteht; und ich darf hinzusetzen: nicht selten ist ein Schauspiel um desto vorzüglicher, je einfacher mit wenig Worten sich dieser Hauptzweck, auf welchen die ganze Handlung und alles Wirken der handelnden Personen hinausgeht, ausdrücken läßt. Auf welchen Punkt aber konzentriert sich in den Indianern in England das ganze ungeteilte Interesse? Wer ist die Hauptperson? Welcher moralische Satz, welche Lehre, welche Wahrheit, welche Warnung soll hier anschaulich gemacht werden? kurz! welchen Haupteindruck soll der Zuschauer mit nach Hause nehmen, wenn der Vorhang gefallen ist?

Soviel über den Zweck, oder vielmehr über den Mangel an Zweck! Nun zu den einzelnen handelnden Personen und deren

2. zu erwähnen. Hier ist ein Anachronismus, ich weiß es wohl. Damals, im Jahre 1788, waren die wenigsten von den Schauspielen des Herrn von Kotzebue, die nachher einiges Aufsehen gemacht haben, schon erschienen. Ich denke aber, die Leser werden es mir verzeihen, wenn ich, um im allgemeinen meine Meinung über diesen Gegenstand zu sagen, Beispiele anführe, die noch in frischem Andenken sind. Anm. des Verf.

Charaktern! Eine ebenso unbestrittene Regel bei einem guten Schauspiele, als die vorige, ist die, daß alle auftretenden Personen an die Handlung geknüpft sein sollen, daß sie zum Ganzen nicht nur mitwirken, sondern zu dieser Wirkung notwendig, unentbehrlich sein müssen. Alles übrige nennt man Flickrollen, die von der Armut des Dichters zeugen. Leider ist nun freilich in diesem Stücke überhaupt gar keine eigentliche Handlung; aber angenommen, daß man das bißchen Thätigkeit, worin die Personen gesetzt werden, also nennen möchte: so könnte füglich das Ganze seine Endschaft erreichen, ohne den Herrn Musaffern, ohne den Visitator, ohne den Bootsknecht, ohne die beiden Notarien, wenigstens ohne einen derselben, ohne den kleinen Knaben, allenfalls ohne die alberne Mistreß Smith, ja! ohne den alten Smith, der auf seinem Stuhle herausgefahren wird, um zu hören und zu sehen, und, wenn ihn der Dichter wieder fort haben will, geschimpft oder gestoßen wird, da er dann anfängt zu fluchen oder zu klagen, und sich wieder fortrollen läßt.

Verzeichnet sind fast alle Charaktere. Gurlis liebenswürdige Naivetät hat ein Kunstrichter so meisterhaft geschildert gefunden, und andere haben es ihm nachgelallt. — Lassen Sie uns doch, ohne uns um diese Autorität zu bekümmern, untersuchen, was für ein Werk der Schöpfung diese Gurli ist! Eine alberne Gans zu malen, die von den Dingen dieser Welt nichts weiß, gern einen Mann haben will, lacht, wenn ihr etwas Ungewöhnliches aufstößt, weint, wenn sie an etwas Unangenehmes denkt, sich zu freundlichen Gesichtern hingezogen fühlt, und unfreundliche Menschen nicht leiden mag —: ist es Kunst, so ein Geschöpf zu malen? Allein dies Bild könnte interessant werden, wenn man das rohe Kind der Schöpfung in Lagen versetzt sähe, wo es, aus innerer Güte der menschlichen Natur, ebenso groß und edel handelte, wie die fein kultivierte Liddy; aber nichts von dem! Doch, was noch mehr ist, dieser ganze Charakter ist ein Hirngespinnst. Denken Sie sich, wenn Sie können, ein mannbares und noch obenein manntolles Mädchen, das, unter Wilden erzogen, wo keine falsche Delikatesse den Schleier über gewisse natürliche Dinge wirft, noch nicht wissen soll, was ein Männchen und was ein Weibchen ist, und daß Mann und Frau zum Heiraten nötig sind! Ein Mädchen, das lange genug in England gewesen ist, um schreiben gelernt zu haben, und, indem es zwei Notarien, die beiden Brüder Smith,

Miß Liddy und den alten Musaffery, teils nach der Reihe, teils auf einmal heiraten will, zeigt, daß es noch nicht weiß, daß so wenig in Großbritannien, wie vielleicht in irgend einem Lande des Erdbodens, Vielmännerei erlaubt ist! Eine schöne Naivetät!

Fazir ist ein Wilder aus Bengalen, und winselt und empfindelt, wie ein Siegwart.

Kaberdars Charakter ist gar nicht ausgemalt; Musaffery ebenso wenig.

Von dem alten Smith erfährt man soviel, daß er ein gutherziger, schwacher, unbedeutender Sterblicher ist.

Robert, Liddy und Jack sind die einzigen Personen, die Physiognomie haben.

Samuel und der Visitator haben Originalität; aber sie sind so offenbar von deutscher Schöpfung, daß wohl schwerlich in ganz Großbritannien zwei solcher Charaktere werden gefunden werden.

Wenn sich ein deutsches Fräulein mit allen albernen Prätensionen des Adelstolzes an einen englischen Kaufmann verheiratete, so würde diese Thorheit doch gewiß in dem ersten Jahre ihres Aufenthaltes in Großbritannien schon von ihr weichen; nichts kann ihr dort Nahrung geben; man wird sie nicht einmal verstehen. Die ganze Art der Zusammenlebung, die öffentliche persönliche Achtung, deren ein Kaufmann daselbst in viel größerem Maße, wie ein kleiner deutscher Edelmann, genießt: das alles wird ihr die Grillen von ihren Ahnen bald vertreiben. — Wie unnatürlich also, daß Mistreß Smith nach zwanzig bis dreißig Jahren noch den Versuch wagt, diese Narrheit geltend zu machen!

Die Notarienscene ist äußerst komisch; aber sie ist ein hors d'oeuvre, und gehört nicht dem Herrn von Kotzebue, sondern dem alten Vater Molière.

Wer Schauspiele schreibt, soll doch auch die Sitten des Landes studieren, in welches er seine Scenen versetzt; auch das vergißt der Herr von Kotzebue in der Eil, mit welcher er schreibt. Herr Smith heißt Sir John: folglich ist er Baronet; denn kein anderer führt in England vor seinem Taufnamen den Titel Sir.

27. **geltend zu machen.** Kürzlich hat Herr von Kotzebue, der mit Recht so oft die Thorheiten des Adels lächerlich zu machen sucht, auf einmal eine Verteidigung des Erbadels in die wienerische Zeitschrift einrücken lassen. Vermutlich ist der ganze Aufsatz Ironie. Wie sollte auch ein Mann von seinen Talenten sich auf einmal so tief gesunken fühlen, daß er sich im Ernst zum Mitarbeiter eines solchen Schufts, wie Aloisius Hoffmann ist, machen wollte? Anm. des Verf.

Er selbst aber sagt, er sei von bürgerlicher Abkunft. Aber sei er Baronet: so kann, bei seinen Lebzeiten, es doch sein Sohn nicht auch sein; allein auch dieser nennt sich selbst Sir Samuel Smith.

In England wird niemand zehntausend Pfund lieber in barem Gelde als Banknoten haben wollen, wie Herr Samuel.

In England wird gar kein Knaster verkauft, und doch will Herr Smith Knaster rauchen.

Mysore ist nie von einem Nabob regiert worden.

Dies alles soll nur beweisen, wie wenig dieser Schriftsteller an seinen Werken feilt; und hiervon zeugen noch andere Stellen. Der alte Smith klagt, die Frau habe ihm nicht einmal eine Kanne Porter geben wollen, und doch verschenkt er nachher ein ganzes Faß voll starken Biers an den Bootsknecht.

Im ersten Auftritte teilt Herr Smith vier Segen aus; im neunten Auftritte des zweiten Aufzuges abermals zwei; im dreizehnten bittet Liddy um ein dito, und erhält ihn von der Mutter; im sechsten Auftritt des dritten Aufzuges segnet Kaberdar; im vierzehnten segnet wiederum Herr Smith, und im fünfzehnten nochmals der Nabob Kaberdar. — Das sind viel christliche und heidnische Segen!

Der alte Offizier war in so gutem Zuge, seine dramaturgischen Kenntnisse auszukramen, daß er vermutlich noch in einer Stunde nicht würde aufgehört haben, wenn nicht einer aus der Gesellschaft, dem diese Abhandlung vielleicht ebensoviel Langeweile verursachte, als meinen Lesern, die Bemerkung gemacht hätte, daß es wohl Zeit sein würde, sich zur Maskerade auszurüsten. Man nahm also Abschied von ihm, ging hinauf in des Licentiaten Zimmer, wo die bestellten Ballkleider in Bereitschaft lagen, steckte sich in dies abgeschmackte Kostüm, zur großen Freude der beiden jungen Spottvögel, und ging dann in diesem Aufzuge mit einander zu Fuße den Bohlweg hinauf, dem Opernhause zu.

Der Offizier stand in der Thüre des Gastzimmers, als sie die Treppe herunterkamen. „Aber wie mögen Sie," sprach er, „Ihre Zeit mit einer so elenden Unterhaltung verderben? Was für Vergnügen kann ein verständiger Mann daran finden, sich in einem Gewühle von Menschen herumzutreiben, die, ausstaffiert wie die Narren im Tollhause, sich zwecklos durch einander herumtreiben und drängen; wo eigentlich getanzt werden sollte, und doch niemand, der gern ohne blaue Flecke und Beulen nach Hause gehen will, tanzen mag; wo man verkleidet hingeht, ohne sich seinen Bekannten unkenntlich zu machen, indes die Unbekannten sich, auch ohne Maske, fremd bleiben würden?"

Vermutlich würde der alte Kritiker eine ebenso lange Abhandlung über die Maskeraden, als über die Schauspiele, zutage gefördert haben, wenn nicht unsere Freunde die Unterredung kurz abgebrochen, und ihren Weg fortgesetzt hätten. Sie schlichen sich daher vor ihm vorbei und gingen.

Zwölftes Kapitel.

Was der Herr Hauptmann Previllier dem alten Dornbusch unterwegs erzählt. Zusammenkunft in Steinbrüggen.

Dem Herrn Dornbusch kam die Entdeckung, daß seine Tochter und sein Bruder noch vor zwei Stunden mit ihm zugleich in Peina gewesen wären, wie ein Traum vor. Der Offizier fing an, ihm das ganze Rätsel aufzulösen, sobald sie im Wagen saßen, und die Freude des alten Mannes, so gute Nachrichten von den Seinigen zu erhalten, war jetzt unbeschreiblich. Gern hätte Herr Previllier diese angenehmen Empfindungen in vollem Maße mit ihm geteilt, wenn nicht die Unruhe über den Verlust seiner Geliebten jeden fröhlichen Gedanken von ihm verscheucht hätte.

Doch, da der Förster und der geistliche Herr kaum vor anderthalb Stunden erst mit dem jungen Frauenzimmer abgefahren waren, schien es mehr als wahrscheinlich, daß sie das Fuhrwerk noch diesseits Goslar einholen würden, und dann hörte ja die Gewalt des Oheims über die Nichte auf, und er konnte die Schöne aus der Hand ihres Vaters empfangen. Diese Hoffnung erheiterte ihn wieder, und da sein Pflegevater nur kurze, summarische Nachrichten von seinen erlebten Schicksalen nach Ostindien bekommen hatte, vertrieb er, auf das Bitten des alten Herrn, ihm unterwegens die Zeit durch genauere Erzählung dieser Begebenheiten, die wir denn auch den Lesern in seinen eigenen Worten mitteilen wollen.

„Der redliche Konsul, dem Sie mich anvertrauet hatten, handelte von dem Augenblicke an, da ich ihm war übergeben worden, wie ein leiblicher Vater an mir, und mein Zutrauen und meine Liebe zu ihm wuchsen mit jedem Tage. Er schwatzte nicht viel von zärtlichen Empfindungen, und hatte überhaupt in seinem Äußern nicht jene undeutsche Geschmeidigkeit, wodurch Menschen von geringerm innern Werte so gern die gute Meinung derer, die sie fürchten, zu erschleichen pflegen; aber echte Feinheit des Gefühls, die bei reellen Veranlassungen aus seinem wohlwollenden Herzen hervorblickte, thätige Hülfe ohne viel Wortprunk, vereinigt mit unbestechbarer Wahrheitsliebe und Würde des Charakters waren die Grundzüge des seinigen. Sobald er mich nun ausgerüstet, und meinetwegen Antwort von seinem Freunde, dem Obristen, erhalten hatte, schickte er mich, begleitet von einem treuen Mohren, der sein Bedienter war, mit dem Postwagen nach ***. Daselbst trat ich in einem Gasthofe ab, kleidete mich sauber an, steckte das Empfehlungsschreiben des Konsuls in die Tasche, und wanderte hin zu meinem Obristen.

„Ich muß, ehe ich in meiner Erzählung fortfahre, Ihnen hier ein schwaches Bild von diesem würdigen Kriegsmanne entwerfen. Er war in seinem äußern Betragen rauh, doch von Herzen bieder, sprach sehr wenig, mehrenteils nur in abgebrochenen Sätzen; aber alles, was er sagte, hatte Kraft, Originalität, und nicht selten einen Anstrich von eigentümlichem Witze. Jeden solchen Kernspruch pflegte er dann damit zu beschließen, daß er ein paar Noten hinterher sang: 'Ich bin,' sprach er, 'nun einmal so; tüh - - - hü; und wer mich so nicht leiden mag, der kann mich laufen lassen; tüh - - - hü.' Nächst dem Soldaten schätzte er den redlichen Handwerker am höchsten, höher wie die Menschen aus andern Klassen. Gelehrte konnte er gar nicht ausstehen. Sie hätten, behauptete er, fast sämtlich ihre gerade, gesunde Vernunft wegstudiert; alles sei bei ihnen auswendig gelernter Kram; ihre ganze Weisheit sei an einen langen gekauften Bindfaden (er zielte damit auf den Systemsgeist) gereiht. Rührte man nun das eine Ende an, sagte er, so polterte einem immer der ganze Plunder über den Leib, und immer derselbe Plunder, man möchte das vorderste oder das hinterste Ende ergreifen. Strenge waren seine Begriffe von Gerechtigkeit, und deswegen verzieh er nicht leicht vorsätzliche Beleidigungen, wenn er nicht ungeheuchelte Reue wahrnahm, besonders da, wo nicht sowohl seine Person, als die Tugend selbst war gekränkt worden. Nicht ärger konnte er entrüstet werden, als wenn er darauf zu reden kam, daß gewisse Stände andere nützliche Menschenklassen geringschätzten. Einem Sattler, der lange für ihn gearbeitet hatte, entzog er seine Kundschaft, sobald er erfuhr, daß er seinen Sohn kein Handwerk lernen lassen, sondern ihn auf Universitäten schicken wollte.

„So war der Mann beschaffen, von dem ich mein künftiges Glück erwarten sollte. Als ich bei ihm angemeldet wurde, ließ er mir zuerst meinen Brief abfordern, und nachdem er ihn gelesen hatte, mußte ich zu ihm hinaufkommen. Er nickte wiederholt freundlich mit dem Kopfe, ohne ein Wort zu reden, als ich mich ihm näherte; dann stand er auf, ergriff mich bei den Schultern und drehte mich dreimal herum. Als er nun den kleinen Haarbeutel gewahr wurde, den ich, um mich recht herauszuputzen, eingebunden hatte, fing er laut an zu lachen, und rief aus: 'Hah! ein junk französch Marquis! kann niks deutsch parlir; tüh - - - hü.' Dieser seltsame Empfang verblüffte mich so, daß mir die Thränen in die Augen traten; das that dem guten Manne weh; er streichelte mir daher die Backen und sagte liebevoll: 'Nur getrost, mein Jüngelchen! Ich will dich bei mir behalten, und einen rechtlichen Kerl aus dir machen, und der Haarbeutel soll verauktioniert werden; tüh - - - hü.' Noch an demselben Tage wurde dann der Regimentsschneider geholt, um mir das Maß zu nehmen; und sechsunddreißig Stunden nachher stand ich als wohlbestallter Fahnenjunker da. 'So lasse ich's gelten; tüh - - - hü!' sang der Obrist, und behandelte mich von nun an wie sein eigenes Kind. Ich bekam ein Zimmerchen angewiesen, speisete an seinem Tische, lernte das Exerzieren, bekam Unterricht im Rechnen und Schreiben, dann auch in den mathematischen Wissenschaften, im Französischen, im Reiten und Fechten, und noch obenein gab mir der großmütige Mann Taschengeld, und erst nachher habe ich erfahren, daß er von dem Konsul keine Entschädigung dafür annahm. Aller dieser Wohlthaten ungeachtet redete er selten ein einziges Wort mit mir; aber auf seinem Gesichte konnte ich es lesen, ob er mit meinem Fleiße und meiner Aufführung mehr oder weniger zufrieden war.

„Der Haushalt meines Obristen bestand, außer ihm und seinem Sohne, dem Fähndrich, einem Erztaugenichts, der ihm viel heimlichen Kummer machte, aus einem alten tauben Koche, einer einäugigen Soldatenwitwe, welche die Betten bereiten und das Haus rein halten mußte, einer dicken plumpen Küchenmagd, zwei Bedienten, die zugleich Soldaten waren, und einem Reitknecht.

Der alte Obrist hatte seine Augen aller Orten, und eine größere Ordnung und Pünktlichkeit, wie in seinem Hause herrschte, konnte man sich kaum denken. Das Gesinde liebte und fürchtete ihn, war treu, fleißig, häuslich und einig unter einander. Des Sonntags, wenn der Herr im Klub war, holte der Koch eine schmutzige Violine vom Haken herunter, wo sie hing, fiedelte den Dessauer Marsch, oder einige Tänze, die zu Georg des Andern Zeiten in Hannover, wo er seine Kunst gelernt hatte, Mode gewesen waren, und die Bedienten spielten im Dambrette, wozu sie die Steine selbst geschnitzelt hatten. So ging alles jahraus jahrein seinen ruhigen, friedlichen Gang fort. Der Obrist war gastfrei, doch nur gegen die Offiziere seines Regiments, ging selten aus, und las, wenn er allein war, alte und neuere historische Bücher.

„Ich habe eben gesagt, der Obrist hätte überall in seinem Hause die Augen gehabt; nur über einen Gegenstand schien er blind, und der war die Aufführung seines Sohns, des Fähndrichs. Das einzige Kind, die Verlassenschaft einer früh verlornen, geliebten Gattin, – das war es, was sich zu Rechtfertigung dieser Schwäche sagen ließ. Der junge Mensch führte nicht nur ein ausschweifendes Leben, sondern belog und bestahl auch seinen würdigen Vater, der ihm doch keine Bitte versagte; ja, er rühmte sich dessen laut. Sein Charakter und sein Wandel waren aber auch auf seinen bleichen, schlaffen Wangen, in seinen matten Augen und aus seinen unsichern, irrenden Blicken zu lesen. Männern war dieser Mensch unerträglich, aber — und leider habe ich nachher in der Welt oft diese Bemerkung zu wiederholen Gelegenheit gehabt — den meisten gewöhnlichen Weibern gefiel der Unverschämte besser, als ein blühender, tugendhafter, bescheidener Jüngling. Ich fühlte mich bei dem ersten Anblicke von ihm zurückgestoßen, und seine Abneigung gegen mich war nicht geringer, sobald er sah, daß ich mich nicht nach seinem Muster bilden, mit ihm nicht gemeinschaftliche Sache machen wollte. Allein er war der einzige im Hause, der mir abgeneigt war; alle andern liebten mich, und mein Wohlthäter zeigte mir täglich mehr väterliche Zuneigung, obgleich der Fähndrich keine Gelegenheit versäumte, mich bei ihm anzuschwärzen. Oft war ich in Versuchung, dem Obristen die Betrügereien seines Sohns zu entdecken; Dankbarkeit schien mich dazu aufzurufen; aber Vorsichtigkeit hielt mich zurück. Indessen begegnete ich dem Bösewichte, selbst in des Vaters Gegenwart, mit der Verachtung, welche er verdiente; und so gerecht war der alte Mann, daß er mir, dieses seines Lieblings wegen, nie sein Wohlwollen entzog.

„Ich war beinahe noch ein Knabe, als der Obrist mich dem Herzoge, seinem Herrn, zum Fähndrich vorschlug und, als mein Patent ausgefertigt war, mir eine größere Summe Geldes schenkte, wie ich zu meiner Equipierung bedurfte. Allein die Glückseligkeit, die ich an der Seite eines so guten Chefs und edlen Wohlthäters genoß, dauerte nicht lange; der alte Herzog, dessen Jugendfreund er war, starb, und der neue Herr warf, wie es zu geschehen pflegt, alles über den Haufen, was sein Vater eingerichtet hatte. Er war ein harter, gefühlloser, hochmütiger, unwissender und mißtrauischer Mensch. Mit dem Militär wurde eine große Veränderung vorgenommen; die Offiziers wurden aus einem Regiment in das andere versetzt, ohne Rücksicht darauf zu nehmen, wie wenige von diesen schlecht bezahlten Leuten imstande waren, die Unkosten einer solchen Veränderung zu bestreiten; ja, es war ihm Ursache genug, jemanden an einen andern Ort hin zu verpflanzen, wenn er merkte, daß dieser gern da geblieben wäre, wo er war.

„Mein redlicher Obrist erhielt ein anderes Regiment; sein Sohn aber und ich blieben in der bisherigen Garnison, und bekamen einen andern Chef. Dieser war ganz ein Mann nach des Herzogs Wunsche; strenge, pedantisch, ein Gamaschenheld, der von untenauf gedient hatte, und seine Untergebenen wie Sklaven behandelte. Ich hätte nun von meiner geringen Gage leben müssen, wenn mein großmütiger Beschützer mir nicht von Zeit zu Zeit ansehnliche Zuschüsse geschickt hätte; allein meine Lage war darum nicht weniger unangenehm, denn mein neuer Obrist konnte mich nicht leiden, hatte immer etwas an mir auszusetzen, und neckte mich unaufhörlich.

„In der Stadt wohnte eine verwitwete Rittmeisterin von Seebach, nebst ihrer Tochter, einem liebenswürdigen, sanften und tugendhaften Mädchen. Ich hatte Umgang in dem Hause, wurde von Mutter und Tochter gern gesehen, und würde, wäre ich nicht so arm gewesen, gewiß Plan auf ihren Besitz gemacht haben; so aber lehrten mich Vernunft und Pflicht, mich in den Grenzen der Hochachtung und Freundschaft zu halten, und jede andere Neigung zu unterdrücken. Der Fähndrich aber, mein geschworner Feind, hatte ein Auge auf das Fräulein, sowenig sie ihn auch leiden konnte;

und da alle seine Anträge verworfen wurden, glaubte er, ich stünde seinem Glücke im Wege. Eines Abends, als ich gerade bei der Frau von Seebach war, kam er betrunken herein, und betrug sich so ungezogen, daß ich endlich die Geduld verlor, und ihm Stillschweigen auflegte. Dem jungen Herrn schwoll der Kamm; er stieß Beleidigungen gegen mich aus; die Hitze überwältigte mich; ich warf ihn zur Thür hinaus, und er ging drohend weg. Nachdem ich den Damen meine Entschuldigungen gemacht hatte, blieb ich noch eine Stunde lang bei ihnen, und wollte dann nach Hause, wo ich eine Ausforderung von meinem Feinde erwartete. Es war in der Dämmerung eines Herbstabends; ich mochte ungefähr zwölf Häuser vorbei gegangen sein, und wollte nun in eine enge Gasse einbiegen, als ich von dem Bösewichte und einem andern, ebenso schlechten Menschen, die sich an der Ecke versteckt gehalten hatten, meuchelmörderischerweise angegriffen wurde. Sie stürmten mit bloßem Degen auf mich ein, und ich hatte kaum Zeit, den meinigen zu ziehen, mich an eine Wand zu stellen, um den Rücken frei zu haben, und mich in Verteidigungszustand zu setzen. Bei dem ersten Anfalle hatte einer von den Schurken nach mir gestoßen, mich aber nur leicht in den linken Arm verwundet. Jetzt drangen sie beide ungestüm auf mich ein. Anfangs verteidigte ich mich nur; da ich aber voraussah, daß ich auf diese Weise leicht ihr Opfer werden könnte, suchte ich wenigstens mir einen vom Halse zu schaffen. Ich fiel also unerwartet aus, als mir der Fähndrich gerade Blöße gab, und wollte ihn etwa durch einen Stich in den Arm wehrlos machen; allein ich traf in den Leib; er stürzte, und der andere entfloh.

„Es fiel gleich nach der That zentnerschwer auf mein Herz, daß mein unglückliches Verhängnis mich gezwungen hatte, an dem Sohne meines Wohlthäters vielleicht zum Mörder zu werden; ich eilte ihm zu Hülfe; er war nur ohnmächtig, erholte sich bald wieder, und war noch stark genug, sich von mir nach seinem Quartiere führen zu lassen. Dort verschaffte ich ihm einen Wundarzt, welcher gleich nach der ersten Untersuchung versicherte, daß gar kein edler Teil verletzt, und durchaus keine Lebensgefahr da sei

„Ich würde also über die Folgen, welche dieser Vorfall für mich, der ich nur Notwehr geübt hatte, haben konnte, sehr ruhig gewesen sein, wenn ich weniger die schändliche Denkungsart meines Gegners und seines Beschützers, des Obristen, gekannt hätte.

Dieser letztere war jetzt mehr als jemals mein Feind. Er hatte kürzlich einen Unteroffizier bloß deswegen, weil er ihn in der neuen Montierung angetroffen hatte, die er eigentlich nur auf der Parade tragen sollte, so gefuchtelt, daß der arme Mann davon gestorben war. Ich hatte mich nicht enthalten können, über diese Greuelthat laut zu reden, und das hatte der Obrist wieder erfahren. Jetzt war die Gelegenheit da, mich seinen Haß fühlen zu lassen, und diese Gelegenheit ließ er nicht entwischen. Die ganze Sache wurde so verdreht, und die Art der Untersuchung so unregelmäßig vorgenommen, daß ich, ohne ordentliches Verhör, zu einem Festungsarreste auf ein halbes Jahr verurteilt wurde.

„Was war zu thun? ich mußte der Gewalt nachgeben. Da mir's indessen erlaubt war, aus meiner Gefangenschaft Briefe fortzuschicken, so schrieb ich nicht nur an meinen würdigen alten Obristen, um ihn um Verzeihung zu bitten, sondern meldete auch meinem guten Konsul den Vorfall, und meinen Entschluß, gleich nach meiner Befreiung den ***schen Dienst zu verlassen, und anderswo mein Glück zu suchen.

„Der bayrische Successionskrieg, welcher gerade in dieser Zeit ausbrach, gab mir einen ehrenvollen Vorwand, meinen Abschied zu fordern, indem ich den Herzog bat, mich zu entlassen, damit ich bei der östreichischen Armee ein paar Feldzüge mitmachen und die militärischen Kenntnisse, welche ich in seinem Dienste zu erlangen das Glück gehabt hätte, praktisch ausüben lernen könnte. Der Abschied wurde mir nicht versagt; wider die Gewohnheit junger Offiziers hatte ich mir von den Geschenken meines Wohlthäters eine Kasse von ein paar hundert Thalern gesammelt; der Konsul vermehrte diese Summe auf die großmütigste Weise und schickte mir zugleich Empfehlungsschreiben an zwei östreichische Generale; und so war ich denn imstande, meine Reise zur kaiserlichen Armee anzutreten.

„Allein ich hatte vorher noch eine Pflicht zu erfüllen; ich mußte dem würdigen Obristen meine Dankbarkeit darbringen, und mich bei ihm rechtfertigen, wenn auch ihm meine Aufführung

5. gestorben war. Diese Anekdote ist wahr — wahr zur Schande des Bösewichts, eines Obristen von — die Finger jucken mich, den Kerl zu nennen, der vor einigen Jahren diese That begangen — und zur Schande des Fürsten, der sie nicht bestraft hat. Wo dergleichen geschehn und niemand murren darf, nicht wahr, da ist kein Despotismus, da ist das Volk durch die Propaganda aufgehetzt, wenn es endlich ein wenig unruhig wird? Anm. des Verf.

vielleicht aus einem falschen Gesichtspunkte war vorgestellt worden. Beides glaubte ich am besten schriftlich thun zu können; doch schonte ich dabei, so viel sich's irgend thun ließ, seines Sohns.

„Ich konnte die Antwort nicht abwarten, habe auch seit der Zeit nie wieder eine Zeile von dem edlen Manne gelesen, denn er starb wenig Monate nachher am Schlagflusse.

„Da ich vorher an den großen, guten Kaiser Joseph geschrieben, und von ihm die Zusicherung erhalten hatte, als Kapitän bei einem der neu errichteten Freikorps angesetzt zu werden, insofern ich eine gewisse Anzahl Rekruten lieferte, so machte ich dazu Anstalt, brachte bald in den Rheingegenden einen Teil dieser Mannschaft zusammen, bezahlte für die fehlende eine bestimmte Summe, und ging dann zur Armee.

„Die kräftigen Empfehlungsbriefe des Konsuls und ein paar glückliche Vorfälle, die mir Gelegenheit gaben, Diensteifer und einigen Mut zu zeigen, erwarben mir die Achtung meiner Kameraden und die Zufriedenheit meiner Vorgesetzten. Der Krieg dauerte, zum Glücke der Völker, nicht lange; die Freikorps gingen dann auseinander; allein ich erhielt die Versprechung, in ein reguläres Regiment eingesetzt zu werden. Um diese Sache nun thätiger betreiben zu können, ging ich gleich nach dem Frieden nach Wien. Dort brachte ich beinahe ein halbes Jahr sehr vergnügt zu, und machte manche recht interessante Bekanntschaft. Wichtiger wie alles Übrige war mir das Glück, den liebenswürdigen Fürsten in der Nähe bewundern zu können, der ohne Prunk, aus wahrer Wärme für das Gute, so thätig war, Glück und Wahrheit zu verbreiten; der gegen so unendliche Schwierigkeiten, die ihm Dummheit und Bosheit in den Weg legten, mutig ankämpfte, kein Gift, keinen Dolch und keine spitzige Feder fürchtete, weil er wußte, daß die Vorsehung wahre Größe schützt, und daß man nur dann Ursache hat, sich zu fürchten und das Licht zu scheuen, wenn man sich selber nicht trauen, sich selber nicht respektieren darf; und der, wenn er eben so glücklich gewesen wäre, als er gut und eifrig war, von der späten Nachwelt noch mit Bewunderung angestaunt werden würde.

„Meine Hoffnung, wieder in Thätigkeit zu kommen, wurde bald erfüllt; man setzte mich in meinem vorigen Range im ***schen Regimente an, und bald nachher bekam ich den Befehl, nach Goslar auf Werbung zu gehen.

„Sie wissen, bester Vater, daß ich dort die Bekanntschaft mit Ihrer liebenswürdigen Tochter machte, und was weiter vorgefallen ist; möchten wir nun nur den Zweck erreichen, sie bald wieder einzuholen! Dann ist es in Ihren Händen, mein Glück, dessen erster Schöpfer Sie gewesen sind, vollkommen zu machen."

Während der Hauptmann Previllier diese seine Geschichte erzählte, blickten sie beide oft zum Wagen hinaus, um zu entdecken, ob sich nicht ein Fuhrwerk vor ihnen sehen ließe. Sie fragten jeden, der ihnen begegnete, und erfuhren endlich, daß die bewußte halbe Kutsche ungefähr eine Stunde früher denselben Weg genommen hatte. Diese Nachricht erhielten sie kurz vor Steinbrüggen, und als sie dahin kamen, sahen sie den Wagen in einem Hofe stehen. Ihre Freude war unbeschreiblich; sie sprangen aus der Kalesche, — aber alles im Wirtshause lief durcheinander. — Diese Verwirrung prophezeiete ihnen nichts Gutes. Der Förster rannte wie unsinnig herum, und fluchte wie ein Hesse. Sein Bruder fiel ihm um den Hals, — er wußte nicht wie ihm geschahe; — „Bruder! lieber teurer Bruder! Aber wo ist sie? Wo ist meine Margareta?" — „Wo sie ist? der Teufel hat sie geholt, das Wettermädchen! Aber finden muß ich sie, und sollte ich die halbe Welt durchrennen."

So standen die Sachen in Steinbrüggen. Allein es ist Zeit, daß wir wieder zu der Demoiselle zurückkehren, die wir auf freier Heerstraße allein gelassen haben. Wir sind zu galant, um ihr nicht bald zu Hülfe zu eilen.

Dreizehntes Kapitel.

Jungfer Margareta Dornbusch begiebt sich in den Schutz einer alten christlichen Dame, und setzt sich neuen Gefährlichkeiten aus.

Ja, nicht etwa auf offner freier Heerstraße nur; nein, was noch ärger ist, in einem hohlen Wege haben wir unser Frauenzimmer gelassen. Wie mancherlei Gefahren konnte nicht das wehrlose, schwache Geschöpf hier ausgesetzt sein! Uns treten die Thränen in die Augen, wenn wir alles erwägen, was dem armen Mädchen da hätte begegnen können. „O!" würde hier ein Schriftsteller ausrufen, dem es um die moralische Besserung seiner Leserinnen zu thun wäre, — darauf aber haben wir, im Vorbeigehen zu sagen, es gar nicht angelegt, sondern nur auf Belustigung und Honorarium —: „O!“ würde er sagen, „ihr leichtsinnigen Kinderchen! wohin kann nicht eine einzige Übereilung führen! — Da spiegelt euch nun an dem Beispiele der Jungfer Margareta Dornbusch, die ihr jetzt wie eine Landläuferin an Hecken und Büschen und in hohlen Wegen herumirren sehet, und lasset mir das vermaledeite Romanlesen unterwegens, wodurch ihr euch nur Thorheiten in den Kopf setzt!“

Doch wir wollen uns bei den Ausrufungen nicht aufhalten, sondern schlechtweg erzählen, was unserer Schönen begegnete. Sie mochte ungefähr ein paar hundert Schritte in besagtem hohlem Wege ängstlich eilig fortgerannt sein, als sie auf eine andere Straße stieß, welche dies Defilé durchkreuzte, zugleich auf derselben eine Kutsche erblickte, die, von drei Pferden gezogen, langsam daher wackelte, und ihr schon ziemlich nahe war. Der Kasten dieses Fuhrwerks sahe für sein Alter noch ganz reputierlich aus, war ein wenig groß, und der Unterteil bauchartig ausgeschweift. Mit gelben Nägeln sah man an den beiden Thüren die Buchstaben v. B. angebracht; ein kleiner, mit Seehundfell überzogener Koffer war hinten aufgebunden, und ein Bettler, der gern mit Gelegenheit reisen wollte, hatte sich diesen zum Sitze gewählt. Außerdem befanden sich noch zwei Körbe und eine Schachtel an den Bock mit Stricken befestigt; der Fuhrmann aber, in einem sogenannten Futterhemde, mit einer kleinen Tabakspfeife im Munde, ging neben den drei Gäulen her, die der Autor als ein wenig zu mager schildern müßte, wenn er nicht aus gewissen Ursachen die Partei magerer Geschöpfe nähme. Der Zug ging langsam und bedächtlich, und unsere Demoiselle hatte volle Muße, sich auf den Schritt vorzubereiten, den sie zu thun willens war, ehe die Kutsche den Platz erreichte, wo die Straße den hohlen Weg durchschnitt.

Ein nicht ganz lieblicher und nicht sehr harmonischer zweistimmiger weiblicher Gesang, von einem grämlichen Alt und einem durchdringenden Nasensopran in Oktaven vorgetragen, schallte aus der Kutsche heraus, deren diesseitiges Fenster geöffnet war. Der Fuhrmann brummte, so oft er die Pfeife aus dem Munde nahm, um auszuspucken, im Basse die letzte Note nach; übrigens war es die Melodie des Abendliedes: „Nun sich der Tag geendet hat.“

„Ich bitte Sie um Gottes willen, meine wertesten Frauenzimmer!“ rief Margareta, und unterbrach dadurch das andächtige Lallen: „ich bitte Sie, gönnen Sie mir einen Sitz in Ihrer Kutsche! Wo Sie auch hinreisen; ich verlange nichts, als Ihren Schutz bis zur nächsten Stadt. Ich will Ihnen auf keine Weise beschwerlich sein. Nur einen sichern Platz gönnen Sie mir bis dahin!“ — „Halt still, Nikolaus!“ sprach bedächtlich, doch laut, eine alte Dame, indem sie ihre Brille von der Nase nahm, ein Probefleckchen von braunem Kamelot als ein Zeichen in das Gesangbuch legte, welches sie zuschlug, dann das kupfrige Gesicht zum Schlage hinausstreckte, und ziemlich unfreundlich fragte: „Was will Sie, Jungfer?“ Meta wiederholte ihre Bitte, und erzählte ihre Geschichte. — Allein man merke wohl, ihre Geschichte war es; doch nicht die, welche ihr begegnet war, sondern die sie erfunden hatte; es war ein Mixtum compositum von Wahrheit und Notlüge. Von grausamen Verwandten und einer verhaßten Heirat, wozu man sie arme Waise zwingen wollte, kam etwas darin vor; nur der Offizier, von welchem sie Rettung erwartete, sobald sie an ihn schreiben würde, wurde aus einem Liebhaber in einen würdigen Vetter umgeschaffen. Ich hoffe, diese geringe Abweichung von der Wahrheit soll unser junges Frauenzimmer in den Augen der Leser nicht herabsetzen; wenigstens werde ich die Leserinnen, die jüngern nämlich, auf meiner Seite haben.

Die alte Dame schüttelte während dieser Erzählung bedächtlich ihr Köpfchen und sagte dann: „Nun, Sie darf einsteigen. Ich reise, so Gott will, nach Braunschweig. Dahin mag Sie mitfahren. Aber dort muß Sie sehen, wie Sie unterkömmt, denn ich kann mich nicht mit fremden Leuten behängen.“ Der Wagen wurde geöffnet, und Meta übersah jetzt die ganze Gesellschaft, in welche sie eingeführt werden sollte; denn der untere Teil der Kutsche verbarg noch, gleich dem Bauche des trojanischen Pferdes, mehr lebendige Wesen, als von außen sichtbar waren. Der alten Dame gegenüber saß ein junges, schwarzäugiges Kammermädchen, mit einer Haubenschachtel auf dem Schoße; an der Seite ihrer Gebieterin hatte ein garstiger grauer Kater Platz genommen; ein bejahrter, engbrüstiger Mops lag zu den Füßen, und neben ihm ein kleiner weiß und braun gefleckter sogenannter Spionhund; unter den Himmel der Kutsche aber war, zwischen einigen in Tüchern aufgehängten Hauben, auch ein kleiner Vogelbauer befestigt, in welchem ein Kanarienmännlein sein Wesen trieb. Es fand sich gerade neben dem Kammermädchen noch Platz genug für Margareta Dornbusch, um, wenn sie keinen großen Anspruch auf Raum für ihre Beine machte, ziemlich bequem zu sitzen.

Jetzt halte ich es für meine Pflicht, die Leser genauer mit den Personen bekannt zu machen, unter welche wir die Jungfer Dornbusch geführt haben, und dann soll uns nichts abhalten, sie ihre Reise fortsetzen zu lassen. Das Fräulein von Brumbei war Stiftsdame in ***. Da die Natur bei Entwerfung des Plans zu ihrer sterblichen Hülle sich ein wenig verzeichnet, und ihre gnädigen Eltern kein bares Vermögen hinterlassen hatten, so ergriff sie die Partei, die Lüste dieser Welt und die zeitlichen Güter zu verachten, und sich nach den himmlischen zu sehnen, auf welche sie sich durch fleißiges Beten und Singen ein Recht zu erwerben trachtete. Je älter sie wurde, desto wärmer eiferte sie für Keuschheit und Tugend, und Margareta hatte den Schutz, den sie ihr angedeihen ließ, größtenteils der Versicherung zu danken, daß sie dem Ehestande aus dem Wege gelaufen wäre. Weil aber der Geist des schwachen Menschen nur gar zu oft vom Fleische niedergedrückt wird, hatte sich das Fräulein nach und nach gewöhnt, jenem durch den Genuß eines reinen abgezogenen Kirschwassers einen höhern Schwung zu geben; und wirklich duftete unserer Meta, als sie zu ihr in den Wagen stieg, der süße Geruch dieser Panacee entgegen. Nun aber hatte es sich begeben, daß Beelzebub, welcher den Frommen immerdar auflauert, einst den Augenblick genützt, als das Fräulein von Brumbei von der besagten Kirsch-Essenz fast viel genossen, und dadurch das Fleisch so getötet hatte, daß alle Achtsamkeit auf den Gebrauch ihrer irdischen Gliedmaßen dahin war; — es hatte sich begeben, sage ich, daß in einer solchen Stunde Beelzebub sie verleitete, die kleine Treppe in ihren Keller hinabzusteigen; ihr Fuß war ausgeglitten, sie war hinabgestürzt, und hatte sich die linke Hüfte verrenkt. Der Stiftschirurgus wendete alle Kräfte seiner Kunst an, den Schaden zu heilen, nachdem die warmen Umschläge, welche das schwarzäugige Kammermädchen ohne Unterlaß auflegen mußte, nicht helfen wollten, — alles vergebens! Dann nahm sie ihre Zuflucht zu dem Scharfrichter in Goslar, aber mit keinem glücklichern Erfolge. Sie hatte auch

7. Brumbei. Wir wissen nicht, ob der für die reine Lehre so eifrige Prediger Brumbei, welcher sich kürzlich bei der Inquisition gegen den Ketzer Schulz in ganz Deutschland so berühmt gemacht hat, ein Sprößling jener adeligen Familie ist. Anm des Verf.

einen ganzen Sommer hindurch das Bad bei Verden gebraucht, ohne Besserung zu spüren, worauf sie sich endlich entschloß, nach Braunschweig zu reisen, und sich einem Wundarzte anzuvertrauen, von dessen Geschicklichkeit bei allerlei Vorfällen ihr ein junger Kavallerie-Offizier viel Gutes gesagt hatte. — Auf dieser Reise war sie jetzt begriffen.

Sobald Margareta Platz im Wagen genommen hatte, und der Fuhrmann die Pferde antrieb, weiter zu schleichen, fing zuerst das alte Fräulein an, mit ihren Augen das junge Frauenzimmer zu mustern, wobei sie aus einer kleinen silbernen Tabaksdose eine Prise nahm. Dann ließ sie ihrer Neugier den Zügel schießen, und setzte Meta durch eine Menge Fragen in einige Verlegenheit; doch half sich diese mit aller weiblichen Kunst heraus. Hierauf kam die Reihe an die nützliche Moral, welche sich aus solchen Begebenheiten ziehen läßt, und da hatte sie nun ein weites Feld, gegen die Falschheit der Männer, gegen den Leichtsinn der heutigen Jugend, und zum Lobe der Sittsamkeit und Keuschheit zu eifern. — Der Kanarienvogel oben im Bauer pfiff zwischendurch sein Liedchen, und machte ein wahres Melodrama aus dieser Deklamation. — Endlich fing sie an, über Magenschmerzen zu klagen, und holte aus der Kutschentasche ein Fläschchen voll Kirschengeist hervor, und als sie sich damit gelabt hatte, wurden die Gesangbücher wieder aufgeschlagen, und Meta mußte sich's gefallen lassen, die noch übrigen Strophen des Abendliedes mitzusingen.

Der Tag neigte sich nun wirklich zum Ende; — es war, wie wir wissen, der Sonntag, an welchem Blanchard in Braunschweig aufstieg. Diese Stadt zu erreichen, war heute nicht möglich; es hatte aber das Fräulein von Brumbei in einem seitwärts von der Straße gelegenen Dorfe einen alten Bekannten, den Pastor Reimers, bei welchem sie sich ein Nachtlager erbeten hatte, und der sie nebst ihrem Gefolge gastfreundschaftlich aufnahm. Da dieser nur zwei Betten liefern konnte, mußte Meta das eine derselben mit der Kammerjungfer teilen. Susanna war ein munteres Mädchen; sie hatte vormals in Braunschweig gedient, und dort allerlei kleine Liebesabenteuer bestanden. Die böse Welt pflegt solche unschuldige Verirrungen zuweilen lieblos zu beurteilen; das war auch Susannen begegnet; arge Lästerzungen hatten ihren Ruf zweideutig zu machen gesucht; sie war von der Dame, bei welcher sie gedient hatte, nicht auf die ehrenvollste Weise verabschiedet worden, und hierauf aus Verzweiflung aufs Land gegangen, da sie denn endlich Gelegenheit gefunden hatte, durch den vorhin erwähnten Kavallerie-Offizier dem alten Fräulein empfohlen zu werden. Ihr Verlangen, das liebe Braunschweig wieder zu sehen, gab ihr kräftige Gründe ein, ihre Herrschaft in dem Vorsatze, nach dieser Stadt zu reisen, zu bestärken, und niemand war froher, wie sie, als diese Reise zustande kam.

Nichts ist leichter gestiftet und leichter getrennt, als die Freundschaft und Vertraulichkeit unter jungen Mädchen. Kaum war Susanna mit der Jungfer Dornbusch allein in ihrem Kämmerlein (die alte Dame pflegte sich mit schwerem Haupte früh zu Bette zu legen), als sie zuerst begann, ihrem Spotte über das fromme Fräulein freien Lauf zu lassen; dann entlockte sie Margareten das Geheimnis ihrer Herzensangelegenheit, und gewann bald durch die Teilnahme, welche sie ihr bezeigte, ihr ganzes Zutrauen. Wir haben einmal in einem hübschen Buche gelesen, daß junge Frauenzimmer vor allen andern Ursache haben, in der Wahl ihrer Vertrauten vorsichtig zu sein; daß so manche bloß dadurch fallen, daß sie sich solchen Personen in die Hände liefern, und denen tausend gute Eigenschaften zutrauen, welche ihren Leidenschaften schmeicheln. Der Autor jenes Werks hatte dies gar artig auseinander gesetzt; ich kann aber das Buch jetzt nicht wieder auffinden, sonst schriebe ich die Stelle ganz ab; doch vielleicht nehmen die Leserinnen Gelegenheit, aus der Geschichte unserer Freundin selbst sich die nötigen Lehren herauszuziehen; wir fahren also in unserer Erzählung fort.

Am Montage ging die Reise weiter, und unsere Damen erreichten vor Mittag noch die Stadt Braunschweig. Susanna hatte indes beim Ankleiden ihrer Herrschaft Gelegenheit gefunden, derselben die neue Freundin so warm zu empfehlen, daß jetzt schon nicht mehr die Rede davon war, sich eher von Margareten zu trennen, bis diese von ihrem vorgeblichen Vetter würde abgeholt werden.

Das Fräulein von Brumbei hatte sich, auf Empfehlung ihrer Zofe, die ihr ganzes Zutrauen besaß, ein paar kleine Zimmer in dem Hause des Schusters Wöllner, unfern dem Opernhause, für die Zeit ihres Aufenthalts in Braunschweig gemietet. Dieser Schuster war ein andächtiger Heuchler, der sehr viel von der reinen Lehre und dem innern Lichte redete, seines Amtsbruders

Jakob Böhms Schriften las, Betstunden für Personen beiderlei Geschlechts in seinem Hause hielt, übrigens aber ein Erzschurke war, und auf Pfänder lieh. — Ich bitte die geneigten Leserinnen nun nochmals, zu überlegen, welche schreckliche Folgen die erste Übereilung der Jungfer Dornbusch für sie hätte haben können, da wir sie jetzt von solchen Menschen umgeben sehen müssen.

Sobald die Gesellschaft Besitz von ihrer Wohnung genommen hatte, setzte sich Meta hin, und schrieb dem Freunde ihrer Seele einen zärtlichen Brief. Sie urteilte nicht ohne Wahrscheinlichkeit, es werde der Hauptmann, sobald er in Peina im Posthause erfahren hätte, wohin der Förster mit ihr gereiset sei, auch seinen Weg nach Goslar genommen haben, wohin er, als Werbeoffizier, ohnehin in wenig Tagen zurückkehren mußte. In jedem Falle also schien es ihr am sichersten, dahin ihren Brief mit der Post zu schicken. Hätte sie das früher überlegt, so hätte sie in der That nicht nötig gehabt, zu entlaufen, denn sie konnte sich doch leicht einbilden, daß Previllier nicht lange säumen würde, ihr nachzureisen, und dann war, an der Seite dieses braven Kriegsmannes, von der Gewalt des Oheims nicht viel zu fürchten. Allein die Idee der Flucht war romanhafter, und folglich wurde sie vorgezogen.

Der Brief war nun fort, und da sie, bis Antwort oder der Liebhaber selbst kommen würde, sicher und unentdeckt in Braunschweig bleiben konnte, fing sie an, sich zu erheitern, und an dem ungewohnten Anblicke der Volksmenge, die zur Meßzeit die Straßen von Braunschweig anfüllt, ihre Augen zu weiden. Susanne aber nützte diese muntere Stimmung, stand neben ihr am Fenster, und machte ihr reizende Schilderungen von den Annehmlichkeiten dieser großen Stadt.

So kam der Abend herbei, — ein schöner, heiterer Sommerabend. Die alte Dame hatte, aus Freude über ihre glückliche Ankunft, ihrer gewöhnlichen Portion Herzstärkung ein paar Gläser Ratafia hinzugefügt; das pflegt denn den Schlaf zu befördern; und so war sie schon um acht Uhr zu Bette gegangen. „Es wäre Sünde," sagte Susanne zu ihrer neuen Freundin, „wenn man sich bei dem herrlichen Wetter im Zimmer einsperren wollte. Wenigstens sollten wir doch vor der Hausthür ein wenig auf-

1. Jakob Böhms, richtig J. Böhme, † 1624, mystisch-philosophischer Schriftsteller und Schuhmacher. — 33. Ratafia, eine Sorte starken Branntweins.

und abgehen." Margareta Dornbusch ließ sich den Vorschlag gefallen; sie schlenderten Arm in Arm längs dem Opernhause und auf dem benachbarten Kirchhofe hin und her. Nun wurde, wie die Leser wissen, an diesem Montage Maskerade im Opernhause gegeben; Susanne wußte das, denn sie hatte schon, während unsere Freundin schrieb, allerlei Besuche gehabt, Leute verschickt und Verabredungen genommen.

Jetzt fing sie an, Margareten, die dergleichen Festen nie beigewohnt hatte, eine reizende Schilderung von dem Vergnügen zu machen, das man auf einem solchen Balle schmeckte. „Ich habe einen guten Einfall, meine Liebe!" setzte sie hinzu; „wir könnten uns leicht, als Fledermäuse maskiert, auf eine Stunde hinschleichen. Niemand kennt uns; wir gehen da mit einander durch das Gewühl von verkleideten Menschen umher, Arm in Arm, wie wir hier gehen. Es wird Sie aufheitern, da Sie doch noch nie eine Maskerade gesehen haben; meine Alte erfährt nichts davon; unsere Wirtsleute sind gute Menschen, und ehe es Bettgehenzeit ist, sind wir wieder zu Hause."

Margareten wollte anfangs dieser Plan nicht gefallen; er kam ihr zu kühn vor; allein die Sache schien ja so unschuldig; sie war in einer so ruhigen Stimmung, worauf die angenehme Abendluft, das Gefühl einer nie genossenen Freiheit, der Anblick der schönen, lebhaften Straßen, und die Hoffnung, vielleicht morgen schon den Freund ihres Herzens in ihre Arme eilen zu sehen, vorteilhaft wirkten: ihre Neugier, ein ihr so fremdes Schauspiel kennen zu lernen, wurde immer aufs neue gereizt, so oft sie, in Kutschen, Portechaisen und zu Fuße, einen frischen Transport von verkleideten Personen beiderlei Geschlechts in das nahe gelegene Opernhaus eintreten sahe — und kurz! sie gab dem Vorschlage Gehör, und entschloß sich, den Spaß in der Nähe anzusehen.

Hier, mein Herr, liegen zwei Louisdor; nehmen Sie dies Geld, und lassen mir dafür mit dem Postwagen einen Philosophen kommen, der mir auf bescheidenere Art diesen und ähnliche Widersprüche im weiblichen Charakter erkläre! Ein züchtiges, junges Mädchen, das noch vor vierundzwanzig Stunden voll Verzweiflung war über die gewaltsame Trennung von dem einzigen geliebten Gegenstande, da sie nun unter fremden Leuten herumirren muß, fern von allem, was ihr teuer und wert ist, rennt jetzt leichtsinnig mit einer zweideutigen Unbekannten in das Getümmel vermummter Freudenkinder; ein Frauenzimmer, das soviel Bücher über Menschenkenntnis gelesen, und aus Romanen gelernt hat, sich entführen zu lassen, ahnet nicht, daß sie einer verdächtigen Ratgeberin in die Hände gefallen ist, da sie doch gewiß zwanzigmal in ihren Büchern die traurigen Folgen ähnlicher leichtsinniger Schritte geschildert gefunden? Sollen wir hier lauter gegen die schädlichen Wirkungen einer übel gewählten Lektüre, oder gegen die Inkonsequenzen des schönen Geschlechts deklamieren? Es giebt strenge Moralisten, welche behaupten, die Ursache, warum auch die feinste Menschenkunde oft bei Beobachtung des weiblichen Charakters scheitere, liege darin, daß die Frauenzimmer eigentlich gar keinen Charakter hätten, sondern unaufhörlich von unzusammenhängenden Launen und Grillen regiert würden; es sei ebensowenig möglich, vorauszusagen, auf welche Weise ein Weib sich in der folgenden Viertelstunde bei diesem oder jenem Vorfalle betragen möchte, wie es selbst dem geschicktesten Tanzmeister möglich sei, zu bestimmen, was für Schritte ein herumspringender wilder Indianer machen würde. — Wir halten das für bare Verleumdung, und glauben vielmehr, es liegt die Schuld nur daran, daß teils dies Geschlecht die feinern Übergänge ihrer Leidenschaften, wodurch ihre Handlungen motiviert werden, sorgfältiger verborgen hielte, teils das Spiel dieser Übergänge in ihnen schneller als in uns vorginge. Aber wo geraten wir hin? Bleiben wir bei der Klinge!

Die beiden Frauenzimmer vermummten sich also en Chauve-souris, schlichen nach dem Opernsaale hin, und mischten sich unter den Haufen der Masken. Sie hatten sich kaum einmal von dem Eingange bis zum Ende des Theaters gedrängt, als ein männlicher Domino sogleich die schwarzäugige Kammerjungfer erkannte, auf sie zueilte, ihr die Hände drückte und ausrief: „Ei, Susannchen! wie kömmst du hierher?" „Um Gottes willen!" sagte Margareta, „wer ist das?" — Es war ein Vetter. Aber bald kamen der Vettern soviele, und unter diesen so manche, die nicht die bescheidenste Sprache führten. „Wie führt dich der Teufel wieder nach Braunschweig, du Wettermädchen?" sprach der eine. „Bei meiner Seele! da ist unsere kleine runde Hexe," sprach der andere, und lachte laut auf. „Und wen hast du denn da bei dir?" erscholl die dritte Stimme, „das ist gewiß neue Ware vom Lande?"

Nun erst fing unsere arme Meta an, zu argwöhnen, daß sie einen übereilten Schritt gethan hätte, daß sie nicht in die beste Gesellschaft geraten wäre, und nun wurde ihr Herzchen schwer und traurig. Indes hatte sich der Zirkel der alten Bekannten um Susannen und ihre Begleiterin vermehrt; man fing an, sich allerlei freie Reden gegen sie zu erlauben, und zwei junge Herren drangen mit Ungestüm darauf, daß sie mit ihnen in eine von den Logen gehen sollten. Margareta geriet in die äußerste Verlegenheit und war im Begriff, laut zu schreien, als ein Mann in einem schwarzen Tabareau, der schon eine Zeit lang beide Mädchen beobachtet, und hauptsächlich seine Aufmerksamkeit auf Margaretens Schuhschnallen (oder waren es Bandschleifen?) geheftet hatte, die ihm bekannt vorkamen, begleitet von einer andern Person, sich mit Gewalt durch den Haufen drängte. — „Bei Gott, sie ist es!“ rief er aus, und schloß Meta in seine Arme. — Raten Sie nicht länger, hochgeehrteste Leser! Es war kein andrer, wie der Hauptmann Previllier; und wie der hierherkam, das sollen Sie bald erfahren. Lassen Sie mich nur erst Odem schöpfen!

Vierzehntes Kapitel.

Auf der Maskerade in Braunschweig führt der Himmel die Seinigen wunderlich zusammen.

Wir haben die Gesellschaft in Steinbrüggen in dem Augenblicke verlassen, als der alte Dornbusch seinen Bruder, den Förster, nach einer so langjährigen Entfernung wieder umarmte, die Freude der beiden Brüder aber sowohl, als die des Pastors Schottenius und des Hauptmanns Previllier durch die Flucht des lieben jungen Frauenzimmers sehr gemindert wurde. Ich habe mich bei Schilderung dieser Zusammenkunft nicht lange verweilt; in allen Romanen und Schauspielen können Sie dergleichen Wiederfindungsscenen beschrieben finden. Zudem konnte man sich nicht dabei aufhalten: es war keine Zeit zu verlieren, um, wo möglich, Margareten wieder aufzufinden. Die offenstehende Hinterthür des Gartens, in welchem sie spazieren gegangen war, ließ keinen Zweifel übrig, daß sie da hinaus entflohen wäre; unsere vier Reisende liefen desfalls von dort aus nach verschiedenen Richtungen in das weite

Feld hinein, blickten um sich her, so weit sie konnten, und fragten jeden Bauer, der ihnen auf diesen Wegen aufstieß, ob ihnen kein Frauenzimmer begegnet wäre. Der Förster, als ein guter Weidmann, nahm noch andere Merkzeichen zu Hülfe; er bemühte sich nämlich, die Fährte von den hohen weiblichen Absätzen aufzuspüren, und dies gelang ihm. Sobald er auf der Spur war, pfiff er auf der Hand, und versammelte dadurch seine Gesellschafter wieder um sich. Nun gingen alle den Fußtritten nach, und kamen dann an den vorhin beschriebenen Kreuzweg — aber fort war hier die Spur.

Indessen werden die Leser sich noch eines sichern Bettlers erinnern, der auf dem Reisekoffer des Fräulein von Brumbei Platz genommen. Er hatte sich die Erlaubnis dazu von dem Fuhrmanne durch Bitten und einen kleinen Rest Rauchtabak erkauft, zu welchem er, ich weiß nicht wie, gekommen war. Als aber durch Margareta Dornbusch die Gesellschaft im Wagen, und folglich die Last der drei magern Pferde vermehrt wurde, der Tabak auch schon längst verbraucht war, fühlte unser Kutscher nicht länger Beruf, den fremden Gast bei der Bagage zu dulden, sondern zwang ihn, abzusteigen. Der Bettler fand sich christlich in sein Schicksal. Bevor er aber seinen Weg zu Fuß fortsetzte, lagerte er sich in das Gras hin, zog ein Stück schwarzes Brot und einen Käse aus seinem Sacke, und hielt offene Tafel unter Gottes freiem Himmel. Vornehme Leute pflegen schnell zu essen, ohne Zweifel, weil sie mit ihren, dem Besten der Menschheit gewidmeten Stunden sparsam umgehen. (Wir selbst, der Autor, haben uns gewöhnt, sehr geschwind zu speisen; vermutlich aus Begierde vornehm zu thun, welche Begierde uns der berühmte Professor Tölpelius Hoffmann kürzlich abgelauert hat. Man lese das dritte Stück seiner wohlgeschriebenen Zeitschrift.) — Gemeine Menschen hingegen nehmen sich gewöhnlich alle Muße zu diesem Geschäfte, — das ist ja auch der einzige Genuß, bei welchem es ihnen vergönnt ist, der schweren Mühseligkeiten ihres Lebens zu vergessen. Der Bettler speisete noch, als die vier Fremden an diesen Platz kamen; sie fragten also auch ihn, ob er kein weibliches Geschöpf hier wahrgenommen hätte, und erfuhren, daß Margareta zu der alten Dame in die Kutsche gestiegen, und mit ihr auf dem Wege nach Braunschweig fortgefahren wäre. Jetzt wurde Anstalt zum Nachsetzen gemacht; allein durch die Langsamkeit der Postknechte verging noch soviel Zeit, daß das Frauenzimmerfuhrwerk nun einen Vorsprung von wenigstens einer Stunde gewonnen hatte. Da es jedoch mit den drei Pferden gar nicht schnell ging, so würden die vier Herren sie gewiß eingeholt haben, hätte nicht, wie im vorigen Kapitel ist erzählt worden, das alte Fräulein von der Straße ab den Weg nach dem Dorfe zu genommen, wo sie bei dem Pastor Reimers das Nachtlager bestellt hatte. Des Sonntags trifft man wenig Leute auf dem Felde an; unsere Freunde konnten daher niemand finden, der ihnen über diesen Punkt Aufklärung gegeben hätte; und als sie nun immer weiter fuhren, und endlich ein Dorf erreichten, zeigte sich's, daß niemand eine solche Stiftsdamen-Kutsche wollte gesehen haben.

Verschwunden konnte sie indessen nicht sein; unsere Gesellschaft wußte, daß die Dame nach Braunschweig hatte reisen wollen: folglich schien es ihnen am zweckmäßigsten, diesen Weg zu verfolgen.

Ich erzähle den Lesern nichts von den Gesprächen, welche die Herren unterwegens führten. Der alte Dornbusch war ein zu verständiger Mann, um, wenn eine Sache nicht mehr zu ändern war, hintennach lange darüber zu moralisieren: er machte also seinem Bruder um so weniger Vorwürfe über sein Betragen gegen Margareten, da er die gute Absicht desselben, dem Mädchen einen reichen Mann zu geben, nicht mißkennen konnte. Der Förster, von seiner Seite, war sehr zufrieden mit der persönlichen Bekanntschaft des Hauptmanns; der Pastor aber konnte nicht ganz seine Neugier unterdrücken, etwas von den Familienumständen desselben zu erfahren, da denn der alte Dornbusch sich bewogen fand, Hauptumstände aus den Papieren, welche ihm bei Führung des Prozesses in Paris zum Leitfaden gedient hatten, zu erzählen, wie folget. —

Nein, meine hochgeehrtesten Leser! wir wollen es dabei bewenden lassen: die Episoden nehmen sonst kein Ende. Was kann Ihnen damit gedient sein, genauere Nachricht von dem Geschlechte der Previlliers zu erhalten? Sind doch die Leute sämtlich tot, deren Schicksale wir da erzählen müßten! — bleiben wir bei den Lebendigen! Die einbrechende Nacht bewog die Reisenden, in einem einzeln gelegenen Wirtshause zu übernachten; am andern Tage kamen sie in Braunschweig an.

Das erste Geschäft des Hauptmanns wurde nun, zu erforschen, ob die Frauenzimmer gestern oder heute in das Thor einpassiert wären; allein wie konnte bei der Menge von Equipagen, die jetzt ein- und ausfuhren, der wachthabende Offizier davon Rechenschaft geben? Es wurde also in allen Wirtshäusern Nachfrage angestellt; allein auch da war kein Trost zu holen. — Der Abend kam heran, ohne daß man etwas von Margareten erfuhr.

Jetzt erst fiel es der Gesellschaft ein, daß der Amtmann Waumann nebst seinem Sohne vermutlich noch in Braunschweig sein müßte. Man wußte, daß er im goldnen Engel abgetreten war, ging dahin, erfuhr, daß er im Prinzen Eugen gespeiset hatte, suchte ihn auch da auf, und erhielt die Nachricht, er sei zur Maskerade gegangen. Sprechen mußte man den Amtmann doch, um ihm von der veränderten Lage der Sache Nachricht zu geben; es war zu vermuten, daß er vielleicht gegen Morgen zu Hause kommen, und dann gleich fortreisen würde; ein guter Genius gab daher dem Hauptmann den Gedanken ein, einen Tabareau zu mieten, einen Augenblick auf den Ball zu gehen, und Waumann, Vater und Sohn, dort aufzusuchen. — Der alte Dornbusch begleitete seinen Pflegesohn.

Hier war es nun, wo auf einmal, sehr unerwartet, Previllier seine Geliebte antraf, und mit der Ausrufung: „Bei Gott, sie ist es!“ in seine Arme schloß.

Eine Maskerade ist nicht der Ort zu zärtlichen Scenen von feinerer Art. Ohne daher sich die Zeit zu weitläuftigen Erläuterungen zu nehmen, ja, ohne einmal Margarete zu sagen, daß der Mann, welchen sie an der Seite ihres Freundes erblickte, ihr Vater wäre, bat Previllier sie nur, sogleich mit ihm das Getümmel zu verlassen. Jungfer Susanna hatte sich weislich im Gedränge verloren, sobald der Kapitän seine Meta erkannt hatte; und schon war man im Begriff, aus dem Saale zu gehen, als, zur größten Verwunderung unserer Freunde, von einer Menge Stimmen laut die Worte erschollen: „Guten Abend, Herr Amtmann Waumann! Guten Abend!“ Wie dies zuging, soll jetzt erzählt werden; ich bilde mir etwas darauf ein, daß keiner meiner hochgeehrtesten Leser es erraten kann.

Die beiden jungen schönen Geister, welche die Gesellschaft aus dem Prinzen Eugen verleitet hatten, die Maskerade zu besuchen, hofften christlich, diese Menschen sollten durch ihre alberne Verkleidung soviel Aufsehen erregen, daß sie preisgemacht würden; allein es fiel anders aus: niemand bekümmerte sich um die geschmacklosen Masken. Um nun ihres Zwecks nicht zu verfehlen, nahmen sie zu andern losen Streichen ihre Zuflucht. Der Licentiat

Bocksleder war so enge in seine Beelzebubshaut eingezwängt, daß er bei dem Gedränge der großen Menge Leute beinahe ohnmächtig wurde, ehe die Gesellschaft zweimal den Saal auf- und abspaziert war. Der Student schlug ihm daher vor, in ein Nebenzimmer zu gehen, wo Punsch geschenkt wurde. Er that es; seine Familie ging mit ihm. Der Student hatte sich mit einem Mannatränklein versehen, welches er ihm auf listige Weise mit dem Punsch eingab. Wir hoffen, es soll ihm nicht übel bekommen, finden aber für gut, ihn zu verlassen, ehe die Arzenei anfängt, zu wirken; vermutlich wird er, nicht mit den angenehmsten Empfindungen, nach Hause geschlichen, und am folgenden Tage nach Schöppenstädt zurückgereiset sein. Musjö Valentin war bald des verabredeten Schleppträgeramts müde; er fing also an, auf seine eigene Hand im Saale umher zu wandeln. Nun hatte denn der Dichter Klingelzieher den Herrn Amtmann allein an seiner Seite, und um sich für die Langeweile bezahlt zu machen, welche ihm diese Gesellschaft verursachte, führte er ein Schelmenstück aus, worauf er sich vorbereitet hatte. Er heftete nämlich ein Blatt Papier an den Rücken seines Gefährten, worauf mit großen Buchstaben geschrieben stand: „Guten Abend, Herr Amtmann Waumann!" Es war natürlich, daß die, welche unmittelbar hinter ihnen standen und gingen, diese Worte laut herlasen. Anfangs nun, als der gute Amtmann seinen Namen nennen hörte, wunderte es ihn zwar, woher es käme, daß man ihn hier erkannte; doch glaubte er, den guten Abend erwidern zu müssen. Allein kaum drehte er sich, um „einen schönen guten Abend!" zurückzugeben, so erscholl nun von der andern Seite das: „Guten Abend, Herr Amtmann!" Bald war ein großer Zirkel von Kindern und Spaßvögeln um ihn versammelt; Herr Klingelzieher hatte sich unsichtbar gemacht, und in dem Augenblicke der größten Verlegenheit, worin der Amtmann, fortgetrieben von einem Haufen guten Abend wünschender Leute, sich befand, kam er an den Platz, wo Margareta, der Hauptmann Previllier und der alte Dornbusch standen. Sobald diese sahen, worauf es ankam, näherten sie sich ihm, rissen ihm den Zettel ab, gaben sich ihm zu erkennen, und baten ihn, mit ihnen nach Hause zu fahren. Der junge Herr wurde aufgesucht; man verließ die Maskerade, und begab sich in das hôtel d'Angleterre, wo sie den Pastor und den Förster antrafen.

6. Mannatränklein, ein Abführmittel.

Fünfzehntes Kapitel.

Abreise von Braunschweig. Neue Irrung, die bei dieser Gelegenheit vorgeht.

Wir trauen es dem feinen Geschmacke der Leser dieses Werks zu, daß sie gewiß die Kunst werden bewundert haben, mit welcher der Autor alle Hauptpersonen seines Drama, gleichsam zum fünften Akt, in Braunschweig zusammen zu führen gewußt hat. Jetzt scheint nichts zu fehlen, als daß der Hauptmann Previllier mit seiner Meta Hochzeit mache; Ehren Schottenius könnte die Trauung verrichten, und bei dieser Gelegenheit seine achtundfünfzigste Rede halten, und der Dichter Klingelzieher allenfalls für die Gebühr ein Carmen darauf verfertigen; die Waumannsfamilie aber ließe man mit langer Nase abziehen. Allein da erhalten wir, zu unserm großen Schrecken, soeben einen Brief von dem Herrn Verleger, worin derselbe meldet, es komme diejenige Bogenzahl beim Drucke nicht heraus, für welche er das Honorarium vorgeschossen, so daß uns dies in die Notwendigkeit setzt, entweder einen Teil des Geldes wieder herauszugeben, oder noch einmal sorgfältig unsere gesammelten Dokumente und Nachrichten durchzublättern, um zu sehen, ob sich darin nicht noch Stoff zu einigen Seiten findet; — und siehe da! uns ist geholfen. Wir dürfen nur ein paar kleine Anekdoten aus der Geschichte des Amtmanns und seines Sohnes, die gerade in diesen Zeitpunkt fallen, mit hier anreihen, wodurch zugleich den sonderbaren Begebenheiten, welche diesen Personen auf ihrer Reise begegnet sind, die Krone aufgesetzt wird.

Von den übrigen Personen haben wir wenig mehr zu sagen. Daß Margarete sich ganz gewaltig darüber freute, ihren Vater lebendig vor sich zu sehen; daß dieser in ihre Verbindung mit dem Hauptmann einwilligte; daß der Förster froh war, die Sache eine so gute Wendung nehmen zu sehen, und daß der Herr Pastor Gottes reichen Segen und alles ersprießliche Wohlergehen dazu wünschte: das versteht sich nun wohl von selber. Der Herr Amtmann Waumann hingegen schien das Ding anfangs ein wenig krumm nehmen zu wollen, besonders als er etwas von den ostindischen Geldern witterte, die das Jüngferchen einst erben würde; indessen sah er bald ein, daß in via juris die Sache gegen Vater

36. in via juris, auf gerichtlichem Wege.

und Tochter nicht würde durchzusetzen sein. Gern hätte er sich nun wenigstens ein rundes Sümmchen Schmerzengeld bezahlen lassen; aber der Pastor redete ihm liebreich zu, diesen Wunsch nicht einmal laut zu eröffnen. Da übrigens Herr Valentin aus Ursachen, die sich noch in diesem Buche entwickeln werden, sich gewaltig froh bezeigte, dieser Heirat aus dem Wege zu kommen, wurde endlich sein Vater ganz beruhigt, und stattete dem hochverehrten Brautpaare seine gehorsamste Gratulation ab.

Nun wurden die nötigen Verabredungen, sowohl wegen der Rückreise als wegen der künftigen Einrichtungen genommen. Herr Waumann hatte Pferde bestellt, um früh morgens um vier Uhr nach Biesterberg zurückzukehren; die übrige Gesellschaft aber hielt es für anständig, erst auf einige Tage nach Goslar zu fahren, um dort, wo Mieta künftig, so lange die Werbung dauerte, mit ihrem Gatten wohnen sollte, den bösen Leuten das Maul über ihre Flucht zu stopfen. Dann aber sollte die Hochzeit in des ehrlichen Försters Heimat gefeiert werden. Der alte Dornbusch ließ sich den Plan gefallen, ein, zwei Meilen von Biesterberg gelegenes, adeliges Gut zu kaufen, und den Rest seines Lebens in der Nähe seines Bruders hinzubringen. Der Amtmann unternahm es, den Handel zu schließen, und rechnete dabei auf ein paar Prozentchen. Nach diesen Verabredungen schied die Gesellschaft aus einander, und empfahl sich gegenseitig bis auf Wiedersehen.

Es war nahe an drei Uhr nach Mitternacht, als die beiden mutwilligen jungen Gelehrten vom Balle nach Hause kamen; sie waren, wie der Amtmann, im goldnen Engel abgetreten. Nun schien es ihnen nicht mehr der Mühe wert, sich zu Bette zu legen; folglich beschlossen sie, den Morgen bei einer Pfeife Tabak zu erwarten.

Schon fingen Langeweile und Müdigkeit an, sie diesen Vorsatz bereuen zu lassen, als ein Postknecht mit vier Pferden, bestimmt, die beiden Waumänner in der schönen Amtskutsche bis Peina zu führen, mehr Lebhaftigkeit in das Haus brachte. Er stieß in sein Horn; Hausknecht und Mägde kamen nach und nach auf die Beine; der Amtmann wurde geweckt, das Feuer zum Kaffee angelegt, die Kutsche hervorgeholt und geschmiert. Dann stieg der Wagenmeister zu dem Herrn Amtmann hinauf, ließ sich das Geld bezahlen, und sagte, als er fortging, zum Postillon: „Es ist alles richtig gemacht.“

„Ich habe einen närrischen Einfall, Bruder Klingelzieher!" sprach der Student. „Der Postknecht weiß nicht, wen er fahren soll; wie wäre es, wenn wir, statt des Amtmanns, einstiegen?"

Gedacht, gethan! Die Kutsche stand angespannt vor der Thür; der Koffer war aufgebunden; Herr Waumann und sein Erbe beschäftigten sich noch in ihrem abgelegenen Zimmer mit dem Frühstücke: da kamen die beiden Genies, in ihre Überröcke eingehüllt, schnell aus der Thür des goldnen Engels getreten und stiegen ein: „Fahr zu, Schwager!" riefen sie. Fort rasselte der alte Reisekasten, ehe jemand im Hause etwas davon gewahr wurde.

Als der Postillon vor das Petrithor kam, ließ er seine Pferde noch eine kleine Strecke lang einen schnellen Trott laufen, dann hielt er sie zum Schritte an, holte seine Pfeife aus der Tasche hervor, und indem er sie stopfte und sorglos vor sich hinsah, öffneten die jungen Herren leise eine Kutschenthür, stiegen aus, sprangen, ohne von ihm bemerkt zu werden, in einen Garten, und ließen das Fuhrwerk leer weiter fahren.

„Jetzt wird es wohl Zeit sein, mein Söhnchen!" sagte der Amtmann, bezahlte seine Zeche, und schritt die Treppe hinab. „Wo ist denn unsere Kutsche?" fragte er den Hausknecht. Der Hausknecht wußte keinen Bescheid zu geben; niemand wußte zu sagen, was mit dem Fuhrwerke vorgegangen wäre. Endlich, nach vielfachen Erkundigungen, erfuhr man, diese Equipage sei, mit zwei Herren besetzt, längst schon aus dem Thore gefahren. — „So ist es doch, als wenn mir auf dieser unglücklichen Reise alles verkehrt gehen soll!" rief der Amtmann aus, nahm einen kleinen offnen Wagen von der Post, und fuhr nach.

Sechzehntes Kapitel.

Rückkunft nach Biesterberg. Hochzeiten und Kindtaufe. Schluß dieser Geschichte.

Der Postillon fuhr mit seiner leeren Kutsche unbekümmert auf dem Wege nach Vechelde und weiter fort. Die Stille, welche in derselben herrschte, schrieb er auf Rechnung des Schlafs, wozu vermutlich die frühe Tageszeit die Herren würde eingeladen haben. So kam er nach Peina, und hielt vor dem Posthause still. Der

Aufwärter, welcher den Wagen kannte, öffnete den Schlag: „Wo ist denn der Amtmann?“ fragte er. „Is he nich drinn?“ erwiderte der Postillon, „so hätt en de Düwel hahlt; denn instegen is he, self ander, dat heb ek seien.“ Was war zu thun? Fort war er!

Nach Peina hatte der Herr Amtmann seine eigenen Pferde bestellt, um ihn da abzuholen; der Kutscher stand eben vor der Thür, und nichts glich seiner Bestürzung, als man weder Vater noch Sohn im Wagen fand. Wohl eine Stunde verging unter Beratschlagungen, was anzufangen sein möchte, um die Verlornen wiederzufinden, und endlich war der Kutscher im Begriff, sich zu Pferde zu setzen, und sie auf der braunschweigischen Straße zu suchen, als die beiden Herren in ihrem offnen Wägelchen angefahren kamen.

Nicht in der angenehmsten Laune nahm nun der Amtmann seine weitere Reise nach Hause vor, und ziemlich entschlossen, daß es fürerst die letzte sein sollte, wozu er sich bereden lassen würde. — Doch welchen Verdruß vergißt man nicht in den Armen einer zärtlichen Gattin? Eine liebevolle Bewillkommnung von der Frau Amtmännin, — mehr bedurfte der gute Herr nicht, um wieder froh zu werden —

„Nur einen Druck der Hand; nur sanfte Blicke!“

Aber auch dieser Trost sollte ihm diesmal versagt werden. Es giebt Perioden im menschlichen Leben, wo das ganze Heer der bösen, höllischen Geister mit vollen Backen alle Gewitterwolken des Schicksals zusammen zu blasen scheint, um dem Lieblinge des Himmels auf der Reise durch diese Welt den Mut zu benehmen. — Diese Allegorie gefällt mir ungemein; ich wollte, ich hätte sie nicht hierher geschrieben, so könnte ich sie einem unserer neuen Trauerspielfabrikanten verkaufen, denen es oft so schwer zu werden scheint, eine Sprache zu führen, die man nicht redet!

Schon das schien dem Amtmann sehr verdächtig, daß ihm niemand in der Thür seines Hauses entgegen kam; alle Domestiken waren oben um die Frau Gemahlin versammelt, deren heulende Stimme, wie ein Nordwind bei Hagelwetter durch die Luft tobte. Voll banger Ahnung schlich er die Treppe hinauf, und ließ seinen Eingebornen, den Liebling der Mutter, vorausschreiten. Allein wie erschrack er, als dieser sonst so geliebte Jüngling von der zürnenden Dame mit ungezählten Maulschellen empfangen wurde,

2ff. „Is he nich drinn? ... dat heb ek seien.“ Ist er nicht darinnen, so hat ihn der Teufel geholt; denn eingestiegen ist er mit noch einem, das habe ich gesehen. Anm. des Verf.

und dann eine ganze Legion von herben Schimpfreden auf Vater und Sohn losbrach! Seine Ohren hörten Dinge, worüber er den vereitelten Zweck seiner Reise, die Gelderpressungen des Herrn Stenge, den Diebstahl des Flötenspielers und den Mutwillen der helmstedtschen Gelehrten vergaß. — Fassen wir uns, um die Sache im Zusammenhange vorzutragen!

Wir haben gehört, daß Musjö Valentin stets Abscheu gegen seine Verbindung mit der Jungfer Margareta Dornbusch bezeigt hatte. Dieser Widerwillen lag weder in einer Kälte des Temperaments, noch in einer gewissen unerklärbaren Antipathie; — nein, das zarte Herz des Jünglings war von andern sanften Banden gefesselt. Auf dem Amtshofe diente als Küchenmagd eine kleine, runde Anna Katharina, zum Unglück für des edlen Jünglings Freiheit, mit einem Stumpfnäschen, echt deutschen roten Haaren, und zärtlichen, ins grünliche spielenden Äuglein von der Natur beschenkt. Sie sehen und sie lieben war bei Valentin, der damals kaum achtzehn Sommer durchschwitzt hatte, als sie in den Dienst trat, — sie sehen und sie lieben war eins. Nun, grausam war sie eben nicht, und so fern von Ziererei, daß sie den blöden Schäfer sogar aufmunterte, seine dunkeln Gefühle zu berichtigen. Da sie aber einen Bruder hatte, welcher als Dragoner dem Vaterlande diente, und über die Ehre seiner Schwester wachte, hatte sie diesem die Zusage gethan, dem Sohne des Herrn Amtmanns nicht eher den Minnesold zu geben, bis derselbe ihr ein bündig verfaßtes Eheversprechen ausgefertigt haben würde. Dies wurde nun ohne Schwierigkeit erlangt; von dieser Zeit an lebten sie in paradiesischer Vertraulichkeit mit einander, und niemand im Hause ahnete etwas von ihrem Umgange. Ja, Anna Katharina hatte sogar bis zu dem letzten Augenblicke die äußerlich sichtbar werdenden Folgen dieses Bündnisses vor den Augen des neugierigen Publikums zu verbergen gewußt, um nachher mit desto größerm Aufsehen hervorzutreten. Hierzu hatte sie den Zeitpunkt der Reise ihres Geliebten nach Braunschweig genützt, und Dienstags abends um fünf Uhr einen gesunden kleinen Waumann zur Welt gebracht. Diese an sich sehr natürliche Begebenheit machte großes Aufsehen im Amthause. Madam Waumann rannte mit funkelnden Furienaugen in die Kammer der von ihrer Bürde entledigten Küchenmagd; allein da fand sie, als Wächter beim Wochenbette, den entschlossenen Kriegsmann stehen, welcher seine teure

Schwester gegen alle Gewaltthätigkeiten schützte und, mit dem Eheversprechen in der Hand, der Amtmännin die Rechte der neuen Mutter, in die Waumannsche Familie aufgenommen zu werden, demonstrierte. Die alte Dame stürzte wütend hinaus, berief dann ihr ganzes Haus zusammen, überschüttete jeden einzeln mit Vorwürfen, und in diesem Augenblicke erschienen Vater und Sohn vor ihrem Angesichte.

Nachdem der erste Ungestüm vorüber war, wurde beschlossen, sich mit dem Dragoner in Traktate einzulassen; man bot ihm eine ansehnliche Summe Geldes; aber priesterliche Trauung war der einzige Schlußreim, der ihm zu entlocken war; und da der gewissenhafte junge Herr mit Thränen in den Augen erklärte, er werde nie ablassen von seiner Anna Katharina, sah der Herr Amtmann wohl ein, daß man der eisernen Notwendigkeit nachgeben müßte.

Im Grunde ließ sich hier nicht viel von Mißheirat reden; einer ähnlichen Begebenheit hatte Valentin sein Dasein zu danken. Madam Waumann diente einst als Garderobenmädchen auf dem adeligen Gute, wo der Herr Amtmann Verwalter war. — Also kurz! denn wir eilen nun zum Schlusse: Sobald Ehren Schottenius nach Biesterberg zurückkam, wurden Hochzeit und Kindtaufe gefeiert. Der junge Herr Waumann nahm die ihm von seinem Vater abgetretene Pachtung an, und lebt jetzt mit seiner Frau, welche die Haushaltung recht gut versteht, vergnügt und glücklich; die Frau Amtmännin ist versöhnt, und hat noch im vorigen Jahre bei ihren Kindern Gevatterin-Stelle vertreten.

Der alte Dornbusch ist Besitzer eines hübschen Guts, das er gekauft hat, und findet Geschmack an Gartenanlagen, wozu ihm sein Bruder allerlei Holzarten liefert. Von Zeit zu Zeit kömmt der Hauptmann Previllier mit seiner schönen Gattin, die ihm frohe Tage macht, von Goslar nach Biesterberg. Der Pastor Schottenius hat einige Hoffnung, daß mein Herr Verleger in der nächsten Messe die Herausgabe seiner sechsundfünfzig Predigten besorgen wird. Von den Schicksalen der übrigen Nebenpersonen haben wir nichts in Erfahrung bringen können. Die Hauptlehre aber, die man aus diesem Werklein ziehen mag, sei die: daß, wenn ein Autor nur Leute findet, die ein solches Buch verlegen und lesen wollen, er leicht mit der Beschreibung einer dreitägigen Reise über acht gedruckte Bogen anfüllen kann.

Ende.

Wohlgeborener,
Hochzuverehrender Herr,

Wenn Sie ungehalten sind, daß ich eine vor langer Zeit von Ihnen erhaltene Zuschrift noch bis izt nicht beantwortet habe; so haben Sie nur in so ferne nicht Unrecht, als Sie meine Lage nicht kennen. Mit dem besten Willen von der Welt habe ich nicht allein nur selten die Kraft, Arbeiten des Geistes zu unternehmen; ich habe sehr oft auch die nicht, die kleinsten gesellschaftlichen Pflichten zu beobachten; einen Besuch abzustatten, wird mir oft so schwer, als einem andern, sich zu einer Reise zu entschließen; einen Brief zu beantworten, so unmöglich, als es mir diesen Augenblick wäre, eine Scene zu schreiben. Es bleibt denn beym Wollen, nicht zu können, und beym guten Vorsatz; aber ein guter Vorsatz, der zu alt wird, wird ganz gewiß nicht erfüllt. Dieß ist Alles, was ich zu meiner Entschuldigung sagen kann, und ich bitte den Himmel, daß er Sie eher

[illegible] Leben, Friedens in der glücklichen Lage erhalte, worinn Sie

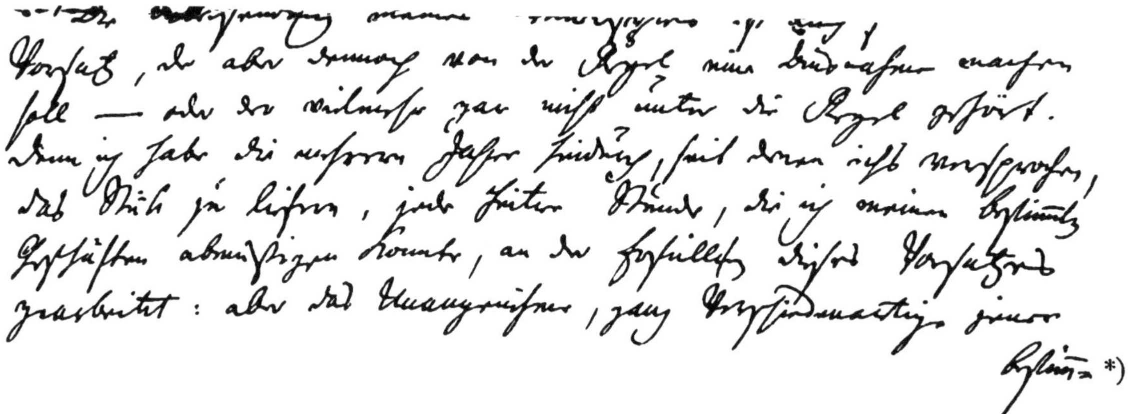
Vorsatz, der aber dennoch von der Regel eine Ausnahme machen soll — oder der vielmehr gar nicht unter die Regel gehört. Denn ich habe die ersten Jahre hindurch, seit dem ich versprochen, das Stück zu liefern, jede heitere Stunde, die ich meinen bestimmten Geschäften abmüßigen konnte, an der Erfüllung dieses Versprechens gearbeitet: aber das Unangenehme, ganz Verschiedenartige meiner bestimmten *)

*) Die zweite und dritte Seite dieses Briefes lautet:
bestimmten Geschäfte, die öftere Unterbrechung, welche die Arbeit nicht verdoppelt, sondern verzehnfacht, die Seltenheit meiner heitern Stunden selbst und vielleicht auch ein zu geringes Maß von dichterischem Talent, das wenigstens gegen meine kritische Einsichten nicht in dem glücklichen Verhältnisse steht, haben bis izt die Vollendung des Stücks und mithin die Uebersendung verzögert. Izt sehe ich endlich Tag, und wenn sich Herr Seyler nur noch ein Paar Tage, bis die jetzige öffentliche Uebungen im Gymnasium wären geendigt gewesen, hätte aufhalten wollen, so hätten Sie mit dieser Gelegenheit auch den zweyten Akt erhalten, welcher mir eigentlich am schwersten geworden weil die Veränderungen in den lezteren seine völlige Umarbeitung nothwendig machten. Ich glaube es ist eine vortheilhafte Art zu arbeiten, wenn man von hinten anfängt; aber es ist auch in der That eine schwere.

Vorausgesetzt, mein theuerster Herr Voght, daß das Verlangen nach dem Stück, welches Sie in Ihrem Briefe zu bezeugen belieben, weniger Compliment eines höflichen Mannes, als ernsthafter Wunsch eines von günstigen Vorurtheilen eingenommenen Freundes ist: so fürchte ich, Sie werden auch dießmal die Bemerkung wahr finden: daß insgemein, was wir am meisten zu verlangen pflegen, unsers Verlangens am wenigstens werth befunden wird, wenn wirs haben. Mit dem, was Sie erst sehen sollen, bin ich ein Paar Scenen ausgenommen, noch viel unzufriedener, als mit dem was Sie bereits gelesen haben. Indessen ist es mir jetzt schlechterdings unmöglich, es besser zu machen und Gott weiß, ich habe damit, daß ich es nur so gut gemacht, schon allzuviel an mir gesündigt. Ich will diese Sünden nicht noch mehr häufen, will abschreiben, so viel meine Augen halten und überschicken. Seyn Sie denn wenigstens mit mir, wenn gleich nicht mit meinem Werke zufrieden!

Die Veranlassung, warum ich mir eben jetzt die Ehre, Ihnen zu schreiben nehme, ist der Ueberbringer dieses Briefs. Er hat, wie Sie von ihm selbst am besten erfahren werden, Absichten in Hamburg, deren Erfüllung am meisten oder vielleicht lediglich von Ihnen abhängt: und ich habe von ihm zu viel Höflichkeiten, selbst Freundschaftsbezeugungen genossen, kenne ihn zu sehr als einen guten und brauchbaren Mann und habe mit seinem unglücklichen Schicksale zu viel Mitleiden, als daß ich nicht versuchen sollte: ob nicht auch meine Empfehlung und Bitte an Sie etwas zu seinem Besten vermögen können?

Madame Ihnen als Schauspielerin zu empfehlen, ist überflüssig. Schon ihr Ruf spielt mit, und daß Sie mir Nemphilb mehr als ersetzen werde, scheint mir unstreitig. Was auch Gotter an jener verbessert haben mag, so glaube ich ohngefähr zu wissen,

(Hier folgt die vierte Seite des Briefes, welche umstehend faksimiliert ist.)

wissen, wie viel sich an einem Menschen verbessern lasse, und ich habe Mdr [illegible] sowohl als Mdr Reinecke gesehen.

Ich bin, wie die Katze, mein theuerster Herr Vogt, ungemein schäl, aber zärtlich. Was für einen Brief hab ich Ihnen da geschrieben! Zerlegen Sie ihn in so viel Theile, daß jeder dem ganzen Briefe von Ihnen gleich werde; so haben Sie drey Antworten in einer. Das könnte Sie nun freylich besänftigen, wenn mein Brief nur besser wäre; aber da er leider nichts taugt, so mögt es Sie nur noch ungehaltner machen, und ich bleibe also gescheidt, daß ich Sie so ärgere, daß ich Sie nie wieder aussöhnen kann. — Mit der vollkommensten Hochachtung

Ihr

gehorsamster Diener,
J. J. Engel.

Berlin,
den 9ten März
1781.

Johann Jakob Engel.

I : I : ENGEL

Einleitung.

Johann Jakob Engel war der am 11. September 1741 geborene Sohn des Pastors und Seniors des Ministeriums zu Parchim in Mecklenburg-Schwerin. Sein Großvater mütterlicher Seits, der reiche Kaufmann und Ratsherr Brasch in Parchim, welcher das Urbild des Herrn Lorenz Stark sein soll, hatte viel Einfluß auf die Entwickelung des von ihm besonders als talentvoll betrachteten Knaben. Sein Onkel war Professor der Philosophie zu Rostock, und bei ihm hielt sich Johann Jakob eine Zeit lang auf. Bald nach dem 1758 erfolgten Tode des Oheims ging er auf die Akademie zu Rostock, begab sich dann nach Bützow. Er erwarb sich gute Kenntnisse in der Theologie, Philosophie, Physik und Mathematik, promovierte 1763 als Doktor der Philosophie und ging, durch die Händel, welche der orthodoxe Superintendent Zachariä erregte, von dem Entschlusse, Geistlicher zu werden, abgebracht, nach Leipzig, wo er eifrig Philosophie, Griechisch, Lateinisch und auch neuere Sprachen trieb. Die bedeutende Gelehrsamkeit, die sich der noch sehr junge Mann, freilich auf Kosten seiner Gesundheit, erworben hatte, sicherte ihm sein äußeres Fortkommen. Er nahm schließlich einen Ruf als Professor der Moralphilosophie und der schönen Wissenschaften an dem Joachimsthalschen Gymnasium in Berlin an, wo er 1776—1787, zuletzt als Mitglied der Akademie, lehrte. Den Prinzen und Prinzessinnen des königlichen Hauses, besonders dem nachmaligen Könige Friedrich Wilhelm III., erteilte er auf diesen Gebieten Unterricht.

Schon in Leipzig hatte sich Engel, dessen nächste Freunde Ch. F. Weiße und Garve waren, eine umfassende Kenntnis des Theaters angeeignet. Inzwischen war auch seine „Mimik" erschienen, und so wurde er im Jahre 1787 zum Oberdirektor des Theaters in Berlin ernannt, in welchem Amte Ramler sein Genosse war. Seiner Gesundheit wegen legte er 1794 dieses Amt nieder und ging nach Schwerin. 1798 veranlaßte ihn Friedrich Wilhelm III., nach Berlin zurückzukehren, ein Ruf, der ihm eine gute Stellung ohne anstrengende Arbeit sicherte. Doch schon den 28. Juni 1802 starb er, nachdem er lange gekränkelt, zu Parchim auf einer Besuchsreise zu seiner alten Mutter.

Abgesehen von einigen Übersetzungen, Gedichten und Gelegenheitsschriften*) sind folgende Schriften Engels aufzuführen:

1. Der dankbare Sohn. Lustspiel. Lpz. 1771. 8°. — 1773—1786.
2. Die Apotheke. Komische Oper (Musik v. Neefe). Lpz. 1771. 8°. — 1772. 8°.

*) Vgl. den Artikel bei Jördens. Bd. I. S. 444 ff.

3. Der Diamant. Lustspiel (nach dem Franz.). Lpz. 1772. 8°.
4. Der Edelknabe. Schauspiel. Lpz. 1774. 8°. — 1776. 8°.
5. Der Philosoph für die Welt. Lpz. 1775. 8°. II. Tl. 1777. 8°. Bd. I und II 1787. Tl. III Berlin 1800. Tl. I–III Berlin 1801. 2 Bde.
6. Titus. Ein Vorspiel. Berlin 1779. 8°.
7. Die sanfte Frau. Lustspiel (nach Goldoni). Lpz. 1779. 8°.
8. Versuch einer Methode, die Vernunftlehre aus platonischen Dialogen zu entwickeln. Berlin 1780. 8°. — 1805.
9. Über die musikalische Malerei. Berlin 1780. 8°.
10. Lobrede auf König Friedrich II. Berlin 1781. 8°.
11. Anfangsgründe einer Theorie der Dichtungsarten, aus teutschen Mustern entwickelt. Berlin 1783. 8°. — 1804. 8°.
12. Ideen zu einer Mimik. Berlin 1785/86. 2 Bde. — 1804. 8°.
13. Kleine Schriften. Berlin 1785. 8°.
14. Herr Lorenz Stark. Ein Charaktergemälde zuerst in Schillers Horen 1795 und 1796. Dann Berlin 1801. 8°.
15. Der Fürstenspiegel. Berlin 1798. 8°. — 1802. 8°.

Engels Schriften erschienen gesammelt Berlin 1801 in 12 Bdn. 8°,*) Berlin 1844 in 12 Bdn. 16° und Berlin 1851 in 14 Bdn 12°. Der Philosoph für die Welt und Lorenz Stark sind noch in verschiedenen Einzeldrucken erschienen.

Das beste, was man Engel nachsagen kann — und es ist in der That viel — ist, daß „er durch rastlos arbeitenden Scharfsinn der Auffassung und Darstellung vielfach an Lessing erinnert"**). Daß ihm das fehlt, was diesen zum großen Manne macht, die großartige und sichere Genialität, kann nicht verkannt werden, setzt aber Engel, der sich nie selbst überschätzt, auch nicht herab.

Von den sonst sehr günstigen Auslassungen der Zeitgenossen über „Herr Lorenz Stark", den wir nachfolgend zum Abdruck bringen, ist Schillers Urteil: „Ein ziemlich leichter Ton empfiehlt es, aber es ist mehr die Leichtigkeit des Leeren als die Leichtigkeit des Schönen" entschieden zu hart und hat in der Würdigung der Mit- und Nachwelt wohl auch seine Richtigstellung gefunden. Der Stoff, der später auch dramatisiert wurde (von F. L. Schmidt in dessen Schauspielen Leipzig 1804. 8°.), ist im eigentlichsten Sinne aus dem Leben gegriffen, und unsere Leser können sich besonders aus der Vergleichung mit seinem Vorgänger in diesem Bande leicht überzeugen, wie hoch Engels Charakterschilderung nicht nur in ihrem Resultat, sondern auch in der Aufgabe, die sie sich von vornherein stellt, über Knigges Leistung steht.

---

*) Hiernach unser Text.
**) Goedeke, Grundr. S. 1125.

Herr Lorenz Stark.

Ein Charaktergemälde.

I.

Herr Lorenz Stark galt in ganz H . . . . ., wo er lebte, für einen sehr wunderlichen, aber auch sehr vortrefflichen alten Mann. Das Äußerliche seiner Kleidung und seines Betragens verkündigte auf den ersten Blick die altdeutsche Einfalt seines Charakters. Er ging in ein einfarbiges, aber sehr feines Tuch, grau oder bräunlich, gekleidet; auf dem Kopfe trug er einen kurzen Stutz, oder wenn's galt, eine wohlgepuderte Troddelperücke; mit seinem kleinen Hute kam er zweimal außer die Mode, und zweimal wieder hinein; die Strümpfe waren mit großer Zierlichkeit über das Knie hinaufgewickelt; und die stark besohlten Schuhe, auf denen ein Paar sehr kleiner, aber sehr hell polierter Schnallen glänzten, waren vorne stumpf abgeschnitten. Von überflüssiger Leinwand vor dem Busen und über den Händen war er kein Freund; sein größter Staat war eine feine Halskrause mit Spitzen.

Die Fehler, deren dieser vortreffliche Mann nicht wenig hatte, und die denen, welche mit ihm leben mußten, oft sehr zur Last fielen, waren so innig mit den besten seiner Eigenschaften verwebt, daß die einen ohne die andern kaum bestehen zu können schienen. Weil er in der That klüger war, als fast alle, mit denen er zu thun hatte, so war er sehr eigenwillig und rechthaberisch; weil er fühlte, daß man ihm selbst seiner Gesinnungen und Handlungen wegen keinen gegründeten Vorwurf machen könnte, so war er gegen andere ein sehr freier, oft sehr beschwerlicher Sittenrichter; und weil er, bei seiner natürlichen Gutmütigkeit, über keinen Fehler sich leicht erhitzen, aber auch keinen ungeahndet konnte hingehen lassen, so war er sehr ironisch und spöttisch.

In seiner Kasse stand es außerordentlich gut; denn er hatte die langen lieben Jahre über, da er gehandelt und gewirtschaftet hatte, den einfältigen Grundsatz befolgt: daß man, um wohlhabend zu werden, weniger ausgeben als einnehmen müsse. Da sein

Anfang nur klein gewesen, und er sein ganzes Glück sich selbst, seiner eigenen Betriebsamkeit und Wirtlichkeit schuldig war, so hatte er in früheren Jahren sich nur sehr karg beholfen; aber auch nachher, da er schon längst die ersten Zwanzigtausend geschafft hatte, von denen er zu sagen pflegte, daß sie ihm saurer als sein nachheriger ganzer Reichtum geworden, blieb noch immer der ursprüngliche Geist der Sparsamkeit in seinem Hause herrschend: und dieser war der vornehmste Grund von dem immer steigenden Wachstum seines Vermögens.

Herrn Stark waren von seinen vielen Kindern nur zwei am Leben geblieben: ein Sohn, der sich nach dem Beispiel des Vaters der Handlung gewidmet hatte; und eine Tochter. Letztere war an einen der berühmtesten Ärzte des Orts, Herrn Doktor Herbst, verheiratet: einen Mann, der nicht weniger Geschicklichkeit besaß, Leben hervorzubringen, als zu erhalten. Er hatte das ganze Haus voll Kinder; und eben dies machte die Tochter zum Liebling des Alten, der ein großer Kinderfreund war. Weil der Schwiegersohn unfern der Kirche wohnte, die Herr Stark zu besuchen pflegte, so war es ausgemacht, daß er jeden Sonntag bei dem Schwiegersohn aß; und seine Frömmigkeit hätte zuweilen wohl gern die Kirche versäumt, wenn nur seine Großvaterliebe den Anblick so werter Enkel und Enkelinnen hätte versäumen können. Es ging ihm immer das Herz auf, wenn ihm der kleine Schwarm, beim Hereintreten ins Haus, mit Jubelgeschrei entgegensprang, sich an seine Hände und Rockschöße hängte, und ihm die kleinen Geschenke abschmeichelte, die er für sie in den Taschen hatte. Unter dem Tischgebete schweiften zuweilen die Augen der Kleinen umher, und er pflegte ihnen dann leise zuzurufen: Andacht! Andacht! aber der gerade am wenigsten Andacht hatte, war er selbst: denn sein ganzes Herz war, wo seine Augen waren, bei seinen Enkeln.

Mit seinem Sohne war dagegen Herr Stark desto unzufriedener. Auf der einen Seite war er ihm zu verschwenderisch, weil er ihm zu viel Geld verkleidete, verritt und verfuhr; insbesondere aber, weil er zu viel auf Kaffeehäuser und in Spielgesellschaften ging. Auf der andern Seite verdroß es Herrn Stark, daß der Sohn als Kaufmann zu wenig Unternehmungsgeist, und als Mensch zu wenig von der Wohlthätigkeit und Großmut seines eigenen Charakters hatte. Er hielt ihn für ein Mittelding von einem Geizhalse und einem Verschwender: zwei Eigenschaften, die Herr Stark in gleichem Grade verabscheute. Er selbst war der wahre Sparsame, der bei seinem Sammeln und Aufbewahren nicht sowohl das Geld, als vielmehr das viele Gute im Auge hat, das mit Gelde bewirkt werden kann. Wo er keine Absicht fand, da gab er sicherlich keinen Heller; aber wo ihm die Absicht des Opfers wert schien, da gab er mit dem kältesten Blute von der Welt ganze Hunderte hin. Was ihn aber am meisten auf den Sohn verdroß, war der Umstand: daß dieser noch in seinem dreißigsten Jahre unverheiratet geblieben war, und daß es allen Anschein hatte, als ob er die Zahl der alten Hagestolzen vermehren würde. Der Vater hatte den Sohn zu keiner Heirat bereden, der Sohn keine Heirat ohne des Vaters Einwilligung schließen wollen; und beide waren in Geschmack und Denkungsart allzuverschieden, als daß ihre Wahl oder ihr Wunsch je hätte übereinstimmen können.

Herr Stark hatte seine ganze Handlung der Aufsicht des Sohnes übergeben, und ihm zur Vergeltung für seine Mühe einige nicht unwichtige Zweige derselben völlig abgetreten. Nur die Geldgeschäfte, deren er viele und sehr beträchtliche machte, hatte er sich selbst vorbehalten. Indes unterließ er nie, besonders weil er in die kaufmännische Klugheit seines Stellvertreters nicht das meiste Vertrauen setzte, sich um die übrige Handlung, so wie um das ganze Leben des Sohns, zu bekümmern; und da er ohne Unterlaß etwas versäumt oder nicht ganz nach seinen Grundsätzen fand, so gab dies zwischen Vater und Sohn zu sehr unangenehmen Auftritten Anlaß, die am Ende von beiden Seiten ein wenig bitter und beleidigend wurden.

Man sehe hier zur Probe nur einen der letzten Auftritte, der für die Ruhe und Glückseligkeit der Familie die bedeutendsten Folgen hatte.

II.

Der junge Herr Stark hatte sein Wort gegeben, im öffentlichen Konzert zu erscheinen, und sich zu diesem Ende in ein lichtbraunes samtnes Kleid mit goldgestickter Weste geworfen. Er hatte sich über dem Anziehen ein wenig versäumt, und fuhr jetzt mit großer Eile in das gemeinschaftliche Arbeitszimmer, wo eben der Alte beim Geldzählen saß. — „Friedrich! Friedrich!“ rief er, indem er die kaum zugeworfene Thür mit Geräusch wieder aufriß.

„Gott sei bei uns!“ sagte der Alte; „was giebt's?“ — und nahm die Brille herunter.

Der Sohn forderte Licht zum Siegeln, warf sich an seinen Schreibtisch, und murmelte dem Alten seitwärts die Worte zu: „Ich habe zu arbeiten — Briefe zu schreiben.“

„So eilfertig?“ sagte der Alte. „Ich wiederhol' es dir schon so oft: bedächtig arbeiten und anhaltend, hilft weiter, als hitzig arbeiten und ruckweis. — Doch freilich! freilich! Je eher man sich vom Arbeitstisch hilft, desto früher — —“

Kömmt man zum Spieltisch, wollte er sagen; aber weil eben Friedrich mit Licht hereintrat, so besann er sich, und verschluckte das Wort.

„An wen schreibst du denn da?“ fing er nach einiger Zeit wieder an.

„An Eberhard Born in S**.“

„Den Sohn?“

„Der Vater heißt August, nicht Eberhard.“

„Gut! Meine Empfehlung an ihn! — Ich denke noch oft an die Reise von vorigem Sommer, wo ich ihn kennen lernte. Es ist doch ein vortrefflicher junger Mann.“

„O ja!“ murmelte der Sohn in sich hinein. „Wer nur auch so wäre.“

„Ein ordentlicher, arbeitsamer, gesitteter Mann, wie geboren zum Kaufmann. Voll Muts, etwas zu unternehmen, aber nie ohne Bedacht; in seinem Äußerlichen so anständig, so einfach: von Samt und Stickereien kein Freund, und was ich an ihm ganz vorzüglich schätze — kein Spieler. Ich denke, er soll in seinem Leben noch sein erstes Solo verlieren. — Wenn er ja einmal spielt, so ist es nicht in der Karte, sondern mit seinen Kindern. Er hat so liebenswürdige Kinder! — Ach, und der Alte, sein Vater! Der kann so ganz aus vollem Herzen gegen ihn Vater sein. Das ist ein glücklicher Mann! — Ich kenne Väter,“ fuhr er ein wenig leiser fort, „die sich an ihm versündigen, die ihn beneiden könnten.“

„Schreib, oder —!“ sagte der Sohn, indem er eine Feder nach der andern auf den Tisch stampfte und hinwarf.

Der Alte sah das eine Weile mit an. — „Du bist ja ganz ärgerlich, wie es scheint?“

„Wer's nicht wäre!“ murmelte der Sohn wieder in sich.

„Bin etwa ich daran Ursache? Hab' ich deinen Geschmack nicht getroffen?“ — Er stand auf, und ging zum Tische des Sohns. — „Ich weiß, du bist von Winken und von Anspielungen eben kein Freund, und ich kann ja auch deutlicher reden.“

„O, es braucht dessen nicht,“ sagte der Sohn, und schrieb fort.

Der Alte nahm ihm ruhig die Feder aus der Hand, spritzte sie aus, und legte sie hin. — „Sieh!“ fing er dann an: „es wird mir von Tage zu Tage immer ärgerlicher, daß ich einen Menschen von so weitläuftigem Kopfe und von so engem Herzen zum Sohn haben muß. Einen Menschen, der für seinen Putz, sein Vergnügen, der in L'Hombre und Whist ein Dukätchen nach dem andern, oft auch wohl dutzendweise, vertändelt; der nur noch gestern wieder bis in die sinkende Nacht gespielt hat, und der, wenn er eine großmütige Handlung thun sollte, vielleicht keines Thalers Herr wäre; — einen Menschen, der ewig ledig bleibt, weil keine Partie ihm reich genug ist, und der doch immer übrig hat, zu fahren, zu reiten, den Kavalier zu machen, Samt und Stickereien zu tragen. — Ich muß wohl nicht unrecht haben,“ fuhr er nach einigem Stillschweigen fort: „denn du kannst mir nicht antworten.“

„O, ich könnte,“ sagte der Sohn, indem er mit Hitze aufstand; „aber — —“

„So sprich! Was verhinderte dich?“

„Bei Gott! ich bin es müde, so fortzuleben.“ —

„Daß ich das hoffen dürfte!“

„Ich bin nun, denk' ich, ein Mann, und kein Kind mehr. Warum wird mir denn noch immer begegnet, wie einem Kinde?“

„Sohn! Sohn! Es giebt alte Kinder.“

„Ich bin aufmerksam; ich versäume nichts, was zu thun ist; ich setze nie die Achtung und die Ehrerbietung gegen Sie aus den Augen —“

„Nur den Gehorsam ein wenig.“

„Ich verwalte das Ihrige mit Redlichkeit und mit Treue: und doch — doch kann ich keine Stunde in Ruhe leben; doch wird mir durch Vorwürfe ohne Ende jeder Augenblick meines Daseins verkümmert; doch wird mir jede Zerstreuung, jedes elende Vergnügen gemißgönnt.“

„Du sprichst sehr hart, aber sehr wahr. Jedes elende Vergnügen!“

„Elend — weil es mir nichts, oder eine Wenigkeit kostet. Was hab' ich denn verloren, wenn ich verlor?"

„Das kostbarste, was wir haben: die Zeit."

„Und soll ich denn gar keinen Genuß meiner Jugend haben? Soll ich immer so fortarbeiten, wie Sie; mich ebenso tragen, ebenso einschränken, wie Sie? ebenso — —"

„Nun, was stockst Du? Sprich aus!"

„Ebenso — bei Thalern zusammensparen, um bei Hunderten wegzuwerfen?"

„Wegzuwerfen!" sagte der Alte, dem nichts in der Welt so unerträglich schien, als daß Kinder ihre Eltern über den freien Gebrauch eines selbsterworbenen Vermögens richten sollten. — „Dacht' ich es doch, daß der junge Mensch noch würde mein Vormund werden! Wegzuwerfen? Was verstehst du darunter? Was heißt bei dir wegwerfen? Sprich!" — Er ging ihm nach, und hielt ihn etwas unsanft am Arme. — „Seinen Beutel für jeden ehrlichen Mann offen halten, der Beistand braucht; etwa das?"

„Ehrlich!" sagte der Sohn mit ziemlich gesunkener Stimme. „Wenn sie es alle wären!"

„O, ich bin noch wenig betrogen. Ich fasse meinen Mann erst ins Gesicht, ehe ich gebe. Und was nennst du denn wegwerfen? Sprich!"

„Sie borgen allen — ohne das Geringste davon zu haben."

„Thor! Ohne das Geringste davon zu haben?" — Er zog die Hand von seinem Arme, und gab ihm einen Blick voll Verachtung. — „Ich habe das davon, zu sehen, daß es meinem Mitmenschen wohl geht. Rechnest du das für nichts? — Und wenn sie mich einst die lange Straße hinabtragen, und ich hier alles dahintenlasse, so hoff' ich, es soll da mancher mit Thränen in seinen Augen sprechen: 'Schade um den rechtschaffenen Mann! Ich hab' ihm mit Weib und Kindern meinen ganzen Wohlstand zu danken. Ich war in Not und kam zu ihm; da half er mir auf, und ich konnte bei Ehren bleiben.' — Bei dir hingegen — — Doch was stehe ich da und predige in den Wind? Dein Kopf hat einmal seine eigene Philosophie, und wollte Gott, daß es eine gescheitere wäre! — Nur immer wieder an deine Arbeit! Schreib! Schreib!"

III.

Herr Stark setzte sich wieder ruhig an seinen Tisch, und achtete wenig darauf, daß der Sohn eine geraume Zeit mit großen, heftigen Schritten umherging. Er hatte den Grundsatz, daß man einem geschlagenen, weinenden Kinde Zeit lassen müsse, um auszuschmucken, und daß es unvernünftig sei, von einer aufgeregten Leidenschaft augenblickliche Stille und Ruhe zu fordern. Der Kampf im Herzen des Sohnes würde sich auch wahrscheinlich, wie schon so oft, zum Vorteil der kindlichen Liebe und Ehrerbietung entschieden, und alles würde seine vorige Gestalt angenommen haben, wenn nicht unglücklicherweise ein Mensch hereingetreten wäre, der dem jungen Herrn Stark aus mehr als einer Ursache verhaßt war. Es war ein gewisser Herr Specht, einer der kleinen Anfänger, die auf die Güte des alten Herrn bei jeder Gelegenheit Anspruch machten, und die für die Wünsche des Sohnes nur allzuoft darin glücklich waren. Dieser hier hatte den Vorzug vor allen übrigen; denn er war Pate und Gevatter zugleich: Verhältnisse, die dem Herrn Stark, nach alter Sitte, noch sehr wichtig und ehrwürdig schienen. Was aber den Sohn besonders gegen ihn aufbrachte, war der aus gewissen aufgefangenen Reden geschöpfte Verdacht, als ob Herr Specht eine junge liebenswürdige Witwe, Madam Lyk, die bei dem Sohne sehr viel und bei dem Vater sehr wenig galt, bei letzterm angeschwärzt, und ihm Veranlassung zu allen den bittern Glossen gegeben hätte, womit er dann und wann über sie herzufahren pflegte.

„Ei!“ sagte nach seiner gewöhnlichen gleisnerischen Art der Herr Specht, indem er gerade beim Hereintreten zu seinem großen Verdruß auf den Sohn stieß, der noch immer umherging: „— Ei mein wertester Herr Stark! Gleich hier an der Schwelle bin ich so glücklich — —?“

Seine tiefen Verbeugungen und seine süßen Mienen hatten dem Sohne noch nie so fade und unausstehlich geschienen, als jetzt. — „Was giebt's? Was soll's?“ fuhr er den ganz erstaunten und erschrockenen Besuch ein wenig unartig an.

„Himmel!“ sagte Herr Specht, und griff wieder nach dem Drücker der Thüre: „ich hoffe doch nicht, daß ich ungelegen komme? daß ich Störung verursache?“

„Es wäre möglich. Die Zeit ist edel, mein Herr.“ —

„Ja wohl! ja wohl! Schon bei unsereinem; und erst vollends bei Ihnen! bei einem Manne, der solche Geschäfte macht, solch ein Werk führt! — Wahrlich, ich begreife oft nicht — —"

„Was es giebt? Was Sie wollen? hab' ich gefragt. — Borgen etwa? noch ehe die alte Schuld ganz getilgt ist? — Oder wieder Nachrichten von der Witwe, Ihrer Nachbarin, bringen? — Da! Wenden Sie sich an meinen Vater, und nicht an mich!" —

Indem noch Herr Specht mit den Augen in allen Winkeln war, und nicht wußte, ob er gehen oder bleiben, ob er schweigen oder antworten sollte, drehte der alte Herr Stark, dem nachgerade das Gehör ein wenig schwach ward, und der nicht wußte, ob er etwas und was er hörte, sich auf seinem Stuhle herum, und half ihm durch ein freundliches Willkommen! von seiner Herzensangst. — Der Sohn warf sich wieder an seinen Tisch, um weiter zu schreiben.

„Nun? Und was steht denn zu Diensten?" sagte Herr Stark, nach mehrern unbedeutenden Fragen: — „denn umsonst pflegt Er nicht zu kommen, mein lieber Pate."

„Ich — ich wollte so frei sein," stotterte dieser, indem er schielende, mißtrauische Blicke nach dem Sohn zurückwarf: — „ich habe, diese Tage über, Gelegenheiten gefunden — so allerhand kleine Gelegenheiten — —"

„Das versteh' ich ja nicht. Was für Gelegenheiten?"

„Ich meine: einen vorteilhaften Handel zu schließen, mir einen kleinen Gewinn zu verschaffen —"

„Ja so! — das ist mir lieb; das ist schön. — Immer zugegriffen, mein lieber Specht!"

„Aber — wie's denn bei Anfängern geht — die Beutel sind so eng und so flach. So wie man hineingreift, hat man auch auf den Boden gegriffen." — Dies war, beiläufig zu sagen, einer der eigenen Einfälle des Herrn Stark, die Herr Specht sich sorgfältig zu merken und gelegentlich bei ihm selbst, mit immer gutem Erfolg, wieder anzubringen pflegte. — „Und da wollt' ich denn also — wenn's ohne Beschwerde geschehen könnte — —"

„Frischen Vorrat holen. Nicht wahr? — Nur heraus mit der Sprache!"

Herr Specht lächelte, und schlug den Alten mehrmalen hinter einander, mit den äußersten Fingerspitzen, sanft und schmeichlerisch auf die Schulter. — „Sie sind doch ein vortrefflicher Mann, liebster Herr Pate —"

„Ja, ja! Weil ich ein so guter Prophet bin. — Aber was war's denn, das Er vorhin mit meinem Sohne absprach? Hat Er sich dem schon entdeckt?"

„Ich wollte. — Ich hatte die Absicht; aber — der junge Herr —"

„Wird vermutlich bedauert haben? Wird sich außerstande gesehen haben, zu dienen?"

„So schien's beinahe." —

„Es kann Ernst damit sein. — Die Zeiten sind sich nicht immer gleich, und ich denke, es mag ihm jetzt selber fehlen."

„Hehehe! — liebster, bester Herr Stark! Wie Sie doch manchmal zu spaßen wissen!"

„Zu spaßen?" sagte der Alte, und wies nach dem andern Tisch auf die reichgestickte Weste hinüber. — „Sieht Er denn nicht, daß mein Sohn sein Gold hat verarbeiten lassen? — Ein jeder freilich nach seinem Geschmack! Der eine hält's mit einer vollen, der andere mit einer flimmernden Tasche."

Dieses Wort, in keiner ganz üblen Laune und mit einem ziemlich gutmütigen Tone gesagt — denn Herr Stark war wohl Spötter, aber kein hämischer; und wenn er im Verdrusse erst wieder witzig ward, so war das immer ein Zeichen seiner schon wiederkehrenden Ruhe — dieses Wort folgte auf zu bittere, zu ernstliche Vorwürfe, und ward in Gegenwart eines zu gehaßten, zu verachteten Menschen gesprochen, als daß es auf das Herz des Sohns nicht eine sehr unglückliche Wirkung hätte thun sollen. Er sprang mit Ungestüm auf, murmelte heftige unverständliche Worte zwischen den Zähnen, und warf die Thür.

IV.

„Mein Gott!" sagte Herr Specht, dem vor Schrecken beide Arme am Leibe niedersanken: „der junge Herr war ganz erhitzt, ganz ergrimmt. Ich will doch nicht hoffen, daß meine Gegenwart —"

„Nicht doch!" tröstete ihn der Alte, den seine Übereilung

schon innerlich zu gereuen anfing: „es ist nur seine Art so; er macht's nicht anders.“ — Dann gab er Herrn Specht die benötigte Summe, mit hinzugefügter Warnung, daß er sein Geld nicht verstecken, sich nicht in mehr oder in größere Geschäfte verwickeln sollte, als die er verstände, und übersehen könnte. — „Übrigens,“ sagte er, „wünschte ich, um lebens- und sterbenswillen, eine kleine Verschreibung. Er kann sie mir diesen Nachmittag bringen.“

„Gewiß! Gewiß!“ sagte Herr Specht; und klopfte ihm wieder, wie zuvor, mit leichter schmeichelnder Hand, auf die Schulter. — „Ich dacht' es doch gleich, liebster Herr Pate, daß mir von Ihnen würde geholfen werden. Auch meine Frau sagte: Geh' immer! So ein Mann, sagte sie, wie der Herr Stark ist, lebt auf der Welt nicht weiter. — Nun, guten Morgen! Guten Morgen!“

Er hätte ein Vieles darum gegeben, wenn er das unglückliche Wort von der Frau hätte zurückholen können: aber es war heraus, und mit dem Forteilen wollt' es nicht glücken. Herr Stark winkte ihm wieder umzukehren, und drohte ihm; nicht ohne Ernst, mit dem Finger. — „Weil Er doch selbst von ihr anfängt, mein lieber Specht, und weil ich's bisher immer vergessen habe; — sag' Er mir einmal recht aufrichtig: wär' Er nicht ein wenig verliebt in die Frau?“

„Je nun,“ stotterte dieser — „ein junger Ehemann — freilich —“

„Der selige Lyk, denk' ich, war's auch. Und nun, die Witwe — die ihm das Seinige vertändelte, verputzte, vertanzte, verschmauste — Er weiß ja wohl besser, als ich's Ihm sagen kann, was dort für Umstände sind. Gar nicht mehr so glänzende, als vordem. — Nehm' Er sich also in acht, lieber Specht! Sei Er auf Seiner Hut!“

„Aber wieso, bester Herr Pate? Wieso? — Meine Frau — —“

„Ist mir gar sehr nach der Mode. Alles, was nur aufkömmt, das macht sie mit. Und darum stell' ich mir vor — weil Er doch nur ein Anfänger ist, und weil ich Ihn doch sonst als guten Haushälter kenne — ich stelle mir vor: Er hat so eine gewisse schwache Seite, und die junge Frau hat die ausgekundschaftet. — Hab' ich's getroffen?“

„Liebster, bester Herr Pate — —“

„Man gesteht das nicht gern. Schon gut! — Aber ich bitt' Ihn, als Freund, lieber Specht! Nehm' Er sich in acht! Sei

Er ein Mann! — Bei einer schlechten Wirtin geht der beste Wirt von der Welt zu Grunde; da ist kein Haltens. Er füllt da in ein löcheriges Sieb, und wenn Er sich auch zu Schanden füllte; Er bringt in Ewigkeit nichts hinein. — Ich weiß zwar wohl," fuhr er nach einem Weilchen mit Schmunzeln fort, „wie's die Weiber zu machen pflegen —"

„Ja freilich, freilich," seufzte hier Specht, und fuhr sich mit dem Finger hinter die Ohren. „Da steckt's!"

„Wie sie den jungen Mann in die Enge treiben; Launen haben, Zufälle haben, Beklemmungen und Ohnmachten haben — Gott weiß, was alles? — Und wie dann auf einmal wieder das Wetterglas steigt und heitere Sommerluft wird; wie sie da schmeicheln, liebkosen, tändeln, und dann so unversehens, als wenn ihnen nichts drum wäre, damit herausrücken: die da, die trägt dies und trägt das; die geht hierhin und dorthin; die macht dies mit und das mit: — die Närrin! — Unsereine ist doch eben, was sie ist."

„Nun wahrhaftig!" rief Specht, dem über die gute Laune des Alten das Herz wieder ganz leicht ward: „Es ist, als ob Sie hätten dabei gestanden."

„Und wenn sie dann den guten Tropf in der Schlinge haben: wie sie da küssen, liebäugeln, herzen —"

„Ganz, wie sie's zu machen pflegen!" — indem er die größte Verwunderung vorgab — „ganz nach der Natur! Zug vor Zug!"

„Ei, ich weiß das. Ich bin ja alle die Schulen durchgegangen. — Aber zum Henker, Pate! Der Mann muß Mann sein; er muß ein Herz von Stahl und Eisen haben. — Immer liebreich, nie verliebt: ist die Regel. — Und was verliert man denn nun, wenn man sich danach hält? Man gewinnt! Denn wer der Frau nachgiebt, der hat nur dann und wann gute Tage; wer sein Ansehen behauptet, der hat sie immer. — Oder meint Er etwa, daß die junge Frau des Mannes nicht ebenso bedürftig ist, als der junge Mann ihrer? — Possen, Possen, mein lieber Specht! Ebenso bedürftig; und unter uns: oft wohl mehr!"

„Nun wart!" — sagte dieser, indem er hinter sich sah, und die strengste Miene zog, die in sein flaches Gesicht nur hinein wollte — „an das Gespräch will ich denken. Ich will dich mir künftig anders ziehen."

„Aber mit Art, versteht sich. Mit Art!"

„Ei freilich! Die Art ist die Hauptsache. Die muß nicht vergessen werden.“ — Und nun wandt' er Geschäfte vor, die ihn eiligst nach Hause riefen, und ging. Des festen Vorsatzes vermutlich, nichts zu wagen, was ihn vielleicht gereuen, und nichts anzufangen, was er vielleicht nicht durchsetzen möchte.

V.

Während Herr Stark über seinen Streifzug gegen das schöne Geschlecht aller Sorgen vergaß, ging der Sohn, voll der äußersten Erbitterung, auf seinem Zimmer umher. — „So mich zu mißhandeln,“ rief er: „seinen einzigen leiblichen Sohn; und das in Gegenwart eines so verächtlichen, eines so nichtswürdigen Menschen!“

Eines so unbedeutenden, armen Wichts! hätte er sagen können: der sich mit Bücklingen und Schmeicheleien durchs Leben windet, und der übrigens noch eine ganz gute, ehrliche Haut ist.

„Mich der Verachtung, dem Spott, dem bittersten Hohngelächter preiszugeben; und das auf eine so hämische, so gesuchte, so recht ausgekünstelte Art!“

Auf eine freilich ärgerliche, aber dem Alten nun einmal gewöhnliche, und hier von selbst sich darbietende Art, wobei doch, wie sonst immer, der Ehre und des guten Namens geschont ward.

„Mir in dem Augenblicke, wo ich mich hinsetze und für ihn arbeite, so grundlose, so aus der Luft gegriffene, so abscheuliche Vorwürfe zu machen!“

Grundlos nun in der That, wenigstens, was Spiel und was Nachtschwärmen betraf; aber darum nicht aus der Luft gegriffen: denn unmöglich konnte der Vater von den jetzigen geheimen Gängen des Sohns anders, als nach Ähnlichkeit der ehemaligen, urteilen; und so waren sie, in seinen Gedanken, noch immer auf die Kaffeehäuser und zum Spieltisch gerichtet. — Daß jetzt wirklich die müßigen Augenblicke des Sohnes, und mitunter auch halbe Nächte, zu sehr lobenswürdigen, sehr edlen Handlungen verwandt wurden: das war niemandem weniger, als dem Vater, bekannt; und diese lobenswürdigen, edlen Handlungen hatten auch so ein gewisses Aber, daß sie der Sohn für keinen Preis dem Alten hätte wollen bekannt werden lassen.

Doch zu Bemerkungen, die den Vater hätten entschuldigen oder gar rechtfertigen können, war fürjetzt der Sohn nicht gestimmt: er sprach vielmehr sich selbst durch die heftigsten, überspanntesten Ausdrücke immer tiefer in den Verdruß hinein, und endigte zuletzt mit dem Entschluß, seine Lage auf einmal und so ganz zu verändern, daß er schlechterdings außer aller Verbindung mit dem Vater hinausträte, nicht bloß das väterliche Haus, sondern auch die väterliche Stadt verließe, und an einem ganz fremden Orte mit dem wenigen, was er vor sich gebracht hatte, ein eigenes Haus errichtete. Die Vernunft selbst, glaubte er, billigte nicht nur, sondern befehle diesen Entschluß; denn seine vollen dreißig Jahre hatt' er bereits verlebt, und zwar in so herznagendem Kummer, in so tötenden Ärgernissen und Sorgen, daß die zweiten dreißig zu hoffen Thorheit war: und warum er, eines wunderlichen, grillenhaften, unverbesserlichen Vaters wegen, mehr als die erste, schönste Hälfte seines Lebens aufopfern sollte, das konnt' er nicht einsehen. Sein Herz sprach dagegen zu laut, und im Gesetz fand er's nirgend geschrieben.

In der That war diese Trennung vom Vater kein neuer, sondern ein schon oft gehegter, und selbst bis zum vollständigsten Entwurf durchdachter Einfall, bei welchem das Wie? und Wohin? und durch was für Mittel? schon längst beantwortet, und nur das Wann? noch unentschieden geblieben war. Immer war indes dieser Einfall mit dem Zorne, der ihn erzeugt, und mit dem Grolle, der ihn genährt hatte, wieder verschwunden. Wenn er sich jetzt in dem höchst erbitterten Gemüte des jungen Mannes fester setzte als je, und im kurzen zum entschiedenen, unwiderruflichen Vorsatze ward, so hatte das einen noch ganz anderen Grund, als die Launen des Vaters; aber einen Grund, womit Herr Stark sich so äußerst geheim hielt, daß er ihn kaum sich selbst zu gestehen wagte. Von jeher war es sein Lieblingsentwurf gewesen, sich mit einer der reichsten und glänzendsten Partien der Stadt zu verbinden: jetzt auf einmal spielte die Liebe ihm den mutwilligen, hämischen Streich, daß sie ihn mit allen seinen Neigungen zu einer Person hinriß, die von den Vorzügen, welche sonst Liebe entschuldigen, auch nicht einen besaß. Weder war sie von besonderer Schönheit des Gesichts oder des Wuchses, noch stand sie in der ersten Blüte der Jugend, noch zeichnete sie sich durch große, schimmernde Geistestalente aus, die auch ohnehin an

Herrn Stark keinen gar eifrigen Bewunderer möchten gefunden haben. Güter hatte diese Person vollends nur wenig, außer solchen, die es eigentlich bloß für den ersten Besitzer sind, und die auf andere als Güter nie so recht übergehen können: ein paar liebenswürdige Kinder. Kurz, es war eben die Madam Lyk, wegen deren Herr Specht so verhaßt war, und über die wir den Vater so strenge haben kunstrichtern hören.

Es ist bekannt, daß man in lebhaften Träumen zuweilen sich selbst fragt: ob man denn wache oder nur träume? und daß die Antwort immer das Gegenteil des wirklichen Zustandes auszusagen pflegt: man wache. Herr Stark hatte mehrmalen, wenn er der Madam Lyk in sehr zärtlichen Empfindungen gegenüber saß, sich ganz ernstlich befragt: ob er noch frei oder verliebt sei? und immer war noch die Antwort gefallen: frei. Gleichwohl war ihm bei dieser Freiheit nicht so ganz wohl zu Mute; denn auf den zwar undenkbaren, aber doch an sich nicht unmöglichen, und nur zum Scherz so angenommenen Fall, daß er irre, konnte er alle die bittern Höhnereien vorausdenken, womit ihn zu Hause der Vater, und außer dem Hause die vielen Familien verfolgen würden, die mit der beschwerlichen Ware ihrer erwachsenen Töchter auf einen so reichen Erben und zugleich so schönen, blühenden Mann, als Herr Stark, trotz allen vom Vater erlittenen Drangsalen, noch immer war, etwa ein Auge haben möchten. Das beste wäre auf diesen Fall gewesen, Madam Lyk nicht weiter zu sehen; aber dieses ging, so lange man mit ihr an einem Orte lebte, aus hundert Gründen nicht an: und so ward denn jenes erkannte, oder vielmehr nur ganz undeutlich empfundene, Beste dahin näher bestimmt, daß man sich von diesem Orte, je eher je lieber, müßte loszureißen suchen. — Doch, wie gesagt, mit diesem stärkern, eigentlich entscheidenden Bewegungsgrunde kam es zu keinem rechten Bewußtsein; Herr Stark hätte Leib und Leben darauf verschworen, daß es bloß der wunderliche, unausstehliche Alte sei, der seinen verdienstvollen, einzigen Sohn, welcher so lange Jahre für ihn und die Familie gearbeitet hatte, in die weite Welt jagte. Wie gut sein Herz sein müsse, erkannt' er hierbei aus dem Kummer, womit er an den üblen Ruf und an die außerordentliche Verlegenheit dachte, in die der Alte unausbleiblich geraten müßte; aber einmal wollt' es dieser nicht anders haben, und der Sohn konnte nicht helfen. —

VI.

Der einzige in der Familie, der von dem Herzenszustande des jungen Herrn Stark zwar nicht völlige Kenntnis, aber doch ziemlich wahrscheinliche Spuren hatte, war der Schwager, Herr Doktor Herbst. Er hatte dem seligen Lyk, als Hausarzt, in seiner letzten Krankheit gedient; er wußte, daß wegen Handlungsverdrießlichkeiten große Feindschaft zwischen ihm und Herrn Stark dem Sohne geherrscht hatte, und er selbst war Vermittler bei der sehr rührenden Aussöhnung gewesen, die vor dem Tode des erstern vorhergegangen war. Bei dieser Aussöhnung hatte Herr Stark dem Sterbenden in die Hand versprochen, daß er, auf den Fall seines Hintritts, die Witwe mit Rat und That unterstützen, und besonders die Handlungsangelegenheiten, von denen Herr Lyk gestand, daß sie in nicht geringer Unordnung wären, möglichst aufs reine bringen wollte. Dieses edelmütige Versprechen hatte Herr Stark mit dem größten Eifer erfüllt: er hatte ganze Monate hindurch jeden Augenblick, den er eigenen Arbeiten hatte absparen können, den Angelegenheiten der Witwe gewidmet; und schon mehrmalen hatte der Doktor, wenn er der sehr kränklich gewordenen Frau noch spät abends einen Besuch gab, ihn in voller, eifriger Arbeit über ihren Büchern getroffen. Er hatte bei dieser Gelegenheit bemerkt, daß die wirklich großen und liebenswürdigen Tugenden, welche Madam Lyk in ihrer jetzigen traurigen Lage so viel Anlässe zu entwickeln fand, und welchen er selbst volle Gerechtigkeit widerfahren ließ, das Herz des Schwagers nicht ungerührt möchten gelassen haben. Besonders war ihm die Verwirrung und der rasche Unwille aufgefallen, womit einst Herr Stark eine ganz unschuldige, mehr im Scherz so hingeworfene Warnung, sich nicht zu verlieben, aufgenommen hatte; auch hatte er viel Licht aus der gleich darauf folgenden dringenden Bitte geschöpft, daß er doch, ums Himmels willen, von dem ganzen Umgange mit Madam Lyk, in den er ja selbst ihn hineingezogen, der Familie, und besonders dem Vater, kein Wort verraten möchte.

Indessen, so gewiß, nach der Semiotik des Doktors, dieses Zusammentreffen von Diensteifer, Blödigkeit und Geheimthun auf Liebe hindeutete, so glaubte er's mit dieser Liebe doch keines-

34. Semiotik, Zeichenlehre, Lehre von den Zeichen der Krankheiten, aus denen die Diagnose zu stellen ist.

wegs so weit gediehen, daß er sie in irgend einiger Verbindung mit dem Entschluß hätte denken sollen, den ihm jetzt der junge Mann zu seinem größten Mißfallen kund that. Herr Stark verlangte auch über diesen Entschluß das Geheimnis; aber dieses schlug der Doktor ihm förmlich ab: er versicherte sich vielmehr sogleich des lebhaftesten Beistandes der Frau mit der Schwiegermutter, um den jungen Mann von einem so raschen und für die ganze Familie so höchst nachteiligen Schritte zurückzuhalten. Daß es mit diesem Schritte voller Ernst sei: daran konnt' er nach allem, was er sah und hörte, und besonders nach den Briefen, die man ihm vorgezeigt hatte, nicht zweifeln.

Alle Mühe, die man nunmehr vereinigt anwandte, um Herrn Stark zu besänftigen und ihn von seinem Vorsatze abzuziehen, war rein verloren. Den Gründen des Schwagers setzte er andere Gründe, den Bitten und Thränen der Mutter die feurigsten Beteuerungen der Liebe und des Gehorsams, mit Ausnahme dieses einzigen Punkts, und den abwechselnden Liebkosungen und Spöttereien der Schwester Unempfindlichkeit und Unart entgegen. Man bemerkte, daß, je mehr man ihn zu beugen und zu erweichen suchte, desto steifer und hartnäckiger er auf seiner Meinung bestand; und so ward denn, in einer geheimen Familiensitzung zwischen Mutter, Schwiegersohn und Tochter, beschlossen, daß man einen ganz andern Weg einschlagen, und da mit dem Sohne nichts auszurichten sei, sein Heil mit dem Vater versuchen wolle. Man hielt sich versichert, daß, auf das erste freundliche Zureden des Vaters, der Sohn mit Freuden einen Entschluß würde fahren lassen, wobei er selbst am ersten und am meisten verlieren müßte; auch war man ganz darin einig, daß der hofmeisternde Ton und die spöttelnde Laune des Alten zuweilen ins Unerträgliche fielen; daß ein Sohn in männlichen Jahren anders, als im Knaben- und Jünglingsalter müßte behandelt werden; und daß jeder Mensch seine ihm eigene Sinnesart habe, die man wohl in gewissen zufälligen Äußerungen leiten, aber nie im ganzen und im wesentlichen umschaffen könne. Der Alte selbst, hoffte man, würde, nach seiner sonstigen Billigkeit und Vernunft, sich hiervon leicht überzeugen lassen.

Doch, was die Leichtigkeit des Überzeugens betraf, so geriet man bald wieder in Zweifel. Herr Stark hatte der Proben von Steifheit und Unbiegsamkeit des Charakters zu viele gegeben; und man war daher einig, den Angriff auf ihn ja nicht übereilt und tumultuarisch, sondern behutsam und methodisch zu machen. Die Beobachtungen, nach welchen man den Plan verabredete, waren folgende. Der Alte hegte von dem Verstande und der gesunden Beurteilung des Doktors sehr vorteilhafte Begriffe; der Doktor demnach sollte zuerst erscheinen, ihm die Entschließung des Sohnes eröffnen, und ihn von der Notwendigkeit sowohl als Billigkeit, sein Betragen zu ändern, mit Ehrerbietung, aber auch mit Nachdruck, belehren. — Das Wort der Mutter war in Familienangelegenheiten immer von größtem Gewicht gewesen, und schon oft, obzwar nie in einem so kitzlichen Falle, war ihren dringenden Vorstellungen, wenn auch mit einigem Kopfschütteln, nachgegeben worden; die Mutter also sollte nach dem Doktor hereintreten, und wenn die Vernunft des Alten schon wankte, den Widerstand seines Herzens durch Bitten, und allenfalls auch durch Thränen, zu brechen suchen. — Von der Tochter wußte man, daß sie mit ihren Schmeicheleien und Einfällen eine wunderbare Gewalt über den Vater hatte, und daß sie, wegen großer Übereinstimmung ihrer eigenen Gemütsart mit der seinigen, sich in allen Krümmungen und Wendungen seiner Laune geschickt ihm nachzuschmiegen, und ihn fast immer zu ihrer Absicht herumzuholen wußte; die Tochter also sollte zuletzt erscheinen, und dem durch Mann und Mutter schon ganz erschöpften und abgematteten Eigensinne des Alten den letzten Gnadenstreich geben.

Bei diesem ganzen schönen Entwurfe äußerte bloß die Mutter noch etwas Furcht; der Doktor hielt sich, unter göttlichem Beistande, guten Erfolgs versichert; und die Tochter vollends vermaß sich mit großer Freudigkeit, daß keine — wenn nur erlaubte und ehrliche — Sache in der Welt sein müßte, wozu sie ihren lieben, alten, seelenguten Vater nicht hinschmeicheln oder hinbitten wollte. Doch säumen, meinte sie, müsse man nicht mit dem Angriff: denn der Bruder mache schon allerlei bedenkliche Anstalten, die auf eine nahe Abreise zielten; auch sei nur eben der jährliche Abschluß der Handlungsbücher geendigt, und dieser Zeitpunkt müsse dem Sohn zur Trennung vom Vater notwendig der schicklichste dünken. Das Scharfsinnige dieser Bemerkung, die den beiden andern entwischt war, wurde erkannt und gelobt: ihr zufolge ward nun einmütig festgesetzt, daß man gleich den andern Morgen sich frisch an das Werk machen wollte.

VII.

Es war ein Kapital zahlbar, und Herr Stark saß vor einem Tische voll sächsischer, brandenburgischer, hannöverischer und braunschweigischer neuer Zweidrittelstücke. Er zählte, da der Doktor hereintrat, das angefangene Häufchen von funfzehn Stück geschwind zu Ende, und hieß ihn dann mit frohem Herzen willkommen. Seine erste Frage war nach ihm selbst, und gleich die zweite nach den Kleinen.

„Die sitzen zu Hause über den Büchern," sagte der Doktor.

„Bravo! bravo! die fangen früh an; die werden schon vorwärts kommen. — Und ist denn wirklich Trieb da? ist Kopf da?"

„So viel ich jetzt noch beurteilen kann: beides. Ich bin zufrieden mit meinen Kindern."

„Ich auch. Ich auch — Ha, wenn ich die guten Kleinen nicht hätte! Wär' ich nicht da ein armer Mann mit alle dem Bettel?" — indem er die Hand verächtlich gegen den Tisch warf. — „Für wen in der Welt hätt' ich gesammelt? gearbeitet? denn mein Sohn da, der Freigeist — —"

„Eben von dem, bester Vater, möcht ich mit Ihnen reden."

„Sehr gerne. Nun?"

„Nur müssen Sie auch Geduld haben, mich anzuhören."

„Ich habe. — Zeit und Geduld; alles beides."

„Sie sind so eingenommen gegen den Sohn. Sie werfen die Schuld seiner Fehler immer auf ihn allein. — Sollt' es nicht vielleicht einen andern geben, der mit ihm teilte?"

„Einen andern? Der möchte mir schwer zu erraten werden. Der ist —?"

„Ein sonst guter, billiger, vortrefflicher Mann. — Denn um nur eins zu erwähnen, und eben das, was Sie doch am meisten auf ihn verdreußt: Ist's so ganz seine eigne Schuld, wenn er noch ledig blieb?"

„Nun? ist es denn meine?"

„Ein wenig, dächt' ich."

„O ja! Oder wenn's um und um kömmt, wohl ganz. — Freilich, so ein Weib, wie man sie jetzt täglich zu seinem Ärger herumflattern sieht; — ein Weib mit Tausenden, das ihm Tausende durchgebracht hätte, das keinen Ball, keine Redoute versäumt,

Triset und Liebesintriguen gespielt, weder Mann noch Kinder geachtet hätte; kurz, Herr Sohn — so ein Weib, wie sie die neueste Modeerziehung ausbrütet, und womit er am Ende wohl gar — mir wird übel und wehe — zu Schimpf und Spott der ganzen Familie, vors geistliche Gericht hätte laufen müssen: so eins hätt' er wohl gerne gehabt, von Herzen gerne! Und konnt' ich das zugeben? konnt' ich's recht sprechen, daß er mit sichtlichen Augen in sein Verderben rennte? — Wenn ich zu ihm sagte: Sieh, Sohn! da ist ein hübsches, stilles, sittsames Mädchen, braver, ehrlicher Eltern Kind; — das wird zwar nur wenig haben, wird vielleicht nichts haben; aber es ist in Gottesfurcht und in Einfalt erzogen: — nimm's! und es wird dankbar gegen dich sein; es wird dich lieben, wird deine Kinder lieben, wird sie erziehen, daß Gott und Menschen an ihnen Freude haben; wird dir mehr Tausende ersparen, als dir jenes zubringt: konnt' ich da durchdringen? — Stand er da nicht vor mir mit einem Gesichte, mit einer Unterlippe — so hangend! so albern!"

„Sie haben freilich recht — völlig recht —"

„Nur dann!"

„Aber wenn Sie's auch sonst in allem, wenn Sie's in jeder erdenklichen Absicht hätten: — in einer einzigen, weiß ich doch nicht, ob Sie's haben?" — Er sagte dies mit einem sehr bescheidenen, beinahe furchtsamen Tone.

„Die möcht' ich doch näher kennen. Die ist —?"

„Ihre ganze Art, wie Sie sich mit ihm nehmen. Ihr Ton, worin Sie von früh bis in die Nacht mit ihm reden."

„Hm! Aber ich bin nicht unbedeutsam; ich nehme Lehre an. — Wie soll er gestimmt sein, mein Ton?"

„Liebreicher, freundlicher, — väterlicher, wenn ich das sagen darf."

„Und ist er denn rauh? Ist er stürmisch?"

„Wenn er das lieber wäre! — Dann und wann ein wenig Jähzorn, Unfreundlichkeit, Eigenwillen: wer verzeiht das nicht gern einem Vater, und einem so guten Vater?"

„Verzeiht das! Drollicht!"

„Nur dann wieder Güte, Offenheit, Liebe, Vertrauen! Aber Ihr schneidender, Ihr empfindlicher Ton " Hier rückte

1. Triset, Trisett, Tresett, ein Kartenspiel, bei welchem man gewinnt, wenn man drei Sieben hat.

der Alte am Stutz; und der Doktor fand für gut, etwas lindernde Mittel hinzuzusetzen — — „Sie müssen mir das nicht ungütig nehmen; es geziemt mir freilich nicht, so zu reden; ich sag' es nur im Vertrauen auf Ihre Nachsicht — — Ihre ewig fortgesetzten Spöttereien und Anspielungen, die, gleich kleinen Schlägen, jeder an sich nur sanft sind, aber, zu schnell hinter einander und immer denselben Fleck treffend, zuletzt unerträglich werden; — kurz, Ihr Necken, Ihre witzigen Ausfälle — —"

„Genug!" sagte der Alte, „genug! Dagegen läßt sich nichts aufbringen. Sie haben recht."

„Und dürft' ich denn also hoffen —?"

„Was? — was?" — indem er ihn mit ein Paar großen und stieren Augen ansah, die den Doktor ganz irre machten, „daß ich in meinen Jahren mich ändern; daß ein alter, verwachsener, knotiger Stamm sich nun noch biegen und ziehen sollte? — Das ist unmöglich, Herr Doktor, unmöglich!"

Nun ward der Doktor, der es so gut gemeint hatte, auch an seiner Seite verdrießlich. — „Sie verfallen schon wieder in Ihren Ton." —

‚Schon wieder? Und das mit Ihnen, mit dem ich doch sonst eben nicht witzle?" — Er sagte das Wörtchen witzeln mit einem ganz eigenen Nachdruck. — „Nun, Sie sehen dann wohl selbst, es ist unmöglich, unmöglich! — Gleichwohl — habe ich Mitleiden mit meinem Sohn; und ich komme da eben auf einen Gedanken — auf einen, glaub' ich, guten Gedanken — den aber nur Sie würden ausführen können."

„Nur ich?" —

„Sie haben mir soeben Ihre große Gabe dazu bewiesen."

„Wie versteh' ich das? Welche Gabe?"

„Je, die glückliche Gabe, Fehler zu sehen und zu sagen. Wie, wenn Sie nun gingen, und meinem Sohn auch die seinigen sagten? — denn daß er ihrer hat, dafür steh' ich. Recht derbe Fehler! — Wenn Sie zu ihm sprächen: 'Sie müssen mir das nicht ungütig nehmen; es geziemt mir freilich nicht, so zu reden; ich sag' es nur im Vertrauen auf Ihre Nachsicht' — oder wie Sie es sonst herumbringen; wie Sie sonst Ihre Pille versilbern wollten; — Sie werden ja das wissen, Herr Doktor." —

„Gut! gut!" sagte dieser, und biß voll Unmuts die Lippen.

„Kurz, wenn Sie sprächen: 'Die bewußte Unterredung mit

unsern Alten hab' ich gehabt. Es ist doch ein wunderlicher, eigenwilliger, hartnäckiger, alter Mann. Steif ist sein Rücken, und steif ist sein Kopf. Beide würden eher brechen, als biegen. — Wie, wenn lieber Sie, der jüngere Mann, die Fehler ablegten, die den grämlichen Alten auf Sie verdrießen? Wenn Sie, zum Beispiel, ein gesetzterer Mensch, ein sparsamerer Wirt, ein aufmerksamerer Kaufmann würden? Ich stünde Ihnen dann mit meiner Ehre dafür' — und hier meine Hand, daß Sie Ihr Wort nicht bereuen sollten! — 'ich stünd' Ihnen mit meiner Ehre dafür, der Alte sollte uns anders werden; er sollte seinen Sohn lieber haben, als seinen Witz; er sollte keine größere Sorge auf dem Herzen tragen, als wie er den einzigen Erben seines Hauses und seines Namens glücklich machte.'" — Hier drehte sich Herr Stark wieder gegen den Tisch, und griff nach den Beuteln. — „Denken Sie der Sache gelegentlich nach! Es ist ein Vorschlag zur Güte."

„Ich sehe wohl," sagte der Doktor, der seinen Verdruß kaum mehr bergen konnte — „es ist nichts mit Ihnen zu machen."

„Finden Sie das? — Das hat schon mancher gefunden. Das ist fast immer so mit Leuten, die nach Grundsätzen handeln."

„Und so muß ich's Ihnen denn nur gerade heraussagen. Sie werden erschrecken; aber — — Ihr Sohn — —"

„Mein Sohn?"

„Er will von Ihnen — will fort!"

Dem Alten war jetzt eben ein Zweidrittelstück in die Hände gefallen, das ihm nicht so recht echt schien. Er besah es von vorn und von hinten, warf es auf den Tisch, um den Klang zu hören, und musterte es endlich aus. — „Dreizehn, vierzehn, fünfzehn. — Will von mir? Wohin?"

„So gelassen dabei? — Aber Sie denken vielleicht, es sei nur Vorwand, nur Kunstgriff. — Ich schwör' es Ihnen dann auf Ehre: er will fort, will nach Br . . ., auf Nimmerwiedersehen."

„Will er? — Hahahaha!"

„Sie lachen?"

„Über etwas sehr Lächerliches."

„Nun, beim Himmel! So finde ich's nicht."

„Aber ich! — Lieber, lieber Herr Sohn! So etwas für Ernst zu nehmen!"

„Und wofür sonst?"

„Für nichtigen, leidigen, elenden Trotz.“

„Ich fürchte, Sie werden bald anders denken. — Ja, wenn es das erste Mal wäre, daß er den Einfall hätte! Aber er hatt' ihn schon öfter. — Und so leicht es mir anfangs ward, ihn zurückzuhalten, so schwer ward mir's nachher.“

„Natürlich! Weil Sie sich gleich anfangs zu viele Mühe gaben.“

„Er geht aber. Denken Sie an mich, lieber Vater! Er geht! — Und nun — was wird die Welt davon urteilen? Ihr Sohn ist für keinen üblen Mann bekannt, und Sie selbst werden ihn so nicht bekannt machen wollen. — Ihre Handlung werden Sie fremden Händen anvertrauen müssen. Sie sind zu alt und mit andern Geschäften zu überhäuft, um diese Hände genug zu beobachten. — Ihre Frau wird ihren einzigen Sohn — denken Sie selbst, wie ungern! verlieren; wir alle —“

„Ach, Thorheit! Thorheit!“ sagte der Alte, und zählte fort.

„Wenn Sie's so ansehen — —“

„Wie anders?“

„Ich habe dann das meinige gethan, und muß schweigen.“

„Lieber, lieber Herr Sohn!“ — und er drehte sich zu einem ernsthaften Gespräch herum, mit beiseite gelegter Brille. — „Ihre Gründe sind gut, sind vortrefflich; aber für wen? Für meinen Sohn, oder für mich? — Wenn ihn die Welt als keinen üblen Mann kennt, so hoff' ich sagen zu dürfen: mich kennt sie als einen guten. Auf wen wird also der meiste Vorwurf, der meiste Tadel fallen? — Wenn die Handlung zu Grunde geht; wer ist's, der den Schaden trägt? der verliert? Ich, der Greis, der sein Gutes genossen hat und nun auf die Grube geht? oder er, der Jüngling, der erst genießen soll, und — so gerne genießen mag?“ — Mit dieser einzigen, ihm ganz zufällig entfahrenen Spötterei war der Alte auf einmal wieder in voller Laune. — „Was? was?“ fuhr er mit einer Art von komischem Unwillen fort: „ein Mensch, der nicht das Herz hat, bei einer Frau zu schlafen, der hätte Herz, daß er davonginge? daß er sich auf seine eigene Hand setzte? daß er hier alles im Stiche ließe? — Ach, Thorheit! Thorheit!“

VIII.

Madam Stark, die schon einige Zeit auf ihrem Posten gestanden hatte, glaubte jetzt eine unglückliche Wendung des Gesprächs zu bemerken, und kam herein. Das Mutterherz war ihr übergetreten, und sie hielt das Tuch vor die Augen.

„Bist du da, lieber Vater?"

„Auch die?" sagte der Alte in sich, und sah nun im Geist, mit voller Überzeugung, auch schon die Tochter kommen. — „Ja, wie du siehst, liebe Mutter." — Er stand auf, und ging ihr freundlich entgegen.

Diese Freundlichkeit beunruhigte Madam Stark; sie hätte, nach dem Antrage des Doktors, ihn weit lieber mürrisch und verdrießlich gefunden. — „O ich sehe schon," sagte sie, „ich werde wieder einmal vergeblich bitten."

„Warum? Weil ich freundlich bin, meinst du? — Ich fürcht' es beinahe auch, weil du weinst. — So ein vierzig Jahre mit einander leben, macht doch sehr mit einander bekannt. — Wenn du dein Recht fühlst, weiß ich, da kömmst du so zuversichtlich, so freudig, und ich bleibe dann in meiner gleichmütigen Ruhe; aber wenn du dein Unrecht fühlst, da beweinst du den schlechten Erfolg, den du voraussiehst, und ich bin dann fein freundlich, um dich zu trösten. — Nur gleich die Probe zu machen: Was giebt's?"

„Dein Sohn will von dir" — fuhr sie mit großer Wehmut heraus.

„Wenn er will; — — du weißt, er ist kein Jüngling mehr; er ist ein Mann."

„Freilich! Freilich! Und eben darum — —"

„Richtig! — Eben darum muß er wissen, was er zu thun hat." —

„Aber ihn verlieren zu sollen!" —

„Das ist nicht anders. Söhne gehen in die Welt."

„Wenn du nur mit ihm reden, nur ein einziges Mal mit ihm freundlich sein, ihm dein Wort geben wolltest — —"

„Wie? — wie? — Nun da sieh einmal, Mutter! Sieh, wie recht du hast, daß du weinst! — Ich mein Wort geben? ihm? Und worüber? — Der junge Mensch, seh' ich, wird mir fein aufsätzig, fein trotzig; es verdreußt ihn, einen so wachsamen

Beobachter, einen so beschwerlichen Erinnrer zu haben; er möchte gar zu gern den Mund gestopft wissen, aus dem er so unangenehme Wahrheiten hört; er macht da Plänchen, mich in Furcht zu setzen, in Respekt zu erhalten; er möchte mir — wie heißt doch die Redensart? — er möchte mir Brillen verkaufen. Eben jetzt hat er da eine fertig, wovon er glaubt, daß sie mir unvergleichlich stehen müßte; und da kömmst du nun, und bittest mit heißen Thränen, daß ich die Nase hinhalten soll, um sie mir aufsetzen zu lassen. — Sage, ist das recht, Mutter? Ist das vernünftig?"

„Sie hören!" sagte die Alte, und streckte die Hand mit dem Tuche gegen den Doktor. — „So hat er es immer mit mir getrieben! Das gelt' ich bei ihm! Das bin ich ihm wert! — So hab' ich mich von jeher müssen verächtlich machen und mißhandeln lassen."

Herr Stark bat, daß sie schweigen möchte, denn das Jammern sei ihm in der Seele zuwider, und Unvernunft hör' er nicht gerne; aber er bat umsonst, und er hätte selbst können schweigen. Endlich besann er sich, daß er ja auf dem einen Ohre taub sei, und daß er über das andere nur den Stutz ziehen dürfe; was er denn unverzüglich that, und sich gemächlich wieder an seine Arbeit setzte.

IX.

„Wo sind sie denn?" rief die Doktorin, indem sie den Kopf zwischen die Thürflügel steckte. — „Ei sieh! Alle hier bei dem Vater? — Guten Morgen! guten Morgen!"

„Schon so frühe?" sagte der Alte. „Vor Tische?"

„Ich hatte einzukaufen, mußte vorbei. Husch flog ich herein, um meinem Väterchen einen guten Morgen zu sagen. Denn ich weiß, er sieht mich so gerne. Nicht wahr?"

„Als ob das noch Fragens brauchte!"

„Wenn ich nicht so ganz zufällig käme, so hätte mich eins von den Kleinen begleitet; das, was am artigsten oder am

5. Brillen verkaufen, täuschen.

fleißigsten gewesen wäre. — Ich küsse Ihnen in aller Namen die Hand."

„Danke. Danke." — Er sah sie bedenklich, aber nicht ungütig an. — „Du thust ja heut außerordentlich freundlich?"

„Ich thäte nur so? Ich bin's."

„Und hast hier noch niemand gesehen? — Deinen Mann nicht?"

„Den wohl. Am Theetisch."

„Deine Mutter noch nicht?" — Sie log mit einem Kopfschütteln, um nicht mit einem ausdrücklichen Nein zu lügen. — „Dann ist's aber nicht artig, ihr nicht die Hand zu küssen."

„Ach verzeihen Sie!" sagte die Tochter, und küßte ihr, seitwärts lachend, die Hand.

„Deinen Bruder wohl noch viel weniger?" —

„Gesehen; aber kein Wörtchen mit ihm gesprochen. Er lief mir da mit einem Gesichte vorbei, mit einem Gesichte! — Hui, dacht' ich, was kümmern mich deine Gesichter? Lauf' immer! — Aus meinem guten Humor bringt mich kein Mensch. Denn Sie wissen wohl: ich bin ganz Ihre Tochter."

„Bist du?" sagte der Alte, und lachte mit innigem Wohlbehagen.

„Immer munter, immer fröhlich und guter Dinge. Wer's nicht mit mir ist, mag seine Launen für sich behalten. Oder wenn ich mich ja mit ihm abgebe, so geschieht es nur, um ihn auszulachen. Da, der Herr" — indem sie mit dem Finger auf den Doktor wies — „hat die Erfahrung."

„Närrisches Weib!" sagte dieser. „Hab' ich denn Launen?"

„O, du hast! hast! du bist Mann. — Aber doch wirklich, mein lieber Vater; nahe geht's mir, daß ich den Bruder immer so unlustig sehe. Ich wollte von ganzem Herzen, er wäre glücklich. — Ich meinerseits, wenn ich dazu helfen könnte — ich thäte alles."

„Doch? Thätest du alles? — Jaja!" — Er war aufgestanden und packte die Beutel zusammen.

„Wollen Sie denn fort, lieber Vater?"

„Ich bin fertig." —

„Aber Sie könnten doch noch immer ein wenig bleiben."

„Wozu?" — Er gab ihr einen scharfen, bedeutenden Seitenblick, und drohte ihr mit dem Finger. — „Weib! Weib! du hast mit deinem Mann gesprochen, hast mit deiner Mutter gesprochen, hast mit deinem Bruder gesprochen."

„Sie meinen: heut? hier im Hause? — Nein wahrlich! Mit Mann und mit Bruder kein Wort.“

„Also doch mit der Mutter!“

„Nun? Wäre denn das nicht recht?“

„Gar sehr. — Aber da kömmst du nun mit eben der Bitte, wie sie; nur anders eingekleidet, versteht sich. Was sie tragisch gesagt hat, das willst du komisch sagen. — — Geh! geh! Mit denen da ward ich fertig; aber mit dir — —“

„Da getrauen Sie sich nicht?“

„Aus Ursache. — Denn sieh', wenn du bittest, da bitten gleich alle deine Kinderchen mit; und das möchte mir denn zu viel werden. — Geh!“

„O, nun — nun kommen Sie mir gewiß nicht von dannen. Oder wenn Sie gehen, lauf' ich nach. — Gutes, liebes, bestes Väterchen — —“

„Schmeichlerin!“

„Schmeichlerin? — Das bin ich nur dann, wenn Sie sich nicht erbitten lassen.“

„Nun, was willst du? Nimm alles!“ — Er hielt ihr beide Geldbeutel hin.

„Nicht doch! Geben sollen Sie nichts. Keinen Heller.“

„Aber eine Thorheit begehen, für die ich hinterdrein, um sie nicht begangen zu haben, das Zwiefache, Dreifache gäbe.“

„Thorheit, sagen Sie? Lieber Gott! — als ob's Thorheit wäre, einmal recht gütig, recht liebreich zu sein! — Sie sind das gegen mich; sind's so sehr: seien Sie es um meinetwillen auch gegen den Bruder! — Um meinetwillen! Denn Sie helfen mir da von der unangenehmsten Empfindung, die ich nur kenne. — Er beneidet mich — ich habe das mehrmalen bemerkt; — er hat allerhand kleinen Argwohn, daß ich Ihrer wohlthätigen Zärtlichkeit mißbrauche: und fast — wenn man bloß nach dem Scheine geht — hat er Ursache dazu. Denn sagt er nicht ebenso gut Vater, als ich, und genießt doch so viel weniger Liebe?“

„Er von der Mutter, und du vom Vater. So ist's in der Ordnung.“

„Nein, ich bitte; bitte, so sehr ich kann: Machen Sie, daß er bleibt! daß er nicht fortgeht!“

„Kann ich ihn halten?“

„Mit einem einzigen guten Worte.“

„Hm! — Das, meinst du, soll der Vater dem Kinde geben?"

„Gut heißt freundlich, nicht bittend! — Wahrlich, er hat Gefühl, er ist dankbar. Er wartet nur auf die erste Eröffnung des väterlichen Herzens, und Sie haben den besten Sohn von der Welt. — Wenn er nun glauben müßte, daß ich seine Entfernung zu seinem Schaden nutzte? daß ich Ihnen für mich und meine Kleinen abschmeichelte, worauf wir zwar alle kein Recht haben, was aber doch ihm ebenso gut zukommen würde, als mir? — Sie wissen, daß das nicht ist, und daß ich dazu ganz unfähig bin; aber er würd' es doch glauben: er würd' es ganz sicher glauben; und meine Empfindung dabei — —" Sie hatte Thränen im Auge.

Diese Beweise von Zartgefühl, Schwesterliebe und Uneigennützigkeit, deren Wahrheit außer Verdacht war, freuten den Alten innigst, und er sah sie mit großer Zärtlichkeit an. Er glaubte, nicht bloß sein Fleisch und sein Blut, sondern auch sein Herz und seine Seele in ihr zu finden.

„Liebes, gutes, bestes Väterchen," fuhr sie fort, und nahm alles zusammen, was sie im Tone Süßes und in der Miene Liebkosendes hatte — „alle meine Kinderchen bitten mit. Könnten Sie's abschlagen?"

„Je nun," sagte der Alte, und fuhr sich mit den Fingern ein paarmal über die grauen, etwas naß gewordenen Augenwimper — „d'ran werd' ich schon müssen. Ich will mit ihm reden."

„Gewiß? gewiß?"

„Ja doch! — So freundlich, wie noch jemal in meinem Leben."

„Und bald?"

„So bald sich's thun läßt. In diesen Tagen."

„Ein Mann, ein Wort? Schlagen wir ein?"

„Da! — so freundlich, wie noch jemal in meinem Leben."

„Sie lächeln aber so in sich. Worüber?"

„Ach — über mich selbst. — Laß das gut sein!" — Er hatte schon ungefähr die Art, wie er sich nehmen müßte, im Kopfe, und lächelte fort bis zur Thüre.

„Armer Mann!" sagte er noch im Vorbeigehen zum Doktor: „Sie sind gewaltig betrogen. Sie forderten von mir eine Frau, und ich habe Ihnen eine Schlange gegeben."

X.

„Nun?“ triumphierte die Doktorin, als der Vater hinaus war: „hatt' ich nicht recht, liebe Mutter? War's des Schreckens und des Aufhebens wert? — So ein kleiner Zwist in einer Familie gemahnt mich, wie ein Feuer in einer Brandmauer. Das brennt schon aus, ohne Lärmschlagen.“

„Und du glaubst dich am Ende?“ sagte der Doktor.

„Völlig. Völlig. Der Vater hält Wort.“

„Er müßte erst mehr versprochen haben. — Aber gesetzt auch, daß du zu deinem Zweck kömmst, und daß der Bruder für diesmal bleibt — —“

„Für diesmal? Warum denn nicht immer?“

„Wird er von seinen Schwachheiten lassen? Wird der Vater von seinem Eigensinn lassen?“

„Niemal! niemal!“ seufzte die Mutter.

„Schwerlich!“ stimmte die Tochter mit ein.

„Und also! Was sind wir weiter gekommen? — Wir wollten die inneren Ursachen der Uneinigkeit heben, wollten die Quellen des Übels verstopfen; und da uns nun das nicht gelang — da stellen wir uns hin, und pinseln und pflastern an einem Geschwürchen, das, wenn wir es heute heilen, morgen wieder aufbrechen wird. — Das ist falsche Heilart,“ fuhr er mit Kopfschütteln fort, „wovon ich beizeiten zurücktrete, und sie dir allein überlasse.“

„Klug! klug und gelehrt!“ sagte die Frau. — „Aber auch Pfuscherarbeit wird manchmal gute Arbeit. Laß mich nur machen!“

„Wie aber, wenn du ein Meisterstück machen könntest?“

„Ein Meisterstück? — Nun?“

Er ging mit einem Blick voll Mißmuts umher, und rieb sich die Stirn. — „Ach, es ist nicht zu machen. Es ist ein frommer Wunsch, weiter nichts. — Heiraten, heiraten müßte der Bruder. Ein kluges, sittsames, zärtliches Weib müßt' er nehmen.“

„So eins, wie du hast. Nicht wahr?“ — Sie sah ihm freundlich lächelnd unter die Augen.

„Nun ja! Und wenn auch nur so eins — —“

„Boshafter!“ —

Er bot ihr liebreich die Hand, und zog sie in seine Arme. — „So ein Weib würd' ihn zu Hause bei seinen Geschäften halten: denn zu Hause wäre ja sie; es würd' ihm alle die Vergnügungen, denen er jetzt nachläuft, verleiden: denn bei ihr fänd' er ja bessere; es würd' ihn von den kleinen Thorheiten des Putzes und der Modesucht abziehen: denn man putzt sich ja nicht für die Seinigen, nur für die Welt."

Er fand den größten Beifall mit dieser Rede. Die Frau liebkosete ihn, und die Schwiegermutter erteilte ihm Lobsprüche.

„Alle Quellen des Mißvergnügens wären dann auf einmal verstopft. Der Vater und wir alle wären zufrieden. — Ja, wenn es möglich wäre," fuhr er mit einer Art von Begeisterung fort, indem er lebhafter umherging — „wenn es möglich wäre, daß er die Witwe — die gute Witwe — —"

Hier flogen beide Frauenzimmer zu ihm hinan, und brachten ihm ihre Gesichter so nahe, daß er erschrak und zurücktrat. — „Was ist denn? Was hab' ich gesagt?" fing er an.

„Die Witwe!" riefen sie beide aus einem Munde. — „Sprachen Sie nicht von einer Witwe, Herr Sohn? — Erwähntest du nicht einer Witwe, mein Bester? — —"

Der Doktor war unzufrieden, daß er sich mit seinem Geheimnis so bloß gegeben, und versuchte sein möglichstes, um es noch festzuhalten. Er war durchaus nicht zu bewegen, daß er es im ganzen hätte herausgeben sollen. Indessen riß, durch das ewige Fragen, bald die Frau, und bald die Schwiegermutter ein Stück davon ab; und so bekamen sie denn endlich so viel davon in die Hände, daß er nicht absah, warum er den unbedeutenden Rest nicht noch freiwillig dazu geben sollte. Überdies hatte man ihm das heiligste Stillschweigen gelobt, und Mutter und Tochter hatten einander selbst recht inständigst darum gebeten. —

Jetzt, da die Frauenzimmer ihr Geheimnis zu besichtigen anfingen, fand sich, daß sie sehr wenig daran erbeutet hatten. — Die Witwe hatte Kinder — war ohne Vermögen — war nicht mehr jung: — ihr vier- oder fünfundzwanzigstes Jahr mochte sie immer schon zurückgelegt haben; — der Liebhaber schien noch gar nicht entschieden; — der Vater hatte Vorurteile gegen die Frau; — ihn von Vorurteilen zurückzubringen, war immer sehr schwer, fast unmöglich: alle diese Umstände ließen von der Liebe des Sohns, wie aufrichtig und zärtlich sie übrigens sein mochte, keine Heirat, und noch weniger von so einer Heirat eine feste Grundlage für die Ruhe und Zufriedenheit der Familie hoffen. Man war also wieder in gleicher Verlegenheit, als zuvor.

Indessen tröstete sich die Doktorin mit dem Gemeinspruche: daß der Mensch nicht zu weit vorausdenken, und wenn nur seine nächste Aussicht nicht trübe und gewitterhaft sei, sich beruhigen müsse. Voller Friede, meinte sie, sei wohl freilich das beste; aber auch Waffenstillstand — und diesen wenigstens glaubte sie für die Familie bewirkt zu haben — sei schon nicht zu verachten.

XI.

Abends bei Tisch erlitt der Mut der Frau Doktorin, durch einen einzigen Blick des Alten, einen gar unsanften Stoß. Es war Donnerstag, wo, nach der Regel, das ganze Herbstsche Haus, bis auf das kleinste Enkelchen herunter, bei dem Alten versammelt, und dieser dann gemeiniglich sehr vergnügt und beredt war. Eins der ersten Gespräche pflegte von denjenigen Kranken des Doktors zu sein, die der Alte, wenn auch nur von Ansehen, kannte, und an denen er, teils dieser Bekanntschaft wegen, teils weil sie Kunden seines Schwiegersohns waren, viel teilnahm.

Diesmal fragte er besonders nach einem gewissen Herrn Heil, einem Manne von mittlern Jahren, der eine starke Familie hatte.

„Ach, der!“ sagte der Doktor: „der ist schon völlig außer Gefahr.“

„Doch? Das ist mir eine sehr liebe Nachricht! — Der Mann hat viel Unglück gehabt, und es kann nur sehr wenig Vermögen da sein: was wär' aus den vielen lieben Kindern geworden? — Es ist übrigens ein so rechtlicher, ein so stattlicher Mann: er hat mir Tag und Nacht in Gedanken gelegen. — Aber — wenn ich nicht irre, so sagten Sie ja nur noch vorgestern: er sei der schlimmste von Ihren Kranken; es sei Ihnen ganz bange um ihn?“

„Da stand's auch mit ihm soso. Er lag da eben in einer Krisis.“

„Was heißt das? — Krisis! — Das Wort, däucht mir, hab' ich schon öfter gehört.“

„Das Wort ist griechisch, mein lieber Vater.“

„Ei meinetwegen arabisch! Ich möchte den Sinn davon wissen. — Ihr Herren nennt immer alles mit fremden Namen; wozu das? — Eine deutsche Krankheit wird doch keine griechischen Zufälle haben?"

„Aber Zufälle, die sich zu deutsch nicht so kurz wollen sagen lassen. — Krisis nennt man bei hitzigen Fiebern die letzte, stärkste Anstrengung der Natur, der Krankheit durch irgend eine hinreichende Ausleerung gekochter Krankheitsmaterie ein Ende zu machen."

„Gekochter Krankheitsmaterie!" wiederholte der Alte langsam, und wiegte mit dem Kopf vor sich hin. „Das ist nun deutsch: in der That!"

„Deutsch, wie Griechisch. Nicht wahr?"

„Beinahe." —

„Ich will mich näher erklären. Gekocht nennen wir eine Krankheitsmaterie, wenn sie sich von den gesunden Säften, denen sie beigemischt war, schon so abgesondert hat, daß der Körper sich ihrer entschütten, oder wo nicht völlig entschütten, sie doch nach außen hin absetzen kann. — Hat die Natur zu dieser Wirkung noch Kraft, so genest der Kranke; hat sie keine, so stirbt er. — So lange nun dieses glückliche oder unglückliche Bestreben der Natur fortdauert, sagt man von einem Kranken: er sei in der Krisis."

„Ja nun — nun wird's helle, Herr Sohn; nun versteh' ich. — Und so kann man denn auch in einer Krisis, wo es sich mit der Krankheit bessert, so herzlich krank sein?"

„Nicht anders. — Während der ganzen Zeit, da die Materie gekocht, und dadurch die Krisis vorbereitet wird — Sie verstehen mich nun schon — —"

„Vollkommen."

„Während dieser ganzen Zeit ist die Krankheit im Wachsen, im Zunehmen; und kurz vor der Krisis, oder vor dem glücklichen Auswurf der Unreinigkeiten, pflegen heftige, drohende Bewegungen zu entstehen, die das Übel auf seinen höchsten Grad treiben, und die man füglich einen kritischen Tumult nennen kann."

„Bewahre Gott!" rief der Alte, der einst einen Tumult erlebt hatte, und vor dem Worte erschrack.

„Nicht doch! — Helfe Gott! muß man sprechen."

„Was? Helfe Gott! zu einem Tumulte? — Doch freilich; wenn's mit dem Bewahren zu spät ist, da hat man schon recht, daß man um's Helfen bittet. — Und die Hülfe kömmt denn wohl durch den Doktor; nicht wahr?"

„Der kann dabei wenig, sehr wenig. Das meiste und das beste muß die Natur thun."

„So! — Aber der Doktor nimmt doch sein Geld; und da, dächt' ich, wär's denn auch Pflicht, daß er zur Hand wäre, und mit allem, was er von Pulvern und Mixturen nur auftreiben könnte, wacker in den Tumult hineinwürfe, um desto eher Frieden zu stiften."

Die Anwesenden lachten — bis auf den Sohn, der in Gedanken vertieft saß — und am meisten lachte der Doktor. — „Sie wären mir ein trefflicher Arzt, lieber Vater! Wissen Sie, daß Sie durch Ihre zu große Thätigkeit die Krisis stören und dadurch den Kranken ins Grab bringen könnten?"

„Ei, wie so? Das möcht' ich doch ungern. Der arme Heil!"

„Eine gestörte Krisis zieht immer entweder schleunigen Tod, oder doch gefährliche, in der Folge tödliche Versetzungen nach sich, die wir abermals mit einem griechischen Worte Metastasen nennen."

„Genug! genug!" sagte der Alte; „kein Griechisch weiter. — Ich merke wohl, Ihr Herren macht's Euch bequem, deckt Euren Kranken fein warm zu, und gebt mit untergeschlagenen Armen Achtung, wo die Natur hinaus will."

„Viel besser ist's wirklich nicht. Ich gesteh' es Ihnen."

„Je nun. — Wenn's so am sichersten oder am heilsamsten ist, ist's am besten." — Er saß hier einen Augenblick nachdenkend, und spielte mit seinem Teller. — „Lieb ist mir's denn doch, daß ich bei der Gelegenheit dahinter gekommen, wie ein kritischer Tumult muß behandelt werden. Ich hätte da einen erzeinfältigen Streich können machen."

„Wie so?" fragte der Doktor.

„Ich hätte mich können verführen lassen, mitten in einer Krisis die Kur zu versuchen."

„Sie?" fragte der Doktor noch einmal.

Der Alte schwieg; aber ein bedeutender, lächelnder Blick, den er nicht sowohl auf den Sohn, als nach der Seite hin warf, wo dieser saß, ließ den drei Verbündeten keinen Zweifel, daß er mit seinen Reden auf den Zustand des Sohnes ziele: nur, wie er ihn in diesem Zustande zu behandeln denke, das blieb ein Rätsel. Nach Tische riet man und riet; aber mit allem Raten ward die Neugier mehr gespannt als befriedigt. Endlich that die Doktorin, die gewissermaßen das Orakel der Familie war, und die seit dem

Siege von diesem Morgen noch an Ansehen gewonnen hatte, den wirklich nicht üblen Vorschlag, daß man sich für jetzt den Kopf nicht weiter zerbrechen, sondern die eigene Erklärung, die der Vater durch sein Betragen geben würde, ruhig abwarten sollte: ein Vorschlag, den Mutter und Mana höchlich billigten; denn daß diese Erklärung völlig befriedigend und völlig zuverlässig sein müßte, sprang in die Augen.

XII.

Herr Stark, der Sohn, war mit seinen Anstalten zur Abreise bis aufs Einpacken fertig; er war nur noch unschlüssig, wie er Abschied nehmen solle. Heimlich sich aus dem väterlichen Hause wegzuschleichen, in welchem er kein anderes Andenken, als an geleistete gute Dienste, zurückzulassen sich bewußt war, fiel ihm nicht ein; auch legte ihm sein Herz die Verbindlichkeit auf, eh' er ginge, seinem Vater für die erhaltenen vielen Liebesbeweise so ehrerbietig als zärtlich zu danken. Er hatte sich eine Art von Anrede ausgedacht, die dem Alten gleich sehr die Festigkeit und Unabänderlichkeit seines Entschlusses, als die rechtschaffenen, kindlichen Gesinnungen eines Sohnes beweisen sollte, den er so hartherzig aus seinem Hause stieße. Die Ausdrücke, womit er besonders den letzten Zweck zu erreichen hoffte, waren die gewähltesten, die er hatte finden können; und beim Zusammensetzen derselben war ihm eine Menge Thränen entflossen, die insofern wahre Freudenthränen waren, als sie ihm für unverkennbare Beweise des vortrefflichsten Herzens galten. Indessen ward, schon bei dieser Vorbereitung, dem jungen Manne immer bänger und ängstlicher, je lebhafter in seiner Einbildung die Züge des ehrwürdigen väterlichen Gesichts hervortraten; und als er sich endlich zusammennahm, um wirklich sein Wort an den Mann zu bringen, so geriet dies so äußerst übel, daß der Alte keinen geringen Schreck davon hatte.

Die ersten Worte der Anrede: „Mein lieber" — kamen so ziemlich heraus, und ein Mann von etwas schärferem Gehör, als Herr Stark, möchte sie haben verstehen können; dann aber geriet der Redner plötzlich in so ein Stottern, Zittern und Erblassen, daß der Alte, der von den Ursachen dieser Erscheinung keinen Verdacht hatte, mit großer Beängstigung auffuhr, dem Sohne kräftigst unter die Arme griff, und durch sein Rufen um Hülfe das ganze Haus auf die Beine brachte. Das eigene Zittern, das bei dieser Gelegenheit den Alten befiel, die Eile und Sorgsalt, womit er selbst einige dienliche Arzeneien, mit allem, was zum Einnehmen nötig war, herbeischaffte, und die unablässigen liebreichen Fragen: wie dem Sohne jetzt sei? und wie der Zufall ihn angewandelt? machten es diesem, der nicht wenig dadurch gerührt ward, unmöglich, von dem eigentlichen Grunde der Sache nur Ein Wort zu erwähnen. Lieber bestätigte er den Alten in der Voraussetzung, daß eine Lieblingsspeise, wovon des Mittags zu reichlich genossen worden, an dem ganzen, übrigens unbedeutenden, Zufalle schuld sei, und ließ sich eine lange, nachdrückliche Ermahnungsrede gefallen, deren Inhalt das Lob der Mäßigkeit war.

Da er wohl sah, daß es mit dem mündlichen Vortrage durchaus nicht gehen würde, so entschloß er sich nun zu schreiben, und eh' er in den Wagen stiege, den Brief an Monsieur Schlicht, einen alten invaliden Handlungsdiener, zu geben; der, nach geschwächtem Gesicht und Gedächtnis, in dem Hause des Herrn Stark eine Art von Haushofmeister vorstellte, sich zu allerhand kleinen Geschäften willigst gebrauchen ließ, und, trotz seines wunderlichen Wesens, das Vertrauen der Eltern, aber noch mehr der Kinder, in hohem Grade besaß. —

Ein anderer peinlicher Abschied, den Herr Stark unmöglich anders als persönlich nehmen konnte, weil ein schriftlicher, nach dem bisherigen engen Verhältnis, allzukalt würde geschienen haben, war der von der Witwe.

Die gute Frau befand sich eben in einer sehr beunruhigenden Lage. Ein harter, ungestümer Gläubiger, der an das Lyksche Haus eine zwar nur unbeträchtliche Forderung hatte, bestand durchaus auf Befriedigung; aber die Kasse hatte schon zu ansehnliche Zahlungen geleistet, um auch noch diese leisten zu können. Die Witwe wußte, daß, wenn alle außenstehenden sichern Schulden eingegangen und dadurch die fremden Forderungen völlig getilgt wären, ihr nur wenig zu ihrem eigenen und ihrer Kinder Fortkommen übrig bliebe; sie wußte, daß auch dieses Wenige unausbleiblich verloren gehen, und zu dem Elende der Armut noch die Schande eines öffentlichen Bruchs hinzukommen würde, wenn das Beispiel von nur einem Gläubiger alle übrigen ermunterte, ohne Zeitverlust auf sie einzubrechen. Der natürlichste Weg, aus dieser Verlegenheit herauszukommen, war der, sich an ihren so dienstfertigen und zu Diensten dieser Art durch sein Ehrenwort sogar verpflichteten Freund zu wenden; auch konnt' es kein Hindernis für sie sein, daß die Entdeckung ihrer Not in der That nur eine versteckte Bitte um thätigen Beistand war: denn niemand wußte so gut als Herr Stark, daß bei den Vorschüssen, die er ihr etwa machen könne, nichts zu verlieren stehe. Sie setzte sich also nieder, ihn um seinen freundschaftlichen Rat zu ersuchen; allein sie brachte kein Wort aufs Papier: ein noch nie gefühlter, unüberwindlicher Widerwille zwang sie, von ihrem Schreibtische wieder aufzustehen. So ging es ein, so ging es mehrere Male.

Endlich fiel natürlicherweise die Aufmerksamkeit der Witwe von ihrer äußern auf ihre innere Lage; sie befragte sich selbst wegen der Ursache eines Widerwillens, den wenigstens ihr Freund durch sein Betragen nicht verschuldet haben konnte, da er immer die Güte und die Gefälligkeit selbst gewesen. Sollte sie die Schuld etwa bloß in ihrer Bescheidenheit, in dem Gefühle suchen, daß es empfangene Freundschaftsdienste sehr schlecht erkennen heiße, wenn man so leichtsinnig bereit sei, immer neue zu fordern? Ihr inneres besseres Bewußtsein überzeugte sie, nicht zwar von der Falschheit, aber doch von der Unzulänglichkeit dieser Erklärung. Sie ward endlich zu einem Geständnis genötigt, welches ihr, so einsam sie war, vor Scham das Blut in die Wangen jagte; zu dem leisen, unwillkommenen Geständnis: daß sie ihren Freund mit etwas zärtlicheren, als bloß freundschaftlichen Augen betrachte, und daß sie nur darum, weil sie ihn liebe, ihm so ungern in ihrer Blöße erscheine. Ihre nach Entschuldigung umherspähende Selbstliebe fand indes den Grund dieser Leidenschaft — die sie zwar aufs äußerste bekämpfen zu müssen einsah — nicht allein verzeihlich, sondern selbst lobenswürdig: dankbare Empfindungen, und mehr noch für die ihren kleinen Waisen erwiesene Liebe und Achtung, als für alle ihr selbst erzeigte große, nie zu vergeltende Gefälligkeiten, hatten ein Herz verstrickt, das sich noch immer jeder guten und edlen Empfindung ohne Rückhalt hingegeben hatte.

Diese nur eben geendigte Selbstprüfung gab der Miene der Witwe, als Herr Stark hereintrat, eine Schamhaftigkeit und Verlegenheit, ihrem Tone eine Sanftheit und Weichheit, wodurch sie einem Manne, der ihr ohnehin schon so sehr ergeben war, äußerst reizend erscheinen mußte. Er forschte nach der Ursache ihres kränklichen Aussehens und ihrer Blässe; sie schlug voll Verwirrung die Augen nieder: — Er bat, wenn sie irgend einen geheimen Kummer nähre, sich ihm mitzuteilen, und seine Dienste, falls er ihr nützlich sein könne, nicht zu verschmähen; sie dankte ihm mit inniger Rührung, aber ohne den Mut zu haben, mit ihrem dringenden wichtigen Anliegen herauszugehen: — Er gestand ihr die Absicht, worin er komme, und daß er nicht lange mehr so glücklich sein werde, ihr seine Dienste persönlich anzutragen; sie war sichtbar erschrocken, forschte nach den Ursachen eines so unerwarteten Entschlusses, bat ihn, wenn es irgend möglich sei, davon abzustehen, und klagte, da ihr Bitten vergeblich war, mit nassen Augen ihr Schicksal an, das sie, nach so mancherlei harten Prüfungen, nun auch ihres besten, ihres einzigen Freundes beraube. — Ohne Zweifel hatte das unglückliche Verhältnis mit ihrem Gläubiger, aus welchem sie nun durch Herrn Stark herausgerissen zu werden nicht mehr hoffte, oder doch, bei seinen jetzt eintretenden eigenen Bedürfnissen, auch nur von fern darauf anzutragen nicht die Dreistigkeit hatte, den größten Anteil an ihrer Wehmut; Herr Stark indessen, der von jenem Verhältnis nicht im mindesten unterrichtet war, konnte unmöglich anders, als ihre Rührung ganz auf Rechnung ihrer innigen Dankbarkeit, ihrer zärtlichen Freundschaft setzen: und durch diesen Irrtum stieg seine eigene Rührung zu einem so hohen Grade, daß er, nach mehreren fruchtlosen Versuchen ein Lebewohl hervorzustammeln, und nach nur einem, aber desto heißern, Kusse auf ihre Hand, sich eiligst von ihr losreißen mußte

Er segnete, indem er auf die Straße hinaustrat, die schon eingebrochene Dunkelheit, die es ihm erlaubte, unbemerkt hinter seinem Tuche zu weinen. Dann erlauschte er vor dem väterlichen Hause den Augenblick, wo er ungesehen in sein Schlafzimmer entschlüpfen konnte, warf sich, nur halb entkleidet, aufs Bett, und erleichterte sein gepreßtes Herz durch Seufzer und Thränen. Er ward von mancherlei zärtlichen Wünschen, von mancherlei schmeichelhaften Hoffnungen bestürmt; aber endlich gelang es ihm, durch die Rückerinnerung an seine ausgestandenen Leiden, sie alle von sich zurückzuweisen, und dadurch eine Seelenstärke und Entschlossenheit an den Tag zu legen, wie er sie, nach der sonstigen Weichheit seines gar zu guten Charakters, in sich selbst kaum gesucht hatte.

Er sprang auf, zog noch diesen Abend den Reisekoffer aus seiner Kammer, öffnete Kasten und Schränke, und belegte alle Stühle mit Wäsche und Kleidungsstücken, um sie am folgenden Morgen beim Einpacken sogleich zur Hand zu haben.

„Nein!“ sagte er, während dieser Arbeit, zu sich selbst: „wer nicht die Kraft hat, sich fest und unwandelbar zu entschließen, der bleibt, was er zu bleiben wert ist: ein Sklave. — Ich habe angefangen; ich muß hindurch. — Mag es doch mein Vater nun mit andern versuchen! Mag er es doch erfahren, was für ein Unterschied zwischen einem Diener und einem Sohn ist! Mag er es doch erfahren, und mich zurücksehnen so viel er will! Ich werd' ihm nicht kommen. — Hab' ich denn sonst keine Pflichten zu erfüllen, als nur gegen ihn? keine gegen mich selbst?“ —

XIII

„Laß Er's doch gut sein!“ sagte der Alte zu Monsieur Schlicht, als ihm dieser in voller Bestürzung die auf dem Zimmer des Sohns gemachte Entdeckung mitteilte, und nicht fertig werden konnte, das Haus seines guten alten Wohlthäters zu bejammern, wenn es mit dem jungen Herrn seine erste und festeste Stütze verlieren sollte. Er sah es in Gedanken schon von allen Seiten baufällig werden und in Trümmer zerfallen.

„Hat nichts zu sagen!“ meinte der Alte, der sich hinsetzte, um für seinen Sohn einen offenen Wechsel zu schreiben.

„Nichts zu sagen!“ erwiderte Schlicht, und war unschlüssig, ob er über die Gleichgültigkeit des Alten mehr erstaunen oder sich ärgern sollte. — „Nichts zu sagen, Herr Stark? So erwägen Sie doch — —“

„Daß dich!“ rief hier der Alte: — „da muß ich nun den Wechsel, der beinahe schon fertig war, wieder zerreißen, und einen andern anfangen. — Kann Er denn keinen Augenblick schweigen? Ist Ihm denn das Plaudern so zur andern Natur geworden?“ —

Monsieur Schlicht hatte das eigene, daß er die Wörter: Plaudern und Schweigen, wenn sie mit Beziehung auf ihn selbst gesagt wurden, gar nicht hören konnte, ohne mißlaunig und stöckisch zu werden. Er hatte, in jüngern Jahren, sich lange und viel in der Welt umhergetrieben; hatte, wie er immer zu rühmen pflegte, seine Augen nie in die Tasche gesteckt: und wenn andere Leute sich Einsichten und Erfahrungen gesammelt hatten, so hatt' er's wohl auch. Ein solcher Mann, meinte er, müßte Freiheit zu reden haben, oder es hätte sie niemand, und alle Welt müßte schweigen.

Er kehrte kurz um und wollte fort, als Herr Stark ihm ernstlich befahl, zu warten, und ihn dann zu seinem Sohne zu begleiten, wenn sich etwa noch dieses oder jenes zu veranstalten fände. —

Die übrige Familie, die Monsieur Schlicht schon etwas früher, als den Vater, von seiner Entdeckung benachrichtiget hatte, war eben in vollem fruchtlosen Kampf mit dem Sohne, als Herr Stark, in Begleitung des alten Handlungsdieners, hereintrat. Seine Erscheinung auf einem so abgelegenen Zimmer, das er gewiß seit der Blatternkrankheit der Kinder mit keinem Fuße mehr betreten hatte, setzte alle in die größte Erwartung, und den Sohn in eine sichtbare Verwirrung. So gut es indessen in der Geschwindigkeit möglich war, raffte sich dieser zusammen, um den Vorwürfen oder Vorstellungen des Vaters, und wenn er die letztern auch noch so kräftig mit dem vollen Beutel in seiner linken Hand unterstützen sollte, nachdrücklich entgegenzuarbeiten. —

„Das sind viel Sachen, Monsieur Schlicht," sagte der Alte, indem er die Augen auf die vollen Stühle umherwarf: „und ich sehe hier nichts, als den einzigen kleinen Koffer. Da gehen sie ja unmöglich alle hinein."

„So bleiben sie heraus," murmelte Schlicht, ohne daß es der Alte hörte; „warum ist er nicht größer?"

„Wäre denn sonst keiner da? Denn in diesen hier bringt Er ja kaum das Drittel von allen den Kleidungsstücken. Das könnt' Er, dächt' ich, mit halben Augen sehen."

„Ach ich — mit meinen Augen, Herr Stark — ich sehe nur mein Leiden an der Geschichte."

„Warum denn aber? — Sei Er nicht wunderlich, Freund! Geb' Er mir Auskunft!"

„Der alte Mantelsack mag noch da sein, den Sie vor etwa dreißig oder vierzig Jahren auf Ihren Reisen brauchten. Er war ja schon damal in lauter Fetzen."

Der Alte konnte sich kaum enthalten zu lachen. — „Ich

weiß nicht, wie Er mir manchmal vorkömmt, Monsieur Schlicht. Solche feine und kostbare Kleidungsstücke — denn Er sieht ja wohl, daß das eine Garderobe ist, die für keine tausend Thaler geschafft worden — die will Er in den schmutzigen alten Mantelsack schnüren?

„Ich nicht. Ich will hier weder packen noch schnüren."

„Noch einmal: Sei Er nicht wunderlich, Freund! Steck' Er Geld ein, und geh' Er zu dem Manne gegen der Börse über! Der hat Koffer, den ganzen Laden voll, von allerhand Größe und allerhand Art: da such' Er sich einen aus! — Zu hoch und zu breit, denk' ich, wird Er ihn wohl nicht nehmen können; aber mit der Länge wird Er sich vorzusehen haben. — Am besten, Er geht vorher in den Schuppen, und nimmt an meiner Chaise das Maß."

„An welcher Chaise?" —

Der Alte sah ihn einen Augenblick an, und schüttelte mit dem Kopfe. — „An der zerbrochenen nun doch wohl nicht? denn von der ist ja nichts als der Kasten übrig."

„Nun, ich höre ja wohl! An der neuen, die Sie zur Reise von vorigem Sommer kauften."

„Richtig! — Ich mache sie meinem Sohne zum Geschenk; denn mir steht sie da nur im Wege: mit meinen Reisen ist's aus. Und, Monsieur Schlicht — daß Er mir das ja nicht vergißt! — laß Er vorher erst recht nachsehen, ob auch noch alles in haltbarem Stande ist: Riemen und Eisenwerk, Räder und Achse. Nichts ärgerlicher, als wenn man unterwegs mit seinem Fuhrwerk in Krüppeleien gerät! — Die Chaise," fuhr er mit unwilligem, verweisendem Tone fort, „hat mir da, den ganzen Sommer hindurch, in der Trocknis gestanden. — Woran ich selbst nicht denke, denkt niemand."

„Ich wollte, sie wär' in tausend Trümmern," brummte Schlicht vor sich hin, und verließ das Zimmer in einer noch weit üblern Stimmung, als worin er's betreten hatte. Sich Mangel an Aufmerksamkeit auf das Haus oder irgend etwas zum Hause Gehöriges, oder sonst unter seiner Aufsicht Befindliches schuld geben zu lassen, war ihm ganz unerträglich. Ein getreuerer Aufseher, und ein besserer Ökonom, als er, sollte auf Erden noch erst gefunden werden. — Übrigens ließ er es bleiben, zur Abreise des lieben jungen Herrn auf irgend einige Art zu helfen; den Koffer für ihn mochte ein anderer schaffen.

Der Alte sah mit einem trüben, mitleidigen Lächeln hinter ihm her. — „Wie schwach einen doch manchmal das Alter macht!“ sagte er dann, mit einer Wendung gegen den Doktor. „Der gute, ehrliche Schlicht ist meinem Sohne so herzlich, so herzlich ergeben, daß er ihn, vor lauter Ergebenheit, lieber hier würde umkommen, als auswärts sein größtes Glück machen sehen. — Nein, gottlob, da bin ich festerer Natur. — Es ist freilich wohl angenehm, die lieben Seinigen immer um sich zu haben; aber, wenn das einmal nicht sein kann — —“

„Und warum nicht? Warum kann das nicht sein?“ fragte die Alte, die ihre Bewegung nicht länger bergen konnte. —

„Aus mehr als einer Ursache nicht, gute Mutter.“

„Darf ich die hören? — Nur eine einzige, bitt' ich.“

„Alle! — Es sind ja keine Geheimnisse.“

„Nun?“ —

„Zuerst schon deswegen nicht: weil ich und er, wenn wir hier länger zusammenblieben, uns einander das bißchen Leben nur schwer machen würden.“

„Das sei Gott geklagt! Und die Schuld?“ —

„Die ist mein. Das versteht sich. — Ferner deswegen nicht: weil ich so oft ihm vorgeworfen, daß es ihm an Entschluß und Unternehmungsgeist fehle; und weil es seltsam herauskommen würde, wenn ich gerade beim ersten Beweise vom Gegenteil — wie nun dieser auch immer sein mag — ihm durch den Sinn fahren wollte. Endlich und hauptsächlich deswegen nicht: weil die Errichtung eines neuen Handlungshauses und der dazu nötige Vorschuß ihn zu einer Thätigkeit zwingen, ihn zu einer Sparsamkeit und Ordnung gewöhnen werden, wie ich sie ihm hier, mit allem meinen Predigen, nicht habe beibringen können. Ich hoffe, er soll mir jetzt eine ganz andere Denkungsart annehmen; soll mir jetzt ganz so werden, wie ich ihn immer wünschte.“

„Und deine Handlung?“ fuhr die Alte mit etwas gesunkenem Tone fort: „deine Geschäfte?“ —

„Die, Mutter, sind meine, nicht deine Sache. Wer sie so lange gut zu führen gewußt hat, wird's auch jetzt wohl noch wissen. — Denke du lieber an das, was dir noch wird zu besorgen bleiben.“

„Mir? — Und das ist?“ .

„Du wirst ihn doch nicht so trocken abfertigen wollen? wirst ihm doch zuguterletzt noch einen Abschiedsschmaus geben? – Ich hoffe, Sie kommen dazu auch, lieber Doktor. Und du" – indem er die Tochter ansah – „und euer ganzer kleiner Anhang, versteht sich." – Er lächelte mit seiner gewöhnlichen Freundlichkeit gegen sie hin. – „Da wollen wir noch einmal recht von Herzen mit einander vergnügt sein."

„Vergnügt? Recht von Herzen?" seufzte die Mutter. – „Wirst du das können?"

„Warum nicht? Was in der Welt soll mich hindern? – Der Ort, wohin er zieht, liegt ja so nahe. Wir dürfen nur auf die Post schicken und anspannen lassen, wenn uns künftig einmal das Herz zu groß wird; wir dürfen nur zu ihm fahren. – Ja, wenn es zur See nach Amerika, oder gar bis nach China ginge! oder gar bis nach der Botanybay!"

„Behüte Gott!" rief die Alte.

„Amen! Amen! Und nun keine Seufzer weiter! Es ist genug. – Du hörst," fuhr er dann fort, indem er sich mit gütigem Ernst gegen den Sohn herumwandte, „daß ich von deinen Absichten weiß, und daß ich sie, nach Lage der Umstände, wie diese nun einmal sind, eben nicht tadle. – Geh mit Gott, mein Sohn! Meinen Segen zu deiner Reise! – An deine Stelle hier kann der erste Buchhalter treten, Monsieur Burg; den kennst du selbst als einen gewandten, thätigen, rechtschaffenen Mann: und ich, so alt ich bin, habe doch auch noch Kräfte, um arbeiten, und Augen, um nachsehen zu können. Für meine Handlung also sorge nur nicht; aber wie es mit deiner gehen wird? – Aller Anfang, sagt man, ist schwer; und was du dir selbst, bei so mancherlei Nebenausgaben, erübriget haben kannst, mag dich eben nicht drücken. – Da!" indem er den ziemlich schweren Beutel, den er bisher gegen die linke Hüfte gestützt hatte, auf den Tragkasten unter den Spiegel setzte – „eine kleine Erkenntlichkeit für geleistete Dienste! Ich hob sie dir immer auf, um eine Zeit damit abzuwarten, wo sie dir eben gelegen käme; und diese, denk' ich, ist jetzt. – Aber, da es dir doch noch fehlen, und dieser oder jener, wegen unserer unvermuteten Trennung, bedenklich werden und dir sein Zutrauen versagen möchte, so ist hier noch ein offener Wechsel, der hoffentlich allen Bedürfnissen abhelfen und alles Mißtrauen entfernen wird."

Der Alte schwieg, und schien einen Augenblick auf die schul

dige Danksagung des Sohnes zu warten; aber es erfolgte nichts, als eine steife, ungeschickte Verbeugung — „Ich sehe wohl,“ sagte er dann, „daß ich dir in einer Arbeit gekommen bin, worin man sich eben darum so ungern stören läßt, weil man sie so ungern anfängt. — Ich will dich jetzt länger nicht aufhalten. Wenn du hier fertig bist, sprechen wir einander schon weiter.“ —

XIV.

Die Verbündeten sahen dem Alten, als er das Zimmer verließ, mit sehr verschiedenen Empfindungen nach. Die Mutter war voll Ärgers und Jammers, daß er dem Sohne, den er sollte zu halten suchen, selbst das Fortgehen erleichterte; die Tochter, voll Empfindlichkeit und Beschämung, daß sie mit dem guten Worte, welches ihr versprochen und in gewisser Absicht freilich gehalten worden, so schlau hinter das Licht geführt war; und der Doktor, voll stiller Bewunderung des scharfen, richtigen Blicks, womit der Vater den Charakter seines Sohns mußte gewürdiget haben. So wie man diesen nur ansah, entdeckte man sogleich sein ganzes Inneres in seinem Äußern Das Licht der Augen, die bedeutungslos vor sich hinstarrten, schien bis auf den letzten Funken verlöscht; aus den Gesichtsmuskeln war alle Festigkeit, alle Spannung verschwunden, und die Arme hingen an beiden Seiten so schlaff und welk herunter, wie die Zweige einer Zitterespe.

Erst, als Mutter und Schwester zu ihm hinantraten, um ihre Teilnahme an seiner Entlassung zu bezeugen, kam auf einmal in die tote, seelenlose Gestalt wieder Leben; er bat sie, mit abwärts gekehrtem Blick und hinter sich ausgestreckter verwandter Hand, daß sie, wenn sie noch einige Zärtlichkeit für ihn hegten, ihn auf der Stelle verlassen möchten. Diese Bitte ward von dem Doktor, der selbst voranging, mit Wink und Blick unterstützt; er urteilte, daß der Schwager noch ein wenig mehr beschämt als gekränkt sei: und Scham, glaubte er, sei eine Empfindung, bei der man überhaupt keine Zeugen, und am wenigsten die mitleidigen, liebe. —

Wirklich war die Art, wie sich der Alte benommen hatte, eben weil sie so äußerst nachgebend und sanft schien, für die Eitelkeit des Sohns sehr verwirrend. So wenig auch dieser die Absicht gehegt hatte, seinem Vater wehe zu thun — denn dazu war er, wie wir aus der besten Quelle, nämlich von ihm selbst, wissen, viel zu gut und zu fromm —, so lag es doch, leider! in der Natur der Sache, daß der Alte für so manche Kränkungen, die er erwiesen, jetzt an seinem Teil eine empfinden mußte; und da hätt' es der Anstand nun wohl erfordert, daß er sich diese Kränkung auch ein wenig hätte merken lassen. So ohne die mindeste Einwendung, und ohne eine Spur von Mißmut und Kummer, in den Abgang des Sohnes einwilligen: das hieß von den Verdiensten desselben um die Handlung sehr herabwürdigend denken, und gegen seine Unentbehrlichkeit, die doch so vollgültig durch die Unruhe der Familie und durch das Schrecken des alten Schlicht bestätiget war, sehr beleidigende Zweifel äußern.

Noch mehr mußte es schmerzen, daß der Alte, durch sein Betragen, eine heimlich genährte sichere Hoffnung des Sohnes, die zwar dieser sich selbst noch nicht bekannt hatte, geradehin für eitel und thöricht erklärte. Die Unentbehrlichkeit des Sohnes einmal festgesetzt, ließ es sich nämlich voraussehen, daß der Vater sich alle ersinnliche Mühe geben würde, ihn zurück zu halten: und da hätte dann jener, nach seinem so vorzüglich guten Charakter, sich gewiß am Ende bewegen lassen, über alles Vergangene einen Schleier zu werfen, und auf gute vorteilhafte Bedingungen wieder an seinen alten Platz zu treten. Jetzt, da sich einmal der Vater so ganz anders erklärt hatte, war bei seiner störrischen Sinnesart nichts gewisser, als daß er sich in Ewigkeit nicht zum Ziele legen, sondern, wenn Not an Mann ginge, lieber seine Geschäfte äußerst zusammenziehen, als das geringste gute Wort gegen den Sohn verlieren würde. Und so stand denn dieser mit seiner Wahl zwischen den zwei gleich unangenehmen Entschlüssen mitten inne: entweder Reue zu zeigen, und das Joch, das er hatte abschütteln wollen, ganz geduldig wieder auf seinen Nacken zu nehmen; oder den unglücklichen Vorsatz zur Abreise ins Werk zu setzen, ohne daß er davon die beabsichtigten Vorteile hätte. Er bereute es jetzt zu spät, daß er sich das prophetische Herzklopfen bei dem versuchten Abschiede vom Vater nicht ein wenig mehr hatte warnen lassen.

Was ihm diese Unannehmlichkeiten noch weit peinlicher machte, war der Umstand: daß seine Gesinnungen in betreff der Witwe nicht mehr völlig die alten waren. Von den Schwierigkeiten, die einer Verbindung mit ihr entgegenstanden, hatten die meisten, durch das längere und öftere Betrachten, wie das so oft zu geschehen pflegt, an ihrer Wichtigkeit schon verloren; und vollends seit gestern, wo sich die Witwe so äußerst liebenswürdig gezeigt hatte, waren sie fast gänzlich verschwunden. Über den Mangel an Vermögen konnte ein Mann, der dessen selbst genug hatte, hinwegsehen; die Kinder, da sie Ebenbilder einer so liebreizenden Mutter waren, schienen eher eine angenehme, als eine beschwerliche Zugabe; und das Gerede einer albernen Menge, das ohnehin nie lange Dauer hat, läßt kein Kluger sich irren. Es blieb also von allen Steinen des Anstoßes nur der größte, der zu fürchtende Widerspruch des Vaters, übrig; und diesen wegzuräumen, war wohl schwerlich ein besseres Mittel, als daß man die Verbindung mit Madam Lyk zum ersten und wesentlichsten Vergleichungspunkte bei der gehofften triumphierenden Wiederkehr machte. Statt also, wie es der anfängliche Wunsch des Herrn Stark gewesen war, seiner Liebe aus dem Wege zu gehen, wollt' er jetzt dieser Liebe vielmehr entgegeneilen; es war nichts als eine der Selbsttäuschungen, denen der junge Mann so sehr unterworfen war, wenn er sich am vorigen Abende zu einem so herrlichen Siege seiner Vernunft über seine Schwachheit Glück wünschte: denn gar nicht die Vernunft, sondern die Schwachheit, hatte gesiegt, und in dem Entschluß zur Trennung hatte die Hoffnung der Vereinigung versteckt gelegen. Seine vielen Thränen hatte ihm weniger der Schmerz des Abschieds, als der heimliche Gedanke entlockt, daß sein Entwurf nicht vor aller Gefahr des Scheiterns gesichert sein möchte; wenigstens, wie es jetzt, leider! am Tage lag, wäre so ein Gedanke nicht ganz unvernünftig gewesen. — —

Der Doktor, der die Gemütslage des Herrn Stark, bis auf den Punkt von der Witwe, durch und durch sah, kam jetzt in der Absicht zurück, ihn mit seinem guten Rate zu dienen. — Es wandelte ihn einige Verachtung an, als er den Schwager, in armselig zusammengekrümmter Gestalt, auf dem zugeworfenen Koffer sitzend fand, wie er mit der einen Hand auf das Knie griff, und mit der andern das schwere, sorgenvolle Haupt unterstützte. Er sah wohl, daß so einem Manne sich der Rat unmöglich geben ließe, den er sich selbst, unter ähnlichen Umständen, in die er aber nie hätte geraten können, ganz gewiß gegeben hätte; nämlich: einen Entwurf, mit dem es einmal so weit gediehen, trotz aller Unannehmlichkeiten lieber durchzusetzen, als schimpflicherweise davon zurückzutreten. Für den Schwager, glaubte er, sei nichts anders zu thun, als daß er irgend eine erträgliche Wendung ausspüre, womit jener sich dem Vater, ohne zu große Beschämung, wieder anbieten könnte; und diese Wendung schien ihm durch die großmütigen Geschenke des Vaters, gleichsam absichtlich, vorbereitet. Es war natürlich, daß das Herz des Sohnes davon gerührt werden mußte, und ebenso natürlich, daß diese Rührung das Verlangen erzeugte, einen so edeldenkenden Vater lieber nie verlassen zu dürfen. Wenn man dann dem Alten noch in dem Hauptpunkte willfahrte und sich geneigt zu einer Heirat erklärte, so ließ sich erwarten, daß dieser mit Freuden einschlagen, und daß er dem Sohne wohl gar seine Handlung, mit dem einzigen Vorbehalt der Geldgeschäfte, völlig abtreten würde.

Herr Stark hörte diesen Entwurf, den ihm der Doktor mit aller möglichen Feinheit und Schonung vortrug, zwar nicht ohne Scham, aber doch mit Gelassenheit an; nur bei dem Worte Heirat stieß er auf einmal einen so mächtigen, so tief aus dem Herzen geschöpften Seufzer aus, daß der Doktor sogleich einen neuen Sorgenstein argwöhnte, der härter als alle übrigen drücken müsse. Er ließ jetzt, im Fortgange der Rede, ein Wörtchen von Madam Lyk und ihrer Liebenswürdigkeit fließen; — die Wirkung davon übertraf alle Erwartung: Herr Stark riß sich vom Koffer auf, floh in ein Fenster und entdeckte durch laute Thränen, wie weit es mit seinem Herzen schon müsse gediehen sein. Jetzt ward nun guter Rat etwas teurer, und der Knoten verwickelte sich allzusehr, als daß der Doktor ihn auf der Stelle zu lösen gewußt hätte. — Um Zeit zu gewinnen, fiel er auf das Mittel: daß er sich, als Bruder und Arzt, für die Gesundheit des Schwagers besorgt stellte, ihn um seine Hand bat, und in seinem Pulse fieberhafte Bewegungen entdeckte. Herr Stark, als ob er schon sehnlich auf einen Vorwand, seine Reise aufzuschieben, gewartet hätte, ergriff dieses Wort des Doktors mit vielem Eifer; er ließ sogleich einen kleinen freiwilligen Frost über sich hinschaudern, setzte sich, wie ermattet, nieder, und versicherte, daß er wirklich seit einigen Tagen etwas Fieberhaftes verspüre. Der Doktor verschrieb ihm nun Arzneien, die weder helfen noch schaden konnten; und Herr Stark fing an, eines Flußfieberchens wegen, worüber die Familie sich nicht sonderlich beunruhigen durfte, das Zimmer zu hüten.

—

XV.

„Was giebst du mir, wenn ich dir eine Entdeckung mache?" — sagte der Doktor, als er zu seiner Frau zurückkam.

„Laß hören! — Vielleicht eine Gegenentdeckung."

„Der Bruder ist sterblich verliebt in die Lyk." —

„Die Lyk ist sterblich verliebt in den Bruder." —

„Ist's möglich?" — Und nun erfolgte von beiden Seiten eine Herzenserleichterung, die mit allen Holdseligkeiten ehelicher Vertraulichkeit gewürzt war. —

„Sie ist krank," sagte die Doktorin, „herzlich krank; ich habe die Freundin von ihr, die eben da war, um dich zu ihr zu bitten, über alle Umstände befragt; sie hat gestern Abend — und merke dir's wohl: weil eben der Bruder von ihr gegangen" — —

„Der Bruder? Da hat er Abschied genommen!"

„Natürlich! — Sie hat, sagt mir die gute Freundin, gar nicht aufhören können zu weinen; die ganze Nacht hindurch hat sie kein Auge geschlossen; alle Munterkeit, alle Eßlust ist bei ihr fort; — dazu hat sie Krämpfe — die schrecklichsten!" —

„Krämpfe? Hm!"

„Kurz: das arme Weib steckt in Liebe bis über die Ohren. — Und nun bitt' ich dich, Herzensmann: laß Essen und alles sein, und mach' daß du hinkömmst, damit wir das Nähere erfahren!"

„Sie ist ohnehin nicht die stärkste," sagte der Doktor, der ein wenig ungläubig schien; — „sie ist dem Bruder ungemein viel Verbindlichkeit schuldig; — sie hat ein dankbares Herz —"

„Eben deswegen! Solche Herzen sind dir die brennbarsten; die fangen Feuer, wie Zunder. — Der Bruder ist ein ganz artiger Mann." —

„Das wohl."

„Und ich kenne dir eine, die anfangs auch nur dankbar war, weil ein gewisser — ein noch artigerer Mann — ihr von einem bösen Fieber geholfen hatte, und die nachher — —"

Das verdiente einen Kuß, der gegeben ward, und der Doktor flog fort.

Er fand die Witwe freilich nicht wohl; aber so krank denn doch nicht, als die gute Freundin, und dann weiter die Frau Doktorin, es gemacht hatten. Sie gestand, nach einigem Kampf mit sich selbst, daß der Hauptgrund ihres Übelbefindens in einer Unruhe des Herzens liege. Der Doktor horchte mit beiden Ohren: denn er glaubte schon den außerordentlichen Fall vor sich zu haben, daß ein Frauenzimmer die Schwachheiten seines eigenen Herzens verplaudere; aber als das Geheimnis an den Tag kam, war es weiter nichts, als ihr Verhältnis mit dem gedachten Gläubiger. Der Doktor war Hausarzt dieses Mannes, und hatte ihm und seiner Familie große Dienste geleistet: die Witwe gründete hierauf die Hoffnung, daß ein von ihm eingelegtes gutes Wort ihr Nachsicht auf einige Wochen bewirken könnte; und sie beschwur ihn um dieses Wort, als um eine Freundschaft, die ihre Genesung mehr, als alle Arzneimittel, befördern würde. Ihre Lage, sagte sie, sei die dringendste von der Welt, aber nichts weniger als verzweifelt: sie sei imstande, wenn man ihr Zeit lasse, alle ihre Schulden bis auf den letzten Heller zu tilgen; und sie berufe sich deswegen auf das Zeugnis seines Schwagers, des Herrn Stark — wenn er anders noch hier sei. —

Das eigene in der Modulation der Stimme, womit sie diese letzten Worte aussprach, zusammengenommen mit einem kleinen übelverhehlten Seufzer, und mit dem Niedersinken ihres bis dahin aufgehobenen Blicks in den Busen, schien dem Doktor eine Indikation zu geben, die er sich nicht dürfe entschlüpfen lassen.

„Ich bin zu Ihrem Befehl,“ sagte er, „liebe Freundin; aber ich bitte Sie zu erwägen, daß die Summe, die Sie mir angeben, von keinem Belang, und daß der Mann, mit dem wir zu thun haben, von rauher, unfreundlicher Art ist. So wenig ich zweifle, meinen Antrag bei ihm durchzusetzen, so könnte er doch leicht sich herausnehmen, bei dieser Gelegenheit Dinge zu sagen, die mir wehe thun würden. — Warum denn auch einen rauhen, beschwerlichen Umweg zum Ziele gehen, wenn ein gerader, gebahnter Weg offen da liegt?“

„Welcher?“ seufzte die Witwe.

„Sie nannten vorhin einen Freund, dem jede Gelegenheit, Ihnen gefällig zu werden, das größte Vergnügen erweckt. Ich bürge Ihnen für seine Gesinnungen gegen Sie.“

„Dieser Freund — —“

„Gönnen Sie ihm doch das Glück, Madam, Ihnen dienen zu können!“

„Das Glück? — Aber wenn's denn ein Glück ist, so gestehen

Sie: er hat es nur zu reichlich genossen. — Ich erliege unter der Last meiner Verbindlichkeiten. Ich kann sie ewig nicht tilgen. — Und will er jetzt nicht fort, dieser Freund? Will er uns nicht verlassen? Wird er des Geldes genug nur zu eigener Einrichtung haben?“ — Ihre Stimme schwankte, und sie schien in außerordentlicher Bewegung.

„Es mangelt ihm nicht, Madam; ganz gewiß nicht! — Geben Sie ihm die Freude mit auf den Weg, Ihre Wohlfahrt gesichert zu haben! Lassen Sie mich hin, ihm es vorzutragen! Es ist in wenig Augenblicken geschehen.“ — Er stand auf, und machte Miene sich zu entfernen.

„Nein! Nein!“ — war alles, was die Witwe hervorbringen konnte. Sie hatte die Hand des Doktors, um ihn zurückzuhalten, mit einer ihr ungewöhnlichen Hitze ergriffen. Er fühlte das Brennen und Zittern der ihrigen, und bat sie, ihrer schwachen Gesundheit zu schonen. — „Ich rede dann, weil Sie's so wollen, mit Ihrem Gläubiger, und ich halte die Sache mit ihm für so gut als berichtigt. Werden Sie ruhiger, liebe Freundin!“ — —

Der Doktor hatte an diesem wenigen schon genug, um bei seiner Zuhausekunft seiner Frau zu sagen, daß sie wohl schwerlich geirrt haben möchte. — „Aber,“ setzte er hinzu, „wie in aller Welt soll das werden? Wo soll das hinaus?“

„Du fragst? — Wenn sie wirklich so liebenswürdig und sanft und gut ist, wie du sie mir immer gerühmt hast — —“

„Das ist sie wahrlich! wahrlich!“

„Nun so läßt man den dritten Mann kommen, den Priester. Der weiß Mittel für solche Übel.“

„Mir wär's recht; in der That! Ich nennte die gute Frau mit Vergnügen Schwester. — Aber ich gestehe dir: daß ich zittere, wenn ich an deinen Vater denke.“

„O, der wunderliche, alte — liebe, böse Mann der, der Vater! — Ich bin so erbittert auf ihn; ich möcht' ihn gleich — — ja, was möcht' ich, ich Närrin? — — Aber je lieber ich ihn habe, desto abscheulicher war's, mich so herumzuführen, so zum besten zu haben. — Ich vergess' ihm das nicht; nimmermehr! Ich spiel' ihm irgend einen Gegenstreich, und einen recht argen. — Wart! Eben mit der Lyk muß ich ihm einen spielen. — Wie? Soll denn darum, weil er sich gegen die arme Frau eine wunderliche Grille in den Kopf gesetzt hat — —“

„Und eine falsche. Denn nicht sie hatte Hang zur Verschwendung, sondern der Mann.“

„Nun ja! — Und soll denn darum die arme Frau ein so schönes Glück nicht machen, das sich ihr anbeut? Soll darum der Bruder eine Leidenschaft aufgeben müssen, die den schönsten, edelsten Grund von der Welt hat? — Da sitzt er nun in seinem Käfig, der arme Narr! und hängt das Köpfchen. — — Hahahaha! Es ist doch ein närrisches Ding ums Verliebtsein. — Aber Geduld nur! Geduld! Er soll mir heraus, und soll mir ins Ehebett zur Lyk, oder ich will nicht das Leben haben.“

„Du unternimmst da viel,“ sagte der Doktor. „Wie willst du deinen Vater gewinnen? — Was Zureden bei ihm vermag, hast du erfahren; und daß du mit List ihn fangen solltest? — ich fürchte, er geht dir in keine Falle.“

„Gesteh' nur: es ist doch ein kluger, ein außerordentlich kluger Mann, mein Vater.“

„Der klügste, den ich in meinem Leben gekannt habe.“

„Sieh in mir seine Tochter!“ — — Sie setzte ihren Zeigefinger auf die Brust, und streckte ihre kleine Figur in die Höhe.

„Ah!“ — sagte der Doktor, der sich verbeugte, und über ihr komisches Pathos von Herzen lachte: „Alle Verehrung, Madam! Aber darf man denn dieses oder jenes von Ihrem Plane voraus wissen?“

„Sobald er da sein wird; ja — Weißt du indessen, was vor allen Dingen zu thun ist, und was von niemandem so gut gethan werden kann, als von dir? — Bring' dem Vater bessere Begriffe bei von dem Bruder! Erzähl' ihm sein Betragen gegen den seligen Lyk! Ich bin versichert, das wird ihm gefallen, recht sehr gefallen. — Auch das erzähl' ihm, wie edelmütig er sein Versprechen erfüllt, und wie treu er, ganze Monate lang, für die Witwe gearbeitet hat. Solche Züge, weiß ich, freuen den alten Mann in die Seele, und ein wildfremder Mensch, von dem er so etwas hört, wird auf der Stelle sein Blutsfreund. — Gewiß, er hätte das schon früher erfahren sollen.“

„Und würd' auch, so wie ihr alle, wenn ich nicht dem Bruder hätte mein Wort geben müssen, zu schweigen — Jetzt, sobald ich Gelegenheit dazu finde — —“

„Willst du thun, was dein braves Weib dir aufgiebt. Nicht wahr?“

„Schuldigermaßen."

„Schön! — Und ich will Bekanntschaft mit unserer Witwe machen; ehester Tage! Ich hab' es mit der Freundin von ihr schon eingeleitet. Ich bin ganz neugierig auf sie. — Da sind auch die beiden Kleinen von ihr, die hier täglich vorbei in die Schule müssen; ein paar Engel von Kindern! Morgen ruf' ich sie mir herein, und da will ich sie herzen und lieb haben, als ob's meine eigenen wären."

XVI.

Die Gelegenheit, sein gegebenes Wort zu erfüllen, fand sich für den Doktor gar bald. — „Willkommen! Willkommen!" sagte der Alte, als jener das nächste Mal zu ihm hineintrat: „wie steht's? — Und vor allem, Herr Sohn: wie steht's mit unserm kritischen Kranken? Ich sehe ja die Mutter noch keine Anstalten machen."

„Anstalten, lieber Vater? Wozu?"

„Zu dem Abschiedsschmause, den ich bestellt habe. Hat er denn immer noch Fieber?" — Ein ihm eigenes flüchtiges Muskelspiel um die Gegend der Lippen schien anzudeuten, daß er die Krankheit des Sohnes eben nicht für die ernsthafteste halte.

„Es steht, wie es steht," sagte der Doktor, der diese Gelegenheit, für den Schwager zu reden, um so lieber ergriff, da der Alte nur eben seinen schwersten Posttag abgefertiget hatte, und jetzt, seiner Gewohnheit nach, im Sessel der Ruhe pflegte. In solchen Augenblicken, wußte er, war das Herz des Alten für Eindrücke des Angenehmen und Guten immer am meisten offen: denn die Gegenwart, die allein ihm zuweilen zur Last fiel, hatte er dann bei Seite geschafft; und in die Vergangenheit pflegte er immer mit großer Gemütsruhe zurück, sowie in die Zukunft mit froher Hoffnung vorwärts zu blicken.

„Sie reden ja ganz bedenklich," erwiderte er dem Doktor. „Es wird doch nichts Schleichendes werden? — Da möcht' es mit der vorhabenden Reise noch langen Anstand haben." — Er lächelte wieder.

„Bis jetzt ist es Flußfieber, sonst nichts. — Daß sich etwas Schlimmers dahinter versteckt halten sollte, will ich nicht hoffen Indessen hat man der Fälle."

„Aber es läßt sich doch vorbauen? Nicht?"

„Allerdings. — Auch wüßt' ich nicht leicht, für welchen Kranken, wenn es zum Ernst kommen sollte, ich treuer und herzlicher sorgen würde, als für den Bruder. Ich lieb' ihn gar sehr; denn so wenig ich seine kleinen Schwachheiten an ihm verkenne, so weiß ich doch, daß er zu unsern rechtschaffensten, selbst zu unsern edelsten jungen Bürgern gehört."

„Das klingt gar schön; in der That! Und am schönsten wohl in dem Ohre eines Vaters."

„Sie haben mich fast abgeschreckt, über den Bruder mit Ihnen zu reden." —

„Wie das? — Wenn Sie mir solche Dinge von ihm zu sagen, und noch mehr, wenn Sie mir Beweise davon zu erzählen haben, so reden Sie bis in die sinkende Nacht! Ich will hören! — Leider! würden solche Dinge für mich nur zu sehr den Reiz der Neuheit haben."

„Und woher wollten Sie auch, daß sie Ihnen bekannt sein sollten? — Ihr Sohn ist mit dem Guten, das er gethan hat, nie laut geworden."

„Das klingt ja immer noch schöner." — Er beugte sich gegen den Doktor vor, und setzte mit einem kleinen ungläubigen Kopfschütteln hinzu: „Sie haben mich ganz neugierig gemacht. Was für Wunderdinge werd' ich denn hören?"

Der Doktor hatte keine Not, unter den Beweisen von dem Edelmute seines Schwagers zu wählen; er hatte nur einen, aber auch desto wichtigeren, in seinem Gedächtnis. — „Sie erinnern sich doch," fing er an, „des unglücklichen Verhältnisses, worin Ihr Sohn mit dem seligen Lyk stand? Sie wissen doch, zu welchen boshaften, verleumderischen Briefen nach A . . . sich dieser leichtsinnige Mann durch kaufmännischen Eigennutz hatte verleiten lassen?"

„Ich weiß das freilich, Herr Sohn. Aber ich bitte: wenn's zu Ihrem Zwecke nicht unumgänglich nötig ist, so lassen Sie's ruhen! — Als der Mann sich hinlegte und starb, ging mir das nahe, und da gab ich ihm die Erinnerung daran in sein Grab."

„Edel! — Und wahrlich! will dort ich sie nicht wieder hervor ziehen. Nur gestehen Sie: daß es noch edler, als bloßes Vergessen ist, wenn man so bittere Beleidigungen, die für den Menschen nicht minder kränkend, als für den Kaufmann waren, mit den wichtigsten, langwierigsten, mühsamsten Diensten erwidert."

„Und wer that das?“ fragte der Alte begierig.

„Ihr Sohn. — Meine wenige Hoffnung, den seligen Lyk zu retten, da sein Fieber so heftig und sein Körper so sehr entnervt war, ward mir noch vollends durch eine ganz sichtbare Unruhe seines Gemüts vereitelt. Ich suchte ihr auf den Grund zu kommen: und es fand sich, daß er die schmerzlichste Sehnsucht fühlte, sein dem Bruder erwiesenes Unrecht wieder gut zu machen, und daß er nicht ruhig glaubte sterben zu können, wenn er nicht durch die aufrichtigste und wehmütigste Bitte um Vergebung sein Gewissen erleichtert hätte. Ich erbot mich zum Mittelsmanne, und ich ward mit Freuden dazu angenommen. Wenn der Bruder nicht gleich auf mein erstes Wort bereit war, den unglücklichen Mann zu besuchen, so lag das nicht, wie ich anfangs glaubte, an einem Rest von Rachgier oder an einer natürlichen Herzenshärte, sondern bloß an seinem allgemeinen Abscheu vor allen Krankenzimmern, und an der Furcht vor dem zu heftigen Eindrucke, den ein Sterbender auf ihn machen könnte. Als er sich endlich entschloß mir zu folgen, und nun den Unglücklichen ansichtig ward, der ihm unter lautem Schluchzen die zitternden Arme entgegenstreckte; da war auf einmal jener Abscheu und jene Furcht aus seinem Herzen so rein verschwunden, daß er mit der lebhaftesten Begierde auf den Kranken zustürzte, und ihn mit Inbrunst umarmte. Das Menschliche, Edle, Großmütige seines Benehmens rührte jeden Gegenwärtigen, und auch mich, der ich, wahrlich! nicht der Weichmütigste bin, bis zu Thränen. Wieviel Mühe gab er sich, den armen Leidenden zu beruhigen, und ihn von einem Bekenntnis zurückzuhalten, das für ihn so beschämend und kränkend sein mußte! Aus wie vollem Herzen strömte ihm das Wort der Versöhnung, als ihm seine innere Erschütterung es endlich auszusprechen erlaubte! ‘Fordern Sie,’ sagte er, ‘fordern Sie einen Beweis von der Aufrichtigkeit meiner Gesinnungen; und wenn er irgend in meinen Kräften steht, so beteur’ ich Ihnen vor Gott: ich will ihn mit Freuden geben. Kann ich Ihnen, kann ich den Ihrigen dienen? Kann ich’s in diesem Augenblicke? kann ich’s in der Zukunft? Womit? Womit? — Ich erwarte nur Ihr Wort, bester Lyk; und was es auch immer sein mag’ — —“

Der Alte saß in seinem Sessel, vor lauter Zuhören, so stille, daß er kein Glied bewegte. Nur war er sich gleich anfangs mit der Hand nach dem Stutz gefahren, um ihn von dem guten Ohre ein wenig zurückzustoßen, und jetzt auf einmal fuhr er sich mit den Fingern an seine Augenwimper.

„Der Sterbende," fuhr der Doktor fort, „nutzte die Erklärung des Bruders zu einer Bitte, deren Wichtigkeit ich erst hinterher aus der ungeheuren Arbeit kennen lernte, die ihre Erfüllung kostete. Er gestand, daß seine Handlungsgeschäfte in Verwirrung, seine Bücher in nicht geringer Unordnung wären."

„Das will ich glauben," sagte der Alte.

„Er bejammerte das Schicksal seiner Frau und seiner unmündigen Kleinen, wenn ihn Gott von der Welt rufen sollte."

„Und das mit Recht! Ich denke, er war nicht weit mehr vom Bruche."

„Der auch wohl sicher erfolgt wäre, wenn die unermüdbare Geschäftigkeit Ihres Sohnes nicht gethan hätte."

„Wie?" —

„Das Geständnis des Sterbenden war kaum abgelegt, als Ihr Sohn ihm sein heiliges Wort gab: daß er auf den Fall seines Todes nicht ruhen wolle, als bis er alles, so gut er es immer möglich finde, in Ordnung gebracht habe."

„Und er hielt's?" rief hier der Alte hitzig.

„Mit der pünktlichsten Treue. Ganze Monate lang brachte er, Abend vor Abend, in jenem Hause der Trauer unter den verdrießlichsten Geschäften zu, verglich Bücher, zog Rechnungen aus, schrieb oder beantwortete Briefe; indessen Sie, mein lieber Vater, ihn auf Bällen, oder in Konzertsälen, oder an Spieltischen glaubten." —

Es wäre besser gewesen, wenn der Doktor diesen unnötigen Zusatz unterdrückt hätte; denn ohne dem Schwager damit zu nützen, that er sich selbst damit Schaden. Er brachte sich um ein Fäßchen Weins, oder um irgend ein anderes Geschenk, das er sonst für seine angenehme Erzählung gewiß erhalten hätte.

„Ich habe denn eben keinen Wahrsagergeist," sagte der Alte empfindlich. — „Die Thorheiten meines Sohnes, die mich verdrießen mußten, durft' ich erfahren; aber sein Gutes, das mir hätte können Freude machen — —"

Der Doktor entschuldigte sich, wegen seines Geheimhaltens, mit dem abgenötigten Versprechen zu schweigen: einem Versprechen, das er vielleicht zu gewissenhaft bis auf den Vater ausgedehnt habe. Die kleine Falschheit, die in dieser Erklärung lag, da vorzüglich um des Vaters willen jenes Versprechen war gefordert worden, glaubte er sich vergeben zu können. — Bald darauf erinnerte er sich einiger Kranken, denen er noch Besuche zu geben hatte, und empfahl sich dem Alten. —

Er war schon mehrere Minuten hinaus, als Herr Stark noch in seinem Sessel, von dem er beide Arme bequem herabhangen ließ, mit feuchtem Blick vor sich hinschmunzelte, und in Gedanken das unbegreifliche Bild seines geputzten und gepuderten Sohnes anstaunte, wie er vor dem Krankenbett eines Feindes edelmütige Thränen vergoß, und ganze Monate lang alles Vergnügen aufgab, um in das Chaos vernachlässigter Handlungsbücher Licht und Ordnung zu bringen. — Er ward durch den Besuch von ein paar Fremden gestört, die für die abgebrannte Kirche zu L . . . und die mit abgebrannten Pfarr- und Schulgebäude milde Beiträge sammelten. Er nahm sie mit vieler Leutseligkeit auf, und statt der dreißig oder funfzig Reichsthaler, die er sonst vielleicht geschrieben hätte, schrieb er jetzt volle hundert. — Der erste Buchhalter, Monsieur Burg, trat herein, und suchte mit verlegener Miene einen Brief vorzubereiten, worin ein Verlust von mehrern Tausenden als höchstwahrscheinlich vorausgesagt ward. — „So etwas fällt in einer Handlung schon vor," sagte der Alte, und gab ihm den Brief, nach nur flüchtiger Durchsicht, mit einer Freundlichkeit wieder, als ob er die angenehmste Nachricht von der Welt enthielte.

Den ganzen Abend hindurch war er über die Entdeckung, die er so unvermutet gemacht hatte, ungewöhnlich heiter und froh; es war ihm, als ob ihm erst jetzt, in seinem hohen Alter, ein Sohn wäre geboren worden. Als er in seine Schlafkammer ging, gab er vorher der Alten, die solcher ehelichen Zärtlichkeiten schon seit lieben langen Jahren entwöhnt, und daher nicht wenig, aber auch nicht unangenehm, erstaunt war, einen recht herzlichen Kuß. Das einzige, was ihn noch innerlich ärgerte, war der Umstand: daß an einer Ware, die doch tiefer hinein ein so gutes und feines Gespinnst zeigte, gerade das Schauende so schlecht sein mußte.

---

33. Schauende, das beim Zusammenwickeln des Ballens Tuch nach außen kommende Ende, gewöhnlich mit Firma und Verzierungen versehen.

XVII.

Unter so angenehmen Vorstellungen der Alte eingeschlummert war, unter so unangenehmen wachte er auf. Da er sein Herz von der Erzählung des Doktors voll hatte, so versetzte ihn ein Traum in das Lyksche Haus, wo er das Vergnügen genoß, seinen Sohn, mit Schweiß und Staub bedeckt, unter einem Haufen ganz verschiedenartiger, höchst undeutlich durcheinander geworfener Waren zu sehen, die er mit großem Fleiß auseinander suchte. Er wollte soeben zugreifen, um ihm zu helfen, als in seiner Einbildung die mit dem Namen Lyk verbundenen Bilder lebendig wurden, und ihn aufs bitterste den Entschluß bereuen ließen, in ein Haus voll so toller Verschwendung und so ärgerlicher Ausschweifung getreten zu sein. Indessen hielt er den Anblick der prächtigen Zimmer, die in seinen Gedanken sich eher für einen Fürsten als einen Kaufmann schickten, der mit größtem Überflusse besetzten Tafeln, der umherschwärmenden Bedienten, ja sogar der wilden, lärmenden Trinker, die Champagner wie Wasser hinuntergossen, eine Zeit lang aus; aber als endlich sein Sohn mit der Hausfrau süße Blicke zu wechseln anfing, und beide auf einmal in bebänderten Dominos, mit Masken in den Händen und roten Absätzen unter den Schuhen, vor ihm standen, so stürzte er, voll des äußersten Widerwillens, zur Thüre, und dankte dem Himmel, auf die große Hausflur hinauszukommen, die ihm aus frühern Jahren, von den Zeiten des alten Lyk her, so wohl bekannt war. Er hob hier sorgfältig beide Rockschöße auf, und drückte sie dicht an den Leib, um unbeschmutzt durch die Packen und Ballen und Kisten und Fässer zu kommen, zwischen denen ehemal nur ein ganz schmaler Weg hindurchging; aber plötzlich ward er zu seinem Erstaunen inne, daß seine Vorsicht unnütz, und daß die ganze Flur von Waren so ausgeleert war, wie eine Schatzkammer nach einem Kriege von Gelde. Alle Wände umher hingen voll angezündeter Lampen, und nicht lange, so ertönte aus dem Hintergrunde des Saales — denn das war die Flur nun geworden — eine lustige Tanzmusik: Paar an Paar hüpften, wie unsinnig, gegen- und durcheinander; und als er sich leise niederdrückte, um wo möglich hinter ihnen weg und zum Hause hinauszuschleichen, tanzte ihm unversehens eine der muntersten und galantesten Frauen der Stadt, von gar nicht gutem Rufe entgegen, riß ihn, wie sehr er sich sträubte, in die Reihe hinein, und wirbelte dann, in Verbindung mit der ganzen Gesellschaft, den guten Alten, der nie als in seiner Jugend ein Tänzchen, und auch da nur ein Ehrentänzchen, gemacht hatte, so unbarmherzig auf und nieder, daß er bei seinem endlichen Stillstehen kaum wieder Atem gewinnen konnte. Er fand sich hier einem Spiegel gegenüber, der ihm seine ganze gegen die übrige Gesellschaft so abstechende Gestalt, zugleich mit seinen grauen Wimpern und den ehrwürdigen Runzeln seines Alters zeigte: ein Anblick, worüber er augenblicklich wach ward, und sich völlig so atemlos und so eingefeuchtet fand, als ob die geträumte heftige Leibesbewegung wirklich stattgehabt hätte.

„Gottlob!" rief er, indem er die Augen weit aufthat, und sich des einsamen Schimmers seiner Nachtlampe von Herzen freute: „es war nichts, als ein Traum. Hätt' ich's doch kaum geglaubt, daß man im Traume ein so schweres und angreifendes Stück Arbeit machen könnte! — Die tollen, rasenden Menschen!" — Und nun fing er an, weil die Wallung in seinem Blute noch fortwährte und die verhaßten Bilder noch ihre volle Lebhaftigkeit hatten, sich recht ernstlich über den Unsinn zu ärgern, womit so mancher über die läppischen, armseligen Vergnügungen, denen er nur eben beigewohnt hatte, Vermögen und Gesundheit und ehrlichen Namen aufs Spiel setze. Er dachte sich mit dem äußersten Abscheu die Möglichkeit, daß auch sein so sauer erworbenes Gut, eben wie das Lyksche, in wenig Jahren verpraßt, und der Name Stark, den er bisher in Ehre und Ansehen erhalten, mit Schimpf und Schande belegt werden könnte. Hier fielen ihm die süßen, zärtlichen Blicke aufs Herz, die er seinen Sohn mit Madam Lyk hatte wechseln sehen. Es fuhr ihm kalt über den Rücken. Doch tröstete ihn wieder die Betrachtung: daß die Liebe zum Gelde in dem Herzen seines Sohnes keine schwächere Leidenschaft, als die Eitelkeit, sei, und daß es ihm jene gewiß nicht erlauben werde, sich mit einer Frau von so mittelmäßigen Umständen — denn was konnte eine so weit getriebene Unordnung und Verschwendung zurückgelassen haben? — und noch obendrein mit einer Mutter von Kindern, zu belasten. So weit, sagte er, kann sein Geschmack an Galanterie ihn doch unmöglich verleiten.

Zwar, wandt' er sich wieder ein, hat er ja meine Erwartung schon in einem Stücke getäuscht; und so könnt' er es leicht auch in diesem. — Doch ich träume noch, glaub' ich; die Fälle sind einander zu ungleich. Das Opfer, das er bei so einer Heirat brächte, wäre zu groß; auch hat er hier volle Zeit zur Besinnung — denn in eine Liebe verstrickt zu werden, die ihn aller Besinnung beraubte, sieht ihm nicht ähnlich —; und welche Wahl er treffen kann, wenn ihm nur die Besinnung frei bleibt, ist keine Frage. Am Krankenbett des seligen Lyk sah er sich überrascht; er ist nur ein eitler und schwacher, kein verderbter, kein boshafter Mensch: es war natürlich, daß der erschütternde, ihm so neue Anblick eines Sterbenden, und die dringende Aufforderung, die so sehr zu rechter Zeit an sein Herz erging, ihn zu einem Versprechen hinrissen, das er bei kalter Überlegung wohl schwerlich gethan hätte, das aber, einmal gethan, nicht unerfüllt bleiben durfte, wenn er nicht geradezu als ein Mann von schlechter Gesinnung erscheinen wollte. — Und warum sollt' er denn nicht auch freudig gethan haben, was einmal gethan werden mußte? Warum sollt' er nicht, während er's that, in dem Bewußtsein seiner Rechtschaffenheit und in der Achtung, die er gegen sich selbst empfinden mußte, sich so wohl gefallen haben, daß er immer freudiger fortfuhr? Ich danke dem Himmel, wenn er bei dieser Gelegenheit in den Geschmack des Guten gekommen. Vielleicht, daß ihn das edlere Vergnügen wohl noch ganz von den armseligen Eitelkeiten abzieht, zu denen er bisher einen so unglücklichen Hang hatte; und dann vollends — leben Sie wohl, Madam Lyk, mit aller Ihrer Feinheit und Ihrem Weltton, und mit dem ganzen Gefolge von Liebenswürdigkeiten, das hinter Ihnen drein treten mag! Für meinen Sohn sind Sie nicht. —

Wenn diese Gedankenfolge des Herrn Stark, so richtig und bündig sie schien, dennoch nur wenig zutraf, so lag das an den beiden so gewöhnlichen Fehlern: daß er einen Charakter, der sich bis jetzt nur von gewissen Seiten entwickelt hatte, und den anderen sich selbst noch ein halbes Rätsel war, als schon völlig bekannt und ergründet voraussetzte; und daß er in die Vorstellung der Verhältnisse, worin er diesen Charakter handeln ließ, einige bedeutende Irrtümer brachte, deren Entstehungsart wir vielleicht künftig erfahren werden. Genug, daß für den Augenblick Herr Stark sich beruhigt fühlte und wieder einschlief; doch hatten wirklich die aufgestiegenen Dünste seinen Horizont ein wenig getrübt, und Sonnenaufgang war daher nicht ganz so heiter, als man bei Sonnenuntergang hätte erwarten sollen.

XVIII.

Frau Doktorin Herbst hatte den Besuch, den sie der Witwe zugedacht hatte, jetzt wirklich abgelegt; und kam mit Gesinnungen von ihr zurück, die sich aus denen, womit sie hinging, erraten lassen. — Die Frau war gerade nicht schön, aber reizend: es gab wohl andere Frauen, die, wenn auch nicht jetzt, wenigstens ehemal, bei der Vergleichung mit ihr gewonnen hätten, und die trotz aller Verwüstungen, welche ein zu häufiger Ehesegen anzurichten pflegt, sich noch immer zum Verwundern erhielten. Allein das Sanfte und Einnehmende in der Miene und dem Betragen der Lyk, ihre vortreffliche Kinderzucht, ihre Achtung gegen das Andenken eines Mannes, der durch seine sinnlose Verschwendung sie unglücklich gemacht, der sie aber gleichwohl geliebt hatte, ihre innige Dankbarkeit gegen den bewußten Freund, von dem sie nicht ohne Thränen im Auge reden konnte: alles das war von höherem Werte als Schönheit; und die Doktorin fühlte sich in solche Begeisterung dadurch gesetzt, daß sie ihrem Manne wiederholt erklärte: sie würde ihr Haupt nicht eher sanft legen, als bis sie die Verbindung zwischen ihrem Bruder und der Witwe zustande gebracht hätte. — „Es ist kein Weib auf Erden,“ sagte sie, „womit der Bruder glücklicher leben könnte; sie besitzt in ihrem natürlich-guten Verstande, in ihren durch Erfahrung bestätigten Grundsätzen, in ihrem zur Ruhe und zur Häuslichkeit so ganz sich hinneigenden Charakter gerade das, was dem Bruder not thut, und was der Vater selbst an der Gattin seines Sohnes nicht besser wünschen könnte.“

Der Dokter nickte hie und da mit dem Kopfe und murmelte „ja“; ging aber nachdenkend und verdrießlich umher. — „Was ist dir?“ fragte die Doktorin endlich.

„Ich komme von dem Gläubiger unserer Witwe, dem Horn. Du weißt, er hat für gegenwärtigen Augenblick ihr Wohl und ihr Wehe in Händen.“

„Nun? — O der nichtswürdige Mensch!“

„Kennst du ihn denn?“

„Aus seinem Gesichte nicht, aber aus deinem. — Was gilt's, er will ihr nicht länger nachsehen, will sie zu Grunde richten?“

„Das nun nicht; dazu ist er zu gottesfürchtig. Er will nur sein Geld.“

„Und aus ihr mag werden, was will! Nicht wahr?“

„Kümmert das einen Kaufmann?"

Die Doktorin bat in hohem Tone um Ausnahme für ihren Vater, die der Doktor mit Freuden machte; und nun fuhr sie ganz unbarmherzig über den Gläubiger her. Ohne daß sie diesen Horn je gesehen hatte, ward er vor ihrer Phantasie eins der häßlichsten, zurückschreckendsten Gesichter der ganzen Stadt. — „Ich möchte," sagte sie, „wundershalber den Elenden doch kennen lernen, der ein so braves, liebenswürdiges Weib, eine Mutter von zwei unmündigen Waisen, so schändlich verfolgen kann. — Aber nein! nein! Mich schaudert, wenn ich mir das Ungeheuer nur denke."

„Kind! Es ist ein ganz gemeines, plattes Menschengesicht, aus dem in der Welt nichts hervorleuchtet, weder Gutes noch Böses. Ein Gesicht, wie es unter den leeren Geldseelen so viele haben, und wie man sie an Börsentagen zu Dutzenden kann herumlaufen sehen."

„Aber," fuhr sie fort, „dachte denn der Mensch mit keiner Silbe an die Verbindlichkeiten, die er gegen dich hat? an die Krankheiten seines Weibes und seiner Kinder, wo du Tag und Nacht, mit Gefahr deiner eigenen Gesundheit — —"

„Ach schweig doch! Das ist ja alles bezahlt."

„Bezahlt? — Läßt sich so was bezahlen?"

„Und vielleicht, wenn er in seinem Buche mein Folium aufschlägt, bin ich bei ihm noch tief, tief in der Schuld. Denn: hat er mich nicht zu Tische gebeten? Hab' ich nicht, in Gesellschaft von Ratsherren und Matadoren, Fasanen bei ihm gegessen? Tokaier bei ihm getrunken?"

„Der Elende! — Ehre mir Gott meinen Vater!"

„Stille! Wer wird in solcher Gesellschaft ihn nennen? — Aber, mein Kind — damit wir das Wichtigste nicht vergessen — —"

„Ja wohl! Wie wir die arme Witwe aus seinen Klauen reißen —"

„Die nicht mehr; aber mich. — Meine Gutherzigkeit hat mir einen sehr üblen Streich gespielt, und ich kann darüber leicht ins Gefängnis wandern."

„Um's Himmels willen! Du hast dich an dem Menschen doch nicht vergriffen?"

„Pfui! Dazu acht' ich meine Hände zu hoch. — Ich habe nur aus Verdruß, weil nichts mit ihm auszurichten war, Feder und Tinte gefordert, habe mir den Betrag der Schuld auf Mark und Schilling angeben lassen, und habe ein Wechselchen ausgestellt — auf mich selbst: von etwas über dreitausend Mark; in acht Tagen zahlbar."

„Bravo!" sagte die Doktorin und flog ihrem Manne an den Hals. — „Aber ist es möglich, daß der fühllose Mensch einen Wechsel annahm? von dir!"

„Warum nicht? Ich habe das schöne Haus hier und habe dich. Ein drei-, viertausend Mark, und wenn auch noch etwas mehr, bin ich ihm wert; unbesehens!"

„Hast du denn aber Geld zu bezahlen?"

„Da steckt der Knoten. — Keine dreihundert Mark."

„Mann! Mann! So lieferst du ja dem Unholde dich selbst in die Hände."

„Freilich! — Denn was ich seit einiger Zeit gesammelt hatte, ist vorige Woche, wie du weißt, zu Kapital gemacht und ausgethan worden. Neue Einnahme, wenigstens beträchtliche, seh' ich fürs erste nicht ab; und geschrieben ist nun einmal der Wechsel und will bezahlt sein. — Indessen — weißt du, worauf ich mein volles Vertrauen setze?"

„Nun? Auf einen Rest von Scham bei dem Horn?"

„Nicht doch! — Auf die kluge Tochter des klugen Herrn Stark, die ich glücklicherweise zur Frau habe. — Die, mit ihrem Kopfe, hilft mir sicherlich durch." —

Eigentlich hatte der Doktor einen Anschlag auf den vollen runden Beutel gemacht, den der Vater, beim Besuche des Sohnes, unter den Spiegel gestellt hatte, und der seines Wissens noch unangerührt dastand. Allein die Doktorin, die nach abgestattetem Danke für das so gütige als gerechte Vertrauen, welches man in ihren Verstand setzte, ein wenig nachgesonnen hatte, schlug auf einmal in die Hände und rief: „Ich hab's!"

„Das Geld?" fragte der Doktor.

„Nein, aber die Art und Weise, wie wir's bekommen. Die Witwe selbst schafft es an."

„Die Witwe?"

„Und das von unserm Alten. Von meinem Vater."

„Von deinem Vater?"

„Nun ja! ja! Was giebt's denn da zu verwundern? — Einmal ist's doch notwendig, wenn wir unser Ziel erreichen wollen, daß der Alte die Witwe kenne; und eine bessere Gelegenheit dazu, als diese, wird sich nicht finden. — Kurz, sie macht einen Besuch bei dem Vater, bittet den Vater, gefällt dem Vater, bezahlt ihre Schulden, heiratet den Bruder."

„Himmel!" rief der Doktor, „und ich habe noch kein Kleid auf die Hochzeit. — Die kömmt mir rasch über den Hals. Ich will nur gleich in den Laden."

„Haha! — Aber spotte nur! spotte! Die Sache ist so gut wie geschehen. Es ist unmöglich, wenn der Vater die Witwe sieht, daß sie ihm nicht gefalle, und auf dieses Gefallen bauen wir dann weiter fort, bringen ihn von allen seinen Vorurteilen zurück, lassen ihn die Heirat nicht bloß genehmigen, sondern selbst wünschen."

„Wenn er nun aber die Witwe nicht vorläßt; wie da?"

„Leere Grille!"

„Oder wenn er wohl gar — was wir doch wirklich zu fürchten haben — sie ungütig aufnimmt?"

„Wenn er —?" Sie stand hier einen Augenblick stille, und sah auf den Boden. — „Mann!" rief sie dann aus: „du bist mitunter doch allerliebst. Ich möchte dich küssen für deinen Einfall."

„Für welchen?"

„Daß er sie ungütig aufnehmen könnte. — O, wenn der Himmel das wollte!"

„Versteh' euch Weiber ein anderer!"

„Komm! Ich eröffne dir das Verständnis. — Nicht wahr? Wenn der Vater sie ungütig aufnimmt, so begeht er, ganz gegen seine sonstige Art, einen Fehler, den er durchaus, es koste auch was es wolle, wieder wird gut machen wollen; so setzt er sich selbst aus der guten Laune heraus, in der es immer so schwer wird, ihn zu fassen und mit ihm fertig zu werden; so sind wir auf einmal, und gleichsam durch einen Sprung, an dem Ziele, zu dem wir uns sonst — wer weiß wie langsam und durch wie viel Schwierigkeiten? — hindurchwinden müßten."

„Alles gut!" sagte der Doktor. „Wenn nur nicht zu besorgen wäre — —"

„Freilich! — Daß er den Fehler nicht macht."

„Ganz im Gegenteil! - Daß er ihn nicht für Fehler erkennt."

„Ach, wenn er ihn nur erst macht! Die Erkenntnis wollen dann wir ihm schon verschaffen."

„Aber, mein Kind" indem er bedenklich den Kopf schüttelte,

und eine sehr ernsthafte Miene annahm — „dem eigenen Vater eine Falle zu legen — ich weiß nicht — —“

„Eine Falle! — Was nun das wieder ist! Eine Falle! — Ich sinne in der Welt auf nichts Arges, nur auf Liebes und Gutes; und da kömmt der Mann und erhebt ein Geschrei, als ob ich über Tücke und Hinterlist brütete. — Wer hat mir denn das Basiliskenei in mein Nest geschoben, als eben er? Wer hat den unglücklichen Einfall gehabt, als ob der Vater sich übel benehmen könnte? Er wird sich sehr gut benehmen, sehr gut. Das soll der Herr Doktor nur wissen!“ — Mit diesen Worten ergriff sie ihre Enveloppe, und war schon längst auf der Straße, als der Doktor noch immer den Faden suchte, woran er seinen kasuistischen Knäuel entwirren könnte.

XIX.

Die Verwunderung, womit Madam Lyk ihre neue Freundin so schnell zurückkommen sah, ging in Freude über, als sie den glücklichen Ausgang der Unterhandlung mit Horn erfuhr; aber diese Freude wieder in Unruhe, als die Doktorin fragte, ob sie außer diesem Horn, den sie nun freilich fürs erste los sei, nicht noch andere Gläubiger habe?

„Ich hoffe,“ sagte die Witwe, „keine so dringende und so ungestüme.“

„Gesetzt aber, daß ihrer mehrere aufwachten; wie da? — Wär' es nicht für Ihre Ruhe sehr wesentlich, meine Freundin, lieber allen auf einmal den Mund zu stopfen?“

„Wenn mir das möglich wäre; wie gerne! — Aber ohne Zeit, die man mir läßt, und ohne Zutrauen, das man mir schenkt — —“

„Kennen Sie meinen Vater?“ fiel die Doktorin ein.

„Der Person nach — kaum. Sehr von weitem.“

„Aber dem Charakter nach? Der Denkungsart nach?“

„Da hab' ich die höchste Meinung von ihm. Ich schließe auf den Vater von seinen Kindern.“

„Die geraten nicht immer. Glauben Sie mir, die Kinder des alten Stark könnten besser sein, wenn sie dem guten Vater ähnlicher wären.“

„Sie sagen für meine Erkenntlichkeit allzuviel."

„Für mein Herz allzuwenig." — Und nun fing sie an, ein Gemälde zu entwerfen, das zwar wirklich dem alten Herrn ziemlich ähnlich sah, das aber gleichwohl für ein Bildnis, wofür es doch gelten sollte, zu wenig Eignes und Unterscheidendes hatte. Eine zu gerührte kindliche Dankbarkeit, und eine zu lebhafte Begeisterung, die immer idealisiert und verschönert, hatten die Farben gemischt und den Pinsel geführt. Indessen war eben durch diesen Fehler das Gemälde um so geschickter, der Witwe ein unbedingtes Vertrauen einzuflößen, und eine lebhafte Begierde nach einer so vortrefflichen Bekanntschaft bei ihr zu wecken. Wäre mitten unter den schönen Zügen des verständigen, menschenfreundlichen, großmütigen Mannes auch die ernste Falte des Sittenrichters und das heimliche Lächeln des Spötters, die doch so sehr zur Physiognomie des Herrn Stark gehörten, sichtbar geworden, so würde freilich jenes Vertrauen sehr geschwächt, und diese Begierde sehr gedämpft worden sein.

Die Witwe bezeugte in den kräftigsten Ausdrücken ihre Bewunderung, ihre Verehrung, und war nicht wenig neugierig, wohin das alles gemeint sei.

„Kennen Sie — muß ich noch weiter fragen — das Blumsche Haus?"

„O sehr wohl. Ich bin Schuldnerin auch von ihm."

„Und wie nimmt es sich? Gut?"

„Mehr als gut; äußerst edel. Es hat mir die großmütigste Nachsicht von vielen Monaten bewilligt."

„Bloße Pflicht, meine Freundin! — Es hat sich, wie ich sehe, seiner eigenen Geschichte und der großen Verbindlichkeiten erinnert, die es ehemal gegen den guten seligen Lyk, Ihren Schwiegervater, hatte."

„Davon weiß ich nichts," sagte die Witwe.

„Mir schwebt es vor, wie im Traume. — Ich war noch ganz jung, als einst mein Vater sehr spät von der Börse kam, und den ganzen Tag von nichts als von einem gewissen Blum sprach — dem Großvater des jetzigen — der seine Zahlungen eingestellt hatte, und dessen Fall man für unvermeidlich ansah. Mein Vater, obgleich in keiner Handlungsverbindung mit ihm, nahm den lebhaftesten Anteil an seinem Schicksal, und zeigte sich höchst erbittert gegen gewisse heimliche Neider, die den ehrlichen schuldlosen Mann verfolgten, und seinen Fall zu befördern suchten. Er faßte den Entschluß, ihn womöglich zu retten; und der alte Lyk, immer vertrauter Freund unsers Hauses, war von gleicher Gesinnung. Mein Vater untersuchte hierauf die Bücher von Blum, fand seine Rettung, wenn er gehörig unterstützt würde, sehr mögli sowie ihn selbst an seinem Falle — oder ich sollte sagen, an seiner Verlegenheit — völlig unschuldig."

Die Witwe sah bei diesem letzten Zuge nieder und seufzte.

„Und nun nahm er, in Verbindung mit Lyk, die ganze Schuldenlast auf sich, bezahlte die Ungeduldigen bar, setzte den andern Termine und machte mit einem Worte der Verlegenheit und der Verfolgung des Mannes ein Ende. — Was mir, als Kind, diesen Auftritt tief ins Gedächtnis prägte, war mein Erstaunen, einen alten ehrwürdigen Mann mit schlohweißen Haaren, der meines Vaters Vater hätte sein können, so bitterlich weinen zu sehen. Der gute Mann war ganz aufgelöst in Dankbarkeit und in Rührung. — Er betrat nachher unser Haus sehr oft, der alte, freundliche Blum, und befestigte sein Andenken bei mir durch eine Menge kleiner Spielsachen und Näschereien, die er mir immer zuzustecken pflegte. — — Nun, meine Freundin? Darf ich noch erst sagen, wo ich hinaus will? — Mein Vater ist noch immer der Alte, sein Wille zu helfen der alte, sein Vermögen dazu — aber nein! Das ist nicht mehr das alte; das hat sich indes verdoppelt, vielleicht verdreifacht: und also — was kann Sie hindern, ihm ohne Umstände den Antrag zu thun, daß er an Ihnen, wie ehemal an Blum handeln und alle Ihre Schulden übernehmen wolle? — Ihre Kinder sind seines Freundes Enkel; überlegen Sie das!"

Die Witwe war über diesen Vorschlag nicht bloß erstaunt, sondern erschrocken. Ihre Dankbarkeit trieb sie an, den Rat einer so wohlmeinenden, so zärtlich um sie bekümmerten Freundin nicht zu verachten; und doch zeigte ihre natürliche Blödigkeit ihr die Befolgung dieses Rats als für sie unthunlich, als beinahe unmöglich.

„Kann ich" — fing sie zu stottern an — „kann ich den Mut haben, Frau Doktorin — ich eine Fremde — eine ihm völlig Unbekannte — —"

„Sie dürfen sich in der That nicht bedenken Der Dienst, der Ihnen geleistet wird, ist zwar dankenswert, aber nicht groß.

Ihre Sachen, hör' ich, sind durch meinen Bruder bereits in Ordnung; eine Durchsicht Ihrer Bücher ist nicht mehr nötig; Gefahr zu verlieren ist bei Ihnen keine: und also — — Ich lasse nicht ab, liebe Freundin. Ich bin ein eigensinniges Weib. Sie müssen mir Ihr Wort darauf geben, daß Sie morgen am Tage zu meinem Vater gehen."

Der Witwe stand der Schweiß vor der Stirne. Aber die Doktorin, obgleich nicht ohne Mitleiden mit ihr, hörte nicht auf, ihr zuzusetzen.

„Freilich," sagte sie, „wär' es natürlicher, Sie an meinen Bruder, als an meinen Vater zu weisen; denn jenen kennen Sie schon, und ohne Zweifel wissen Sie selbst, wie viel Hochachtung er gegen Sie hegt, mit welcher Herzlichkeit er Ihnen ergeben ist — —"

Eine feurige Röte, die sogleich wieder in Blässe überging, flog der Witwe über die Wangen. Die Doktorin wollte nicht das Ansehen haben, sie zu bemerken.

„Allein der seltsame Mensch — Gott mag wissen, aus welcher Grille? — will ja von hier, will sich von seinem Vater trennen, und eine Handlung unter eigner Firma errichten. — Außer daß er den Einfluß und das Gewicht nicht hat, wie mein Vater, so braucht er gegenwärtig sein bißchen Armut für sich: und so sehen Sie wohl — —"

„Ich sehe alles," sagte die Witwe. „Ich bin Ihnen für Ihre Teilnahme, für Ihre so unverdiente, grenzenlose Güte unaussprechlich verbunden: allein, da doch gegenwärtig noch keine Not ist; da Horn, wie Sie selbst mich versichern, fürs erste schweigt, und da die übrigen Gläubiger mich nicht drängen — —"

Die Doktorin, ob sie gleich sehr ungern diesen Schritt that, sah sich genötigt, mit der vollen Wahrheit herauszugehen, und der Witwe zu sagen, daß, wenn sie den Gang zu ihrem Vater verweigerte, ihr guter Mann wegen eines für sie ausgestellten Wechsels ins Gedränge kommen, und nicht wissen würde, wie er den ungestümen, hartherzigen Horn befriedigen solle. — Dieses einzige, unerwartete Wort war entscheidend; die Witwe versprach nun heilig, obgleich mit schwerem, mutlosem Herzen, daß sie morgen im Tage dem alten Herrn Stark ihre Ehrerbietung bezeugen wolle.

XX.

Es war um Theezeit; und die Doktorin, die sich den Mund ganz trocken gesprochen, aber bei der Witwe den Thee verbeten hatte, kam auf den Einfall, ihn bei der Mutter zu trinken. Sie fand hier zugleich den Vater, der dann und wann bei der Alten ein Schälchen nahm; und zufälligerweise auch Monsieur Burg, den Madam Stark soeben wegen eines Gerüchtes ausfragte, das ihr zu Ohren gekommen war. Es hieß, ein ziemlich bemittelter Oheim von Burg, den dieser zu beerben gehofft hatte, sei noch in seinen alten Tagen schlüssig geworden, sich zu verheiraten. — „Ist das wahr?" fragte die Alte.

„Leider wahr!" sagte Monsieur Burg.

„Aber wie in aller Welt kömmt er auf den Gedanken? Ich hätt' ihn für vernünftiger angesehen."

„Wie?" sagte der Alte, den die Lust, sie ein wenig zu necken, ankam. „Ist Heiraten Unvernunft, Mutter?"

„Behüte! Es wäre Lästerung, das zu sagen. Ehe ist ja eine Einsetzung von Gott."

„Das mein' ich! Und eben deswegen, Mutter — weil der alte Oheim, nach langer Verblendung, das endlich einsieht, so bereut er sein bisher geführtes sündliches Hagestolzenleben, und kriecht zu Kreuze."

„Jaja!" rief hier Monsieur Burg, dem der wahrscheinliche Verlust der Erbschaft schwer auf dem Herzen lag —: „Kreuz soll er schon finden, denk' ich, das soll er finden!"

„Lieber Monsieur Burg!" sagte die Alte, und nahm einen andächtigen Ton an, „auf Erden hat wohl jeder sein Kreuz; und was der Himmel dem Oheim auferlegt, muß er tragen, und muß darüber nicht murren. Das ist Pflicht eines Christen."

Die Doktorin hatte Not, nicht zu lachen. — „Aber," sagte der Alte, „du hörst ja, daß er der Trübsal willig entgegengeht, und daß er sich ganz demütig in die Schule der Geduld begiebt. Was verlangst du denn mehr? — — Alberne Menschen übrigens sind diese Hagestolzen; das ist gewiß. In der Jugend hüten sie sich sorgfältig vor einer Thorheit; und im Alter begehen sie dafür eine Narrheit."

„Ei, ei!" rief die Doktorin aus. „Lieber Vater!"

„Was ist?" —

„Sie waren ja sonst ein so großer Freund, ein so eifriger Verteidiger des Ehestandes.“

„War ich? — Nun, so will ich's auch bleiben, und will die Thorheit geschwind zurücknehmen. Doch die Narrheit, Kind, mußt du mir lassen.“

„Drollicht! — Aber ich bin's zufrieden. Es gilt.“ —

„Und ist's denn wahr,“ fuhr die Alte zu untersuchen fort, „daß die Person, in welche sich der Oheim verliebt hat — —“

„Verliebt, Mutter? Hat er sich denn wirklich verliebt? — Ich dachte, er heiratete bloß aus Zerknirschung.“

„Wenigstens,“ sagte Monsieur Burg, „kann die Zerknirschung noch kommen. Das Weib soll häßlich sein, wie die Nacht. — Und Kinder bringt sie ihm obendrein in das Haus. Ganzer zwei.“

„Wirklich? — Nun, das war's,“ sagte die Alte, „was ich im Sinne hatte, und wornach ich vorhin Ihn fragen wollte. — Also eine Witwe nimmt er zur Frau? und eine Mutter von Kindern? Hm!“ —

„Von zwei lebendigen Kindern.“

„Hmhm!“ —

„Scheint dir das sonderbar, Mutter? Mir nicht. Mir scheint es das Vernünftigste bei der Sache. — Wenn Kinder da sind, so wird denn doch der Alte mit Ehren Vater. — Eine Witwe zu heiraten, ist immer die beste Art, zu fremden Kindern Vater zu werden.“

„Und was giebt's denn für eine andere?“ fragte die Alte ganz ehrbar. — „Ach ja!“ — indem die Tochter, die sich nicht länger halten konnte. von Herzen zu lachen anfing, und der Vater mit einstimmte. — das treuherzige Ach ja! war nicht gemacht, dieses Lachen zu dämpfen; und die Mutter, so sehr sie sich anfangs dagegen sträubte, lachte am Ende mit. —

Herr Stark, wie man sieht, war in seiner Feiertagslaune; aber sicher hätt' er ihr nicht den Zügel schießen lassen, und hätte sich keins seiner Späßchen erlaubt, wenn nicht Herr Wraker, der alte Oheim von Burg, ein bekannter Ausschweifling gewesen wäre, der die Hochachtung von keinem Menschen, und also auch nicht von dem Neffen hatte. — Indessen, als in der Folge des Gesprächs sich der gekränkte Eigennutz des jungen Mannes immer stärker verriet, und er sich endlich zu bittere, zu unanständige Glossen erlaubte, wies ihn Herr Stark zwar liebreich, doch alles Ernstes, zurechte. — Er berührte zuerst den Hauptpunkt der wahrscheinlich verlorenen Erbschaft, und erklärte diesen Verlust für nichts weniger als ein Unglück; denn, meinte er, Monsieur Burg sei ja Manns genug, um durch eigene Kräfte sein Glück zu machen; und so ein Glück habe immer mehr Wert, als ein anderes, das durch Erben oder durch Heiraten erlangt werde. — „Wenn man," sagte er, „die hiesigen großen Häuser der Reihe nach durchgeht, so findet man, daß sie alle entweder vom lebenden Stifter selbst, oder höchstens vom Vater her sind; die vom Großvater her sind schon alle wieder im Abnehmen, im Sinken. 'Selbst ist der Mann!' sagt ein Sprichwort, das für alle Stände, und besonders auch für den unsrigen, wahr ist." — Dann kam Herr Stark auf die Liebesgeschichte des Herrn Wraker, und fand auch an ihr eine Seite, von der sie ihm gar nicht mehr so thöricht und lächerlich vorkam. — „Der Bräutigam," sagte er, „ist freilich ein altes morsches Geripp von Manne, das eher für den Sarg als fürs Ehebett taugt, und die Braut eine ziemlich mißgeschaffene, klapperdürre Schöne, deren hervorstehender Zahn und blinzelndes Auge nicht den besten Hausfrieden verspricht; aber, Monsieur Burg! seh Er einmal — ich bitt' Ihn — von diesen Hauptpersonen ein wenig ab auf die Nebenpersonen, die kleinen hülflosen Kinder! Wie, wenn die Mutter bei sich selbst überlegt hätte, daß sie nur herzlich arm, und daß Armut eine rauhe Witterung ist, worin solche zarte junge Pflänzchen leicht ersterben oder verkrüppeln? wenn sie die ihrigen an die sanftere mildere Luft der Wohlhabenheit hätte bringen wollen, um ihnen ein früheres Wachstum, ein schnelleres Gedeihen zu sichern? Dann wäre, von ihrer Seite, die Heirat schon nichts so gar Thörichtes mehr, eher etwas sehr Mütterliches und Kluges. — Und von Seiten des alten Wraker? Wie, wenn auch der sich durch Gründe hätte bestimmen lassen, die weit mehr unsere Billigung, als unsern Tadel verdienten? wenn er, nach einem Leben voll Ausschweifungen, noch zuguterletzt etwas Verdienstliches hätte thun, und das Glück von ein Paar unschuldigen Wesen hätte gründen wollen, die es vielleicht erkennen und sein Andenken in Ehren halten? — Freilich kränkt er darüber den guten Neffen, der sonst sein nächster Erbe gewesen wäre; aber — mag er gedacht haben — ein Mann, wie der, der so reiche Hülfsquellen in sich selbst hat, und der zu so einem Verluste nur lacht — —"

„O, das thu' ich auch; das thu' ich recht von Herzen!“ sagte Monsieur Burg, indem er mit grinsender Miene, die ein verachtendes Lachen ausdrücken sollte, sein Oberschälchen umwandte, und sich empfahl. —

Die Tochter ergriff die Hand des Vaters, um sie zu küssen. — „Das thu' ich im Namen der Kleinen,“ sagte sie, „für die Sie sich so nachdrücklich erklärt haben. — Ach, was solche arme kleine Waisen mich jammern! — So oft mir dergleichen vorkommen, möcht' ich gleich einen recht wackern jungen Mann zur Hand haben, den ich ihnen wieder zum Vater gäbe.“ —

„Und der Witwe zum Manne; nicht wahr? Denn warum er sonst eben jung sein sollte — —“

„Wie? Das sehen Sie nicht? — Damit er mir nicht zu früh wieder wegstürbe; und ich dann neue Not mit den Kindern hätte.“ —

„Sieh, sieh!“ sagte der Alte. „Kömmt's so herum? Fein genug!“

„Aber, Sie wollen vielleicht, daß Witwen nur lauter schwache, gebrechliche Männer heiraten sollen; Krückenstößer, wie den Wraker, die zu nichts weiter taugen, als fremder Leute Kindern Brot zu verschaffen? — Die armen Witwen!“

„Ei nicht doch! nicht doch! Wenn sie nur selbst noch nicht alt sind — — denn das gesteh' ich dir, eine Heirat zwischen einem jungen Manne und einem alten Weibe ist mir zuwider.“ —

„Das ist sie wohl jedem. — Nein; meine Witwen sind so im Anfang der zwanzig, sind überdies noch brav, gefällig, haushälterisch, fromm — —“

„Aber häßlich; nicht wahr?“

„Behüte Gott! Eher schön.“

„Nun, was fragst du denn lange? — Gieb sie, an wen du willst, an die jüngsten und die wackersten Männer! Ich bin es herzlich zufrieden.“ —

„Brav, Väterchen! Herrlich, Väterchen!“ dachte die Tochter; „wir wollen dir dieses Wort zu seiner Zeit wieder vorhalten. Es geht dich näher an, als du wohl denkst.“ Und nun machte sie sich auf leichten Füßen davon, um nach Art braver Eheweiber, die für den Mann ihres Herzens keine Geheimnisse haben, dem ihrigen alles Vorgefallene zu berichten.

XXI.

„Ist wohl nicht möglich!“ — sagte Herr Stark, als Monsieur Schlicht mit der Nachricht hineintrat, daß Madam Lyk ihn zu sprechen wünsche. — „Er wird sich verhört haben, mein lieber Schlicht. Meinen Sohn wird sie sprechen wollen.“

„Nein, Sie! Sie! Ich hab' ausdrücklich gefragt.“

„Hm! Also mich? In der That? — Nun, so führ' Er sie gegenüber in das Besuchzimmer. Ich werd' erscheinen. — Was in aller Welt kann das sein? Wie komm' ich zu einer so galanten Visite? — Es ist ja wohl kaum halb zehn“ — indem er nach seiner Uhr sah; — „und die Frau ist schon auf? ist schon angezogen? hat schon ihre Chokolade getrunken? Das ist ja ganz außer der Regel!“ — Er trat, seiner Gewohnheit nach, vor den Spiegel, um sich den Stutz gerade zu rücken. — „Wirst schon wieder schief zu stehen kommen,“ sagte er lächelnd; „aber, mein guter Stutz — — Glück werden wir ohnehin nicht mehr machen. Wir sind zu alt, sind so sehr außer der Mode.“ — —

„Ich sollte erröten,“ sagte die Witwe, die durch das Studium einer ganzen langen Nacht keinen bessern Eingang hatte ersinnen können; „ich sollte, wegen der Störung und des Zeitverlustes, die ich verursache — —“

Die Verlegenheit und die Furcht der guten Frau hatten ihre Stimme so sehr gedämpft, daß der Alte, der nach Art der Schwerhörigen ihr scharf ins Gesicht sah, und dadurch ihre Verlegenheit noch vermehrte, nur aus der Bewegung ihrer Lippen abnahm, sie müsse reden. Auch das Zurückstoßen des Stutzes ließ ihn nur ein leises, undeutliches Murmeln, keine eigentlichen Töne vernehmen. — „Ich muß Sie bitten,“ fing er jetzt an, „mir eine Schwachheit des Alters zugute zu halten; ich habe, wenn die Witterung kalt wird, einen Fluß auf dem rechten Ohre, der aber, gottlob! so arg nicht ist, daß ich, wie mein Nachbar, ein Hörnchen mit mir herumtragen dürfte. Haben Sie nur die Gefälligkeit, ein wenig lauter zu reden, und ich werde Sie hören.“

Diese Aufforderung zum Lautreden vermehrte das Herzklopfen der Witwe, die schon so des Atems wenig genug, und dabei ein Anliegen hatte, das seiner Natur nach nicht wollte geschrieen werden. Es kam ihr äußerst gelegen, daß eben jetzt Herr Stark sie zum Niedersitzen auf das altmodische rohrgeflochtene Kanapee einlud; denn kaum erhielt sie, bei ihrer heftigen innern Bewegung, sich auf den Füßen. Es gelang ihr jetzt, dem alten Herrn zu bedeuten: daß ihre große Verpflichtung gegen seinen würdigen Sohn, der durch lange mühsame Arbeit sie aus einer höchst unangenehmen Verwirrung gezogen, ihr ein gerechtes Vertrauen auch gegen den Vater einflöße, und daß sie hoffe — — Hier sank ihr die Stimme wieder; und Herr Stark brachte nicht heraus, was sie denn hoffe: daß er nämlich gleiche Großmut beweisen, und wenn sie von diesem oder jenem ihrer Gläubiger gedrängt werden sollte, ihr seinen einsichtsvollen Rat und selbst seine thätige Unterstützung nicht versagen werde. Er bezog die paar Wörter, die er verstand: Großmut, Rat, Unterstützung, noch immer auf seinen Sohn; und deutete, weil sie jetzt auch von Dank sprach, ihre Hoffnung bloß dahin: daß er ihren Besuch gütig aufnehmen, und sich ihren Dank für die ihr erwiesene Hülfe werde gefallen lassen. Dem gemäß erwiderte er, zu nicht geringem Erstaunen der Witwe: daß sie sich in ihm ganz an den Unrechten wende, indem er alles, was sein Sohn für sie gethan, erst spät hinterher erfahren, und daß er also ihren Dank unmöglich annehmen könne. — „Unsere jungen Herren,“ sagte er, „pflegen die Väter nicht zu ihren Vertrauten zu nehmen; sie fürchten, daß man jede Art von Eröffnung als schuldige Rechenschaft von ihrem Thun und Lassen ansehen werde; und sich einem solchen Zwange zu unterwerfen, sind sie ganz und gar nicht gemeint.“ —

Die Witwe rang, in einer ziemlich langen, ängstlichen Pause, mit sich selbst, wie sie das nehmen, und ob sie im Gespräche fortfahren oder es abbrechen solle. Sie konnte kaum anders, als das trockene Hinweggehen über den Hauptpunkt in ihrer Anrede für ein geflissentliches Ausbeugen und Ablehnen nehmen; und was der Vater vom Sohne sagte, schien sogar das Betragen desselben zu mißbilligen. Indessen war es möglich, daß Herr Stark nur übel gehört hatte; und so raffte sie sich zusammen, um auf einem andern Wege das Gespräch wieder einzuleiten. — Die Doktorin, sagte sie, habe ihr die Freundschaft gerühmt, die ehemal zwischen Herrn Stark und ihrem verstorbenen Schwiegervater, dem alten Lyk, geherrscht habe; und sie lebe der Hoffnung — —

Auf dieses Wort, welches Herr Stark vollkommen verstand, gab er die passende Antwort: daß er den alten seligen Lyk von seiner Kindheit an gekannt, und schon in den ersten Schuljahren sein Freund gewesen; daß sie nachher, ihr ganzes Leben hindurch, in sehr enger Verbindung gestanden, und daß sie gewiß, in vorkommendem Falle, ihre gegenseitige herzliche Freundschaft sich aufs thätigste würden bewiesen haben. — „Aber," sagte er, „so ein Fall kam, gottlob! nicht vor; wir hielten beide unsere Geschäfte in guter Ordnung, und verschlemmten und verschleuderten nicht: und wo das ist, da ereignen sich die Umstände nicht leicht, in welchen der Freund dem Freunde einen ausgezeichneten Dienst leisten, oder wohl gar eine Aufopferung für ihn machen könnte." —

Wenngleich diese Anmerkung nichts weniger als Schmeichelei sein sollte, so hatte sie doch bei weitem den Sinn nicht, den die Witwe ihr gab, und den sie nach dem obigen Mißverstande — oder jetzt kaum mehr Mißverstande — fast gezwungen war ihr zu geben. Sie glaubte, einen bittern Vorwurf über die Unordnung zu hören, die ihr verstorbener Mann in seine Geschäfte hatte einreißen lassen, glaubte sich zum zweitenmale empfindlich zurückgewiesen, und erblaßte und errötete, im Gefühl ihrer peinlichen Lage, eins um das andere. Herr Stark, der ohne Brille nicht scharf mehr sah, ward von ihrem Zustande nichts inne.

„Sie haben," fing er nach einigen Sekunden wieder an, „den guten alten Schwiegervater wohl nicht mehr gekannt?"

„Nie" — sagte ihm ein stilles, schwaches Kopfschütteln der Witwe.

„Und seine Frau, die alte redliche Mutter Lyk, wohl eben so wenig?"

„Ebenso wenig" — sagte ihm ein abermaliges Kopfschütteln; denn die Witwe, der das Herz immer voller und schwerer ward, war nicht imstande zu reden. —

Hätte Herr Stark von der jetzigen wirklich bedrängten Lage der Witwe, und besonders von ihrer Absicht auf ihn, nur die mindeste Ahnung gehabt, so würde er, bei seiner wahrhaft großmütigen Denkungsart, und seiner Achtung für Unglückliche, ihrer sorgfältig geschont, und jedes seiner Worte genau bewacht haben; aber so hielt er, in seiner Unwissenheit über beides, es gar nicht für übel gethan, wenn er ihr von seinen Gedanken über echten weiblichen Wert eine kleine Eröffnung machte. —

„Sie haben," sagte er, „viel verloren, Madam; Sie hatten eine sehr vortreffliche Schwiegermutter. — Freilich war sie im Grunde nur Hausfrau; aber mehr zu sein, kam ihr auch nie in den Sinn: der Mann, glaubte sie, gehöre der Welt; die Frau dem Mann und den Kindern. Das war so der ehemalige alte Glaube, worin man die Töchter erzog, und wobei nun freilich die Mädchen nicht so fein und niedlich wie jetzt, aber dafür desto braver und wirtschaftlicher, und einem Manne, der an sein Fortkommen dachte, desto lieber und werter wurden. Der alte Lyk sagte mir oft, daß er diese herrliche Frau als seinen besten Segen von Gott betrachte, und daß er ohne sie bei weitem nicht in so guten Umständen sein würde, als er es wäre. Er liebte und achtete sie ungemein; auch wohl mit deswegen, weil sie ihm viel Ehre machte: denn sie galt in der ganzen Stadt für die beste und erfahrenste Wirtin, und war für unsere Weiber, in jeder häuslichen Angelegenheit, das allgemeine Orakel. — Dabei war sie nichts weniger, als peinlich, oder gar mürrisch: Sie hätten sehen sollen, Madam, mit wie einnehmender Freundlichkeit sie den Gästen entgegenkam, die der alte Lyk fast jedesmal von der Börse mit sich brachte; wie sie sich freuen konnte, wenn bei der Bewirtung, die immer nur bürgerlich, aber reichlich und anständig war, ihre Gerichte schmeckten, und wenn die kleine Gesellschaft während des Essens recht gesprächig, recht laut ward. Sie fragte dann mit den Augen ihren Mann, der alle ihre Blicke verstand; und sobald er gewinkt hatte, war sie in zwei, drei Sprüngen zum Keller hinunter, und holte selbst von dem besten alten Rheinwein herauf, der uns dann noch beredter, noch fröhlicher machte. — Sehen Sie, Madam! Mit so einer liebreichen, frohen, wirtschaftlichen Hausfrau waren wir damaligen Männer über und über zufrieden, und nannten sie, wie sie's auch wirklich war, unsern Schatz und unser Herz; heutzutage, wo sich der bürgerliche Ton immer mehr in den adligen, auch wohl hie und da in den fürstlichen hinaufzieht, wären das gemeine, abgeschmackte Ausdrücke: da nennt man, glaub' ich, die Frau mein Kind; aber ich weiß doch kaum, wen ich glücklicher preisen soll, ob den ehemaligen Mann mit dem Schatze, oder den jetzigen mit dem Kinde. — Doch Sie verzeihen, Madam; ich plaudere da ein Langes, ein Breites, und weiß selbst nicht, wozu? Denn daß andere Zeiten andere Sitten bringen, ist ja natürlich." —

In dieser Art von Standrede auf die verstorbene Schwiegermutter fand sich wieder so manches Empfindliche, daß die Witwe den Zweck ihres Besuchs nun völlig aufgab, und sich Herrn Stark auf der Stelle würde empfohlen haben, wenn nicht ein jäher Schwindel, in welchem alles vor ihren Augen zu taumeln und zu tanzen anfing, ihr das Aufstehen verboten hätte. Gleichwohl mußte sie dieses Aufstehen versuchen, als sie sich plötzlich von zwei weiblichen Stimmen begrüßen hörte, worunter sie die der Doktorin sogleich unterschied. Die liebe Neugier hatte diese und die Mutter herbeigeführt: die eine, um zu erfahren, wie es stände, und um nötigenfalls die Witwe zu unterstützen; die andere, um eine Person näher kennen zu lernen, die ihrem Sohne so verpflichtet, und wie man ihr nicht verborgen hatte, zugleich ihm so wert war.

„Mein Gott! was ist Ihnen?“ rief die Doktorin aus, die den Zustand der Witwe auf den ersten Blick erkannte, und ihr rasch entgegensprang, um sie zu halten. — „Wohl gar in Ohnmacht?“ fragte erschrocken Madam Stark; und: „Nimmermehr!“ rief verwundert der Alte; während die Kranke aus den Armen der Doktorin auf das Kanapee glitt, und plötzlich ohne Atem und Farbe, wie eine Leiche, dalag. Die Doktorin rief nun laut um Hirschhorngeist; die Mutter eilte in die Küche nach frischem Wasser; Herr Stark holte Hoffmannschen Liquor; und in kurzem war auch Monsieur Schlicht und das ganze Haus in Bewegung. — Endlich war Madam Lyk insoweit wieder hergestellt, daß sie sich getraute, zu Fuß und ohne Begleitung nach Hause zu kommen. Aber das gab niemand zu, und am wenigsten der alte Herr Stark, der sich überhaupt so gütig und herzlich benahm, daß die Witwe an seiner Gesinnung gegen sie ganz wieder irre ward. Er ließ einen Wagen holen, in welchen, nach seiner Anordnung, die Doktorin zuerst hineinstieg, um, während man der Witwe von außen nachhülfe, ihr von innen die Hand zu reichen. Auch Monsieur Schlicht, der trotz seines Alters noch sehr berührig und kraftvoll war, mußte hinein, mit der Anweisung: sobald der Wagen hielte, herauszusteigen, um Madam Lyk den Arm zu bieten, aber ja, wenn sie wieder schwächer würde, erst Hülfe aus dem Hause zu rufen, und sich nicht zu viel auf eigene Kraft zu verlassen. —

„Nun?“ fragte der Alte, sobald er sich mit der Mutter wieder allein sah: „kannst du mir sagen, was das hieß? was das vorstellen sollte? Ich für mein Teil verstehe kein Wort. — Die Frau kömmt am frühen Morgen gegangen, und reißt mich aus meinen Geschäften: ich denke nicht anders, als sie will Wechsel auf England oder auf Holland kaufen; aber am Ende — was hat sie bei mir zu thun? — In der Welt Gottes nichts, als in Ohnmacht zu fallen. — Ist das etwa jetzt neuer Ton? Macht man zu London und zu Paris solche Morgenvisiten?"

„Wie du nun bist!" sagte die Alte. „Ein Frauenzimmer wandelt ja leicht etwas an."

„Ein Frauenzimmer! — Warum denn aber dich und die Doktorin nicht?"

„Je nun — eine ist ja nicht, wie die andere."

„Mutter! — Wenn alle die Weiber, die den ganzen Tag, mit Roman und Komödie in der Hand, auf dem Sopha liegen, oder die auch den Morgen am Putz- und den Abend am Spieltisch vergeuden; wenn sie hübsch, wie du und die Doktorin, von früh bis spät auf den Beinen wären, um sich in ihrer Wirtschaft herumzutummeln: ich wette, wir würden von keinen Krämpfen und Schwindeln und Ohnmachten, und wie das Zeug alles heißt, weiter hören. — Zwar einmal" er drohte ihr erst mit dem Finger, und nahm dann ihre dürre, welke Hand, um sie zu liebkosen — „einmal spieltest du mir auch einen Streich; da war ich in rechtschaffener Angst. — Doch das war auf dem Bette der Ehren, bei der Niederkunft mit der Tochter; und für so eine Ohnmacht alle mögliche Hochachtung! Die hat denn doch Hand und Fuß."

„Böser Mann!" sagte die Alte, mit einer Miene, die halb schmunzelte und halb schmollte: „laß doch solche Dinge nun aus dem Kopf! Das sind ja alte Geschichten."

XXII.

Bald nach dem Mittagessen erschien der Doktor: teils, um sich nach der Gesundheit, teils — oder wohl eigentlich und hauptsächlich — um sich nach der Gesinnung des alten Herrn zu erkundigen. Er fragte fast in einem Atem: „Wie befinden Sie sich?" und: „Wie gefiel Ihnen die Witwe?"

Auf das erste lautete die Antwort: Wohl! und auf das zweite: Nicht übel!

„Sie werden gefunden haben, daß es eine sehr feine Frau ist. Nicht wahr?"

„Fein? Je nun ja! Wie Sie wollen. Figur und Gesichtchen sind ganz erträglich. — Es läßt sich schon denken, wie so eine Frau einen schwachen, thörichten Mann hat so weit bringen können, sich um ihretwillen zu Grunde zu richten.“ —

Der Doktor, der sich einer günstigeren Antwort versehen hatte, war ein wenig betreten. Indessen hielt er es nicht für gut, in gerader Richtung über den Strom zu schwimmen. — „Sie ist zugleich von sehr sanfter Art; meinen Sie nicht?“

„Sie scheint es. Die Weiberchen scheinen manches, Herr Sohn.“

„Aber sind doch manches auch wirklich?“

„Wie man das nimmt. — Was sie jedesmal sind, sind sie wirklich. Heute dies, morgen das.“

„Mein Gott! Sie sind doch auch sehr gegen die Weiber.“

„Für sie, für sie, Herr Sohn! — Ich schätze an dem lieben Geschlechte nicht bloß die Tugenden, sondern auch die Schwachheiten; aber wohl gemerkt! diese mit jenen verbunden. Die Welt- und die Modeweiber, die nur die Schwachheiten, aber nicht die Tugenden, und eben darum jene im höchsten Grade haben; die, Herr Sohn — wie Sie schon längst gemerkt haben können — sind mir zuwider.“

„Und zu diesen, glauben Sie, gehöre die Lyk?“

„Ob noch jetzt? kann ich nicht sagen.“

„Ich bin Arzt in dem Hause.“ —

„Da wissen Sie Bescheid um ihre Gesundheit.“

„Ja. Aber auch wahrlich um ihre Denkungsart, ihre Sitten, ihren Charakter. — Ein Arzt hat manchen geheimen, vertraulichen Augenblick mit den Weibern.“

„So? — Und das sagen Sie mir so frei ins Gesicht?“

„Warum nicht?“ —

„Mir, dem Vater von Ihrer Frau? — Wenn ich nun der es wieder sage?“

„Gerne! gerne! In Gottes Namen!“

Der muntere, freudige Ton des Doktors rührte den Alten, und er ergriff seine Hand. — „Lieber, guter Doktor,“ sagte er, „Sie und meine Tochter machen zusammen ein braves, ein herrliches Paar. — Gott erhalte Euch so! Ich habe ja außer Euch keine Freude.“ — Er hatte große Lust, auf den Sohn zu kommen, dessen noch fortdauerndes Flußfieber ihm sehr zu mißfallen anfing; allein der Doktor ließ ihn nicht los von der Witwe.

„Nehmen Sie einmal an,“ sagte er, „daß die Frau wirklich ist, was sie scheint: sanft, liebreich, nachgebend, gefällig; — wäre da der unsinnige Aufwand im Lykschen Hause nicht auch ohne sie zu erklären? Ließe sich's nicht denken, daß eine so geartete Frau ihre eigene Neigung dem eitlen, auf lauter Pracht und Vergnügen erpichten Manne hätte aufopfern können; daß sie sich bloß durch ihn, ohne den mindesten innern Trieb, von einer Gesellschaft zur andern, einem Balle zum andern, hätte fortreißen lassen?“

„Die Wirtschaft aber ging nach der Heirat erst an.“ —

„Natürlich! Denn da wird das Haus erst ein Haus. Die Frau erst macht es dazu.“

„Und der ganze Aufzug — der Staat — die glänzende Equipage — das alles scheint mir mehr auf weibliche, als auf männliche Neigung zu deuten —“

„Kam aber doch lediglich von dem Manne.“

„Hm! — Zwar sind manche Männer Weiber, und ärger als Weiber.“ —

„Das mein' ich! Und dann, liebster Vater: was hätte die Tochter eines armen Landpredigers — denn das ist die Lyk — was hätte ein Mädchen, das weder Vermögen noch Aussteuer ins Haus brachte, für große Ansprüche machen können?“

„Ungeheure! Das verstehen Sie nur nicht. — Die Ware der eitlen Weiber hat keinen bestimmten Preis, aber in ihren eigenen Augen einen unermeßlichen Wert. Wenn für so ein Figürchen oder ein Lärvchen — und oft für noch weniger, für ein bißchen Geschwätz oder Geziere — ein Baron seine Baronie, oder ein Graf seine Grafschaft vertändelt, so haben sie dabei noch immer verloren, sich noch immer zu wohlfeil weggegeben: denn mit eben diesen — Herrlichkeiten oder Armseligkeiten — hätten sie ja ein ganzes großes Fürstentum unter kaiserlichen Sequester bringen können.“

„Wir reden hier aber von keiner Buhlerin, sondern von einer Frau —“

„Alle Achtung!“

„Und deren Glück oder Unglück, Ehre oder Schande, hängt ja so innig mit Glück oder Unglück, Ehre oder Schande des Mannes zusammen.“

„Wird denn das überlegt?“ —

„Hier wahrlich, hier ward es sehr überlegt — Daß sich

anfangs das junge, unerfahrene, in der Welt noch ganz neue Landmädchen in den Strom von Vergnügen kopfüber hineinstürzte, und nur an den jetzigen süßen Genuß, nicht an die künftigen herben Folgen dachte: das, hoff' ich, wird ein Menschenkenner, wie Sie, eben so leicht verzeihen, als begreifen." —

„Aber das Ding währte fort — immer fort — ohne Ende."

„Bloß durch Schuld des Mannes, mein lieber Vater. — Die Frau ward schwanger und kränklich, und ich war nun fast täglich im Hause. Wie oft bezeugte sie mir ihre Sättigung, ihren Überdruß, ihren Ekel! Wie herzlich wünschte sie sich das geräuschlose, häusliche, thätige Leben zurück, woran sie von jeher gewöhnt war! Aber dazu ihren Mann zu bereden, war keine Hoffnung; denn gleich ihr erster Versuch, ihn umzustimmen, erregte seinen heftigsten Zorn. Sie liebte den Mann; sie war schwach; sie war der Armut wegen, worin sie zu ihm gekommen war, scheu und blöde: Er dagegen — war stolz, gebieterisch, auffahrend, gegen die Liebkosungen und die Thränen der Frau wenig empfindlich. Ich sah das nur zu sehr, als er von ihrer Mutterliebe das Opfer forderte, den künftigen Säugling nicht mit eigener Brust zu ernähren."

„Und auch das ließ sie gut sein? gab nach?"

„Was sollte sie machen?" —

Der Alte schüttelte mißbilligend mit dem Kopfe.

„Die Wirtschaft ging indes ihren Gang immer fort, immer dem Abgrunde zu; und es mußte doch wahrlich großes Vermögen da sein, daß der Mann seine Verschwendung ganze Jahre lang durchsetzen konnte."

„Das war auch; das war!" rief der Alte. „Ungemeines Vermögen!"

„Indes ward die Frau durch manche Beispiele gewarnt; sie ahnte traurige Folgen: allein da das Gesicht des Mannes heiter blieb, so verschloß sie, mit ihrer gewohnten Furchtsamkeit, alle Besorgnisse in ihr Herz. — Endlich, als wirkliche Verlegenheiten eintraten, denen nur der äußerst vorteilhafte Verkauf des Gartens ein Ende machte, wirkte sie, durch die nachdrücklichsten, zärtlichsten, wehmütigsten Vorstellungen, wenigstens einige kleine Einschränkungen aus, und für die Zukunft Versprechungen, die aber nur zu bald wieder vergessen wurden. Wäre nicht noch zu rechter Zeit der Tod ins Mittel getreten, so hätte sie wahrscheinlich den vollen Bruch des Hauses, und tiefe, bittere Armut erlebt."

„Nur wahrscheinlich? sagen Sie: gewiß und unfehlbar! — Aber, daß die Schuld so ganz nur des Mannes gewesen wäre, nicht ihre eigene — — ich gestehe Ihnen, Herr Sohn, das will mir gar nicht recht in den Kopf. Ich habe Nachrichten, die anders lauten, ganz anders.“

„Von wem? — Ich bitte Sie, lieber Vater —“

„Von — —“

Von dem Wolf in der Fabel, hätte er sagen können; denn eben, als schon der Name ihm auf den Lippen schwebte — —

XXIII.

Trat Herr Specht in das Zimmer, und ward von dem Doktor sogleich als derjenige Mann, an den er sich halten müßte, aufs Korn genommen. Es sei nun, daß die süße Miene und die schmeichlerischen Demütigungen des Herrn Specht, oder daß gewisse Äußerungen des Schwagers, die ihm noch dunkel im Gedächtnis schwebten, diesen Verdacht bei ihm rege machten.

Herr Specht setzte mit wichtiger Miene einen großen Beutel Geld auf den Tisch: äußerst froh, wie es schien, dem liebwertesten Herrn Paten seine bisherige Schuld bei Heller und Pfennig abtragen zu können. — Er hatte bei einer kleinen Spekulation mit Waren, die gerade damal gesucht wurden, ein ansehnliches Sümmchen gewonnen; er eilte also, sich durch Abbezahlung die Geldquelle zu reinigen, die er bei längerer Vernachlässigung leicht einmal hätte verstopft finden können. —

„Ei potz, potztausend!“ sagte der Alte, indem Herr Specht den Beutel ausschüttete: „das ist ja gewaltig viel Geld! Das ist ja ein Reichtum, wie des Mannes im Evangelium! Wo hat Er das Alles her?“

„Hehehe! Liebster, bester Herr Stark! Wie Sie doch immer so gerne spaßen! — Reichtum? Daran fehlt viel. Lieber Gott! — Aber man thut denn das Seinige; und wenn ein Körnchen zum andern kommt, sagte einmal der Herr Pate, und immer neue Körnchen dazu — —“

„Ja, sieht Er? Da wird am Ende ein Haufen. Das ist ganz richtig.“ — Indessen zählte Herr Specht munter fort, und sah sich dann und wann nach dem Sohne um, den er diesmal eben so gern, als sonst ungern, hätte kommen sehen, um sich einmal in seinem Glanze vor ihm zu zeigen. — Die Summen wurden richtig befunden, das Geld wieder eingesackt, und die eingerissenen Papiere zurückgegeben.

„Nun!“ sagte der Doktor — „weil ich sehe, daß Sie mit Ihrem Geschäfte fertig sind, mein Herr Specht — wie geht's Ihnen? wie befinden Sie sich?“

Specht, unter tiefer Verbeugung, wobei sein Kopf eine Art von Schneckenlinie beschrieb, dankte tausendmal für gütige Nachfrage, und versicherte: er sei wohl.

„Und zu Hause — die Frau Liebste? die Kinder?“

„Alles, alles wohl, mein verehrtester Herr Doktor.“

„Nun, das ist schön; das erfreut mich. — Wie sieht's denn jetzt in Ihrer Nachbarschaft aus? Was macht Madam Lyk?“

„Hehehe! Die lebt denn immer so fort, ganz im Stillen. — Wie's einer Witwe denn auch nicht anders ziemt. Ganz im Stillen.“

„Vormal war es dort nicht so still. Da war gewaltiger Lärm.“

„Ach, das sagen nur der Herr Doktor noch einmal! Lärm bei Nacht, wie bei Tage. Keinen Augenblick hatte man Ruhe. — Das war ein Geschrei, Gefahre, Gelaufe, Getümmel; und wenn Ball oder Maskerade war, ein Gefiedel, Geflöte, Geblase, Gepauke — man hätte mögen von Sinnen kommen. Meine Frau hat dabei in dem einen Wochenbette was Rechts gelitten. Sie nahm es dem Herrn nicht so sehr übel, als der Madam, daß man so gar keine Rücksicht hatte, und so schnell nach ihrer Niederkunft ein solches Spektakel anfing. — Sie konnte seitdem die Frau nicht mehr ansehen. — Es war auch wirklich recht gottlos.“

„Freilich! Die kurzen sechs Wochen über hätte man sich schon ein wenig still halten können. — Aber ob denn die Wirtschaft nicht bald wieder angehen wird?“

„Damit hat's denn wohl so seinen Haken.“ — Er kniff das eine Auge ein wenig, und glaubte Wunder, wie verschlagen er aussähe

„Wie so? — Der Mann ist doch lange genug unter der Erde. Die große Trauer ist aus.“

„Das wohl; aber — —“ Er schob den Daumen der rechten Hand ein paarmal über den Zeigefinger, und zuckte dabei die Achseln. — „Wo einmal das fehlt, mein lieber Herr Doktor — —“

„Ja, das ist wahr; da fehlt alles. – Und aufgeräumt mag die Frau unter den Beuteln des alten Schwiegervaters ein wenig haben; das will ich glauben."

„Ein wenig? Hehehehe!" —

„Aber wenn nur noch etwas, auch nur noch ganz wenig da ist; ein kleines, unbedeutendes Restchen: — solche Menschen, die einmal in der Jugend nicht rechnen gelernt haben, sind wie vom Bösen besessen. Sie haben nicht eher Ruhe noch Rast, als bis sie alles, schlechterdings alles, auch den letzten Pfennig, durchgebracht haben. Erst müssen die Gerichtssiegel an Kisten und Kasten kleben; eher ist kein Aufhören bei ihnen."

„Ja, das kann auch hier noch so kommen. Ich widerspreche keinen Augenblick, mein Herr Doktor." —

Der Alte, der sehr wohl merkte, wo der Doktor hin wollte, hatte sich im Rücken des Herrn Specht auf seinen Sorgenstuhl gesetzt, und hielt sich ganz ruhig. —

„Eins wüßt' ich nur für mein Leben gern," hob der Doktor wieder an: „nicht, wer von beiden Teilen allein und ausschließend; — denn daß beide nicht viel getaugt haben, ist mir gewiß — aber wer wohl so am meisten und vorzüglich an dem ewigen Schmausen und Tanzen und Tollen in dem Hause schuld gewesen ist: ob die Frau, oder der Mann?"

„Die Frau! die Frau, mein lieber Herr Doktor!"

„Doch? — Sie sind freilich der nächste Nachbar; Sie können das wissen."

„So wie die Frau nur den Fuß ins Haus setzte, ging's los."

„Ja, das sagt man. — Aber ich habe neulich ein paar recht wackere Männer über die Frage streiten hören, und da meinte der eine: dieser Umstand beweise wenig, beweise nichts; es sei ganz und gar nicht die Frau, sondern — was ich nun freilich für übertrieben halte – einzig und allein der Mann gewesen, der allen den Unfug getrieben."

„Ach, wer das auch mag gesagt haben, mein liebwertester Herr Doktor – mit aller Hochachtung von ihm gesprochen —"

„Nehm' Er sich in acht," sagte der Alte aus seinem Hinterhalte. „Red' Er nicht allzuviel!"

„Wie so? wie so, mein bester Herr Vater? Ich hatte nichts Böses im Sinne. – Die Frau ist von Ansehn recht artig, und ich möchte fast sagen, schön – was ich mich zwar zu Hause bei

Leibe nicht dürfte merken lassen, hehehe! — und da, meint' ich, könnte einer der jungen Herren, die immer um sie herum waren — —"

„Sich in sie vergafft haben?" rief der Alte mit Lachen; „ja ja! — Und so einer will denn nichts auf sie kommen lassen. Das ist begreiflich. — Ich selbst kenne einen sonst braven Mann, der sich gewisser vertraulicher Augenblicke mit allerlei Damen rühmt; und eben der — —"

„Der wird's sein," sagte Herr Specht: „der wird's sein; ganz gewiß!"

Der Alte und der Doktor lachten von Herzen, und Herr Specht blieb ihnen sein Hehehe! auch nicht schuldig. — Er trocknete sich die thränenden Augen, und versicherte, daß er nirgend in der Welt so froh sei, als bei dem liebwertesten Herrn Paten.

„Aber," nahm der Doktor wieder das Wort: „nun einmal im Ernst, lieber Herr Specht! — Daß Sie keinen Grund zu Ihrer Behauptung haben sollten, läßt sich von einem so vernünftigen Manne, wie Sie, nicht wohl denken. Vermutlich hat einmal, in einem vertraulichen Abendstündchen, der selige Lyk Ihnen geklagt, daß er mit dem Wildfang von Frau gar nicht fertig zu werden, sie gar nicht zu bändigen wisse."

„Geklagt, mein Herr Doktor? Mir? In einem vertraulichen Abendstündchen?"

„So vor der Thür, mein' ich. — Bei einem Pfeifchen. — Da schwatzen ja Nachbarn wohl eins zusammen."

„Ach mein Gott, lieber Herr Doktor! Wo denken Sie hin? — So ein vollwichtiger Mann bei der Börse, so ein angesehener Kaufherr; der sollte sich gegen mich kleinen Anfänger so herabgelassen, so erniedriget haben? — Nein, da ist nur unser einziger Herr Stark, der gegen jedes Kind freundlich ist, und der auch den kleinsten Bürger etwas gelten läßt; den Ruhm hat er ganz allgemein." —

„Sehr verbunden!" sagte der Alte.

„Die andern Herrn — es scheint ihnen schon zu viel, unsereinen nur ansehen zu sollen. Der höflichste, unterthänigste gute Morgen wird mit einem Wesen erwidert, mit einer Miene" — — Er quälte sich, eine recht stolze, recht verachtende anzunehmen; aber einmal ging in sein Gesicht, außer der Spechtschen Originalmiene, keine andere hinein.

„Nun, dann merke ich schon — dann haben gewiß die Handlungsdiener, oder andere im Hause, die um die Sache Bescheid wußten, ein wenig geplaudert."

„Die Handlungsdiener? — Ja mein Gott! das sind nun vollends die rechten. Die sind, wo möglich, noch aufgeblasener, als ihre Herren, oder wenigstens unerträglicher; denn mit allen ihren hohen Salairs — was sind sie? - Diener, sagt meine Frau, weiter nichts. 'Unsereiner', sagt sie, 'wenn er auch nur schmale Bissen ißt, schneidet sie doch von seinem eigenen Brote'; aber ein solcher Mietling — — keinem zu nah gesprochen!" setzte er furchtsam hinzu. —

„Alles wahr! Alles schön, mein Herr Specht! Aber ich habe damit immer noch keine Antwort. -- Sie wissen die Gesinnung der Frau und ihren Hang zum Verschwenden nicht durch den Mann, nicht durch Vertraute des Hauses; und woher denn sonst? — muß ich Sie fragen."

„Durch Ohrenbeichte," sagte der Alte ein wenig bitter, weil er schon merkte, daß ihn Specht hintergangen habe. — „Die Lyk ist heimlich katholisch, und dieser Specht ist ihr Pater."

„Ach um Gottes willen!" rief Specht, indem er mit wahrhaft protestantischem Schrecken zurücktrat: „wenn das der Herr Hauptpastor hörte! oder gar meine Frau! — Ich ein Pater?"

Das Lachen der beiden Herren, das zwar bei dem Alten ein wenig verstimmt klang, brachte ihn bald wieder zu sich. — „Nein!" sagte er: „mein Herr Doktor; was ich weiß, das weiß ich aus sehr erlaubter und sehr zuverlässiger Quelle."

„Nun? — Darf man denn nicht erfahren — —"

„Kaum, daß ich Herrn Stark von der tollen Wirtschaft im Lykschen Hause die erste Nachricht brachte, so rief der Herr Pate sogleich: 'das kömmt von der Frau her! Das ist die neue Modewirtschaft der Weiber! Da geht nun wieder einmal, unter Tanzen und Frohlocken, ein Haus, und ein so herrliches Haus, zu Grunde.' — Und als ich das bei Tische wieder erzählte, sagte meine Frau augenblicklich: 'Er hat recht, der Herr Pate! Er hat ganz recht!'"

„Ja so — allerliebst! — Und da schoben Sie denn nachher jede ähnliche Ausschweifung ganz getrost der Frau auf den Hals?"

„Lieber Gott! Wie denn anders? — Meinem Herrn Paten muß ich doch glauben; denn der hat Erfahrung o, der kennt die Welt; der weiß alles."

„Ist Er toll?“ fragte der Alte, indem er, zu großem Schrecken des armen Specht, sich voll Unmuts aus seinem Sessel aufhob. —

„Liebster, bester Herr Pate — —“

„Wahrlich! das wird lustig,“ sagte der Doktor. „Sie, mein lieber Vater, haben die Sache von Herrn Specht, und Herr Specht hat die Sache von Ihnen.“

Der Doktor bekam einen sehr unfreundlichen, und der Pate, der wie versteinert dastand, einen ganz vernichtenden Blick. — „Er ist“ — murmelte der Alte zwischen den Zähnen — „mit allen seinen Höflichkeiten und Reverenzen — —“ Hier begriff er sich noch, riß den Geldbeutel mit Heftigkeit zu sich, und ging davon.

XXIV.

„Sie sehen den Lohn der Welt!“ — sagte der Doktor, indem das Schweißtüchlein des Herrn Specht in voller Bewegung war; — „das ist nun der Dank für alle Ihre mühsamen Gänge und Ihre gegebenen Nachrichten!“

„Mein Herr Doktor!“ rief Specht, und drehte dabei die Augen gen Himmel: — „Wenn ich nicht so unschuldig bin, wie ein neugebornes Kind — —“

„O das sind Sie! Das will ich Ihnen bezeugen.“

„Wenn nicht der Herr Pate alles, Wort vor Wort, so gesagt hat, wie ich's da wieder sagte“ — Er legte zu einer feierlichen Beteuerung die Hand auf die Brust. —

„Keine Schwüre, Herr Specht! Ich glaube Ihnen, eben um Ihrer Unschuld willen. — Mein Schwiegervater hat alles gesagt, was Sie ihn sagen ließen; vielleicht noch mehr: aber wissen Sie auch, warum? — Weil eben damal zwei nicht unansehnliche Häuser gebrochen waren, und zwar, wie die ganze Stadt wußte, durch Eitelkeit und Verschwendung von Weibern, die aber der Lyk so ähnlich sahen, als die Sünde der Tugend. Das eine war eine verlaufene Engländerin, das andere eine Tänzerin aus der Oper. Narren von Männer hatten solche Weiber geheiratet. — Diese Vorfälle lagen dem alten Mann auf dem Herzen; und auch die Lyk war eine aus der Fremde hierher Gekommene, eine ihm völlig Unbekannte. — Was er zu Ihnen sprach, war nur als Frage zu nehmen, die Sie nicht so leichtsinnig und so beharrlich zum Nachteil einer würdigen Frau — denn das konnte sie wenigstens sein, und das ist sie — hätten beantworten sollen."

„Aber ich wußte ja nicht, mein Herr Doktor - ich wußte so wenig, als der Herr Stark — —"

„So wußten Sie doch dies, daß Sie nicht wußten. — Und eben dies, mein Herr Specht, war die Wahrheit, die Sie als ehrlicher Mann hätten bekennen müssen."

„Ach mein Gott, lieber Herr Doktor! Da hätt' ich ja doch widersprochen."

„Nun? Und wenn Sie nun widersprachen?"

„So einem Manne? so einem Herrn? In alle Ewigkeit nicht."

„Wahrheit, Herr Specht — merken Sie sich das für die Zukunft! — Wahrheit nach Ihrer besten Erkenntnis sind Sie nicht bloß Ihrer Ehre, sondern auch Ihrer Glückseligkeit schuldig. Eben mit ihr fahren Sie sicher am besten. -- Die Art, wie man die Wahrheit sagt, macht den Unterschied; sonst sagt man sie dem Könige, wie dem Bettler."

„Ach, mein Herr Doktor! Wenn Sie doch nur wären, wie ich!"

„Sie sind sehr gütig." —

„Da sitzt man und sorgt und grübelt, und hat Frau und Kind auf dem Halse, und weiß oft vor Angst nicht, wo aus wo ein; und wenn man denn da in so ein Haus kömmt, und alle die großen Kisten sieht, und die ungeheuren Ballen mit Waren, und das Gerenne und Getreibe der Leute, und die Frachtwagen, die ab- und die aufgeladen werden, und das ganze volle Dutzend Pferde davor: — ach, Herr Doktor! es wandelt einen eine Ehrfurcht an, ein Respekt! — Wo um Gottes willen! nähme man da den Mut her, auch nur zu muckſen."

Der Doktor faßte jetzt seinen Mann ein wenig scharf ins Gesicht, und wollte kein Wort weiter an ihn verlieren. Er versprach ihm auf sein ängstliches Bitten, bei dem alten Herrn alles wieder ins Gleis zu bringen, schrieb ihm eine Recipe zu einem niederschlagenden Pulver, das er sich in der nächsten Apotheke sollte machen lassen, und wünschte ihm wohl zu leben.

XXV.

Obgleich wirklich Herr Stark mehr durch sein eigenes Vorurteil, als durch den armen Tropf von Paten hintergangen war, so war doch der bloße Schein von dem letztern ihm ärgerlich; und noch ärgerlicher, daß er bei dieser Gelegenheit die Fassung verloren, und dadurch jenen Schein bestätiget hatte. Er fühlte recht gut, daß er die Sache nach seiner gewöhnlichen Art, mit lachendem Munde, hätte abmachen können. Indessen gereichte dieser Fehler, wenn es ja einer war, ihm zur Ehre: denn der Grund davon lag weit weniger in seiner gekränkten Eigenliebe, als in der Rechtschaffenheit seines Herzens, das ihm alle gegen die Witwe begangenen Ungerechtigkeiten auf einmal bitter vorwarf, und ihm denjenigen, der dazu mitgewirkt hatte, in einem nicht mehr lächerlichen, sondern gehässigen Lichte zeigte.

Die Tochter, die teils durch Madam Lyk, teils durch ihren Mann, von allem Vorgefallenen genau unterrichtet war, glaubte die Herzensstimmung, worin sie den Alten vermutete, zu ihrem Zweck benutzen zu müssen. Sie machte ihm einen nur ganz kurzen, flüchtigen Besuch, bei dem sie sich nicht einmal setzte, aber gleichwohl mit sicherer Hand alle die Saiten anschlug, die sie in dem Herzen des Vaters als die empfindlichsten kannte. Den Vorwand zu diesem Besuche mußte die Bitte geben, die der Alte des Morgens beim Abfahren des Wagens an sie gethan hatte, ihm von dem Befinden der Witwe Nachricht zu bringen.

„Entschuldigen Sie mich,“ sagte sie, „lieber Vater, daß ich Ihren Befehl erst so spät erfülle. Aber am Vormittage machten es mir Geschäfte, die ich nicht aufschieben konnte, unmöglich; auch hielt ich mich da bei der Witwe nicht lange auf: diesen Nachmittag habe ich mich etwas länger verweilt, und komme soeben — aber ich muß sagen, mit recht schwerem, recht bekümmertem Herzen — von ihr.“

„Wie so?“ fragte der Alte nicht ohne Teilnahme. „Hat der Zufall sich wiedergefunden?“

„Das nicht. Sie leidet nicht sowohl am Körper, als am Gemüte. — Das arme Weib fürchtet zu Grunde gerichtet zu werden, weil ein gewisser Horn, der ihr Gläubiger ist, entweder bezahlt sein, oder gegen sie losbrechen will.“

„Horn? — Wenn sie mit dem zu thun hat — —“

„Leider!“

„Da beklag' ich das gute Weib. Nachsicht ist bei dem nicht zu hoffen. — Aber ist denn die Lyk noch immer in Verlegenheit, in Verwirrung? Ich glaubte, dein Bruder hätte alles in Ordnung gebracht."

„Das glaubt' ich auch; aber — er mag Termine gesetzt haben, die nun nicht ganz können gehalten werden."

„Das sollte mir leid um ihn thun."

„Oder er mag — — ja, wenn ich Handlungskenntnisse hatte, da riete ich weiter, mein lieber Vater!"

„Laß gut sein! Es ist da mehreres möglich." —

„Soviel weiß ich denn jetzt, warum die Witwe diesen Morgen bei Ihnen gewesen ist."

„Nun?"

„Eben dieser Verlegenheit wegen mit Horn. — Den Bruder zu sich bitten zu lassen, ging seiner Unpäßlichkeit wegen nicht an; ihn zu besuchen, da er noch ledig ist, schien gegen den Anstand zu sein: und doch war die Sache dringend, und die Witwe — ich wiederhole ihre eigenen Worte — die Witwe fühlte durch das edle Benehmen des Bruders, wovon sie nie anders als mit inniger Rührung spricht, ihr ganzes Vertrauen an den Namen Stark wie gefesselt. Sie wollte also diesmal bei dem Vater suchen, was die Umstände von dem Sohne zu fordern nicht zuließen: Rat, Hülfe, Vermittelung, Unterstützung."

„Und hat geschwiegen? Weswegen?"

„Sie hat gesprochen, wie sie mir sagt."

„Nein!" —

„Sie hat wohl sicher gesprochen; aber — —"

„Nein!" — wiederholte der Alte mit einem Nachdruck, der seine noch fortdauernde ärgerliche Stimmung verriet.

„Ich denke, mein guter, lieber Vater hat sie nur nicht gehört, nicht verstanden."

„Dann hat sie auch nicht gesprochen, sondern gemurmelt. Die verwünschte Gewohnheit des Murmelns wird von Tage zu Tage ärger. In meiner Jugend sprach man zum Maule heraus. — Am Ende, wahrhaftig! fordern die Menschen noch, man soll ihre Gedanken hören."

„Sie ist furchtsam, das arme Weib. Verzeihen Sie ihr! Sie selbst haben sie dann noch furchtsamer gemacht."

„Ich? Weißt du, was du da sprichst! Ich mache niemand furchtsam, der etwas zu bitten hat, sondern ich muntere ihn auf und höre ihn an; und wenn sich's ohne meinen eigenen zu großen Nachteil thun läßt, helf' ich ihm ohne Umstände und gerne. Die elende, nichtswürdige Kunst, durch Achselzucken und Sauersehen und langes Bedenken seinen Gefälligkeiten Wert zu geben, hab' ich niemal verstanden. — Das hätte die Frau Tochter wissen und der Witwe schon sagen können."

„Hab' ich's denn nicht? — Werden Sie doch nicht unwillig, mein lieber Vater!"

„Unwillig! Nun werd' ich gar unwillig! — Wie kömmst du mir heute vor?"

„Ach, ich kann wohl unrecht haben; ich glaub' es selbst. — Hätt' ich mich recht bedacht, so wär' ich lieber gar nicht gekommen. Ich bin so mißmütig gestimmt."

„Über die Witwe?" —

„Ja. — Und dann — wie die kleinsten Umstände das Herz oft am meisten rühren — —"

„Nun?" —

„Ich sah, eh' ich in das Wohnzimmer der Lyk trat, ein paar Augenblicke durch das Spiegelglas in der Thüre. — Da saß die gute Frau, in die eine Ecke des Sopha gedrückt, den Arm auf ein Kissen gestützt, und ein Tuch in der Hand, um sich die Thränen zu trocknen. Ihr zur Seite saßen, jedes auf seinem Schemelchen, die zwei unschuldigen Kleinen, die sonst immer so froh um sie herumschwärmten, aber jetzt, wie es schien, an das Spiel gar nicht dachten: sie sahen so still in den Schoß nieder, als ob sie den Herzenskummer der guten Mutter teilten; und blickten dann endlich, weil diese vielleicht eben einen tiefen Seufzer ausstieß, von der Seite zu ihr hinauf, mit einem Ausdruck in ihren Augen! in ihren großen, blauen, himmelreinen Augen! mit einer Bänglichkeit, einer Zärtlichkeit, einem Ernst! — ich dachte an meine eigenen Kleinen, und dachte an Sie. Wenn Sie das gesehen hätten, mein lieber Vater!" — Sie riß das Tuch heraus, und fuhr sich damit an die Augen.

„Sind's denn so artige Kinder?" fragte der Alte mit einem Tone, der auf einmal wieder ganz weich war.

„Ach so wohlgezogen und artig! — Freilich hat die Frau nur diese beiden zu übersehen, und ich ihrer mehrere; aber dennoch erkenn' ich sie in der Kunst der Erziehung für meine Meisterin;

sie regiert die Kleinen mit einem Blicke, mit einem Winke, und das niemal im Bösen, immer in Liebe. — Doch ich stehe und plaudere, und vergesse, daß meine Kleinen zu Nacht essen wollen. — Ich muß fort, lieber Vater. Leben Sie wohl! Verzeihen Sie, wenn ich mit meiner üblen Laune Sie heute angesteckt habe! Es soll nicht wieder geschehen." — Sie küßte seine Hand, und verschwand. — —

Das Herz des Alten war ein an sich so guter und jetzt durch die gehabten kleinen Erschütterungen so trefflich aufgelockerter Boden, daß es gar nicht anders sein konnte, als der hineingestreute Same des Mitleids mußte reichliche Früchte tragen. — Herr Stark konnte zu Abend nicht essen, und die Nacht über nicht schlafen. Immer schwebte ihm die kleine Gruppe vor, die ihm die Tochter geschildert hatte, und immer war's ihm, als ob er hin müßte, um der Witwe das Tuch aus der Hand und die kleinen lieben Waisen auf seine Arme zu nehmen.

Außer diesem Bilde waren es noch Gedanken anderer Art, die ihn beunruhigten, und von einer Seite zur andern warfen. — „Die Witwe fühlte ihr Vertrauen an den Namen Stark wie gefesselt." — Das schien ihm gleichsam ein Schuldbrief zu sein, ein Wechsel, den der Glaube an Tugend auf seine Ehre gezogen hatte, und den er unmöglich anders als honorieren konnte. — „Sie hatte bei dem Vater suchen wollen, was die Umstände von dem Sohne zu fordern nicht zuließen." — Wie konnte er sich's nur denken, daß der Vater in Beweisen von Edelmut hinter einem Sohne zurückbleiben sollte, den er seiner Engherzigkeit wegen so oft getadelt hatte? — Dann noch der Name der Frau, der ihn an seinen ehemaligen vertrautesten Freund, den guten, redlichen Lyk, erinnerte; ihre große, bis zur Ohnmacht gehende Schüchternheit, fremde Hülfe zu suchen, die er als einen sichern Beweis edler Denkungsart ansah; ihre Thränen, die er zum Teil wohl selbst durch gewisse Züge in der Unterredung mit ihr mochte hervorgelockt haben; das mannigfaltige Unrecht, das er ihr, von Vorurteil geblendet, durch Spöttereien gethan, die sie so ganz nicht verdiente, und für die nun sein eigenes Herz, ob sie gleich das Ohr der Unschuldigen nie erreicht hatten, Genugthuung forderte; die Gelegenheit, die sich eben im Hause der Lyk gefunden, das verborgene Gute in dem Charakter seines Sohnes, das ihm so große Freude gemacht hatte, ans Licht zu bringen: — alle diese und ähnliche Betrachtungen hielten den Alten bis nach Mitternacht wach, und ließen ihn auch dann noch keinen festen Schlaf, nur einen unruhigen Schlummer finden.

XXVI.

„Hier herein, Monsieur Schlicht!“ — sagte am folgenden Morgen Herr Stark, dessen Gesicht noch alle Falten und Runzeln vom vorigen Abend hatte. „Ich hab' ein Wörtchen mit Ihm zu reden; und in diesem Zimmer“ — es war das Schlafzimmer, das er ihm öffnete — „sind wir noch am ersten allein.“

Dem alten Handlungsdiener, der nicht das beste Gewissen hatte, war bei dieser Anrede nicht wohl. Er war dem Schlafzimmer von alten Zeiten her gram; denn er hatte hier schon manchen schweren Kampf mit Herrn Stark zu bestehen gehabt; und eben jetzt war ihm wieder vor einem Examen bange, worin die Falschheit seines Vorgebens, daß der junge Herr noch immer unpäßlich sei, ans Licht kommen konnte. Er warf sich in den Trotz Kains, der bekanntlich nichts als verkappte jämmerliche Furcht war, und fragte auf beide Beine gesteift: „Was soll ich?“ —

Monsieur Schlicht, muß man wissen, war treu wie Gold; und wenn das Interesse seines lieben alten Wohlthäters mit irgend einem fremden in Streit geriet, so war er imstande, für jenes Leib und Leben zu lassen. Aber, wenn im Innern des Hauses ein solcher Streit entstand, so war er sicher von der Partei der Kinder gegen den Vater, und würd' es auch gegen die Mutter gewesen sein, wenn nicht diese eben so treu, als er, es mit den Kindern gehalten hätte. Er hatte die letztern ungeboren gedacht, und sie oft auf seinen Armen getragen, hatte ihnen tausend kleine Dienste und Gefälligkeiten erwiesen, und tausend kleine Schmeicheleien und Liebkosungen dafür wieder erhalten. Noch jetzt, da sie schon längst erwachsen waren, nannten sie ihn immer Du, und lieber alter Vater; was dem fast siebzigjährigen Junggesellen, der es, bei allem guten Willen, nie bis zum Heiraten und bis zum eigenen Kinderzeugen hatte bringen können, jedesmal in der Seele wohlthat. Auch vergaßen die Kinder nie, was er selbst immer richtig vergaß: seinen Geburtstag; wenigstens erinnerte die Doktorin daran ihren vergeßlichern Bruder: und das ward dann ein

Tag froher Feier, wo der alte Schlicht bei den Geschenken, die ihm reichlich dargebracht wurden, und die für seine Bedürfnisse sorgfältig ausgewählt waren, nicht selten Freudenthränen vergoß, und von der Doktorin, wenn er dieser zum Dank die Hand küssen wollte, wohl gar ein Mäulchen davontrug. Durch solche Bande, die weit zarter, aber eben darum auch fester, als die der Ehrerbietung waren, die ihn an seinen Brotherrn knüpften, hing er unauflöslich an beiden Kindern; auch hatte er eine Schrift auf das Rathaus getragen, worin er sie zu alleinigen Erben des nicht ganz kleinen Kapitals einsetzte, das er sich in seinen vieljährigen Diensten gesammelt hatte. —

Vermöge dieser Anhänglichkeit vertuschte Monsieur Schlicht, ehe der Sohn mit zunehmenden Jahren dreister ward, manche geheime Ausflüge desselben, und hatte darüber, wenn es herauskam, in dem oberwähnten Schlafzimmer manchen harten Stand mit dem Vater. Jetzt war er abermal Vertrauter des Sohnes, und hatte selbst die Chaise anspannen lassen, worin vor ein paar Tagen der junge Herr zu einem Freunde aufs Land gefahren war, weil es ihm gleich anfangs unerträglich geworden, ohne Frost und Hitze ein Fieber zu haben, und wie ein Übelthäter zwischen vier Mauern zu sitzen. Monsieur Schlicht lebte diese Zeit über in großer Unruhe, daß der Alte dahinter kommen, und es dann wegen seiner falschen Nachrichten vom Sohne sehr derbe Vorwürfe absetzen möchte.

Indes kam er dieses Mal mit dem Schrecken davon. — „Ich habe etwas vor,“ sagte Herr Stark, „wozu ich einen Mann brauche, auf den ich mich verlassen kann, und der zugleich um sich weiß, und in Handlungsgeschäften gewiegt ist.“

Dieses herzerhebende Wort war Trost und Balsam für Monsieur Schlicht. Seine Kenntnisse und Einsichten geehrt zu wissen, war ihm nie gleichgültig, und im gegenwärtigen Augenblick höchst erfreulich. — „Befehlen Sie, befehlen Sie,“ sagte er, „mein lieber Herr Stark!“ indem er ganz nahe zu ihm hintrat, um gleichsam jedes Wort ihm von den Lippen zu horchen. — Er erfuhr nunmehr, was Madam Lyk am gestrigen Tage bei dem Alten gewollt habe; erfuhr ihre unangenehme Lage mit Horn, und vielleicht mit noch andern Gläubigern, die Herr Stark nur näher zu kennen wünschte; erfuhr die großen Dienste, die der junge Herr der Lykschen Handlung geleistet hatte, nebst der Neigung des alten Herrn, das vom Sohne angefangene gute Werk zu vollenden, und der Verlegenheit der Witwe, durch Verwendung seines Kredits für sie, ein Ende zu machen.

Die Herzensfreude des guten Schlicht über alles, was ihm vertraut ward, am allermeisten aber über die Ehre dieses Vertrauens selbst, war so groß, daß Herr Stark den Strom der Beredsamkeit, womit sich der alte Mann über jeden einzelnen Punkt dieser Erzählung auszubreiten im Begriff war, durch ein stets wiederholtes und immer stärkeres: „Hör' Er doch! Wir werden ja vor Abend nicht fertig!“ kaum zu hemmen vermochte. — Aber wie plötzlich stand und gefror dieser Strom, als Herr Stark hinzusetzte: „daß er nicht gesonnen sei, blindlings zu verfahren, sondern vor allen Dingen erst von dem Sohne wissen wolle, ob die Aktiva der Witwe ihre Passiva wenigstens balancierten, und in wie kurzer oder wie langer Zeit etwa Hoffnung sei, daß sie völlig aufs reine kommen und mit allen ihren Gläubigern auseinander sein werde. Da mein Sohn,“ sagte er, „die Lykschen Bücher durchgearbeitet, und also von der ganzen Lage der Handlung die vollständigste Kenntnis hat, so ist dies von ihm ohne Zweifel besser, als von der Witwe selbst oder von ihrem Buchhalter zu erfahren, der wohl ohnehin nicht der thätigste und geschickteste sein mag. Geh Er also gleich zu meinem Sohne hinauf, Monsieur Schlicht, und lass' Er sich über die angegebenen Punkte“ — er wiederholte ihm diese Punkte langsam und deutlich — „eine recht bestimmte, ausführliche Nachricht — hört Er? recht bestimmt und recht ausführlich — geben. Ich muß jetzt fort; aber in einer Stunde längstens bin ich zurück, und erwarte alsdann Seine Antwort. Nachdem die lauten wird, will ich Ihm dann schon weiter sagen, was Er zu thun hat.“ —

Es wäre unmöglich gewesen, daß Herr Stark die plötzliche und totale Gesichtsverfinsterung des alten Handlungsdieners nicht hätte bemerken und irgend etwas Unheimliches wittern sollen, wenn nicht eben jetzt, zu großem Glück für Monsieur Schlicht, die alte Wanduhr geschlagen, und mit ihrem ersten lärmenden Streich auf die Glocke den Gedanken des alten Herrn plötzlich eine andere Richtung gegeben hätte. Es war die höchste Zeit geworden, auf die Börse zu gehen, wo Herr Stark gerade heute ein Geschäft von so großer Wichtigkeit hatte, daß er nicht schnell genug glaubte hineilen zu können. Mit einem kurz abgebrochenen:

„Adieu! Mach' Er Seine Sachen gut!" griff er hastig nach Hut und Stock, und verließ den armen rat- und hülflosen Monsieur Schlicht, der unbeweglich wie eine Salzsäule dastand, und das einzige Wörtchen „Ja!" — bis zu welchem seine ganze Beredsamkeit jetzt versiegt war — mit immer längeren Pausen, und immer schwächerem Tone, hinter dem Alten her sprach.

XXVII.

In seiner Seelenangst, da er sich das ehrenvolle Zutrauen des alten Herrn so gern erhalten hätte, und doch auch nicht wußte, wie er es anfangen sollte, irrte Monsieur Schlicht, wie ein Unkluger, im ganzen Hause umher; und kam zuletzt auch vor das Zimmer des jungen Herrn, ohne selbst zu wissen, was er da wollte. — Man denke sich sein Erstaunen, als er das Zimmer geöffnet, und den Gegenstand seiner Sehnsucht mit aufgestützten Arme am Tische dasitzend fand. Er kreuzte und segnete sich, eh' er ihm näher trat, und ihn mit zitternder Stimme fragte: „ob er's denn wirklich wäre?"

„Du glaubst doch nicht an Gespenster?" sagte der junge Herr Stark.

„Ach mein Gott! Wenn's nicht heller lichter Tag wäre; man möcht's beinahe. — Wie, ums Himmels willen! kommen Sie hier herein?"

„Von hinten, mein lieber Schlicht. Durch den Thorweg."

„Ha! — Stand der offen?"

„Sperrweit." —

„Nun, so soll doch auch den Knecht gleich auf der Stelle der Henker holen! Er hat Holz gefahren, der Schlingel! und hat mir den Thorweg offen gelassen."

Monsieur Schlicht, in seiner ökonomischen Wut, wollte augenblicklich hinunter, um den Knecht rechtschaffen auszufenstern. „Aber," sagte Herr Stark, „ist's dir denn nicht lieb, alter Vater, daß ich mich auf diese Art habe ins Haus schleichen können?"

„Ach ja! ja!" erwiderte Monsieur Schlicht: „gar zu lieb! und ich will ja auch dem Kerl noch ein Trinkgeld, ein gutes Trinkgeld geben; mit tausend Freuden! — Aber ausschimpfen muß ich ihn erst, und muß erst sehen, ob alles zu ist. Wir haben Diebsbanden hier in der Stadt." — —

Das Geheimnis von der frühen Zurückkunft des Herrn Stark war kein anderes, als seine zur vollen Leidenschaft gediehene Liebe zur Witwe. Diese machte ihn für jede Gesellschaft, sowie jede Gesellschaft für ihn, ungenießbar. Sein Freund, der die unglückliche Stimmung seines Gemüts bald genug inne ward, suchte ihn auf alle mögliche Weise zu zerstreuen und aufzuheitern: er brachte Gespräche auf die Bahn, in denen Herr Stark seine Handlungskenntnisse entwickeln konnte; er stellte eine eigene kleine Jagdpartie für ihn an; er schlug gesellschaftliche, muntere Spiele vor, bei denen sonst Lachen und Scherz nie fehlen: aber alles vergebens. Im Gespräch gab Herr Stark, wenn von Java die Rede war, über Jamaica Antwort; auf der Jagd ließ er die Hasen, die man ihm fast vor die Füße trieb, ungesehen davon laufen; und zu den Spielen war er so unlustig, oder nahm sich dabei so linkisch, daß sie fast ebenso schnell wieder abgebrochen, als angefangen wurden. Endlich, wie leicht zu erachten, ward man der undankbaren Mühe, ihm Vergnügen zu machen, überdrüssig; und Herr Stark hätte noch ein wenig zerstreuter sein müssen als er es war, um nicht zu merken, daß er seinem Freunde zur Last, und was noch mehr ihn kränkte, seinen Mitgästen lächerlich ward. Er packte also schnell wieder zusammen, und nahm schon am dritten Tage von seinem gütigen Wirte Abschied, der zwar ehrenhalber seine zu frühe Rückreise tadelte, aber im Grunde des Herzens froh war, ihn wieder loszuwerden. —

Herr Stark hatte nunmehr die völligste Überzeugung, daß er mit seiner Leidenschaft nur vergebens kämpfe, und daß er ohne den Besitz der Witwe unmöglich leben könne. Es waren drei Fälle, die bei der Bewerbung um sie stattfinden konnten; und für jeden war sein Entschluß schon gefaßt. Wenn der Vater seine Einwilligung abschlug, aber die Witwe sie gab, so setzte er sich mit den Vormündern der Lykschen Kinder, und zog zu der Witwe ins Haus, um ihre Handlung, die er genugsam hatte kennen lernen, zu übernehmen und fortzuführen. Wenn der Vater, wie er zwar innig wünschte, aber zu hoffen sich nicht getraute, seiner Wahl aus vollem Herzen beistimmte — denn ein nur gezwungener oder gar erbettelter Beifall genügte ihm nicht —, so schlug er die Lyksche, ohnehin gesunkene, Handlung so vorteilhaft los als möglich, und führte die Geliebte seines Herzens in das väterliche Haus ein, wo er dann mit verdoppeltem Eifer sich seinen Geschäften widmen, nur ihnen und seiner Liebe leben, und den Vater überzeugen wollte, daß es ihm so wenig an Talenten als an Tugenden fehle. Wenn unglücklicherweise die Witwe selbst – sie, für die er soviel gethan hatte, und die er so innig liebte –– seinen Wünschen abhold war, so blieb er keinen Augenblick länger in einer Stadt, wo er das Weib seines Herzens ohne Hoffnung des Besitzes vor Augen haben, oder wohl gar einen Dritten — er knirschte bei dieser Vorstellung — in ihren Armen glücklich sehen müßte. Er begab sich alsdann, wie er bisher gewollt hatte, nach Br..., wo schon alles zu seiner Aufnahme bereit war, und wohin er den Briefwechsel mit seinem Geschäftsträger eben in dieser Hinsicht noch fortsetzte.

So weit stand der Entschluß des Herrn Stark, ohne zu wanken, fest: und schon dies beruhigte gewissermaßen sein Herz; aber noch erhielt ihn die Ungewißheit, welche von den aufgezählten Möglichkeiten zur Wirklichkeit kommen würde, in jenem finstern, schwermütigen Staunen, worin ihn der alte Schlicht überraschet hatte. Um auch dieser Ungewißheit los zu werden, beschloß er jetzt, sobald der Vater zu Tische säße, in das Haus des Schwagers zu eilen, der um das Geheimnis seines Herzens nun einmal wußte, und der ihm seines vollen, unbedingten Zutrauens wert schien. Mit ihm wollte er sich über die Art und Weise besprechen, wie er am besten die Gesinnung der Witwe, und dann auch die des Vaters, erforschen könnte.

—

XXVIII.

„Alles gut! alles sicher!" sagte Monsieur Schlicht, indem er mit geriebenen Händen und frohem Angesichte wieder hereintrat. — „Der Knecht hat seinen Ausputzer, und hat sein Trinkgeld weg; der verwünschte, nachlässige Kerl!"

„Den Ausputzer," sagte Herr Stark, „hättest du sparen können."

„Nein, nein! Das Trinkgeld eher; denn das hatte der Zufall verdient, aber den Ausputzer er selbst. –– – Ach, was ich mich freue, mein lieber, lieber Herr Stark, daß Sie wieder zurück sind! Ich war in gewaltiger Not."

„Um mich? — Mir fehlte nichts, lieber Vater.“

„Aber mir desto mehr. — Denken Sie sich nur ums Himmels willen! was für einen Auftrag mir da der alte Herr giebt.“

„Nun?“ —

„Ich soll zu Ihnen heraufgehen — zu Ihnen, den ich nicht hier wußte! Wie ward mir dabei? — und soll Sie recht genau und recht umständlich befragen, wie es mit der Handlung der Madam Lyk steht, um derentwillen ich so oft habe wachen müssen.“

„Was?“ rief Herr Stark, und fuhr mit großer Bewegung vom Stuhle.

„Jaja! — Ob die Aktiva die Passiva wenigstens balancieren, und in wie kurzer oder wie langer Zeit sie etwa realisiert haben werde?“

„Schlicht!“ — Er faßte den alten Handlungsdiener bei beiden Armen. — „Mich, mich sollst du darum befragen? Mich?“

„Wen denn sonst? — Ihr Vater weiß alle Ihre Gänge zur Witwe. Sie selbst scheint ihm davon gesprochen zu haben.“

„Sie selbst? — Ich glaube bei Gott, Alter! es ist nicht richtig mit dir; du bist von Sinnen. — Wie kömmt mein Vater zur Witwe?“

„Hören Sie, junger Herr!“ sagte Monsieur Schlicht und schüttelte ärgerlich mit dem Kopfe: „das von Sinnen sein, lassen Sie weg! Das bitt' ich mir aus. Ich habe, gottlob! so alt ich bin, meine fünf Sinne so gut, wie ein anderer.“

„Aber noch einmal, Schlicht! — Antworte, und sei dann böse so viel du willst! Wie kömmt mein Vater zur Witwe?“

„Hab' ich denn schon gesagt, daß er zu ihr kam? Sie kam zu ihm.“

„Sie zu ihm?“

„Gestern vormittag. Hierher ins Haus. — Und kam hier schlimm genug wieder weg.“

„Ha!“ rief Herr Stark und errötete über und über.

„Oder eigentlich stattlich genug. Denn die Frau Doktorin und ich brachten sie in einer Kutsche nach Hause.“

„In einer Kutsche! Warum?“ — Er fing an zu erblassen.

„Je, sie lag ja in einer Ohnmacht, die arme Frau! daß man geschworen hätte, sie wachte vor dem jüngsten Tage nicht wieder auf.“

„Großer Gott! — Vielleicht der Vorbote von einer Krankheit, von einer tödlichen Krankheit!“

„Ach, hat sich etwas!“ — Er warf den Kopf in den Nacken: — „Sie denkt Ihnen an keine Krankheit. Sie war kaum wieder zu Hause, so war sie flink, wie ein Vogel.“

„Ist das wahr? Ist das sicher?“

„Wird denn Schlicht Sie belügen? — Aber sagen muß ich Ihnen noch, mein lieber, lieber junger Herr, was ich für eine große, für eine ausnehmende Freude gehabt habe.“

„Du?“

„Ihr Vater hat in Ausdrücken von Ihnen gesprochen; in Ausdrücken!“ — Er nahm hier einen pathetischen Ton an. — „'Mein Sohn hat so rechtschaffen gehandelt — mein Sohn hat sich so brav bewiesen — mein Sohn hat die Großmut gehabt.' — — Sehen Sie, mein lieber, lieber junger Herr! So hatt' ich noch in meinem Leben von Ihnen nicht reden hören.“

Herr Stark hätte sich gern ein wenig geschämt, wenn er vor Vergnügen dazu hätte kommen können. Er sah den Nebel, der über seiner Zukunft lag, sich schon ziemlich erheitern, sah den liebsten seiner Wünsche zur Hoffnung werden, und bestürmte nun den alten Schlicht mit einer Menge von Fragen, die aber größtenteils ohne Antwort blieben. — „Wenn ich doch nur wüßte,“ sagte er endlich, „was in aller Welt die Witwe hierher gebracht, was sie gewollt hat?“

„O, was das betrifft; damit kann ich aus dem Munde des alten Herrn Ihnen dienen. Sie ist in Verlegenheit wegen eines gewissen Horn, der ihr zusetzt.“

„Horn?“ rief Herr Stark und trat mit Heftigkeit gegen den Boden. — „Ha! Der elende, nichtswürdige Geizhals! So hat er mir doch das Wort nicht gehalten, das ich so mühsam, mit so vielem Zureden von ihm erpreßte! — Ich Thor! Warum bezahlt' ich auch den Bettel nicht gleich? — Und was beschließt denn mein Vater? Was will er thun?“

„Er reißt die Witwe heraus; ganz gewiß! — Ich werde schon hören, sobald er von der Börse zurückkömmt.“

„Bleibt er dort lange? Was meinst du?“

„Ich denke. Er schien ein Geschäft von Wichtigkeit vorzuhaben. Er eilte sehr.“

„So will ich zu meiner Mutter hinunter. Vielleicht weiß sie mehr, lieber Alter, als du. Oder, wenn auch sie nichts weiß dann zum Schwager, zur Schwester, zur Witwe selbst!“

„Halt! halt!“ rief Monsieur Schlicht, indem er ihn noch glücklich bei dem einen Rockschoß erwischte: „so haben wir nicht gewettet, junger Herr; so kommen Sie mir nicht fort! — Erst Nachricht, ob die Aktiva der Witwe ihre Passiva — —“

„Nur decken, meinst du? — Es bleibt noch Kapitalkonto. Nicht wenig.“

„Schön! — Und die Zeit, wann sie realisiert haben wird?“

„Drei, vier Monate längstens.“

„Vortrefflich! — Aber nun möcht' ich noch einige Umstände wissen; als erstens — —“

Fort war Herr Stark.

„Fort ist er!“ brummte Monsieur Schlicht und sah mit Kopfschütteln hinter ihm her. — „Das ist mir denn doch wahrlich zu bunt. Dahinter liegt mehr verborgen. — Junger Herr! Junger Herr! Sie haben der Witwe zu tief in die Augen gesehen. Sie sind verliebt. — — Je nun — wenn er's denn einmal ist — was für ein Unglück? — Eine hübsche, wackere Frau ist die Witwe; das ist gewiß: und wenn sie ihm ansteht — — sie hat viel Lebensart, muß ich sagen; sie dankte mir gestern gar höflich; sie nannte mich einen lieben Herrn Schlicht über den andern: — Also — wenn sie ihm ansteht — warum soll er sie nicht zur Frau nehmen? Wer wird's ihm wehren? — Immer zu, mein Herr Stark! Immer zum Werk geschritten! Das Junggesellenleben ist ein langweiliges Leben. — Haha! — Da kann ich alter Kindernarr noch in meinen siebziger Jahren etwas zu tragen und zu hätscheln bekommen. — In Gottes Namen! — Ich wollte, sie wären schon da, die kleinen niedlichen Püppchen, und könnten schon laufen.“

XXIX.

Von der Mutter war wenig oder nichts zu erfahren; und so eilte Herr Stark durch den Thorweg, den ihm Monsieur Schlicht öffnen mußte — denn wenn er von vorne ging, konnt' er dem Vater in den Wurf kommen — zur Schwester.

Diese, die von seiner Reise gewußt hatte, schien über seine Rückkunft verwundert. Sie konnte sich's nicht versagen, den ungeduldigen Liebhaber mit seiner Leidenschaft ein wenig zu necken, sich ebenso brennend-neugierig zu stellen, als er selbst brennendverliebt war, und ihm auf seine Fragen über die Witwe lauter Gegenfragen über die Reise zurückzugeben. Doch am Ende brach ihr das mitleidige Schwesterherz; und sie machte ihn durch die Entdeckung, daß, nach ihrem und ihres Mannes Dafürhalten, die Witwe wohl ebenso verliebt sei als er, über alle Beschreibung glücklich. Sie selbst war es in hohem Grade durch das stolze Gefühl, das immer ihrem Geschlechte so wohl thut, einen Mann in den Fesseln eines Weibes sich krümmen und winden zu sehen; doch fühlte sie zugleich, wie alle wohldenkenden Damen, einen lebhaften Trieb, den Leiden des armen Schmachtenden, so schön und so lieblich anzuschauen sie auch waren, ein baldiges Ende zu machen. Sie versprach ihm mit Hand und Mund, daß sie nichts, was in ihren Kräften stehe, unversucht lassen wolle, um das Schifflein seiner Liebe, wenn nur nicht Wind und Wetter allzusehr entgegen wären, glücklich in den Hafen zu steuern.

Bei der Zuhausekunft des Doktors kamen die drei Entwürfe zur Sprache, die Herr Stark auf die oberwähnten drei Fälle bei sich festgesetzt hatte. Der Doktor wollte durchaus, daß er sich vor allen Dingen mit dem Vater verständigen, und seine Geschäfte wieder antreten sollte, wo denn die Einwilligung zur Heirat mit der Witwe gewiß nicht fehlen würde. Herr Stark hingegen wollte vor allen Dingen der Gesinnung der Witwe versichert sein, um zu wissen, ob er den Ort seines Aufenthalts nicht verändern müsse, und wie er sich gegen den Vater zu nehmen und zu erklären habe. In sein altes Verhältnis, sagte er, trete er für keinen Preis wieder zurück, was auch immer sein Schicksal sein möge; und die Billigung seiner Liebe betreffend, kenne er die unüberwindliche Beharrlichkeit des Vaters in seinen einmal gefaßten Vorurteilen.

Der Doktor erzählte ihm jetzt, wie sehr das Vorurteil gegen die Witwe bei dem Alten bereits erschüttert worden, und bestand noch einmal darauf, daß sein erster Schritt die Aussöhnung mit einem Vater sein müsse, der von nun an gewiß auf einem ganz andern Fuß mit ihm leben werde. Die Rückkehr des alten Verhältnisses, meinte er, sei durchaus nicht zu fürchten, sobald nur nicht der Sohn selbst daran arbeite, es wieder herzustellen. Ob der Vater ihn liebe? sei nicht die Frage; nur habe dieser Liebe bisher ein notwendiger Zusatz gemangelt, und dieser Mangel sei die Ursache alles Verdrusses und aller Erbitterung geworden

Herr Stark bestand darauf, daß der Doktor sich näher erklären sollte; und dieser versprach es, wenn er zuvor das feierliche Wort erhielte, daß ihm seine Freimütigkeit nicht sollte übel gedeutet werden. Dieses Wort ward gegeben.

„Nun dann!“ sagte der Doktor: „der Liebe Ihres Vaters mangelte, was jetzt schon in hohem Grade da ist, und was Sie noch täglich zu vermehren in Ihrer Gewalt haben werden: Hochachtung für Sie.“

„Wahr! Mehr als zu wahr! Er hat mich von jeher verachtet.“

„Er hat von jeher gewünscht, Sie innigst hochachten zu können. — Fragen Sie jetzt sich selbst, in welchem Maße Sie ihm das möglich machten!“

„Hab' ich ihm Schande gemacht?“ rief Herr Stark, indem er mit großer Bewegung aufstand. „Hab' ich Lasterthaten begangen?“

„Ist von Schande die Rede? Werden Sie den schon hochachten, der sich mit keinen Lasterthaten befleckt hat? Gehört zur Hochachtung nicht mehr?“

Herr Stark erinnerte sich der Freude des alten Schlicht über den Ton, worin sein Vater von ihm gesprochen hatte, ward besänftigt und setzte sich wieder.

„Ich habe Ihr Wort, daß Sie meine Freimütigkeit mir verzeihen wollen; und so lassen Sie mich ein- für allemal, um Ihrer und Ihres Vaters Zufriedenheit willen, über diesen Punkt meine geheimsten Gedanken sagen! — Ihr Vater hielt Sie für keinen bösen, aber für einen schwachen, für einen auf sich selbst beschränkten, zur Sinnlichkeit, Weichlichkeit, Eitelkeit ganz sich hinneigenden Charakter. Nach dem, was er von Ihnen sah, von Ihnen hörte — denn Ihr Gutes verbargen Sie ja vor ihm — konnt' er kaum anders, sondern mußte Sie dafür halten. Er dachte Sie im vollen Gegensatz mit sich selbst; und sich selbst konnt' er doch, wahrlich! auch bei der strengsten Unparteilichkeit, mit keinen andern Augen ansehen, als womit alle Welt ihn ansieht: mit Augen der Billigung und der Achtung. Daher sein Ton gegen Sie: ein wirklich empfindlicher, ärgerlicher, kränkender Ton, der mir von jeher mißfiel, den ich gegen meinen Sohn, wie ich auch immer von ihm urteilen möchte, ewig nicht brauchen würde, auch freilich, weil mir Witz und Laune dazu versagt sind, nicht brauchen könnte; der aber aus dem ganzen Geiste und Herzen des Alten zu natürlich hervorging, als daß die Abänderung desselben, so lange er Sie in dem alten Lichte betrachtete, je gehofft werden durfte. — Ihm diesen Ton zu nehmen, war kein anderer Weg, als ihm sein Urteil von Ihnen zu nehmen; und dieses" — er ergriff hier die Hand des Schwagers und drückte sie ihm mit Wärme — „dieses ist ihm genommen."

Herr Stark hatte mit Ruhe gehört und schwieg auch noch jetzt. Der Doktor bekannte ihm, daß er die ganze Geschichte der Aussöhnung mit Lyk, nebst allem, was darauf gefolgt sei, dem Alten erzählt habe, und schilderte ihm die große Rührung desselben nicht ohne eigene Rührung. — „Treten Sie ihm jetzt unter die Augen, und Sie werden einen ganz andern Blick von ihm sehen. Reden Sie jetzt mit ihm, und Sie werden einen ganz andern Ton von ihm hören. — Wahrlich, Herr Bruder! Wenn Sie auch alle die kleinen — Schwachheiten will ich nur sagen beibehielten, die er sonst an Ihnen bespöttelte: er würde sie nicht mehr bespötteln; er würde sie immer noch wegwünschen, aber sie dem uneigennützigen, großmütigen, edelthätigen Manne, den er jetzt in Ihnen erkennt, mit Freuden zu gute halten. Nur Annäherung, Aussöhnung, Vertrauen! — und ich schwöre Ihnen, Sie gelten ihm künftig mehr, als wir alle; Sie führen ihm jede Gattin, die Sie wollen, als seine Tochter zu; Sie sind Herr aller Ihrer Handlungen, so lange Sie in dem Geiste, wie seit Lyks Tode, handeln; Sie haben an ihm keinen Tadler und Sittenrichter mehr; nur einen liebenden Freund, einen zärtlichen Vater."

So gern Herr Stark dieses alles nicht bloß als Liebhaber, sondern auch als Sohn hörte, dessen Gefühle der Natur und der Pflicht nie völlig erstorben waren, so nahm er es doch mehr für angenehme Vorspiegelung, als für wirkliche Hoffnung. Er beharrte darauf, daß sein erster Schritt sein müsse, von der Gesinnung der Witwe gewiß zu werden, um bei dem Versuche der Aussöhnung mit dem Vater sogleich seine Liebe erklären zu können: weil diese Aussöhnung, wenn man hinterher seine Liebe verwürfe, von keiner Dauer, und wenn die Witwe selbst ihm ihre Hand verweigerte, von keinem Nutzen sein würde. Er sei in dem letzteren Falle nun einmal entschlossen, seinen Aufenthalt zu verändern. — Man stritt noch eine Weile hin und her; aber jeder blieb, wie gewöhnlich, bei seiner eigenen Ansicht: bis die Doktorin, die sich ihrer Wirtschaft wegen hatte entfernen müssen, wieder hereintrat, und Mann und Bruder zu Tische abrief. Sie sagte ihnen, daß sie den Kindern besonders habe decken lassen, und daß sie drei allein sein würden, um mit voller Freiheit zusammen zu ratschlagen.

Der Streit zwischen dem Doktor und Herrn Stark ward ihr jetzt zur Beurteilung vorgelegt, und sie entschied, nach kurzem Besinnen, für beide und wider beide. — „Ihr könnt euch nur darum nicht vereinigen," sagte sie, „weil ihr Männer, das heißt, weil ihr Starrköpfe seid, die, wie sie einmal ein Ding gesehen und gefaßt haben, es immer sehen und immer fassen. — Mein Gott! so werft doch euer beider Meinungen in eine zusammen, und ihr seid ja fertig."

„Wie zusammen?" fragten hier beide. „Wie geht das an?"

„Ja, wenn wir Weiber nicht wären!" —

„Ihr holden Friedensstifterinnen!" sagte der Doktor, und lachte.

„Das sind wir, mein Herr; das sind wir. Davon sollen Sie gleich die Probe sehen. — Du, Bruder, willst vorher der Liebe deiner Witwe gewiß sein, ehe du mit dem Vater sprichst. Nicht?"

„Allerdings."

„Und du, Herr Gemahl, willst den Bruder vorher mit dem Vater einverstanden wissen, eh' er mit der Witwe Richtigkeit macht?"

„Nicht anders."

„Nun, was zankt ihr euch denn? Da giebt's ja gar keine Schwierigkeiten. Das geht ja ganz vortrefflich zusammen. — Ich schaffe dem Bruder die vollkommenste Gewißheit von dem Ja der Witwe, ohne gleichwohl dieses Ja ausdrücklich zu fordern; und der Bruder, wenn er diese Gewißheit hat, gönnt dem Vater vorher das Wort, eh' er der Witwe seine Anträge macht. Dann wird er ja hören, und nachdem er hört, kann er handeln. Der Vater darf nicht klagen, daß der Sohn ihn vernachlässiget habe, und der Sohn darf nicht fürchten, daß er von einer oder der andern Seite in Verlegenheit komme. — Läßt sich etwas Leichteres, etwas Einfacheres denken?"

„Aber ich sehe nicht ab," sagte der Doktor, „wie du, ohne förmlichen Antrag, des Ja der Witwe gewiß werden kannst."

„Armer Mann! Das siehst du wirklich nicht ab? — Sage

mir doch: wie nanntest du jüngst ein Gesicht, woran du gewiß vorher weißt, daß dein Kranker dir sterben werde?"

„Ein hippokratisches etwa?"

„So ungefähr. Ja, so klang's. — Nun, die Freiheit der armen Mädchen und Witwen, wenn sie im Abfahren begriffen ist, hat eben ein solches hip — hip — wie heißt es?"

„Hippokratisches Gesicht."

„Richtig! — Und darauf verstehen nun wir Weiber — wir klugen, mein' ich — uns eben so gut, als ihr euch, ihr gelehrten Herren Doktoren, auf jenes. — Heute Abend, Bruder, hast du von der Witwe volle Gewißheit, ohne daß ich gleichwohl das mindeste mit ihr richtig mache."

„Aber, Schwester," sagte Herr Stark, „wenn du deine Güte gegen mich vollenden wolltest — ich wünschte von dir noch eines."

„Und was?"

„Daß du, ehe ich mit dem Vater spräche, auch seine Gesinnung in Absicht dieser Heirat — nicht eben geradezu, nur von weitem, ganz von weitem — erforschtest. Ach, das würde mir die Unterredung mit ihm so unaussprechlich erleichtern."

„Kann geschehen!" sagte die Schwester.

„Er soll ja sein Vorurteil gegen die Witwe schon halb verloren haben?"

„Das hat er. Schon mehr als halb. — Aber, lieber Mann, wie ist's denn mit dir? Du wirst doch auch etwas thun."

„Was in meinen Kräften steht — gerne. Ich bin des Unfriedens in der Familie schon so überdrüssig!" —

„Morgen, weißt du, ist Sonntag, und der Vater ißt hier zu Mittage. — Wie, wenn du ihn da in dein Zimmer nähmst, und ihn zur väterlichen, freudigen Wiederannahme des Bruders zu stimmen suchtest? wenn du ihm den Bruder von seinem letzten Geschenke so gerührt schildertest, so dankbar, so gut —"

„Daß er ihn selbst wieder zurücksehnte?"

„Nun ja!"

„Mit Vergnügen. — Aber dann wird er sogleich, wenn er den Bruder gesund glaubt, ihn rufen lassen, oder wenn er ihn noch für krank hält, zu ihm hinaufgehen und ihn umarmen."

„Er umarmt nicht so leicht." —

„Nein, nein!" sagte Herr Stark. „Verschone mich, Schwester! — Auch hast du mir ja versprochen — —"

„Wahr! Ihn der Heirat wegen erst auszuholen. Und dazu will Zeit sein. So Schlag auf Schlag geht das nicht. — Und doch möcht' ich so ungern, daß der Sonntag, wo wir ihn hier allein haben, und wo er gemeiniglich so vergnügt ist, für die Hauptunterredung verloren ginge. — Halt! Du warst ja auf dem Lande, Bruder? Bei einem Freunde?"

„Nun freilich."

„Besinne dich! Du warst nicht, sondern du bist auf dem Lande. Mein Mann hat dir zu der Reise geraten, und heute oder gestern — mag es doch heute sein, heute nach Mittage! — bist du von hier gefahren. Indessen bleibst du bei deiner Schwester, und kannst wieder zur Stadt kommen, sobald du willst. Schlicht soll Bescheid darum wissen."

„Ich glücklicher Mann!" sagte der Doktor. „Was für eine Frau ich doch habe!"

„Nicht wahr?" —

„Eine kluge, eine herrliche Frau! — Von einer Erfindungskraft! einer Geistesgewandtheit!"

„Bosheit! Bosheit!" rief sie. „Nichts weiter! — Da will er mich nun verführen, daß ich ihm einmal sagen soll, was eine Frau doch so ungerne sagt: Mann! Du hast recht."

Die süße Miene, womit sie jetzt aufstand, versprach einen Kuß, und der Doktor fuhr sich schon mit der Serviette über die Lippen; aber plötzlich wandte sie sich gegen die Thür, befahl den Pudding zu bringen, und setzte sich ganz ehrbar wieder an ihre Stelle.

XXX.

„Komm' ich nicht ein wenig zu oft?" sagte die Doktorin, indem sie einen Augenblick an der Zimmerthüre der Witwe stillstand. „Werden Sie sich nicht bald meine Besuche verbitten?"

„O meine Freundin, mir Ihre Besuche verbitten! Ich, die ich mich lieber niemal von Ihnen trennte! — Sie thun mir da eine Frage — —"

„Die übler klingt, als gemeint ist. Weiß ich's nicht schon, daß Sie mich recht gerne ertragen?"

„Ertragen! — Nun kommen Sie mir vor Mitternacht nicht von dannen."

„Ich Arme! Da wär' ich ja schrecklich gestraft." — —

Man nahm jetzt Platz, und die Doktorin wollte soeben auf ihr Hauptthema einlenken, als ein Lehrling aus der Lykschen Handlung hereintrat, und den alten Mann von gestern ansagte, der Madam Lyk aus dem Wagen gehoben habe.

Die Doktorin schoß auf der Stelle das Blatt. „Schlicht!" rief sie aus. „Der kömmt nicht anders, als wenn er geschickt wird. Was kann der wollen?"

„Er will," sagte der Lehrling, und schielte seitwärts die Doktorin an, „Madam Lyk unter vier Augen sprechen."

„Nicht unter sechsen? Ei mein Gott! da muß ich ja fort. Das ist übel. — Doch wenn Sie erlauben, Freundin, so schleich' ich mich hier in dies Seitenzimmer, und wahrlich! wahrlich! ich will dort recht fromm sein. Ich will ans Fenster und nicht an die Thür treten."

„Wie Sie mich quälen!" sagte die Witwe. „Bleiben Sie doch! Was für Geheimnisse kann er denn haben?"

„Wer weiß? Er mag wohl einmal auch nicht geschickt sein. Er ist noch Junggeselle."

„Leichtfertige Freundin!" — Sie trat jetzt mit vieler Höflichkeit in die Thür, und nötigte den Alten herein, der sogleich durch die Heiterkeit seines Gesichts die gute Beschaffenheit seiner Botschaft ankündigte, und die Doktorin in ihrer Ahnung bestärkte.

„Sieh da," sagte diese: „lieber, guter alter Vater! Bist du's denn wirklich? — Ach mein Himmel! Und geputzt wie ein Bräutigam, oder wie ein Brautwerber. Was stellt das vor?"

Der alte Schlicht lachte herzlich. —

„Wirklich, so galant hab' ich dich in meinem Leben nicht gesehen."

„Man hat gut galant sein, liebe Frau Doktorin, wenn man Gönner hat, die auf einen was halten." — Er sah hier, wie verstohlen, auf seine neue atlaßne Weste, und von der Weste wieder auf seine Wohlthäterin; mit einem Ausdruck von Dank und Liebe, der ein noch älteres Gesicht, als das seinige, hätte verjüngen können. — Die Weste war ein Angebinde der Doktorin an seinem letzten Geburtstage gewesen, und er trug sie, um seiner Sendung Ehre zu machen, heute zum erstenmale.

Die Doktorin, von seiner Pantomime gerührt, schlug ihm sanft auf die Schulter. — „Aber ist es denn wahr, lieber Alter, daß du mit Madam Lyk ganz allein sein willst? daß ich hier fort muß?“

„Wie so? Wie so?“

„Der Handlungsbursche, der dich hier anmeldete, sagte — —“

„Ach, der Handlungsbursche ist — —“ Bei einem Haare hätt' er ein Kraftwort herausgestoßen; aber zum Glück besann er sich noch, übersetzte den Narren, den er im Sinne hatte, in: nicht recht klug, und versicherte, daß die Frau Doktorin sein ganzes Anbringen hören dürfe; sie komme selbst darin vor. —

Mit großer Ernsthaftigkeit hielt er dann seinen Vortrag. — „Sein Prinzipal,“ sagte er, „der Herr Stark, bedaure ganz ungemein, daß er gestern, wegen zunehmender Gehörschwäche, die eigentliche Absicht des von Madam ihm gegönnten angenehmen Besuchs nicht verstanden, sondern diesen Besuch für eine bloße überflüssige Höflichkeit genommen habe. Er sei nachher durch seine Frau Tochter, die hier anwesende Frau Doktorin Herbst“ — die bei dieser Gelegenheit einen sehr herzlichen Blick erhielt — „über jene Absicht näher belehrt worden; und da er nun ihn, den Monsieur Schlicht, teils als einen Handlungskundigen, teils als einen treuen und verschwiegenen Diener, aus vieljähriger Erfahrung kenne, so habe der Herr Prinzipal eben ihm den Auftrag gegeben, der Madam die Versicherung seiner vollkommenen Bereitwilligkeit zu ihren Diensten zu überbringen, auch demnächst sich in das Comptoir des Herrn Horn zu verfügen, um sofort die etwaige Schuld bei diesem ungestümen, dem Herrn Stark von der schlechten Seite schon wohlbekannten Manne durch Wechsel oder bar, wie er selbst es wollen würde, zu tilgen. Übrigens bitte sein Herr Prinzipal, wenn ähnliche Fälle mit noch andern Gläubigern eintreten sollten, daß Madam sich nur gleich an ihn wenden, und ihn überhaupt wie ihren Kurator betrachten wolle, als wozu er sich mit Vergnügen erbiete. Zugleich wünsche er, mit allem Dank verschont zu bleiben, weil er durch den Herrn Sohn sehr wohl unterrichtet sei, daß er in keinem Falle bei der Unterstützung von Madam etwas wage, und sich also bei dieser kleinen Gefälligkeit eigentlich gar kein Verdienst um sie beimessen könne. — Er, Monsieur Schlicht, ersuche jetzt um beliebige genaue Angabe der ganzen Hornschen Forderung, damit er dem noch übrigen Teile seines Auftrages genügen, und dem Herrn Prinzipal die ganze Sache als völlig abgemacht berichten könne.“ — —

Kaum hatte Monsieur Schlicht mit vielem Wohlbehagen seinen Vortrag geendet, so ergriff die Doktorin die Hand der Witwe, und fragte, nicht ohne töchterlichen Stolz im Herzen: „Hatt' ich nun unrecht?"

„O meine Freundin! Eine solche Großmut an einer Fremden, an einer fast gänzlich Unbekannten! — Aber ich weiß ja, wem ich diese Hülfe zu danken habe."

„Wem? Wem?" — indem sie sich vor ihrer Umarmung zurückbeugte. — „Meinem Vater; sonst keinem!"

„Er hat die edelste Tochter." —

„Kennen Sie die? — Eine Schwätzerin ist's, die nichts auf dem Herzen behalten kann; die dem Alten alles vorplaudern muß, was sie weiß, und die ihm denn auch gesagt hat, was sie von der unangenehmen Lage ihrer Freundin und von der Absicht des gestrigen verunglückten Besuchs wußte. — Das ist alles gewesen; ich versichere Sie. Kein Wort von Fürsprache, von Aufmunterung Ihnen zu helfen; kein Gedanke daran! Das hätte die Freundin herabgesetzt, und den Vater beleidigt. Der handelt nicht, wie es ihm andere eingeben; der handelt nach seinem eigenen Herzen."

„Ich höre Sie mit einer Bewunderung — einer Empfindung — —"

„Lassen wir das!" Und nun umarmte sie die Witwe mit wahrer, herzlicher Freundschaft. — „Mein guter Schlicht, der nie viel Zeit hat, wartet auf Antwort; und ich denke doch, Sie werden ihn durch keine abschlägige kränken?"

Die Witwe bat jetzt Monsieur Schlicht, seinem Herrn Prinzipal ihre innige Verehrung, ihre tiefe Rührung über den unverdienten Beweis seiner Gewogenheit zu versichern; aber zugleich ihm zu sagen, daß der Gehorsam gegen den einen Teil seines Befehls ihr den Gehorsam gegen den andern unmöglich mache. — „Ich werde Sie selbst, lieber Herr Schlicht, mit einigen Zeilen von meiner Hand beschweren, die Sie ihm zu überreichen die Güte haben werden. Den persönlichen Dank behalt' ich mir vor. Sie erlauben doch, beste Freundin?" mit einer Wendung gegen das Seitenzimmer.

„Gehen Sie, gehen Sie nur! Sie thun etwas sehr Überflüssiges; aber ich weiß, Sie würden es doch nicht lassen."

Die Doktorin nutzte die Augenblicke, da sie mit Schlicht allein war, um ihn von allerlei zu unterrichten, was ihm zu wissen not that: von dem Wechsel, den ihr Mann an Horn ausgestellt hatte, um die Witwe außer Gefahr zu setzen; von ihrem Wunsche, daß der Vater davon nichts merke, und also nicht ihr Mann quittiert werde, sondern die Witwe; von ihrer Absicht, den Bruder noch einige Tage vorgeblich aufs Land zu schicken, bis ein gewisser Entwurf gereift sei, der ihn von seiner Grille, nach Br . . . zu gehen, unfehlbar zurückbringen werde; endlich von der aufhörenden Notwendigkeit, das Wohlbefinden des Bruders und seine Abfahrt aufs Land, die aber erst diesen Nachmittag müßte geschehen sein, vor dem Vater geheim zu halten. — Monsieur Schlicht, mit seiner gewöhnlichen Gefälligkeit, versprach, sich das alles zu merken, und fand die Anschläge seiner lieben Frau Doktorin ganz vortrefflich.

Madam Lyk trat mit einem Briefchen und einem Zettelchen in der Hand, auf welchem die Hornsche Schuldforderung verzeichnet war, wieder herein, und gleich nach ihr erschien ein Mädchen mit einer Flasche süßen Weins und mit Gläsern. Die Doktorin verbat, indem sie ihren Widerwillen gegen starke Getränke, Monsieur Schlicht, indem er seine Geschäfte zu Hause vorschützte, wo er noch so manches zu thun habe, daß die Stelle ihm unter den Füßen brenne. Die Witwe, die sich ihm für seine Mühe so gern erkenntlich bewiesen hätte, bot alle ihre Beredsamkeit gegen ihn auf, und schon geriet er mit der seinigen sehr ins Stocken; aber die Doktorin, um mit der Witwe allein zu sein, schlug sich auf seine Seite, und half ihm durch. — „Ich kenne," sagte sie, „meinen lieben, guten Schlicht: er thut alles, was ihm obliegt, mit großer Treue, mit großem Eifer; und da ihm das Haus meines Vaters zur Aufsicht übergeben ist, so hängt er daran nicht anders, als ob er, wie die Schnecke, damit verwachsen wäre. Er trägt es zwar nicht auf dem Rücken, aber er trägt es dafür auf dem Herzen. Ihm ist nicht anders wohl, als wenn er darin steckt."

Das war einmal ein Lob, ganz nach dem Sinne von Monsieur Schlicht, und er dankte dafür, indem er es ehrlich annahm, mit vieler Freude. Auch Madam Lyk sagte ihm noch beim Abschiede viel Schönes; sie erinnerte sich alles des Guten, was sie aus dem Munde des Herrn Stark von ihm gehört hatte, und freute sich, die Bekanntschaft eines Mannes gemacht zu haben, der einer so hochachtungswürdigen Familie, als die Starksche, so vorzüglich wert sei. — Kein Madera, noch Cyper, noch Syrakuser, noch was sonst die Flasche der Witwe enthalten mochte, hätte das Herz des alten Schlicht mehr erquicken, oder ihm den Kopf mehr benebeln können, als diese lieblichen Worte; denn wirklich schien er, als er auf die Straße hinaustrat, ein wenig berauscht. Er sprach in einem fort mit sich selbst, und gestikulierte dabei so lebhaft, daß mehrere der Vorübergehenden stillstanden und mit Lachen ihm nachsahen. Der Inhalt seines Selbstgesprächs war, daß von allen Frauen der Stadt die Frau Doktorin ohne Widerrede die beste, aber gleich nach ihr Madam Lyk die liebenswürdigste und vortrefflichste sei. — Indem er sich dachte, daß irgend jemand so frech sein könne, ihm das zu leugnen, stieß er mit dem Stock so heftig gegen das Pflaster, und schnitt so wilde Gesichter, daß ein paar spielende Kinder vor Schrecken zusammenfuhren und mit Geschrei in die Häuser liefen.

XXXI.

Es war der Doktorin peinlich, daß die Witwe kein Ende finden konnte, die Großmut ihres Vaters und ihre eigene Freundschaft zu rühmen; aber wie viel sie auch bat und ablenkte, immer kam die Rede darauf zurück. — „Ich hätte,“ sagte die Doktorin endlich, „so gern über meinen Bruder mit Ihnen gesprochen; aber wie ich wohl sehe — —“

In dem Augenblick schloß sich der Mund der Witwe, und desto offener stand nun ihr Ohr. —

„Sie glauben wohl nicht, daß hinter der scheinbaren Heiterkeit, womit ich zu Ihnen kam, sich ein sehr bitterer Verdruß versteckte? Gleichwohl ist es nicht anders. Ich habe über meinen Bruder zu klagen, recht sehr zu klagen.“

„Unmöglich! Über so einen Bruder?“

„Jaja! Über so einen! — Eben daß er so einer ist — —“

„Liebe Frau Doktorin!“ — Sie war ganz sichtbar gekränkt.

„Ich kann mir nicht helfen; ich trage mein Herz auf der Zunge. — Sehen Sie, Freundin! Nichts in der Welt thut mir weher, als wenn man mir meine guten Gesinnungen nicht erwidert, wenn man mich für meine Offenheit mit Verschlossenheit, für mein herzliches Zutrauen mit kaltem Mißtrauen belohnt. –

Sagen Sie, was Sie wollen; so etwas ist ärgerlich, ist abscheulich."

„Will ich es denn verteidigen? Aber daß Ihr würdiger Bruder — —"

„O, ich sehe schon: Sie werden auf ihn nichts kommen lassen; Sie sind zu sehr seine Freundin."

„Wenn ich's nicht wäre!" — Sie hatte Thränen im Auge.

„Indessen sind Sie doch auch Freundin von mir, und Sie werden gerecht sein. — Ich will das ärgste setzen, was doch sicher nicht ist, daß mein Bruder eine Sache auf dem Herzen trüge, die ihm eben nicht Ehre machte; kennt er denn nicht seine Schwester, seine liebreiche Schwester, die alles in der Welt eher thun würde, als ihn verraten? Kennt er nicht seinen redlichen Schwager, der von jeher so innig teil an ihm nahm, und der ihn auch jetzt mit Rat und That so gern unterstützen würde? Muß er auf tausend Fragen, auf tausend Bitten, daß er sich öffnen wolle, noch immer verschlossen bleiben?"

„Aber darf ich denn hören —?"

„Da ist sehr wenig zu hören. Leider weiß ich, oder errat' ich, nur das ganz allgemeine: Er liebt!"

„Er — liebt?" — fragte die Witwe, nicht ohne Stocken; denn in dem Augenblick sah sie ihn vor sich, den biedern, den edlen Freund, wie er beim Abschiede die Hand ihr so glühend küßte, daß auch sie sich im Herzen sagte: Er liebt!

„Alle Anzeichen sind wenigstens da: ein unablässiges Seufzen; ein stieres Hinblicken auf einerlei Fleck; eine weiche, kränkliche Sprache; ein feuchtes, schmachtendes Auge. — Aber wen er liebt, wen? — mit keinem Bitten, keinem Zureden ist das herauszubringen. — Es wird doch wohl in Ewigkeit keine Person sein, die nicht mehr frei wäre? die ihr Herz schon verschenkt hätte?"

„O gewiß nicht! gewiß nicht!" sagte die Witwe — und geriet über dieses rasche, ihr entfahrene Wort in eine Verlegenheit — eine Verwirrung —

„Also Sie wissen?" indem sie ihr näher rückte.

„Nichts, liebe Freundin. Ich weiß davon nichts; aber — — ich schließe aus seiner Denkungsart, seinem Charakter, daß — wenn er so etwas merkte — —"

„Nun, dann rat' ich nicht länger. Denn daß er eine Person lieben sollte, die er zu nennen mit Recht Bedenken trüge; die seiner unwürdig wäre: — nein, das will und das mag ich nicht raten."

„Ich bitte Sie. Keinen solchen Gedanken!" — Sie enthielt sich kaum einer Thräne; denn so möglich es blieb, daß nicht sie diese Person war, so konnte sie doch nicht umhin, sich an deren Stelle zu setzen.

„Lassen Sie mich ganz freimütig herausgehen! Ich wende mich nicht ohne Ursache an Sie. Ich habe meinen Bruder die ganze Zeit über, da er Ihre Bücher berichtigte, fast gar nicht gesehen; er war hier jeden Abend bei Ihnen. — Natürlich ward er mit Ihnen vertraut."

Die Witwe zitterte vor dem, was nun folgen würde. Sie errötete und erblaßte.

„Sollte da in so manchem Gespräche, in so manchem ungezwungenen, unbelauschten Gespräche, denn Sie waren ja wohl meistens mit ihm allein?" — —

„Das freilich; aber — —"

„Sollte da nicht irgend ein kleiner Zug ihn verraten haben? Sollte nicht irgend ein Wörtchen gefallen sein, das uns Licht geben könnte?"

„Ich wüßte nicht. Ich müßte zurückdenken," sagte die Witwe. „Doch überhaupt — —"

„Was überhaupt, liebe Freundin?"

„Er hatte hier Arbeit vollauf; er hatte zu rechnen. Es ward sehr wenig gesprochen."

„Rechnungen freilich nehmen den Kopf ein. Aber bei alledem — der Anfang seiner Leidenschaft fällt gerade in die Zeit, da er bei Ihnen rechnete; denn bis dahin war er noch heiter und munter. Gewiß hat er, neben den Zahlen und Brüchen, noch an etwas anders gedacht. — Können Sie sich nicht erinnern, ob Sie einmal Gesellschaft hatten? ob Frauenzimmer darunter waren?"

„Ich hatte — niemal Gesellschaft." — Sie wußte sich keinen Rat mehr. Sie pflückte und zupfte an ihren Kleidern.

„Nun, so werd' ich wohl auch hier nichts erfahren. Ich werde so klug wieder gehen, als ich kam. — Mein Trost muß sein, daß die Zeit endlich alles ans Licht bringt, und daß auch diese Liebe nicht ewig Geheimnis sein wird. — Indessen glauben Sie nur nicht, daß mich bloße Neugier zu Ihnen geführt hat;

es war ebenso sehr zärtliche Besorgnis um einen Bruder, den ich Thörin noch immer liebe, so wenig er es auch wert ist."

„Sie sind hart. — O mein Gott!"

„Ich sehe ihn blässer, magerer werden; sehe ihn alle Heiterkeit, allen Frohsinn verlieren; sehe ihn hinwelken mitten in der Gesundheit; wie kann ich da ruhig bleiben?"

„Hinwelken! — Liebe Frau Doktorin!"

„Nicht anders. Nur noch diesen Morgen sagte mein Mann: 'Das geht nicht; das thut auf die Länge nicht gut; der Bruder muß sich notwendig erklären.'"

Die Witwe geriet hier in eine Wehmut, die sie kaum mehr bezwang. Auf Erklärung freilich kam's an, und daß er diese zurückhielt; daß er sich lieber in heimlichem Gram verzehrte, als seine Liebe bekannte, was sollte sie daraus schließen? — Mißbilligte er selbst diese Liebe? Stand ihm ihr zu geringes Vermögen; standen ihm ihre Kinder im Wege? —

„Eigennutz mischt sich denn auch mit ins Spiel; ich will es nicht leugnen. — Ich hatte einst eine Schwester, die ich an den Blattern verlor; ach ein Geschöpf, liebe Freundin! — von einer Sanftheit, einer Gefälligkeit, einer Seelengüte! — Wie gerne hätte ich so eine Schwester wieder! Wie hoffte ich immer, daß mein Bruder sie mir zuführen sollte! Wie würd' ich sie, und um ihrentwillen auch meinen Bruder, geliebt haben!"

„Auch ich" — sagte die Witwe — „hatte —" Und nun zog sie ihr Tuch hervor, und weinte es so über und über voll, daß sie es wegwerfen und sich ein frisches nehmen mußte.

Gewiß war Madam Lyk, das wenige ausgenommen, was von Verstellungskunst jedem Frauenzimmer unentbehrlich ist, nicht im mindesten Heuchlerin; und ihre Thränen flossen also ohne Zwang, aus der Fülle des Herzens: aber gewundert würde sich, wenn sie hier hätte zugegen sein können, die kleine Amalie ein wenig haben, daß, im achten Jahre verstorben, und seit vierzehn Jahren nicht mehr erwähnt, sie noch jetzt ein so reichliches Thränenopfer erhielt.

Auch die Doktorin zog nun ihr Tuch hervor, aber in etwas anderer Absicht; sie verbarg ein Lächeln dahinter. — „Lassen Sie uns," fing sie dann an, „von diesem Gespräche abbrechen; denn wozu einander wehmütig machen? Wir wollen denken: was hin ist, ist hin, und was im Grabe liegt, kömmt nicht wieder."

„Das kömmt freilich nicht wieder," schluchzte die Witwe.

„Hingegen wo noch Leben ist, da ist Hoffnung. -- Mein Bruder ist wohl auch nicht so hinfällig, als meine Besorgnis ihn macht; wenigstens, wie ich diesen Mittag sah, hat er noch gute Eßlust: und die, denk' ich, ist eben kein Zeichen zum Tode." Sie lächelte. — „Übrigens wird er jetzt schwerlich nach Br . . . gehen; er wird, denk' ich, hier bleiben: und da — —"

„Er wird hier bleiben?" fragte die Witwe, und schien durch dieses Wort ein wenig getröstet.

„Ich denk' es, sagt' ich. — Und da wird denn mein Mann, der sich auf solche Krankheiten versteht, ihn unter der Aufsicht behalten, und wird ihm schon wieder zu Kräften helfen. Vernünftig wird er ja wohl am Ende werden, und wird sich erklären. Meinen Sie nicht?" — Sie lächelte wieder.

Die Witwe geriet über die plötzliche Veränderung des Tons und der Gebärde der Doktorin in nicht geringe Verwirrung. Fast mußte sie glauben, daß nicht des Bruders, sondern ihrer selbst wegen geforscht worden sei, und daß jener seine Liebe zu ihr der Schwester schon erklärt haben müsse. Diese Vermutung bestätigte sich, als die Doktorin mit voller Heiterkeit fortfuhr: „Ich bekomme denn doch noch wohl eine Schwester; o! ich bekomme sie ganz gewiß; eine ebenso gute, sanfte, liebreiche Schwester, als die ich verloren habe. Mich dünkt, ich sehe die holde Seele schon vor mir." — Sie hatte die Hand der Witwe genommen, der sie bei diesen letzten Worten einen sanften Druck gab; und die Witwe, unbewußt was sie that, und zu spät darüber erschreckend, erwiderte nicht allein diesen Druck, sondern zeigte auch in ihrem noch feuchten Gesichte ein sanftes Lächeln. Sie war böse über die Hinterlist ihrer Freundin, und war's doch auch nicht; sie ärgerte sich über die heitere Miene derselben, und war doch auch froh darüber; sie wußte selbst nicht recht, wie sie gesinnt war. Aber allein wäre sie gerne gewesen, um alles Gesprochene noch einmal zu überdenken, und bei sich auszumachen, wie viel oder wie wenig sie wohl von ihrem Herzen verraten habe.

Die Doktorin, als ob sie ihr diesen Wunsch aus den Augen gelesen hätte, stand auf, um Abschied zu nehmen. „Es wird spat," sagte sie; „ich muß fort. Leben Sie wohl, meine gute, sanfte, liebe — ach mein Gott! ich hätte bei einem Haare gesagt: Schwester! Sie sehen, wie voll ich den Kopf von der Herzens angelegenheit meines Bruders habe. — Was meinen Sie? Soll ich ihm ganz wieder gut sein?"

„Ach liebe Freundin! Sie waren ihm noch keinen Augenblick böse."

„Nicht? Wirklich nicht?" — und nun erfolgte eine wärmere, längere Umarmung, als noch bis jetzt unter ihnen stattgehabt hatte.

Auf der Flur fand die weggehende Doktorin den ältesten Sohn der Lyk, den sie aufhob und küßte. Der jüngere lag an einer kleinen Unpäßlichkeit nieder. Sie hatte den schnellen Einfall, die Mutter zu bitten, daß es ihr morgen früh erlaubt sein möchte, den Kleinen holen zu lassen, um ihn einem der größten Kinderfreunde, ihrem guten alten Vater, zu zeigen, der an der schönen Gestalt und dem artigen Betragen des Kindes sich sehr ergötzen würde. — „Er kann," sagte sie, „mit meinen eigenen Kleinen spielen, und kann bei uns essen" — Die Mutter bewilligte das, und der Knabe hüpfte und sprang vor Freuden. — —

Zu Hause machte die Doktorin ihren Mann, aber noch mehr ihren Bruder, durch die mitgebrachten Nachrichten sehr glücklich. Besonders rührte den letztern die Unterstützung, die sein Vater der Witwe hatte angedeihen lassen; er empfand darüber eine Freude und eine Dankbarkeit, wie er sie über die größte, ihm selbst erwiesene Wohlthat nicht würde empfunden haben. Aber unzufrieden war er, daß die Schwester mit dem Inhalte des Gesprächs, welches zwischen ihr und der Witwe vorgefallen war, so sehr zurückhielt, und daß er mit allem Forschen nichts weiter herausbrachte, als bloß: er werde geliebt; er werde ganz sicher geliebt; und sie, die Schwester, stehe ihm für ein freudiges Ja, sobald er es fordern würde, mit ihrem Leben. Was die Witwe alles gesagt, und durch was für Züge sie ihr Herz verraten habe: das verhüllte auch ihm, ob er gleich Bruder und Liebhaber war, der Schleier des weiblichen Zartgefühls; nur dem Ehemanne ward, im vertraulichen Schlafkämmerlein, dieser Schleier ein wenig gelüftet.

XXXII.

Die Kirche war aus, und die Straße fing an, sich mit wohlgekleideten Leuten zu füllen, denen es niemand ansah, wie sehr sie ihrer Sünden wegen waren gescholten worden; als einer der kleinen Herbste von seinem Posten am Fenster, wo er Wache gestanden hatte, in Eil gegen die Thür rannte, und nun auf einmal der ganze unruhige Schwarm ihm nach auf die Hausflur stürzte, um den kommenden Großvater und die begleitende Mutter — die aber Sonntags, ihrer Alltäglichkeit wegen, nur wenig galt — mit Freudengeschrei zu bewillkommnen. Der Alte empfing die Kleinen mit den gewöhnlichen scharfen Verweisen wegen ihres ungebührlichen Lärmens, aber zugleich mit einer Freundlichkeit, die den Eindruck jener Verweise augenblicklich wieder verwischte. Er wollte jetzt anfangen, seine Tasche für ihre Leckermäuler, und seinen Geldbeutel für ihre Sparbüchsen zu leeren, als er auf einmal im Hintergrunde einen holden Knaben einsam und dem Scheine nach traurig dastehen sah, und seine Tochter fragte, wer denn das wäre?

„Ach ein lieber, süßer Junge," sagte die Doktorin: „der älteste kleine Lyk; ein Schul- und Spielgenoß meines Wilhelm."

„Lyk!" rief der Alte; „o laß den Kleinen doch näher kommen!"

Er kam auf den Ruf der Doktorin, und ging nach ihrer Anweisung zum Alten, dem er mit all dem Anstande und der Ehrerbietung die Hand küßte, wozu ihn die Mutter gewöhnt hatte.

„Wirklich, wirklich, ein allerliebster Knabe!" — Herr Stark teilte ihm jetzt, wie den übrigen, mit, und hob ihn dann auf einen Tisch, der im Vorsaale stand, um, wie er sich ausdrückte, zu sehen, ob er ihn kenne. — „Ja ja!" rief er, „lieber, süßer Kleiner! wir sind schon alte Bekannte. — Sieh her, liebe Tochter, sieh her! Wie doch das nachartet! — Diese Stirn und dieses Kinn — —"

„Ganz des alten Lyk! unverkennbar!"

„Spiel der Natur!" rief Herr Stark.

„Ordnung der Natur!" rief die Tochter; und setzte auf eben den Tisch eins ihrer eigenen Kinder, das wirklich in der Gesichtsbildung eine auffallende Ähnlichkeit mit dem Großvater hatte. — Der Alte liebkoste jetzt beiden, und war ausnehmend vergnügt.

„Aber," sagte er: „wenn der alte gute Lyk den Mund zum Lachen verzog, da hatt' er so ganz etwas Eigenes in seiner Oberlippe. Ob auch wohl der Kleine das hat? — Lieber Kleiner! thu mir den Gefallen und lache! Hörst du?"

Der Kleine blieb ernsthaft; denn er hatte keinen Anlaß zum Lachen, und war noch nicht fein genug, um in der Aufforderung selbst diesen Anlaß zu finden. -- „Ich will dich schon dazu bringen," sagte der Alte, und zog aus seiner Börse einen neuen, spiegelhellen Doppeldukaten, den er ihm zu geben versprach, wenn er ihm den Gefallen thäte und lachte. Der Knabe verleugnete hier das merkantilische Blut nicht, aus dem er entsprossen war, sondern lachte den schönen Dukaten mit sichtbarer Begierde an, ihn aus der fremden Tasche in die seinige zu spielen; und nun riß Herr Stark ihn mit vieler Wärme an seine Brust, um ihn zu küssen. — „Sieh! sieh!" sagte er zu der Tochter.

„Dem Großvater wie aus den Augen geschnitten!"

„Nicht wahr? — Da nimm hin, lieber Kleiner, und wenn du nach Hause kömmst, so gieb den schönen Dukaten der Mutter, und bitte sie, ihn in deine Sparbüchse zu stecken." —

Bei Tisch war der Alte so ganz in seiner heitersten Laune, sprach und scherzte mit den Kindern so viel, und machte zu der Nachricht, die man ihm von dem Wohlbefinden und der kleinen Erholungsreise des Sohnes gab, eine so gute Miene, daß die nachmittägliche Unterredung zwischen ihm und dem Doktor unter keinen günstigeren Vorzeichen hätte beginnen können.

Der Doktor fing damit an, daß er dem Alten im Scherz zu der vortrefflichen Behandlung seines kritischen Kranken Glück wünschte, dessen Übel er mit dem richtigsten Blicke gefaßt, und wie es nicht anders scheine, aus dem Grunde gehoben habe.

„Doch?" sagte der Alte lächelnd: „Hab' ich einige Anlage zur Kunst?"

„Was Anlage! Sie sind Meister darin."

„Also alles glücklich vorüber?"

„Alles. Die ganze Krisis."

„Der Trotz zum Herzen heraus?"

„Völlig, völlig heraus. Und das Herz im frischesten, gesundesten Zustande. Voll Liebe, Dankbarkeit, Ehrerbietung für einen Vater, der statt zu zürnen, wie er gekonnt hätte, nur edel wohlthat."

„Aber, Herr Sohn, noch bin ich mit meiner Kur nicht am Ende. Sie haben durch so manche Ihrer Krankheitsgeschichten mir verzweifelt bange vor Recidiven gemacht, und da will ich denn, sicherheitshalber, meinem Kranken noch eine kleine Nachkur verordnen, von der ich hoffe, daß sie ihm gute Dienste thun soll."

„Für jetzt wäre wohl das beste, daß Sie ihn stärkten."

„Meinen Sie? Und wodurch?"

34. Recidiven, Rückfällen.

„Durch volles Vergessen, volle zärtliche Vaterliebe.'

„Wenn's nur damit nicht noch zu früh ist! — Nein, nein! Ich habe die Sache nach meinem eigenen Kopfe angefangen, und so will ich sie nun auch durchführen. Ich will den Vorteil nicht ungenutzt lassen, daß der junge Herr durch seinen Trotz sich mir in die Hände gegeben hat, und daß er nun schon muß, wie ich will."

„War er denn nicht immer in Ihren Händen?"

„Nicht ganz. Ich mußte Rücksichten nehmen. — Gesetzt, daß ich in unserer ehemaligen Lage gesagt hätte: 'Sohn, das und das ist mein Wille; darauf besteh' ich durchaus; so und so sollst du's machen; oder ich jage dich aus dem Hause, schicke dich an einen Ort, der dir nicht ansteht, vor dem dir graut': — denn unter uns! daß ihm vor seinem Br... graut, weiß ich sehr sicher; — sagen Sie mir: was würden die Mutter, die Schwester, Sie selbst, alle Menschen von mir gedacht haben? Ein Tyrann, ein Barbar, ein harter, unnatürlicher Vater wär' ich gewesen. — Vor seinem Trotze so zu handeln, war in der That ohne Härte nicht möglich; nach seinem Trotze kann und darf ich so handeln, und ich will den sehen, der mich tadelt."

„Einer wird es doch, lieber Vater."

„Wer?" —

„Ein Mann von dem edelsten Herzen: Sie selbst."

„Falsch! Mit mir selbst bin ich einig. — Ich werde meinem Sohne gerade heraussagen: mit unserer Verbindung ist's aus; auf die rechne nicht länger; in mein Haus, in meine Handlung kömmst du nicht wieder."

„Lieber Vater!" sagte der Doktor.

„Das steht fest. Das ist nun einmal entschieden."

Der Doktor war nicht wenig erschrocken. — „Sie werden mich wenigstens anhören, hoff' ich, und dann weiß ich gewiß: Sie werden ganz anders denken."

„Sie anhören? Das will ich gerne. Hier sitz' ich! — Aber ganz anders denken? Da müßten Sie mir doch etwas sehr Sonderbares zu sagen haben."

„Nichts sehr Sonderbares, aber sehr Wahres."

„Schön! Ich bin neugierig darauf."

„Sie können's nicht sonderbar finden, wenn ich behaupte: daß eine einzige That, zu welcher glückliche oder unglückliche Um stände einen Menschen hinrissen, ihn von Grund aus verändern, ihm gleichsam eine neue Seele einhauchen kann Bewußtsein einer ehrlosen, schändlichen Handlung kann den Menschen auf immer verschlechtern; Bewußtsein einer guten und großen ihn auf immer veredeln."

„Wohin zielt das?" fragte der Alte.

„Sie erinnern sich, was ich Ihnen von dem Benehmen Ihres Sohns am Sterbebette und nach dem Tode des seligen Lyk erzählte."

„Das war schön! Das war edel von ihm!"

„Hätten Sie's jemal in ihm gesucht?"

„Nie."

„Auch wahrlich! Er in sich selbst nicht. Ein unerwarteter, ihm ganz neuer Eindruck, ein unwiderstehliches Gefühl rissen ihn hin. Aber einmal gethan, diese That, sollte sie ohne Spur, wie ein Blitz, haben verschwinden können? sollte sie kein Andenken an sich zurückgelassen, nicht durch dieses Andenken mächtig auf ihn eingewirkt haben? — Glauben Sie mir: das Bewußtsein von Wert, Güte, Tugend, das Ihr Sohn aus dem Lykschen Hause mit sich nahm, ist für ihn unendlich wohlthätig geworden; es hat ihn von seiner ehemaligen Kleinlichkeit, Eitelkeit, Selbstsucht schon um vieles geheilt, und noch immer wirkt es zu seiner Besserung, seiner Veredelung fort. — Was Sie sonst mit so vielem Recht an ihm aussetzten, ist schon alles ganz anders: seine ehemaligen Gesellschafter hat er verlassen; Spiel und Tanz sind ihm gleichgültig, und gegen den Putz ist er kälter geworden: schon seit Monaten kein neues Kleid mehr! seit Monaten kein Gang mehr, als in den Konzertsaal, den unschuldigsten aller Vergnügungsörter! Sein jetziger herrschender Trieb ist: zu wirken, nützlich zu werden, Hochachtung und Beifall von andern, wie von sich selbst, zu verdienen. — Ist nicht in diesem allen die Wirkung jenes Augenblicks, wo er sich selbst in einem so neuen Lichte und die Tugend in ihrer Würde und Schönheit sah, unverkennbar?"

Der Alte, der mit großer Aufmerksamkeit zuhörte, winkte dieser Entwickelung Beifall; und doch war sie, wenn auch nicht falsch, wenigstens sehr einseitig und unvollständig. Die Hauptbildnerin an dem Herzen des Sohns, die Liebe, war aus guten Gründen vergessen.

„Selbst das," fuhr der Doktor fort, „daß er die Thorheit

beging Ihnen zu trotzen, stößt meine Meinung von ihm nicht um, sondern bestätigt sie eher. Eben weil er jetzt edler und also stolzer geworden war, konnt' er die Behandlung, die er vormal verdient hatte, nicht mehr ertragen; eben weil er Hochachtung gegen sich selbst zu fühlen anfing, wollt' er auch Hochachtung von andern, selbst von seinem Vater, genießen: und so entstand denn, bei der gewohnten traurigen Entfernung von Ihnen, und bei dem unseligen Mißtrauen, womit er Sie im Irrtum über sich gleichsam vorsätzlich erhielt, jener Trotz, jener nicht zu rechtfertigende, übereilte Entschluß, den Sie durch Ihr weises Benehmen ihn so sehr haben bereuen lassen. Aber, mein bester Vater — wollten Sie einen Fehltritt aus solchen Gründen, an einem solchen Sohne, der Ihrer täglich würdiger wird, jetzt so grausam bestrafen?"

„Was?" rief der Alte, indem er mit lebhafter Bewegung aufstand; „was reden Sie, lieber Doktor? Was fällt Ihnen ein?"

„Sie sagten: in Ihr Haus, in Ihre Handlung käm' er nicht wieder."

„Das soll er auch nicht, muß er auch nicht."

„Sind Sie denn noch immer erbittert?" —

„Erbittert? Ich? — Nun, beim Himmel! Wenn alle Väter sich so erbittern wollten, das wäre den jungen Herren, ihren Söhnen, wohl eben recht."

„Wie versteh' ich denn aber —?"

„Ich will aus der Verbindung mit ihm heraus, und will mich zur Ruhe setzen. Mein Haus soll das seinige, meine Handlung die seinige werden. Verstehen Sie jetzt?"

„Ja, mein Gott!" rief der Doktor freudig: „wenn Sie sich so erklären! — Der Text war dunkel; die Auslegung ist sonnenhelle. — Aber Ihr armer Sohn! Was wird er nicht für einen Schrecken haben!"

„Scherzen Sie nicht zu früh! Die Bedingungen sind zurück."

„O, die wird ein Vater, ein edler, großmütiger Vater machen. Ich bin sehr ruhig darüber."

„Daß sie auf sein Bestes berechnet sind, können Sie denken. — Ich hab' ihn jetzt, wie gesagt, in meiner Gewalt; und so besteh' ich durchaus darauf: er soll thätiger werden; er soll die Handlung, wenn sie die seinige wird, mit mehr Ernst und mit mehr Eifer führen, als unter mir; er soll dem abgehenden einen Buchhalter keinen Nachfolger geben, weil er dessen Arbeiten mit den seinigen zugleich verrichten kann, ohne daß eben der Schreibtisch eine Galeere werde; er soll dem Umherschweifen in Gesellschaften und an öffentliche Örter entsagen; und sich sein Haus dadurch anziehender machen, daß er ein Weib — aber kein Modeweib, keine Putz-, auch keine Büchernärrin — nimmt, sondern ein braves, häusliches, herzliches Weib, das er lieben, das aber auch ich schätzen und ohne Erröten Tochter nennen kann. — Fügt er sich in diese Bedingungen: — gut! so übergeb' ich ihm alles, beziehe meine eigene Wohnung für mich, und betreibe meine übrigen Geschäfte in Ruhe. — Fügt er sich nicht, — nun, so kann ich weiter nicht helfen; ich arbeite dann mit meinen Buchhaltern fort, und ihn schick' ich — wohin der junge Herr nicht mag, und wohin er mir doch zu gehen gedroht hat: nach seinem Br . . . In mein Haus, so lang' es das meinige bleibt, kömmt er nicht wieder."

„Das also, das Ihre Nachkur, mein lieber Vater?"

„Das! — Wird sie ihm anständig sein?"

„Er wird darin gleich sehr Ihre Liebe und Ihre Einsicht erkennen. — Bereiten Sie sich vor, den dankbarsten, den gerührtesten Sohn zu umarmen!"

„Meinen Sie? — Nun, so bereiten auch Sie sich vor, einen Mann zu erblicken, der Haus und Handlung verliert, und der dazu lächelt!"

„Wie freu' ich mich dieser Ihrer Laune, mein Vater!" —

„Aber ich mich gar nicht Ihrer Meinung von mir. — Was? Erbittert wär' ich gewesen? Erbittert gegen einen einzigen Sohn, von dem Sie mir Dinge erzählt hatten, die mir Freudenthränen ins Auge lockten? erbittert gegen ihn, über den Sie schon längst mein Wort hatten, daß, wenn er würde, wie ich ihn wünschte, es meine erste, herzlichste Sorge sein sollte, wie ich ihn glücklich machte? — Ein solches Wort, meinen Sie, spräche der alte Stark in den Wind? — Ein solches Wort könnt' er brechen? — Gehen Sie! — Gehen Sie!" — indem er sich selbst zum Gehen anschickte — „Sie haben mein Herz verkannt, meine Ehre gekränkt; und nun komm' ich Ihnen" — er schien sich einen Augenblick zu besinnen — „in vollen acht Tagen nicht wieder!"

Der Doktor lächelte, und ergriff die Hand des Alten, um sie zu drücken; denn Umarmungen waren zwischen ihnen nicht Sitte. Die Herzlichkeit des Gegendrucks, den er erhielt, überzeugte ihn von der großen Zufriedenheit, womit sein vorteilhaftes Zeugnis über die veränderte Denkungsart des Sohnes war angehört worden. Gleich sehr überzeugte ihn davon ein angenehmes Geschenk, das ihm noch diesen Abend gebracht ward; ein großer Korb voll des herrlichsten alten Rheinweins, woran, wie die Träger sagten, sich der Herr Doktor erquicken sollte.

XXXIII.

Je wichtiger, durch die Erklärung des Vaters, der Punkt von der Heirat geworden war, desto begieriger ward der Sohn, die Meinung desselben über die Witwe zu wissen, und desto scheuer die Tochter, sie zu erforschen. Gleichwohl wagte sie am folgenden Nachmittage beim Thee einen Versuch, mit dem es aber nicht zum glücklichsten ablief.

„Wissen Sie schon," fing sie an, „lieber Vater, was sich gestern für eine wichtige, für eine denkwürdige Begebenheit zugetragen hat?"

„Nein," sagte der Alte.

„Der edle Liebesritter Wraker hat seine reizende Dulcinea glücklich zum Altare geführt."

„Hat er? — Der alte, armselige Stümper!"

„O spotten Sie seiner nur nicht! Er soll sich so glücklich, so überschwenglich glücklich fühlen — —"

„Je nun — er ist dem Himmelreich nahe."

„Dem künftigen, meinen Sie? Ich zweifle, daß er daran noch denkt. — Doch was geht mich der alte Wraker an, zusamt seiner Liebesgeschichte? Ich sehe nur, wie mich mein guter Vater gelehrt hat, auf die unschuldigen kleinen Waisen, die doch nun wieder einen Beschützer haben. — Ach das liebe kleine Waischen von gestern! Nicht wahr? wenn doch auch das wieder einen Beschützer hätte!"

Die Mutter gab der Tochter einen abmahnenden Wink, und der Vater ward auf einmal sehr ernsthaft. — „Dafür," sagte er, „ließest du wohl am besten den Himmel sorgen. In solche Sachen sich einzumischen — — Aber was will ich? Ich bin wohl thöricht, sehr thöricht."

„Lieber Vater!" sagte die Tochter verlegen.

„Ich hätte beinah' einer Frau, wie dir, eine Klugheitsregel gegeben. Als ob du deren bedürftest!“

„Von wem nähm' ich sie lieber an, als von Ihnen?“

„Nein, nein! Das hieße ja wohl, dem Tage ein Licht anzünden. — Auch bist du für solche Thorheiten noch viel zu jung. Das Heiratstiften ist nur Sache für alte, abgelebte Matronen.“

Die spitzfindige Miene, die er bei diesen Worten zog, und die unwillige, ärgerliche der Mutter, machten der Tochter so bange, daß sie auf der Stelle verstummte. Es mußte etwas Unangenehmes zwischen den Eltern vorgefallen sein, das sie durch ihr Gespräch wieder aufgeregt hatte; und das war ihr außerordentlich traurig. —

„Ums Himmels willen!“ fing sie an, sobald der Vater hinaus war: „was hab' ich gemacht, liebe Mutter?“

„Ja, der wunderliche, grillenhafte Alte, dein Vater! Wird man je aus ihm klug? — Ich glaube, wenn ich hundert Jahre mit ihm lebte, ich lernt' ihn dennoch nicht aus. — Denke dir nur, was ich gestern, der Witwe wegen, für einen Verdruß mit ihm hatte!“

„Der Witwe wegen? — Das ist das Unangenehmste, was Sie mir sagen könnten!“

„Er fand sie hier wartend, als er aus deinem Hause zurückkam.“ —

„Nicht möglich!“

„Sie wollte ihm danken, daß er sie aus ihrer Verlegenheit mit Horn gerissen: aber das verbat er, und hörte kaum danach hin; er kam sogleich auf ihren ältesten Kleinen, den er bei dir hatte kennen lernen, und sagte von dem Kinde soviel Liebes und Schönes, daß er der guten Frau das Herz abgewann, und sie recht munter und zutraulich machte. Er zog sie dann aus einem Gespräch in das andere, und war so zufrieden mit ihr, so zufrieden —“

„O mein Gott, liebe Mutter! Sie machen mich unaussprechlich neugierig. Sagen Sie mir doch nur dies und jenes, was vorfiel!“

„Gerne. Wenn ich's nur wieder zusammenbringe! — Von der Wirtschaft ihres Vaters, glaub' ich, war gleich zuerst die Rede; jaja!“

„Und sie wußte zu antworten? wußte Bescheid?“

„Um alles. Bis ins kleinste hinein.“

„Ah! da begreif' ich. Das wird ihm gefallen haben.“

„Gar sehr. — Dann kam er auf den plötzlichen Wechsel, da sie durch ihre Heirat, von der Arbeit weg, mitten in lauter Vergnügen versetzt worden; und meinte: dieser Wechsel sei ihr doch wohl äußerst reizend gewesen? sie hätte wohl für keinen Preis aufs Land zurückgehen mögen?“

„Sieh den Alten! Da legt er ihr eine Schlinge.“

„Ob sie so etwas merkte, oder — genug, sie ward ganz niedergeschlagen, und versicherte ihm, daß sie mitten im Wohlleben nie ohne Sehnsucht an das väterliche Haus zurückgedacht habe. Der Mensch, sagte sie, sei zur Arbeit geschaffen, und nur Arbeit erhalte ihn glücklich; das Vergnügen, wie sie aus eigener Erfahrung wisse, sei nur Würze, und wolle nur als Würze genossen werden: wer es zur Nahrung mißbrauche, zerstöre seine Gesundheit, und nehme dem Vergnügen selbst allen Reiz. Jetzt, da sie von sich selbst abhange, sei es ihr wieder vergönnt ein thätiges Leben zu führen, und eben jetzt, sobald sie nur von drückenden Sorgen frei sei, führe sie auch wieder ein glückliches Leben.“

„Schön! herrlich! Das war ihm wie aus der Seele gesprochen.“

„Damit fiel denn das Gespräch auf ihre Handlungsgeschäfte, in die sie sich schon so hineingearbeitet hatte, so vollkommen Bescheid darum wußte, daß er ihr recht große Lobsprüche erteilte. Aber die lehnte sie alle ab, und gab sie ihrem Lehrer, wie sie ihn nannte, deinem Bruder, zurück, von dem sie nun anfing mit so herzlicher Dankbarkeit, mit so inniger Rührung zu reden, daß auch ich und dein Vater nicht wenig davon gerührt wurden. Sie konnte am Ende vor Wehmut nicht weiter, und mußte schweigen.“

„Aber, liebe Mutter! in dem allen seh' ich noch nicht den mindesten Anlaß zu einem Streite.“

„Der ist auch gar nicht gewesen.“

„Nicht? — Aber Sie äußerten doch — —“

„Höre nur erst zu Ende! — Als die Witwe hinweg war, ging dein Vater hier noch eine Weile herum, und sprach sehr rühmlich von ihr; und dann auch von deinem Manne, der sich auf die Menschen sehr gut verstehe, und ihm diese wackere Frau zuerst in dem rechten Lichte gezeigt habe. — Ewig schade, setzte er hinzu, daß sie an einen Menschen, wie diesen Lyk, hat geraten müssen, der ihrer so wenig wert war, und der sie samt ihren Kindern an den Bettelstab hätte bringen können. — Da nutzt' ich denn die Gelegenheit, und fing an: Was meinst du, Vater? das wäre so recht für unsern Sohn eine Frau gewesen. Und da sie jetzt Witwe ist, so dächt' ich immer, wir machten ihm einen Antrag darüber: denn sie ist doch noch jung, und es gäbe gewiß eine recht gute Ehe."

„Ah liebe Mutter! das, fürcht' ich, war zu rasch, war zu deutlich."

„Freilich wohl! Aber, du lieber Gott! ich sah das Eisen so herrlich glühen, daß ich's für Sünde gehalten hätte, nicht zum Hammer zu greifen und ein wenig zu schmieden."

„Ja, wenn nur nicht die Funken umherflögen! Es ist so eine Sache damit. — Aber was hatt' er denn gegen die Heirat? Was bracht' er denn vor?"

„Das!" sagte Madam Stark, und fuhr mit der flachen Hand über den Theetisch.

„Wie? Er antwortete nicht?"

„Kein Sterbenswörtchen. Aber dafür sah er mich an. — Du weißt, wie er einen ansehen kann! — mit einem Paar Augen! — Ich dachte Wunder, was jetzt herauskommen würde; aber nichts! nicht ein Laut! Er zog mir nur ein saures, äußerst saures Gesicht und ging mit Kopfschütteln davon."

„Das ist doch seltsam, sehr seltsam. Was gäb' ich darum, daß er gesprochen hätte!"

„Abends bei Tisch kam denn so etwas hervor. Da war er wieder in seiner gewöhnlichen Laune, und schwatzte von der Thorheit des Heiratstiftens, wobei des Danks so wenig und des Undanks so viel zu gewinnen stehe, und von alten Mütterchen, denen ihr eigenes Liebesfeuer ausgegangen wäre, und die so gern ein fremdes anzündeten, um sich daran zu wärmen und an die eigenen bessern Tage dabei zurückzudenken; kurz, so ärgerliches und spitzfindiges Zeug, daß ich's machte, wie er, und ihm auch ein recht saures Gesicht zog, und auch mit Kopfschütteln davonging."

„Immer gut, liebe Mutter! Immer besser, als wenn Sie gesprochen hätten! — Aber wenn ich doch nur begriffe —!"

Und hiermit fingen die Damen an, sich in scharfsinnigen Mutmaßungen über die eigentliche Ursache zu erschöpfen, warum dem Alten die vorgeschlagene Heirat mit der Witwe so mißfalle — denn daß sie ihm mißfalle, setzten sie als erwiesen voraus. — Waren's etwa die beiden kleinen Kinder der Witwe? Das glaubte die Doktorin nicht. War's noch ein Rest des alten Vorurteils gegen sie? Das glaubte Madam Stark nicht. Waren's die zu geringen Vermögensumstände der Frau? Das glaubten die Damen alle beide nicht. — Kurz, der Alte war ihnen auch diesmal, wie sonst schon öfter, ein Rätsel.

Als der Doktor hinzukam, wurden diese Mutmaßungen um noch eine vermehrt. Er sah von der Witwe und ihren Umständen ab, und glaubte, daß dem Vater nicht sowohl die Heirat mißfalle, als das Vorschlagen derselben, das Anmahnen und das Bereden dazu. Er will gewiß, sagte er, daß der Bruder völlig frei, ohne fremden Einfluß und Antrieb, handeln, und eine Wahl ganz nach seinem eigenen Herzen treffen soll. — Hätte der Doktor noch hinzugesetzt: daß vielleicht das Kopfschütteln des Alten weniger der Witwe, als dem Sohne, gegolten, und daß seiner geäußerten Unzufriedenheit wohl nicht so sehr Mißbilligung jener, als Mißtrauen gegen diesen, zum Grunde gelegen, so hätt' er vermutlich, statt der halben, die volle Wahrheit getroffen. Der Alte konnt' es für möglich halten, daß der Sohn sich zu dieser Heirat bereden ließe, aber zugleich nach seinem Charakter für wahrscheinlich, daß er in der Folge diesen Schritt bereute, und dann seine Ehe unglücklich würde. —

Auf dem Heimwege wurden Doktor und Doktorin einig, daß der Bruder nur das vorteilhafte Urteil des Vaters von der Witwe, nicht den kleinen Vorfall mit der Mutter, erfahren müsse. Sein Mut, wie beide sehr richtig urteilten, war eher zu stärken, als niederzuschlagen. Übrigens, da jetzt alles erschöpft war, was zur Vorbereitung eines guten Ausganges nur immer geschehen konnte, so hielten sie es für notwendig, daß der Bruder ein Ende machte, und sobald als möglich dem Vater vor Augen träte.

XXXIV.

Gleich am folgenden Tage kam Herr Stark angeblich wieder zur Stadt, und ließ gegen Abend durch Monsieur Schlicht den Vater fragen, ob er so glücklich sein könne ihn ohne Zeugen zu sprechen Er ward augenblicklich angenommen, und fand das Wort des Doktors bestätigt: daß wenn er jetzt dem Vater vor Augen träte, er einen ganz andern Blick von ihm sehen, wenn er jetzt mit ihm redete, einen ganz andern Ton von ihm hören würde. Der Empfang war bei allem Ernste so gütig, und die Frage: welche Wirkung in der nicht mehr angenehmen Jahreszeit die Landluft auf ihn gehabt habe, ward mit so vieler Teilnahme vorgebracht, daß die Ängstlichkeit des Sohnes sich um ein Großes verminderte.

Um sein Herz noch mehr zu erleichtern, trat er sogleich auf den Vater zu, und fing eine Bitte um Verzeihung alles Vorgefallenen an, die aber der Vater großmütig genug war ihn nicht vollenden zu lassen. — „Hast du,“ fiel er ihm in die Rede, „mit deinem Schwager gesprochen? Hat er dir meine Absichten mit dir entdeckt?“

„Ja, mein Vater.“

„Und deine Meinung darüber?“

„Ich habe für meine Erkenntlichkeit keine Worte.“ — Er ergriff die Hand des Alten, und küßte sie ihm mit ebensoviel Ehrerbietung, als Rührung.

„Hast du auch die Bedingungen erfahren, die ich dir mache?“

„Ich werde sie heilig erfüllen. Nicht bloß als Ihre Befehle, auch als Wünsche meines eigenen Herzens. Thätig zu werden ist jetzt mein einziger Trieb. — Und da mich Ihre Einsicht, Ihr väterlicher Rat, wie ich hoffe, bei jedem wichtigern Schritte leiten wird, so verspreche ich mir den besten, glücklichsten Erfolg meiner Bemühungen. Es wird mein eifrigstes Bestreben, mein Stolz, meine höchste Zufriedenheit sein, Ihnen Freude zu machen.“

„Die werd' ich haben, wenn es dir wohlgeht. — Aber warum erwähnst du einer der Hauptbedingungen nicht, deiner Heirat? — Hast du noch keine Wahl getroffen?“

Mit der gewöhnlichen Schüchternheit, womit Fragen dieser Art pflegen beantwortet zu werden, sagte der Sohn: „Ich habe.“

„Kenn' ich deine Geliebte?“

Mit noch größerer Schüchternheit brachte er die Antwort hervor: „Seit kurzem.“ — Aber äußerst schnell flossen ihm auf einmal die Worte, als er anfing die Tugenden seiner Geliebten zu preisen, und auf die Bosheit gewisser Elenden zu schelten, deren tückischen, giftigen Pfeilen auch die reinste unbefleckteste Tugend nicht entgehe.

„Diese Vorrede,“ sagte der Alte, „könnte mir bange machen. — Ich bitte um den Namen deiner Geliebten.“

Es half dem Sohne nichts, daß er den Namen der Witwe nur mit ganz leiser, gedämpfter Stimme aussprach. Er war genötigt, ihn desto lauter zu wiederholen.

„Also die!“ sagte der Alte ernsthaft, indem er mehrere Schritte umherging: „die Witwe! — Ist das bloß Nachricht, die du mir giebst; oder — —“

„Es ist Vortrag meines innigsten, herzlichsten Wunsches, für den ich um Ihren gütigen Beifall, um Ihre väterliche Bestätigung bitte.“

„Unter Euch selbst, hoff' ich, ist doch schon alles ausgemacht? Ihr seid einig?“ —

Wie freute sich jetzt der Sohn, dem Rate seines Schwagers gefolgt zu sein, und dem Vater mit voller Wahrheit beteuern zu können: auch nicht das erste Wort von Liebe sei zwischen ihm und der Witwe gewechselt worden; auch nicht einmal vorläufig, unter vorausgesetzter Zustimmung des Vaters.

„Um so besser!“ sagte der Alte. „So braucht nichts erst zurückzugehen.“

„Zurückzugehen, mein Vater? — Sollt' es denn das? Müßt' es denn das?“

„Ich sehe den Gang, den diese Liebe genommen, ganz deutlich. Du hast an der Witwe mit einer Rechtschaffenheit, einem Edelmute gehandelt, wovon dein Herz dir das Zeugnis giebt, daß sie dir zur Ehre, zur größten Ehre gereichen. So ist natürlich ihr Anblick dir wert geworden; denn er erinnert dich an die beste That deines Lebens: aber eigentliche herzliche Leidenschaft, eigentliche innige Liebe, die bis in das Alter ausdauern, und dich für alles entschädigen könnte, was du ihrentwegen entbehren und aufopfern müßtest — nein, mein Sohn! die kann ich hier unmöglich voraussetzen; unmöglich!“

„Warum unmöglich, mein Vater? — Und was müßt' ich denn ihrentwegen entbehren? Was müßt' ich ihr aufopfern? — Ich sehe nichts.“

„Ist dir der Reichtum nichts, den so manche andere dir zubringen würde? — Die Witwe an sich selbst ist ohne Vermögen.“

„Wahr! aber — —“

„Was von den armseligen Trümmern des ehemaligen Lykschen Reichtums auf ihr Teil kömmt, ist nach unsern Rechten die Hälfte. Wie viele der Fonds, die ich aus der Handlung herauszuziehen vielleicht gezwungen bin, glaubst du damit decken zu können?"

„Ich werde mich einschränken, mein Vater. Ich werde die Handlung soviel als nötig, und mein Hauswesen aufs äußerste einschränken. Ich werde im höchsten Grade sparsam und thätig werden."

„Gut! Aber das alles, wirst du am Ende fragen, und mußt jetzt dich fragen: für wen? — Für eine Frau, die schon jetzt nicht die jüngste mehr ist, und von deren Schönheit vielleicht nach wenig Jahren kaum noch einzelne Spuren da sind."

„Ist's denn ihre Schönheit, auf die ich sehe? — Gott ist mein Zeuge! noch hab' ich sie mit keiner andern verglichen. Was mich gerührt und mich ihr auf ewig gewonnen hat, sind die Tugenden, die sie in so mancher traurigen, prüfenden Lage bewiesen, und von denen ich monatelang ein naher, glücklicher Zeuge gewesen."

Der Alte ging von neuem umher, und schwieg. — „Sie hat Kinder," fing er dann wieder an.

„Die vermehren meine Liebe zu ihr. Es sind ein paar Engel." —

„Aber Engel, die Bedürfnisse haben. — Laß das wenige, was aus der Verlassenschaft des Vaters für sie übrig bleibt, durch Zufälle schwinden, so haben dich diese Kinder Vater genannt, und du wirst verpflichtet sein, als Vater für sie zu sorgen."

„Das werd' ich gewiß, und werd' es mit Freuden."

„Mit Freuden? — Was du ihnen zuwendest, werden deine eigenen Kinder verlieren. An fremdes Blut wirst du thörichterweise wegwerfen, was deinem eigenen zu gute kommen könnte. — Ich bitte dich: wie kannst du einen solchen Gedanken nur fassen? ihm nur einen Augenblick Raum bei dir geben?"

Der Sohn kannte den Vater zu gut, um nicht äußerst betroffen zu werden. — „Sie reden da nicht aus Ihrer eigenen Seele, mein Vater; unmöglich!" —

„Was heißt das? Aus welcher, als aus seiner eigenen, kann man reden?"

„Sie schaffen sich eine fremde, enge, äußerst beschränkte Seele, die Sie mir als die meinige leihen. Aus ihr nehmen Sie das, womit Sie mich zu verwirren oder zu überzeugen glauben. — Ich sehe, ich habe Ihre Achtung ganz, und habe sie auf immer verloren. Ich werde meinen eigenen Weg gehen müssen. Ich will es. — Mein einziger Wunsch zu Gott ist" — indem er die Hände mit Kraft in einander faltete — „daß Sie noch lange, lange leben, und noch mit eigenen Augen sehen, w e sehr Sie sich in mir irrten, wie sehr Sie mir unrecht thaten." — Er wandte sich von dem Vater ab gegen das Fenster mit ei :em ganz zerrütteten, von den widrigsten Empfindungen zerrissenen Herzen.

Mehr, als einen solchen Beweis seiner Gesinnung und der gänzlichen Umwandelung seines Charakters konnte der Vater nicht fordern. — Nach einer tiefen, feierlichen Stille, worin er dem Sohne Zeit ließ sich wieder zu sammeln, rief er ihn sanft bei seinem Vornamen: „Karl!"

Durch das Weiche, Zitternde dieses Tones fühlte sich der Sohn gleichsam unwillkürlich herumgerissen. Wie ward ihm, als er den guten, ehrwürdigen Alten dastehen sah, die Augen mit Thränen gefüllt, und die Vaterarme weit gegen ihn offen haltend! „Karl!" rief der Alte noch einmal: „warum hast du dich mir so lange verborgen?" — Und nun stürzte der Sohn, von Empfindung überwältigt, obgleich noch ungewiß, was er zu hoffen habe, auf den Vater zu, ergriff mit beiden Händen eine der seinigen, und bedeckte sie ihm mit Küssen.

„Willst du," sagte der Alte, „in dieser schönen, uns beiden gewiß unvergeßlichen Stunde mir schwören, mir heilig schwören, daß du nie anders denken willst, als du dich jetzt erklärt hast? daß du nie, auch nicht im Innersten deines Herzens, der guten Lyk ihren Mangel an Vermögen oder ihre Kinder vorwerfen willst? daß du Liebe und Tugend ihr für mehr als alles Vermögen anrechnen, und ihre Kinder stets so ansehen willst, als ob sie die deinigen wären?" —

Der Sohn war nicht bloß gerührt, er war erschüttert. — „Ich will, ich will!" stammelte er, und vermochte kein Wort weiter hervorzubringen.

„Ich nehme deine Rührung für Eidschwur." — Und nun warf er die eine Hand ihm auf die Schulter, zog ihn an sich, und küßte ihn wiederholt und von Herzen. — „Wegen der Art, wie ich dich setze, verlaß dich auf mich; ich bin kein ungroßmütiger

Vater: und so nimm mein Haus und meine Handlung hin, und obendrein — meinen zärtlichen Vatersegen zu deiner Liebe!“ —

Ein so rascher und so mannigfaltiger Wechsel der Gefühle war mehr, als das Herz des Sohnes ertrug. Statt dem Vater zu danken, wankte er rückwärts, um einen Stuhl zu gewinnen, auf den er sich halb atemlos hinwarf. Ein plötzlich hervorbrechender Strom von Thränen erleichterte ihn; während der Alte, der sich neben ihn setzte und ihm selbst seine Thränen trocknen half, ihm unablässig zuredete: „Laß doch! laß! Sei ein Mann! Trockne ab, lieber Karl! Wir müssen ja wahrlich zu deiner Mutter, um ihr Teil an unserer Freude zu geben. — Wer weiß, wie lange und wie ungeduldig sie unser schon wartet? — Und wenn mich nicht alles täuscht, so finden wir dort noch zwei andere, die unser beider Erscheinung mit Sehnsucht entgegenharren.“

XXXV.

Wirklich hatten sich bei der Mutter auch der Doktor und die Doktorin eingefunden, um von dem Ausgange der Unterredung, von der sie wußten, daß sie vorfallen würde, desto eher unterrichtet zu sein. Wie gespannt ihre Erwartung war, läßt sich aus dem großen Anteil, den sie bisher an dem Bruder genommen, und aus der mannigfaltigen Mühe, die sie sich seinetwegen gegeben hatten, ermessen. Sie glaubten überwiegende Gründe zu haben, den besten Ausgang zu hoffen; und doch ließen sie, eben wegen der Größe ihres Interesse, sich ein wenig in die Furcht und Ängstlichkeit der Mutter hineinziehen, die, weil ihr Interesse das noch größere, noch lebhaftere war, nichts als traurige Ahnungen hatte. —

Desto angenehmer war für alle die Überraschung, als jetzt der Vater in Gesellschaft des Sohnes hereintrat, und ihnen sogleich durch sein Lächeln seine Zufriedenheit, durch seine feuchten, geröteten Augen seine Rührung verriet. Er hielt den Sohn an der Hand, der sein Gesicht noch mit dem Tuche verdeckte, und führte ihn der Alten mit den Worten zu: „Hier, liebe Mutter! hier bring' ich dir einen guten, einen würdigen Sohn, der auf dein Alter Bedacht nimmt, und dich von den Wirtschaftssorgen befreien will, die dir schon lange zu lästig fielen. Er will sie einer jungen, wackern Frau übertragen, die er dich bittet zur Tochter anzunehmen, und deinen Muttersegen über seine Liebe zu sprechen. — Erraten wirst du wohl seine Wahl nimmermehr; — und du gewiß auch nicht," indem er sich gegen die Tochter umwandte, und beide zwar anlächelte, aber ihnen zugleich mit dem Finger drohte.

Der Sohn konnte unter den Segenswünschen der Mutter, und den Anteilsbezeugungen der Schwester und des Schwagers seine Augen so bald nicht trocknen. Alle vereinigten sich endlich, dem Vater zu danken und ihm zu liebkosen, der sie der Reihe nach küßte, aber in seine gewöhnliche muntre Laune für diesen Abend nicht wieder hineinkam. Die Empfindungen, die bei der Unterredung mit dem Sohne ihn tief durchdrungen hatten, waren von zu ernsthafter Natur gewesen, als daß er sogleich wieder zu den mutwilligen kleinen Scherzen hätte zurückkehren können, womit er sonst seine Gespräche zu würzen pflegte.

Er ließ es sich nicht nehmen, am folgenden Tage in eigener Person den Freiwerber seines Sohnes zu machen. — Ob Madam Lyk von diesem Besuche angenehm oder unangenehm überrascht war; ob sie eine bejahende oder verneinende Antwort gab? wird wohl niemand erst fragen. — Die Ehe ward eine der glücklichsten in der Stadt. Die Familie hing, jedes Glied mit jedem, durch die zärtlichste Liebe zusammen. Herr Stark erfreute sich, bis ins höchste Alter hinauf, des Wohlstandes und der vollkommenen Eintracht aller der Seinigen, und genoß das süße, kaum mehr gehoffte Glück, Enkel an seine Brust zu drücken, die nicht bloß seines Bluts waren, sondern auch seinen Namen trugen.

Inhalt.